**임원경제지**
권103-104

# 이운지

怡雲志 3

임원경제지
권103-104

이
운
지

怡
雲
志
3

문화예술 백과사전

권 5 · 골동품과 예술작품 감상(상)
권 6 · 골동품과 예술작품 감상(하)

풍석 서유구 지음  추담 서우보 교정
임원경제연구소 심영환, 고연희, 정명현, 최시남 외 옮김

풍석문화재단

이 책은 ㈜DYB교육 송오현 대표 외 수많은 개인의 기부 및 문화체육관광부의 지원으로
완역 출판되었습니다.

## 임원경제지 이운지3

지은이          풍석 서유구
교 정          추담 서우보
옮기고 쓴 이   🌱 **임원경제연구소** [심영환, 고연희, 정명현, 최시남, 민철기
                            정정기, 김현진, 김수연, 강민우, 김광명, 김용미]

                원문 및 번역 전체 정리 : 정명현
                자료정리 : 고윤주
                감수 : 오세은(국립중앙박물관, 권5 처음부터 '옛 옥기'까지)
                정희정(한국미술연구소, 권5 '옛 도자기'), 구혜인(이화여대, 권5 '옛 도자기')
                최원경(이아서실, 권5 '법첩')
                서진희(서울대 미학과, 권6 처음부터 '우리나라의 화첩'까지)
펴낸 곳        🏛 **풍석문화재단**
                펴낸 이 : 신정수
                진행 : 진병춘, 박정진  진행지원 : 박소해
                전화 : 02)6959-9921 E-mail : pungseok@naver.com
편집디자인     아트퍼블리케이션 디자인 고흐
인 쇄          상지사피앤비
펴낸 날        초판 1쇄 2019년 12월 30일
ISBN           979-11-89801-23-6
CIP            CIP2019052019

이 도서의 국립중앙도서관 출판예정도서목록(CIP)은 서지정보유통지원시스템 홈페이지
(http://seoji.nl.go.kr)와 국가자료종합목록시스템(http://www.nl.go.kr/kolisnet)에서 이용하실 수
있습니다. (CIP제어번호 : CIP2019017271)

* 표지그림 : 책가도(冊架圖), 국립중앙박물관 소장
* 사진 사용을 허락해주신 경기도 고양시청, 포천시청, 국립고궁박물관, 국립국악원, 국립민속박물관,
  국립수목원, 국립중앙박물관, 문화재청, 완도풍수자연농원(https://blog.naver.com/yinx0104)
  여러분께 감사드립니다.

# 차례

천명(醴泉銘) 九成宮醴泉銘 | 도인선사비 道因禪師碑 | 증(贈) 태사(太師) 노국(魯國) 공
선공비(孔宣公碑) 贈太師魯國孔宣公碑 | 술성송 述聖頌 | 화악정향비 華岳精享碑 | 동주
(同州) 성교서기(聖敎序記) 同州聖敎序記 | 자은(慈恩) 성교서기(聖敎序記) 慈恩聖敎序記
| 왕청원충사비 王淸原忠嗣碑 | 소림사비 少林寺碑 | 숭양관비 嵩陽觀碑 | 단행침비
段行琛碑 | 주공사(周公祠) 영천비(靈泉碑) 周公祠靈泉碑 | 경룡관(景龍觀) 종명(鍾銘)
景龍觀鍾銘 | 수무후사기 修武侯祠記 | 벽락비 碧落碑 | 신행선사비 信行禪師碑 | 운휘
장군비 雲麾將軍碑 | 다보탑(多寶塔) 감응비(感應碑) 多寶塔感應碑 | 규봉(圭峯) 선사비
(禪師碑) 圭峯禪師碑 | 불공선사비(不空禪師碑) 不空禪師碑 | 현비탑비 玄秘塔碑 | 대지
선사비 大智禪師碑 | 초금선사비 楚金禪師碑 | 이원량(李元諒) 무공소덕비(懋功昭德碑)
李元諒懋功昭德碑 | 진운(縉雲) 성황묘비(城隍廟碑) 縉雲城隍廟碑 | 신천명 新泉銘

계첩 禊帖 | 악의론 樂毅論 | 동방선생찬 東方先生讚 | 황정경 黃庭經 | 차선첩 借船帖
| 십칠첩 十七帖 | 징청당첩 澄淸堂帖 | 필진도서후 筆陣圖書後 | 예학명 瘞鶴銘 | 낙
신부 洛神賦 | 지영(智永) 천문(千文) 智永千文 | 여남공주명 汝南公主銘 | 구양(歐陽) 소
자천문(小字千文) 歐陽小字千文 | 손과정(孫過庭) 초서(草書) 서보(書譜) 孫過庭草書書譜
| 장진첩(藏眞帖)·율공첩(律公帖) 藏眞律公帖 | 성모첩 聖母帖 | 하팔청감첩 賀八淸鑑
帖 | 장사사첩 長史四帖 | 쟁좌위첩 爭坐位帖 | 협주별가첩 峽州別駕帖 | 녹포첩 鹿脯
帖 | 음부경서 陰符經序 | 서현(徐鉉) 전서 천자문 徐鉉篆千字 | 승원첩 昇元帖 | 순
화각첩 淳化閣帖 | 담첩 潭帖 | 여릉첩 廬陵帖 | 청강첩 淸江帖 | 검강첩 黔江帖 | 무
강첩 武岡帖 | 오진첩 烏鎭帖 | 복청첩 福淸帖 | 풍양첩 灃陽帖 | 채주첩 蔡州帖 | 팽
주첩 彭州帖 | 대관첩 大觀帖 | 속각첩 續閣帖 | 강첩 絳帖 | 여주첩 汝州帖 | 소흥
(紹興) 국자첩(國子帖) 紹興國子帖 | 무릉첩 武陵帖 | 순희(淳熙) 수내사첩(修內司帖) 淳
熙修內司帖 | 순희(淳熙) 비각속첩(秘閣續帖) 淳熙秘閣續帖 | 종정이기(鍾鼎彝器) 관지
첩(款識帖) 鍾鼎彝器款識帖 | 박고당첩 博古堂帖 | 여지루첩 荔支樓帖 | 사서당첩 賜
書堂帖 | 예장첩 豫章帖 | 이왕첩 二王帖 | 갑수당첩 甲秀堂帖 | 성봉루첩 星鳳樓帖 |
백일첩 百一帖 | 보진재첩 寶晉齋帖 | 옥린당첩 玉麟堂帖 | 군옥당첩 群玉堂帖 | 봉
서첩 鳳墅帖 | 세채당첩 世綵堂帖 | 천첩 泉帖 | 동서당첩 東書堂帖 | 보현당첩 寶賢
堂帖 | 하장첩 河莊帖 | 정운관첩 停雲館帖 | 초서집운 草書集韻 | 초서요령 草書要領
| 초운 草韻 | 사성예운 四聲隷韻 | 만안교기 萬安橋記 | 취옹정기 醉翁亭記 | 소흥
(紹興) 미첩(米帖) 紹興米帖 | 경재잠(敬齋箴) 敬齋箴 | 송설첩 松雪帖

(唐) 소정방(蘇定方) 평백제탑(平百濟塔) 唐蘇定方平百濟塔 | 유인원(劉仁願) 기공비(紀

功碑) 劉仁願紀功碑 │ 신라(新羅) 쌍계사(雙磎寺) 교시진감선사비(教諡眞鑑禪師碑) 新羅 雙磎教諡眞鑑禪師碑 │ 최치원묘비 崔致遠墓碑 │ 홍류동(紅流洞) 제시석(題詩石) 紅流洞 題詩石 │ 무장사비 鍪藏寺碑 │ 신행선사비 神行禪師碑 │ 창림사비 昌林寺碑 │ 화음 석각 華陰石刻 │ 강당사비 講堂寺碑 │ 진흥왕(眞興王) 순수(巡狩) 정계비(定界碑) 眞 興王巡狩定界碑 │ 진흥왕(眞興王) 북순비(北巡碑) 眞興王北巡碑 │ 낭혜화상탑 朗慧和尙 塔 │ 개천사비 開天寺碑 │ 진경대사탑 眞境大師塔 │ 지증선사비 智證禪師碑 │ 낭공 탑 朗空塔 │ 백월서운탑 白月棲雲塔 │ 봉덕사(奉德寺) 종명(鍾銘) 奉德寺鍾銘 │ 최고 운(崔孤雲) 사적비(事蹟碑) 崔孤雲事蹟碑 │ 신라(新羅) 태종릉비(太宗陵碑) 新羅太宗陵碑 │ 번길묘비 番吉廟碑 │ 김유신(金庾信) 묘비(墓碑) 金庾信墓碑 │ 고려(高麗) 태조릉비 (太祖陵碑) 高麗太祖陵碑 │ 진공선사비 眞空禪師碑 │ 현화사(玄化寺) 창건비(創建碑) 玄 化寺創建碑 │ 보현사(普賢寺) 창건비(創建碑) 普賢寺創建碑 │ 법경대사(法鏡大師) 혜광 탑(慧光塔) 法鏡大師慧光塔 │ 도선선사비 道詵禪師碑 │ 인각사(麟角寺) 보각국사비(普 覺國師碑) 麟角寺普覺國師碑 │ 선림원(禪林院) 홍각선사비(弘覺禪師碑) 禪林院弘覺禪師 碑 │ 직지사(直旨寺) 대장당기비(大藏堂記碑) 直旨寺大藏堂記碑 │ 정토사(淨土寺) 법경 대사(法鏡大師) 자등탑(慈燈塔) 淨土寺法鏡大師慈燈塔 │ 대안사(大安寺) 광자대사비(廣 慈大師碑) 大安寺廣慈大師碑 │ 무위사비 無爲寺碑 │ 광조사(廣照寺) 진철대사비(眞徹大 師碑) 廣照寺眞徹大師碑 │ 보리사(菩提寺) 대경대사(大鏡大師) 현기탑(玄機塔) 菩提寺大 鏡大師玄機塔 │ 흥녕사비 興寧寺碑 │ 봉선홍경사(奉先弘慶寺) 갈기(碣記) 奉先弘慶寺碣 記 │ 거돈사(居頓寺) 승묘선사비(勝妙禪師碑) 居頓寺勝妙禪師碑 │ 영통사(靈通寺) 대각 국사비(大覺國師碑) 靈通寺大覺國師碑 │ 반야사(般若寺) 원경화상비(元景和尙碑) 般若 寺元景和尙碑 │ 분황사(芬皇寺) 화쟁국사비(和諍國師碑) 芬皇寺和諍國師碑 │ 영국사(寧 國寺) 원각선사비(圓覺禪師碑) 寧國寺圓覺禪師碑 │ 문수원기 文殊院記 │ 승가굴(僧伽 窟) 중수비(重修碑) 僧伽窟重修碑 │ 북룡사비 北龍寺碑 │ 단속사(斷俗寺) 대감국사비 (大鑑國師碑) 斷俗寺大鑑國師碑 │ 고달원(高達院) 원종대사비(圓宗大師碑) 高達院圓宗大師 碑 │ 봉암사(鳳巖寺) 정진대사비(靜眞大師碑) 鳳巖寺靜眞大師碑 │ 법천사(法泉寺) 지광 탑(智光塔) 法泉寺智光塔 │ 승(僧) 도진탑(道眞塔) 僧道眞塔 │ 월남사비 月南寺碑 │ 보림 사(寶林寺) 보조선사비(普照禪師碑) 寶林寺普照禪師碑 │ 청평산(淸平山) 각자(刻字) 淸平 山刻字 │ 원(元) 영종(英宗) 사시비(捨施碑) 元英宗捨施碑 │ 원(元) 태정황후(泰定皇后) 장경비(藏經碑) 元泰定皇后藏經碑 │ 월정사비 月精寺碑 │ 영원사(瑩原寺) 보감국사비 (寶鑑國師碑) 瑩原寺寶鑑國師碑 │ 연복사(演福寺) 종명(鍾銘) 演福寺鍾銘 │ 이지현비 梨 旨縣碑 │ 장안사비 長安寺碑 │ 연곡사(燕谷寺) 현각선사비(玄覺禪師碑) 燕谷寺玄覺禪師 碑 │ 지곡사(智谷寺) 진관선사비(眞觀禪師碑) 智谷寺眞觀禪師碑 │ 오대사(五臺寺) 수륙

정사비(水陸精社碑) 五臺寺水陸精社碑 | 단속사(斷俗寺) 진정대사비(眞定大師碑) 斷俗寺眞定大師碑 | 수미사(須彌寺) 무염국사비(無染國師碑) 須彌寺無染國師碑 | 보광사(普光寺) 원명국사비(圓明國師碑) 普光寺圓明國師碑 | 법주사(法住寺) 자정국사비(法住寺慈淨國師碑) 法住寺慈淨國師碑 | 혜덕왕사비 慧德王師碑 | 지공선사비 指空禪師碑 | 나옹(懶翁) 석종기(石鐘記) 懶翁石鐘記 | 나옹선사비 懶翁禪師碑 | 매향비 埋香碑 | 신륵사(神勒寺) 대장각(大藏閣) 장경비(藏經碑) 神勒寺大藏閣藏經碑 | 노국(魯國) 대장공주(大長公主) 묘비(墓碑) 魯國大長公主墓碑 | 창성사(彰聖寺) 천희선사비(千熙禪師碑) 彰聖寺千熙禪師碑 | 칠장사(七長寺) 혜소국사비(慧炤國師碑) 七長寺慧炤國師碑 | 강당사(講堂寺) 법인사(法印師) 보승탑(寶乘塔) 講堂寺法印師寶乘塔 | 동화사(桐華寺) 홍진국사비(弘眞國師碑) 桐華寺弘眞國師碑 | 선봉사(仙鳳寺) 승통석후비(僧統釋煦碑) 仙鳳寺僧統釋煦碑 | 용문사(龍門寺) 중수비(重修碑) 龍門寺重修碑 | 양릉정비 陽陵井碑 | 선죽교각 善竹橋刻 | 탁타교각 橐駝橋刻 | 본조(本朝) 천문도(天文圖) 석각(石刻) 本朝天文圖石刻 | 건원릉비 健元陵碑 | 헌릉비 獻陵碑 | 영릉비 英陵碑 | 관왕묘비 關王廟碑 | 어제어필 관왕묘비 御製御筆關王廟碑 | 양경리거사비 楊經理去思碑 | 양경리비 楊經理碑 | 태학정비 太學庭碑 | 어제(御製) 어필(御筆) 태학비(太學碑) 御製御筆太學碑 | 흥천사(興天寺) 종명(鍾銘) 興天寺鍾銘 | 원각사비 圓覺寺碑 | 원각사비 又碑 | 무학선사비 無學禪師碑 | 태조대왕(太祖大王) 황산(荒山) 대첩비(大捷碑) 太祖大王荒山大捷碑 | 유점사(榆岾寺) 종명(鍾銘) 榆岾寺鍾銘 | 소공대비 召公臺碑 | 진도독(陳都督) 마애비(磨崖碑) 陳都督磨崖碑 | 연복사탑(演福寺塔) 중수비(重修碑) 演福寺塔重修碑 | 청룡사(靑龍寺) 보각국사비(普覺國師碑) 靑龍寺普覺國師碑 | 월정사비 月精寺碑 | 이충무(李忠武) 전승비(戰勝碑) 李忠武戰勝碑 | 신장절(申壯節) 묘비(廟碑) 申壯節廟碑 | 숭인전비 崇仁殿碑 | 야은(冶隱) 지주비(砥柱碑) 冶隱砥柱碑 | 권(權) 도원수(都元帥) 전승비(戰勝碑) 權都元帥戰勝碑 | 도갑사비 道岬寺碑 | 조포저(趙浦渚) 구황비(捄荒碑) 趙浦渚捄荒碑 | 정암(靜菴) 적거(謫居) 유허비(遺墟碑) 靜菴謫居遺墟碑 | 노량(露梁) 대첩비(大捷碑) 露梁大捷碑 | 만경리세덕(萬經理世德) 승전비(勝戰碑) 萬經理世德勝戰碑 | 동해(東海) 퇴조비(退潮碑) 東海退潮碑 | 심원사(深源寺) 석(釋) 경헌(敬軒) 사리비(舍利碑) 深源寺釋敬軒舍利碑 | 심원사(深源寺) 석(釋) 학린(學璘) 사리비(舍利碑) 深源寺釋學璘舍利碑 | 동래(東萊) 충렬사비(忠烈祠碑) 東萊忠烈祠碑 | 홍양(洪陽) 정란비(靖亂碑) 洪陽靖亂碑 | 동파당대사비(東坡堂大師碑) 東坡堂大師碑 | 기암당(奇巖堂) 법견대사비(法堅大師碑) 奇巖堂法堅大師碑 | 송월당대사비 松月堂大師碑 | 서산대사비 西山大師碑 | 편양당대사비 鞭羊堂大師碑 | 허백당대사비 虛白堂大師碑 | 풍담대사비 楓潭大師碑 | 풍악당선사비 楓嶽堂禪師碑 | 사선정(四仙亭) 유기(遊記) 四仙亭遊記 | 만폭동(萬瀑洞) 석각(石刻) 萬瀑

洞石刻) | 양봉래(楊蓬萊) 석각(石刻) 楊蓬萊石刻 | 조종암(朝宗巖) 석각(石刻) 朝宗巖石刻 | 화양동(華陽洞) 석각(石刻) 華陽洞石刻 | 삼일포(三日浦) 석각(石刻) 三日浦石刻 | 유제독(劉提督) 제명(題名) 석각(石刻) 劉提督題名石刻 | 이목은(李牧隱) 묘비(墓碑) 李牧隱墓碑 | 고려(高麗) 서시중릉비(徐侍中䅸陵碑) 高麗徐侍中䅸陵碑 | 민안인묘비 閔安仁墓碑 | 성석린(成石璘) 묘표(墓表) 成石璘墓表 | 심온(沈溫) 묘표(墓表) 沈溫墓表 | 윤자운(尹子雲) 묘비(墓碑) 尹子雲墓碑 | 강석덕(姜碩德) 묘표(墓表) 姜碩德墓表 | 신숙주(申叔舟) 묘표(墓表) 申叔舟墓表 | 정포은(鄭圃隱) 묘갈(墓碣) 鄭圃隱墓碣 | 정포은 묘비(墓碑) 又碑 | 이수언(李粹彦) 묘갈(墓碣) 李粹彦墓碣 | 한계희(韓繼禧) 묘비(墓碑) 韓繼禧墓碑 | 황희(黃喜) 묘비(墓碑) 黃喜墓碑 | 성녕대군(誠寧大君) 묘비(墓碑) 誠寧大君墓碑 | 허조(許稠) 묘비(墓碑) 許稠墓碑 | 한계미(韓繼美) 묘갈(墓碣) 韓繼美墓碣 | 송세량(宋世良) 묘갈(墓碣) 宋世良墓碣 | 영응대군(永膺大君) 묘비(墓碑) 永膺大君墓碑 | 양성지(梁誠之) 묘비(墓碑) 梁誠之墓碑 | 한확(韓確) 묘비(墓碑) 韓確墓碑 | 상붕남(尙鵬南) 묘갈(墓碣) 尙鵬南墓碣 | 서사가(徐四佳) 묘비(墓碑) 徐四佳墓碑 | 윤형(尹炯) 묘비(墓碑) 尹炯墓碑 | 덕흥대원군(德興大院君) 묘비(墓碑) 德興大院君墓碑 | 영순군(永順君) 묘비(墓碑) 永順君墓碑 | 정지운(鄭之雲) 묘갈(墓碣) 鄭之雲墓碣 | 신거관(愼居寬) 묘갈(墓碣) 愼居寬墓碣 | 상진(尙震) 묘비(墓碑) 尙震墓碑 | 노우명(盧友明) 묘갈(墓碣) 盧友明墓碣 | 이명(李蓂) 묘비(墓碑) 李蓂墓碑 | 홍부(洪溥) 묘갈(墓碣) 洪溥墓碣 | 임추(任樞) 묘비(墓碑) 任樞墓碑 | 권경우(權景祐) 묘갈(墓碣) 權景祐墓碣 | 권근(權近) 묘비(墓碑) 權近墓碑 | 정광필(鄭光弼) 묘비(墓碑) 鄭光弼墓碑 | 성청송(成聽松) 묘갈(墓碣) 成聽松墓碣 | 조정암(趙靜菴) 묘비(墓碑) 趙靜菴墓碑 | 성세순(成世純) 묘비(墓碑) 成世純墓碑 | 광평대군(廣平大君) 묘비(墓碑) 廣平大君墓碑 | 조중봉(趙重峯) 순의비(殉義碑) 趙重峯殉義碑 | 이희검(李希儉) 묘비(墓碑) 李希儉墓碑 | 윤변(尹忭) 묘갈(墓碣) 尹忭墓碣 | 서화담(徐花潭) 묘비(墓碑) 徐花潭墓碑 | 이공집(李公楫) 묘비(墓碑) 李公楫墓碑 | 기응세(奇應世) 묘갈(墓碣) 奇應世墓碣 | 기응세(奇應世) 묘표(墓表) 又墓表 | 이몽량(李夢良) 묘비(墓碑) 李夢良墓碑 | 황대수(黃大受) 묘비(墓碑) 黃大受墓碑 | 허엽(許曄) 묘표(墓表) 許曄墓表 | 박소(朴紹) 묘갈(墓碣) 朴紹墓碣 | 윤두수(尹斗壽) 묘비(墓碑) 尹斗壽墓碑 | 윤두수(尹斗壽) 묘표(墓表) 又墓表 | 율곡(栗谷) 묘비(墓碑) 栗谷墓碑 | 안종도(安宗道) 묘비(墓碑) 安宗道墓碑 | 이송복(李松福) 묘비(墓碑) 李松福墓碑 | 윤방(尹昉) 묘비(墓碑) 尹昉墓碑 | 홍담(洪曇) 묘비(墓碑) 洪曇墓碑 | 이순신(李舜臣) 묘비(墓碑) 李舜臣墓碑 | 한백겸(韓百謙) 묘비(墓碑) 韓百謙墓碑 | 백인걸(白仁傑) 묘비(墓碑) 白仁傑墓碑 | 유순익(柳舜翼) 묘갈(墓碣) 柳舜翼墓碣 | 이완(李浣) 묘표(墓表) 李浣墓表 | 정구(鄭逑) 묘갈(墓碣) 鄭逑墓碣 | 홍명원(洪命元) 묘갈(墓碣) 洪命元墓碣 | 김식(金湜) 묘비(墓碑) 金湜墓碑 | 윤사

# 이운지 권제6 怡雲志卷第六　임원십육지 104 林園十六志一百四

## 골동품과 예술 작품 감상(하) 藝翫鑑賞(下)

### 1. 명화 名畫

### 2. 송나라와 원나라 이후의 그림 족자 宋、元以後畫幀　　　517

成)의 〈군봉적설도(群峯積雪圖)〉李成《群峯積雪圖》 │ 거연(巨然)의 〈산수첩(山水帖)〉巨
然《山水帖》 │ 거연의 〈노사도(鷺鷥圖)〉《鷺鷥圖》 │ 범관(范寬)의 〈산수권(山水卷)〉范
寬《山水卷》 │ 곽희(郭熙)의 〈고목한천도(古木寒泉圖)〉郭熙《古木寒泉圖》 │ 곽희의 산수
화 두 화폭 山水兩幅 │ 유송년(劉松年)의 〈침이부과도(沈李浮瓜圖)〉劉松年《沈李浮瓜圖》
│ 하징(何澄)의 〈귀거래사도(歸去來辭圖)〉何澄《歸去來辭圖》 │ 역원길(易元吉)의 〈후묘
도(猴貓圖)〉易元吉《猴貓圖》 │ 조천리의 〈해천낙조도(海天落照圖)〉趙千里《海天落照圖》
│ 이공린(李公麟)의 〈마도(馬圖)〉李公麟《馬圖》 │ 이공린의 〈연사도(蓮社圖)〉《蓮社圖》
│ 미불의 〈운기루도(雲起樓圖)〉米芾《雲起樓圖》 │ 미불의 산수화폭(山水畫幅) 米芾山
水幅 │ 문동(文同)의 〈묵죽(墨竹)〉文湖州《墨竹》 │ 소식의 〈묵죽도(墨竹圖)〉東坡《墨
竹》 │ 소식의 〈해도(蟹圖)〉東坡《蟹圖》 │ 양무구(楊無咎)의 〈죽첩(竹帖)〉楊補之《竹帖》
│ 이적(李迪)의 〈녹도(鹿圖)〉李迪《鹿圖》 │ 고극공(高克恭)의 〈산수폭(山水幅)〉高房山
《山水幅》 │ 조맹견(趙孟堅)의 〈산수권(山水卷)〉趙子固《山水卷》 │ 조맹부의 〈도적도(陶
蹟圖)〉趙松雪《陶蹟圖》 │ 조맹부의 〈권수도(倦繡圖)〉《倦繡圖》 │ 왕몽(王蒙)의 〈계산고
일도(溪山高逸圖)〉王叔明《溪山高逸圖》 │ 왕몽의 〈산수폭(山水幅)〉《山水幅》 │ 왕몽의
〈묵죽(墨竹)〉《墨竹》 │ 왕몽의 〈방거연산수폭(仿巨然山水幅)〉《仿巨然山水幅》 │ 오진
(吳鎭)의 〈묵죽(墨竹)〉梅道人《墨竹》 │ 오진의 〈산수폭(山水幅)〉《山水幅》 │ 왕연(王淵)
의 〈바라화도(波羅花圖)〉王若水《波羅花圖》 │ 황공망(黃公望)의 〈부춘산도(富春山圖)〉
黃子久《富春山圖》 │ 황공망의 〈천태석벽도(天台石壁圖)〉《天台石壁圖》 │ 황공망과 왕
연의 합작 산수폭(山水幅) 黃, 王合作山水幅 │ 왕진붕(王振鵬)의 〈선산누각도(仙山樓閣
圖)〉王孤雲《仙山樓閣圖》 │ 예찬(倪瓚)의 〈십만도(十萬圖)〉倪雲林《十萬圖》 │ 예찬의 〈광
려청효도(匡廬淸曉圖)〉《匡廬淸曉圖》 │ 예찬의 〈낙포임거도(樂圃林居圖)〉《樂圃林居圖》
│ 명나라 서분(徐賁)의 〈갈필죽석(渴筆竹石)〉明 徐幼文《渴筆竹石》 │ 구영(仇英)의 〈이
죽도(移竹圖)〉仇實父《移竹圖》 │ 심주(沈周)의 〈풍우귀주도(風雨歸舟圖)〉沈石田《風雨歸
舟圖》 │ 심주의 〈도화정(桃花幀)〉《桃花幀》 │ 문징명의 〈수묵남궁도(水墨南宮圖)〉文
衡山《水墨南宮圖》 │ 황도주(黃道周)의 〈고송권(古松卷)〉黃石齋《古松卷》 │ 이유방(李流
芳)의 〈선책(扇冊)〉李長蘅《扇冊》 │ 나빙(羅聘)의 〈오청도(五淸圖)〉羅兩峯《五淸圖》

### 3. 【부록】 우리나라의 화첩 【附】 東國畫帖

충암(冲庵) 김정(金淨)의 〈이조화명도(二鳥和鳴圖)〉冲菴《二鳥和鳴圖》 │ 학림정(鶴林正)
이경윤(李慶胤)의 〈석상분향도(石上焚香圖)〉鶴林《石上焚香圖》 │ 탄은(灘隱) 이정(李霆)
의 사죽(寫竹, 사생기법으로 그린 대나무) 灘隱寫竹 │ 허주재(虛舟齋) 이징(李澄)의 〈노안
도(蘆雁圖)〉虛舟齋《蘆雁圖》 │ 겸재(謙齋) 정선(鄭敾)의 〈춘산등림도(春山登臨圖)〉謙

齋《春山登臨圖》 | 정선의 산수폭(山水幅) 山水幅 | 정선의 〈대은암도(大隱嵒圖)〉《大隱嵒圖》 | 현재(玄齋) 심사정(沈師正)의 〈금강산도(金剛山圖)〉 玄齋《金剛山圖》 | 심사정의 〈화조초충도(花鳥草蟲圖)〉《花鳥草蟲圖》 | 낙서(駱西) 윤덕희(尹德熙)의 〈춘지세마도(春池洗馬圖)〉 駱西《春池洗馬圖》 | 호생관(毫生館) 최북(崔北)의 〈선인취적도(仙人吹笛圖)〉 毫生館《仙人吹笛圖》 | 원교(圓嶠) 이광사(李匡師)의 〈만접도(萬蝶圖)〉 圓嶠《萬蝶圖》 | 표암(豹菴) 강세황(姜世晃)의 〈난죽(蘭竹)〉 豹菴《蘭竹》 | 단원(檀園) 김홍도(金弘道)의 〈금강산도(金剛山圖)〉 檀園《金剛山圖》 | 김홍도의 〈삼성도(三星圖)〉《三星圖》 | 김홍도의 〈음산대렵도(陰山大獵圖)〉《陰山大獵圖》 | 김홍도의 이속도(俚俗圖, 풍속도) 俚俗圖 | 이명기(李命基)의 〈호접도(蝴蝶圖)〉 李命基《蝴蝶圖》 | 이인문(李寅文)의 〈산수폭〉 古松流水館《山水幅》

## 일러두기

-이 책은 풍석 서유구의 《임원경제지》를 표점, 교감, 번역, 주석, 도해한 것이다.

-저본은 정사(正寫) 상태, 내용의 완성도, 전질의 구성 등을 고려하여 고려대학교 도서관 소장본으로 했다.

-현재 남아 있는 이본 가운데 서울대학교 규장각한국학연구원, 일본 오사카 나카노시마부립도서관본을 교감하고, 교감 사항은 각주로 처리했으며, 각각 규장각본, 오사카본으로 약칭했다.

-교감은 본교(本校) 및 대교(對校)와 타교(他校)를 중심으로 하고, 필요에 따라서는 이교(理校)를 반영했으며 교감 사항은 각주로 밝혔다.

-번역주석의 번호는 일반 숫자(9)로, 교감주석의 번호는 네모 숫자(⑨)로 구별했다.

-원문에 네모 칸이 쳐진 注, 法 등과 서유구의 의견을 나타내는 案, 又案 등은 원문의 표기와 유사하게 네모를 둘렀다.

-원문의 주석은 【 】로 표기했다.

-서명과 편명은 번역문에만 각각 《 》 및 〈 〉로 표시했다.

-표점 부호는 마침표(.), 쉼표(,), 물음표(?), 느낌표(!), 쌍점(:), 쌍반점(;), 인용부호(" ", ' '), 가운데점(·), 모점(,), 괄호(()), 서명 부호(《 》)를 사용했고 인명, 지명 등 고유명사에는 밑줄을 그었다.

-字, 號, 諡號 등으로 표기된 인명은 성명으로 바꿔서 옮겼다.

-본문에 포함된 사진 중 출전정보가 없는 사진은 바이두·구글 등에서 검색한 이미지를 사용했음을 밝힌다.

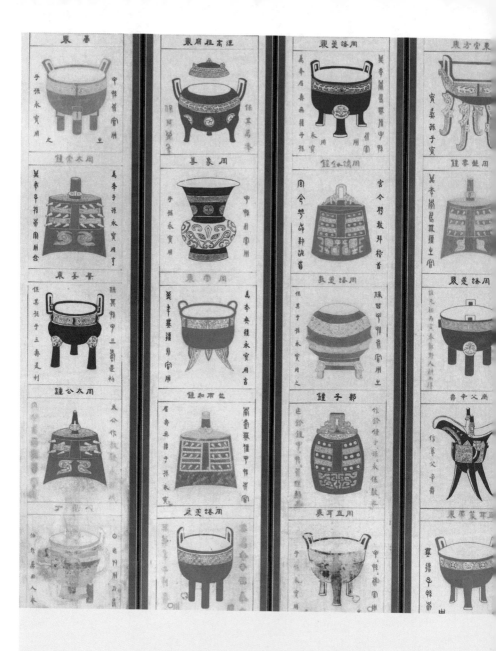

# 1

# 이운지 권제 5
## 怡雲志 卷第五

임원십육지 103

林園十六志 百三

---

골동품과 예술작품 감상(상)

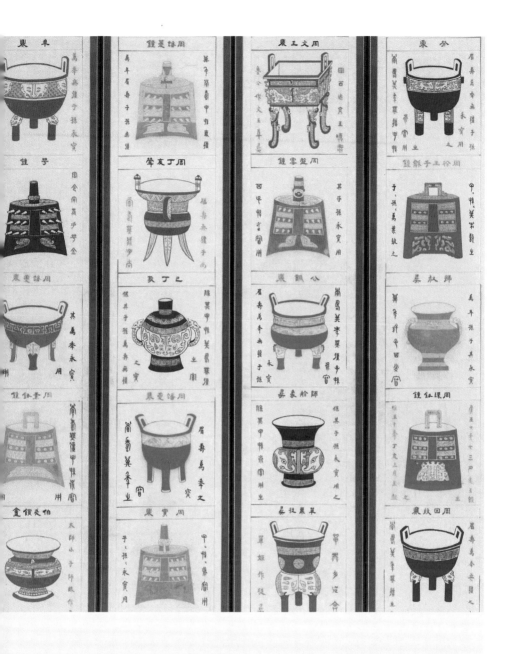

내가 집에서 오래 전부터 소장하고 있는 순루비(峋嶁碑)의 탁본은 아마도 서하본 (棲霞本)일 것이다. 하치자(何致子)와 양신·양시교는 모두 《예석(隸釋)》이라는 비문 해설서를 소장하고 있었지만 각자의 평가는 같지 않았던 것이다. 대개 글씨체가 용이 발톱으로 움켜잡고 호랑이가 앞발로 치는 듯하여 《순화각첩(淳化閣帖)》에 남아있는 글씨와는 전혀 다르다. 우임금의 글씨는 평평한 면에 펼쳐져 있어서 쉽게 알아볼 수 있는데, 여러 사람들이 각각 자기 마음대로 판단했기 때문에 사람마다 글씨를 평가하는 말이 다른 것이다.

# 골동품과 예술작품 감상(상)

## 藝翫鑑賞(上)

# 1. 골동품

# 古董

## 1) 옛 동기의 명칭[1]

옛 동기의 명칭에는 다음과 같은 종류가 있다. 종(鍾) 【크기가 큰 것은 '특종(特鍾)'이라 하고, 중간 것은 '박종(鎛鍾)'이라 하고, 작은 것은 '편종(編鍾)'이라 한다.】[2]·

정(鼎, 다리 3개 달린 솥)·준(尊, 술그릇)·뢰(罍, 단지 모양의 술그릇)·이(彝, 술그릇)·주(舟)[3]【세(洗, 물 담는 납작한 그릇)와 비슷하지만 그릇에 귀가 달려 있다.】·

유(卣)[4]【음은 유(酉), 또는 유(由)이다. 중간 크기의 술그릇으로, 뚜껑이 있는 종류이다.】·병(瓶)·작(爵, 다리 3개 달린 술잔)·두(斗)[5]【귀가 있고, 류(流)가 있으며,

## 論古銅器名

古器之名, 有鍾【大曰"特", 中曰"鎛①", 小曰"編".】、

鼎、尊、罍、彝、舟【類洗而有耳】、

卣【音酉, 又音由. 中尊器也, 有覆蓋之類也.】、瓶、爵、斗【有耳有流有足. 流

---

1 옛 동기의 명칭 : 이 기사에서는 동기를 그릇·악기·무기·일상생활에 사용하는 기물 등으로 나눠 설명하고, 그릇은 다시 크기와 용도에 따라 불을 사용하여 음식을 만드는 취구(炊具), 음식을 담는 식기(食器), 술을 담거나 마시는 주기(酒器), 물을 담는 수기(水器) 등으로 분류했다.

2 이 부분부터 "거로탁원"까지가 하나의 문장이다. 하지만 문장이 너무 길어 내용 이해에 혼란을 주는 측면이 있어서 부득이하게 문장 중간에 끊어서 단락을 달리했다. 단락을 구분할 때는 가급적이면 유사한 종류끼리 모이도록 했으나, 원본에 여러 종류가 섞여 있어서 정확한 구분은 아니다.

3 주(舟) : 일반적으로는 준(尊)이나 이(彝)를 받치는 용도의 그릇인데,《박고도(博古圖)》에는 납작하고 양쪽에 손잡이가 달린 그릇으로 그려져 있다.

4 유(卣) : 술통의 일종. 배가 크고 굽다리이며 덮개와 손잡이가 달려 있다. 예기(禮器)로써 중국 상(商)나라 때와 서주(西周) 시대에 주로 사용되었다.

5 두(斗) : 일반적으로는 술을 푸는 국자를 말한다.《박고도》에는 국자와 비슷한 모습으로 그려져 있는데, 경기도 광주시에서 출토된 청동제 두를 보면 다리 3개와 주둥이, 자루가 있는 모습으로, 본문의 설명과 유사하다.

① 鎛 : 저본에는 "鑄".《遊宦紀聞》에 근거하여 수정.

다리가 있다. 류(流) 곧 주둥이[觜]이다.]·치(巵)[6]·치(觶)【지(之)와 발(跋)의 반절이다. 술잔이다.]·각(角)【이(彝)와 비슷하지만 잔의 굽이 없다.]·배(杯)·대(敦, 곡물을 담는 원형 그릇)·보(簠, 곡물을 담는 그릇)【그 모양은 네모나다.]·궤(簋, 곡물을 담는 그릇)【정(鼎)과 비슷하지만 크기가 그보다 작다. 대개 발 4개가 달려 있다.]·

卽觜也.]、巵、觶【之跋切. 酒觴也.]、角【類彝而無柱]、杯、敦、簠【其形方]、簋【類鼎而矮[2], 蓋有四足.]、

두(斗)(좌:《박고도》, 우:국립중앙박물관)

두(豆, 음식그릇)·언(甗)[7]【우(牛)와 언(偃)의 반절이다. 밑이 없는 시루이다.]·정(錠)【도(徒)와 경(徑)의 반절, 또는 도(都)와 정(定)의 반절이다.]·가(斝, 술그릇)·고(觚, 술잔)·

豆、甗[3]【牛[4]偃切. 無底甑也.]、錠【徒徑切, 又都定切.]、斝、觚、

6　치(巵):술잔의 일종. 치(巵) 자는 '위태할 위(危)' 자와 비슷하다 하여 술에 대한 경계심을 갖게 하는 의미가 있다.

7　언(甗):솥과 시루가 애초에 붙어 있는 형태의 그릇.《섬용지》권2〈불로 요리하는 도구〉"불 때고 뜸 들이고 삶고 데치는 여러 도구" '언(솥과 시루의 기능을 겸비한 시루)' 참조.

[2]　矮:저본에는 "跋".《遊宦紀聞》에 근거하여 수정.

[3]　甗:저본에는 "獻".《遊宦紀聞》에 근거하여 수정.

[4]　牛:저본에는 "中".《遊宦紀聞》에 근거하여 수정.

역(鬲, 솥)【모양과 제도는 정(鼎)과 같다.《한서(漢書)·교사지(郊祀志)》[8]에 "다리가 텅 빈 솥을 '역(鬲)'이라 한다."[9]라 했다.】· 복(鍑, 솥)【방(方)과 유(宥)의 반절이다.《옥편(玉篇)》[10]에 "부(釜)와 비슷하지만 크기는 그보다 크다."[11]라 하였다. 그러나 실제로는 작은 항아리와 비슷하지만 고리가 있다.】· 화(盉)【호(戶)와 과(戈)의 반절, 또는 호(胡)와 와(臥)의 반절이다. 온갖 음식을 담는 그릇이다. 정(鼎)과 비슷하지만 뚜껑이 있고, 주둥이가 있으며, 궤반(机攀, 한쪽 손잡이)이 있다.】· 호(壺)【호의 종류에는 다음과 같은 4가지가 있다 : '원호(圓壺, 둥근 모양의 호)', '편호(匾壺, 납작한 모양의 호)', '방호(方壺, 네모난 모양의 호)', '온호(溫壺, 따뜻함을 유지하는 호)'.】·

암(盦)【어(於)와 함(含)의 반절이다. 덮개를 덮어야 한다. 세(洗)와 비슷하지만 허리 부분이 그보다 크며, 다리가 달려 있고, 제반(提攀, 손잡이)이 있다.】· 부(瓿, 술그릇)【포(蒲)와 후(後)의 반절이다. 호(壺)와 비슷하지만 크기가 그보다 작다.】· 포(鋪, 음식그릇)【두

鬲【形制同鼎.《漢志》謂 "空足曰'鬲'".】· 鍑[5]【方宥切.《玉篇》云 : "似釜而大", 其實類小甕而有環.】·

盉【尸戈切, 又胡臥切. 盛五味之器也. 似鼎而有蓋, 有觜, 有机[6]攀.】· 壺【其類有四 : 曰[7]"圓", 曰"匾[8]", 曰[9]"方", 曰"溫".】·

盦【於含切. 覆蓋也. 似洗而腰大, 有足[10], 有提攀.】· 瓿【蒲後切. 類壺而矮.】· 鋪【類豆. 鋪陳薦[11]獻之義.】· 罍【類釜】·

---

8　한서(漢書)·교사지(郊祀志) :《한서》는 중국 전한(前漢)의 정사(正史). 중국 후한(後漢)의 반고(班固, 32~92)가 저술했다. 이 중〈교사지〉는 제사에 관한 역사를 기록한 지(志)이다.

9　다리가……한다 :《漢書》卷25〈郊祀志〉上, 1225쪽.

10　옥편(玉篇) : 중국 남조(南朝)시대 양나라 학자 고야왕(顧野王, 519~581)이 542개 부수와 16,900여 자의 발음 정보와 의미를 기술한 책. 허신(許愼, 30~124)의《설문해자(說文解字)》형식을 모방하였다.

11　부(釜)와……크다 :《重修玉篇》卷18〈金部〉(《文淵閣四庫全書》224, 153쪽).

[5]　鍑 :《遊宦紀聞》에는 "鏸".

[6]　机 :《遊宦紀聞》에는 "執".

[7]　曰 : 저본에는 "口".《遊宦紀聞》에 근거하여 수정.

[8]　匾 : 저본에는 "區".《遊宦紀聞》에 근거하여 수정.

[9]　曰 : 저본에는 없음.《遊宦紀聞》에 근거하여 보충.

[10]　足 : 저본에는 "退".《遊宦紀聞》에 근거하여 수정.

[11]　薦 : 저본에는 없음.《遊宦紀聞》에 근거하여 보충.

(豆)와 비슷하다. 음식을 펼쳐서[鋪] 진설해두고 하늘에 올린다는 뜻이다.}·앵(罌, 술그릇)【부(釜)와 비슷하다.[12]】·

감(鑑)【얼음을 담는 그릇이다. 윗부분은 두(斗)처럼 네모나고, 밑바닥을 뚫어 바람 통하는 창을 만들었으며, 그 아래에 받침을 설치하여 얼음을 담는다.】·이(匜)[13]【익(弋)과 지(之)의 반절이다. 대야에 물을 붓는 그릇이다.】·반(盤, 손 씻는 그릇)·세(洗)·분(盆)·현(銒)【호(呼)와 현(玄)의 반절이다. 세(洗)와 비슷하다. 《옥편(玉篇)》에 "작은 분(盆)이다."[14]라 했다.】·우(杅, 물 담는 그릇)·

경(磬)[15]·순(錞)[16]·탁(鐲)[17]·정(鉦)[18]【종(鍾)과 비슷하지만 크기가 그보다 작다.】·요(鐃)[19]·척(戚)[20]·대(鐓)[21]【장식한 손잡이이다.】·염(奩, 뚜껑 달린 보관함)·감(鑑)【곧 거울이다.】·절(節)[22]·월(鉞)[23]·과(戈, 창)·

鑑【盛氷器, 上方如斗, 鏤底作風窓, 下設盤以盛之.】、匜【弋之切. 沃盥器.】、盤、洗、盆、銒[12]【呼玄切. 類洗.《玉篇》云："小盆也".】、杅[13]、

磬、錞、鐲、鉦【類鍾而矮】、鐃、戚、鐓【飾柄】、奩、鑑【卽鏡】、節、鉞、戈、矛、盾、弩機、

---

12 부(釜)와 비슷하다：부(釜)는 솥의 일종이다. 다만《박고도》의 그림을 참조해보면 앵(罌)은 솥보다는 술그릇의 모양새에 가깝다.

13 이(匜)：세숫물을 따라 부어주는 부리가 달린 타원형 그릇.《섬용지》권3〈몸 씻는 도구와 머리 다듬는 도구〉'몸 씻는 여러 도구' '놋대야' 참조.

14 작은 분(盆)이다：《重修玉篇》卷18〈金部〉(《文淵閣四庫全書》224, 153쪽).

15 경(磬)：고대 중국의 타악기. 음정이 다른 16개의 경석을 깎아 틀에 매단 악기인 편경과 1개의 경석을 매단 악기인 특경으로 나뉜다. 경의 명칭은 대체로 경석의 모양에 따라 이름을 붙였다.

16 순(錞)：고대 중국의 타악기. 악기의 윗 부분은 크고 넓으며 아랫 부분은 작고 좁아서 걸어서 사용할 수 있다. 항상 북과 함께 연주한다.

17 탁(鐲)·고대 중국의 타악기. 손잡이가 달린 작은 종 형태를 띤다.

18 정(鉦)：고대 중국의 타악기. 모양이 크기가 작은 종(鍾)과 비슷하고, 자루를 잡고서 두드리며 연주한다.

19 요(鐃)：고대 중국의 타악기. 모양이 탁(鐲)과 비슷하다. 손잡이가 달려 있으며 흔들어서 소리를 냈다.

20 척(戚)：고대 중국의 무구(舞具). 척은 오른손에 들고, 간(干)은 왼손에 든다.

21 대(鐓)：고대 중국의 쇠 장식. 창이나 칼 등의 자루 끝에 부착한다.

22 절(節)：고대 장수에게 주어 병력을 동원할 권한을 줌을 증명하는 표지(標識). 부절(符節)

23 월(鉞)：고대 출정하는 장수에게 주살(誅殺)을 허락하는 뜻으로 주는 도끼. 부월(斧鉞)

[12] 銒：저본에는 "鎖".《遊宦紀聞》에 근거하여 수정.

[13] 杅：저본에는 "杼".《遊宦紀聞》에 근거하여 수정.

모(矛, 창)·순(盾, 방패)·노기(弩機)[24]·
표좌(表坐)[25]·기령(旂鈴)[26]·도필(刀筆)[27]·장두(杖頭, 지팡이 손잡이)·
준룡(蹲龍)[28]【왕궁의 사당이나 수레의 장식품이다. 간혹 테두리의 장식물이라고도 한다.】·구거(鳩車)[29]【아이들의 장난감이다.】·제량(提梁)[30]·구사연적(龜蛇硯滴)[31]·거로탁원(車輅托轅)[32] 따위.

이는 대략적인 동기를 말한 것으로, 모두 갖추어 말하기는 어렵다. 그러나 이를 안다면 동기를 절반 이상 알고 있다고 할 수 있다. 《유환기문(游宦紀聞)[33]》[34]

表坐、旂鈴、刀筆、杖頭、

蹲龍【宮廟、乘輿之飾. 或云欄楯間物.】、鳩車【兒戲之具】、提梁、龜蛇硯滴、車輅托轅之屬.

此其大槩, 難於盡備, 然知此者思過半矣.《游宦紀聞》

---

24 노기(弩機):쇠로 된 발사 장치가 달린 활. 쇠뇌라고도 한다.
25 표좌(表坐):규표(圭表, 해시계)의 밑판[圭]을 흔들림 없이 세워 놓는 장치. 큰 쟁반 위로 통(筩) 1개가 위아래를 관통해 있는데, 이 사이에 막대[表]를 꽂아 세운다.
26 기령(旂鈴):깃대를 장식하는 7개의 방울. 움직이면 소리가 나지만 방울을 다는 방법은 자세하지 않다. 송(宋)나라 당시에 기령의 장식을 살펴보면 깃발에 새겨진 그림과 사용하는 신분에 따라 방울 개수가 차이가 있다.
27 도필(刀筆):중국에서 종이가 발명되기 전에 대나무에 글자를 새길 때 사용했던 칼.
28 준룡(蹲龍):왕궁의 사당이나 수레에 사용하는 장식품. 용이 웅크리고 있는 모양이다.
29 구거(鳩車):비둘기에 바퀴가 달린 장난감의 일종.
30 제량(提梁):람(籃)이나 호(壺) 등의 몸체 위에 달린 손잡이.
31 구사연적(龜蛇硯滴):거북 등에 뱀이 올라 탄 모양의 연적.
32 거로탁원(車輅托轅):수레의 끌채 장식. 벽사(闢邪)의 의미를 가지고 있다.
33 유환기문(游宦紀聞):중국 송나라의 문인 장세남(張世南, ?~?)이 편찬한 저서. 문학·역법·술수·의약·원예 등 여러 분야의 다양한 기록을 모아 편찬한 책이다.
34 《遊宦紀聞》卷5(《唐宋史料筆記叢刊》, 41쪽);《遊宦紀聞》卷5(《文淵閣四庫全書》864, 609~610쪽).

특종(特鐘)(국립국악원)

정(鼎)(국립중앙박물관)

준(尊)(국립중앙박물관)

뢰(罍)(국립중앙박물관)

이(彝)《박고도(博古圖)》

주(舟)《박고도》

세(洗)《박고도》

유(卣)《박고도》

병(瓶)《박고도》

작(爵)(국립중앙박물관)

치(巵)《박고도》

치(觶)《박고도》

각(角)(《박고도》)

대(敦)(《박고도》)

보(簠)(《박고도》)

궤(簋)(《박고도》)

두(豆)(《박고도》)

언(甗)(국립중앙박물관)

정(鋌)(《박고도》)

가(斝)(《박고도》)

고(觚)(국립중앙박물관)

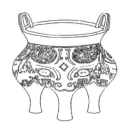

역(鬲)(《박고도》)

복(鍑)(국립중앙박물관)

화(盉)(《박고도》)

호(壺)(국립중앙박물관)　　암(盦)《박고도》　　부(瓿)《박고도》

포(鋪)《박고도》　　앵(罌)《박고도》　　감(鑑)《박고도》

이(匜)《박고도》　　반(盤)(국립중앙박물관)　　분(盆)《박고도》

현(銿)《박고도》　　우(杅)《박고도》　　경(磬)《박고도》

순(錞)(《박고도》)

탁(鐸)(《박고도》)

정(鉦)(《박고도》)

요(鐃)(《박고도》)

척(戚)(《박고도》)

대(鐓)(《박고도》)

염(奩)(《박고도》)

감(鑑)(국립중앙박물관)

월(鉞)(《육경도(六經圖)》)

과(戈)(국립중앙박물관)

모(矛)(국립중앙박물관)

순(盾)(《황조예기도식(皇朝禮器圖式)》)

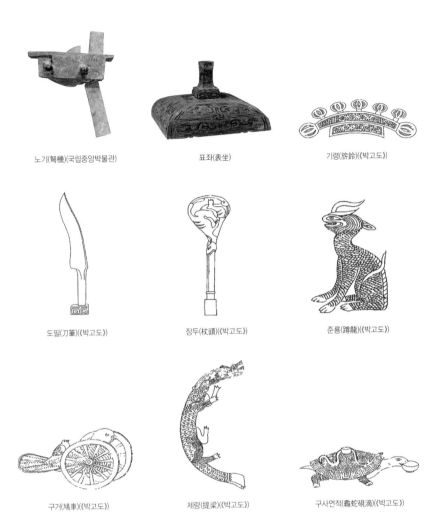

노기(弩機)(국립중앙박물관)                  표좌(表坐)                  기령(旗鈴)(《박고도》)

도필(刀筆)(《박고도》)         장두(杖頭)(《박고도》)         준룡(蹲龍)(《박고도》)

구거(鳩車)(《박고도》)      제량(提梁)(《박고도》)      구사연적(龜蛇硯滴)(《박고도》)

거로탁원(車輅托轅)(《박고도》)

## 2) 옛 동기의 무늬

옛 동기를 만들 때 다음과 같은 종류가 있다.[35]

운문(雲紋, 구름무늬)·경중뢰문(輕重雷紋)[36]·수화뢰문(垂花雷紋)[37]·인문(鱗紋, 물고기비늘무늬)·세문(細紋, 가는 선무늬)·

속문(粟紋, 곡식무늬)·선문(蟬紋, 매미무늬)·황목(黃目)[38]·비렴(飛廉)[39]·

도철(饕餮)[40]·교리(蛟螭)[41]·규룡(虯龍)[42]·인봉(麟鳳, 기린과 봉황무늬)·

웅호(熊虎, 곰과 호랑이무늬)·구사(龜蛇, 거북과 뱀무늬)·녹마(鹿馬, 사슴과 말무늬)·상란(象鸞)[43]·

기희(夔犧)[44]·유【여(余)와 이(李)의 반절이다.】부(蜼鳧, 원숭이와 오리)·쌍어(雙魚, 물고기 한 쌍)·반훼(蟠虺, 큰 뱀무늬)·

古器制作, 有雲紋、輕重雷紋、垂花雷紋、鱗紋、細紋、

粟紋、蟬紋、黃目、飛廉、

饕餮、蛟螭[14]、虯龍、麟鳳、

熊虎、龜蛇、鹿馬、象鸞[15]、

夔犧、蜼【余李切】鳧、雙魚、蟠虺、

---

35 이 기사의 단락도 위의 기사처럼 임의로 구분했다.

36 경중뢰문(輕重雷紋): 가늘거나 굵은 선와형(旋渦形, 소용돌이 모양)이 네모나게 변형된 무늬.

37 수화뢰문(垂花雷紋): 뇌문이 화려하고 반복적으로 그려진 무늬.

38 황목(黃目): 황금으로 새긴 사람 눈무늬.

39 비렴(飛廉): 중국 고대부터 전해지는 전설 속의 새를 형상화한 무늬. 비렴의 머리는 참새처럼 생기고 뿔이 있으며, 몸은 사슴과 같으나 얼룩무늬가 있고, 꼬리는 뱀과 같이 생겼는데, 바람을 잘 일으킨다고 한다.

40 도철(饕餮): 중국 고대부터 전해지는 전설 속의 괴물을 형상화한 무늬. 도철의 머리는 인간과 같고 뿔이 있으며, 몸은 양과 같고 털로 뒤덮여 있다. 솥과 종에 도철무늬를 많이 새겼다.

41 교리(蛟螭): 중국 고대부터 전해지는 전설 속의 동물인 교룡을 형상화한 무늬. 교룡은 용과 비슷한 몸에 비늘과 사지가 있고, 주둥이와 배가 크고 뿔이 없다.

42 규룡(虯龍): 중국 고대부터 전해지는 전설 속의 동물인 규룡을 형상화한 무늬. 규룡은 용의 새끼로, 붉은 빛깔을 띠고 뿔이 있다고 한다.

43 상란(象鸞): 코끼리와 난새를 형상화한 무늬. 난새는 중국 고대부터 전해지는 전설 속의 새로, 봉황과 비슷하지만 오색무늬가 있다.

44 기희(夔犧): 기(夔)와 희(犧)를 형상화한 무늬. 기는 중국 고대부터 전해지는 상상 속의 동물로, 용을 닮은 외발짐승이다. 희는 제사에 사용하는 털빛이 고른 희생(犧牲)을 가리킨다.

[14] 蛟螭: 저본에는 "螭蛟". 《遊宦紀聞》에 근거하여 수정.

[15] 鸞: 저본에는 없음. 《遊宦紀聞》에 근거하여 보충.

여의(如意)⁴⁵·환락(圓絡)⁴⁶·반운(盤雲)⁴⁷·백유(百乳)⁴⁸·

앵이(鸚耳)⁴⁹·관이(貫耳)⁵⁰·언이(偃耳)⁵¹·직이(直耳)⁵²·

부이(附耳)⁵³·협이(挾耳)⁵⁴·수이(獸耳)⁵⁵·호이(虎耳)⁵⁶·

수족(獸足)⁵⁷·기족(夔足)⁵⁸·백수(百獸, 온갖 짐승무늬)·

삼리(三螭)⁵⁹·

수초(穟草)⁶⁰·서초(瑞草)⁶¹·전대(篆帶)⁶²【마치 규룡이 얽혀 있는 기세와 같다.】·성대(星帶)⁶³【사방을 별 모양으로 꾸몄다.】·

보유(輔乳)【종(鍾)에 표현된 무늬의 명칭이다. 음악의 장단을 맞출 때 쓴다.】·쇄유(碎乳)【종(鍾)에 표현된 무늬의 명칭이다. 큰 돌기 36개 외에 추가로 자잘한 돌기가 구리그릇을 둘러싸고 있다.】·입기(立夔)⁶⁴·

如意、圓絡、盤雲、百乳、

鸚耳、貫耳、偃耳、直耳、附耳、挾耳、獸耳、虎耳、

獸足、夔足、百獸、三螭、

穟草、瑞草、篆帶【若虯結之勢】、星帶【四旁飾以星象】、

輔乳【鍾名. 用以節樂者.】、碎乳【鍾名. 大乳[16]三十六外, 復有小乳周之.】、立夔、雙夔之類.

---

45 여의(如意) : 길상도안(吉祥圖案)의 한 종류이다. 주로 영지(靈芝)나 상운(祥雲)을 형상화한 무늬이다.

46 환락(圓絡) : 기물 주위를 끈으로 묶은 듯한 무늬.

47 반운(盤雲) : 구름이 넓게 서려 있는 무늬.

48 백유(百乳) : 많은 돌기가 있는 무늬. 유(乳)는 종(鍾)의 표면에 볼록 튀어나온 장식으로, 그 모양이 젖꼭지가 튀어나온 듯하여 이와 같이 불렀다. 아래 보유(輔乳)와 쇄유(碎乳) 등은 그 모양과 크기 등에 따라 붙여진 이름이다.

49 앵이(鸚耳) : 기물에 달린 앵무새 모양 손잡이.

50 관이(貫耳) : 기물에 달린 손잡이로, 구멍이 세로로 뚫려 있다.

51 언이(偃耳) : 기물에 비스듬하게 달린 손잡이.

52 직이(直耳) : 기물에 곧게 달린 손잡이.

53 부이(附耳) : 미상.

54 협이(挾耳) : 종(鍾) 양쪽 옆부분에 띠가 드리워지듯 달린 손잡이.

55 수이(獸耳) : 기물에 달린 짐승 모양의 손잡이.

56 호이(虎耳) : 기물에 달린 호랑이 모양의 손잡이.

57 수족(獸足) : 기물에 달린 짐승 모양의 다리.

58 기족(夔足) : 기물에 달린 기(夔, 용과 닮았으며 다리가 1개인 짐승) 모양의 다리.

59 삼리(三螭) : 교룡 3마리 무늬.

60 수초(穟草) : 미상.

61 서초(瑞草) : 중국 고대부터 상서롭다고 여겨진 풀을 형상화한 무늬.

62 전대(篆帶) : 전서체처럼 구불구불한 문양이 띠의 형태로 기물을 빙 둘러 새겨진 무늬.

63 성대(星帶) : 띠 안에 별처럼 동글동글한 문양이 여러 개 새겨진 무늬.

64 입기(立夔) : 미상. 기(夔)가 서 있는 무늬로 추정된다.

[16] 乳 : 저본에는 "亂". 《遊宦紀聞》에 근거하여 수정.

쌍기(雙夔)65와 같은 종류.

일반적으로 옛 동기 중에 1가지라도 여기에 부합되는 무늬가 있다면 그 무늬 이름을 따서 이름 붙이니, 운뇌종(雲雷鍾, 구름과 우레무늬가 새겨진 종)·녹마세(鹿馬洗, 사슴과 말의 형상이 새겨진 세)·앵이이(鸚耳匜, 앵무새모양 손잡이가 달린 이)와 같은 종류가 이것이다. 《유환기문》66

凡古器制度, 一有合此則以名之, 如雲雷鍾、鹿馬洗、鸚耳匜[17]之類是也. 《游宦紀聞》

운문(雲紋)과 교리(蛟螭)(국립중앙박물관)

뢰문(雷紋)(국립중앙박물관)

인문(鱗紋)(《박고도》)

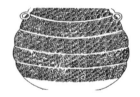

속문(粟紋)(《박고도》)

선문(蟬紋)(《박고도》)

황목(黃目)(《박고도》)

도철(饕餮)(국립중앙박물관)

규룡(虯龍)(국립중앙박물관)

인봉(麟鳳)(국립중앙박물관)

65 쌍기(雙夔) : 한 쌍의 기가 새겨진 무늬.
66 《遊宦紀聞》卷5(《唐宋史料筆記叢刊》, 40~41쪽);《遊宦紀聞》卷5(《文淵閣四庫全書》864, 609쪽).
[17] 匜 :《遊宦紀聞》에는 "壺".

쌍어(雙魚)(국립중앙박물관)

반훼(蟠虺)(《박고도》)

여의(如意)(《박고도》)

환락(圜絡)(《박고도》)

백유(百乳)(《박고도》)

관이(貫耳)(국립중앙박물관)

언이(偃耳)(국립중앙박물관)

협이(挾耳)(《박고도》)

수이(獸耳)(《박고도》)

수족(獸足)(《박고도》)

삼리(三螭)(《박고도》)

전대(篆帶)(《박고도》)

성대(星帶)(《박고도》)

보유(輔乳)(《박고도》)

쇄유(碎乳)(《박고도》)

예서(禮書)에 "뢰(罍)에는 운뢰(雲雷, 구름과 우레)무늬를 그렸다."[67]라 했다. 그러나 우레를 어떤 형상으로 그렸는지 아는 이는 없다. 지금 제기(祭器) 가운데에 그려진 우레무늬로 귀신이 북을 두드리는 형상이 있는데, 이는 매우 근거가 없다. 내가 예전에 옛 청동기(고동기) 뢰(罍) 1개를 얻었는데, 뢰의 배 부분을 빙둘러 모두 그림이 그려져 있었다. 이는 바로 인간 세상의 대들보에 굽이굽이 흐르는 물을 그려놓은 것 같았다. 그러나 자세히 살펴보니, 이는 바로 구름과 우레무늬를 번갈아 그려 장식한 것이었다.

예를 들어 'ᶇ'는 옛날에 쓰던 '운(雲)' 자로, 구름이 피어오르는 모양을 형상화한 것이고, 'ⓞ'는 '뇌(雷)' 자로, 고문(古文)에서는 'ⓔ'를 '뇌'로 썼으며, 빙빙 돌며 울리는 소리를 형상화한 것이다. 구리로 만든 뢰(罍)를 꾸미는 사례와 같은 경우에는 모두 'ᶇ' 1개와 'ⓔ' 1개를 번갈아 그렸으니, 이것이 이른바 '운뢰 모양'이다. 《몽계필담(夢溪筆談)[68]》[69]

예서(禮書)에 실려 있는 황이(黃彝)는 바로 사람의 눈을 그려서 꾸민 것으로, 이를 '황색눈[黃目]'이라 한다.[70] 내가 옛 동기 중에 황이를 얻었는데, 상당히

禮書言"罍畫雲雷之狀". 然莫知雷作何狀. 今祭器中畫雷, 有作鬼神伐鼓之狀, 此甚不經. 予嘗得一古銅罍, 環其腹皆有畫, 正如人間屋梁所畫曲水. 細觀之, 乃是雲雷相間爲飾.

如ᶇ者古雲字也, 象雲氣之形, 如ⓞ[18]者雷字也, 古文ⓔ爲雷, 象回旋之聲. 如銅罍之飾, 皆一ᶇ一ⓔ相間, 乃所謂"雲雷之象"也. 《夢溪筆談》

禮書所載黃彝, 乃畫人目爲飾, 謂之"黃目". 予得古銅黃彝, 殊不然. 其刻畫甚

---

67 뢰(罍)에는……그렸다 : 이 구절은 예를 들어 《周官集傳》卷6(《文淵閣四庫全書》95, 866쪽)에서 확인된다.

68 몽계필담(夢溪筆談) : 중국 북송시대 심괄(沈括, 1031~1095)이 문학·예술·역사·행성 분야뿐만 아니라, 수학·물리·동식물·약학·기술·천문학 등 자연과학의 모든 분야에 걸쳐 기술한 저서로, 송나라 과학사 연구에 중요한 자료이다. 강소성(江蘇省) 진강(鎭江)에 있는 몽계원(夢溪園)이라는 정원에서 손님들과 나눈 대화를 기록했다고 해서 책 제목을 '몽계필담'이라 했다.

69 《夢溪筆談》卷19〈器用〉(《夢溪筆談》下, 3~4쪽).

70 예서(禮書)에……한다 : 이 구절은 예를 들어 《삼례도집주(三禮圖集注)》卷14〈黃彝〉(《文淵閣四庫全書》123, 206)에서 확인된다.

[18] ⓞ : 저본에는 "回". 《夢溪筆談·器用》에 근거하여 수정.

달랐다. 그림을 새긴 것이 몹시 번잡하여 대체로 무전(繆篆)⁷¹과 비슷하였고, 또 테두리에 그리는, 회오리치는 물결무늬나 굽이굽이 흐르는 물줄기무늬와 같았다. 중간에 눈 2개가 있었고, 이는 마치 큰 탄환만 하고, 툭 튀어나와 번쩍번쩍 빛났다. 이것이 이른바 '황목(黃目)'이다. 그 무늬를 살펴보면 어금니와 뿔, 주둥이의 형상이 있는 듯했다.

내가 또 동기 정(鉦) 1개를 얻었다. 중간에 사물 1개가 주조되어 있었는데, 거기에는 뿔 달린 양 머리가 있고, 그 몸통은 또한 전서(篆書)⁷²로 쓴 글자처럼 생겼다. 요즘의 술사(術士)가 그린 부적의 경우는 옆에 2글자가 있으니, 바로 대전(大篆)⁷³으로 쓴 '비렴(飛廉)'이라는 글자로, 동기 정(鉦)에 쓴 글자도 아마 비렴일 것이다. 비렴은 신령스러운 짐승의 명칭이다. 이로써 검증해 보면 '황목' 또한 눈만 있는 것이 아니라 그 외의 형상이 있는 하나의 짐승이다. 비렴의 종류는 그 모양이 글자 같지만 글자가 아니고 그림 같지만 그림이 아니니, 아마도 옛사람들에게는 이를 주조한 별도의 깊은 이치가 있었을 것이다. 《몽계필담》⁷⁴

繁, 大體似繆篆, 又如闌楯間所畫回波曲水之紋. 中間有二目, 如大彈丸, 突起煌煌然, 所謂"黃目"也. 視其文, 彷彿有牙角、口吻之象.

予又得一銅鉦, 中間鑄一物, 有角羊頭, 其身亦如篆文. 如今時術士所畫符, 傍有兩字, 乃大篆"飛廉"字, 鉦間所圖蓋飛廉也. 飛廉, 神獸之名. 以此驗之, 則"黃目"亦是一物. 飛廉之類, 其形狀如字非字, 如畫非畫, 恐古人別有深理⏴⏰. 《夢溪筆談》

---

71 무전(繆篆): 육체서(六體書)의 하나로, 도장의 크기와 글자 수에 따라 맞춰 새기는 서체이다.
72 전서(篆書): 중국 고대 한자 서체의 하나. 예서(隸書) 이전의 서체를 말하기도 하고, 구체적으로 대전(大篆)과 소전(小篆)을 모두 지칭하기도 한다.
73 대전(大篆): 중국 주(周)나라 선왕(宣王, 재위 B.C. 827~B.C. 782) 때 태사(太史) 주(籀)가 만든 서체로, 점차 변하여 각 나라마다 달라졌다. 《유예지》卷3 서벌 〈대전과 소전〉 참조.
74 《夢溪筆談》卷19〈器用〉(《夢溪筆談》下, 1~2쪽).
⏴⏰ 其形……深理: 저본에는 없음. 《夢溪筆談·器用》에 근거하여 보충.

## 3) 관지(款識)[75]

지문(識文)에 하(夏)나라는 조적전(鳥跡篆)[76]을 사용했고, 상(商)나라는 충어전(蟲魚篆)[77]을 사용했고, 주(周)나라는 충어대전(蟲魚大篆)을 사용했고, 진(秦)나라는 대전(大篆)과 소전(小篆)[78]을 사용했고, 한(漢)나라는 소전과 예서(隸書)[79]를 사용했고, 위·촉·오 삼국은 예서를 사용했고, 진(晉)나라와 송나라 이래로는 해서(楷書)[80]를 사용했고, 당나라와 진(秦)나라는 해서와 예서를 사용했다.

하·상·주 삼대(三代)는 음각 지문을 사용했는데, 이를 '언낭자(偃囊字)'[81]라 했다. 그 글자가 오목하게 들어갔기 때문이다. 한나라 이래로 간혹 양각 지문을 사용했는데, 글자가 볼록하게 튀어나왔다. 간혹 오목하게 들어간 것 중에 혹 마치 비석에 새기듯이 칼로 조각한 것도 있다. 대개 음각 지문은 주조하기 어렵고 양각 지문은 만들기가 쉽기 때문이다. 이로 볼 때 양각 지문은 결코 하·상·주의 기물이

### 論款識

識文, 夏用鳥跡篆, 商用蟲魚篆, 周用蟲魚大篆, 秦用大、小篆, 漢以小篆、隸書, 三國用隸書, 晉、宋以來用楷書, 唐、秦用楷、隸.

三代用陰識, 謂之"偃囊字". 其字凹入也. 漢以來或用陽識, 其字凸. 間有凹者, 或用刀刻如鐫碑者. 蓋陰識難鑄, 陽識易爲[20], 陽識決非三代[21]物也.《洞天清綠》

---

75 관지(款識): 종이나 솥·제기(祭器) 등에 새긴 글자. 음각으로 새긴 문자를 관(款), 양각으로 새긴 문자를 지(識)라 하기도 하고, 그릇의 외부에 새긴 글을 관, 내부에 새긴 글을 지라 하기도 한다.

76 조적전(鳥跡篆): 모래 위에 찍힌 새의 발자국 모양을 본뜬 서체이다.

77 충어전(蟲魚篆): 새와 벌레 따위의 형상을 본뜬 서체이다. 조충서(鳥蟲書)·충서(蟲書)·조충전(鳥蟲篆)이라고도 한다.

78 소전(小篆): 진시황(秦始皇)이 중국을 통일한 뒤 문자도 통일하기 위해 이사(李斯)에게 명하여 만든 서체이다. 대전에 비하여 간략하다.《유예지》卷3 시벌〈내선과 소전〉참조.

79 예서(隸書): 전서(篆書)를 보다 편하게 사용하려고 자획을 생략하여 만든 서체.

80 해서(楷書): 예서에서 변화와 발전을 거쳐 발달된 서체로, 자형이 가장 방정하다. 진서(眞書)·정서(正書)라고도 한다.

81 언낭자(偃囊字): 동기에 음각한 글자. 음지(陰識)라고도 하며 양지(陽識)에 상대되는 말이다.

[20] 爲:《洞天淸錄集·古鍾鼎彝器辨》에는 "成".

[21] 三代: 저본에는 "古".《洞天淸錄集·古鍾鼎彝器辨》에 근거하여 수정.

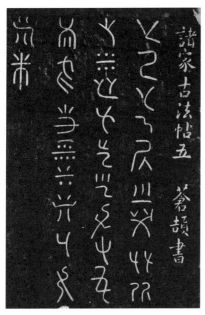

《순화각첩(淳化閣帖)》(국립중앙박물관)　　　　　　　조충전(鳥蟲篆)

아니다.《동천청록》[82]

관지(款識)는 대전과 소전으로 새겨 공적을 기술한 글자이니, 이른바 '종(鍾)과 정(鼎)에 명(銘)을 새긴다.'라는 것이다. 관(款)은 바로 화려한 무늬를 양각지문으로 표현한다. 옛 동기의 관(款)은 기물 밖에 있으면서 볼록하게 나와 있고, 지(識)는 안에 있으면서 오목하게 들어가 있다. 하(夏)·주(周)의 기물에는 관(款)도 있고 지(識)도 있는데, 상(商)의 기물에는 대부분 관은 없고 지만 있다.《동천청록》[83]

款識[22]篆字以紀功, 所謂 "銘書鍾鼎". 款乃花紋以陽識, 古器款居外而凸, 識居內而凹. 夏、周器有款有識, 商器多無款有識.《洞天清綠》

---

82 《洞天清錄集》〈古鍾鼎彝器辨〉(《叢書集成初編》1552, 11쪽).
83 《洞天清錄集》〈古鍾鼎彝器辨〉(《叢書集成初編》1552, 11쪽).
[22] 款識 : 저본에는 "識款".《洞天清錄集·古鍾鼎彝器辨》에 근거하여 수정.

옛사람이 일을 할 때는 반드시 정교하고 치밀하였으니, 장인들은 우(虞)·하(夏)·상(商)·주(周) 동기의 반열에 끼고자 하지만 후세의 솜씨 없는 장인[賤丈夫]의 작업으로는 미칠 수 있는 경지가 아니다. 그러므로 옛 동기의 관(款)은 반드시 터럭과 같이 세밀하고 굵기가 고르면서 환하고 뚜렷하여 조금도 모호한 것이 없다. 지문(識文)의 필획은 암키와 같이 곡선이 부드럽고, 더구나 크기와 깊이도 한결같다. 또한 밝고 맑으며, 환하고 뚜렷하여 조금도 모호한 것이 없다.

이는 대개 순도 높은 구리를 사용했으며 아울러 모래 알갱이 같은 티끌이 없는 것이 첫 번째 원인이다. 뛰어난 장인의 정교한 솜씨가 두 번째 원인이다. 공부를 아끼지 않아 하루아침 하룻저녁에 만드는 기물이 아님이 세 번째 원인이다. 지금 설령 옛 동기의 관지가 있더라도 조금이라도 혹 모호하다면 그것은 틀림없이 위작이니, 질감과 색깔, 냄새와 맛이 또한 절로 진품과 같지 않을 것이다. 《동천청록》[84]

관지(款識)는 2가지 뜻으로 나눌 수 있다. 관(款)은 음각 글자를 말하니, 이는 오목하게 들어간 글자로, 필획을 새겨 만들었다. 지(識)는 양각 글자를 말하니, 이는 돌출된 글자이다. 《유환기문》[85]

관(款)은 제도와 법식을 새기는 것이고, 지(識)는

古人作事必精緻, 工人預四代之列, 非若後世賤丈夫之事. 故古器款必細如髮, 而均整分曉, 無纖毫糢糊. 識文筆畫, 宛宛如仰瓦, 而又大小、深淺如一, 亦明淨分曉, 無纖毫糢糊.

此蓋用銅之精者, 竝無砂顆, 一也;良工精妙, 二也;不吝工夫, 非一朝夕所爲, 三也. 今設有古器款識, 稍或糢糊, 必是僞作, 質[23]色臭味, 亦自不同. 《洞天淸綠》

款識分二義. 款謂陰字, 是凹入者, 刻畫成之. 識謂陽字, 是挺出者.《游宦紀聞》

款爲製度規式, 識爲紀功

84 《洞天淸錄集》〈古鍾鼎彝器辨〉（《叢書集成初編》1552, 11~12쪽）.
85 《遊宦紀聞》卷5（《唐宋史料筆記叢刊》, 41쪽）；《遊宦紀聞》卷5（《文淵閣四庫全書》864, 816쪽）.
[23] 質 : 저본에는 "顔".《洞天淸錄集·古鍾鼎彝器辨》에 근거하여 수정.

공적을 기술하기 위해 전서로 명(銘)을 새기는 것이다. 그러므로 하·싱·주의 종(鍾)과 정(鼎)은 음각된 지(識)의 글자가 수십 자로 많다. 곧 설상공(薛尙功)[86]이 모각(模刻)한 《역대종정이기관지법첩(歷代鍾鼎彝器款識法帖)》[87] 20권에서 그 전서체 문장을 고찰할 수 있다. 한(漢)·당(唐) 이래의 경우에는 곧 양각된 지(識)이며 명(銘) 또한 예스럽지 않으니, 간혹 음각된 지(識)가 있더라도 옛 종(鍾)과 정(鼎)에 고문 전서를 새기는 법으로 새겨진 것은 아니다.

대개 양각 지(識)를 새겨서 찍을 때에는 밀납을 눌러서 만들면 매우 쉽다. 반면 음각 지(識)는 밀랍으로 볼록한 자획을 깎고, 모래 거푸집을 뒤집은 형태로 기물에 음각이 되도록 해야 하는데, 작업이 매우 어려워서 자획이 손상되지 않는 경우가 드물다. 《준생팔전》[88]

오늘날 칼로 새긴 종(鍾)과 정(鼎)의 글자가 서로 전문(篆文)과 비슷하다고 여겨 칼자국을 완전히 갈아서 손질하거나 약을 발라 꾸민다면 도리어 관지의 참된 아취를 잃게 될 것이다. 이런 점은 감상가의 손에 들어가야만 곧 정확하게 알게 된다. 《준생팔전》[89]

銘篆, 故三代鍾鼎, 陰識字有百十之多, 卽薛尙功刻《鍾鼎篆》二十卷, 其篆文可考. 若漢、唐以下, 卽陽識矣, 而銘亦不古, 間有陰識, 亦非鍾鼎古文篆法.

蓋陽識刻印, 印蠟爲之甚易. 陰識以蠟剔起字畫, 翻砂成陰, 爲之甚難, 少有不到字畫泯滅. 《遵生八牋》

今以刀刻鍾鼎相似篆文, 磨熟刀痕, 加[24]以藥飾, 反失眞趣. 賞鑑家人手卽洞識矣. 《遵生八牋》

86 설상공(薛尙功):?~?. 중국 송나라의 금석학자. 금석(金石)에 대해 다양한 저술을 남겨 후세의 금석학자 전점(錢坫, 1741~1806)·완원(阮元, 1764~1849) 등에게 큰 영향을 주었다.
87 역대종정이기관지법첩(歷代鍾鼎彝器款識法帖):설상공의 저술로, 소흥(紹興, 1131~1162) 연간에 발간된 중국 최초의 금문 연구서이다. 전 20권.
88 《遵生八牋》卷15〈燕閑淸賞牋〉上 "論新舊銅器辨正"(《遵生八牋校注》, 521쪽).
89 《遵生八牋》, 위와 같은 곳.
24 加:저본에는 "如". 오사카본·《遵生八牋·燕閑淸賞牋·論新舊銅器辨正》에 근거하여 수정.

## 4) 옛 동기의 색

동기가 흙 속에 들어가 1,000년이 지나면 포(鋪)[90]의 비취색처럼 순청색이 된다. 그 색은 오시(午時, 오전 11:00~오후 1:00) 이전에는 조금 연하고 오시 이후에는 음기의 영향을 받아 비취색이 돌면서 촉촉하여 물방울이 맺히려는 듯하다. 간혹 흙에 부식된 곳이 있어 구멍이 뚫리기도 하고 표면이 벗겨지기도 하였는데 모두 달팽이가 꿈틀거리며 지나간 흔적처럼 자연스럽다. 간혹 도끼에 찍힌 흔적이 있으면 가짜이다.

동기가 물속에 떨어져 1,000년이 지나면 순녹색이 되어 옥처럼 맑지만, 1,000년이 되지 않으면 녹색을 띠어도 맑지는 않다. 그 표면의 부식된 곳은 앞의 설명과 같다.

지금 사람들은 모두 흙이나 물에 들어갔던 2종류의 물건들 가운데 가벼운 것만을 오래된 것이라여긴다. 하지만 기물이 크고 두꺼우면 구리의 성질

## 論古銅色

銅器入土千年, 純青如鋪翠. 其色午前[25]稍淡, 午後乘陰氣, 翠潤欲滴, 間有土蝕處, 或穿或剝, 竝如蝸篆自然. 或有斧鑿痕則僞也.

銅器墜水千年, 則純綠色而瑩如玉；未及千年, 綠而不瑩. 其蝕處如前.

今人皆以此二品體輕者爲古, 不知器大而厚者, 銅性卒[26]未盡, 其重止能減三

공류공포(公劉公鋪)(《박고도》)

---

90 포(鋪):중국 고대에 사용되었던 동기 제기(祭器)로, 공류(公劉, ?~?) 때부터 사용되었다고 전해진다.
[25] 午前:저본에는 "子後".《洞天淸錄集·古鍾鼎彝器辨》에 근거하여 수정.
[26] 卒:《洞天淸錄集·古鍾鼎彝器辨》에는 없음.

이 끝내 다 없어지지 않아서 그 무게가 단지 1/3이 줄거나 절반반 줄어든다는 점을 알지 못한다. 기물이 작고 얇으면 구리의 성질이 물과 흙에 의해 변하여 쉽게 없어진다.

괭이로 쳐서 깨진 곳은 모두 구리색이 나타나지 않고 취록색(翠綠色)만 기물 속에 보인다. 간혹 그 가운데에 단사처럼 붉은 1줄의 선이 있어서 돌로 오인하지만 두드려 보면 오히려 동기의 소리가 난다. 전해진 지 오래된 동기는 물과 접촉한 적이 없이 사람들의 손에서 손으로 전해지는데, 이런 기물은 자갈색을 띠고 얼룩진 주사무늬가 있으며, 심하면 얼룩이 볼록하게 솟아나 있다. 만약 기물을 좋은 품질의 진사와 함께 솥에 넣고 끓는 물로 삶으면, 한참 뒤에 얼룩이 더욱 잘 보인다. 가짜는 옻에 주사를 개어 동기에 칠했기 때문에 쉽게 분별할 수 있다. 《동천청록》[91]

조소(曹昭)[92]의 《격고요론(格古要論)[93]》에 "동기가 흙 속에 들어가 1,000년이 지나면 비취처럼 순청색을 띠고, 물에 들어가 1,000년이 지나면 오이껍질처

分之一, 或減半. 器小而薄者, 銅性爲水土蒸陶[27]易盡.

至有鋤擊破處, 竝不見銅色, 惟翠綠徹骨, 或其中有一線紅色如丹, 然尙有銅聲. 傳世古則不曾入水, 惟流傳人間, 色紫褐而有朱砂斑, 甚者其斑凸起. 如上等辰砂入釜, 以沸湯煮之, 良久[28]斑愈見. 僞者以漆調硃爲之, 易辨也.《洞天淸錄》

曹明仲《格古論》云:"銅器入土千年者, 色純靑如翠;入水千年者, 則色綠如瓜

91 《洞天淸錄集》〈古鍾鼎彝器辨〉(《叢書集成初編》1552, 11쪽).
92 조소(曹昭):?~?. 14세기 원나라 말기와 명나라 초기에 활동했다. 중국 명(明)나라의 학자로, 자는 명중(明仲). 어렸을 때부터 아버지를 따라 명화·벼루·동기 등을 대량으로 수집했고, 수집한 물건의 연원을 조사하여 기록했다. 저서로 《격고요론(格古要論)》이 있다.
93 격고요론(格古要論):조소(曹昭)의 저서로, 자신이 수집한 물건을 동기·그림·글씨·벼루 등 13가지로 분류하고 각각의 항목에 들어가는 소장품을 분석하여 저술한 책이다. 1388년에 완성되었고 1459년 왕좌(王佐)가 증보하여 총 13권으로 《신증격고요론(新增格古要論)》을 출간했다.
[27] 陶:저본에는 "淘".《洞天淸錄集·古鍾鼎彝器辨》에 근거하여 수정.
[28] 良久:《洞天淸錄集·古鍾鼎彝器辨》에는 없음.

럼 녹색을 띤다. 이 기물들은 모두 옥처럼 맑고 윤택하지만 1,000년이 되지 않은 기물은 비록 청록색을 띠어도 맑고 윤택하지 않다."[94]라 했다. 이는 대강을 예로 들었을 뿐, 모두 그렇지는 않다.

만약 하(夏)·상(商)·주(周) 삼대의 물건이라면 지금에 이르기까지의 시간이 어찌 1,000년에 그치겠으며, 어찌 모두 맑고 윤택하며 청색과 녹색은 각각 순수한 색을 띠겠는가? 만약 '동기가 흙 속에 들어가 있었다면 청색이 되고, 물속에 들어가 있었다면 녹색이 된다.'라 한다면 수은색에 갈색·흑칠색을 함께 띠는 오래된 기물의 경우 이것은 또한 어느 땅에 묻혀 있던 것이란 말인가?

일반적으로 하·상·주의 동기는 흙 속에 들어간 지 오래되고, 산이나 언덕에 가까이 있는 기물인 경우에 청색이 많다. 산의 기운이 습하기 때문에 푹푹 찌고 막혀서 청색이 되는 것이다. 강이나 수원(水源)에 가까이 있는 기물은 녹색이 많다. 물의 기운에 소금기가 있기 때문에 이것이 기물에 점점 배어 들어가서 녹색이 되는 것이다.

내가 어떤 물건을 보았는데, 바로 하·상·주의 관지(款識)가 있었고, 그 반쪽은 물에 잠긴 지 오래되어 물이 말랐다가 넘친 흔적이 여러 층이었다. 이 기물은 물에 들어간 것이 확실한데도 색은 순청색이었고, 물웅덩이 바닥에 닿은 사방 1촌은 황록색이었

皮. 皆瑩潤如玉, 未及千年, 雖有靑綠而不瑩潤." 此擧大槪, 未盡然也.

若三代之物, 迄今何止千年, 豈盡瑩潤而靑綠各純色也? 若云"入土則靑, 入水則綠", 其水銀色并褐色、黑漆古者, 此又埋於何地者也?

凡三代之器, 入土年遠, 近山、岡者多靑, 山氣濕, 蒸鬱而成靑, 近河、源者多綠, 水氣滷, 浸潤而成綠.

余見一物, 乃三代款識, 半身水浸年遠, 水痕涸溢數層. 此爲入水無疑, 而色乃純靑, 其着水潭底方寸則黃[29]綠色, 則水土之說,

---

94 동기가……않다:《新增格古要論》卷6〈古銅論〉"古銅色"(《叢書集成初編》1555, 134쪽).

[29] 黃:《遵生八牋·燕閑淸賞牋·淸賞諸論》에는 "少黃".

다. 그렇다면 물이나 흙에 들어가 있던 동기의 색깔에 대한 설이 어찌 모두 옳겠는가?

내가 생각해 보니 기물을 주조할 때 구리의 재질이 맑고 밝아 다른 것이 섞이지 않으면 청색이 많이 나오고, 재질에 다른 것이 뒤섞여 있으면 녹색이 많이 나온다. 이를 백금으로 비유하자면, 색이 잘 나온 백금으로 기물을 만들면 순백색이고, 이 기물이 오래되어야 흑색이 나온다. 반면 색이 잘 나오지 않은 백금으로 만든 기물은 오래되면 홍색이 나오거나 녹색이 나온다. 여기에서는 재질만 논하고 제작법은 논하지 않았지만 그 이치를 추정할 수 있을 것이다.

그밖에, 만약 옛 무덤 속에서 시신에 가까이 있던 기물은 수은색이 되는데, 특히 동거울이 그 대부분을 차지한다. 옛날에는 시신을 수은으로 염(殮)했고, 또한 동거울을 시신과 함께 묻어 망자의 저승을 비추고자 하는 의미를 취했다. 그렇기 때문에 동거울의 한쪽 편이 수은에 물들었던 것이다.

시신과 함께 묻은 정(鼎)·자(鬲)·준(尊)·이(彝) 등의 기물은 시신의 기운과 조금 멀리 떨어져서 수은의 기운을 약하게 얻고 이에 물들어 기물에 색이 나타난다. 그러므로 오직 기물의 한쪽 모서리나 한쪽 손잡이나 한쪽 옆에만 수은색으로 나타나 있다. 간혹 수은이 나는 곳과 가까운 땅에서도 이 색이 나타난다. 이 때문에 정(鼎)·이(彝) 가운데 전신이 수은색인

豈盡然哉?

余思鑄時銅質淸瑩不雜者, 多發靑, 質之渾雜者, 多發綠. 譬之白金, 成色足者作器純白, 久乃發黑; 不足色者, 久則發紅、發綠. 此論質, 不論製, 理可推矣.

他如古墓中近尸者, 作水銀色, 惟鏡居多. 古者, 尸以水銀爲殮, 又以鏡殉, 取炤幽冥[30]之義. 故偏得水銀沾染.

至於鼎、鬲、尊、彝之殉者, 去尸氣稍遠, 得水銀散漫之氣, 沾染而成. 故惟一角、一耳、一傍有之. 或地近生水銀處, 亦成此色. 所以鼎、彝無全身水銀色者, 而鍾、磬則萬無一二也.

---

[30] 冥: 저본에는 "明". 《遵生八牋·燕閑淸賞牋·淸賞諸論》에 근거하여 수정.

기물은 없으며, 시신에서 더 멀리 있었던 종(鍾)이나
경석[磬] 가운데에는 수은색인 것이 만 개 중에 1~2
개도 없는 것이다.

또한 기물에 만약 청색이나 녹색이 없고 순 자갈
색이면 조소는 이를 사람 사이에서만 전해진 기물의
색이라 여겼지만[95], 이는 잘못된 생각이다. 하·상·
주의 물건은 흙 속에 들어가 오래 묻혔다가 후대 사
람들이 비로소 얻고 모아서 세상에 전해졌다. 만약
하·상·주 때부터 사람 사이에서만 전해져 지금에
이르고 나서야 이 색을 띤다고 한다면, 어찌 세상에
수천 년 동안 지나면서 전쟁의 불길에 녹아 없어지
거나, 파손되고 물에 잠기지 않을 수 있겠는가?

이들 기물은 높은 언덕의 오래된 무덤·벽돌집
의 석실·건조한 땅의 비밀창고에서 나온 것이기 때
문에, 또한 물이나 흙의 침투로 인해 벗겨진 부분이
없고, 또 시신의 기운에 영향을 받지 않고, 상석(床
石)[96] 사이에 있던 기물이어서 오로지 땅의 기운에만
침윤된 것들이다. 게다가 원래 모양이 정밀하고 아
름다우며 광택도 맑았던 것이어서 갈색으로 변하고
다른 색이 뒤섞이지 않는다.

그러므로 정(鼎)·이(彝)가 대부분을 차지했으며,
작은 기물들은 진(秦)·한(漢)의 기물들과 아울러서

又如無靑、綠而純紫褐色
者, 曹明仲以爲人間流傳之
色, 非也. 三代之物, 因入
土沈埋, 後人方得集以傳
世. 若云三代流傳到今, 方
有此色, 何能在世數千年,
不爲兵燹銷爍, 破損沈淪
者耶?

此等器皿, 出自高皐古塚、
磚宮石室、燥地秘藏[31], 又
無水土侵剝, 又無尸氣染
惹, 列之石案間, 惟[32]地氣
蒸潤. 且原製精美光瑩, 變
爲褐色, 純一不雜.

故鼎、彝居多, 而小物并
秦、漢物, 褐色絕少. 近見

---

95 기물에……여겼지만:이 내용은《동천청록》에 나오는데, 조소가 지은《新增格古要論》卷6〈古銅論〉"古
銅色"(《叢書集成初編》1555, 134~135쪽)에도 관련 내용이 나온다.

96 상석(床石):무덤 앞에 제사를 지내기 위하여 놓은 넓은 돌. 석안(石案)이라고도 한다.

[31] 藏:저본에는 "歲".《遵生八牋·燕閑淸賞牋·淸賞諸論》에 근거하여 수정.

[32] 惟:저본에는 "有".《遵生八牋·燕閑淸賞牋·淸賞諸論》에 근거하여 수정.

갈색을 띤 기물은 매우 적다. 요즘에는 갈색 위에 청록색 점이 보이는 기물이 있는데, 이는 바로 흙 속에서 나온 뒤에 사람이 짜거나 신 음식을 담았기 때문에 물이 들어 그렇게 되었을 뿐이지, 기물 속까지 부식되어 나타난 녹색이 아니다. 그러므로 갈색 위에 운두(雲頭)조각이 있는 기물·참깨 모양의 점이 있는 기물·주사 반점이 있는 기물과 녹취색으로 비나눈 모양의 점이 있는 기물들은 대대로 전해진 물건이기는 하다. 하지만 3,000~5,000년 동안 계속 사람에서 사람으로만 전해져서 비로소 갈색이 된 것은 아니다.

그러므로 옛날 동기는 갈색을 최상으로 치고, 수은색·흑칠색이 다음이고, 청록색이 또 그 다음이다. 만약 순청색이나 순녹색 기물을 얻었는데, 1가지 색으로 다른 색이 섞이지 않았으며 수마법(水磨法, 물을 뿌려가며 가는 기법)으로 간 기물처럼 맑고 광채가 눈을 찌르면 이는 또한 갈색 기물보다 상품에 해당한다.

조소는 "반드시 하·상·주의 동기라야 주사 얼룩이 있다."[97]라 했는데, 이는 또한 매우 잘못된 말이다. 송(宋)·원(元)의 물건에도 큰 조각의 주사 얼룩이 있고, 물고기알과 같은 얼룩은 더욱 많다. 대개 기물이 사람의 혈기를 받아 물들면 바로 주사 얼룩이 생긴다. 이런 얼룩이 또한 2~3층으로 겹쳐 있으면 칼로 긁거나 문질러도 없앨 수 없으니, 어찌 이들이

褐色上有靑綠點子, 乃出土之後, 人以鹹酸之味侵染乃爾, 非透骨綠色. 故褐色上有雲頭片、芝蔴點、朱砂斑, 并綠翠雨雪點者, 此爲傳世物也, 非傳世三、五千年, 始成褐色.

故古銅以褐色爲上, 水銀、黑漆爲次, 靑綠者又次之. 若得純靑、純綠, 一色不雜, 瑩若水磨, 光彩射目者, 又在褐色之上矣.

明仲云"必三代之物, 方有硃砂斑", 此又大誤. 宋、元之物, 亦有大片硃斑, 若魚子者更多. 蓋受人血氣侵染, 便成硃斑, 亦有二、三層堆疊者, 刀刮摩擦, 不可泯也, 豈盡三代物哉. 《遵

---

97 반드시……있다:확인 안 됨.

모두 하·상·주의 동기이겠는가? 《준생팔전》[98]

納다(臘茶)[99]색에도 차이가 있다. 하·상·주 시대부터 진·한 시대에 이르기까지의 기물 중에 사람 사이에서만 세상에 전승되었다가 세월이 점점 오래 지나면 그 색이 옅은 황색이 되고 윤택해지니, 이런 물건이 진짜 옛날 기물이다. 《유환기문》[100]

生八牋》

臘茶色亦有差別. 三代及秦、漢間之器, 流傳世間, 歲月寖久, 其色微黃而潤澤, 此爲眞古也. 《游宦紀聞》

## 5) 동기의 두께

지금 사대부가 옛 동기를 논할 때 매우 얇은 것을 진품으로 여기지만, 이는 한쪽으로 치우친 견해이다. 매우 얇은 기물도 있고 매우 두꺼운 기물도 있다. 다만 제작한 양식과 색의 윤택함을 보면 저절로 진위를 알 수 있다. 《유환기문》[101]

### 論厚薄

今士大夫論古器, 以極薄爲眞, 此一偏之見也. 亦有極薄者, 有極厚者, 但觀製作色澤, 自可見也. 《游宦紀聞》

## 6) 구리비린내

하·상·주의 옛 동기는 모두 비린내가 없다. 오직 상고(上古) 시대의 기물로서 새로 출토된 경우는 아직도 흙의 기운을 띠고 있기 때문에 오래되어도 비린내가 나지 않는다. 그러나 가짜로 만든 기물은 손바닥 가운데부분으로 열이 나도록 문지르면 구리비린내가 코를 자극하여 싫어할 만하다. 《동천청록》[102]

### 論銅腥

三代古銅竝無腥氣, 惟上古新出土, 尙帶土氣, 久則否. 若僞作者, 熱摩手心以擦之, 銅腥觸鼻可畏. 《洞天淸錄》

---

98 《遵生八牋》卷14〈燕閑淸賞牋〉上 "淸賞諸論" '論古銅色'(《遵生八牋校注》, 518~520쪽).

99 납다(蠟茶) : 이른 봄에 채취한 차를 납다(臘茶)라고 하며, 이것을 우린 색이 우유나 꿀물과 비슷해서 납다(蠟茶)라고도 한다.

100 《遊宦紀聞》卷5(《唐宋史料筆記叢刊》, 41~42쪽).

101 《遊宦紀聞》, 위와 같은 곳.

102 《洞天淸錄集》〈古鍾鼎彝器辨〉(《叢書集成初編》1552, 11쪽).

## 7) 정(鼎)의 크기

내가 혼자서 한(漢) 관도후(館陶侯)[103]의 정(鼎)을 볼 수 있었는데, 지금의 1두(斗)를 담을 수 있는 크기였다. 이를 통해 하·상·주에서 사용한 정의 규모도 알 수 있을 것이다. 그러나 현재까지 남아 있는 옛 정(鼎)은 간혹 1승이나 0.5승을 담을 수 있는 것이 있는데, 이런 정의 관지를 살펴보면 진짜 골동품이니 이 또한 '정(鼎)'이라 한다. 그러나 정은 바로 많은 양을 삶는 기물이니, 어찌 이것이 하·상·주의 정이겠는가?

이는 대개 옛날의 제기로, 이것을 '종이[從彝, 이(彝)의 제도를 따른 제기]'라 한다. 종(從)이라 한 이유

## 論鼎大小

子獨[33]及見漢館陶侯鼎, 可容今之斗, 則三代可知矣. 然近世所存古鼎, 或有容一升·半升者, 考其款識則眞古物也, 亦謂之"鼎". 鼎乃太烹之器, 豈爾耶?

此蓋古之祭器, 名曰"從彝", 曰"從"則其品不一. 蓋

"보준이" 관지《역대종정이기관지법첩(歷代鐘鼎彝器款識法帖)》

---

103 관도후(館陶侯) : 중국 한(漢)나라 때 관도현(館陶縣)에 봉해진 지방장관. 관도현은 지금의 하북성 관도현 일대로, 당시에는 기주(冀州) 위군(魏郡)의 속현이었다.
[33] 獨 : 저본에는 "猶". 《洞天淸錄集·古鍾鼎彝器辨》에 근거하여 수정.

는 그 물품들이 1가지가 아니기 때문이다. 대개 익혀 놓은 음식물을 담아 두었다가 종묘에 제사를 지내는 그릇은 정(鼎)의 모양을 본떴지만 실제로는 정이 아니다. 오히려 지금 사람들의 식기 중에도 옛날의 녹슨 솥을 본뜬 것이 있는데, 일반적으로 이를 '역(鬲)'이라 하고, '이(匜)'라 하고, '헌(獻)'이라 하고, '준(尊)'이라 한다. 이런 그릇은 그 형태가 매우 작은데, 모두 그런 식으로 작다. 그러므로 작은 준(尊)에는 간혹 관지에 '보준이(寶尊彝, 귀한 준 모양의 제기)'라 되어 있는 것이다. 《동천청록》[104]

## 8) 밀랍 모형

옛날에 동기를 주조할 때는 반드시 먼저 밀랍으로 기물의 모양과 같은 모형을 만들었다. 이 모형에 다시 관지를 더하고 그림을 새긴다. 모형 제작을 마친 다음 작은 통을 큰 통에 더하여 대략 넉넉하게 만들고 통 속에 밀랍 모형을 넣는다. 그 통 바닥의 이음매에는 실낱 같이 새는 곳을 미세하게 만든다. 고운 진흙에 물을 섞어 엷은 죽처럼 만든 뒤 하루에 1번 밀랍 모형에 흘려 넣었다가 마르면 다시 흘려 넣는다. 이렇게 하여 반드시 밀랍 모형 사방을 두루 충분히 감싸서 보호하게 되면 통을 묶은 끈을 풀고 통의 나무판을 제거한다. 이어서 급히 고운 황토에 소금과 종이 섬유 합한 것을 많이 써서 흘려 넣은

以貯已熟之物, 以祭宗廟,
象鼎之形, 而實非鼎也. 猶
今人食器亦有象銚釜者, 凡
曰"鬲", 曰"匜", 曰"獻", 曰
"尊", 其形有甚少者皆然.
故小尊或識曰"寶尊彝".
《洞天淸錄》

## 論蠟模

古者鑄器, 必先用蠟爲模
如此器樣. 又加款識刻畫.
畢[34]然後以小桶加大而略
寬, 入模於桶中. 其桶底之
縫, 微令有絲線漏處, 以澄
泥和水如薄糜, 日一澆之,
候乾, 再澆, 必令周足遮
護訖, 解桶縛, 去桶板, 急
以細黃土, 多用鹽并紙筋,
固濟於元澄泥之外. 更加
黃土二寸, 留竅中, 以銅汁
瀉入, 然一鑄未必成, 此所

---

104《洞天淸錄集》〈古鍾鼎彝器辨〉(《叢書集成初編》1552, 13~14쪽).
[34] 畢:《洞天淸錄集·古鍾鼎彝器辨》에는 없음.

고운 진흙 바깥 부분을 단단히 봉한다. 여기에 다시 황토를 0.2척 두께로 더하되 구멍을 남겨둔다. 이 구멍에 녹인 구리물을 부어 넣는다. 그러나 1번 주조할 때마다 반드시 성공하지는 않으니, 이것이 동기를 귀하게 여기는 까닭이다. 《동천청록》[105]

以爲之貴也.《洞天淸錄》

## 9) 옛 동기의 잡귀 쫓는 효능

옛 동기는 잡귀를 쫓는 효능이 많으니, 인가에서 가지고 있어야 한다. 대개 산의 정기와 나무의 도깨비 중에서 재앙의 빌미가 될 수 있는 이유는 지낸 햇수가 많았기 때문이다. 하·상·주의 종(鍾)·정(鼎)·이(彝)는 이보다 지낸 햇수가 더욱 많기 때문에 잡귀를 쫓을 수 있다. 《동천청록》[106]

### 論古器辟祟

古銅器多能辟祟[35], 人家宜畜之. 蓋山精、木[36]魅之能爲祟者, 以歷年多耳. 三代鍾、鼎、彝器, 歷年又過之, 所以能辟祟.《洞天淸錄》

## 10) 하·상·주의 동기 제작 기술과 제도

하(夏)나라는 충(忠)을 숭상했고, 상(商)나라는 질(質)을 숭상했고, 주(周)나라는 문(文)을 숭상했으므

### 論三代工制

夏尚忠, 商尚質, 周尚文, 其制器亦然. 商器質素無

---

105《洞天淸錄集》〈古鍾鼎彝器辨〉《叢書集成初編》1552, 12쪽).
106《洞天淸錄集》〈古鍾鼎彝器辨〉《叢書集成初編》1552, 13쪽).
[35] 祟:《洞天淸錄集·古鍾鼎彝器辨》에는 "異祟".
[36] 木:《洞天淸錄集·古鍾鼎彝器辨》에는 "水".

로 기물 만드는 제도도 그러했다.[107] 상나라의 기물은 소박하고 꾸밈이 없으며, 주나라의 기물은 전서(篆書)를 세밀하게 조각했다. 이 사실은 진실로 한 번 정해져서 바뀌지 않는 논의이다. 그런데 하나라의 기물만은 유독 그렇지 않다.

내가 일찍이 하나라의 조과(珇戈)[108]를 보았는데, 구리 위에 금으로 상감한 문양이 머리카락처럼 가늘었다. 하나라의 기물은 대체로 모두 그러하다. 세월이 오래되어 금이 벗겨지면 음각의 홈이 생기는데, 이는 그림을 새긴 곳이 오목하게 되기 때문이다. 상감(相嵌)은 지금 세속에서 와전되어 '상감(商嵌)'이라고 한다. 《시경(詩經)》에서 "문양을 쪼고 새기니, 바탕은 금과 옥이라네."[109]라 했다. 《동천청록》[110]

文, 周器雕篆細密, 此固一定不易之論, 而夏器獨不然.

余嘗見夏珇戈, 於銅上相嵌以金, 其細如髮, 夏器大抵皆然. 歲久金脫, 則成陰竅 [37], 以其刻畫處成凹也. 相嵌今俗訛爲"商嵌", 《詩》曰："追琢其章, 金玉其相." 《洞天淸錄》

---

107 하(夏)나라는……그러했다 : 중국 전한(前漢)의 유향(劉向, B.C. 77~B.C. 6)이 지은 《설원(說苑)》卷 19 〈수문(修文)〉에 "그러므로 하후씨(夏后氏)가 충(忠)으로 백성들을 가르치자 군자들이 충을 실천했다. 그런데도 소인들은 잘못하여 거칠어지기도 하였으니, 거친 성정을 바로잡는 데는 공경[敬]만 한 덕목이 없다. 그러므로 은나라 사람이 공경으로 백성들을 가르치자 군자들은 공경스러워졌다. 그런데도 소인들은 잘못하여 귀신에 빠지기도 하였으니, 귀신에 빠진 사람을 바로잡는 데는 문(文)만 한 덕목이 없다. 그러므로 주나라 사람이 문으로 백성들을 가르치자 군자들이 문을 갖추었다. 그런데도 소인들은 잘못하여 경박해지기도 하였으니, 경박한 성정을 바로잡는 데는 충(忠)만 한 덕목이 없다. 그러므로 성인이 성스러움[聖]을 베푸는 것은 곱자가 3번 돌고 컴퍼스가 3번 돌아서 1바퀴가 되면 다시 처음으로 돌아오는 원리와 같으니, 궁하면 근본으로 되돌아가는 것이다. 《시경》에 '문양을 쪼고 새기니, 바탕은 금과 옥이라네.'라 했는데, 이는 문(文)과 질(質)이 아름다움을 말한 것이다.(故夏后氏教以忠, 而君子忠矣. 小人之失野, 救野莫如敬, 故殷人教以敬, 而君子敬矣. 小人之失鬼, 救鬼莫如文, 故周人教以文, 而君子文矣. 小人之失薄, 救薄莫如忠, 故聖人之與聖也, 如矩之三襍, 規之三襍, 周則又始, 窮則反本也. 《詩》曰"彫琢其章, 金玉其相', 言文質美也.)"라는 구절이 있다. 또 후한(後漢)의 순열(荀悅, 148~209)이 지은 《한기(漢紀)》卷11 〈효무황제기2(孝武皇帝紀二)〉에 "하(夏)나라는 충(忠)을 숭상했고, 상(商)나라는 경(敬)을 숭상했고, 주(周)나라는 문(文)을 숭상했다.(夏尚忠, 商尚敬, 周尚文.)"라는 구절이 있다. 여기서 충(忠)은 "마음을 다함"으로, 문(文)은 "형식"으로, 질(質)은 "내용"으로 보통 풀이된다.
108 조과(珇戈) : 문양을 새겨 넣은 과(戈). 과의 미칭으로도 쓰인다.
109 《毛詩注疏》卷16 〈大雅·文王之什〉 "棫樸"(《十三經注疏整理本》6, 1173쪽).
110 《洞天淸錄集》〈古鐘鼎彝器辨〉(《叢書集成初編》1552, 10~11쪽).
[37] 竅 : 저본에는 "竊". 《洞天淸錄集·古鐘鼎彝器辨》에 근거하여 수정.

과(戈)

충이(充耳)

면류관과 충이(充耳)

하·상·주의 기물에 대해서 비록 상나라는 질(質)을 숭상하고 주나라는 문(文)을 숭상한다는 설이 있다. 하지만 질이 문으로 드러나지 않은 적이 없고, 문에 질이 없었던 적도 없었다. 질을 숭상한다고 하는 상나라의 기물을 보면, 제도는 모양새를 숭상했으며 관지도 틀이나 제도가 있고 주물 기술은 뛰어났으니, 어찌 문만으로 이와 같겠는가? 문을 숭상한다고 하는 주나라의 기물을 보면, 전서(篆書)의 조각이 비록 세밀하나 무늬의 결은 번잡하지 않고, 귀막이옥[瑱][111]에 새긴 무늬가 비록 정교하나 규모와 제도가 넉넉하니 질 또한 그 안에 있는 것이다.

하나라의 상감은 금과 은으로 가늘게 상감하여

三代之器, 雖有商質、周文之說, 然質者未嘗不文, 文者未嘗不質. 其質者, 製度尚象, 款識規模, 鑄法工巧, 何文如之? 其文者, 雕篆雖細, 文理不繁, 瑱嵌雖工, 而矩度混厚, 質亦在也.

夏嵌, 用金銀細嵌, 雲雷

---

111 귀막이옥[瑱]: 귀를 장식하는 옥으로, 귀를 뚫고 거는 형식과 귀 옆에 늘어뜨리는 형식이 있다. 면류관에서는 구슬을 꿰어 귀 옆에 늘어뜨리는 충이(充耳)를 가리킨다.

환(環)

백옥꽃떨잠(국립고궁박물관)

운뢰문(雲雷紋) 조각을 새긴 것이 있고, 옥과 푸른 귀막이옥을 깎고 새긴 것이 있는데, 매우 아름답다. 조소(曹昭)가 '상나라에는 상감법이 없다.'라 했는데, 이는 틀린 말이다. 상나라에도 상감법이 있었다. 다만 금이나 은 조각이 많고, 운뢰문을 실처럼 가늘게 상감하는 법이 부족했던 것이다. 지금의 뛰어난 장인 중에 하나라와 상나라의 귀막이옥 조각을 위조하려는 사람들은 금과 은의 색은 예나 지금이나 같으므로 위조할 수 있다. 하지만 옥과 푸른 귀막이옥의 조각법은 오랜 세월에 걸쳐 흙빛이 옥에 스며들어 색을 내기 때문에 위조가 불가능할 듯하다.

근래에 옛 무덤에서 버려진 환(環)[112] · 패(珮)[113] ·

紋片, 用玉與碧瑱剡嵌, 美甚. 曹云"商無嵌法", 非也. 商亦有之, 惟多金銀片, 而少雲雷絲嵌細法. 今之巧匠, 僞造夏、商瑱嵌者, 以金銀之色, 古今所同, 可以僞[38]爲, 而玉與碧瑱碾法, 土銹似不容假.

近乃搜索古塚遺棄環、珮、

---

112 환(環) : 둥근 고리 형태의 옥장식.
113 패(珮) : 옷을 묶는 띠에 매다는 옥장식.
[38] 僞 : 저본에는 "卽". 《遵生八牋·燕閑淸賞牋·淸賞諸論》에 근거하여 수정.

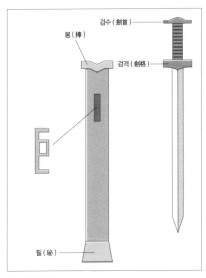

봉(琫)과 필(珌)

충이(充珥)·전(瑱)·가(珈)[114]·봉(琫)·필(珌)[115] 등의 물건을 찾아서, 네모나게나 동그랗게 법식대로 잘라서 이(彝)나 정(鼎)에 상감하면 사람들의 눈이 휘둥그레진다. 비록 식견이 있는 사람도 반드시 '이는 옛날에 쪼아 만든 옥석(玉石)이니, 어찌 하·상·주의 기물이 아니겠는가?'라 하고, 매번 높은 가격에 기물을 구매한다.

옛날에 상감된 기물이 기물 전체에 멀쩡한 곳이 한 군데도 없다는 것을 누가 알겠는가? 떨어져 나간 부분이 아닌 곳은 청록색 녹이 슬어 덮여 있으며, 그 녹이 안에 스며 있기도 하고 밖에 드러나기도 한

充珥、瑱、珈、琫、珌等物, 裁爲方圓規製, 以嵌彝、鼎, 令人眼生. 雖識者必曰 "此古琢玉石, 豈非三代物哉?", 每得高値.

孰知古嵌一物, 周身無一處完整? 非剝落卽爲靑綠銹結遮掩, 或隱或露之妙, 古雅出自[39]天然. 若今嵌,

---

114 가(珈) : 여성의 머리 장식.
115 봉(琫)과 필(珌) : 봉(琫)은 칼집의 입구 장식이고 필(珌)은 칼집 끝부분 장식이다.
[39] 自 : 저본에는 "有". 오사카본·규장각본·《遵生八牋·燕閑淸賞牋·淸賞諸論》에 근거하여 수정.

미묘함으로 예스럽고 우아함이 자연스럽게 드러나 있다. 오늘날의 상감법은 반드시 옥을 완전한 조각으로 잘라내어 일부는 상감을 하고 일부는 내버려 두며, 흙이 붙어 있다 떨어져 나간 형태를 만들기 위해 법제한 밀랍을 바른다면, 어찌 눈으로 보고 손으로 만져본 뒤라야 위조품인지 변별할 수 있겠는가? 《준생팔전》[116]

必鑿完全片段, 或嵌或[40]遺, 狀[41]土剝落, 方以法蠟遮飾, 何待目力入手可辯? 《遵生八牋》

## 11) 역대의 동기 제작 기술과 제도

진나라와 한나라의 기물은 하·상·주의 기물에 미치지 못하고, 당나라와 송나라의 기물은 진나라와 한나라의 기물에 미치지 못한다. 그러나 진나라와 한나라의 기물이 하·상·주에 미치지 못하고, 당나라와 송나라의 기물이 진나라와 한나라에 미치지 못하는 이유는 사람의 힘이 미치기 못하기 때문이 아니라 재료가 순정하지 못하기 때문이다.

다만 진나라와 한나라의 장인이 솜씨가 없어서 하·상·주의 정교한 기술을 잘 모사하지 못했으나, 당나라와 송나라의 장인은 솜씨가 너무 뛰어나서 하·상·주의 격식조차 변화시키려고 했다. 이것이 이른바 세대의 간극을 극복하지 못한 것으로, 진나라와 한나라는 서툰 솜씨가 장애물이 되었고, 당나라와 송나라는 너무 뛰어난 솜씨가 장애물이 되었기 때문이다.

### 論歷代工制

秦、漢之物不及三代, 唐、宋之物不及秦、漢. 然秦、漢不及三代, 唐、宋不及秦、漢者, 非人力不到, 而質料不精.

但秦、漢之匠拙, 而不善模三代之精工, 唐、宋之匠巧, 而欲變三代之程式, 所謂世代不及, 傷拙傷巧故也.

---

116 《遵生八牋》 卷14 〈燕閑淸賞牋 上〉 "淸賞諸論" '新舊銅器辨正'(《遵生八牋校注》, 520~521쪽).
[40] 或 : 저본에는 없음. 오사카본·규장각본·《遵生八牋·燕閑淸賞牋·淸賞諸論》에 근거하여 보충.
[41] 狀 : 저본에는 "壯". 오사카본·규장각본·《遵生八牋·燕閑淸賞牋·淸賞諸論》에 근거하여 수정.

뛰어난 솜씨를 자랑할수록 기물이 더욱 졸렬해지고, 기술에 집중할수록 기물이 더욱 옛 기물의 법도를 잃어서 소박하고 고아한 멋이 하·상·주 기물들을 따라갈 수 없음을 누가 알았겠는가? 그런데도 도리어 자기 자신은 그것을 능가할 수 있다고 여기고, 격식과 무늬를 바꾸며 모양을 비슷하게 본뜨는 데만 힘썼던 것이다. 이것이 이른바 못생긴 부인이 서시(西施)의 이맛살 찌푸리는 버릇을 따라했다가 못생긴 모습을 더욱 드러냈다는 고사[117]와 같을 뿐이다.《준생팔전》[118]

孰知愈巧愈拙, 愈工愈失, 敦朴古雅, 三代之不可及也? 反謂己能勝之, 改式改紋, 務尙形似, 所謂醜婦效矉, 愈逞醜態耳.《遵生八牋》

당나라 천보(天寶) 연간(742~756)에 관청에서 주조했고 꽃무늬가 세밀하여 아낄 만한 기물들이 있다. 이들은 모두가 하·상·주의 제도보다 더 화려한 장식을 숭상한 기물이었다. 따라서 바탕을 비단무늬로 바꾸기도 하고, 기룡(夔龍)을 리(螭, 뿔 없는 용)로 바꾸기도 하고, 뇌문(雷紋)을 방승(方勝)[119]으로 바꾸기도 하고, 전서(篆書)로 쓰던 관지(款識)를 예서(隸書)나 해서(楷書)로 바꿔 쓰기도 했다. 이런 변화는 상고의 순박한 뜻과 크게 어긋났을 뿐 아니라 질박함까지 거스른 것이다. 손쉽게 한때의 유행을 따른 것이지 천고(千古)의 오랜 세월에도 질리지 않는 질박함에 뜻을 두지 않은 것이다.

唐 天寶時, 有局鑄花紋細密可愛, 全尙華藻於三代之製, 或改爲錦地, 或改夔龍爲螭, 或改雷紋爲方勝, 或易篆款爲隷書·眞書, 於上古淳朴之意大左, 更恨質薄, 取便一時, 無意千古.

---

117 이것이……고사:《장자(莊子)》〈외편(外篇)〉 "천운(天運)"에 나오는 고사.《이운지》권4〈서재의 고상한 벗들(하)〉 "벼루" '단계(端溪)벼루의 품등', 145쪽 각주 43번 참고.
118《遵生八牋》卷14〈燕閑淸賞牋 上〉 "淸賞諸論" '新舊銅器辨正'(《遵生八牋校注》, 521쪽).
119 방승(方勝) : 사각형을 반복해서 만든 장식.

방승(方勝)

근래에는 옛날 병이나 호(壺)와 여러 기물 안에 청록색 녹과 주사 얼룩이 찌든 것들이 있고, 물에 잠겨 녹슬고 삭아서 구멍이 생긴 것들, 혹은 괭이에 찍혀서 깨지고 갈라진 것들이 있다. 후대의 사람들이 이 기물들을 거두었다가 약으로 보수한 뒤 시장에 가지고 가서 사람들이 사도록 부추긴다. 이는 모두 당나라 때 관청에서 주조한 기물이다. 《준생팔전》[120]

近有青綠、硃砂堆積瓶壺器皿內, 有水銹爛孔, 或鋤擊蔑裂, 後人收拾, 以藥補綴, 持誘市值. 此皆唐時局鑄物也. 同上

당나라 천보 연간부터 남당(南唐)의 마지막 왕 이욱(李煜, 937~978) 때까지 승주(昇州)[121] 구용현(句容縣)[122]에 관서(官署)를 설치하여 기물을 주조했다. 그래서 그 기물들 위에는 대부분 책임 관리의 서명이 있고, 가벼우면서도 얇으며 칠흑처럼 검고 관지가 세밀하다. 비록 아낄만 하지만 오래된 기물이

唐天寶至南唐後主時, 於昇州句容縣, 置官場鑄器. 其上多有監官花押, 輕薄, 漆黑, 款細, 雖可愛, 然要非古器, 歲久亦有微青色者.《洞天清錄》

---

120 《遵生八牋》卷14〈燕閑淸賞牋 上〉"淸賞諸論"'新舊銅器辨正'(《遵生八牋校注》, 521쪽).
121 승주(昇州) : 중국 강소성(江蘇省) 남경(南京) 일대.
122 구용현(句容縣) : 중국 강소성(江蘇省) 진강시(鎭江市) 일대. 남경의 동남쪽에 있다.

아니면 세월이 오래될 때 역시 옅은 청색이 생기기

마련이다. 《동천청록》[123]

## 12) 선덕(宣德) 연간(1426~1435)에 제작된 동기

論宣德年製

우리 왕조(王朝) 선종(宣宗)[124] 때의 동기 중에 매우 정밀한 것들은 제도도 우아하고 솜씨가 더할 나위 없이 뛰어나다. 그러나 작은 기물들이 많으니, 예를 들면 무늬가 무수하게 반복된 이(彝)형 향로, 돌기가 표현된 향로, 빗방울이나 눈송이 모양의 점이 새겨진 금판이 붙어 있으며 2가닥 창[戟] 모양의 손잡이가 주조되어 있는 이(彝)형 향로에 석류 모양 다리가 있는 것들이 매우 좋다.

我朝宣廟銅器甚有精者, 製度亦雅, 摩弄極工. 然多小物, 如百摺彝爐, 乳爐, 雨雪點金片貼鑄戟耳彝爐, 石榴足者更佳.

또 붉은 노을 모양의 금판에 머리가 작은 정(鼎)모양 향로, 코끼리 머리 장식을 한 역(鬲)모양 향로, 오공양(五供養)[125]에 쓰는 것으로 허리가 가는 탁반(橐盤)[126], 삼금(鏒金)한 교룡 1쌍이 새겨진 젓가락받침, 향과 향수저 꽂는 병[127], 교룡이 휘감고 있는 서진(書鎭) 등은 물건마다 매우 정교하다.

赤金霞片小元鼎爐, 象頭鬲爐, 五供養細腰橐盤, 鏒金雙螭筯架, 香合匙瓶, 蟠螭鎭紙種種精甚.

크기가 정(鼎)만 한 향로, 각단(角端)[128] 모양의 향로, 사각손잡이가 달린 주전자[壺], 상(商)나라 형식을 본뜬 술잔[尊] 등은 정교하고 아름다워 아낄 만하

大如鼎爐, 角端獸爐, 方耳壺, 商從尊, 精美可愛, 模式古雅, 惜不多見.

---

123 《洞天淸錄集》〈古鐘鼎彝器辨〉《叢書集成初編》1552, 12쪽).

124 선종(宣宗): 중국 명(明)나라의 제5대 황제 주첨기(朱瞻基, 1398~1435). 재위 1425~1435년.

125 오공양(五供養): 불교 행사에서 사용하는 5가지 공물로, 바르는 향·사르는 향·꽃·음식·등불을 말한다.

126 탁반(橐盤): 미상. 쟁반보다 오목하고 허리가 가는 제기로 추정된다.

127 향과 향수저 꽂는 병: 향시·향저·향병의 모습은 위와 같다.

128 각단(角端): 하루에 1만 리를 가고 각 지방의 말을 다 알아듣는다는 상상의 동물. 말과 닮았는데, 두 귀 사이 또는 코 위에 뿔이 하나 있다고 한다.

향시·향저·향병(국립중앙박물관)

고 모양새가 고아(古雅)하지만 많이 볼 수 없어 안타
깝다.

기물 아래 지문(識文)은 납작한 직사각형 도장으
로 '대명선덕년제(大明宣德年製)'라 양각으로 새겨 주조
되었으며, 해서체 글자획이 잘 갖추어져 있고, 인주
묻힐 곳이 밝고 매끄러우며, 몸체의 밀납색이 아낄
만하다.

그밖에 관모(冠帽) 양각(兩角) 모양의 손잡이와 닭
다리 모양의 디리가 있는 납작한 향로, 몸체와 분리
된 둥근 고리가 있고 6각면에 외국문자를 삼금(鏒金)
한 화병, 사면에 곧은 다리가 달린 향로, 몸체와 분
리된 둥근 고리가 있는 큰 병[元瓶], 덮개에 동전 모

其底識文, 用匾方印子, 陽
鑄"大明宣德年製", 眞書字
畫完整, 印池光滑, 蠟色可
愛.

他如判官耳鷄腿脚匾爐,
翻環六稜面鑄鏒金番字花
瓶, 四方直脚爐, 翻環元
瓶, 蓋鑿錢文漏空桶爐,
皆下品也.

양의 통풍구를 뚫어 놓은 원통형 향로 등은 모두
하품이다.

선덕 연간에 주조한 기물은 납다(蠟茶)·삼금(鏒金)
2가지 색을 많이 사용하였다. 납다색은 기물을 수
은(水銀)에 담그고 문지른 다음 고기 속에 넣었다가
훈증하고 씻어서 만들어 낸다. 삼금색은 금을 녹여
용액으로 만들고 3~4번 발라 불에 구우면 붉게 된
다. 이런 색을 내는 데는 들어가는 비용이 적지 않
으니, 어찌 민간에서 비슷하게 제작할 수 있었겠는
가? 다만 선덕 연간에 제작된 동기 중에 각종 무늬
와 도형이 새겨진 것이 매우 적게 남아 있다. 이 시
기가 지나서 경태(景泰) 연간(1450~1456)과 성화(成化)
연간(1465~1487)에도 납다색과 삼금색의 이(彝)형 화
로가 있었는데, 그 바닥의 관지에는 도장무늬가 없
다. 오직 약으로 '경태년제(景泰年製)' 등의 글자 있는
부분을 태워야 이 글자가 희미하게 안에 있음을 알
수 있고, 처음에 볼 때는 판별하지 못한다. 그러나
선덕 연간에 주조한 동기와 비교해 보면 품질의 차
이가 커서 거기에 미치지 못한다. 《준생팔전》[129]

宣鑄多用蠟茶、鏒金二色.
蠟茶, 以水銀浸擦入肉, 熏
洗爲之. 鏒金, 以金鑠爲
泥, 數四塗抹, 火炙成赤.
所費不貲, 豈民間可能彷
彿? 但宣銅花紋者甚少. 後
此景泰、成化年間, 亦有此
色彝爐, 其底識無印文,
惟用藥燒"景泰年製"等字,
隱隱在內, 初玩不辨. 較之
宣鑄, 遠不及矣.《遵生八
牋》

## 13) 옛 동기 위조하기

그 방법은 수은으로 여기저기 석홍(錫汞)[130]【곧 지
금의 거울 연마하는 약이 이것이다.】처리를 하는 것
이다. 먼저 새로 만드는 동기 표면에 수은을 골고루

## 論僞古銅器

其法以水銀雜錫汞【卽今
磨鏡藥是也】. 先上在新
銅器上令均, 然後以釅醋

---

129 《遵生八牋》卷14 〈燕閑淸賞牋 上〉 "淸賞諸論" '新舊銅器辨正'(《遵生八牋校注》, 522쪽).
130 석홍(錫汞):수은을 주원료로 청동거울에 표면처리를 하는 공정. 짧은 시간 안에 표면이 흐릿해져서 거울
을 사용할 수 없게 된다.

바른 다음 진한 식초에 고운 요사(硇砂)[131]가루를 섞고 이를 붓에 적셔 고르게 바른다. 동기가 납다(蠟茶)색이 되기를 기다렸다가 재빨리 새로 길어온 물에 담그면 곧 새로 만드는 동기는 납다색이 되고, 옻칠색이 되기를 기다렸다가 재빨리 새로 길어온 물에 담그면 동기는 곧 옻칠색이 된다. 시간을 조금 늦춰 담그면 색이 변하는 것이다. 만약 동기를 물에 넣지 않으면 순수한 비취색이 된다. 3가지 색의 동기를 모두 새로 짠 베로 문질러 맑게 빛을 내면 구리 비린내가 수은 때문에 모두 감춰질 뿐만 아니라 다시 나지는 않는다. 그러나 옛 동기의 소리는 은은하고 맑지만 새로 만든 동기의 소리는 탁하고 시끄럽기 때문에 잘 아는 감정가의 감식을 피할 수는 없다. 《동천청록》[132]

調細硇[42]砂末, 筆蘸均上, 候如蠟茶之色, 急入新汲水浸之, 卽成蠟茶色；候如漆色, 急入新汲ㄡ水浸, 卽成漆色, 浸稍緩則變色矣. 若不入水, 則成純翠色. 三者并以新布擦, 令光瑩, 其銅腥爲水銀所匱, 竝不發露. 然古銅聲微[43]而清, 新銅聲濁而閧[44], 不能逃識者之鑑.《洞天清錄》

요즈음 산동(山東)·섬서(陝西)·하남(河南)·금릉(金陵) 등의 지역에서 정(鼎)·이(彝)·호(壺)·고(觚)·준(尊)·병(瓶)과 같은 종류를 위조한다. 그 양식은 모두 옛날을 본받아 조금도 어긋남이 없고, 반복되는 무늬[花紋]와 관지(款識)도 모두 옛날 기물의 모래 거푸집을 뒤집은 형태를 따라서 또한 차이가 거의 없다. 다만 옛날 기물과 형태를 비교해 보면 크게 차이가 난다. 비록 잘 연마해서 매끄럽게 했다고 하지만 손을

近日山東、陝西、河南、金陵等處, 僞造鼎、彝、壺、觚、尊、瓶之類, 式皆法古, 分寸不遺, 而花紋、款識, 悉從古器上翻砂, 亦不甚差. 但以古器相形, 則迥然別矣. 雖云摩弄取滑, 而入手自麤；雖粧點美觀, 而氣

131 요사(硇砂):천연 염화암모늄으로, 북정사(北庭砂)라고도 한다.
132 《洞天清錄集》〈古鐘鼎彝器辨〉(《叢書集成初編》1552, 12쪽).
[42] 硇:저본에는 "碙". 《洞天清錄集·古鐘鼎彝器辨》에 근거하여 수정.
[43] 微:저본에는 "徹". 《洞天清錄集·古鐘鼎彝器辨》에 근거하여 수정.
[44] 濁而閧:저본에는 "洪而濁". 《洞天清錄集·古鐘鼎彝器辨》에 근거하여 수정.

대보면 본래 거친 곳이 드러나고, 비록 점으로 장식해서 아름답게 보이지만 질감도 본래 조악하다.

동기를 위조하는 법은 다음과 같다. 동기를 주조하여 꺼낸 다음 깎고 문질러 광택을 내고 깨끗하게 한다. 혹은 칼로 무늬를 새기고, 흠이 있는 곳은 곧 이른 새벽에 길어온 물에 명반을 넣고 진흙처럼 갠다. 여기에 동기를 하루 동안 담갔다가 꺼내어 불에 뜨겁게 쬐고, 다시 담갔다가 쬐기를 3번 반복하고 그치는데, 이를 '이력 만들기[作脚色]'라 한다.

다 마르면 요사(硇砂)·담반(膽礬)[133]·한수석(寒水石)[134]·붕사(硼砂)[135]·금사반(金絲礬)[136]을 각각 가루 낸 뒤, 청염(靑鹽)[137] 녹인 물에 섞어 녹이고 이를 깨끗한 붓으로 찍어 동기에 2~3차례 골고루 발라준다. 1~2일을 지나서 약을 씻어내고 말린 다음 또 씻는다. 이러한 모든 과정은 기물 표면의 색을 조절하기 위함이니, 물로 씻는 공정은 3~5차례 정도 거쳐야 색이 제대로 안정된다.

그런 다음에 땅에다 구덩이를 하나 파고 숯불을 새빨갛게 피워 넓게 편 다음 진한 식초를 구덩이에 뿌린다. 그런 뒤 구덩이 안에 동기를 들여놓고 이어서 식초의 지게미로 덮고는 흙을 넉넉히 채워 덮는

質自惡.

其僞製法：鑄出，剔摩光淨，或以刀刻紋理，缺處方用井花水調泥礬，浸一伏時，取起烘熱，再浸再烘，三度爲止[45]，名"作脚色".

候乾，以硇砂、膽礬、寒水石、硼砂、金絲[46]礬各爲末，以靑鹽水化，淨筆蘸刷三兩度，候一二日洗去，乾又洗之. 全在調停顏色，水洗功夫，須三五度方定.

次掘一地坑，以炭火燒紅令遍，將醲醋潑下坑中，放銅器入內，仍以醋糟罨之，加土覆實. 窖藏三日取看，

---

133 담반(膽礬)：황산구리로 이루어진 황산염 광물.
134 한수석(寒水石)：황산칼슘 또는 탄산칼슘을 주성분으로 하는 석고(石膏) 또는 방해석(方解石).
135 붕사(硼砂)：붕산나트륨의 결정.
136 금사반(金絲礬)：황색 명반(明礬)인 황반(黃礬)을 말한다.
137 청염(靑鹽)：염소와 암모니아의 화합물.
[45] 止：저본에는 "上". 오사카본·규장각본·《遵生八牋·燕閑淸賞牋·淸賞諸論》에 근거하여 수정.
[46] 絲：저본에는 "砂". 오사카본·《遵生八牋·燕閑淸賞牋·淸賞諸論》에 근거하여 수정.

다. 이렇게 움에 3일 동안 보관해 두었다가 꺼내 보면 곧 여러 색을 띤 반점이 생기는데, 이를 밀랍으로 문지른다. 색을 진하게 하려면 댓잎을 태워 기물을 그 연기에 쐰다.

동기 표면 전체에 반점이 얼룩지게 하는 데는 차갑게 하는 법과 따뜻하게 하는 법 2가지가 있다. 명유향(明乳香)138을 골고루 사용하는데, 먼저 사람이 명유향을 입으로 씹어서 떫은맛을 다 제거한 뒤라야 표백한 밀랍과 섞어서 녹인다. 청색 반점을 만들려면 석청(石靑)을 밀랍 안에 넣는다. 녹색 반점을 만들려면 사지녹(四支綠)139을 쓰고, 홍색 반점을 만들려면 주사를 쓴다.

따뜻하게 하는 법에는 밀랍을 많이 쓰고, 차갑게 하는 법에는 명유향과 밀랍을 반반씩 넣는다. 이렇게 섞어서 약을 만들고, 볼록 튀어나온 반점들을 동기 표면 전체에 찍어주는데, 그 튀어나온 돌기는 염분에 녹슨 침사(針砂)140를 쓴다.

수은색을 내려면 수은과 사석(砂錫)141의 혼합물로 정(鼎)·이(彛)의 모서리 위에 바르고, 법제한 밀랍 안료로 덮어서 기물 표면이 일부는 감춰지고 일부는 드러나게 해서 감정가를 기만하기도 한다. 이 동

卽生各色斑點, 用蠟擦之. 要色深者, 用竹葉燒煙薰之.

其點綴顏色, 有寒、煗二法. 均用明乳香, 令人口嚼濇味去盡, 方配白蠟熔和. 其色靑, 以石靑投入蠟內. 綠用四[47]支綠, 紅用硃砂.

煗用蠟多, 寒則乳、蠟相半. 以此調成, 作點綴凸起顏色, 其堆疊用滷銹針砂.

其水銀色, 以水銀、砂錫塗抹鼎、彛邊角上, 以法蠟顏色罩蓋, 隱露些少, 以愚隸家. 用手揩摩, 則香腥觸

---

138 명유향(明乳香):볶지 않은 유향(乳香)으로 생유향(生乳香)이라고도 한다. 유향은 감람과에 속하는 유향나무의 수액을 건조시킨 것이다.

139 사지녹(四支綠):미상.

140 침사(針砂):바늘을 만들 때 나오는 고운 쇳가루. 한약재로 사용하며, 강사(鋼砂)·철사(鐵砂)·철침사(鐵針砂)라고도 한다.

141 사석(砂錫):암석에서 분리된 뒤 모래나 자갈에 섞여 산출되는 주석(朱錫).

[47] 四:저본에는 "西".《遵生八牋·燕閑淸賞牋·淸賞諸論》에 근거하여 수정.

기를 손으로 문지르면 코를 자극하는 비린내가 씻어도 사라지지 않는다. 간혹 염분이 많은 땅속에 1~2년 동안 묻어두었다가 위조한 기물은 거의 옛날 기물 티가 난다.

또한 하·상·주나 진한(秦漢) 시기의 기물 같은 경우는 다리 1개가 떨어지거나 손잡이가 1개 떨어지기도 하고, 혹은 기물의 몸체가 상해서 구멍이 1개 있거나 떨어져 나간 곳이 1개 있는 경우도 있는데, 이것들은 위조한 흠들이 아니다.

근래에는 기물을 차갑게 하거나[冷沖], 열을 가하거나[熱沖], 용접을 하거나[冷釬], 부드러운 구리로 충격을 가하는 법[軟銅沖法]으로 오래된 구리색이 변하지 않게 한다. 오직 열을 가한 곳이 다른 곳에 비해 조금 검은빛을 띨 뿐이다.

만약 납으로 보수하고 아울러 용접을 한 것 같은 경우는 모두 법제한 밀랍으로 기물 안을 장식해서 메우고 산에서 나는 누런 진흙으로 빽빽하게 바르고 덮어서 흙에서 출토된 상태를 만든다.

이렇게 하는 이유는 실제로 옛날 기물은 매우 적은 수량만 온전하여 위조한 물건과 비교하면 매우 다르기 때문이다.

또 부서진 옛 기물 조각들을 모아서 원래대로 맞추는 경우에는, 조각마다 모두 옛것이므로 오직 손으로만 새롭게 만드는데, 이것을 '개추(改鍬, 삽 바꾸

鼻, 洗不可脱. 或做成入滷鹹地内, 埋藏一、二年者, 似有古意.

又若三代、秦、漢時物, 或落一足, 或墮一耳, 或傷器體, 一孔一缺者, 此非僞造.

近能作冷沖、熱沖、冷釬、軟銅沖法, 古色不變. 惟熱沖者, 色較 [48]他處少黑.

若用鉛補, 并冷釬者, 悉以法蠟塡飾器内, 以山黄泥調稠遮掩, 作出土狀態.

此實古器, 惟少周全, 較之僞物遠甚.

又等屑湊舊器破敗者, 件件皆古, 惟做手乃新, 謂之"改鍬".《遵生八牋》

---

[48] 較 : 저본에는 "黄".《遵生八牋·燕閑淸賞牋·淸賞諸論》에 근거하여 수정.

기)'라 한다. 《준생팔전》[142]

어두운 고동색을 내려면 진흙처럼 갠 명반(明礬)을 뜨겁게 하여 기물 위에 2~3번 바른 뒤에라야 씻을 수 있다. 바로 이어서 댓잎을 태워 그 연기를 쐰다. 《고금비원》[143]

幽古色, 泥礬熱, 上三、兩度後, 方可洗, 仍用竹葉煙薰. 《古今秘苑》

다갈색(茶褐色)을 내려면 진흙처럼 갠 명반(明礬)으로 기물을 둥그렇게 2번 싸고 12시간 정도 둔다. 그런 다음에 물로 진흙과 명반을 씻어낸 뒤 물이 마르도록 기다리지 말고 자주 적셔 준다. 《고금비원》[144]

茶褐色, 泥礬巢二度半日許. 水浴去, 莫待水乾, 頻頻浴. 同上

## 14) 옛 동기의 용도

먼 옛날의 동기 가운데 오늘날까지 보존된 것 몇 가지를 예로 들어 논한다. 정(鼎)은 옛날의 음식을 만드는 도구이다. 그러므로 제례를 지낼 때 대부(大夫)는 5정(鼎)을 사용하고 사(士)는 3정을 사용한다는 말이 있다.[145] 오늘날 정(鼎)을 향 피우는 도구로 사용하는 까닭은 지금은 정을 음식 만드는 도구로 사용하지 않기 때문이다.

論古銅器具取用

上古銅物存於今日, 聊以適用數者論之. 鼎者, 古之食器也, 故有五鼎、三鼎之說. 今用爲焚香具者, 以今不用鼎供耳.

그러나 정(鼎)은 크기에 따라 2가지 쓰임새가 있다. 큰 것은 청당(廳堂, 대청)에 진설하고, 작은 것은

然鼎之大小有兩用, 大者陳於廳堂, 小者置之齋室.

---

142 《遵生八牋》 卷14 〈燕閑淸賞牋 上〉 "淸賞諸論" '新鑄僞造'(《遵生八牋校注》, 522~523쪽).

143 《古今秘苑》 卷1 〈幽古〉, 2쪽.

144 《古今秘苑》 卷1 〈茶褐〉, 2쪽.

145 그러므로……있다: 고대에 제례를 지낼 때 대부는 5개의 정(鼎)에, 양(羊)·돼지[豕]·저민 고기[膚]·물고기[魚]·말린 고기[腊]를 각각 나누어 담았으며, 사(士)는 3개의 정에 돼지·물고기·말린 고기를 각각 나누어 담았다. 《儀禮·少牢饋食禮》와 《儀禮·士昏禮》참조.

문왕정(文王鼎)《박고도》

아호부정정(亞虎父丁鼎)《박고도》

상소부정(商召父鼎)《박고도》

남궁정(南宮鼎)《박고도》

상보정(象簠鼎)《박고도》

주왕백정(周王伯鼎)《박고도》

단종정(單從鼎)《박고도》

주풍정(周豐鼎)《박고도》

재실(齋室)146에 둔다. 네모난 정으로는 비룡의 다리 모양이 있는 문왕정(文王鼎)147이 최고의 감상품이다.

직선형 다리에 짐승무늬가 새겨진 아호부정(亞虎父鼎)148·상소부정(商召父鼎)149·주화족정(周花足鼎)150, 그리고 광택의 표면에 무늬가 없는 남궁정(南宮鼎)151은 문왕정에 버금가는 감상품이다.

주상보정(周象簠鼎)152 같은 정은 배가 크고 아래의 다리가 작아 닭의 넓적다리 같다. 또 백유정(百乳鼎)

方者以飛龍脚文王鼎爲上賞.

獸呑直[49]脚亞虎父鼎、商召父鼎、周花足鼎, 光素者如南宮鼎爲次賞.

若周象簠鼎, 腹壯而膀脚肯鷄腿, 又如百乳鼎者, 皆

---

146 재실(齋室) : 재계하는 방인데, 여기서는 서재를 뜻하는 것으로 판단된다.

147 문왕정(文王鼎) : 직사각형 몸체에 비교적 긴 다리 4개를 가지고 있는 정(鼎)으로, 주공정(周公鼎)이라고도 한다. 안쪽 면과 바닥에 5행 35자의 명문이 있는데, "주공이 동이(東夷)·풍백(豐白)·박고(薄古)를 정벌하여 모두 승리했다. 공은 돌아와서 종묘에 제사지냈으며 무진(戊辰)일에 진(秦)에서 만든 술을 마셨다. 공은 많은 상금을 받아서 준(尊)과 이(彝)를 만들었다.(惟周公邢征伐東夷,豐白,薄古, 咸□. 公歸荐邢周廟. 戊辰飮秦飮, 公賞見百朋, 用作尊彝.)"라는 내용이다.

148 아호부정(亞虎父鼎) : 명문에 "아호부(亞虎父)" 자가 있는 정(鼎). 호(虎)는 정(鼎) 주인의 부족 명칭이며, 부을(父乙) 또는 부정(父丁)은 을일(乙日)이나 정일(丁日)에 제사 날찌기 정해진 부친을 의미한다

149 상소부정(商召父鼎) : 미상.

150 주화족정(周花足鼎) : 미상. 중국 주나라 때 만들어지고 다리에 무늬가 있는 정(鼎)으로 추정된다.

151 남궁정(南宮鼎) : 명문에 정(鼎) 주인의 이름인 "남궁(南宮)" 자가 있는 정(鼎).

152 주상보정(周象簠鼎) : 미상. 중국 주나라 때 만들어지고 명문에 "상(象)" 자가 있는 정(鼎)으로 추정된다.

[49] 直 : 저본에는 "眞".《遵生八牋·燕閑淸賞牋·淸賞諸論》에 근거하여 수정.

같은 정도 있다. 이는 모두 하등의 감상품이다.

네모나면서 작은 정으로는 주왕백정(周王伯鼎)[153]·단종정(單從鼎)[154]·주풍정(周豐鼎)[155]이 있다.

또 사방 0.4~0.5척 정도 되는 정으로 청록색(靑綠色)이면서 혹 삼금(鑠金)을 하기도 한, 작고 네모난 정(鼎)이 있다. 그 법식은 문왕정(文王鼎)·왕백정(王伯鼎)의 모양을 본받았으며, 서실(書室)에서 향을 피우기에 적합하다. 이들은 모두 당(唐)나라의 관청에서 주조한 것이거나 원(元)나라의 강낭자(姜娘子)[156]가 주조하였는데, 그 무늬가 정밀하고 아름다우며 모양도 볼 만하다.

둥글면서 3마리의 짐승 얼굴이 새겨진 정으로는 상부을정(商父乙鼎)[157]·부기정(父己鼎)[158]·부계정(父癸鼎)[159]·약계정(若癸鼎)[160]이 있다.

배가 둥근 정으로는 상자정(商子鼎)[161]·병중정(秉仲鼎)[162]·상형도철정(象形饕餮鼎)[163]·입과정(立戈鼎)[164]·계운정(季娟鼎)[165]이 있다.

下品也.

方之小者, 有周王伯鼎、單從鼎、周豐鼎.

又若方四五寸許靑綠或鑠金小方鼎, 式法文王、王伯鼎製者, 可宜書室薰燎. 皆唐之局鑄, 元 姜娘子鑄也, 紋片精美, 製度可觀.

其圓鼎三獸面者, 如商父乙鼎、父己鼎、父癸鼎、若癸鼎.

圓腹者, 若商子鼎、秉仲鼎、象形饕餮鼎、立戈、季娟鼎.

---

153 주왕백정(周王伯鼎) : 중국 주나라 때 만들어졌으며 명문에 "왕백(王伯)" 자가 있는 정(鼎).
154 단종정(單從鼎) : 명문에 "단(單)" 자와 "종(從)" 자가 있는 정(鼎).
155 주풍정(周豐鼎) : 중국 주나라 때 만들어졌으며 명문에 "풍(豐)" 자가 있는 정(鼎).
156 강낭자(姜娘子) : 중국 남송(南宋) 초기의 여인으로, 옛 동기를 잘 만들었다. 조소(曹昭, 원말명초 사람)가 《격고요론(格古要論)》에서 강낭자를 원나라 사람이라고 한 것은 오류다.
157 상부을정(商父乙鼎) : 중국 상나라 때 만들어졌으며 명문에 "부을(父乙)" 자가 있는 정(鼎)으로, 현재 북경 고궁박물원에 소장되어 있다.
158 부기정(父己鼎) : 중국 상나라 때 만들어졌으며 명문에 "부기(父己)" 자가 있는 정(鼎).
159 부계정(父癸鼎) : 중국 상나라 때 만들어졌으며 명문에 "부계(父癸)" 자가 있는 정(鼎).
160 약계정(若癸鼎) : 중국 상나라 때 만들어졌으며 명문에 "약계(若癸)" 자가 있는 정(鼎).
161 상자정(商子鼎) : 중국 상나라 때 만들어졌으며 명문에 "자(子)" 자가 있는 정(鼎).
162 병중정(秉仲鼎) : 중국 상나라 때 만들어졌으며 명문에 "병중(秉仲)" 자가 있는 정(鼎).
163 상형도철정(象形饕餮鼎) : 중국 상나라 때 만들어졌으며 도철(饕餮)무늬가 있는 정(鼎).
164 입과정(立戈鼎) : 중국 상나라 때 만들어졌으며 "자립과(子立戈)"형 명문이 있는 정(鼎).
165 계운정(季娟鼎) : 중국 주나라 때 만들어졌으며 명문에 "계운(季娟)" 자가 있는 정(鼎).

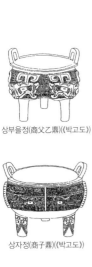
상부을정(商父乙鼎)《박고도》

부기정(父己鼎)《박고도》

부계정(父癸鼎)《박고도》

약계정(若癸鼎)《박고도》

상자정(商子鼎)《박고도》

병중정(秉仲鼎)《박고도》

상형도철정(象形饕餮鼎)《박고도》

입과정(立戈鼎)《박고도》

계운정(季娟鼎)《박고도》

상어정(商魚鼎)《박고도》

주익정(周益鼎)《박고도》

소복보정(素腹寶鼎)《박고도》

상을모정(商乙毛鼎)《박고도》

선문정(蟬紋鼎)《박고도》

상입과부갑정(商立戈父甲鼎)
《박고도》

공비정(公非鼎)《박고도》

자부거정(子父舉鼎)《박고도》

주대숙정(周大叔鼎)《박고도》

수화정(垂花鼎)《박고도》

당삼리정(唐三螭鼎)《박고도》

상권이(商權彜)

자손부신이(子孫父辛彜)《박고도》

상호이이(商虎耳彜)《박고도》

기유방이(己酉方彜)《박고도》

백유이(百乳彝)《박고도》

상모을력(商母乙鬲)《박고도》

주멸오력(周蔑敖鬲)《박고도》

뇌문도철력(雷紋饕餮鬲)《박고도》

주사력(周師鬲)《박고도》

주사망대(周師望敦)《박고도》

시대(兒敦)《박고도》

익대(翼敦)《박고도》

주부귀세(周負龜洗)《박고도》

광택이 나고 무늬가 없는 정으로는 상어정(商魚鼎)166·주익정(周益鼎)167·소복정(素腹鼎)168 같은 것이 있다.

주둥이 아래가 끈으로 묶인 듯이 잘록 들어간 정으로는 상을모정(商乙毛鼎)169·선문정(蟬紋鼎)170·부갑정(父甲鼎)171·공비정(公非鼎)172 같은 것이 있다.

입구가 높은 것으로는 비룡무늬 다리가 있는 자

光素者, 如商魚鼎、周益鼎、素腹鼎.

口下微束者, 若商乙毛鼎、蟬紋鼎、父甲鼎、公非鼎.

儌口者, 如飛龍脚子父鼎,

---

166 상어정(商魚鼎) : 중국 상나라 때 만들어졌으며 명문에 "어(魚)" 자가 있는 정(鼎).
167 수익정(周益鼎) : 중국 주나라 때 만들어졌으며 명문에 "익(益)" 자가 있는 정(鼎).
168 소복정(素腹鼎) : 중국 상나라 때 만들어졌으며 배 부분이 둥글고 무늬가 없는 정(鼎).
169 상을모정(商乙毛鼎) : 중국 상나라 때 만들어졌으며 명문에 "을모(乙毛)" 자가 있는 정(鼎).
170 선문정(蟬紋鼎) : 매미날개무늬[蟬紋]가 있는 정(鼎).
171 부갑정(父甲鼎) : 중국 상나라 때 만들어졌으며 명문에 "부갑(父甲)" 자가 있는 정(鼎).
172 공비정(公非鼎) : 중국 상나라 때 만들어졌으며 명문에 "비(非)" 자가 있는 정(鼎).

부정(子父鼎)[173] 같은 정이 있다. 이상은 모두 최고의 감상품에 들 만하다.

둥글면서 작은 정으로는 주대숙정(周大叔鼎)[174] · 수화정(垂花鼎)[175] · 주란정(周繺鼎)[176] · 당삼리정(唐三螭鼎)[177]이 모두 청아한 즐길거리에 들 만하지만, 그 법식이 매우 우아한 정으로 치기에는 부족할 뿐이다.

기타 오이 모양 배·닭넓적다리 모양의 다리·네모난 손잡이·고리 모양 손잡이·주둥이가 높은 정(鼎) 모양 향로는 모두 감상할 만하지 않으니, 하품이다.

이(彝)형 향로는 법식이 주권이(周巂彝)[178] · 부신이(父辛彝)[179] · 상호수이(商虎首彝)[180] · 백절이(百折彝)[181]와 같다.

기유이(己酉彝)[182]와 같은 네모난 형태와 백유이(百乳彝)[183] 같은 기이한 형태는, 모두 당(堂) 위에서 향을 피우는 도구로 쓸 수 있다.

기타 이(彝) · 대(敦) · 력(鬲) 등의 향로는 비록 오래되었으나 청아한 즐길거리에 들 만하지 않다.

皆可入上賞.

圓之小者, 如周大叔鼎、垂花鼎、周繺鼎、唐三螭鼎, 俱堪入清供, 但式少大雅耳.

他如瓜腹、鷄腿、方耳、環耳、傲口鼎爐, 俱不堪玩, 爲下品也.

彝爐式, 如周巂彝、父辛彝、商虎首彝、百折彝.

方者如己酉彝、奇者如百乳彝, 皆堪爲堂上焚具.

他如彝、敦、鬲爐等件, 雖古, 不堪清供.

---

173 자부정(子父鼎):중국 주나라 때 만들어졌으며 명문에 "자부(子父)" 자가 있는 정(鼎).

174 주대숙정(周大叔鼎):중국 주나라 때 만들어졌으며 명문에 "대숙(大叔)" 자가 있는 정(鼎).

175 수화정(垂花鼎):중국 주나라 때 만들어졌으며 아래로 늘어뜨린 꽃[垂花]무늬가 있는 정(鼎).

176 주란정(周繺鼎):중국 주나라 때 만들어졌으며 명문에 "란(繺)" 자가 있는 정(鼎).

177 당삼리정(唐三螭鼎):중국 당나라 때 만들어졌으며 교룡무늬 3개[三螭]가 있는 정(鼎).

178 주권이(周巂彝):《박고도》에는 상권이(商巂彝)가 수록되어 있다. 상권이는 중국 상나라 때 만들어졌으며 명문에 "권(巂)" 자가 있는 이(彝)이다.

179 부신이(父辛彝):중국 상나라 때 만들어졌으며 명문에 "부신(父辛)" 자가 있는 이(彝).

180 상호수이(商虎首彝):중국 상나라 때 만들어졌으며 호랑이무늬가 있는 이(彝). 《박고도》에는 상호이이(商虎耳彝)가 수록되어 있다.

181 백절이(百折彝):미상.

182 기유이(己酉彝):중국 주나라 때 만들어졌으며 명문에 "기유(己酉)" 자가 있는 이(彝).

183 백유이(百乳彝):중국 주나라 때 만들어졌으며 몸통이 216개의 돌기로 장식된 이(彝).

상모을력(商母乙鬲)[184]·주멸오력(周蔑敖鬲)[185]·도철
력(饕餮鬲)[186]·주사망력(周師望鬲)[187]·주사망대(周師望
敦)[188]·시대(兕敦)[189]·익대(翼敦)[190] 같은 기물은 또한
거실 안 탁자에 올려놓고 즐길 만하다. 이상의 법식
들은 《박고도(博古圖)》[191]안에 실려 있으니 《박고도》
를 살펴보면 찾아볼 수가 있다.

　치(巵)는 옛날의 술그릇이다. 치(巵)의 뜻은 위로
끝까지 올라가면 위태롭고[危] 절제를 알면 위태롭지
않다는 데서 취하였으니, 이를 경계로 삼으라는 뜻
을 붙인 것이다. 그 제도는 우(盂)와 같되, 두 귀가
밖에 붙어 있다. 이 귀는 또한 허리와 배 옆에 붙은
날개 같은 귀이다. 민간에서 '인면배[人面杯, 사람 얼굴
모양 잔]'라 하는 것이 이것이다.

　배(杯)[192]도 옛날 술그릇이다. 소머리 모양으로 만
들고 노끈을 땋아 달았는데, 또한 탐욕과 게으름을
경계하는 뜻이다.

如得商母乙鬲、周蔑敖鬲、
饕餮鬲、周師望鬲[50]、周師
望敦、兕敦、翼敦, 亦可充
堂中几筵之供. 已上式載
《博古圖》中, 可用按圖索
視也.

巵者, 古酒器也. 義取上
窮而危, 知節則無危矣, 寓
戒之之意. 其製如盂, 雙耳
外乘[51], 又如腰腹翼耳. 俗
云"人面杯"者是也.

杯亦古酒器也, 以牛首爲
製, 加以籠絡, 亦戒貪逸
之意.

---

184 상모을력(商母乙鬲):중국 상나라 때 만들어졌으며 명문에 "모을(母乙)" 자가 있는 력(鬲).
185 주멸오력(周蔑敖鬲):중국 주나라 때 만들어졌으며 명문에 "멸오(蔑敖)" 자가 있는 력(鬲).
186 도철력(饕餮鬲):중국 상나라 때 만들어졌으며 운뢰문과 도철문으로 장식된 력(鬲).
187 주사망력(周師望鬲):미상. 《박고도》에는 주사력(周師鬲)이 실려 있다. 주사력(周師鬲)은 주나라 때 만들
　어졌으며 명문에 "사(師)" 자가 있는 력(鬲)이다.
188 주사망대(周師望敦):주나라 때 만들어졌으며 명문에 "사망(師望)" 자가 있는 대(敦).
189 시대(兕敦):주나라 때 만들어졌으며 명문에 "시(兕)" 자가 있는 대(敦).
190 익대(翼敦):주나라 때 만들어졌으며 명문에 "익(翼)" 자가 있는 대(敦).
191 박고도(博古圖):중국 송대(宋代)의 왕보(王黼, 1079~1126)가 편찬한 고기도록(古器圖錄). 송나라 8대 황
　제 휘종(徽宗:재위 1100~1125)이 대관(大觀) 초기부터 수집하여 선화전(宣和殿) 후원에 수장시켰던 고기
　(古器) 1만 점 중 상(商)·주(周)·한(漢)·당(唐)에 속하는 정(鼎)·호(壺)·종(鐘)·탁(鐸)·전(錢)·경(鏡) 등
　839점을 선택하여 그것을 대략 20종으로 나누어서 그림을 싣고, 그에 대한 대소(大小)와 명문(銘文)을 기
　록하고 해석해 놓은 책. 선화전의 이름을 붙여서 《선화박고도록(宣和博古圖錄)》이라고도 한다.
192 배(杯):배(盃) 자와 같은 글자로, 불(不)과 술잔[皿]이 합쳐진 뜻은, 잔에 술을 가득 채우지 말라는 의미에
　서라고 한다.
50 周師望鬲:《遵生八牋·燕閑淸賞牋·淸賞諸論》에는 없음.
51 乘:저본에는 "垂".《遵生八牋·燕閑淸賞牋·淸賞諸論》에 근거하여 수정.

이(匜)는 주둥이가 치켜들려 있고 배는 평평하며 손잡이 1개가 달려 손으로 움켜쥘 수 있고, 3개의 다리나 둥근 굽이 달려 오리처럼 생긴 것이 이것이다. 옛사람들이 예식에서 손과 술잔을 씻을 때, 관(盥, 손을 씻는 대야)·세(洗)[193]에 물을 붓는 도구로 사용하였다. 지금 민간에서는 치(卮)를 이(匜)라 하고, 이(匜)를 치(卮)라 하여 각각 금이나 은으로 만든 술그릇이라 부르는데, 이는 잘못이다.

반(盤)·세(洗) 이 2가지 기물로 말해보면, 반(盤)은 깊고 세(洗)는 얕다. 반(盤)은 전[194]이 넓어서 버려지는 물을 받아 안으로 모을 수 있는데, 내부에 전서체로 된 명문이 있는 반, 위로 쫑긋 솟은 손잡이 안쪽이 비어 있는 반, 안에 가끔 바다짐승무늬가 새겨진 반 등이 있다. 더러는 3마리의 웅크린 교룡 모양으로 다리 3개를 만든 것도 있고, 또는 뇌문(雷紋)이 새겨진 둥근 굽으로 만든 것도 있다. 또 '이반(彝盤)'이라 부르는 그릇이 있다. 민간에서는 이를 가리켜 삽혈(歃血)[195]할 때 사용했던 반이라 하는데, 이는 틀린 말이다. 지금은 향연반(香櫞盤)[196]으로 사용할 수 있다.

세(洗)는 예식에서 손을 씻는 데 사용하므로 물고기 1쌍의 무늬를 새기거나 마름꽃 무늬를 새긴다.

匜者, 矯口坦腹, 一舥捏手, 或三足或圓足, 如鴨形者是也. 古人以爲盥、洗注水之具. 今俗以卮爲匜, 以匜爲卮, 名金銀酒器者, 誤矣.

盤、洗二器, 盤深而洗淺, 盤用以承棄水, 內有銘篆者, 有招耳上沖者, 有盤內種種海獸者. 或用三蹲螭爲足, 或雷紋圓足者, 又名"彝盤", 俗指爲歃血盤, 非也, 今可用作香櫞盤.

其洗用以盥手, 故紋用雙魚, 用菱花. 有三乳足者,

---

193 세(洗) : 세수할 때 사용하던 대야 형태의 그릇.

194 전 : 물건의 위쪽 가장자리가 조금 넓적하게 된 부분.

195 삽혈(歃血) : 고대에 군주 간에 동맹을 맺을 때 군은 약속의 표시로 개나 돼지, 말 따위의 피를 서로 나누어 마시거나 입에 바르던 일.

196 향연반(香櫞盤) : 향연(香櫞)나무의 열매를 담는 쟁반. 향연은 운향과에 속하는 상록 교목으로, 불수감이라고 하는 향이 좋은 열매가 열린다. 《이운지》권1 〈이구(餌具, 음식이나 향료를 담는 도구)〉에서 향연반에 대해 자세히 다루었다.

불수감(블로그 완도풍수자연농원 제공)

젖꼭지 모양의 다리 3개가 달린 세도 있고, 둥근 굽 이 달린 세도 있으며, 몸통 옆에는 짐승 얼굴에 위로 뒤집을 수 있는 둥근 고리가 달린 세도 있다. 지금은 물을 부어 놓고 탁자와 의자가 놓인 응접실에서 주인과 손님이 술잔을 주고받을 때 술잔을 씻는 데 사용하니, 옛사람들이 원래 사용하던 용도와 부합하는 듯하다.

또 세(洗)와 비슷하면서 손잡이 2개가 있어 손으로 잡고 사용하는 기물을 우(杅)[197]라 하는데, 또한 세(洗)와 같은 용도로 사용할 수 있다.

고(觚)·준(尊)·치(觶)는 모두 술그릇인데, 이 3가지 기물에는 모두 꽃을 꽂을 수 있다.

有圓足者, 傍有獸面翻環者. 今用以注水, 爲几筵主賓酬酢滌器, 似得古人遺意.

又有似洗而雙靶作掇手者, 名杅[52], 亦可作洗用.

觚、尊、觶, 皆酒器也, 三器俱可揷花.

---

197 우(杅):세(洗)와 비슷하면서 손잡이가 달린 그릇.
[52] 杅:저본에는 "扞". 오사카본·《遵生八牋·燕閑淸賞牋·淸賞諸論》에 근거하여 수정.

계강우(季姜杆)(《박고도》)　　소온호(素溫壺)(《박고도》)　　방호(국립중앙박물관)　　편호(국립중앙박물관)

이수병(螭首瓶)(《박고도》)　한린병(漢鱗瓶)(《박고도》)　호호(瓠壺)(《박고도》)　반규부(蟠虯瓿)(《박고도》)

어부(魚瓿)(《박고도》)　　한탕앵(漢湯罌)(《박고도》)

옛날의 호(壺)·병(瓶)은 술을 부어 놓는 데 사용하였다. 옛 소온호(素溫壺)[198] 같은 경우, 입구가 마늘이나 빈랑열매 같은 모양인 것은 민간에서 '산포병(蒜蒲瓶)'이라 하는데, 바로 옛날의 호(壺)이다. 소온호는 물을 붓기에 아주 편리하며, 모란·작약 등의 꽃을 꽂을 수 있고, 입구를 가장 단단하게 막을 수 있으니, 오직 두께가 두터운 것이 좋다.

古之壺、瓶, 用以注酒. 若古素溫壺, 口如蒜、榔式者, 俗云"蒜蒲瓶", 乃古壺也. 極便注滾水, 揷牡丹、勺藥之類, 塞口最緊, 惟質厚者爲佳.

---

198 소온호(素溫壺) : 무늬가 없이 소박한 형태로 만든 술그릇.

기타 속문사환호(粟紋四環壺)[199]·방호(方壺)[200]·편호(匾壺)[201]·궁이호(弓耳壺)[202] 같은 것은 모두 서실(書室)에 놓고 꽃을 꽂기에 좋다.

주나라의 반리병(蟠螭瓶)이나 이수병(螭首瓶)[203]과 같은 것을 민간에서는 '관음병(觀音瓶)'이라 부른다. 지금의 술 담는 호(壺)는 모두 이러한 모양을 따른다.

이와 같은 모양이 다시 한(漢)나라의 인병(麟瓶)[204]으로 변했는데, 형태가 마치 조금 굽은 표주박[瓠子] 같고 등에는 손잡이가 있다. 이러한 병을 민간에서는 으레 '호자호(瓠子壺)'의 부류라고 하지만, 이는 잘못이다. 별도로 호호(瓠壺)[205]가 있다. 이는 《시경(詩經)》〈대아(大雅)·공류(公劉)〉에서, '표주박으로 술을 뜨네(酌之以匏)'[206]라 한 뜻을 취하였다. 지금은 이 병(瓶)에 물을 부어 화초(花草)에 물을 주므로, 서실에서 부들이나 난초를 기르는 용도의 병으로 손꼽는다.

주나라 때에는 반규부(蟠虯瓿)[207]·어부(魚瓿)[208]·앵부(罌瓿)[209]가 있는데, 위의 반리병(蟠螭瓶)·이수병

他如粟紋四環壺、方壺、匾壺[53]、弓耳壺, 俱宜書室揷花.

若周之蟠螭瓶、螭首瓶, 俗云"觀音瓶"者, 今之酒壺, 全用此式.

更變漢之麟瓶, 形若瓠子稍彎, 背有提靶. 此瓶也, 俗例爲"瓠子壺"類, 誤矣. 另有瓠壺, 取《詩》云"酌之以匏"之義. 今以此瓶注水, 灌漑花草, 雅稱書室育蒲養蘭之具.

周有蟠虯瓿、魚瓿、罌瓿, 與上蟠螭、螭首二瓶, 俱可

---

199 속문사환호(粟紋四環壺) : 곡식 낱알 무늬가 있고 네 개의 고리가 달린 호.
200 방호(方壺) : 중국 고대 예서에서는 복부가 둥글고 주둥이가 네모난 호를 가리키는 명칭인데, 복부가 네모나고 주둥이가 네모난 호도 포함된 듯하다.
201 편호(匾壺) : 배가 옆으로 납작한 호.
202 궁이호(弓耳壺) : 손잡이가 중앙이 세로로 뚫려 있고, 명문에 "궁(弓)" 자가 있는 상관이궁호(商貫耳弓壺)의 모양을 본떠 꽃을 꽂는 용도로 만든 호.
203 이수병(螭首瓶) : 교룡 머리 장식이 달린 병.
204 한(漢)나라의 인병(麟瓶) : 한린병(漢麟瓶). 기린 몸과 같은 무늬의 병.
205 호호(瓠壺) : 표주박 모양 병.
206 《毛詩正義》卷17〈生民之什〉"公劉"(《十三經注疏整理本》6, 1311쪽).
207 반규부(蟠虯瓿) : 규룡이 서린 무늬의 단지.
208 어부(魚瓿) : 어깨와 배 부분에 물고기 모양의 무늬가 있는 단지.
209 앵부(罌瓿) : 도자기나 청동으로 만든 부로, 배가 깊어 온수를 담는 용도로 쓰였다. 卷20〈罌〉)
[53] 壺 : 저본에는 "耳壺".《遵生八牋·燕閑淸賞牋·淸賞諸論》에 근거하여 수정.

비둘기 모양 장두

반룡장두

(螭首甁) 이 두 병과 함께 모두 많은 꽃을 꽂는 용도로 쓸 수 있다.

또 지금의 장두(杖頭)[210]를 비둘기 모양으로 만드는 까닭은, 노인은 식사할 때 목이 메이는 경우가 많고, 비둘기가 노인의 목메임을 잘 다스린다는 의미가 있기 때문이다.[211] 그러므로 하·상·주 시대에 구조장두(鳩鳥杖頭)가 있었으며, 그것의 몸통 주위를 금·은·옥으로 상감했다. 또 비구장두(飛鳩杖頭, 나는 비둘기 모양의 장두)가 있었고, 그 몸통 주위에 삼금(鑁金) 처리를 하여 종려죽나무 지팡이에 장식을 했는데, 그 기법이 매우 정교하다.

한(漢)나라의 반룡장두(蟠龍杖頭)[212]·반리장두(蟠

爲揷多花之用.

又若今之杖頭用鳩者, 以老人多噎, 鳩能治噎之義. 故三代有鳩鳥杖頭, 周身金、銀、瑱嵌. 又有飛鳩杖頭, 周身鑁金, 用以作棕竹杖飾, 妙甚.

若漢之蟠龍、蟠螭杖頭, 形

---

210 장두(杖頭) : 지팡이의 손잡이 부분의 장식.
211 또……때문이다 : 《본초강목(本草綱目)》권3 〈백병주치약(百病主治藥)〉 "열격(噎膈)"에 "비둘기는 먹을 때 목이 메지 않는다.(鳩, 食之不噎.)"라는 구절이 있다. 구장 지팡이를 지니면 노인이 식사할 때 목이 메지 않는다 하여 예로부터 치사(致仕)한 노인에게 황제가 구장을 하사하였다고 한다.
212 반룡장두(蟠龍杖頭) : 용이 서려 있는 모양의 장두.

과추(瓜槌)

편종(編鍾)

螭杖頭)[213]와 같은 경우는 형태가 마치 과추(瓜槌)[214]와 같은데 이는 하·상·주의 우아한 모양보다는 못하다.

한나라의 편종(編鍾)[215] 중에서 모양이 작고 울림이 있는 물건 같은 경우는 서재에서 맑은 소리를 내는 데 꽤 좋다. 이 중에서 특히 궁(宮)·상(商) 2가지 음을 낼 때 가장 좋다.

若瓜槌, 此便不如三代之式雅.

若漢之編鍾, 小而有韻者, 頗宜書齋淸響, 但得宮、商二音爲最.

---

213 반리장두(蟠螭杖頭) : 교룡이 서려 있는 모양의 장두.
214 과추(瓜槌) : 참외 모양 철퇴.
215 편종(編鍾) : 편경(編磬)과 한 짝을 이루는 유율타악기(有律打樂器).

포전(布錢)(국립중앙박물관)

동합금 허리띠 갈고리[帶鉤](국립중앙박물관)

옛날 포전(布錢)216 중에 글자를 금으로 상감한 것이 있다. 이는 계화(界畫)217를 표구할 때 축으로 쓰였다.

크기가 작고 손잡이가 있는 유(卣)는 죽을 쑤는 두(斗, 두 모양 그릇)로 사용할 수 있다.

백잔(伯盞)218·회반(頮盤)219·계강우(季姜盂)220·양이배(兩耳杯)221 같은 기물을 작게 만들면 벼루 옆에 두는 필세(筆洗, 붓을 씻는 용기)로 사용할 수 있다.

옛 구리로 만들어진 허리띠 갈고리[帶鉤]222 중에 길이가 1척 정도인 물건이 있다. 그 제도는 똑같지

古布錢, 有金嵌字者, 可作界畫軸用.

小樣提卣, 可作糊斗.

如伯盞、頮盤、季姜盂、兩耳杯, 製小, 可作研傍筆洗.

古銅腰帶鉤有盈尺長者, 其製不一, 有金、銀[54]、碧

---

216 포전(布錢) : 중국 춘추시대 후반부터 전국시대까지 쓰였던 농기구 모양의 화폐. 왼쪽 다리에는 포(布) 자가, 오른쪽 다리에는 천(泉) 자가 새겨져 있어 '화포'라고도 한다. 《한서·식화지》에 한나라 천봉(天鳳, 14~19) 5년에 새로 화포를 제작했다는 기록이 있다. 《본리지》 권1 〈토지제도〉 "고금의 척법"에서 서유구는 화포의 규격과 모양을 자세히 소개하면서, 화포의 머리와 다리 등의 길이와 너비를 견주는 과정에 1척의 길이를 알아냈다고 했다.

217 계화(界畫) : 화가가 계척(界尺, 지금의 자)으로, 선획을 그어 궁실이나 누대를 그린 것. 이 계화를 표구할 때 포전으로 축을 만들었다.

218 백잔(伯盞) : 미상.

219 회반(頮盤) : 미상.

220 계강우(季姜盂) : 윗글에 나온 주계강우(周季姜杅)를 말하는 듯하다.

221 양이배(兩耳杯) : 미상. 양 옆에 손잡이가 하나씩 달려 있는 술잔인 듯하다.

222 허리띠 갈고리[帶鉤] : 주로 가죽띠를 매는 데 사용하는 도구. 청동이나 옥으로 만들어 허리띠나 장신구를 매는 데 쓰였으며 모양은 주로 긴 막대 형태이고 용·새·사마귀·곤충머리 모양을 조각했다.

[54] 有金銀 : 저본에는 "金". 오사카본·규장각본에 근거하여 수정.

않아서, 금·은·벽옥으로 상감한 띠갈고리가 있고, 얇은 금판으로 상감[商]한 띠갈고리가 있으며, 【안 상(商)은 상감(相嵌)을 뜻한다.】 짐승 얼굴 모양으로 띠갈고리의 배를 만든 것이 있으니, 모두 하·상·주 삼대의 기물이다.

기타 양머리 모양 갈고리와 사마귀가 매미를 잡는 모양의 갈고리에 삼금(鑠金) 처리한 띠갈고리가 있는데, 모두 진(秦)·한(漢)의 기물이다. 그러나 지금은 원래 용도로 쓸 일이 없으니, 서실에서 이 구리 갈고리로 벽에 그림이나 검이나 먼지털이 등을 걸어 놓는 용도로 사용하면 매우 우아하다.

또 지름이 1척 정도 되고 깊이가 얕은 반(盤) 중에 다리가 3개 있는 것과 같은 경우는 모양이 매우 정밀하고 우아하며 옛날의 잔(盞)을 받치는 반(盤)이다. 지금은 향연 열매를 담는 용기로 사용한다.

또 두꺼비 모양·웅크린 교룡[蹲螭] 모양이 있다. 그 모양이 매우 정밀하다. 옛날 사람들이 무슨 용도로 사용했는지 모르겠지만 지금은 진지(鎭紙, 문진)로 사용한다.

또 엎드려 있는 큰 청동 호랑이가 있다. 길이는 0.7 ~0.8척이고, 무게는 2~3근이며 역시 한(漢)나라의 기물이다. 이것들은 모두 순장하는 기물이다. 지금은 독서할 때 책을 누르는 데 사용한다.《준생팔전》[223]

瑱嵌者, 有片金商者【案商, 謂相嵌也.】有等用獸面爲肚者, 皆三代物也.

他如羊頭鉤、螳蜋捕蟬鉤有鑠金者, 皆秦、漢物也. 今無可用處, 書室中以之懸壁挂畫、挂劍、挂塵拂等用, 甚雅.

又若盈尺淺盤, 有三足者, 製極精雅, 乃古之承盞盤也. 今用爲香櫞槖具.

又有蝦蟆、蹲螭, 其製甚精, 不知古人何用, 今以鎭紙.

又有大[55]銅伏虎, 長可七八寸, 重有三二斤者, 亦漢物也. 此皆殉葬之器, 今以壓書.《遵生八牋》

---

223 《遵生八牋》卷14〈燕閑淸賞牋 上〉"淸賞諸論"'論古銅器具取用'(《遵生八牋校注》, 524~528쪽).
[55] 大: 저본에는 "古".《遵生八牋·燕閑淸賞牋·淸賞諸論》에 근거하여 수정.

## 15) 옛 동기 보수법

얇은 구리판 1조각을 동기 깨진 곳을 살펴 적당한 곳에 놓고 약(藥)으로 붙인다. 그 약은 자광(紫鑛)[224]·구릿가루·석회·생옻·계란흰자 외에 와회(瓦灰)[225]를 더해 골고루 섞은 것이다. 이를 깨진 곳에 바르고 응달에서 완전히 말렸다가 장맛비 속에 담근다.《거가필용》[226]

## 16) 옛 동기 씻는 법

먼저 동기를 물에 담가 씻고 닦아서 말린다. 숯을 찧고 체로 걸러서 얻은 아주 고운 숯가루로 동기를 골고루 문지른 다음 단단한 가죽신으로 또 문지르면서 숯가루를 털어 낸다. 그런 뒤 무명으로 문질러 색을 낸다.《속사방》[227]

## 補古銅法

用銅葉一片, 看銅器破處鈷定, 使藥粘之. 其藥用紫鑛、銅末、石灰、生漆、鷄淸外, 加瓦灰調均, 扶破處, 窨乾爲度, 入梅月水中浸.《居家必用》

## 洗古銅器法

先將銅器, 以水浸洗, 拭乾, 用擣羅過極細炭末遍擦, 以硬靴刷刷[56]之, 然後用綿揩擦出色.《俗事方》

---

224 자광(紫鑛). 화물약(花汲藥)나무(Butea monosperma Taub.) 등에 기생하는 벌레의 분비물이다. 고대에도 연지를 만들 때 사용되었다. 적색을 띠며 색소 라카인산(laccaic acid)을 함유하고 있는데, 벌레의 분비물을 건조하지 않은 상태로 물에 넣어 끓이면 간단히 색소가 추출된다.

225 와회(瓦灰): 진흙이나 돌가루 등 기와를 굽는 원료.

226《居家必用》戊集〈磨補銅鐵石類〉"補古銅器法"(《居家必用事類全集》ㅍ, 206쪽).

227 출전 확인 안 됨.

56 刷: 저본에는 없음. 오사카본·규장각본에 근거하여 보충.

## 2. 옛 옥기(고옥기)

## 古玉器

### 1) 옥색

### 論玉色

옥(玉)은 감황(甘黃, 진한 황색)색을 띤 것을 최고로
치고, 양지(羊脂, 양의 기름)색을 띤 것이 다음이다. 황
색은 중앙의 색인데다 황색 옥은 쉽게 얻을 수 없는
반면 백색은 한 방위에 치우친 색이고, 백색 옥은
때때로라도 얻을 수 있기 때문이다.[1] 그럼에도 지금
사람들이 황색 옥을 천하게 여기고 백색 옥을 귀하
게 여기는 이유는 식견이 부족하기 때문이다.

玉以甘黃爲上, 羊脂次之.
以黃爲中色, 且不易得, 以
白爲偏色, 時亦有之故耳.
今人淺黃而貴白, 以見少
也.

그러나 찐 밤색과 같은 감황색 옥이 좋으니, 초
황(焦黃, 말라서 누렇게 바래진 색)색을 띠면 그보다 아래
로 친다. 새로 돋아난 버드나무잎처럼 감청색(甘青色,
진녹색)을 띤 옥은 근래 들어서도 없다. 마치 시금치
잎처럼 짙푸른 벽옥(碧玉)색 옥이 좋다. 옅은 먹물을
뿌려 놓은 듯한 옥이 있고 옅은 흰색이 사이사이에
섞여 있는 옥이 있는데, 이들은 벽옥의 다음이다.

然甘黃如蒸栗色佳, 焦黃
爲下. 甘青色如新柳, 近
亦無之. 碧玉色如菠菜深
綠爲佳, 有細墨洒點, 有[1]
淡白間雜者次之.

옻칠한 듯이 까만 옥이 좋고, 마치 닭볏과 같은
홍옥(紅玉)은 귀하게 여길 만하다. 녹옥(綠玉)은 벽옥
색과 비슷하지만 그보다 조금 진하고, 비취색을 띠

墨玉如漆者佳, 紅玉色如
鷄冠者可貴. 綠玉類碧色
少深, 翠中有飯糝點子者

---

1 황색은……때문이다:오행 가운데 황색에 해당하는 토(土)의 방위는 정중앙이고, 백색에 해당하는 금(金)
  의 방위는 서쪽이다. 황색은 조화와 안정, 풍요로움을 상징하기도 한다.
[1] 有 : 저본에는 없음.《遵生八牋·燕閑淸賞牋·論古玉器》에 근거하여 보충.

면서 밥알 모양의 점이 있는 것이 좋다. 이 밖에는 모두 취하기에 부족하다. 《준생팔전》[2]

백옥(白玉)의 색은 반드시 양지(羊脂)와 같이 맑은 흰색에 약간 홍색을 띠어야 하고 광택이 돌면서 더 아름다운 것을 빼어난 옥으로 친다. 만약 흰색이면서 푸른색을 띠는 옥과 흰색이면서 자잘한 반점이 덕지덕지 나 있는 옥과 좁쌀죽웃물이나 기름 색을 띠는 옥은 모두 값이 싸다.

황옥(黃玉) 가운데 찐밤과 같은 색을 띠고 맑게 빛나면서 밝고 윤택한 옥을 빼어난 것으로 친다. 만약 색이 윤택한 초황(焦黃)색을 띠면서 메마른 짚과 같은 옥은 값이 싸다.

적옥(赤玉)은 옛날의 이른바 '이옥(璃玉)[3]'이다. 색이 마치 닭볏처럼 선명한 홍색을 띠고 밝고 맑은 옥은 최고로 친다. 만약 연지색(胭脂色)을 띠면서 붉으면 그 다음이다.

벽옥(碧玉)[4]은 색이 마치 새로 자란 풀과 같아야 하는데, 청취(靑翠)색을 띠면서 밝고 맑은 것을 최고로 친다. 만약 색이 시금치잎의 색을 띠는 옥과 얼어붙은 버드나무잎 색을 띠는 옥은 하품이다. 반드시 벼룩 모양의 반점[蚤蝶斑]이 위에 돌아 있어야 빼어나다.

佳. 外此皆不足取矣.《遵生八牋》

白玉之色, 須似羊脂以瑩白微紅, 光潤滋媚爲絶品. 若色白帶靑, 幷白得齷齪有斑點, 帶漿水色、油色者皆價低.

黃玉之色如蒸栗, 以光瑩明潤爲絶品, 若色澤焦黃而枯槁者價低.

赤玉, 古所謂"璃玉"也. 色鮮紅明瑩如鷄冠者爲上, 若胭脂色紅者次之.

碧玉要色如新草, 靑翠明瑩者爲上. 若色帶菠茭葉色及色如凍柳者乃下品, 須有蚤蝶斑在上者爲妙.

2 《遵生八牋》卷14〈燕閑淸賞牋〉"論古玉器"(《遵生八牋校注》, 546~547쪽).
3 이옥(璃玉): 이룡옥벽(璃龍玉壁)의 준말로, 적옥(赤玉)에 전설상의 용인 이룡(璃龍)을 조각한 옥벽을 말하는 것으로 추정된다. 옥벽이란 중간에 구멍이 있는 원형의 옥인데, 권력과 계급의 상징물로 장신구·부장품으로 사용되었다.
4 벽옥(碧玉): 녹색 옥. 철과 석영을 함유한 경우는 홍색을 띠는데, 주로 장신구로 쓰인다.

흑옥                       옥경

흑옥(黑玉)[5]은 색이 옻칠과 같아서 온통 흑색을 띠면서 반점이 없는 것을 최고로 친다. 또 청회(靑灰)색을 띠지 않아야 최고로 치고, 반드시 덩어리가 커서 옥경(玉磬)[6]을 만들 수 있는 것이 좋다.

옛 옥 가운데 다갈색(茶褐色)을 띠고, 표면에 시반(屍斑)[7]이 나타나면서 핏빛 반점처럼 홍색을 띠는 것이 있다. 이 중 흰색을 띤 것이 값이 비싸고, 청색이 그 다음이다. 《박물요람(博物要覽)[8]》[9]

黑玉, 色如漆, 純黑無斑點爲上, 要不帶靑灰色爲上, 須要塊頭大, 可作玉磬爲佳.

古玉茶褐色, 面上尸浸, 紅如點血, 白者價高, 靑者次之.《博物要覽》

## 2) 옛 옥기의 두 종류

옛 옥 중에 집안에 보존되어 대대로 전해지는 옥은 적지만, 출토된 옥은 많다. 출토된 옥은 토양에 부식되고 시반(屍斑)과 같은 침식무늬가 있어서 위조하기 어려울 듯하다.

古玉二品

古玉存遺傳世者少, 出土者多, 土銹尸侵, 似難僞造.

---

5  흑옥(黑玉):수목(樹木)이 화석화된 옥. 석탄과 같은 가연성이 있다.
6  옥경(玉磬):옥으로 만든 경쇠. 아악(雅樂)을 연주할 때 사용되었다.
7  시반(屍斑):사망한 뒤에 시체의 피부에서 볼 수 있는 옅은 자줏빛이나 짙은 자줏빛을 띠는 반점 무늬.
8  박물요람(博物要覽):중국 명(明)나라 곡응태(穀應泰, 1620~1690)가 간행한 책으로, 옛 기물·글씨·그림·예품 등을 싣고 평한 책이다.
9  《博物要覽》卷7〈志玉〉"玉各種顏色"(《叢書集成初編》1560, 53~54쪽).

오래된 옥 기물 중에 윗부분이 피로 물든 듯한 데가 있어 그 색이 피처럼 붉고, 나머지 부분은 마치 옻칠을 한 듯이 검게 부식되어 있는 기물이 있다. 이런 옥은 옛 제조법을 전아하게 본뜨고 둥글고 매끄럽게 깎아 다듬었으니, 이를 '시고(尸古)'라 한다. 옥으로 만든 기물 윗부분이 황토로 가려져 농조(籠罩)[10]와 같은 무늬에 덮여 있으면 이 옥은 단단하여 깨트릴 수 없으니, 이를 '토고(土古)'라 한다.《준생팔전》[11]

古之玉物, 上有血侵, 色紅如血, 有黑銹如漆, 倣法典雅, 摩弄圓滑, 謂之"尸古". 如玉物上蔽黃土, 籠罩浮翳, 堅不可破, 謂"土古". 《遵生八牋》

## 3) 역대의 옥기 제작기술과 제도

한(漢)나라 사람들이 옥을 다듬을 때 그 오묘한 비결은 쌍구년법(雙鉤碾法)[12]에 있었다. 구불구불 흐르는 물과 같은 선을 세밀하게 가는 붓으로 그려놓은 듯하여 절대로 거칠고 섬세하기가 고르지 않은 곳이 없다. 선이 만나고 끊어졌다 이어지는 양각의 무늬가 마치 유사백묘법(遊絲白描法)[13]과 같아 한 번이라도 막힌 자취가 없었다.

옥으로 만든 물건 중 인물(人物)·이결(螭玦)[14]·구

### 論歷代工制

漢人琢磨, 妙在雙鉤碾法, 宛轉流動, 細入秋毫, 更無疏密不勻, 交接斷續, 儼若遊絲白描, 曾無瑕跡.

其製人物·螭玦·鉤環并殉

---

10 농조(籠罩):대나무를 엮어 물고기를 잡는 데 쓰는 통발. 여기서는 농조 중에서도 대나무로 엮은 통발의 문양을 말하고 있다.

11 《遵生八牋》卷14〈燕閑淸賞牋〉"論古玉器"(《遵生八牋校注》, 548~549쪽).

12 쌍구년법(雙鉤碾法):형태의 윤곽선을 먼저 새기고 그 안이나 밖을 칼로 파내는 기법.

13 유사백묘법(遊絲白描法):옥을 양각으로 조각하는 기법의 일종으로, 무늬가 단절되거나 끊어진 자취가 없이 좌우 대칭의 균형이 잡힌 고운 무늬를 새기는 기법. 쌍구년법(雙鉤碾法) 또는 유사모조(遊絲毛雕)라고도 한다.

14 이결(螭玦):옥으로 만든 교룡 형상의 패옥. 결(玦)은 둥근 고리 모양이지만 한 부분이 이지러지거나 터져 있는 형태를 가리킨다.

환(鉤環)[15]은 모두 순장(殉葬) 등의 용도로 쓰이는 기물이다. 이들은 예스럽고 우아하고 번잡하지 않으며, 의도적으로 물상의 형태와 닮게 하려 하지 않았으나 물상의 정취가 저절로 갖추어진 옥이니, 하·상·주의 유풍(遺風)을 여전히 보존하고 있는 기물이다.

葬等物, 古雅不煩, 無意肖形而物趣自具, 尚存三代遺風.

송(宋)나라 사람들 같은 경우는 모사하는 데에 지극한 정성을 기울여 사물을 그대로 형상화하려 했다. 그러나 이런 기물은 다만 한(漢)나라 사람들의 간소함보다는 좋을 뿐이지만, 한(漢)나라 사람들의 오묘함보다는 솜씨가 좋지 않다.

若宋人則極意模擬, 求物像形, 徒勝漢人之簡, 不工漢人之難.

이 때문에 쌍구법으로 세밀하게 조각하는 기법이나, 서법 가운데 와잠체(臥蠶體)[16]로 새긴 글자는 수준의 차이가 현격히 벌어졌다. 한(漢)나라와 송(宋)나라의 기물은 눈으로 보아도 그 차이를 알 수가 있다.《준생팔전》[17]

所以雙鉤細碾、書法臥蠶則迥別矣. 漢、宋之物, 入眼可識.《遵生八牋》

근래 들어 오중(吳中)[18]에서는 정교한 솜씨로 한(漢)나라와 송(宋)나라의 이결(螭玦)과 구환(鉤環)을 본떴다. 여기에는 창색(蒼色)·황색(黃色)을 비롯한 여러 색이 섞인 데다 가장자리는 총옥(蔥玉)[19]으로 이루어

近日吳中工巧模擬漢、宋螭玦、鉤環, 用蒼、黃雜色邊皮蔥玉, 或帶淡墨色玉如式琢成, 僞亂古製, 每得

---

15 구환(鉤環):가죽띠를 매는 데 사용하는 도구로, 띠를 고정하는 갈고리 모양 부분을 용·새·말·사마귀 등의 짐승이나 곤충의 형상으로 조각했다.

16 와잠체(臥蠶體):중국 서예 가운데 예서체, 그중에서도 가로획의 맨 앞부분을 일컫는 말. 글씨 획의 끝이 누에머리 모양처럼 누워 있기 때문에 이 부분을 와잠이라 했으며, 가로획의 맨 뒷부분은 제비꼬리와 비슷하다고 하여 '연미(燕尾)'라 했다. 여기서는 와잠체가 중국 한대(漢代)에 가장 유행했던 글씨체였기 때문에 이를 송대(宋代) 사람들이 모방했지만, 그 수준에 미칠 수가 없었다는 점을 말하고 있다.

17 《遵生八牋》卷14〈燕閑淸賞牋〉"論古玉器"《遵生八牋校注》, 548쪽).

18 오중(吳中):중국 강소성(江蘇省) 오현(吳縣) 일대.

19 총옥(蔥玉):파 잎의 색을 띠는 옥.

졌다. 더러는 담묵(淡墨)색을 띠는 옥을 법식대로 쪼
아 만들어 옛 제도를 이리저리 위조하는데도 매번
높은 값을 받는다.

　그러나 지금 사람들이 잘하지 못하는 것이 쌍구
법(雙鉤法, 쌍구년법)이라는 것을 누가 알겠는가? 형상
은 그럴 듯하게 진짜처럼 위조할 수가 있지만 쌍구
법으로 전각하는 기법은 어떤 방법으로 옛 기물을
본뜨겠는가? 감식안이 있는 사람은 눈으로 훑어보
기만 해도 저절로 구별할 수 있다.《준생팔전》[20]

高値.

孰知今人所不能者, 雙鉤
之法? 形似稍可僞眞, 鉤碾
何法擬古? 識者過目自別.
同上

## 4) 아름다운 수석이 옥(玉)과 혼동된다

　수석(水石)[21] 가운데 아름다운 것은 옥(玉)보다 더
희고, 속에 밥알 만한 점이 있는 수석인데, 진품 옥
과 혼동할 수 있다. 또 보정석(寶定石)[22]·모산석(茅山
石)[23]·계주석(階州石)[24]·파박(巴璞)·가박(嘉璞)[25]·선화
박(宣化璞)[26]·충주석(忠州石)[27]·내주석(萊州石)[28]·아불

## 論美石亂玉

水石美者白能勝玉, 內有
飯糝點子, 可以亂眞. 又
如寶定石、茅山石、階州石、
巴璞、嘉璞、宣化璞、忠州
石、萊州石、阿不公石、梳

20 《遵生八牋》卷14〈燕閑淸賞牋〉 "論古玉器"(《遵生八牋校注》, 549쪽).

21 수석(水石): 감상하기 위해 강이나 바닷가의 돌밭 또는 산속에서 채취한, 기이하게 생긴 돌.

22 보정석(寶定石): 함께 나열된 돌들과 같이 아름다운 옥돌로 추정되나, 산지는 미상.

23 모산석(茅山石): 중국 강소성(江蘇省) 모산(茅山)에서 나는 돌로 투명한 흰색을 띠고 아름다운 것은 수석
 (水石)이라 칭해진다.

24 계주석(階州石): 중국 감숙성(甘肅省)에서 나는 아름다운 돌. 희고 깨끗하며 성질이 물러 조각하기가 쉽고
 가격도 저렴하다.

25 파박(巴璞)·가박(嘉璞): 중국 사천성(泗川省) 파주(巴州) 가정부(嘉慶府)에서 나오는 옥돌보, 단단하고 쪼
 기 어려우면서 옥과 거의 비슷한 돌. 윤기는 옥보다 못하고 값은 계주석보다 몇 배가 비싸다.

26 선화박(宣化璞): 중국 서주(敍州) 선화현(宣化縣)에서 나는 옥돌.

27 충주석(忠州石): 중국 충주[忠州, 중경시(重慶市) 충현]에서 나는 유리처럼 아름다운 돌.

28 내주석(萊州石): 활석(滑石)류의 돌. 주로 중국 산동성(山東省) 내주시(萊州市) 분자산(粉子山) 등지에서
 난다. 투명하고 매끄럽다.

공석(阿不公石)29·소장루초자석(梳妝樓肖子石)30 등은 모두 옥과 헷갈릴 수 있다. 다만 이런 돌은 따뜻하고 윤기가 있는 수색(水色)이 적기 때문에 옥과는 마땅히 자세히 구별해야 할 것이다.《준생팔전》31

妝樓肖子石, 俱能混玉, 但少溫潤水色, 當細別之. 《遵生八牋》

---

29 아불공석(阿不公石):역시 옥돌 중의 하나인데 산지는 미상.
30 소장루초자석(梳妝樓肖子石):소장루는 중국 강소성(江蘇省) 금산(金山) 감로사(甘露寺) 뒤편의 북고산(北固山)에 있는 누각인데, 이 일대에 초자석(유리같이 투명한 돌)이 있었던 것으로 추정된다.
31 《遵生八牋》卷14〈燕閑淸賞牋〉"論古玉器"(《遵生八牋校注》, 549쪽).

# 3. 옛 도자기

## 古窰器

### 1) 시요(柴窰)[1] · 여요(汝窰)[2]

시요에서 만든 도자기에 대해 논자가 "하늘처럼 푸르고, 거울처럼 밝으며, 종이처럼 얇고, 경쇠처럼 소리가 난다."[3]라 했으니, 이는 얇은 자기이다. 반면에 조소(曹昭)가 "시요는 황토(黃土)를 충분히 많이 섞는다."[4]라 했으니, 같은 가마의 자기에 어찌 이렇게 현격하게 평이 다른가?

여요(汝窰)는 색깔이 계란 흰자와 같으며, 맑고 두터운 유약이 마치 기름이 쌓인 듯하다. 유약 표면에는 종안(棕眼)[5]이 있어서, 게 발톱에 있는 무늬처럼 숨어 있다. 바닥에는 작고 뾰족한 못으로 가늘게 그린 듯한 참깨꽃무늬가 있다. 관요에서 만든 도자기와 비교하면 재질과 모양이 관요보다 더 윤기가

### 論柴、汝二窰

柴窰, 論者有云"靑如天, 明如鏡, 薄如紙, 聲如磬", 是薄磁也. 而曹明仲則曰 "柴窰足多黃土", 何相懸也?

汝窰, 其色卵白, 汁水瑩厚如堆脂然. 汁中棕眼, 隱若蟹爪. 底有芝麻花, 細小掙釘. 以官窰較之[1], 質製滋潤.《遵生八牋》

---

1 시요(柴窰) : 오대(五代)의 주(周)나라 때 그릇을 굽던 가마. 중국 하남성(河南省) 정현[鄭縣, 지금의 정주(鄭州)]에서 출토되었다. 하남성 주변을 통치한 후주(後周)의 2대 황제 세종(世宗, 재위 954~959)이 자신의 이름인 시영(柴榮)의 '시'를 따서 시요라 했다.

2 여요(汝窰) : 중국 북송 말기인 정화(政和) · 선화(宣和) 연간에 궁중의 어용품(御用品)을 구워낸 도요. 송(宋)대 5대 명요(名窰) 중 하나이다. 중국 하남성 여주(汝州)에서 생산되었기 때문에 여요라 불렸다. 유약외 색시 블투명히어 지기의 표면이 담이한 푸른색을 띠고, 유약을 두껍게 발랐기 때문에 옥처럼 따뜻한 질감을 냈다.

3 하늘처럼……난다 : 출전 확인 안 됨.

4 시요는……섞는다 :《格古要論》卷下〈古窰器論〉"柴窰"(《文淵閣四庫全書》871, 1쪽).

5 종안(棕眼) : 도자기 표면의 유약에 있는, 귤껍질 모양의 작은 구멍.

① 以官窰較之 : 저본에는 없음.《遵生八牋 · 燕閑淸賞牋 · 論官哥窰器》에 근거하여 보충.

시요산 화병

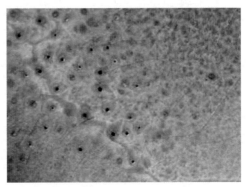

여요산 청자병 유약층에서 확인되는 종안

돈다. 《준생팔전》[6]

## 2) 관요(官窯)[7]·가요(哥窯)[8]

관요(官窯) 자기의 품질은 대체로 가요(哥窯)와 같다. 색은 분청(粉靑)[9]색을 띠는 것을 최고로 치고, 담백(淡白)색이 다음이고, 유회(油灰)색을 띠면 색 중에서도 하품이다. 무늬는 유약 표면에 얼음이 갈라진 듯한 선혈문(鱔血文)[10]을 최고로 치고, 매화편묵문(梅花片墨紋)[11]이 그 다음이고, 금이 매우 가늘게 갈라진

### 論官、哥二窯

官窯品格, 大率與哥窯相同. 色取粉靑爲上, 淡白次之, 油灰色, 色之下也. 紋取氷裂鱔血爲上, 梅花片墨紋次之, 細碎紋, 紋之下也.

6 《遵生八牋》卷14〈燕閑淸賞牋〉上 "論官哥窯器"(《遵生八牋校注》, 530쪽).

7 관요(官窯): 궁정용 자기를 굽는 관영(官營)의 가마. 대표적인 관요로는 북송 시기 하남성(河南城) 보풍현(寶豊縣) 청량사(淸凉寺) 부근의 여관요(汝官窯), 휘종이 개봉(開封)에 설치한 변경관요(卞京官窯), 남송 시기 항주(杭州)에 설치된 수내사요(修內司窯)가 있고, 원대(元代)의 추부요(樞府窯), 명대(明代)의 경덕진요(景德鎭窯) 등이 있다. 여기서는 휘종이 개봉(開封)에 설치한 변경관요를 가리킨다. 《이운지》권4 〈수적〉참조.

8 가요(哥窯): 중국 송나라의 청자가마 중 하나. 절강성(浙江省) 용천현(龍泉縣) 유전(琉田)에 살던 장생일(章生一)·장생이 형제 중 형인 장생일이 경영하던 가마라 전하여지나 그 사실 여부는 분명치 않다. 가요에서 생산되는 도자기는 무늬가 특이하여 가요무늬[哥窯紋]라고도 한다. 《이운지》권4 〈수적〉참조.

9 분청(粉靑): 회색 또는 회흑색의 바탕흙 위에 백토로 섞어 낸 흰 빛깔이다.

10 선혈문(鱔血文): 도자기 번조 후 흙과 유약이 식으면서 유약층에 발생하는 잔금으로, 그 모양이 깨진 얼음을 닮았다고 하여 '빙렬'이라 부른다. 선혈문은 빙렬문의 다른 이름으로, 드렁허리[鱔]란 물고기와 모양이 유사하다는 의미에서 붙여진 이름으로 추정된다.

11 매화편묵문(梅花片墨紋): 매화꽃잎처럼 갈라진 검은 선 무늬.

가요산 병(대만 국립고궁박물원)

무늬는 무늬 중에서도 하품이다.

　관요와 가요의 모양은 상경정(商庚鼎)[12]·순소정(純素鼎)[13]·총관공족유로(蔥管空足乳爐)[14]·충이유로(沖耳乳爐)[15]·상관이궁호(商貫耳弓壺)·대수면화문주관이호(大獸面花紋周貫耳壺)[16]·한이환호(漢耳環壺)[17]·부기준(父己尊)[18]·조정준(祖丁尊)[19]과 같이 모두 옛날의 도식(圖式)을 본받았으며, 관청에 진상하던 기물이다. 민간의 사람들은 일반적으로 귀가 2개 달린 호(壺)의 도식을 보고는 도식의 우열을 따지지 않고, 모두 '가대

論製, 如商庚鼎、純素鼎、蔥管空足乳爐、沖耳乳爐、商貫耳弓壺、大獸面花紋周貫耳壺、漢耳環壺、父[2]己尊、祖丁尊, 皆法古圖式, 進呈物也. 俗人凡見兩耳壺式, 不論式之美惡, 咸指曰"茄袋瓶"也. 孰知有等

---

12　상경정(商庚鼎): 중국 상나라 때 만들어졌으며 명문에 "경(庚)" 자가 있는 정(鼎).

13　순소정(純素鼎): 중국 주나라 때 만들어졌으며 무늬가 없는 정(鼎).

14　총관공족유로(蔥管空足乳爐): 파 잎[蔥管]처럼 속이 빈 젖꼭지 모양의 다리가 달린 향로.

15　충이유로(沖耳乳爐): 구멍이 뚫린 손잡이가 달려 있고 표면에 젖꼭지 모양의 돌기가 새겨진 향로.

16　대수면화문주관이호(大獸面花紋周貫耳壺): 중국 주나라 때 만들어졌으며 화려하고 큰 짐승 얼굴 모양 손잡이 중앙이 세로로 뚫려 있는 호(壺).

17　한이환호(漢耳環壺): 중국 한나라 때 만들어졌으며 고리형 손잡이가 달린 호(壺).

18　부기준(父己尊): 중국 상나라 때 만들어졌으며 명문에 "부기(父己)" 자가 있는 준(尊).

19　조정준(祖丁尊): 중국 상나라 때 만들어졌으며 명문에 "조정(祖丁)" 자가 있는 준(尊).

[2]　父: 저본에는 "文",《遵生八牋·燕閑淸賞牋·論官哥窯器》에 근거하여 수정.

상경정(商庚鼎)(《박고도》)

순소정(純素鼎)(《박고도》)

관이호(貫耳壺)(《박고도》)

한수이환호(漢獸耳環壺)(《박고도》)

부기준(父己尊)(《박고도》)

조정준(祖丁尊)(《박고도》)

갑희호(《박고도》)

소고(素觚)(《박고도》)

병(茄袋瓶)'이라 한다. 그러나 가대병은 크기가 작고 배가 불룩하며 일정한 법식이 없는 자기로, 거의 또한 저속하고 품질이 조악하다는 것을 누가 알았겠는가? 위의 5가지 모양과 갑희호(敀姬壺)[20]의 모양은 옛사람이 구리를 주조할 때 자기의 몸통 모양을 깊이 터득한 것으로, 관요(官窯)에서 나는 자기 중에서 제일 뛰어난 물건에 해당되니, 어찌 일괄적으로 가대(茄袋, 복주머니)라고 말할 수 있겠는가?

短矮肥腹無矩度者, 似亦俗惡? 若上五製與敀姬壺樣, 深得古人銅鑄體式, 當爲官窯第一妙品, 豈可槪以茄袋言之?

또 총관각정로(蔥管脚鼎爐)[21]·환이여로(環耳汝爐)[22]·소죽절운판각로(小竹節雲板脚爐)[23]·충이우내족소로(沖耳牛奶足小爐)[24]·극이이로(戟耳彝爐)[25]와 반구속요통두대병(盤口束腰桶肚大瓶)[26], 자일고(子一

又如蔥管脚鼎爐、環耳汝爐、小竹節雲板脚爐、沖耳牛奶足小爐、戟耳彝爐, 盤口束腰桶肚大瓶、子一觚、

---

20 갑희호(敀姬壺):중국 상나라 때 만들어졌으며 갑희(敀姬, 미상) 씨가 만들었다. 《박고도》에서는 '갑희'를 씨족 이름으로 보았다.

21 총관각정로(蔥管脚鼎爐):파 잎 같은 다리가 달린 정(鼎)형 향로.

22 환이여로(環耳汝爐):고리형 손잡이가 달려 있는 여요(汝窯)산 향로.

23 소죽절운판각로(小竹節雲板脚爐):작은 대 마디무늬가 있고 운판(雲板) 다리가 달린 정(鼎)형 향로.

24 충이우내족소로(沖耳牛奶足小爐):구멍이 뚫린 손잡이가 달려 있고 소젖 모양 다리가 달린 작은 향로.

25 극이이로(戟耳彝爐):2가닥 창 모양의 귀가 있는 이(彝)형 향로.

26 반구속요통두대병(盤口束腰桶肚大瓶):넓은 입과 가는 허리에 원통형의 배를 가진 큰 병(瓶).

瓿)27·입과고(立戈瓿)28·주소환고(周小圜瓿)29·소고(素
瓿)30, 지추병(紙槌瓶)31·담병(膽瓶)32·쌍이시저병(雙耳
匙筯瓶)33, 필통(筆筒)34·필격(筆格)35·원규필세(元葵筆
洗)36·통양대세(桶樣大洗)37, 옹두우(甕肚盂)·옹두발
(甕肚鉢) 2종류38, 수중승(水中丞)39·이색쌍도수주(二
色雙桃水注)40·입과수주(立瓜水注)·와과수주(臥瓜水注)·
와가수주(臥茄水注)41, 편천경구탁반(匾淺磬口橐盤)42,
방인색지(方印色池)43·사입각인색지(四入角印色池)44·
위각인색지(委角印色池)45, 유문도서극이이로(有文圖書

立戈瓿、周小圜瓿、素瓿、
紙槌瓶、膽瓶、雙耳匙筯
瓶、筆筒、筆格、元葵筆洗、
桶樣大洗、甕肚盂·鉢二
種、水中丞、二色雙桃水注、
立瓜·臥瓜·臥茄水注、匾
淺磬口橐盤、方印色池、四
入角印色池、委角印色池、
有文圖書戟耳彝爐、小方著

27 자일고(子一瓿): 미상. 《박고도》 권15에 실려 있는 자을고(子乙瓿)의 오기로 추정된다. 자을고는 중국 상나라 때 만들어졌으며 명문에 "부정자을(父丁子乙)" 자가 있는 고(瓿).

28 입과고(立戈瓿): 중국 상나라 때 만들어졌으며 명문에 서 있는 "과(戈)" 자가 있는 고(瓿).

29 주소환고(周小圜瓿): 중국 주(周)나라 때 만들어졌으며 아래 부분에 작은 무늬가 빙 둘러 새겨진 고(瓿).

30 소고(素瓿): 중국 주(周)나라 때 만들어졌으며 무늬가 없는 고(瓿).

31 지추병(紙槌瓶): 중국 송(宋)나라 때 유행하던 병 종류의 양식으로, 종이 만들 때 사용하는 망치와 비슷하기 때문에 이처럼 불렸다. 직경병(直頸瓶)이라고도 한다.

32 담병(膽瓶): 목이 길고 통이 커서 마치 쓸개를 달아 놓은 듯한 모양의 병.

33 쌍이시저병(雙耳匙筯瓶): 손잡이가 2개 달려 있고 수저를 꽂을 때 사용하는 병으로 추정된다.

34 필통(筆筒): 붓꽂이 통.

35 필격(筆格): 붓걸이 기구.

36 원규필세(元葵筆洗): 머리가 접시꽃 모양으로 조각된, 붓 씻는 그릇.

37 통양대세(桶樣大洗): 원통 모양의 큰 세(洗).

38 옹두우(甕肚盂)·옹두발(甕肚鉢) 2종류: 배가 옹이같이 불룩한 모양을 한 우(盂)와 발(鉢). 우(盂)는 우(杅)와 통용된다.

39 수중승(水中丞): 벼루에 물을 붓는 용기로, 수주에 있는 주둥이와 손잡이가 없는 형태이다. 수승(水丞)·필우(筆盂)라고도 한다. 도자·금동·옥기 등으로 많이 만든다. 《이운지》 권4 〈서재의 고상한 벗들 하〉 "벼루" 참조.

40 이색쌍도수주(二色雙桃水注): 2가지 색상의 복숭아나무 한 쌍이 조각된 수주(水注). 수주는 벼루에 물을 붓는 용기로, 긴 주입구와 손잡이가 있다. 중국에서는 다호(茶壺)라 부르는 손잡이가 있는 형태의 수주가 보급되었는데, 붉은색을 띤 것이 유명하다. 《이운지》 권4 〈서재의 고상한 벗들 하〉 "벼루" 참조.

41 입과수주(立瓜水注)·와과수주(臥瓜水注)·와가수주(臥茄水注): 입과수주는 바로 서 있는 참외 모양 수주, 와과수주는 누워 있는 참외 모양 수주, 와가수주는 누워 있는 가지 모양 수주를 말한다.

42 편천경구탁반(匾淺磬口橐盤): 깊이가 얕고 배가 납작하고 자루 모양을 한 대야로 추정된다.

43 방인색지(方印色池): 4각형 인주그릇.

44 사입각인색지(四入角印色池): 4각형 모서리가 중앙으로 들어간 모양의 인주그릇.

45 위각인색지(委角印色池): '위각(委角)'은 명(明)·청(淸)시대 가구 공예 기술 중 하나로, 사각형의 4개의 모서리를 깎아 8각형으로 만드는 기법이다. 이는 8각형 인주그릇을 가리키는 듯하다.

載耳彝爐)⁴⁶ · 소방시초병(小方蓍草瓶)⁴⁷ · 소제한호(小製漢壺)⁴⁸ · 죽절단벽병(竹節段壁瓶)⁴⁹ 같은 것은 모두 관요(官窯)와 가요(哥窯)의 상등품이다.

통로(桶爐)⁵⁰ · 육릉병(六稜瓶)⁵¹ · 반구지추병(盤口紙槌瓶)⁵² · 대시초병(大蓍草瓶)⁵³ · 고로(鼓爐)⁵⁴ · 능화벽병(菱花壁瓶)⁵⁵ · 다취화관(多嘴花罐)⁵⁶ · 비복한호(肥腹漢壺)⁵⁷ · 대완(大盌)⁵⁸ · 중완(中盌, 중간 크기의 사발) · 찻잔(茶

草瓶、小製漢壺、竹節段壁瓶, 皆官、哥之上乘品也.

桶爐、六稜瓶、盤口紙槌瓶、大蓍草瓶、鼓爐、菱花壁瓶、多嘴花罐、肥腹漢壺、大盌、中盌、茶盞、茶托、茶

시초병

통로(국립중앙박물관)

연화무늬 벽걸이용 병(대만 국립고궁박물원)

---

46 유문도서극이이로(有文圖書戟耳彝爐) : 문자나 그림이 새겨졌으며, 2가닥 창 모양의 귀가 있는 이(彝)형 향로.

47 소방시초병(小方蓍草瓶) : 크기가 작고 4각형의 길쭉한 병. 시초병이란 안에 시초나 점괘를 적은 대쪽을 넣어 두고 병을 흔들 때 밖으로 나오는 대쪽의 점괘를 보고 점을 치는 용도의 병.

48 소제한호(小製漢壺) : 《박고도》 권13에 실려 있는 청동 한호(漢壺)들을 작게 모방한 도자기 호(壺)로 추정된다.

49 죽절단벽병(竹節段壁瓶) : 대나무 마디 모양이며 단벽(段壁, 장식물을 놓기 좋게 단을 만든 벽)에 올려 둘 수 있는 병(瓶)으로 추정된다.

50 통로(桶爐) : 원통 모양의 향로.

51 육릉병(六稜瓶) : 6곳이 모가 나거나 볼록한 병.

52 반구지추병(盤口紙槌瓶) : 넓은 구연을 가진 지추병.

53 대시초병(大蓍草瓶) : 4각형으로 키가 큰 병. 쓰임새는 소방시초병과 같다.

54 고로(鼓爐) : 북 모양의 향로.

55 능화벽병(菱花壁瓶) : 벽에 걸 수 있는 병 모양의 장식물로 마름꽃 무늬가 있다. 교병(轎瓶) 또는 괘병(掛瓶)이라고도 한다. 벽에 거는 면은 평평하고 구멍이 뚫려 있다.

56 다취화관(多嘴花罐) : 수주관이 여러 개 있는, 꽃 모양의 주전자.

57 비복한호(肥腹漢壺) : 중국 한(漢)나라 때 만들어졌으며 배가 불룩한 호(壺).

58 대완(大盌) : 큰 사발. 완(盌)은 음식을 담는 그릇으로, 입이 크고 깊이가 얕다. 일반적으로 원형 모양이 많다.

차탁(대만 국립고궁박물원)　　　　청백자참외모양병(국립중앙박물관)　주해

盞)·차탁(茶托)[59]·다세(茶洗)[60]·제포다호(提包茶壺)[61]·육릉주호(六稜酒壺)[62]·과호(瓜壺)[63]·연자호(蓮子壺)[64]·방원팔각주별(方圓八角酒鼈)[65]·각제주배(各製酒杯)[66]·대원접(大圓碟)·소원접(小圓碟)[67]·하서접(河西碟)[68]·하엽반(荷葉盤)[69]·천접(淺碟)[70]·통자고접(桶子箍碟)[71]·조환수지(條環水池)[72]·중주해(中酒海)·대주해(大酒海)[73]·방원화분(方圓花盆)[74]·창포분저(菖蒲盆底)[75]·구배조환

洗、提包茶壺、六稜酒壺、瓜壺、蓮子壺、方圓八角酒鼈、各製酒杯、大·小圓碟、河西碟、荷葉盤、淺碟、桶子箍碟、條環水池、中·大酒海、方圓花盆、菖蒲盆底、龜背條環六角花[3]盆、

---

59　차탁(茶托) : 찻잔을 받치는 도구.

60　차세(茶洗) : 찻잔을 씻는 도구. 큰 주발 모양처럼 생겼다.

61　제포다호(提包茶壺) : 위에서 잡는 손잡이가 있는 차 주전자.

62　육릉주호(六稜酒壺) : 6각형의 술 담는 호(壺).

63　과호(瓜壺) : 참외 모양의 호(壺).

64　연자호(蓮子壺) : 연꽃 열매 모양의 주전자.

65　방원팔각주별(方圓八角酒鼈) : 입구는 둥글고 모서리는 각진 8각형 모양의 술그릇.

66　각제주배(各製酒杯) : 각기 다른 모양으로 만든 술잔들.

67　대원접(大圓碟)·소원접(小圓碟) : 크고 작은 크기의 둥근 접시. 접(碟)은 음식물을 담는 작은 접시[盤子]이다.

68　하서접(河西碟) : 중국 하서 지역에서 유행하는 모양의 접시를 지칭하는 듯하다. 하서(河西)는 황하의 서쪽 지방으로, 중국 감숙성(甘肅省) 서쪽 지역을 가리킨다.

69　하엽반(荷葉盤) : 연잎 모양의 쟁반.

70　천접(淺碟) : 깊이가 얕은 접시.

71　통자고접(桶子箍碟) : 통 모양에 테가 둘러진 접시.

72　조환수지(條環水池) : 끈으로 빙 두른 듯한 무늬가 있는 수반(水盤, 바닥이 편평하고 운두가 낮은 그릇)으로 추정된다.

73　중주해(中酒海)·대주해(大酒海) : 중간 크기의 술 항아리와 큰 술 항아리. 주해(酒海)는 대형 술 항아리이다.

74　방원화분(方圓花盆) : 입구는 둥글고 모서리는 각진 화분(花盆).

75　창포분저(菖蒲盆底) : 깊이가 얕은 석창포 화분.

③　花 : 《遵生八牋·燕閑淸賞牋·論官哥窯器》에는 "長".

청자인화꽃무늬육각형화분(국립중앙박물관)　　　　　청자타호(국립중앙박물관)

육각화분(龜背條環六角花盆)⁷⁶·관음상(觀音像)·미륵상
(彌勒像)·동빈신상(洞賓神像)⁷⁷·계두관(鷄頭罐)⁷⁸·사두
(楂斗)⁷⁹·원연(圓硯, 둥근 벼루)·저삭(筯搠)⁸⁰·이색문전
례도서상기자(二色文篆隷圖書象棋子)⁸¹·제저소접(齊筯小
碟)⁸²·이호진지(螭虎鎭紙)⁸³는 모두 관요와 가요의 중
등품이다.

　또 대쌍이고병(大雙耳高瓶)⁸⁴·경척대반(徑尺大
盤)⁸⁵·협저투분(夾底骰盆)⁸⁶·대당매화판춘승합기자

觀音像、彌勒·洞賓神像、
鷄頭罐、楂斗、圓硯、筯搠、
二色文篆隷圖書象棋子、齊
筯小碟、螭虎鎭紙, 皆二窯
之中乘品也.

又若大雙耳高瓶、徑尺大
盤、夾底骰盆、大撞梅花瓣

---

76 구배조환육각화분(龜背條環六角花盆): 미상. 앞쪽 그림과 같은 6각분에 거북이 등딱지 문양과 띠의 고리
　　문양이 있는 화분으로 추정된다.
77 동빈신상(洞賓神像): 동빈(洞賓)의 상(像). 동빈은 중국 당나라의 신선으로 알려진 여엄(呂嚴)의 자(字)이
　　고, 호(號)는 순양자(純陽子)이다. 산서성 운성시(運城市) 예성현(芮城縣) 사람이다.
78 계두관(鷄頭罐): 닭머리 모양의 장식이 있는 물동이로 계수호(鷄首瓠)라고도 한다.
79 사두(楂斗): 미상. 발음이 같은 '사두(渣斗)'로 추정된다. 사두는 차두(茶斗) 또는 타호(唾壺)라고도 부르는
　　데, 책상 옆에 두고 침을 뱉을 때 사용했다.
80 저삭(筯搠): 젓가락 통으로 추정된다.
81 이색문전례도서상기자(二色文篆隷圖書象棋子): 2가지 색으로 전서와 예서를 써 넣은 장기알.
82 제저소접(齊筯小碟): 젓가락을 나란히 놓는, 크기가 작은 받침대.
83 이호진지(螭虎鎭紙): 교룡·호랑이 무늬가 새겨진 진지(鎭紙). 진지는 붓글씨를 쓰거나 그림을 그릴 때, 종
　　이를 눌러 바람에 날리지 않도록 눌러 놓는 도구이다. 서진(書鎭)·문진(文鎭)이라고도 한다.
84 대쌍이고병(大雙耳高瓶): 손잡이 한 쌍이 달린 크고 기다란 병.
85 경척대반(徑尺大盤): 지름이 1척인 커다란 쟁반.
86 협저투분(夾底骰盆): 납작한 받침이 있는 주사위 종지.

주사위 종지

관(大撞梅花瓣春勝合棋子罐)87·대편수이이대(大匾獸耳彝敦)88·조식관(鳥食罐)89·편롱소화병(編籠小花瓶)90·대평구약관(大平口藥罐)·소평구약관(小平口藥罐)91·안약각제소관(眼藥各製小罐)92·비조관(肥皂罐)93·중과합자(中菓盒子)94·실솔분(蟋蟀盆)95·내중사건(內中事件)96·불전공수완(佛前供水碗)97·속요육각소가(束腰六脚小架)98·각색주안반접(各色酒案盤碟)99 같은 것은 모두 관요와 가요의 하등품이다.

春勝合棋[4]子罐、大匾獸耳彝敦、鳥食罐、編籠小花瓶、大·小平口藥罐[5]、眼藥各製小罐、肥皂罐、中菓盒子、蟋蟀盆、內中事件、佛前供水碗、束腰六脚小架、各色酒案盤碟，皆二窯之下乘品也.

---

87 대당매화판춘승합기자관(大撞梅花瓣春勝合棋子罐): 매화꽃 무늬를 찍고 봄 경치를 새겼으며 크기가 큰 장기알 단지.

88 대편수이이대(大匾獸耳彝敦): 크고 납작하며 짐승 모양 손잡이가 달려 있는 이(彝)형 대(敦).

89 조식관(鳥食罐): 날짐승의 먹이를 담아두는 작은 단지.

90 편롱소화병(編籠小花瓶): 작은 바구니 여러 개가 붙어 있는 화병.

91 대평구약관(大平口藥罐)·소평구약관(小平口藥罐): 납작하고 평평한 모양의 크고 작은 약 단지.

92 안약각제소관(眼藥各製小罐): 각기 다른 양식으로 만든 안약을 담아 두는 작은 단지들.

93 비조관(肥皂罐): 비조를 담아 두는 단지. 비조는 조협(皂莢)이나 비주자(肥珠子, 무환자)를 갈아 작은 환(丸)으로 만든 비누이다.

94 중과합자(中菓盒子): 과일을 담아 두는, 중간 크기의 뚜껑이 있는 그릇.

95 실솔분(蟋蟀盆): 귀뚜라미를 넣어 두는 단지.

96 내중사건(內中事件): 항궁의 내실에서 사용하는 모든 물건.

97 불전공수완(佛前供水碗): 물을 담아 불상 앞에 올리는 주발.

98 속요육각소가(束腰六脚小架): 가는 허리에 다리 6개가 달린 작은 선반.

99 각색주안반접(各色酒案盤碟): 여러 가지의 술과 안주를 올려 두는 접시들.

[4] 棋: 저본에는 "子棋".《遵生八牋·燕閑淸賞牋·論官哥窯器》에 근거하여 수정.

[5] 罐: 저본에는 "鐔".《遵生八牋·燕閑淸賞牋·論官哥窯器》에 근거하여 수정.

관요산 청자용문반의 자주색 부분(대만 국립고궁박물원)

이른바 관요(官窯)는 송(宋)나라 때 수내사(修內司)[100]에서 구운 도자기를 말하는데, 관아에 진상하기 위해 만들었다. 가마는 항주(杭州)[101] 봉황산(鳳凰山)[102] 아래에 있으며, 그곳의 흙이 자줏빛을 띠므로 자기의 굽 색깔이 마치 철과 같아 당시에 '자구철족(紫口鐵足, 자주색 입과 철색 다리)'[103]이라 했다.

자구(紫口) 즉 자줏빛 입은 바로 기물의 주둥이 부분이 위를 향하고 있기 때문에, 유약이 자연스레 아래로 흘러 동체에 비하면 비교적 색이 옅어진 결과이다. 이 때문에 자기의 주둥이에 자줏빛 흔적이 약간 나타나는 것이니, 이를 어떻게 귀하게 여기겠는가? 오직 철색을 띠는 굽만을 숭상하는 까닭은 다른 지역의 토질이 모두 이곳의 토질에 미치지 못하기 때문이다.

所謂官窯[6]者, 燒於宋修內司中, 爲官家造也. 窯在杭之鳳凰山下, 其土紫, 故足色若鐵, 時云"紫口鐵足".

紫口乃器口上仰, 洳水流下, 比周身較淺, 故口微露紫痕, 此何足貴? 惟尙鐵足, 以他處之土咸不及此地也.

---

100 수내사(修內司) : 중국 남송시대의 관요(官窯) 중 하나로, 임안(臨安, 지금의 항주)의 남쪽, 봉황산의 황거(皇居) 안에 있었다.

101 항주(杭州) : 중국 절강성(浙江省) 항주시(杭州市) 일대.

102 봉황산(鳳凰山) : 중국 절강성 항주시 남쪽에 위치한 산. 해발 178m. 북쪽으로는 서호(西湖)와 근접하고 남쪽으로는 강빈(江濱) 지역과 가깝다.

103 자구철족(紫口鐵足) : 도자기 가장자리와 굽 아래 부분이 자주색과 쇠빛을 띠는 것을 말한다. 관요·가요·용천요는 주변의 철 함유량이 높은 흙 때문에 이런 특징이 생겼다.

6 窯:《遵生八牋·燕閑清賞牋·論官哥窯器》에는 없음.

건요 천목다완(일본 세이카도분코 아트뮤지엄)

가요(哥窯)는 민간의 사가(私家)에서 구운 도자기를 말하는데, 이때 사용한 흙도 모두 봉황산 아래에 있었다. 관요에서 만든 자기의 은은한 무늬는 게 발톱 같고, 가요에서 만든 자기의 은은한 무늬는 물고기 알과 같다. 다만 유약이 관요에 바르는 좋은 유약만 못할 뿐이다.

관요와 가요에서 그릇붙이를 구워낼 때, 이것들이 수시로 가마 속에서 변화를 일으켜104 표면의 상태가 나비, 새, 물고기, 인(麟)105, 표범 등의 형상과 비슷해진다. 본래의 색에서 퍼졌다가 유약 밖에서 변색되는데, 황흑(黃黑)색이 되거나 홍자(紅紫)색이 되고, 형체가 비슷하여 아낄 만하다. 이는 모두 가마 속 불의 무늬와 밝기로 인해 변화한 것이라, 다시 얻기는 어려울 듯하다.

哥窯, 燒於私家, 取土俱在此地. 官窯質之隱紋如蟹爪, 哥窯質之隱紋如魚子, 但汁料不如官窯料佳耳.

二窯燒出器皿, 時有窯變, 狀類蝴蝶·禽·魚·麟⑦·豹等象. 布於本色, 泐外變色, 或黃黑或紅紫, 形肖可愛. 是皆火之文明幻化, 似更難得.

---

104 가마……일으켜 : 원문의 '窯變'을 옮긴 것으로, 가마 속에서 도자기의 유약이 변화를 일으켜 다양한 색과 무늬가 생기는 일을 말한다.

105 인(麟) : 사슴 몸에 쇠꼬리와 말갈기를 한 상상의 동물. 고대 중국에서의 기린은 지금처럼 목이 긴 아프리카산 기린과는 다르다.

⑦ 麟 : 저본에는 "獜". 《遵生八牋·燕閑清賞牋·論官哥窯器》에 근거하여 수정.

오니요(대만 국립고궁박물원)

후대에 동요(董窯)106와 오니요(烏泥窯)107가 있었는데, 모두 관요의 자기 제작법을 본받았다. 그러나 이 요들의 자기는 표면이 거칠고 윤기가 없으며, 유약이 건조하고 거칠지만 관요와 가요 자기와 한데 섞여 지금까지도 세상에 전해진다. 후대에 원(元)나라 말기에 새로 구워 만든 자기와 같은 경우는 확실히 이에 미치지 못한다.

근래에 여러 가마에서 만든 아름다운 자기 중에서도 취할 만한 것이 있는데, 다만 자색을 띤 몸통과 분청(粉靑)색만은 이전의 자기와 비슷하지 않을 뿐이다. 만약 지금 새로 굽는다면 앞에서 말한 여러 가마에서 만든 자기와의 차이는 현격히 클 것이다. 또한 분청색 자기는 표면이 건조하고 화려한 무늬가 없지만, 곧 광택과 윤기가 돌면 녹색으로 변한다.

後有董窯、烏泥窯, 俱法官窯, 質粗不潤, 而泑水燥暴, 溷入官⑧、哥窯, 今亦傳世. 後若元末新燒, 宛不及此.

近年諸窯美者, 亦有可取, 惟紫骨與粉靑色不相似耳. 若今新燒, 去諸窯遠甚. 亦有粉靑色者, 乾燥無華, 即光潤者, 變爲綠色.

---

106 동요(董窯):중국 송나라 때 북방 지역에서 유명했던 민간 가요이다. 변경 동쪽 진류현(陳留縣)에 있었으나, 그 터는 발견되지 않았다. 벽돌과 기와를 주로 제작했다.

107 오니요(烏泥窯):중국 송나라 때 가요 중 하나로, 검은색 유약을 바른 독특한 빛깔의 흑유자(黑釉瓷)를 굽는 것으로 유명해졌다. 건요(建窯), 건안요(建安窯)라고도 한다.

⑧ 官:《遵生八牋·燕閑淸賞牋·論官哥窯器》에는 없음.

또 다른 한 종류로, 복원한 자기가 있다. 옛날의 관요와 가요의 자기 방식으로 만든 것이다. 예컨대 발과 귀가 없는 향로나 주둥이와 모서리가 파손된 병과 같은 자기는 옛 방식대로 반죽하여 떨어져 나갔거나 파손된 부분을 옛 방식대로 떼운다. 여기에 유약을 바른 뒤 진흙반죽으로 싸서 가마에 넣고 한 번 불을 지펴 구워 내면 옛날에 만든 모습과 다름이 없다. 다만 보수한 부분의 색이 흐려도 본래의 재질이 건조해지므로 너무 광을 내면 안 된다. 그러나 이러한 방법으로 얻는 것이 오히려 새로 자기를 굽는 것보다 낫다.

관요와 가요에서 나온 자기 중에 예를 들어 총각정로(蔥脚鼎爐)[108]는 무슨 까닭인지 나라 안에 겨우 1~2개만 남아 있고, 유로(乳爐)[109]·화고(花觚)[110]는 10여 개 정도 남아 있고, 이로(彝爐)[111]는 아마도 100개 정도 남아 있게 되었으니, 이 4가지 기물은 감상가들에게 지극한 보배가 되었다. 관요와 가요의 자기 중 그 외의 자기들의 경우는 쇠락 여부를 모르겠다.《준생팔전》[112]

更有一種復燒, 取舊官、哥磁器, 如爐欠足耳、瓶損口稜者, 以舊補舊, 加以泑藥, 裹以泥合, 入窯一火燒成, 如舊製無異. 但補處色渾, 而本質乾燥, 不甚精采, 得此猶[9]勝新燒.

奈何二窯如蔥脚鼎爐, 在海內僅存一二, 乳爐、花觚存計十數, 彝爐或以百計, 四品爲鑑家至寶. 後此又不知凋謝如何.《遵生八牋》

---

108 총각정로(蔥脚鼎爐):피 잎처럼 속이 빈 다리가 달린 정(鼎)형 향로.
109 유로(乳爐):향로 밑에 붙은 세 다리가 유두 모양인 향로.
110 화고(花觚):꽃을 꽂을 수 있도록 고(觚) 모양으로 만든 병.
111 이로(彝爐):이(彝)형 향로.
112《遵生八牋》卷14〈燕閑淸賞牋〉上"論官哥窯器"(《遵生八牋校注》, 530~532쪽).
[9] 猶:《遵生八牋·燕閑淸賞牋·論官哥窯器》에는 "更".

### 3) 여러 지방의 도자기

정요(定窯)[113]는 바로 송(宋)나라 북부 지역의 정주(定州)에서 만든 도자기이다. 백색을 띠고 간혹 자색이나 흑색도 있지만, 모두 흰 형태를 만들고 유약을 첨가했다. 유약이 두터운 곳에 눈물자국 같은 무늬가 있는 것을 최고로 친다.

그러므로 소식(蘇軾)[114]의 시에서 "정주의 꽃무늬 자기 옥을 쪼아 만든 듯하네."[115]라 했다. 그 꽃무늬를 표현하는 데에는 그리는 방법·도드라지게 하는 방법·찍어내는 방법 3종이 있고, 무늬 모양으로는 모란·원추리[116]·비봉(飛鳳, 나는 봉황)무늬를 대부분

### 論諸州窯

定窯, 乃宋北定州造也. 其色白, 間有紫有黑, 然俱白骨加以泑水, 有如淚痕者爲最.

故蘇長公詩云"定州花磁琢如玉". 其紋有畫花, 有繡花, 有印花紋三種, 多用牡丹、萱草、飛鳳, 時製. 其所造器皿, 式多工巧, 至佳

원추리(국립수목원)

---

113 정요(定窯):중국 송(宋)나라 5대 명요(名窯)의 하나로, 지금의 하북성 곡양현(曲陽縣) 간자촌(澗磁村) 일대이다. 곡양현이 송대에는 정주(定州)에 속했기에 '정요'·'정주요'라는 이름으로 불렸다. 정요는 탑기나 묘에서 나온 출토품을 통해 만당(晩唐)시대부터 백자를 제작하기 시작해 오대(五代)에 상당히 발전했고, 북송대(北宋代)에 최성기를 맞아 금대(金代)까지 지속적으로 제작했음을 알 수 있다(국립중앙박물관, 《중국도자》, 2007, 국립중앙박물관, 102쪽). 여기에서는 정요에서 만든 도자기라는 의미로 쓰였다.

114 소식(蘇軾):1037~1101. 중국 북송 때의 문인이자 관료. 소순(蘇洵)의 장자인 동시에 문장 또한 백대(百代)의 으뜸이라는 의미로 그를 장공(長公)이라 하기도 했다. 시·그림·서예에 모두 능했고 아버지 소순(蘇洵)·동생 소철(蘇轍)과 함께 삼소(三蘇)라 일컬어졌다. 저서로 《동파칠집(東坡七集)》·《동파역전(東坡易傳)》 등이 있다.

115 정주의……듯하네:《東坡全集》 卷3 〈試院煎茶〉.

116 원추리:백합과의 식물로 뿌리는 한약재로 쓰고, 봄에 새로 돋는 잎은 나물로 쓴다. 동아시아 지역에서 자란다.

사용하여 절기에 따라 무늬를 만든다. 정요에서 만든 그릇은 모양이 대부분 정교하고 매우 좋아서 모두 상상 이상이다. 모양과 종류가 다양하기 때문에 그 형상의 특징으로 이름을 지을 수 없으니, 여러 요(窯)에서 만든 도자기와 견주어도 당해낼 곳이 없다.

다만 그 제작방법이 한때의 정교한 솜씨를 지닌 장인에게서 나와 옛사람이 남긴 뜻이 전혀 없었으니, 정요의 도자기는 교묘한 기술로 지금 사람을 미혹시킬 수는 있지만 제작방법에 있어서는 옛날의 방법을 뛰어넘지 못한다. 정화(政和)~선화(宣和) 연간(1111~1125)에 만든 도자기가 좋으니, 이때의 기물은 황실에서 사용하기 위하여 구워낸 것으로 흰색을 띠고 두께가 얇으며, 흙색은 옥과 같아서 가격이 매우 비쌌다. 자색이나 흑색 도자기 또한 매우 드물었으며, 황색이면서 두께가 두꺼운 도자기는 하품이다.

또한 흙에 유회(油灰)[117]처럼 푸른색이 어지럽게 섞여 있는 도자기 같은 경우에는 그곳 민간에서 '후토요(後土窯)'라 부르니, 황색 도자기보다도 하품이다.

원(元)나라 팽군보(彭君寶)[118]가 곽주(霍州)[119]에서 구운 도자기를 '곽요(霍窯)'라 하고, 또 '팽요(彭窯)'라 한다. 옛날 정요의 허리에 굴곡이 있는 도자기를 본받

者, 俱心思不及. 式類數多, 莫可名狀, 諸窯無與比勝.

但製出一時工巧, 殊無古人遺意, 以巧惑今則可, 以製勝古則未也. 如宣和[10]、政和年造者佳, 時爲御府燒造, 色白質薄, 土色如玉, 價甚高. 其紫、黑者亦甚少, 其色黃質厚者下品也.

又若骨色青滬如油灰者, 彼地俗名"後土窯", 又其下也.

元 彭君寶燒於霍州者, 名曰"霍窯", 又曰"彭窯". 效古定折腰製者甚工, 土骨

---

117 유회(油灰) : 기름·재 등을 섞어 만든 것으로, 벽에 생긴 구멍 등을 보수하거나 건축자재를 접착하는 용도로 쓰였다.

118 팽군보(彭君寶) : ?~?. 중국 원나라의 도공.

119 곽주(霍州) : 지금의 중국 산서성(山西省) 곽주시(霍州市) 일대.

[10] 和 : 저본에는 "化". 오사카본·《遵生八牋·燕閑淸賞牋·淸賞諸論》에 근거하여 수정.

아 만든 것들은 매우 정교하며, 흙의 성질이 곱고 흰 흙을 사용했다. 일반적으로 도자기의 주둥이는 모두 매끄럽지만 윤택함이 부족하다. 게다가 그 재질이 매우 약하여 감상할 만하지 않으나, 종종 중간 상인들이 곽요의 도자기를 정요의 도자기라고 하며 원래보다 높은 값을 받는다.《준생팔전》[120]

細白. 凡口皆滑, 惟欠潤澤. 且質極脆, 不堪眞賞, 往往爲牙行指作定器, 得索高價.《遵生八牋》

정요의 아래 품등으로는 옛 용천(龍泉)[121] 도자기가 그 다음이다. 이곳은 흙이 고와 도자기 두께가 얇으며 색은 짙은 총취색(蔥翠色, 녹색의 일종)을 띤다. 이 중 품질이 빼어난 도자기는 관요(官窯)·가요(哥窯)의 도자기와 아름다움을 다툴 만하지만, 이 두 곳의 도자기에 비해 문편(紋片)[122]·자골(紫骨)[123]·철족(鐵足)[124]이 적을 뿐이다. 게다가 제작법은 옛것을 본받지 않고 장인들의 솜씨 또한 졸렬하지만 그릇의 두께가 두껍고 실하여 험하게 다루어도 내구성이 매우 좋으니 쉽게 묘멸(苆蔑)【집에서 도자기를 사용하다가 흠이 생기는 현상을 '멸(蔑)'이라 하고, 떨어져 나가는 현상을 '묘(苆)'라 한다.】이 생기지 않는다.

定窯之下, 古龍泉次之. 土細質薄, 色甚蔥翠, 妙者與官、哥窯爭艶, 但少紋片、紫骨、鐵足耳. 且製不法古而工匠亦拙, 然器質厚實, 極耐磨弄, 不易苆蔑.【行家以窯器, 損露曰"蔑", 剝落曰"苆".】

다만 옛날에는 도자기 색이 분청색(粉靑色)·심청색(深靑色)·담청색(淡靑色)으로 구별되었지만, 지금은 질 좋은 물건만 겨우 총색(蔥色)을 띤다. 나머지는 모

但在昔色有粉靑、深靑、淡靑之別, 今則上品僅有蔥色, 餘盡油靑色矣, 製亦

---

120 《遵生八牋》卷14〈燕閑淸賞牋〉"淸賞諸論"'論定窯'(《遵生八牋校注》, 532~533쪽).

121 용천(龍泉):지금의 중국 절강성(浙江省) 용천현(龍泉縣) 일대.

122 문편(紋片):도자기 표면에 바른 유약이 도자기를 굽는 과정 중에 터지면서 생긴 금.

123 자골(紫骨):유약이 흘러내려 상대적으로 유약이 덜 발라진 곳이 자색을 띠는 현상, 또는 그러한 부분을 말하는 것으로 보인다. 주로 이러한 현상이 나타나는 부분이 도자기 주둥이 쪽이므로 자구(紫口)라고도 한다.

124 철족(鐵足):유약이 칠해지지 않아 흑갈색이 드러난 도자기 굽의 아랫부분.

길주요산 흑유잎무늬찻잔(대만 국립고궁박물원)

건요의 토호잔(국립중앙박물관)

두 유청색(油靑色)이고 제작법도 더욱 떨어진다.

또 백토로 만든 도자기가 있다. 이 도자기 겉면에는 비취색 유약을 엷게 발라서 흰 바탕색이 겉으로 비친다. 이 도자기는 용천요의 제도와 비교하여 더욱 섬세하고 정밀함이 느껴진다. 이를 '장요(章窯)[125]'라 하니, 이는 장생이(章生二)[126]의 성을 따서 이름을 붙인 도자기이다.

길주요(吉州窯)[127]의 도자기는 자색으로, 정요의 도자기와 서로 비슷하지만 재질이 거칠어 품질이 좋지 않다.

건요(建窯)[128]의 도자기는 대부분 입구가 넓은 자기잔이며 검은색을 띠고 윤택하다. 도자기 표면에

愈下.

有等用白土造器, 外塗泑水翠淺, 影露白痕. 此較龍泉製度更覺細巧精緻, 謂之"章窯", 因姓得名者也.

有吉州窯, 色紫, 與定相似, 質粗不佳.

建窯器, 多撇口碗盞, 色黑而滋潤. 有黃兔毫斑滴珠

---

125 장요(章窯) : 중국 북송 때의 도요지. 지금의 절강성 여수시(麗水市) 일대에 있었다. 장생이(章生二)가 이곳에서 도자기를 만들었다 하여 유래한 이름이다.

126 장생이(章生二) : ?~?, 북송 때의 이름난 도공. 형 장생일(章生一)과 함께 도자기를 만들었는데, 장생일의 가마를 가요(哥窯), 장생이의 가마를 장요, 혹은 용천요라 했다.

127 길주요(吉州窯) : 중국 당(唐)나라 말기에 건립되었고 남송(南宋) 때에 흥성했던 도요지. 지금의 강서성(江西省) 길안시(吉安市) 일대에 있었다. 북송 때에는 청백자를 주로 만들었고, 남송 때에는 흑유자(黑釉瓷)와 대모무늬 잔이 유명했다.

128 건요(建窯) : 중국 남송 때에 흥성했던 도요지. 지금의 복건성(福建省) 건양현(建陽縣)에 있었다. 토끼털 같은 무늬가 있는 잔을 토호잔(兔毫盞)이라 한다.

동법랑로(대만 국립고궁박물원)

누런 토끼털 모양 반점 방울이 큰 것을 좋은 물건으로 쳤다. 다만 도자기가 매우 두꺼워서 얇은 도자기가 별로 없다.

　대식요(大食窯)[129]는 구리 몸통에 유약을 발라 구워 알록달록한 색을 낸다. 향로·꽃병·합자(盒子)[130] 종류가 있으며 도자기 중에서 매우 하품이다.

　또 파려요(玻璃窯)[131]와 같은 경우에는 섬나라 오랑캐들에게서 나왔다. 오직 광동(廣東) 지역에만 있으며 그 제도가 일정하지는 않으나 어찌 좋은 품질이 없겠는가? 오직 작은 병이 좋은 풍취가 있다. 그 외에 술잔·큰 장군(항아리의 일종)·쟁반·주발·다리가 긴 건배전용 술잔 등과 같은 물건은 하나도 쓸 만하지 않다.

大者爲眞, 但體極厚, 薄者少見.

有大食窯, 銅身用藥料燒成五色, 有香爐、花瓶、盒子之類, 窯之至下者也.

又若玻璃窯, 出自島夷, 惟粵中有之, 其製不一, 奈無雅品? 惟瓶之小者有佳趣. 他如酒鍾、高䃭、盤盂、高脚勸杯等物, 無一可取.

---

129 대식요(大食窯):금속 표면에 유리질의 액체를 발라 구워 만드는 방법으로, 지금의 법랑과 같다. 칠보(七寶)·불랑감(佛郎嵌)·대금요(大金窯)·귀국요(鬼國窯)·양자(洋瓷)라고도 한다.
130 합자(盒子):둥글넓적하며 뚜껑이 있는 그릇.
131 파려요(玻璃窯):중국 복건성(福建省)에서 나는 유리도기.

균요 화반(국립중앙박물관)

그 색에는 백전사색(白纏絲色, 흰색 바탕에 줄무늬)·압록천청색(鴨綠天靑色, 청둥오리 깃털이나 하늘과 같은 청색)·황쇄구색(黃鎖口色)[132]이 있으며, 3종류 모두 볼 만하다. 다만 내구성이 약할 뿐이니, 감상하기에 좋은 기물이 아니다.

균주요(均州窯)[133]와 같은 경우에는 주사홍색(硃砂紅色)·총취청색(蔥翠靑色)이 있다. 민간에서는 이들을 '앵가녹색(鸚哥綠色)·가피자색(茄皮紫色)'이라 했다. 홍색은 연지색과 같고, 청색은 총취색과 같고, 자색은 먹의 검은색과 같으니, 3가지 색이 순수하게 조금도 변색된 곳이 없는 도자기를 상품으로 친다. 바닥에는 1·2 등 숫자로 항목의 번호를 매겨 기록했다.[134]

色有白纏絲、鴨綠天靑、黃鎖口, 三種俱可觀. 但不耐用耳, 非鑑賞佳器.

若均州窯有硃砂紅、蔥翠靑, 俗謂"鸚哥綠、茄皮紫", 紅若臙脂, 靑若蔥翠, 紫若墨黑, 三者色純無少變露者爲上品, 底有一二數目字號爲記.

---

132 황쇄구색(黃鎖口色): 액체 유리에 노란색을 섞어 문양 내로 뚫어놓은 구멍에 부어 색을 낸 것이다..

133 균주요(均州窯): 중국 북송 때부터 원(元)나라 때까지 번성한 도요지. 청색 유약을 입힌 도자기가 많이 생산되었다. 지금의 하남성(河南省) 우현(禹縣)에 있었다. 균요(鈞窯)·균요(均窯)라고도 한다.

134 바닥에는……기록했다: 균주요에서는 도자기의 높이와 구경의 크기에 따라 바닥에 숫자를 적었는데, 청색·남색에는 2·4·6·8·10을 적고, 적색에는 1·3·5·7·9를 적었다. 숫자가 작을수록 도자기의 크기가 큰 것이었다.

돼지간색[猪肝色], 불꽃 안쪽의 홍색, 청록색이 침처럼 흘러내려 뒤섞인 색의 도자기들이 있다. 이들은 모두 위의 3가지 색으로 굽는 방법이 부족했기 때문이지, 별도로 이러한 색의 현상이 있는 것은 아니다.

균주요에서는 오직 부들을 심는 낮은 화분이 매우 좋다. 그 나머지는 모두 누런 모래진흙으로 질그릇을 만든다. 그러므로 그릇의 재질이 거칠고 두꺼워서 좋지 않다. 《준생팔전》[135]

옛날 요주(饒州)에서 생산된 도자기 가운데 궁중에 진상하여 쓴 것은 몸체의 두께가 얇고 윤택하며, 흰색 바탕에 청색으로 무늬를 그렸다. 정요의 도자기와 비교하면 품질이 조금 떨어진다. 원나라 때 구운 도자기는 발이 작고 꽃무늬를 찍었으며 안에는 추부(樞府)라는 글자가 있고, 가격이 비싸서 쉽게 얻을 수 없다.[136]

猪肝色、火裏紅、青綠錯雜若垂涎色, 皆上三色之燒不足者, 非別有此色樣也.

此窯惟種蒲盆底佳甚, 其他俱以黃沙泥爲坯, 故器質粗厚不佳. 同上

古之饒器進御用者, 體薄而潤, 色白, 花青, 較定少次. 元燒小足印花, 內有樞府字號者, 價重, 不易得.

연꽃넝쿨무늬 접시(국립중앙박물관)

135 《遵生八牋》卷14〈燕閒淸賞牋〉"淸賞諸論" '論諸品器'(《遵生八牋校注》, 533~534쪽).
136 원나라……없다 : 본문의 추부(樞府)는 추밀원(樞密院)의 약칭으로, 원(元)나라 때 추밀원은 국가의 군사와 기밀에 관련된 일을 관장하는 최고기구였다. 예전에 관부에 공급하는 품등 좋은 도자기에 "명(命)" 자를 새긴 일에서 전래되어 원나라 때 품질 좋은 도자기에 "추부(樞府)" 자를 찍었다고 한다. "추부"라는 글자가 없지만 비슷한 기법으로 만든 도자기를 추부계(樞府系) 도자기라 한다. 위의 사진은 추부요 백자와 유사한 형태로, 청백자 유약을 사용해서 만든 원나라 자기이다.

백자청화화과문집호(국립중앙박물관)

우리 명(明)나라 영락(永樂) 연간(1403~1424)에 만든 도자기와 같은 경우는 양식이 정밀하고 빼어나서 대대로 전하여 써도 오래간다. 선덕(宣德) 연간 (1426~1435)에 만든 도자기는 종종 작고 교묘하게 만든 물건이 가장 좋다. 나머지는 잔 바닥 중심에 단(壇) 자가 있는 흰 사발 그릇과 같은 경우, 토질이 곱고 유약이 두터워서 모양이 아름답고 충분히 쓸 만하니 참으로 문방의 좋은 기물이다.

여러 기물의 색은 모두 깊은 청색으로 바탕을 채색한 것들이다. 또 남색 바탕에 5가지 색으로 그림을 새겨 넣은 도자기, 석청을 이용해 꽃을 새긴 도자기, 흰색 바탕에 청색 무늬를 그린 도자기[137], 표면에 얼음이 갈라진 듯한 무늬의 도자기가 있다. 이렇게 다양한 양식은 아마도 이전에는 없었던 듯하다.

若我明 永樂年製者, 式樣精妙, 傳用可久. 宣德年製者, 種種小巧之物最佳. 他[11]如盞心有壇字白甌, 質細料厚, 式美足用, 眞文房佳器.

諸器之色, 皆深靑地子. 有藍地塡畫五彩、有石靑剔花、有靑花白地、有冰裂紋者、種種樣式, 似非前代曾有.

---

137 흰색……도자기 : 본문에서 설명하는 도자기의 모습은 위와 같다.
[11] 他 : 저본에는 "地". 규장각본·오사카본·《遵生八牋·燕閑淸賞牋·淸賞諸論》에 근거하여 수정.

오채포도문 술잔

성화(成化) 연간(1465~1487)에 관요에서 만든 도자
기 상등품 중에서 5가지 색으로 포도를 그리고, 주
둥이가 넓고 배가 납작하며 손잡이가 있는 잔을 뛰
어 넘는 것은 없다.[138] 선화 연간의 잔과 양식을 비
교하면 매우 빼어나다. 그 밖의 다른 잔·작은 잔·
접시·단지도 모두 정교하고 빼어나서 사람의 마음
에 들 만하다.

내 생각에는, 청색 무늬는 성화 연간의 도자기가
선덕 연간의 도자기에 미치지 못하고, 5가지 채색은
선종(宣宗)[139] 때의 도자기가 헌종(憲宗)[140]때의 도자기
만 못하다. 대개 선덕 연간 도자기의 청색은 바로 소

成窯上品, 無過五彩蒲萄
甕口匾肚靶杯, 式較宣杯,
妙甚. 外他盞、瑴、碟、罐,
皆精妙可人.

余謂靑花成窯不及宣窯,
五彩宣廟不如憲廟. 蓋宣
窯之靑, 乃蘇淳泥靑也. 後
俱用盡, 至成窯時, 皆平等

---

138 5가지……없다 : 본문에서 설명하는 도자기의 모습은 위와 같다.

139 선종(宣宗) : 중국 명(明)나라 5대 황제(재위 1425~1435). 이름은 주첨기(朱瞻基). 연호를 따서 선덕제(宣德
帝)라 불린다. 황제 독재체제를 확립하고 환관의 권한을 강화시켰다.

140 헌종(憲宗) : 중국 명나라 8대 황제(재위 1464~1487). 이름은 주견심(朱見深). 연호를 따서 성화제(成化帝)
라 불린다. 방술(方術)을 지나치게 믿어 방사(方士)와 승려에게 높은 관직을 내리고, 서창(西廠)을 설치해
무고한 관리들을 죽이는 등 실정을 저질렀다. 말년에는 타타르족의 외침과 내부의 반란으로 나라가 혼란스
러웠다.

발니청(蘇渤泥靑)[141]이다. 그 뒤에는 모두 없어져서 성화 연간에 도자기를 만들 때에 이르면 모두 평등청(平等靑)[142]이다. 선화 연간 도자기의 5가지 채색은 두껍게 여러 겹 바르기 때문에 매우 좋지 않다. 그러나 성화 연간 도자기의 오채는 색을 칠할 때 얇고 옅게 바르므로 그림에 상당히 정취가 있다.《준생팔전》[143]

靑矣. 宣窯五彩深厚堆垛, 故不甚佳, 而成窯五彩用色淺淡, 頗有畫意. 同上

## 4) 도자기의 양식

여러 도자기 모양은 대개《박고도(博古圖)》가운데에서 취한 양식이 많은데, 정(鼎)·이(彝)·병(甁)·호(壺)·고(觚)·준(尊) 등 모든 양식은 물론이다. 다만 크기가 작고 배가 불룩한 기물은 저속하고 조악해서 감상품으로 들이기에 부족하니, 취하지 말아야 좋다.《열하일기》[144]

論窯器樣式

諸窯器之製, 蓋多《博古圖》中取式者, 無論鼎、彝、瓶、壺、觚、尊諸式, 但短矮肥腹者, 俗惡無足入玩, 勿取可也.《熱河日記》

---

141 소발니청(蘇渤泥靑):페르시아에서 유래한 광물성 청색 인료. 소마니청(蘇麻泥靑)·소니마청(蘇泥麻靑)·소발니청(蘇勃泥靑)·소니발청(蘇泥勃靑)이라고도 하며, 줄여서 소료(蘇料)라 한다.

142 평등청(平等靑):중국 강서성 낙평(樂平)에서 산출된 청색 안료. 성화 연간 서역의 소발니청의 수입이 단절되면서 사용하기 시작한 중국산 청화 안료로 피당청(陂唐靑)이라고도 한다.

143《遵生八牋》卷14〈燕閑清賞牋〉"清賞諸論"'論饒器新窯古窯'(《遵生八牋校注》, 534~535쪽).

144《熱河日記》〈盛京雜識〉"古董錄"(《국역 열하일기》, 555쪽).

## 4. 법첩

法書

### 1) 친필은 거의 없다

세상에서는 "종이 중에 정밀한 것은 1,000년을 갈 수 있다."라 한다. 지금 이왕(二王)[1]과의 거리가 겨우 800여 년이지만, 그들이 글씨를 쓴 종이가 작은 조각 하나 남은 것이 없으니 이는 유독 진(晉)나라 사람의 것만 그런 것이 아니다.

당(唐)나라의 잘 쓴 묵적(墨跡)은 겨우 300여 년이 지났는데도, 상서로운 별이나 봉황처럼 희귀한 이유는 무엇인가? 대개 물건 중에 기이한 것은 항상 부귀하고 권세 있는 가문에 모였다가, 한 번 큰 도난이나 수재나 화재를 겪으면 모두 잃어버린다. 다른 물건이었다면 여러 곳에 뿔뿔이 흩어져도 오히려 남아있을 법한 상황과 다르게, 환현(桓玄)[2]이 패전하자 그가 모았던 법첩과 명화가 하룻저녁에 모두 불타버렸으니 그때에 잃어버린 작품이 얼마나 많았

**論眞迹難存**

世言"紙之精者, 可及千年", 今去二王, 纔八百餘年, 而片紙無存, 不獨晉人.

如唐世善書之跡, 甫三百餘年, 亦希如星、鳳何也? 蓋物之奇異者, 常聚於富貴有力之家, 一經大盜、水火, 則擧群失之. 非若他物, 散落諸處, 猶有存者, 桓玄之敗, 取法書、名畫[1]一夕盡焚, 所喪幾何哉? 《洞天淸錄》

---

1 이왕(二王):중국 위진남북조(魏晉南北朝) 때의 명필인 왕희지(王羲之, 307~365)·왕헌지(王獻之, 344~386)를 말한다.

2 환현(桓玄):369~404. 중국 동진(東晉)의 관리. 반란을 일으켜 동진을 멸망시키고 초(楚)나라를 세웠다. 그 다음해에 유유(劉裕)가 거병하여 환현이 이를 토벌하다가 패한 뒤, 서쪽으로 달아났지만 익주(益州)에서 살해당했다. 당나라 장언원(張彦遠)은 당나라 서화의 전통을 기록한 《역대명화기(歷代名畫記)》에서, 환현은 진기한 것을 좋아하여 천하의 글씨와 그림을 모았는데, 동진을 멸망시키면서 왕실 창고에 있던 전적들을 모두 차지하였다고 기록했다.

[1] 名畫:저본에는 없음. 오사카본·규장각본·《洞天淸祿集·古今石刻辨》에 근거하여 보충.

겠는가?《동천청록》[3]

## 2) 서첩은 귀중하게 여겨야 한다

일반적으로 감상품이 전해질 때, 구리나 옥 기물은 내구성이 좋아 많이 남아 있지만 서첩은 쉽게 망가져 적게 남아 있다. 또 보배로 삼을 만한 구슬과 옥은 많이 남아 있지만 보배로 삼을 만한 금석문(金石文)은 도리어 적다. 게다가 전쟁의 화재로 타버리고, 세상의 변천을 거치면서 어찌 종이쪼가리가 남을 수 있었겠는가?

서첩은 닳아 티끌이 되지만 그 가운데 다행히 1~2개가 남아 세상에 뿔뿔이 흩어지는데, 이를 좋아하는 사람은 흩어진 서첩을 모으기에 힘이 부족하고, 가치를 모르는 사람은 항아리를 덮는 데나 쓰니, 이 또한 서첩은 액운을 만난 것이다. 그 가운데 몇 번이나 재해를 겪었는지는 모른다. 어찌 옛사람의 작품을 한 집에 모아다가 그 작품과 더불어 마음으로 말하고 손으로 잡으면서 궤안에 두고서 옛사람의 풍채를 접할 수 있겠는가?

그러므로 골동품을 수집하는 감상가들은 옛 글씨 가운데 송나라 글씨와 송나라 법첩이 제일가는 최상의 진귀한 물품으로 여긴다. 이런 글씨나 법첩을 다행히 1~2개라도 얻으면 그 보배로움이 금이나 옥을 뛰어넘으니, 이것이 좋은 소장품이다.《준생

### 論書帖當珍重

凡翫物流傳, 銅、玉耐久而多, 書帖易敗而少. 且寶珠玉者似多, 寶金石文者更少, 兼之兵火銷爍, 人世變遷, 豈容片紙?

砥礪塵磨, 其中幸存一二, 散落人間, 好之者, 力或不足, 不知者用以覆瓿, 此又劫會業逢, 不知災害其幾, 何能得聚古人於一堂, 與之心談手執, 接豐采於几案?

故聚翫鑑家, 以宋書、宋帖爲第一最上珍品, 幸得一二, 當寶過金玉, 斯爲善藏.《遵生八牋》

---

3 《洞天淸祿集》〈古今石刻辨〉(《叢書集成初編》1552, 20쪽).

팔전》4

## 3) 남쪽지방과 북쪽지방의 종이와 먹 · 論南北紙墨

옛날 북쪽지방의 종이는 가로무늬이고, 재질이 거칠고 두꺼워 먹을 잘 받아들이지 못했다. 북쪽지방의 먹은 송연(松煙, 소나무 그을음)을 많이 써서 색이 푸르고 옅었기 때문에 유랍(油蠟)과 어울리지 못했다. 그러므로 북쪽지방의 탁본은 색이 연하고 무늬에 주름이 져서, 옅은 구름이 푸른 하늘을 지나가는 것 같아 이를 '협사(夾紗)5'라 하며 '선추탑(蟬翅搨, 매미날개탁본)'을 만들었다.

남쪽지방의 종이는 세로무늬이고, 먹은 유연(油煙, 기름 그을음)을 쓴다. 밀랍을 오금지(烏金紙)6에 바른 다음 물을 뿌리고 비문을 쓸어내리기 때문에 색이 순수한 검은색이며 가벼운 광택이 나서, 이를 '오금탑(烏金搨, 오금탁본)'이라 한다. 《동천첩록》7

古之北紙, 其紋橫, 質鬆而厚, 不甚受墨. 北墨多用松煙, 色青而淺, 不和油蠟, 故北搨色淡而紋縐, 如薄雲之過青天, 謂之"夾紗", 作"蟬翅搨"也.

南紙, 其紋竪, 墨用油煙, 以蠟及造烏金紙, 水敲刷碑文, 故色純黑而有浮光, 謂之"烏金搨".《洞天帖錄》

## 4) 법첩의 진품과 모조품 · 論法書眞贋

옛 서첩은 해가 오래 지나면서 표구하는 경우가 대다수이다. 먹이 진한 서첩은 생칠(生漆)처럼 단단하여, 손으로 문지르면 먹이 실오라기만큼도 손에 물들지 않고, 만지작거리며 완상한 지 오래되어도 갈아

古帖歷年遠而裱數多, 其墨濃者, 堅若生漆, 以手揩之, 纖毫無染, 兼之摩弄積久, 紙面光釆如硯, 古意自

---

4 《遵生八牋》卷14〈燕閑淸賞牋〉"淸賞諸論"'元碑帖'(《遵生八牋校注》, 544쪽).

5 협사(夾紗) : 매우 얇은 직물과 같은 종이로 추정된다.

6 오금지(烏金紙) : 검은색 종이에 구리와 금을 섞어 만든 금박을 붙인 종이. 배접·표구·포장 등에 사용된다. 오금(烏金)은 구리에 1~10%의 금을 합금한 금속이다.

7 확인 안 됨 :《六藝之一錄》卷166〈法帖論述〉"屠隆考槃餘事"(《文淵閣四庫全書》833, 570~571쪽).

놓은 것처럼 지면에 광채가 나니, 고아한 뜻이 자연스럽다. 그러므로 지면이 오래되어도 뒷면의 색은 오래도록 새것 같고, 그 글씨 중 측세(側勢, 기운 점)와 늑세(勒勢, 가로 그음)⁸에서 접힌 곳도 모두 먹이 스며들거나 물자국이 글자를 침범하여 물들이는 법이 없다.

또한 일종의 특이한 향이 나는 법첩이 있는데, 이는 지면의 먹 바깥에서 난다. 두께가 얇은 법첩은 걸어놓아도 단단하여 찢어지지 않고 풀을 많이 먹을 뿐이다. 반면 두께가 두꺼운 법첩은 도리어 터지거나 찢어져서 들지 못하는데, 이는 해가 오래 지나면 풀이 무거워지고 종이가 약해지기 때문이다.

지금의 가짜 법첩 가운데 남쪽지방의 종이에 쓴 글씨를 베낀 것은 진짜와 비슷하지만 손으로 조금만 문질러도 모든 손가락이 다 검어진다. 북쪽지방의 종이에 쓴 글씨를 베낀 것은 탁본을 뜰 때 두드리는 방법에서 종이가 새겨진 돌로 깊이 들어가 글자에 주변 흔적이 생긴다. 게다가 먹을 사용한 농도도 균일하지 않아서 진하게 사용한 곳은 먹구름에서 비가 내릴 듯하고, 옅게 사용한 곳은 흰 무지개가 하늘에 걸쳐 있는 듯하니 유달리 아취가 부족하다.

가짜 법첩은 대체로 모두 사천(四川)⁹의 부채 종이나 대나무종이를 화로에 걸어두었다가 종이에 연기가 스며들면 물을 적셔 옛 법첩의 색을 만든다. 이렇

然. 故面舊而背色長新, 其側勒轉摺處, 竝無沁墨水跡侵染字法.

且有一種異香, 發自紙墨之外. 質薄者揭之, 堅而不裂, 以受糊多耳;厚者反破裂莫擧, 以年遠糊重, 紙脆故也.

今之贋帖, 效南搨者, 近似之, 然以手微抹, 滿指②皆黑. 效北搨者, 鑿法入石太深, 字有邊痕, 用墨不均, 濃處若烏雲生雨, 淺者如白虹跨天, 殊乏雅致.

大率皆以川扇紙、竹紙, 用挂灰爐煙瀝和水染, 成古色, 表裏湮透, 兩面如一.

---

8　측세(側勢, 기운 점)와 늑세(勒勢, 가로 그음):이에 대해서는《임원경제지 유예지》2, 풍석문화재단, 2017, 71~72쪽에 자세하다.
9　사천(四川):지금 중국의 사천성(四川省) 일대.
②　指:저본에는 "地".《遵生八牋·燕閑淸賞牋·淸賞諸論》에 근거하여 수정.

게 하면 앞면과 뒷면에 연기가 스며들어 양면의 색이 한결같다. 이를 시험 삼아 한쪽 모서리를 들어보면 얇은 것은 찢어지고, 두꺼운 것은 성질이 억세어 끊어지지 않을 것이다. 이런 모조품은 모두 진본과 형태의 비슷함만을 구하기 때문이다.

만약 법첩을 새기는 사람은 손으로 두드린 다음 법첩을 걸어놓고 눈으로 훑으면서 뒤집어 본다. 비록 동일한 송나라 탁본이라도 아름답고 추한 정도가 바로 분별되는데, 하물며 가짜 탁본은 어떻겠는가? 그렇지만 요즘 오중(吳中)[10]에 고수가 옛 법첩을 가짜로 만들었으나, 두텁고 거친 대나무종이에 표구하여 발에 걸어놓으니, 모두 특별하게 빼어났던 사례도 있다.

북쪽지방의 종이인 협사(夾紗)에 탁본을 베끼는 법에서는 풀을 태운 연기나 가루향을 태운 연기를 쏘이고, 불기운을 쪼여서 종이의 성질을 연하게 한다. 이어서 옛 법첩의 냄새와 같아지도록 향을 풀에 섞어 바르면 터럭만큼도 새로 만든 듯한 모습이 전혀 없으며, 사람의 손으로 만져도 망가지지 않는 경우가 많다. 그들은 지혜가 교묘하여 정밀하게 꾸미니 도리어 사람의 눈길을 빼앗을 수 있으므로 감상할 때 마땅히 신통하게 보는 법을 갖추어야 할 것이다. 《준생팔전》[11]

試以一角揭看, 薄者卽裂, 厚者性健不斷矣. 此俱以形似求之.

若以字法刻手, 敲手揭法, 過目翻閱, 雖同一宋搨而妍醜卽別矣, 矧贗搨乎? 近有吳中高手, 贗爲舊帖, 以竪簾厚麤竹紙, 皆特③妙④也.

作夾紗搨法, 以草煙、末香煙薰之, 火氣逼脆本質, 用香和糊若古帖嗅味, 全無一毫新狀, 入手多不能破. 其智巧精采, 反能奪目, 鑑賞當具神通觀法. 《遵生八牋》

---

10 오중(吳中):지금 중국의 강소성(江蘇省) 소주시(蘇州市)에 소속된 지역이다.

11 《遵生八牋》 卷14〈燕閑淸賞牋〉 "淸賞諸論" '論帖眞僞紙墨辯正'(《遵生八牋校注》, 545~546쪽).

③ 特:저본에는 "持". 오사카본·규장각본·《遵生八牋·燕閑淸賞牋·淸賞諸論》에 근거하여 수정.

④ 妙:저본에는 "抄".《遵生八牋·燕閑淸賞牋·淸賞諸論》에 근거하여 수정.

## 5) 인장은 위조할 수 없다

그림은 베낄 수 있지만, 글씨는 임서(臨書)[12]만 할 수 있고 베끼지는 못한다. 오직 인장은 가짜를 만들 수 없다. 나무인장·구리인장은 저절로 같지 않기 때문에 모두 분별할 수 있다.《서사》[13]

論印不可僞

畫可摹, 書可臨而不可摹, 惟印不可僞作. 木⑤印、銅印自不同, 皆可辨.《書史》

## 6) 표구(배첩)법

글씨를 꾸며 표구할 때는 먼저 흰 종이 1장을 돌돌 말아 글씨가 끝나는 부분에 이를 때에 종이의 두께가 두루마리의 막대 1개와 같아야 한다. 이렇게 두꺼운 종이로 준비하여 원래 글씨가 써진 종이의 끝까지 닿게 하면 손상되지 않는다. 옛날 글씨 표구에서 두루마리 축의 양 끝을 나무로 하는 까닭은 성질이 가볍기 때문이다.《서사》[14]

裝褾法

裝書褾, 前須用素紙一張, 捲到書時, 紙厚已如一軸子, 看到跋尾則不損. 古書所用軸頭以木, 性輕者.《書史》

당나라 사람이 왕희지의 서첩을 배접할 때는 모두 푹 찢어 솜처럼 연한 종이를 썼다. 그래야 옛 종이를 손상시키지 않는다. 또 옛 종이를 물에 넣고 씻어 말리면 종이의 바탕이 문드러지지 않는 성질이 더해진다. 대개 종이는 물에 섞어 만들어진 물건이라서 종이로 배접하는 것은 글씨를 다시 한 번 옮겨 적는 과정과 같은 것이다.

唐人背右軍帖, 皆硾熟軟紙如綿, 乃不損古紙, 又入水蕩滌而瞭古紙, 加有性不糜⑥. 蓋紙是水化之物, 如重抄一過也.

---

12 임서(臨書) : 법첩을 보면서 글씨를 쓰는 방법. 서예를 배울 때 서법을 습득하기 위한 기본 방법 가운데 하나이다.
13 《書史》(《叢書集成初編》1593, 27쪽).
14 《書史》(《叢書集成初編》1593, 20쪽).
⑤ 木 : 저본에는 "本". 오사카본·《書史》에 근거하여 수정.
⑥ 糜 : 저본에는 "糜". 《書史》에 근거하여 수정.

나는 옛 글씨를 얻을 때마다 번번이 좋은 종이 2장을 준비하여 1장은 글씨 위에 놓고 1장은 글씨 아래에 놓는다. 곱게 거른 쥐엄나무열매즙을 물에 섞어 종이의 주위부터 흠뻑 적셔서 물이 아래에 깔아놓은 종이까지 스며들게 해야 한다. 그리고 덮은 종이 위를 손을 움직여 살살 누르면서 닦아주면 서첩의 먼지와 기름때가 모두 물을 따라 빠져나간다. 종이의 앞면과 뒷면을 이와 같이 계속 맑은 물로 5~7번 적셔준다.

종이와 먹은 변하지 않은 채로 먼지와 때가 모두 제거되면, 다시 덮은 종이를 제거한 뒤 마르고 좋은 종이 2~3장을 서첩에 덮고 서첩의 물기가 배어들게 한다. 이렇게 하여 서첩에 배접했던 종이가 분리되어야 절반쯤 젖은 좋은 종이 위에 합친 뒤 배접했던 종이를 떼어서 제거한 다음 풀을 발라 새로 배접한다. 이때 가장자리 사방을 비단으로 누르지 않고 단지 종이만 써야 한다. 그래야 배접한 부분이 접히거나 무겁고 억세져서 옛 종이를 손상시키는 일을 면하고, 속에 있는 서첩이 일어나지 않는다.

옛 종이를 배접할 때는 보이지 않는 부분과 갈라진 곳을 따라가면서 다만 얇은 종이를 법첩의 끝과 가지런히 맞추어 배접해서 서로 지탱하게 하면, 옛 법첩이 손상되거나 갈라진 부분이 더욱 아름답게 보이니 단단하게 붙여서 보수할 필요가 없다.

余每得古書, 輒以好紙二張, 一置書上, 一置書下, 自傍濾細皁角汁⑦和水, 需然澆水入紙底, 於蓋紙上用活手軟按拂, 垢膩皆隨水出. 內外如是續以清水澆五七遍,

紙墨不動, 塵垢皆去, 復去蓋紙, 以乾好紙滲之兩三張, 背紙已脫, 乃合于半潤好紙上, 揭去背紙, 加糊背焉. 不用絹壓四邊, 只用紙, 免摺背重弸損古紙, 勿倒襯帖.

背古紙, 隨隱便破, 只用⑧薄紙與帖齊頭相挂⑨, 見其古損斷尤佳, 不用貼補.

---

⑦ 汁 : 저본에는 "汴". 오사카본·《書史》에 근거하여 수정.
⑧ 用 : 저본에는 "角". 오사카본·규장각본·《書史》에 근거하여 수정.
⑨ 挂 : 저본에는 "挂". 《書史》에 근거하여 수정.

옛 사람의 늑성행도법(勒成行道法)[15] 은 글자가 반원통형 암키와 같이 살짝 들어간 부분에 있게 했으니, 이는 바로 글자를 아끼기 때문이다. 지금 민간에서는 옛 두꺼운 종이를 보면 반드시 떼어내서 얇게 만들고 나서야 배접한다. 만약 옛 종이에서 그 절반을 제거하면 글자의 정신이 손상되어 한결같이 베낀 글씨와 같아진다. 또한 비단에 늑성행도법을 쓰면, 이 서첩이 일시적으로는 평평하고 곧겠지만 한참 지나면 비단이 펼쳐져 굳게 되면서 보이지 않는 글자가 도리어 갈라진다. 이렇게 수도에 사는 배접 장인들이 물건을 훼손시킨 일이 적지 않다.

古人勒成行道, 使字在筒瓦中, 乃所以惜字. 今俗人見古厚紙, 必揭令[10]薄, 方背. 若古紙去其半, 損字精神, 一如摸書. 又以絹帖勒成行道, 一時平直, 良久舒展爲堅, 所隱字上却破[11], 京師背匠壞物不少.

게다가 비단으로 배접하기를 좋아하면 비록 오래되어도 새것처럼 단단해지나 옛 종이와 먹이 한순간에 그릇되이 닳게 되어 배접한 비단 위로 떨어진다. 요즘 호사가들은 비단으로 배접하여 닳거나 손상되는 사례가 많은데, 지면 위를 모두 비단으로 장식했기 때문이다. 《서사》[16]

又好用絹背, 雖熟猶新硬, 古紙墨一時蘇磨, 落在背絹上. 近好事家例多絹背磨損, 面上皆成絹文. 同上

옛날 배접한 서첩 가운데 좋은 것은 먼저 종이가 떼어져도 벌어지지 않아서 마른 종이로 눌러 놓았다. 지면을 위로 향하게 하고, 1장의 무거운 새 종이의 가장자리 사방에 풀을 발라 탁자에 붙인다. 서첩

古背佳者, 先過自揭不開, 乾紙印了, 面向上, 以一重新紙四邊著糊黏卓上, 帖上更不用糊, 令新紙虛弸

---

15 늑성행도법(勒成行道法): 당(唐) 나라 때 종이 뒷면이 마찰로 인해 마모되어 글자가 훼손되는 것을 막기 위해 사용한 방법. 글자 부분이 살짝 우묵해지게 죽편 등으로 눌러주는 방법이다.

16 《書史》(《叢書集成初編》1593, 20쪽).

[10] 令: 《書史》에는 "今".

[11] 破: 저본에는 "被". 《書史》에 근거하여 수정.

에는 다시 풀을 바르지 않고, 붙지 않아 떠 있는 새 종이를 억세게 누른다. 종이가 마르면 서첩의 표면을 금칠탁자[金漆卓]<sup>17</sup>에 놓지 않도록 조심해야 한다. 배접을 걸어 세워놓을 때는 반드시 먹물 부분을 금칠탁자 위에서 눌러준다. 《서사》<sup>18</sup>

옛 비문이나 석각을 탑본한 법첩을 배접할 때 전액(篆額, 전서로 쓴 표제)을 결단코 제거하면 안 된다. 그렇지 않고 전액을 제거해버리면 도리어 현명한 사람이 관을 쓰지 않은 모습과 비슷할 뿐이다. 《암서유사》<sup>19</sup>

## 7) 법제 풀 만드는 법

질동이에 물을 담고 밀가루 1근을 물에 뿌려 떴다 가라앉았다 하도록 여름에는 5일, 겨울에는 10일 동안 두되, 냄새가 날 때까지 한다. 가라앉은 밀가루를 걸러내고 남은 맑은 물에 백급 0.5냥, 백반 3푼을 달인 뒤 찌꺼기를 제거한다. 그런 다음 전에 가라앉혔던 밀가루를 이 즙에 섞고 진한 풀이 되도록 젓는다.

壓之, 紙乾下自乾, 愼不可以帖面金漆卓, 揭起必印墨, 在金漆卓上. 同上

裝潢舊碑、石刻法帖, 篆額斷不可去, 不然却似賢人不著冠耳. 《巖棲幽事》

## 造法糊法

瓦盆盛水, 以麵一斤糝水上, 任其浮沈, 夏五、冬十日, 以臭爲度. 瀝浸麵清水煎白芨半兩、白礬三分, 去滓, 和所浸麵, 打成濃糊.

---

17 금칠탁자[金漆卓] : 미상. 배접하기 좋은 매끈한 탁자로 추정된다.
18 《書史》(《叢書集成初編》 1593, 21쪽).
19 출전 확인 안 됨.

여기에 동유(桐油)[20]·황랍·운향(蕓香)[21] 등을 각각 3돈쭝[錢重][22]씩 넣고 솥 안에서 반죽하여 1덩어리로 만든다. 따로 다른 솥에 물을 갈아준 뒤 여기에 반죽을 넣고 달여 익힌다. 다 익으면 물을 따라 버리고 반죽은 그릇 안에 둔다. 반죽이 식으면 매일 물을 갈아주면서 반죽을 물에 담가두었다가 풀을 사용할 때 끓는 물에 넣어 풀어준다. 《거가필용》[23]

밀가루를 손으로 주물러 손바닥크기의 덩어리를 만들고 여기에 천초·백반·황랍 등의 가루를 넣은 뒤, 물로 달인다. 밀가루덩어리가 부풀어 오르면 꺼내어 맑은 물에 담근다. 냄새가 날 때까지 담갔다가 흰 부유물이 떠오르면 물을 갈아준다. 기포가 다 떠오를 때까지 두었다가 밀가루덩어리를 꺼내 말린다. 여기에 백급즙을 넣고 섞어 풀을 만들면 영원히 곰팡이와 습기의 피해를 입지 않는다.

또 다른 방법 : 백급을 가루 낸 뒤, 흰 밀가루를 고루 섞어 넣는다. 이를 깨끗하고 맑은 물에 풀어 아주 천천히 맑게 가라앉힌다. 이때 물을 밀가루에 넣어서는 안 되고, 밀가루를 물에 넣은 뒤에 그릇 안에 넣어야 대체로 좋다. 24시간이 지나 밀가루

入桐油、黃蠟、蕓香等各三錢重, 就鍋內, 打作一團, 別換水煮令熟, 去水傾置器內, 候冷, 日換水浸, 臨用以湯調開.《居家必用》

用麪搭作掌大塊, 入椒、礬、蠟等末, 用水煮, 俟麪浮起爲度, 取出入淸水浸, 浸至有臭氣, 白泛卽易水, 直待氣泛盡, 取出待乾, 配入白芨汁作糊, 永遠不受黴濕.

又一法 : 白芨爲末, 均入白麪, 潔淨水漫漫澄過, 不可將水入麪, 但以麪入[12]水入器內, 蓋好. 一日一夜, 待麪沈入底, 務令

---

20 동유(桐油) : 유동(油桐)의 씨에서 짜낸 기름. 점성이 높고 건조가 빠르며 도장막이 강하고 탄력이 있어 옛날부터 장판지 및 우신지의 도장유, 등유, 해충 퇴치, 설사제 등으로 많이 사용되었다. 이에 대해서는 《임원경제지 섬용지》 2, 풍석문화재단, 2016, 313~314쪽에 자세하다.

21 운향(蕓香) : 산초과 식물로, 풀 전체를 말려 약재로 쓴다. 배뇨장애·폐렴·고혈압·습진 등의 질병에 사용되었다. 취초(臭草)라고도 한다.

22 돈쭝[錢重] : 1돈과 같은 단위로 3.75g.

23 《居家必用》戊集〈文房適用〉"法糊"(《居家必用事類全集》, 201~202쪽).

[12] 入 : 《快雪堂漫錄·造糊法二》에는 없음.

가 바닥으로 가라앉으면 밀가루에 점성이 생기고 반
드르르해지도록 물의 양을 조절한다. 여기에 백랍
및 명반가루·천초가루를 넣은 다음 불 위에 올려놓
고 쉬지 않고 계속 젓는다. 이때 불은 반드시 약한
불을 써서 바닥이 타지 않게 한다. 풀이 마부(麻腐)²⁴
처럼 엉기면 여러 개의 덩어리로 만들어 물속에 담
가두었다가 차례대로 사용한다.《쾌설당만록(快雪堂
漫錄)²⁵》²⁶

粘膩, 量水多小, 入白蠟及
明礬、川椒末, 置火上, 不
住手攪, 火須用文火, 不
得令焦, 結實如麻腐, 取作
數塊, 浸水中, 以次用之.
《快雪堂漫錄》

흰 밀가루 1근을 3~5일 동안 물에 담갔다가 쉰
내가 나면 백급가루 5돈, 황랍 3돈, 백운향(白蕓香) 3
돈, 석회가루 1돈, 관분(官粉, 납가루) 1돈, 명반 2돈
을 여기에 넣는다. 이를 화초(花椒, 산초나무 열매) 1~2
냥을 넣은 물에 달인 뒤, 화초를 제거한다. 먼저 황
랍·명반·백운향·석회·관분을 졸여 녹인 다음 밀가
루를 넣고 풀을 만들면 끈끈하여 배접이 떨어지지
않는다.

또 다른 방법 : 체로 걸러낸 고운 밀가루 1근에 백
급가루 4냥을 넣고 닥나무즙에 개어 써도 접착력이
빼어나다.《준생팔전》²⁷

白麵一斤, 浸三五日, 候
酸[13]臭作過, 入白芨麵五
錢、黃蠟三錢、白蕓香三錢、
石灰末一錢、官粉一錢、明
礬二錢. 用花椒一二兩煎
湯, 去椒, 先投蠟、礬、蕓
香、石灰、官粉熬化, 入麵
作糊, 粘褙不脫.
又法 : 飛麵一斤, 入白芨
末四兩, 楮樹汁調, 亦妙.
《遵生八牋》

---

24 마부(麻腐) : 참깨가루와 녹두가루를 원료로 하여 묵처럼 만든 중국 음식. 북송(北宋) 때 개봉(開封) 지역
에서 여름철에 시원하게 먹었다
25 쾌설당만록(快雪堂漫錄) : 중국 명(明)나라 풍몽정(馮夢禎, 1548~1605)이 지은 책으로, 보고 들은 다양한
이야기, 술과 차를 만들고 보관하는 법, 인주·색종이 만드는 법 등을 기록했다.
26 《快雪堂漫錄》〈造糊法二〉(《四庫全書存目叢書》子部 247, 333쪽).
27 《遵生八牋》卷15〈燕閑淸賞牋〉"論文房器具"'法糊方'(《遵生八牋校注》, 587쪽).
[13] 酸 : 저본에는 "發".《遵生八牋·燕閑淸賞牋·論文房器具》에 근거하여 수정.

먼저 동이에 물을 담는다. 좋은 밀가루를 물 위에 천천히 부어 저절로 가라앉게 한다. 이때 휘저으면 안 되니, 휘저으면 덩어리가 생긴다. 동이를 깨끗한 방안에 두되, 여름에는 7~8일을, 겨울에는 15일쯤 둔다. 쉰 냄새가 많이 날 때까지 기다렸다가 서서히 물을 버린다. 새로 길어온 물과 후추를 따로 넣고 달인 물을 여기에 적당히 붓고 저으면서 고루 섞이게 한다. 이것을 푹 달여서 조금 되직해지면 꺼내서 큰 덩어리를 만들고 석회 끓인 물에 넣어 담가둔다. 사용할 때 꺼내어 뻑뻑한지 묽은지 농도를 헤아려 뜨거운 물을 붓고 반죽을 흐물흐물해질 정도로 갈아 물에 푼 다음 삼베에 넣고 짜서 거른다. 이 반죽 1사발마다 백반가루 0.5냥, 황랍 2돈을 넣어 고르게 섞어 쓴다. 백반을 쓰지 않으면 좀이 슬거나 습기에 상할 우려가 있다. 일반적으로 비문(碑文)과 비단을 배접할 때 되직한 풀을 사용해야 광택을 잃지 않는다. 만약 풀이 배접하는 곳에 스며들면 광택을 잃는다. 《구선신은서(臞仙神隱書)[28]》[29]

先以盆貯水, 緩傾好麵於水上, 任其自浸, 不可攪, 攪則有塊. 置盆淨室中, 夏七八日、冬半月. 候極臭敗, 徐徐去水, 別用新水及胡椒, 煎水, 調攪令均. 煮極熟稍硬, 取出作大團, 入石灰湯浸之. 臨用取出, 量稠稀添熱湯爛研, 以布絞濾. 每一盌, 入白礬末半兩、黃蠟二錢[14], 和均用之. 不用礬則有蟲蠹、蒸傷之患, 凡褙碑文及綾帛, 須用硬糊, 卽不失光, 若透潤則失光. 《臞仙神隱書》

한식면(寒食麵)[30]에 납설수(臘雪水, 납일에 내린 눈이 녹은 물)를 섞고 풀을 만들어 장황(粧潢)[31]을 하면 좀이

以寒食麵和臘雪水爲糊, 粧潢則不蠹, 方出宋 王文

---

28 구선신은서(臞仙神隱書):명나라 태조의 17번째 아들인 주권(朱權, 1378~1448)이 편찬한 책으로, 총 4권이나.

29 출전 확인 안 됨:《山林經濟》卷4〈雜方〉"褙書畫"(《農書》2, 680쪽).

30 한식면(寒食麵):한식날에 종이로 만든 자루에 채워서 바람이 부는 곳에 매달아 둔 밀가루.《본초강목》에서는 이렇게 둔 밀가루가 수십 년이 되어도 썩지 않으면 밀가루 안의 열이 다 제거됨으로 인해 독이 없어약에 넣어 쓰면 더욱 좋다고 했다.《本草綱目》卷22〈穀部〉"小麥" 참조.

31 장황(粧潢):서화를 족자·병풍·두루마리·책·첩(帖) 등의 형태로 꾸미는 일.

14 二錢:《山林經濟·雜方·褙書畫》에는 "二錢半".

슬지 않는다. 이 방법은 송나라 왕백(王柏)[32]에게서 나왔다.《열하일기》[33]

憲.《熱河日記》

무즙 약간을 밀가루 풀에 넣고 글씨와 그림을 표구하면 늘어지지 않는다.《다능집(多能集)[34]》[35]

蘿葍汁些許, 在漿 ⑮ 糊内, 裱褙書畫, 不㐌 ⑯.《多能集》

민간의 방법 : 좋은 밀가루를 달여 묽은 아교를 만들고, 사기그릇에 담아뒀다가 상한 냄새가 나면 걸러서 찌꺼기는 제거한다. 여기에 백반·비상가루 조금을 넣어 쓰되, 맹물을 넣어서는 안 된다.

또 다른 방법 : 밀을 양에 관계없이 일어서 모래와 돌을 제거하고 물이 담긴 동이 안에 담가둔다. 10~15일이 지난 뒤 알알이 모두 상한 냄새가 난 뒤에 꺼내어 햇볕에 말린 다음 갈고 체로 쳐서 가루를 취한다.【안 낱알상태의 밀을 물에 담가두었다가 상한 냄새가 난 뒤에 물을 갈고 나서 그대로 질그릇 동이에 둔다. 이 밀을 아주 많이 주물러 맑게 가라앉히고서 가루를 취해야 한다. 이는 녹두가루 만드는 방법과 같아서 굳이 햇볕에 말리고 갈아서 체를 칠 필요는 없다.】사용할 때 아교처럼 되직하게 만든다.

俗法 : 好麵煮作稀膠, 納磁器内, 候敗臭, 濾去滓, 入白礬、砒礵末少 ⑰ 許用之, 勿添生水,

又法 : 小麥不拘多少, 淘去沙石, 浸盆水中, 經旬望後, 粒粒皆敗臭, 然後取出曬乾, 磨篩取粉.【案 當於水浸, 敗臭後, 換水仍就瓦盆内, 痛挼澄清取粉, 如作綠豆粉法, 不必曬乾磨篩.】臨用作膠, 即用此法, 無作膠候敗之事而儲粉久用, 俱極便好.《增補

---

32 왕백(王柏) : 1197~1274. 중국 송나라의 학자. 호는 노재(魯齋), 시호는 문헌(文憲). 저서로《시의(詩疑)》·《서의(書疑)》등이 있다.
33 《熱河日記》〈銅蘭涉筆〉 "銅蘭涉筆序", 245쪽.
34 다능집(多能集) : 중국 청(淸)나라 석성금(石成金)의 저서. 일상생활의 다양한 정보를 폭넓게 서술하고 있다.
35 《傳家寶》卷8〈多能集〉 "裱書畫不㐌法", 259쪽.
⑮ 漿 : 저본에는 "裝".《傳家寶·多能集·裱書畫不㐌法》에 근거하여 수정.
⑯ 㐌 : 저본에는 "瓦".《傳家寶·多能集·裱書畫不㐌法》에 근거하여 수정.
⑰ 少 : 저본에는 "小". 오사카본·《增補山林經濟·雜方·褙書畫法》에 근거하여 수정.

이 방법들을 사용하면 미리 아교처럼 되직하게 만들어 상한 냄새가 날 때까지 기다릴 일이 없고, 가루를 저장하여 오래 사용할 수 있으니 두 가지 모두 아주 좋다.《증보산림경제》[36]

## 8) 씻는 법

옛 글씨나 그림 씻는 법 : 글씨나 그림을 책상에 평평하게 펼치고, 물을 골고루 뿜어 적신다. 다시 법첩의 4면을 평평하게 정리한 다음 한수석(寒水石) 가루 1돈을 마미라(馬尾羅)[37]로 체를 쳐서 종이에 두텁게 뿌리고, 다시 물을 뿜어 적신다. 또 숯재 1돈을 체로 쳐서 앞서 뿌린 한수석가루 두께만큼 두텁게 뿌리고, 1시간이 지나면 따뜻한 물을 뿌리면서 씻어내야 한다. 만일 종이에 오염된 부분이 있으면 등심초(燈心草)로 비벼주고, 만일 먹물로 오염되었으면 2~4시간이 지난 뒤에서야 따뜻한 물을 뿌리면서 씻어내야 한다.《속사방》[38]

洗法

洗古書畫法 : 將書畫鋪平案間, 取水均噴濕, 復整令四面平帖, 用馬尾羅羅寒水石末一錢, 厚再濕噴, 又羅炭灰一錢, 厚如前, 候半時辰, 以溫水衝起, 如有汚處, 取燈心揩之, 如墨汚, 須候一兩時, 方以溫水衝起.《俗事方》

기름으로 더러워진 글씨나 그림 씻는 법 : 해표초(海漂蛸, 갑오징어뼈)·활석【각 2푼】, 용골(龍骨, 대형 포유류의 뼈화석)【1.5푼】, 백악(白堊, 석회암)【1돈】을 함께 곱게 가루 낸 뒤, 이 가루를 종이에 펼치고 그 위에다 다림질한다. 대체로 오염된 부분이 많을 때 이미 말라붙은 경우에는 그대로 기름에 담근다. 이는 얼룩

洗油汚書畫法 : 海漂蛸·滑石【各二分】, 龍骨【一分半】, 白堊【一錢】, 共爲細末, 用紙襯熨之. 大凡汚多時, 已乾者, 仍以油漬. 迹大不妨, 否則以水浸一宿, 絞

---

36 《增補山林經濟》 卷16 〈雜方〉 "褙書畫法"(《農書》 5, 170쪽).

37 마미라(馬尾羅) : 말총으로 만든 체.

38 출전 확인 안 됨:《增補山林經濟》 卷16 〈雜方〉 "洗書畫法"(《農書》 5, 168쪽).

자국의 크기와는 상관없다. 그렇지 않으면 물에 하룻밤 담갔다가 비틀어 짜서 말린 다음 세척약을 사용해도 좋다. 《속사방》[39]

글씨나 그림에 습기가 차서 눅눅해지면 동아[冬瓜][40]나 은행·마늘로 씻는다. 《산거사요》[41]

먹물로 글씨나 그림이 그려진 비단이 오염되었을 때는 등심초로 물을 찍어 씻으면 곧 오염물이 제거된다. 《산거사요》[42]

## 9) 불로 펴는 법

일반적으로 글씨나 그림을 오랫동안 펼치지 않았을 때에는 부드러운 비단으로 먼저 닦아 흰 곰팡이를 제거한 뒤에 불에 가까이 대고 펴야 한다. 이때 만약 비단으로 닦지 않고 곧바로 불에 쬐어 펴면 곰팡이의 흔적이 종이에 진하게 스며들어 다시는 없어지지 않는다. 《속사방》[43]

## 10) 보관법

일반적으로 글씨나 그림은 아직 장마철이 되기 전에 햇볕을 쬐어 바짝 말리고 서둘러 갑궤(匣櫃, 작은 종이상자) 속에 넣은 다음, 종이에 풀칠하고 두껍게

乾, 用藥亦可. 同上

書畫蒸濕變浥者, 用冬瓜或銀杏、蒜洗之.《山居四要》

墨污書畫絹, 用燈草, 蘸水洗卽去. 同上

### 烘法

凡書畫久不展, 須以軟帛先拭, 去白醭, 然後就火展. 若不拭便烘, 則醭跡堅漬, 再不去.《俗事方》

### 藏法

凡書畫於未梅雨前, 曬極燥, 頓匣櫃中, 厚以紙糊門及小縫, 令不通風, 卽不

---

39 출전 확인 안 됨.
40 동아[冬瓜] : 박목 박과에 해당하는 호박의 일종. 동남아시아가 원산지이다.
41 출전 확인 안 됨 : 《山林經濟》 卷4 〈雜方〉 "洗書畫"《農書》 2, 679~680쪽).
42 출전 확인 안 됨 : 《山林經濟》 卷4 〈雜方〉 "洗書畫"《農書》 2, 680쪽).
43 출전 확인 안 됨.

발라 갑궤의 문과 작은 틈새를 막고 바람이 통하지 않게 하면 습기가 차지 않는다. 옛날 사람들이 책을 보관할 때는 대부분 운향(芸香)을 사용하여 좀을 물리쳤다. 운향은 곧 지금의 칠리향(七里香)이다. 갑궤의 재질로는 반드시 개오동나무·가래나무·삼나무·사라나무[桫]44와 같은 종류를 사용해야 한다. 기름칠을 금하며, 소나무로 만든 갑궤 안에는 옻칠을 하지 않는다. 《운창류기(芸牕類記)45》46

蒸⑱. 古人藏書, 多用芸香辟蠹, 卽今之七里香也. 匣櫃須用楸·梓·杉·桫之類, 忌油, 松內不用漆. 《芸牕類記》

사향을 책을 보관하는 상자 속에 넣어도 좀을 피할 수 있다. 다른 방법으로 장뇌(樟腦)47를 사용해도 좋다. 《거가필용》48

麝香收書廚中, 亦可辟蠹, 一法, 用樟腦亦佳. 《居家必用》

## 11) 펼치는 법

옛날 사람들은 글씨나 그림을 편지처럼 주고 받았다. 그러므로 두루마리를 열거나 책을 펼칠 때에 천천히 하는 일을 최고로 쳤다. 《암서유사》49

**展法**

古人以書畫爲柔翰·弱翰, 故開卷張冊, 從容爲上. 《巖棲幽事》

## 12) 법첩 수집의 5가지 이익

옛 법첩을 찾아 모아 책상 위에 두면 그 이익에는 다음과 같은 5가지가 있다. 긴 하루를 보내면서 속

**五益**

裒訪古帖, 置之几上, 其益有五: 消永日, 汰俗情,

---

44 사라나무[桫] : 이엽시과의 상록 교목. 부처가 열반에 들 때 사방에 있었던 나무로 알려져 있다.

45 운창류기(芸牕類記) : 미상.

46 출전 확인 안 됨 : 《居家必用事類全集》戊集 〈文房適用〉 "收書", 202쪽.

47 장뇌(樟腦) : 녹나무의 뿌리, 줄기, 잎을 절단하고 이를 증류하여 석출한 결정체(結晶體).

48 《居家必用事類全集》戊集 〈文房適用〉 "收書", 202쪽.

49 《巖棲幽事》(《叢書集成初編》687, 9쪽).

⑱ 蒸 : 저본에는 "點". 《居家必用事類全集·戊集·文房適用》에 근거하여 수정.

된 마음을 씻어내는 점이 첫 번째 이익이다. 육서(六書)50의 종파(宗派)를 분별하는 점이 두 번째 이익이다. 고문(古文)의 기이한 글자를 많이 알게 되는 점이 세 번째 이익이다. 선현들의 풍류와 자태가 마치 붓끝에 있는 듯하고, 또 잊혀진 행적과 사라진 자취를 찾고 묘비의 주인공과 교유를 할 수 있는 점이 네 번째 이익이다. 굳이 글씨를 베껴 탑본하지 않아도 날마다 그것과 마주하여 마치 훈수법(薰修法)51처럼 저절로 알게 되는 점이 다섯 번째 이익이다. 《암서유사》52

一益也. 分別六書宗派, 二益也. 多識古文奇字, 三益也. 先賢風流韻態, 如在筆端, 且可以搜其遺行逸籍, 交遊宅墓[19], 四益也. 不必鉤揚, 日與聚首, 如薰修法, 自然得解, 五益也. 《巖棲幽事》

---

50 육서(六書):한자의 6가지 서체(書體)인 고문(古文)·기자(奇字)·전서(篆書)·예서(隸書)·무전(繆篆)·충서(蟲書)를 말한다.

51 훈수법(薰修法):향을 피우며 심신을 수양한다는 의미의 불교용어. 여기에서는 법첩을 통해 고인이 남긴 향기를 느끼며 수양한다는 의미로 비유했다.

52 《巖棲幽事》(《叢書集成初編》 687, 3쪽).

[19] 墓:저본에는 "基". 오사카본·《巖棲幽事》에 근거하여 수정.

## 13) 【부록】 한(漢)·당(唐) 이전의 금석

## 【附】漢、唐以上金石

### 석고(石鼓)[1]

[금화경독기][2] 석고(石鼓)는 이전 시대 사람들은 언급한 적이 없다가 당대(唐代)에 이르러서야 비로소 나타났다. 위응물(韋應物)[3]은 주(周)나라 문왕(文王) 때의 북에 주나라 선왕(宣王)이 시를 새겼다고 했고, 한유(韓愈)[4]는 주나라 선왕 때의 북이라 했다. 동수(董銖)[5]와 정호(程顥)·정이(程頤)[6]는 주나라 성왕(成王) 때의 북이라 했고, 마정국(馬定國)[7]은 우문주(宇文周)[8] 때 새긴 것이라 하는 등 지금까지 여러 논쟁이 끊이지 않는다.

그러나 구양수(歐陽修)[9]는 사주(史籀)[10]가 아니면 석고를 만들 수 없다고 했고, 주이존(朱彝尊)[11]은 석

### 石鼓

[金華耕讀記] 石鼓不見稱於前代, 至唐始顯, 韋蘇州以爲周 文王之鼓, 宣王刻詩, 韓昌藜以爲宣王之鼓, 董、程二氏以爲成王之鼓而馬大卿則謂之宇文周所刻, 至今聚訟不已.

然歐陽公謂非史籀不能作, 朱彝尊謂其文離鍾鼎款識

---

* 편의상 주석 번호를 새로 시작하였음.

1 석고(石鼓) : 북처럼 생긴 10개의 돌판 위에 시(詩)나 명문(銘文)을 새긴 비석. 높이는 2척, 직경은 1척 남짓이다. 석고에 새겨진 명문은 전국시대를 진시황이 통일하기 이전에 새긴 것으로 추정될 뿐, 예로부터 여러 가지 설이 존재한다. 627년 봉상부(鳳翔府) 진창현(陳倉縣)에 있는 진창산[陳倉山, 지금의 섬서성(陝西省) 보계시(寶鷄市) 석고산(石鼓山)]에서 발견되었다.

2 출전 확인 안 됨.

3 위응물(韋應物) : 737~792. 중국 당나라의 시인이자 관리. 당나라의 자연파를 대표하는 시인으로, 전원산림(田園山林)의 고요한 정취를 소재로 한 작품을 많이 썼다. 좌사낭중(左司郎中)을 지냈고, 말년에 소주자사(蘇州刺史)를 오랫동안 역임하여 위소주(韋蘇州)라 불렸다.

4 한유(韓愈) : 768~824. 중국 당나라의 문장가. 호는 창려(昌藜). 산문의 문체개혁(文體改革)으로 문학상의 큰 공적을 세웠다. 이는 송대 이후 중국 산문 문체의 표준이 되었고, 제재(題材)가 확장되는 데에 영향을 미쳤다.

5 동수(董銖) : 1152~1214. 중국 송나라의 유학자. 자는 숙중(叔重), 호는 반간(盤澗). 주희(朱熹)의 문인으로, 금화위(金華尉)를 역임했다. 저서로《역서주(易書注)》·《성리주해(性理注解)》가 있다.

6 정호(程顥)·정이(程頤) : 중국 송나라의 유학자. 정호는 이기일원론(理氣一元論)과 성즉리설(性則理說)을 주장했는데 그의 사상은 동생 정이를 거쳐 주희에게 큰 영향을 주어 송나라 성리학의 기초가 되었다. 정이는 형 정호(程顥)와 함께 주돈이(周敦頤)에게 배웠고, 형과 아울러 '이정자(二程子)' 또는 '이정(二程)'이라 불리며 정주학(程朱學)의 창시자가 되었으며, '이기이원론(理氣二元論)'의 철학을 수립하여 큰 업적을 남겼다.

7 마정국(馬定國) : ?~?. 중국 금(金)나라의 관리. 자는 자경(子卿).

8 우문주(宇文周) : 중국 남북조시대에 존속했던 나라인 북주(北周)를 말한다. 북주 황실의 성(姓)이 우문(宇文)이었기 때문에 이와 같이 불렸다.

9 구양수(歐陽修) : 1007~1072. 중국 북송의 정치가이자 문장가. 자는 영숙(永叔). 어려서 당나라 한유(韓愈)의 전집을 읽고 문학에 뜻을 두었다. 고문운동(古文運動)의 영수로 활약했으며, 당송팔대가(唐宋八大

고에 새겨진 글자가 종정(鍾鼎)[12]에 찍혀 있는 관지(款識)[13]와 차이가 크지 않다고 했다. 요컨대 석고가 앞선 시대의 자취라는 데는 의심이 없다.

未遠. 要之, 爲上代之跡無疑也.

일반적으로 10개의 석고를 10개의 간지(干支)에 따라 차례대로 놓고, 석고마다 빙 둘러 돌아가며 글자를 새겼다. 행마다 6~7자씩 새겼는데, 모두 과두고문(科斗古文)[14]이다.

凡十鼓以十干爲第次, 每鼓旋轉刻文, 每行或七字或六字, 皆科斗古文也.

옛날에는 석고가 진창(陳倉)[15]의 들판에 있었는데, 당나라의 정여경(鄭餘慶)[16]이 봉상(鳳翔)[17]에 있는 공자묘(孔子廟)로 옮겨왔다. 그런데 훗날 5대(五代)의 전란[18]이 닥쳤을 때 석고가 모두 흩어져 없어졌다. 송(宋)나라의 사마지(司馬池)[19]가 봉상을 다스릴 때에

舊在陳倉野, 唐 鄭餘慶遷之鳳翔孔子廟中, 後値五代之亂, 鼓皆散失. 及宋司馬池知鳳翔, 搜得之, 復置府學而亡其一. 皇祐四年,

---

家)의 한 사람으로 평가받는다. 왕안석(王安石, 1021~1086)의 신법(新法)에 반대하여 정치적으로 대립하였다.

10 사주(史籒):?~?. 중국 주나라 선왕(宣王) 때의 사관. 명필로 유명했다.

11 주이존(朱彝尊):1629~1709. 중국 청(淸)나라의 학자. 벼슬에 뜻이 없어 각지를 돌아다니며 학문에 정진하고, 사적(史蹟)의 고증에 힘썼다. 박학하고 시(詩)에 뛰어나 왕사정(王士禎)과 함께 '남주북왕(南朱北王)'이라 불렸다.

12 종정(鍾鼎):중국 주나라 때에 공신들의 이름을 새겨 넣었던 종과 솥.

13 관지(款識):의식(儀式)에 쓰는 제기(祭器)·종정 따위 그릇에 새긴 글씨. 이에 대해서는 《이운지》 권5 〈골동품과 예술감상〉 "골동품" '관지'에 자세하다.

14 과두고문(科斗古文):모양이 머리가 굵고 끝이 가느다란 올챙이를 닮은 서체인 과두체로 새겨진 고문.

15 진창(陳倉):지금의 중국 섬서성(陝西省) 보계시(寶鷄市) 일대.

16 정여경(鄭餘慶):중국 당나라의 관리. 자(字)는 거업(居業). 한림학사(翰林學士)·중서시랑(中書侍郎)·중서문하평장사(中書門下平章事) 등을 역임했다.

17 봉상(鳳翔):진창 인근에 있던 지명으로, 지금의 중국 섬서성(陝西省) 보계시(寶鷄市) 일대.

18 5대(五代)의 전란:중국 역사에서 당나라가 멸망한 907년부터 송나라가 건립된 960년까지 황하 유역을 중심으로 화북을 통치했던 5개의 왕조(5대)와 화중·화남과 화북의 일부를 지배했던 여러 지방정권(10국)이 흥망을 거듭하며 사회적 혼란을 겪었던 정치적 격변기를 말한다. 5대 10국 가운데 5대는 후량(後梁)·후당(後唐)·후진(後晉)·후한(後漢)·후주(後周)를 말하며, 10국은 오월(吳越)·민(閩)·형남(荊南)·초(楚)·오(吳)·남당(南唐)·남한(南漢)·북한(北漢)·전촉(前蜀)·후촉(後蜀)을 말한다.

19 사마지(司馬池):980~1041. 중국 북송의 관리. 자(字)는 화중(和中). 사마광(司馬光)의 부친이다. 영녕주부(永寧主簿)·시어사지잡사(侍御史知雜事)·동주자사(同州刺史)·항주자사(杭州刺史)·괵주자사(虢州刺史)·진주자사(晉州刺史)를 역임했다.

이르러 석고를 찾아 다시 부학(府學)[20]에 두었다가 그 중에 하나를 잃어버렸다. 황우(皇祐) 4년(1052)에 고을 의 훈장이 잃어버린 석고를 찾아 마침내 10개를 채 우게 되었다.

向傳師得亡鼓, 遂足十數.

대관(大觀) 2년(1108년)에 변경(汴京, 지금의 개봉)으로 옮기고 조서(詔書)를 내려 금(金)으로 석고에 새겨진 글자의 음각한 부분을 메우게 했다. 이를 처음에는 벽옹(辟雍)[21]에 두었다가 나중에 보화전(寶和殿)으로 옮겼다.

大觀二年, 移之汴京, 詔以 金塡其字陰, 初置辟雍, 後 移寶和殿.

정강(靖康) 2년(1127)에 금(金)나라 사람들이 변경을 함락시키고, 두 겹의 모직으로 석고를 감싸 수레에 싣고 연경으로 옮겼다. 그 뒤 금으로 메운 부분을 후벼내고, 왕안중(王安中)[22]의 집에 두었다가 다시 대 흥부(大興府)[23] 부학(府學)으로 옮겼다.

靖康二年, 金人陷汴, 重氈 輦至燕, 剔其金, 置鼓王宣 撫家, 復移大興府學.

원(元)나라 대덕(大德) 11년(1307)에 우집(虞集)[24]이 대도(大都)[25]의 교수(教授)로 재임할 때에 풀숲 진흙 속에서 찾아 비로소 국학(國學)에 두었다. 그 뒤로 지 금까지 연경의 대학(大學)에 있는 대성문(大成門)의 좌 우 극문(戟門) 안에 석고가 늘어서 있고, 반적(潘迪)[26]

元 大德十一年, 虞集爲大 都教授, 得之草泥中, 始置 國學, 至今列置燕京大學大 成門左右戟門之內而潘迪 《音訓碑》在左戟門.

---

20 부학(府學): 지방 행정 구역의 하나인 각각의 부(府)에 설치한 향교.

21 벽옹(辟雍): 중국 송나라의 최고 고등교육기관인 태학(太學).

22 왕안중(王安中): 1075~1134. 중국 북송 말기의 관리. 자는 이도(履道), 호는 초료(初寮). 한림학사(翰林學 士)·상서우승(尚書右丞)·좌중대부(左中大夫)·하북하동연산부로선무사(河北河東燕山府路宣撫使) 등을 역임했다.

23 대흥부(大興府): 지금의 중국 북경의 남쪽 일대.

24 우집(虞集): 1272~1348. 중국 원나라의 학자이자 시인. 소암선생(邵庵先生)으로 불렸다. 저서로 《도원학 고록(道園學古錄)》·《도원유고(道園遺稿)》 등이 있다.

25 대도(大都): 중국 원나라의 수도인 지금의 북경(北京).

26 반적(潘迪): ?~?. 중국 원나라의 관리이자 학자. 박학하고 문장에 능했다. 지원(至元) 연간(1264~1294) 에 국자감사업(國子監司業)·집현학사(集賢學士)를 역임했다. 저서로 《주역술해(周易述解)》·《춘추술해(春

음훈비            석고

의 《음훈비(音訓碑)》[27]가 극문 왼쪽에 있다.

대개 석고(石鼓)는 세월이 오래될수록 글자가 거의 전부 벗겨지고 이지러졌다. 이미 민간에서는 석고의 오목한 윗부분을 파내어 절구를 만들었으므로 글자가 더욱 희미해졌다. 석고 10개를 통틀어 알아볼 수 있는 글자는 겨우 325자에 불과하고, 나머지는 모두 알아볼 수가 없다.

蓋石鼓歷歲滋久, 剝缺殆盡, 其已鼓因民間窪其頂爲臼, 尤益漫漶, 通十鼓可見者, 纔三百二十五字, 餘皆不可識.

간혹 예전에 탁본해놓은 자료를 여기저기에서 수집하여 알아볼 수 없는 글자를 채워 넣기도 한다. 예를 들어 반적의 《석고문음훈(石鼓文音訓)》·설상공

或有蒐羅舊搨, 補錄字文, 如潘迪《音訓》、薛尙功《款識記》、胡世將《資古紹志

<hr/>

秋述解》·《중용술해(中庸述解)》·《육경발명(六經發明)》·《격물류편(格物類編)》 등이 있다.

27 음훈비(音訓碑) : 반적(潘迪)이 석고의 명문(銘文)을 탁본하고 그 내용을 해석한 글을 새긴 비석. 원나라 지원(至元) 5년(1339)에 돌에 새긴 것으로, 북경도서관이 소장하고 있다.

(薛尙功)[28]의 《관지기(款識記)》·호세장(胡世將)[29]의 《자고소지록(資古紹志錄)》·도현경(都玄敬)[30]의 《금해편(金薤篇)》·유매국(劉梅國)[31]의 《광문선(廣文選)》의 경우에는 그 책들에 수록된 글자 수가 494자 또는 497자나 된다. 이는 석고가 만들어진 시대와 비교하여 그 후에 나온 것인데도 도리어 앞선 시대보다 글자 수가 많으니[32], 이 책들은 모두 의심스러워 믿을 수가 없다. 양신(楊愼)[33]과 같은 경우는 이동양(李東陽)[34]이 전하는 당나라 사람의 탁본을 얻었다고 했는데, 거기에 수록된 글자 수가 앞선 시대의 사람들이 남긴 것보다 배로 많으니 더욱 잘못된 것이다.

錄》、都玄敬 《金薤篇》、劉梅國 《廣文選》, 其所收錄者, 或四百九十四字或四百九十七字, 而較其時代後出者, 反多於前, 此皆可疑, 不可信者. 至若楊用修, 謂得李賓之所傳唐人拓本, 而收錄倍多於前人, 則尤其妄者也.

## 형악비(衡岳碑)[35]

[금석사(金石史)[36]][37] 우(禹)[38]임금의 글씨라 전해지는

衡岳碑

[金石史] 相傳禹 《衡岳》,

---

28 설상공(薛尙功) : ?~?. 중국 송나라의 관리. 자는 용민(用敏). 소흥(紹興) 연간(1131~1162)에 절도판관(節度判官)을 지냈다. 전서(篆書)에 밝았으며 소흥 14년(1144)에 《역대종정이기관지법첩(歷代鍾鼎彝器款識法帖)》 20권을 저술했다. 다른 저서로는 《종정전운(鍾鼎篆韻)》이 있으며, 《송사(宋史)》 《예문지(藝文志)》에는 《중광종정관지(重廣鍾鼎款識)》 7권이 보이나 현재 전하지 않는다.

29 호세장(胡世將) : 1085~1142. 중국 송나라의 관리이자 시인. 자는 승공(承公), 시호는 충헌(忠獻). 저서에 《호충헌집(胡忠獻集)》이 있으나 전하지 않는다.

30 도현경(都玄敬) : 미상.

31 유매국(劉梅國) : 미상.

32 이는……많으니 : 중국 북송 시기에 탁본한 석고의 판본 중에는 천일각(天一閣)의 소장본이 가장 선본(善本)으로 평가되는데, 글자수가 422자이다.

33 양신(楊愼) : 1488~1559. 중국 명나라의 관리이자 학자. 자는 용수(用修). 저서로 《승암집(升庵集)》이 있다.

34 이동양(李東陽) : 1447~1516. 중국 명나라의 관리. 자는 빈지(賓之), 호는 서애(西涯). 광록대부(光祿大夫)·좌주국(左柱國)·소사겸태자태사(少師兼太子太師)·이부상서(吏部尙書) 등을 역임했다.

35 형악비(衡岳碑) : 우(禹)임금의 글씨라 전해신다. 형악은 중국의 오악(五岳) 중의 하나이며, 호남성(湖南省) 동남부에 위치한 남악(南嶽)에 있다.

36 금석사(金石史) : 중국 명나라 곽종창(郭宗昌, ?~1652)이 지은 책. 주나라에서부터 당나라까지의 금석문에 대하여 다루고 있다.

37 《金石史》 卷上 〈夏衡岳贋碑〉(《叢書集成初編》 1518, 2쪽).

38 우(禹) : 중국 하나라의 시조. 요(堯)가 나라를 다스리던 중에 대홍수가 발생하여 섭정을 하고 있던 순(舜)이 그에게 치수를 명하였다. 천하를 9주로 나누고 왕위에 오른 뒤에는 나라 이름을 하(夏)로 고쳤다.

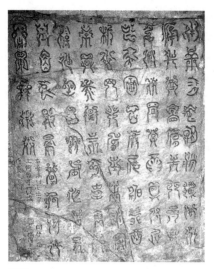

형악비

《형악비(衡岳碑)》는 글자가 77자이며 밀운봉(密雲峯)[39]에 있다. 송나라 가정(嘉定) 연간(1208~1224)에 하치자(何致子)[40]가 한 번은 남악(南岳)에 유람하러 갔다가 그 문자를 탁본하여 악록(岳麓)[41]에 새겼다. 명나라 양신(楊愼)이 이를 다시 전(滇)[42]에 새겼고, 양시교(楊時喬)[43]가 또 서하(棲霞)[44]에 새겼다. 그러나 왕세정(王世貞)[45]은 이에 대해 다음과 같이 논하여 말했다. "비문에 새겨진 글은 성경(聖經)의 종류와 어울리지 않

字七十七, 在密雲峯. 宋嘉定中, 何致子一遊南岳, 脫其文, 刻于岳麓. 明楊用修又刻于滇, 楊時喬又刻于棲霞. 然王元美論之曰: "銘詞未諧聖經類, 周家穆天語, 其言信矣."

---

39 밀운봉(密雲峯) : 미상. 중국 호남성 형산현(衡山縣) 운밀봉(雲密峯)으로 추정된다.

40 하치자(何致子) : 미상.

41 악록(岳麓) : 중국 호남성 장사시(長沙市) 악록구에 있는 악록산. 해발 300m. 형산(衡山) 72봉 중의 하나이다. 이곳에 우왕비(禹王碑)가 있다.

42 전(滇) : 중국 운남성(雲南省) 일대의 별칭.

43 양시교(楊時喬) : 1531~1609. 중국 명나라의 관리. 저서로 《단결집(端潔集)》·《주역고금문전서(周易古今文全書)》·《마정기(馬政記)》 등이 있다.

44 서하(棲霞) : 지금의 중국 산동성(山東省) 연태시(煙臺市) 일대.

45 왕세정(王世貞) : 1526~1590. 중국 명나라의 문장가. 자는 원미(元美). 저서로 《감주산인사부고(弇州山人四部稿)》·《왕씨서화원(王氏書畫苑)》 등이 있다.

으니, 형악비의 내용은 주(周)나라 무덤에서 출토된
목간에 적힌 목왕(穆王)[46]이 한 말이라는 설이 있는
데, 그 말이 믿을 만하다."

[금화경독기][47] 내가 집에서 오래 전부터 소장하고 있는 순루비(岣嶁碑)[48]의 탑본은 아마도 서하본(棲霞本)일 것이다. 하치자(何致子)와 양신·양시교는 모두 《예석(隷釋)》[49]이라는 비문 해설서를 소장하고 있었지만 각자의 평가는 같지 않았던 것이다. 대개 글씨체가 용이 발톱으로 움켜잡고 호랑이가 앞발로 치는 듯하여 《순화각첩(淳化閣帖)》[50]에 남아 있는 글씨와는 전혀 다르다. 우임금의 글씨는 평평한 면에 펼쳐져 있어서 쉽게 알아볼 수 있는데, 여러 사람들이 각각 자기 마음대로 판단했기 때문에 사람마다 글씨를 평가하는 말이 다른 것이다.

[金華耕讀記] 余家舊藏岣嶁碑搨本, 蓋棲霞本也. 何氏及二楊皆有《隷釋》, 各自不同. 蓋其字體, 龍拏虎攫, 絶不類《淳化帖》中. 夏禹書之平鋪易知, 諸人各自師心取決, 故言人人殊也.

---

46 목왕(穆王) : B.C 1054~949. 주나라의 제5대 왕.

47 출전 확인 안 됨.

48 순루비(岣嶁碑) : 형악비를 가리키는 다른 말로, 신우비(神禹碑)라고도 한다.

49 예석(隷釋) : 중국 송나라 홍괄(洪适, 1117~1184)이 지은 책. 한나라의 비첩을 정리하여 전문을 싣고, 비문의 내용과 역사적으로 이와 관련이 있는 사건들을 서술했다.

50 순화각첩(淳化閣帖) : 중국 송나라 태종 순화(淳化) 3년(992)에 제왕과 대신에게 나누어 준 법첩(法帖). 총 10권으로 구성되어 있다. 각첩(閣帖) 또는 순화비각법첩(淳化秘閣法帖)이라고도 한다. 송나라 왕실에서 소장하고 있던 역대의 묵적(墨蹟)을 한림시서(翰林侍書) 왕저(王著)에게 명하여 본뜨고 판각하게 하고, 징심당지(澄心堂紙)에 이정규(李廷珪)의 먹을 사용하여 박아서 편찬했다. 내용은 1권이 역대 제왕법첩(帝王法帖), 2~4권이 역대 명신법첩(名臣法帖), 5권이 제가고법첩(諸家古法帖), 6~8권이 왕희지(王義之) 글씨, 9~10권이 왕헌지(王獻之) 글씨로 되어 있다. 법첩에 수록한 범위는 위로는 한(漢)·위(魏)·육조(六朝)의 명가로부터 아래로는 당(唐)의 장욱(張旭)·유공권(柳公權)에 이르기까지 광범위하지만, 10권 가운데 왕희지 부자(父子)의 글씨가 5권을 차지하고 있다.

## 진태산비(秦泰山碑)[51]

[원교서결(圓嶠書訣)[52]][53] 세상에는 이사(李斯)[54]의 소전(小篆)이라 전하는데, 글씨가 무디고 속되어 볼만한 것이 없다. 아마도 후인에게서 나온 위작일 것이다.

## 秦泰山碑

[圓嶠書訣] 世傳爲李斯篆而鈍俗不足觀, 疑出後人贗作.

## 역산명(嶧山銘)[55]

[금석사(金石史)][56] 《역산명(嶧山銘)》에는 2가지 판본이 있다. 한 판본은 송(宋)나라 순화(淳化) 연간(990~994)에 정문보(鄭文寶)[57]가 장안(長安)에 새겼고, 다른 판본은 원(元)나라 사람이 송나라의 장문중본(張文仲本)을 모사하여 추현(鄒縣)[58]에 새겼다. 원나라 사람이 새긴 판본은 말할 가치도 없지만, 정문보가 새긴 판본은 그래도 이사의 옥저전(玉箸篆)[59]의 필의(筆意)[60]가 조금 남아 있다.

이사의 전서는 실처럼 끊어지지 않는데, 여기에

## 嶧山銘

[金石史] 《嶧山銘》有二本, 一爲宋淳化中, 鄭文寶刻之長安; 一爲元人摹宋張文仲本, 刻之鄒縣. 元刻不足言, 文寶刻者, 猶少存玉箸遺意.

斯篆不絶如線, 此尙可意

---

51 진태산비(秦泰山碑) : 진시황 28년(219)에 순수(巡狩, 황제가 나라 안을 두루 살피러 돌아다니는 일)를 기념하여 중국 산동성(山東省) 중부 태안시(泰安市) 태산(泰山)에 건립한 비석. 봉태산비(封泰山碑)라고도 한다. 이사(李斯)가 쓴 글씨라 전해지지만, 위작 논란이 있다.

52 원교서결(圓嶠書訣) : 조선 후기 서예가인 이광사(李匡師, 1705~1777)가 지은 서예 이론서. 당나라에서 송나라에 이르기까지의 서결(書訣, 서예 이론)을 모아 수록했으며, 뒤쪽에 자신의 서결을 덧붙였다.

53 《圓嶠集選》卷10 〈書訣〉(《韓國文集叢刊》221, 559쪽).

54 이사(李斯) : B.C 284~208. 중국 진(秦)나라의 정치가. 시황제(始皇帝)를 좇아 분서갱유(焚書坑儒)를 단행하였다. 진나라에 법치주의를 정착시키고 성문법 체계를 도입하였다.

55 역산명(嶧山銘) : 진시황의 공덕을 기리기 위해 이사(李斯)가 세운 비석으로, B.C 219년에 건립되었다. 《역산각석(嶧山刻石)》·《역산석각(嶧山石刻)》·《역산비(嶧山碑)》·《원모역산태전비(元摹嶧山秦篆碑)》라고도 한다.

56 《金石史》卷上 〈秦嶧山銘〉(《叢書集成初編》1518, 3쪽).

57 정문보(鄭文寶) : 953~1013. 중국 송나라의 관리이자 학자. 자는 중현(仲賢). 저서로 《강표지(江表志)》·《남당근사(南唐近事)》가 있다.

58 추현(鄒縣) : 지금의 중국 산동성 추성(鄒城) 일대.

59 옥저전(玉箸篆) : 이사의 글씨체가 옥으로 만든 젓가락처럼 필획이 둥글고 원만하며, 풍부하고 균형이 잡혔다고 하여 붙여진 이름이다. 옥근전(玉筋篆)이라고도 한다. 주로 소전체(小篆體)의 글씨 중에 획이 조금 굵으면 옥저전, 획이 조금 가느다라면 철선전(鐵線篆)이라 불렸다.

60 필의(筆意) : 붓놀림에서 확인할 수 있는 서예가의 의취(意趣).

진태산비                            역산명 탁본

서 그래도 이사의 뜻을 떠올릴 수 있으니, 이양빙(李陽氷)61과 같은 후대 사람들이 비슷하게 흉내낼 수 있는 수준이 아니다. 두보(杜甫)62는 이에 대해 "역산(嶧山)의 비문(碑文)은 들불에 탄 대추나무에 새겨 전하는데, 새겨진 글씨가 비대하여 참모습을 잃었다."라 했다. 두보 시대에도 전해진 글씨가 이미 참모습을 잃었는데, 하물며 송나라·원나라 시대는 말할 것이 있겠는가?

會知, 非李陽氷輩所能彷彿也. 杜少陵云: "嶧山之碑, 野火焚棗木傳, 刻肥失眞." 工部時, 已傳刻失眞, 況宋, 元乎?

---

61 이양빙(李陽氷). ?~?. 중국 당나라의 문인이자 서예가. 자는 중온(仲溫). 당대의 시선(詩仙)으로 알려진 이백의 종숙(從叔)으로 장작감(將作監)을 역임했다. 특히 전서(篆書)에 뛰어나 훗날 이백의 시집에 서문을 쓰기도 했다.

62 두보(杜甫) : 712~770. 중국 당나라의 시인. 시성(詩聖)이라 불렸던 당대 최고의 시인으로, 인간의 심리·자연의 사실을 소재로 그때까지 발견하지 못했던 새로운 감동을 찾아내어 시를 지었다. 장편의 고체시(古體詩)는 주로 사회성을 발휘하였으므로, 시로 표현된 역사라는 뜻으로 그를 시사(詩史)라 부르기도 한다. 주요 작품으로 《북정(北征)》·《추흥(秋興)》 등이 있다.

한(漢) 한명부(韓明府) 수공묘(修孔廟) 예기비(禮器碑)[63]

[금석사][64] 한명부(韓明府)[65]는 이름이 칙(勅)이고, 자는 숙절(叔節)이다. 공자묘(孔子廟)의 기물을 수리한 뒤 비문을 새겨 세웠다. 지금 그 비(碑)는 벗겨지고 부식되어 겨우 11자만 남아 있지만 여전히 필세가 느껴진다.

글자가 아주 오래되었지만 아직도 읽을 수 있으니, 어찌 신령스러운 유물에는 참으로 귀신의 가호가 있는 것이 아니겠는가! 그 글자 획의 빼어남은 좋은 붓으로 쓰거나 솜씨가 좋아서가 아닌데도 예스럽고 우아하기가 전례에 없던 것이라 마치 신령의 도움으로 이루어져 사람의 손을 거쳐 만든 것이 아닌 듯하다. 이른바 별이 떨어지고 번개가 치는 듯한 필세가 느껴지지만 머리카락보다 섬세하니, 아직도 그 오묘함을 형용하기에 부족하다. 한(漢)나라 여러 비석의 결체(結體)[66]와 필의(筆意)가 모두 비슷하다고 하겠지만 유독 이 비(碑)는 은하수와 같아서 바라볼 수는 있어도 범접할 수는 없다.

나는 한나라의 비문을 몇 종 수장하고 있는데, 마땅히 이 비문을 제일로 여긴다. 일찍부터 그 용필

漢韓明府修孔廟禮器碑

[又] 韓明府, 名勅, 字叔節, 修孔子廟器, 刻碑竪之. 今其碑才剝蝕十一字存者, 猶有鋒鍔.

文殊高古, 尚可讀, 豈神物固有鬼神呵護耶! 其字畫之妙, 非筆非手, 古雅無前, 若得之神功, 不由人造. 所謂星流電轉, 纖踰植髮, 尚未足形容也. 漢諸碑結體, 命意皆可仿佛, 獨此碑如河漢, 可望, 不可卽也.

余藏漢碑數種, 當以此爲第一, 嘗評其用筆結體, 玄

---

63 한(漢) 한명부(韓明府) 수공묘(修孔廟) 예기비(禮器碑):한칙(韓勅)이 공자묘(孔子廟)를 보수하고 이를 기념하기 위해 비문을 새겨 산동성(山東省) 곡부(曲阜)에 세운 비석으로, 156년에 건립되었다.

64 《金石史》卷上〈漢韓明府叔節修孔廟禮器碑〉(《叢書集成初編》1518, 4쪽).

65 한명부(韓明府):?~?. 중국 후한(後漢) 당시 노(魯)나라의 재상. 중국 후한 환제(桓帝) 영수(永壽) 2년(156)에 산동성(山東省) 곡부(曲阜)에 있는 공자묘를 수리하고 제사에 쓰이는 기물을 바쳤다.

66 결체(結體):글자가 아름다운 형체를 이루기 위해서 점획의 길이나 방향, 교차 접필 등을 잘 어울리게 하여 글자를 형성하는 일.

한 한명부 수공묘 예기비　　노상 사신 공사공자묘비

(用筆)과 결체(結體)를 평가하여 현묘함은 미(微)의 영역[67]에 들어갔으니 마땅히 귀신의 솜씨를 얻은 것이지 사람의 손을 거쳐 만들 수 있는 것이 아니라 생각했다.

妙入微, 當得之神工, 弗由人造.

### 노상(魯相) 사신(史晨) 공사공자묘비(供祀孔子廟碑)[68]

[금석사][69] 한(漢)나라의 사신(史晨)[70]이 공자묘(孔子廟)에 제사를 지내고 세운 비(碑)에는 앞뒤 양쪽이 있다. 앞쪽에 있는 비에는 사신의 성(姓)과 자(字), 관직과 출생지, 그리고 건녕(建寧) 원년(168) 4월 11일, 즉 무자(戊子)일에 관소(官所)에 도착하여 길일(吉日)에 공

### 魯相史晨供祀孔子廟碑

[又] 漢史伯時祀孔子碑有二, 前碑, 載晨姓, 字爵里, 于建寧元年四月十一日戊子到官, 乃以令日拜孔子, 即修禮祀, 罷斂民錢.

---

67 미(微)의 영역 : 말로 표현할 수 없을 정도로 몹시 미묘하고 오묘한 경지를 말하는 것으로 보인다. 노자의 《도덕경(道德經)》 14장에서는 도(道)에 대한 정의를 내리며, 이(夷)·희(希)·미(微)를 다음과 같이 풀이했다. "눈으로 보아도 보이지 않으므로 '이(夷)'라 하고, 귀로 늘어도 들을 수가 없으므로 '희(希)'리 히고, 손으로 쳐도 칠 수가 없으므로 '미(微)'라 한다.(視之不見, 名曰'夷' ; 聽之不聞, 名曰'希' ; 搏之不得, 名曰'微'.)"
68 노상(魯相) 사신(史晨) 공사공자묘비(供祀孔子廟碑) : 중국 후한의 사신(史晨)이 169년에 공자묘를 보수하고 제례를 올리며 팔분체로 글씨를 써서 산동성(山東省) 곡부(曲阜)에 건립한 비석.
69 《金石史》 卷上 〈漢魯相史伯時供祀孔子廟後碑〉(《叢書集成初編》 1518, 5쪽).
70 사신(史晨) : ?~?. 중국 후한의 관리. 자는 백시(伯時).

자묘(孔子廟)를 참배했으며, 이어서 인사(禋祀)71를 지내는 곳을 수리하고 백성들에게 돈을 거두는 일을 혁파했다는 사실을 기재하였다.

뒤쪽에 있는 비에는 사신(史晨)이 개인의 재산을 출연하여 인사(禋祀)에 드는 비용을 충당한 사실과 건녕(建寧) 2년(169) 3월, 즉 계묘(癸卯)월 7일에 상서(尙書)에게 올린다고 했다. 그리고 당시 부언태부(副言大傅)·태위(大尉)·사도(司徒)·사공(司空)·대사농(大司農)이 참여했다는 내용이 기록되어 있다. 팔분체(八分體)72로 적힌 글씨가 우아하고 격식에 얽매이지 않아 백대의 모범이 될 만하니, 후세에 따라올 수 있는 수준이 아니다.

後碑, 記晨自出奉錢家穀以供禋祀, 于建寧二年三月癸卯朔七日, 上尙書. 時副言大傅、大尉[1]、司徒、司空、大司農. 分法爾雅超逸, 可爲百代模楷, 非後世可及.

노상(魯相) 을영(乙瑛) 치공자묘졸사비(置孔子廟卒史碑)73
[금석사]74 이 비(碑)에는 노나라의 재상 을영(乙瑛)75이 사도(司徒) 오웅(吳雄)76·사공(司空) 조계(趙戒)77에게 공자묘(孔子廟)에 녹봉 100석(百石)을 받으며 제례를 받드는 졸사(卒史) 한 사람을 관부에 머물게 하여 제사를 지내는 데에 필요한 기물과 사당의 제사를

魯相乙瑛置孔子廟卒史碑
[又] 此魯相乙瑛, 上書司徒吳雄、司空趙戒, 府請置孔廟百石卒史一人, 掌主禮器廟祀. 元嘉三年三月壬寅, 雄、戒奏可, 雒陽宮如

---

71 인사(禋祀) : 희생물을 태운 연기를 통해 흠향하는 제사.
72 팔분체(八分體) : 전서(篆書)에서 나와 변모한 서체. 고예(古隷)라고도 한다. 《임원경제지 유예지》2, 풍석문화재단, 2017, 53~63쪽에 자세한 설명이 보인다.
73 노상(魯相) 을영(乙瑛) 치공자묘졸사비(置孔子廟卒史碑) : 중국 후한의 관리 을영(乙瑛)이 원가(元嘉) 3년(153)에 산동성(山東省) 곡부(曲阜)에 건립한 비. 《을영비(乙瑛碑)》라고도 한다.
74 《金石史》卷上〈漢魯相乙瑛置孔子廟卒史碑〉(《叢書集成初編》1518, 5쪽).
75 을영(乙瑛) : ?~?. 중국 후한(後漢) 말기 노나라의 재상. 자는 소경(少卿). 원가(元嘉) 3년(153)에 제사를 관장하는 직책을 두자고 청하여 제례가 행해지도록 했다.
76 오웅(吳雄) : 미상.
77 조계(趙戒) : 미상.
[1] 大尉 : 저본에는 "大尉大尉". 《金石史·漢魯相史伯時供祀孔子廟後碑》에 근거하여 수정.

노상 을영 치공자묘졸사비

관장하도록 청하는 내용의 글이 적혀 있다. 원가(元嘉) 3년(153) 3월 임인(壬寅)일에 오웅과 조계가 황제에게 재가(裁可)를 청하는 글을 올리자 황실에서는 을영의 청을 들어주었다.

瑛言.

역사를 살펴보면 원가 연간(151~153)은 2년에 그치는데, 비문에서 3년 3월이라 한 이유는 바로 이 해 5월에 비로소 연호를 개칭하여 영흥(永興, 153~154)이라 했기 때문이다. 비(碑)는 현재 관부로 옮겼는데, 비문이 우아하고 간소하며 질박하여 글자를 읽을 수 있고, 글이 한층 예스럽고 고상하다. 위(魏)나라가 한(漢)나라를 겨우 대신했다고 하지만, 작은 변화가 없을 수는 없고, 6조(六朝)[78]에 이르러서는 변화가 극에 달하였으니, 변화가 극에 달하고 나서 다시 옛 모습으로 돌아왔다. 그러므로 당나라 때 현재와 옛날의 글씨를 논평하는 사람들이 대개 옳고 그름을 분별하고 논하여 팔분법(八分法)에 조예가 깊은 경우가 많았다.

按史元嘉止二年, 碑稱三年三月者, 是年五月始改元永興耳. 碑卽今公移, 乃爾雅簡質可讀, 書益高古起逸. 魏才代漢, 便不能無小變, 至六朝極矣, 極之而復, 故唐爲近古評者, 槪多別論是非, 深于分法者.

## 화산비(華山碑)[79]

[금석사][80] 신풍(新豐)[81]의 곽향찰(郭香察)[82]이 《서악화산묘비(西岳華山廟碑)》를 썼다. 그 결체(結體)와 필의(筆

華山碑

[又] 新豐 郭香察書《西岳華山廟碑》, 其結體、運

---

78 6조(六朝): 후한(後漢)이 멸망한 뒤로 수나라가 통일하기 전까지 지금의 남경(南京)에 도읍한 오(吳)·동진(東晉)·송(宋)·제(齊)·양(梁)·진(陳) 왕조를 총칭하는 말.
79 화산비(華山碑): 전체 명칭은 《서악화산묘비(西岳華山廟碑)》이다. 연희(延熹) 4년(161)에 건립되었다. 한나라의 예서체를 대표하는 석각 중의 하나로 손꼽힌다.
80 《金石史》卷上〈漢華山碑〉(《叢書集成初編》1518, 6쪽).
81 신풍(新豐): 지금 중국의 광동성(廣東省) 소관시(韶關市) 할현(轄縣) 일대.
82 곽향찰(郭香察): 중국 후한 말기의 서예가로 추정되지만 자세한 내용은 확인되지 않는다.

意)는 한나라 예서(隷書) 중에서도 장엄하고 웅장한 것이다. 전서체를 판별하는 방법은 잘 모르겠지만 간혹 필획이 살져서 한편으로는 예스럽고 한편으로

意, 乃是漢隷之壯偉者. 割篆未會, 時或肉勝, 一古一今, 遂爲隋、唐作俑, 如山、

서악화산묘비

는 요즘 글자 같았다. 그래서 결국 수·당 시대에는 흘러간 옛 서체가 되었는데, '산(山)'과 '자(子)'의 여러 글자들의 형태가 이것이다.

그 비(碑)는 이미 훼손되어 탁본만이 남아 있다. 글자가 부서지고 떨어져나가서 겨우 120여 자만 남아 있지만, 필봉의 기세가 날카로워 마치 새로 벽옥을 지니고 네 마리 말이 끄는 수레를 타는 것과 같다고 하니,[83] 무엇인들 이를 능가할 수 있겠는가?

子諸字是也.

其石已毀, 獨有搨本, 殘闕僅百二十餘字存者, 鋒芒銛利, 如新拱璧駟馬云, 何可尙?

## 경군명(景君銘)[84]

[금석사][85] 《한(漢) 익주태수(益州太守) 북해상(北海相) 경군명(景君銘)》은 예서(隷書)를 그럭저럭 돌에 새긴 듯하지만, 당대의 이름난 장인이 새긴 비(碑)는 아니다. 다만 일종의 졸박(拙朴)한 필의를 조금 갖추었다. 또 글자에 팔분체의 법도가 있는데, 이는 시대의 유행이 저절로 그렇게 만든 것이라서 역시 좋지는 않다.

지금 사람들은 옛것을 익히지도 않고 도리어 옛사람에게서 한번 만들어진 것은 가지각색 모두 아름답다고 여겨 수준에 우열이 없다. 하나라·은나라·주나라의 이기(彝器)[86]조차 모르면서 예스럽고 우

### 景君銘

[又] 《漢益州太守北海相景君銘》隷書似聊以勒石, 非當時名手, 第小具一種拙朴之意. 且有八分遺則, 自是時代使然, 亦不爲佳也.

今人不習古, 反謂一出古人, 色色皆佳, 了無軒輊. 不知三代彝器, 古雅奇絶, 千載無匹, 而野鑄鼎彝,

---

83 마치……하니 : 노자(老子)의 《도덕경(道德經)》 62장의 "비록 벽옥을 지니고, 네 마리 말이 끄는 수레를 타고 선두에 나서더라도 앉아서 이 도(道)를 닦는 것만 못하다.(雖有拱璧以先駟馬, 不如坐進此道.)"는 말에서 나온 것으로, 아주 호사스러운 물건을 지녔다는 뜻이거나, 남들이 경험하지 못하는 즐거움을 뜻한다.

84 경군명(景君銘) : 중국 후한(後漢) 한안(漢安) 2년(143)에 건립된 예서체 석각으로, 산동성 제녕(濟寧)에 있다. 경군(景君)의 이름이나 자(字)는 기록되어 있지 않다.

85 《金石史》卷上 〈漢景君銘〉(《叢書集成初編》1518, 6~7쪽).

86 이기(彝器) : 중국 고대의 청동 제기(祭器)를 포괄적으로 이르는 말로, 종묘 제사에 쓰이는 그릇이란 의미가 되었다.

아하며 기이하고 빼어나 천년에 대적할 만한 것이 없다고 한다. 그러나 들에서 주조한 정이(鼎彝) 가운데 예스러운 색깔을 띠지 않는 것이 없지만, 화문(花文)이 새겨진 관지(款識)를 보면 조잡하고 거칠어서 볼만하지 않은 것이 대부분이다. 하물며 한대(漢代)에만 그렇지 않았겠는가? 왕세정(王世貞)은 "예서의 법도가 예스럽고 우아하다는 말은 예로부터 그 시대에서만 통용되었던 말이니, 바로 우아하지 않다는 말일 뿐이다."라 했다.

非不古色蒼然, 而花文款識, 粗鹵不足觀者多矣. <u>矧漢代乎? 王元美</u>云: "隸法古雅, 古自其時, 正以未雅耳."

## 곽유도비(郭有道碑)[87]

[원교서결][88] 채옹(蔡邕)이 썼다는 《곽태비(郭泰碑)》는 필획이 모두 산만하고 글자의 결구(結構, 짜임새)도 풀어졌으니, 근래에 나온 위작임을 의심할 여지가 없다. 案 곽종창(郭宗昌)[89]의 《금석사》에 "우리집에 《유도비(有道碑)》가 있는데, 예전에 들으니 한 유생이 비석 아래에서 모전(毛氈)을 깔고 휘파람을 불며 한참 동안 감상했지만, 하룻밤 만에 비석이 있던 곳이 사라져서 자취를 찾을 수가 없었다. 험한 곳으로 자취를 감춘 곽유도비를 지금 다시 새기니 원래의 모습은

## 郭有道碑

[圓嶠書訣] <u>蔡邕</u>書《郭泰碑》, 畫皆散漫[2], 結亦弛縱, 出近世贗作無疑. 案 <u>郭宗昌</u>《金石史》稱: "吾家《有道碑》, 舊聞一儒生布氈其下, 嘯賞良久, 一夕失所在, 跡之無蹤. 今刻惡道匿跡, 訖無傳之者." 據此則東來搨本之是贗非

---

87 곽유도비(郭有道碑): 중국 후한 말기의 학자인 곽태(郭泰, 127~169)의 비석. 유도(有道)는 그의 호이다. '곽태비(郭泰碑)'라고도 한다. 곽태가 별세하자 채옹이 비문을 지었는데, 일설에 채옹이 "내가 비문을 많이 지었지만, 대부분 거짓되고 과장된 내용이 있어 부끄러운 마음이 있다. 다만 곽태의 비문만은 부끄럽지 않다.(吾爲碑銘多矣, 皆有慚德, 唯郭有道無愧色耳.)"라 했다고 한다. 후대 사람들은 이에 따라 곽유도비는 내용이 진솔한 비문이라 여겼다.

88 《圓嶠集選》卷10 〈書訣〉(《韓國文集叢刊》221, 559쪽).

89 곽종창(郭宗昌): ?~1652. 중국 명(明)나라의 학자. 저서로 《섭원잡저(涉園雜著)》·《송담각시고(松談閣詩稿)》·《인사(印史)》 등이 있다.

2 漫: 저본에는 "蔓". 오사카본·《圓嶠集選·書訣》에 근거하여 수정.

모두 전해지는 바가 없다."[90]라 했다. 이에 따르면 우 　眞, 益較著矣.
리나라로 전래된 탁본이 위작이지 진본이 아니라는
점이 따져 볼수록 더욱 분명해진다.

곽유노비

하승비

90　우리집에……없다:《金石史》卷下〈唐大雅集王右軍書吳將軍碑〉《叢書集成初編》1518, 17쪽).

## 하승비(夏承碑)[91]

[원교서결][92] 팔분서(八分書)는 세상에 전해지지 않는다. 오직 채옹이 썼다는 《하승비(夏承碑)》가 있는데, 필획이 둔하고 물러 좋지 않으니, 그것이 위작임을 의심할 여지가 없다.

## 曹景完碑

[圓嶠書訣] 八分書世無傳, 惟有蔡邕書《夏承碑》而鈍脆不佳, 其贋無疑.

## 조경완비(曹景完碑)[93]

[어정연감류함(御定淵鑑類函)][94][95] 명나라 만력(萬曆) 연간(1573~1619) 초에 합양(郃陽)[96]의 옛 성터에서 비석 하나를 발굴했다. 그 비석에는 한나라의 예서체로 '합양령(郃陽令) 조전비(曹全碑), 중평(中平) 2년(185)에 만들다.'라 적혀 있었다. 그 비문에는 조전(曹全)[97]이 무부사마(戊部司馬)[98]로서 소륵국(疏勒國)[99]을 정벌하여 그 나라 왕을 항복시킨 일을 서술하고 있다. 하지만 범엽(范曄)[100]의 《후한서(後漢書)》에 실린 조관(曹

## 曹景完碑

[淵鑑類函] 明 萬曆初郃陽舊城掘得一碑, 漢隸書曰"郃陽令曹全碑, 中平二年造", 其文言全以戊部司馬征疏勒降其王, 與范史中曹寬事, 互有異同.《集古錄》、《金石略》俱未及收.

---

91 하승비(夏承碑): 전체 명칭은 《한(漢) 북해순어장(北海淳於長) 하승비(夏承碑)》이다. 중국 후한 건녕(建寧) 3년(170), 지금의 하북성(河北省) 영년현(永年縣)에 건립되었다.

92 《圓嶠集選》卷10〈書訣〉(《韓國文集叢刊》221, 559쪽).

93 조경완비(曹景完碑): 중국 한나라 관리인 조전(曹全)의 공덕을 기록한 비. 경완(景完)은 그의 자이다. 전체 명칭은 《한합양령조전비(漢郃陽令曹全碑)》이다. 중국 후한 중평(中平) 2년(185)에 중국 섬서성(陝西省) 합양현(郃陽縣)에 건립되었다.

94 어정연감류함(御定淵鑑類函): 중국 청나라 강희제(姜熙齊)의 명에 따라 편찬된 유서(類書). 송나라부터 명나라까지의 사서(史書)·시문집(詩文集)·유서를 수록했다.

95 출전 확인 안 됨.

96 합양(郃陽): 지금의 중국 섬서성(陝西省) 합양현(郃陽縣) 일대.

97 조전(曹全): ?~?. 중국 한나라의 관리. 자는 경완(景完). 성명이 조관(曹寬)으로 기록된 곳도 있다. 돈황(敦煌) 서쪽의 효곡현(效穀縣) 출신으로, 합양(郃陽)의 현령으로 재직할 때, 합양에서 일어난 곽가(郭家)의 난을 진압하고, 여러 인재들을 조정에 추천하여 사후에 공덕을 기리는 비가 세워졌다.

98 무부사마(戊部司馬): 중국 한나라에서 서역의 여러 나라를 정벌하고 다스리기 위해 설치한 기관인 무교위(戊校尉) 휘하의 관직.

99 소륵국(疏勒國): 중국의 신장자치구 남서쪽에 있던 고대 도시 왕국. 중앙아시아로 나가는 실크로드의 요지에 있었다.

100 범엽(范曄): 398~445. 중국 남북조시대 남송(南宋)의 역사가. 자유롭고 수려한 문장을 구사했으며, 《후한서(後漢書)》를 편찬했다.

조경완비 조경완비 하단부

寬, 조전)의 사적과는 서로 차이가 있다. 《집고록(集古
錄)》과 《금석략(金石略)》에서는 이 금석문을 모두 수
록하지 않았다.

[금석사][101] 《후한서》에 실린 조관(曹寬)을 이 비석의
주인으로 보는 것이 옳다. 대개 이 비석은 만력(萬
曆) 연간(1573~1619)에 처음 나타났다. 그러므로 다만
'인(因)' 자 1개만 절반 정도 훼손되었을 뿐, 그 나머
지는 필획의 기세가 날카롭고 예리하며 털끝만큼도
손상되지 않았다.[102]

　　이를 통해 한나라 사람들이 옥을 다듬는 솜씨만
빼어났던 것이 아니라 여러 조건이 어우러져 하늘이
만들어 낸 작품임을 볼 수 있다. 돌에 새긴 글자에
도 칼날의 흔적을 조금도 찾아볼 수 없다.

[金石史] 史謂曹寬當以碑
爲正, 蓋此碑始出於萬曆
間, 故止一因字半闕, 其餘
鋒鋩銛利, 不損絲髮.

因見漢人不獨攻玉之妙, 渾
然天成, 琢字亦毫無刀痕.

---

101 《金石史》 卷上 〈漢曹景完碑〉 (《叢書集成初編》 1518, 7~8쪽).
102 다만……않았다:《조경완비》의 서두에는 "군(君)의 이름은 전(全)이고 자는 경완(景完)으로, 돈황(敦煌)
　　효곡(効穀) 사람이다. 그의 선조는 주나라의 후손으로, 주나라 무왕이 나라의 기틀을 잡고 상나라를 정내가 살아온 동안 봤던 한나라의 예서 가운데는 마땅히 《공묘(孔廟) 예기비(禮器碑)》[103]가 제일이니, 신령스러울 정도로 기이하면서도 질박하다. 이를 시(詩)에 비유하면 《공묘 예기비》가 서경(西京, 장안)에서 유행한 전형적인 시(詩)라면 이 비는 호방하고 격조 높으며 화려한 건안제자(建安諸子)[104]들의 시(詩)이다. 이를 또 글에 비유하면 《공묘 예기비》가 《계직표(季直表)》[105]라면 이 비석은 《난정서(蘭亭敍)》[106]이다.

以余生平所見漢隸, 當以 《孔廟禮器碑》爲第一, 神奇渾璞. 譬之詩則西京, 此則豐贍高華建安諸子; 比之書, 《禮器》則《季直表》, 此則《蘭亭敍》.

## 공주비(孔宙碑)[107]

[금석사][108] 한나라 태산도위(太山都尉) 공주(孔宙)[109]는 공융(孔融)의 아버지이다. 《후한서》에는 주(宙)가 주(伷)로 기록되어 있다. 그 비문에는 아직도 팔분법(八分法)이 보존되어 있는데다 결체(結體)가 예스럽고 빼어나 절대 쉽게 위조할 수 없다. 그러나 왕세정은

[又] 漢 太山都尉 孔宙, 融之父也. 史作伷. 其書尚存分法, 且結體古逸, 殊不易造. 王元美少之, 是胸中爲曹氏諸碑所據, 漢、魏呲

---

벌하여 공훈을 세우고 함께 복록을 하사받을 때, 무왕의 아우인 숙진탁(叔振鐸)을 조나라에 봉했는데, 조전의 선조가 이를 따라 성씨(姓氏)로 삼았다.(君諱全, 字景完, 敦煌效穀人也. 其先蓋周之冑, 武王秉乾之機, 翦伐殷商, 既定爾勳, 福祿攸同, 封弟叔振鐸於曹國, 因氏焉.)"라는 구절이 있다. 이 가운데 '인(因)' 자는 전체 비문 가운데, 맨 우측 하단에 있는데, 자세히 살펴보면 글자 우측의 절반 정도가 훼손되어 있음을 확인할 수 있다.

103 공묘(孔廟) 예기비(禮器碑): 앞서 나온 《한(漢) 한명부(韓明府) 수공묘예기비(修孔廟禮器碑)》를 말한다.
104 건안제자(建安諸子): 중국 후한(後漢)의 건안(建安) 연간(196~220)의 문학을 말한다. 이 시기에는 위(魏)나라 무제(武帝) 조조(曹操) 부자를 중심으로 공융(孔融, 153~208)·진림(陳琳, 156~217)·왕찬(王粲, 177~217)·서간(徐幹, 170~217)·완우(阮瑀, 165~212)·응창(應瑒, 177~217)·유정(劉楨, 186~217) 등의 문인들이 활발한 활동을 펼쳤다. 이들은 기존의 유가(儒家)에 경도된 문학 취향을 벗어나 시문학에 강렬한 개성과 청신한 격조를 부여했다.
105 계직표(季直表): 중국 삼국시대 관리이자 서예가인 종요(鍾繇, 151~230)가 조정에 계직(季直)이라는 인물을 천거하며 올린 글. 필체가 고상하고 질박하여 후대에 많은 영향을 끼쳤다.
106 난정서(蘭亭敍): 아래의 《난정서(蘭亭敍)》 항목 참조.
107 공주비(孔宙碑): 공자의 18대손이자 공융(孔融, 153~208)의 부친인 공주(孔宙)의 공덕을 칭송하기 위해 세운 비. 전체 명칭은 《한(漢) 태산도위(泰山都尉) 공주비(孔宙碑)》이다.
108 《金石史》卷上〈漢太山都尉孔宙碑〉《叢書集成初編》1518, 8~9쪽).
109 공융(孔融): 153~208. 중국 후한 말기의 학자. 문필에 능하여 건안칠자(建安七子)의 한 사람으로 불렸다. 당시 세력을 확장하고 있던 조조(曹操)를 비판하다가 일족과 함께 처형되었다.

공주비

이 비(碑)의 수준을 낮게 평가했다. 이는 가슴 속에 《조경완비》를 비롯한 여러 한나라의 비문들이 평가의 기준이 되어 한나라와 위나라가 시대적으로 아주 가깝지만 비문의 수준 차이는 천 리만큼이나 멀리 벌어져 있다고 여겼기 때문이다.

尺, 便墮千里.

또 비(碑)의 뒤편에는 문하의 제자들과 알고 지낸

又於碑陰載門生、故吏等

관리들의 이름을 실어 놓았다. 한나라 비의 음자(陰字, 비의 뒤편에 적은 글)는 대부분 산만하고 초라한데, 이것만은 유독 격식에 얽매이지 않고 예스러우면서도 아취가 있어 위나라 사람들의 비가 미칠 수 있는 수준이 아니다.

名. 漢碑陰字多潦倒, 此獨超逸古雅, 非魏人可及.

## 위(魏) 권진비(勸進碑)[110]

[금석사][111] 《권진표(勸進表)》라고도 한다. 혹자는 이 비문이 종요(鍾繇)[112]의 글씨라 하고, 한편으로는 양곡(梁鵠)[113]의 글씨라고도 하지만, 모두 근거가 없다. 《봉공선비(封孔羨碑)》[114]와 비교해 보면 비록 화려한 꾸밈이나 너무 굽거나 강건한 부분은 없지만, 그렇다고 한나라 사람들의 온화하면서도 격식에 얽매이지 않고, 예스럽고 아취가 있는 정취 또한 없다. 조조(曹操)[115]가 한나라를 장악하자마자 서법이 갑작스레 나뉘어 달라졌는데, 지금 사람들은 위나라의 글씨를 대개 한나라의 예서라 지목하지만, 이는 잘못이다.

## 魏勸進碑

[又]《勸進表》, 或謂是鍾繇書, 又謂梁鵠書, 皆未有據, 視《封孔羨碑》, 雖無其矯飾屈強, 亦無漢人雍雍超逸古雅之致. 阿瞞才戈③漢鼎, 書法頓分, 時代人概以漢隸目之, 謬矣.

---

110 위(魏) 권진비(勸進碑) : 전체 명칭은 《위(魏) 상존호비(上尊號碑) 병비음(並碑陰)》이다. 하남성(河南城) 임영현(臨潁縣) 번성진(繁城鎭)에 자리 잡은 한(漢) 헌제(獻帝)의 묘소에 있다. 이 비석의 글자는 후한 말기 예서체의 대표작으로 손꼽는다.

111 《金石史》卷上〈魏勸進碑〉《叢書集成初編》1518, 10쪽).

112 종요(鍾繇) : 151~230. 중국 후한의 서예가. 자는 원상(元常). 유덕승(劉德昇)의 서법을 배웠고, 팔분·해서·행서를 잘 썼는데, 후대에는 해서의 명수로 알려졌다.

113 양곡(梁鵠) : ?~?. 중국 후한의 서예가. 자는 맹황(孟皇). 사선관(師宣官)의 서법을 배웠고, 팔분체의 명수로 이름을 떨쳤다.

114 봉공선비(封孔羨碑) : 아래의 《봉공선(封孔羨) 축공자비(祝孔子碑)》를 말한다.

115 조조(曹操) : 155~220. 중국 후한 말기의 정치가. 위나라 건국의 기초를 닦았다. 후한 헌제(獻帝, 재위 189~220) 때에 승상(丞相)을 지냈으며, 위왕(魏王)으로 봉해졌다. 아들인 조비(曹丕, 187~226)가 위나라 황제의 지위에 오른 뒤에는 무황제(武皇帝)로 추존되었다.

③ 戈 : 《金石史·魏勸進碑》에는 "弋".

## 위(魏) 수선비(受禪碑)[116]

[금석사][117] 옛날 사람들은 이 비를 《수선비(受禪碑)》라 불렀고, 왕랑(王朗)[118]이 비문을 짓고 양곡(梁鵠)이 글씨를 쓰고 종요(鍾繇)가 돌에 새겨 《삼절비(三絶碑)》라고도 했다. 안진경(顏眞卿)[119]은 또 종요의 글씨라고 했다. 이들 전부가 무슨 근거로 한 말인지 모르겠다. 서법은 《권진표(勸進表)[120]와 같은데, 비록 한나라 사람들의 온화하면서도 우아하여 옷을 입고 신발만 갖추더라도 저절로 단장이 이뤄지는 듯한 서체와는 거리가 조금 멀지만, 또한 굳건한 면은 회복했다.

**魏受禪碑**

[又] 昔人稱《受禪碑》, 王朗文, 梁鵠書, 鍾繇刻石《三絶碑》, 顏魯公又謂繇書, 皆不知何據. 書法同勸進, 雖小遠漢人雍雍雅度, 衫履自飾, 亦復矯矯.

## 봉공선(封孔羨) 축공자비(祝孔子碑)[121]

[어정연감류함][122] 궐리(闕里)[123]의 공자묘(孔子廟)에 있다. 조식(曹植)[124]이 글을 짓고, 양곡(梁鵠)이 글씨를 썼다.

**封孔羨祝孔子碑**

[淵鑑類函] 在闕里 孔子廟. 曹植撰, 梁鵠書.

---

116 위(魏) 수선비(受禪碑) : 중국 위(魏)나라 황초(黃初) 원년(220)에 건립된 비석. 《위(魏) 권진비(勸進碑)》와 함께 하남성(河南城) 임영현(臨潁縣) 번성진(繁城鎭)에 있다.

117 《金石史》卷上〈魏受禪碑〉《叢書集成初編》1518, 10~11쪽).

118 왕랑(王朗) : ?~228. 중국 삼국시대의 관리. 위나라 조조를 도와 간의대부(諫議大夫)가 되어 군사(軍事)에 참여했으며 명제(明帝) 때 난릉후(蘭陵侯)에 봉해졌다. 저서로 《역전(易傳)》·《춘추전(春秋傳)》·《효경전(孝經傳)》·《주관전(周官傳)》 등이 있다.

119 안진경(顏眞卿) : 709~784. 중국 당나라의 서예가. 저수량(褚遂良)과 장욱(張旭)의 서법을 배웠고, 이후 자신만의 웅건하고 넉넉한 서체를 창작하였다. 조맹부(趙孟頫)·유공권(柳公權)·구양순(歐陽詢)과 더불어 해서사대가(楷書四大家)로 일컬어질 만큼 해서의 모범이 되었다.

120 권진표(勸進表) : 앞 기사의 《위(魏) 권진비(勸進碑)》를 말한다.

121 봉공선(封孔羨) 축공자비(祝孔子碑) : 노공자묘지비(魯孔子廟之碑)라고도 한다. 위(魏)나라 황초(黃初) 원년(220)에 산동성(山東省) 곡부(曲阜)에 건립되었다.

122 출전 확인 안 됨.

123 궐리(闕里) : 지금의 중국 산동성(山東省) 곡부현(曲阜縣)에 있는 지역으로, 공자의 고향이다.

124 조식(曹植) : 192~232. 중국 위(魏)나라의 시인. 저서로 《조자건집(曹子建集)》 등이 있다.

위 수선비　　　　　　　공표비

[금석사]125 서법(書法)이 모나고 깎아낸 듯하여 온화함이 부족하며, 굳세고 강한 결체에는 아직 이르지 못했으니, 한나라 예서의 온화하고 심원한 자태와 비교해 보면 그 차이가 천 리나 벌어질 뿐만이 아니다.

[원교서결]126 한나라 예서의 탁본이 우리나라에 들

[金石史] 書法方削寡情, 矯強未適, 視漢隸雍穆之度, 不啻千里.

[圓嶠書訣] 漢隸東來者絶

125《金石史》卷上〈魏封孔羨祀孔子碑〉《叢書集成初編》1518, 11쪽).
126《圓嶠集選》卷10〈書訣〉《韓國文集叢刊》221, 559쪽).

어온 것은 아주 드물다. 근래에 김광수(金光遂)[127]가 한나라·위나라 여러 비(碑)의 탁본을 비로소 구입해 온 뒤로, 내가 전부 살펴보았는데, 그 중에는 《예기비(禮器碑, 공묘 예기비)》·《위 수선비》가 가장 좋았다. 《위 권진비》는 《위 수선비》와 함께 같은 사람에게서 나온 것이지만[128] 《위수선비》보다 필획이 상당히 둔하고 무딘데, 아마도 글씨를 새긴 장인의 솜씨가 부족해서인 듯하다. 《봉공선 축공자비》는 서체가 굳세고 거칠어 《위 수선비》와 비슷하고, 《노상 사신 공사공자묘비》는 필획이 빼어나고 고와 아낄 만하다. 《합양령 조전비》는 꽤 솜씨가 좋지만 속된 편이고, 《공표비(孔彪碑)》[129]는 매우 좋지만 훼손되었다.

《공화비(孔龢碑)》[130]는 중국 사람들이 숭상하여 《예기비》와 나란히 칭송하지만, 필획이 무르고 결체가 속되니, 《예기비》에는 훨씬 미치지 못한다. 그러나 그 자체로는 좋은 작품이다. 《공주비(孔宙碑)》는 필획에 고아하면서도 굳센 면이 부족하지만 《공화비》와 우

罕, 近歲金光遂 成仲, 創購得漢、魏諸碑以來, 余皆見之, 《禮器》、《受禪》爲最, 《勸進》與《受[4]禪》, 同出一手, 而劃頗鈍遜於《受禪》, 似有刻手不逮. 《孔羨》勁險, 似《受禪》, 《史晨》秀婉可愛, 《郃陽》巧妙近俗, 《孔彪》甚佳, 但殘缺[5].

《孔龢[6]》華人推尙, 與《禮器》竝稱, 而劃脆結俗, 遠不及《禮器》, 然自是佳品, 《孔宙》劃欠蒼勁, 當與《孔龢[7]》相上下, 《夏君》、《衡

---

127 김광수(金光遂) : 1699~1770. 조선 후기 문인이자 서화가. 자는 성중(成仲). 호는 상고당(尙古堂)이다. 골동서화를 애호하여 많은 작품을 수집했다.

128 위 권진비는……것이지만 : 앞의 기사에서 《위 권진비》는 종요가 글씨를 썼다고도 하고 양곡이 썼다고도 하는데 누가 썼는지 확인되지 않는다고 했다. 《위수선비》 역시 양곡이 글씨를 썼다고도 하고 종요가 썼다고도 하여 누가 썼는지 확실하지 않다고 했다. 다만 여기에서는 두 비석의 글씨가 같은 사람에게서 나온 것으로 보인다고 하였으나 누구의 글씨로 추측했는지는 알 수 없다.

129 공표비(孔彪碑) : 중국 후한 말기의 관리이자 공주(孔宙)의 동생인 공표(孔彪)의 공덕을 기리기 위해 세워진 비석. 예서체로 쓰여 있으며, 남아 있는 탁본을 보면 심하게 훼손된 상태임을 확인할 수 있다.

130 공화비(孔龢碑) : 앞의 기사에서 언급한 《노상 을영 치공자묘졸사비》를 말한다. 공화비의 전체 명칭은 《공묘 치수묘백석 공화비(孔庙置守庙百石孔龢碑)》이다.

[4] 受 : 저본에는 없음. 오사카본·규장각본·《圓嶠書訣·書訣》에 근거하여 보충.

[5] 缺 : 저본에는 없음. 오사카본·규장각본·《圓嶠書訣·書訣》에 근거하여 보충.

[6] 龢 : 저본에는 "歟". 《圓嶠書訣·書訣》에 근거하여 수정.

[7] 龢 : 저본에는 "歟". 《圓嶠書訣·書訣》에는 "和". 일반적인 용례에 근거하여 수정.

열을 다툴 만하다. 《하승비(夏承碑)》와 《형방비(衡方碑)》두 비는 서체가 빼어나 《위 수선비》에 버금간다.

[금화경독기][131] 판서(判書) 윤동섬(尹東暹)[132]은 예서를 가장 잘 썼다. 한나라와 위나라의 예서로 쓰여진 탁본을 사서 모았는데, 모두 40여 권이었다. 비록 진짜와 가짜가 서로 뒤섞여 모양이 비슷한 연석(燕石)[133]이 마치 옥(玉)인 듯하여 보는 이를 현혹시키지만, 널리 풍부하게 수집한 자료를 보면 중국의 호사가들조차도 소유한 이가 드물다고 한다.

### 후위(後魏) 장맹룡비(張猛龍碑)[134]

[금석사][135] 이 비는 장맹룡(張猛龍)[136]이 노군태수(魯郡太守)가 된 뒤로 노군(魯郡)의 백성들이 그의 공덕(功德)을 기리기 위해 세운 것이다. 글씨는 위진시대 진(晉)나라의 서법을 본받아 비록 온화한 면은 부족하지만, 결체(結體)가 여러 기풍이 뒤섞인 듯이 빼어나서 당나라의 서체와 비교하면 한 시대의 격식에 얽매인 폐단에서 충분히 벗어날 수 있었다. 안진경(顔

方》二碑絶, 爲《受禪》之亞.

[金華耕讀記] 尹尙書 東暹最工隸書, 購集漢、魏隸碑, 總四十餘卷, 雖其眞贗相雜, 燕石眩玉, 而蒐羅之富, 中州好事家之所罕有云.

### 後魏張猛龍碑

[金石史] 猛龍爲魯郡太守, 郡人頌其功德者也. 其書律以晉法, 雖少蘊藉, 而結體錯綜之妙, 使以劑唐, 足脫一代方整之累. 顔、歐諸公, 便可入山陰之室矣. 然此碑却落嶮峻. 又未正晉,

---

131 출전 확인 안 됨.

132 윤동섬(尹東暹) : 1710~1795. 조선 후기의 관료로, 자는 덕승(德升), 호는 팔무당(八無堂)이다. 대사헌·이조참판·이조판서를 역임했고, 〈달천사비(達川祠碑)〉·〈적전사기적비(赤田社紀蹟碑)〉·〈적지기적비(蹟池紀蹟碑)〉·〈임경업충렬사비(林慶業忠烈祠碑)〉 등 다수의 금석문을 작성했다.

133 연석(燕石) : 중국 북경 근처의 연산(燕山)에서 나는 돌. 모양이 옥과 비슷하지만, 별 가치가 없다.

134 후위(後魏) 장맹룡비(張猛龍碑) : 전체 명칭은 《노군태수(魯郡太守) 장부군(張府君) 청송비(淸頌碑)》이다. 북위(北魏) 정광(正光) 3년(522)에 건립되었다.

135 《金石史》卷上 〈後魏魯郡太守張君頌〉《叢書集成初編》1518, 11쪽).

136 장맹룡(張猛龍) : ?~?. 중국 남북조시대 북위(北魏)의 관료. 연창(延昌) 연간(512~515)에는 봉조청(奉朝請), 희평(熙平) 연간(516~518)에는 노군(魯郡, 지금의 산동성) 태수가 되었다. 백성들을 따뜻하게 대하며 선정(善政)을 베풀어 그의 사후에 백성들이 장맹룡의 공덕을 기리기 위해 비를 세웠다.

후위 장맹룡비

眞卿)과 구양순(歐陽詢)을 비롯한 당나라의 여러 서예가는 곧바로 진(晉)나라 왕희지(王羲之)의 경지를 엿볼 수 있는 수준에 들어갈 만하다고 할 수 있을 것이다. 그러나 이 비(碑)는 도리어 그것을 벗어나서 험준하다. 게다가 진(晉)나라의 서체로 올바로 구현한 서법이 아니니, 과연 어째서인가? 이는 필체가 구양순·안진경과는 다르기 때문이다.

송나라의 소식(蘇軾)과 황정견(黃庭堅)에 이르러서는 필체가 조금 변하여 또 다른 풍취로 들어갔으니, 서도(書道)의 어려움이 이와 같다. 장맹룡의 자(字)는 신경(神冏)이다. 살펴보니 경(冏) 자는 호(呼)와 골(骨)의 반절로, 해가 떠오르는 기운을 뜻한다. 따라서 그의 이름과 자(字)가 험상궂고 괴상하며 우아하거나 순하지 않다. 육조(六朝)시대에는 기괴한 풍조가

果何也? 當由筆與歐、顔異也.

至若蘇、黃, 少變, 又入別趣, 書道之難如此. 猛龍字神冏. 按冏, 呼骨切, 日出氣也. 其名字險怪不雅馴. 六朝濫觴, 於詩亦爾. 殆不特書也.

유행했는데, 시(詩)에서도 역시 마찬가지였다. 글씨
에만 국한되지 않았던 것이다.

## 연주(兗州) 수공자묘비(修孔子廟碑)[137]

[금석사][138] 연주(兗州)[139] 자사(刺史)[140] 이중선(李仲琁)[141]은 동위(東魏)[142]의 명문가 출신이다. 당시에 중원(中原)이 전란으로 어지러웠는데, 공자를 존숭해야 한다는 점을 알았기에 공자묘(孔子廟)를 정비할 수 있었다. 비석에는 글씨를 쓴 사람의 이름이 적혀 있지 않지만, 오히려 고졸한 필의(筆意)가 있다. 비록 필력이 굳세고 힘차서 얼굴 한쪽을 일그러뜨리고 날뛰면서 울부짖는 듯하지만, 다시 머리카락을 땋아 올리고 장보관(章甫冠)[143]을 쓰고 읍양하는 격식처럼 기존 서체와는 매우 다르다.

　강식(江式)[144]은 〈논서표(論書表)〉에서 다음과 같이 말했다. "위(魏)나라가 후한(後漢)의 뒤를 이었지만, 세상이 바뀌고 풍속이 달라지면서 문자가 바뀌었다.

## 兗州修孔子廟碑

[又] 兗州刺史 李仲琁, 東魏世家. 當中原雲擾, 知尊孔子, 能修繕廟庭. 碑不著書者姓名, 猶存古意. 雖筆力勁駿, 如偏面驕嘶, 又如辮髮章甫, 殊俗揖讓.

江式《書表》云:"皇魏承百王之季, 世易風移, 文字改變, 篆形錯謬, 隸體失

---

137 연주(兗州) 수공자묘비(修孔子廟碑):《이중선(李仲琁) 수공자묘비(修孔子廟碑)》라고도 한다. 동위(東魏) 흥화(興和) 3년(541)에 건립되었다.

138《金石史》卷上〈後魏兗州刺史李仲琁修孔子廟碑〉《叢書集成初編》1518, 11~12쪽).

139 연주(兗州):지금의 중국 산동성(山東省) 연주시(兗州市) 일대.

140 자사(刺史):중국의 지방 관리. 한(漢)나라 때에는 민정과 군정(軍政)의 장관(長官)을 겸했으며, 수(隋)나라, 당(唐)나라 때에는 주지사였는데, 송(宋)나라 이후로 폐지되었다.

141 이중선(李仲琁):미상.

142 동위(東魏):중국 남북조시대의 북위(北魏)가 나누어졌을 때, 낙양의 동쪽 지역을 근거지로 세워진 위(魏)나라를 가리킨다. 534년에 개국했고, 550년에 멸망했다.

143 장보관(章甫冠):중국 은(殷)나라 때부터 머리에 쓰던 관(冠)의 일종으로, 공자가 이 관을 썼기 때문에 후세에 유생들이 많이 착용했다.

144 강식(江式):?~523. 중국 북위(北魏)의 관리·서법가. 벼슬은 사도장겸행참군(司徒長兼行參軍)·검교어사(檢校禦史)·부절령(符節令) 등을 역임했다. 고문자학(古文字學)을 전문적으로 연구했으며, 당시 낙양궁전(洛陽宮殿) 등 여러 현판에 그가 쓴 글씨가 많았다.

연주 수공자묘비

전서(篆書)의 형태는 뒤섞여 잘못되고, 예서(隷書)의 서체는 참모습을 잃었다. 민간의 학자들은 비루한 습속을 배워 다시 헛된 글자를 꾸며대며, 생각나는 대로 의아한 주장을 하여 당시의 사람들을 현혹했다. 그러므로 이처럼 잘못된 글자들의 편방(偏傍)[145]을 바로잡아야 할 뿐만 아니라, 이와 같은 글자들이 발생하는 것 자체를 바로잡아야 한다!" 당(唐)나라의 《경룡관종명(景龍觀鐘銘)》[146]은 근원이 이 비(碑)에서 나왔는데, 순하고 우아한 면을 조금 가미해서 더 낫다.

### 후주(後周) 화악비(華嶽碑)[147]

[금석사][148] 내가 예전에 금천사(金天祠)[149]에 들렀다가 이전 시대의 비판(碑版, 비석에 새겨진 글)을 마음껏 본 적이 있는데, 이 가운데 한나라의 비(碑)는 하나도 남아 있는 것이 없었고, 《후주 화악비》만이 마치 노영광(魯靈光)[150]처럼 오래된 측백나무 아래에 우뚝하게 서 있었다. 비는 정교하고 우아하게 만들어져 마치 거울을 보는 듯 서법에 통달했는데, 만뉴우근(萬

眞. 俗學鄙習, 復加虛造, 以意爲疑, 炫惑於時. 不獨正其偏傍, 正爲此等書發耳!" 唐《景龍觀鐘銘》, 源出于此, 少劑以馴雅, 便勝.

### 後周華嶽碑

[又] 余嘗過金天祠, 縱觀前代碑版, 漢碑無一存者, 獨《後周華岳碑》如魯靈光, 巋然古柏下. 制作精雅, 洞達若鑑, 爲萬紐于瑾文, 趙文淵隷書.

---

145 편방(偏傍): 한자의 좌변을 '편(偏)', 우변을 '방(傍)'이라 한다. '편방(扁旁)'이라고도 한다.

146 경룡관종명(景龍觀鐘銘): 당(唐)대 경룡관(景龍觀)에 주조된 청동으로 만든 종에 이단(李旦)이 직접 글을 지어 새긴 명(銘). 종(鐘)의 정면에 명문(銘文) 한 단락이 새겨져 있는데, 총 292자로, 18줄로 이루어져 있다. 줄마다 17자가 있으며, 14칸의 공백이 있다. 명문의 내용은 도교(道敎)의 교의(敎義)를 선양하고, 경룡관의 내력과 종의 제작 경위 및 종에 대한 찬양 등이다. 경룡관(景龍觀)의 종은 현재 서안비림박물관에 소장되어 있다.

147 후주(後周) 화악비(華嶽碑): 《서악(西嶽) 화산(華山) 신묘비(神廟碑)》·《후주(後周) 화악송비(華嶽頌碑)》라고도 한다. 북주(北周) 567년에 건립되었으며, 현재 섬서성(陝西省) 화음시(華陰市) 문묘(文廟)에 있다.

148 《金石史》卷上〈後周華嶽碑〉《叢書集成初編》1518, 12쪽).

149 금천사(金天祠): 미상.

150 노영광(魯靈光): 중국 전한의 노공왕(魯恭王)이 건립한 영광전(靈光殿)을 말한다. 여러 차례나 전란을 겪었어도 이 궁전만은 완전하게 보존되었다는 내용이 한나라 왕연수(王延壽)의 〈노영광전부(魯靈光殿賦)〉 서문에 보인다.

紐于瑾)151이 글을 짓고 조문연(趙文淵)152이 예서로 글
씨를 썼다.

만뉴우근이 예전에 비송(碑頌) 수십 만 자를 지었
지만, 이 문장은 크게 볼만한 점이 없다. 조문연은 북
주(北周)의 서학박사(書學博士)153를 지냈고, 글씨의 자
취가 우아하여 당시 사람들에게 귀하게 여겨졌다. 우
문태(宇文泰)154 때에 명령을 내려 6체(體)155를 간행했는
데, 강릉(江陵)156에 와서 쓴 《경복사비(景福寺碑)157》는
남조의 양(梁) 무제(武帝)158마저 칭송했다. 또 편액을
쓴 공으로 봉읍(封邑)을 더하고 군수(郡守)에 제수하였
으니, 그를 대우하지 않았다고는 말할 수 없다.

그러나 비의 글씨가 전부 옛 서법을 그대로 따라
서 천박하고 비루하므로 한 번만 봐도 욕지기가 나
오는데, 그의 이름이 한 시대에 진동했으니 어찌 된

于瑾嘗著碑頌數十萬言,
此文殊無可觀. 文淵爲周
書學博士, 書迹雅爲當時
所重. 宇文泰時, 命刊定六
體, 至江陵書《景福寺碑》,
梁主稱之. 又以題榜功增
封邑除郡守, 不可謂不遇
也.

而碑字盡倣古法, 淺陋鄙
野, 一見欲嘔, 而名動一
時, 何耶? 竇臮《述書賦》

---

151 만뉴우근(萬紐于瑾):?~?. 중국 북주의 서예가. 이밖에 자세한 정보는 알 수 없다.

152 조문연(趙文淵):?~?. 중국 북주의 서예가. 후대 사람들이 당(唐)나라 고조 이연(李淵)의 이름을 휘하여
조문심(曹文深)이라 불렀다. 자는 덕본(德本). 어렸을 때부터 해서와 예서를 배웠으며 종요(鍾繇)·왕희지
(王羲之)의 서풍에 탁월했다. 후에 북주를 섬겨 서학박사(書學博士)가 되었다.

153 서학박사(書學博士):관직명. 수(隋)나라 때 2사람을 배치하여 국자사(國子寺)에 소속되었다. 당나라 초기
에 제도가 폐지되었다가, 고종(高宗) 용삭(龍朔) 2년(662)에 다시 실행되었다. 주로 국자감 서학의 일을 주
관하였으며 송(宋)나라 때까지 이어졌다.

154 우문태(宇文泰):508~556. 서위(西魏)의 군사가·정치가, 북주(北周)의 창업자. 자는 흑달(黑獺). 선비족
군인 집안 출신이다. 그는 남북조시대 중국 북방 소수민족 출신으로, 서위의 실질적인 통치자였다. 20여
년 동안 서위를 통치하면서 강국으로 올려놓아 훗날 북주를 건국하기 위한 기반을 다졌다. 그가 죽은 뒤에
는 그의 아들 우문각(宇文覺)이 서위의 공제(恭帝)를 대신하여 황제 자리에 오르고 나라 이름은 주(周, 사
서에서는 북주)로 고쳤다. 이에 우문태는 태조문황제로 추증되었다.

155 6체(體):한자의 6체는 형성된 시대와 획의 모양에 따라 여러 가지로 분류되었는데, 획이 간소해진 정도에
따라 주로 전서(篆書)·팔분(八分)·예서(隸書)·해서(楷書)·행서(行書)·초서(草書) 등으로 구분된다.

156 강릉(江陵):지금 중국의 호북성(湖北省) 남부에 있는 형주시(荊州市) 일대.

157 경복사비(景福寺碑):조문연(趙文淵)이 왕의 명을 받아 쓴 비(碑). 현재 원문은 산실되어 전하지 않고, 북
주(北周)의 2번째 황제인 우문육(宇文毓, 명제(明帝))의 명(命)으로 강릉으로 가 비를 썼다고 전해진다.

158 양(梁) 무제(武帝):중국 남조 양나라의 초대 황제(재위 502~549). 성은 소(蕭), 이름은 연(衍), 자는 숙달
(叔達)이다. 남제 황실의 일족으로 박학하며 문무 재간이 뛰어났다. 문학에 뛰어났고, 음률과 서예에서도
일가를 이루었다. 저서로 《주역대의(周易大義)》·《계사의소(繫辭義疏)》·《상서대의(尙書大義)》·《효경의소
(孝經義疏)》 등이 있다.

일인가? 두기(竇曁)[159]는 〈술서부(述書賦)〉에 "조문연과 조효일(趙孝逸)[160]은 유독 앞선 시대 사람들의 종적을 사모하였는데, 왕헌지(王獻之)[161]를 본받는 데에 이르러서는 마치 용문(龍門)에 오르려는 듯했다.[162] 그러나 북송(北宋)과 북제(北齊) 서풍의 면모는 있었지만, 공림지(孔琳之)[163] · 박소지(薄紹之)[164]의 기개는 없었다."라 했다.

두기는 당(唐) 고조 이연(李淵)의 이름을 피휘(避諱)[165]하였기 때문에 문연(文淵)을 문심(文深)이라 썼다. 당시 사람들은 '조문연은 왕희지를 본받았고, 조효일은 왕헌지를 본받았다.'라 했다. 양(梁)나라를 평정한 뒤에 왕포(王褒)[166]가 서위(西魏)로 들어오자 온 조정의 명망 있는 귀족들이 모두 왕포의 서법을

云: "文深、孝逸獨慕前蹤, 至師子敬, 如欲登龍. 有宋、齊之面貌, 無孔、薄之心胸."

曁避唐諱, 故文淵作文深. 當時謂"文深師右軍, 孝逸師大令." 平梁後, 王褒入國, 擧朝貴冑皆師褒. 獨兩人負二王, 法二王不作古隷. 文淵豈獨工行、草、楷

---

159 두기(竇曁): ?~?. 중국 당나라의 서예가. 장지(張芝)와 왕희지의 서법을 배웠으며 범양공조(範陽功曹) · 검교호부원외랑(檢校戶部員外郎) 등의 관직을 역임했다.

160 조효일(趙孝逸): ?~? 중국 수나라의 서예가. 사문조교(四門助敎)를 지냈으며, 왕헌지(王獻之)의 서법을 본받았다. 저서로《술서부주(述書賦注)》가 있다.

161 왕헌지(王獻之): 348~388. 중국 동진의 서예가. 자는 자경(子敬). 왕희지(王羲之)의 일곱 번째 아들로, 아버지와 함께 이왕(二王)이라 불린다. 《순화각첩(淳化閣帖)》과 송 · 명 · 청의 서첩에 그의 척독이 60여 점가량 수록되어 있으며, 《낙신부 13행(洛神賦 十三行)》 ·《지왕탕첩(池黃湯帖)》 ·《이십구일첩(二十九日帖)》 · 《압두환첩(鴨頭丸帖)》 ·《중추첩(中秋帖)》 등이 유명하다.

162 왕헌지(王獻之)를……듯했다: 원문의 "등룡(登龍)"은 용문(龍門)에 오른다는 뜻이다. 황하(黃河) 상류에 용문이라는 계곡이 있는데, 그 근처에 흐름이 매우 빠른 폭포가 있었다. 그 밑으로 큰 고기들이 수없이 모여들어 용문으로 올라가고자 했지만 쉽게 오르지 못했다. 이곳에서 고기들이 만일 폭포를 거슬러 오르기만 하면 용이 된다고 하는 고사에서 나온 말이다. 여기서는 조문연이 왕헌지를 본받기 위해 각고(刻苦)의 노력을 기울였다는 의미로 보인다.

163 공림지(孔琳之): 369~423. 중국 남조의 서예가이자 음악가. 어릴 때부터 문장을 좋아했고, 음률을 알아 금(琴)을 탈 수 있었으며, 초서와 예서를 잘 썼다. 사부상서(祠部尚書)를 지냈으며, 저서로 문집 10권이 있다.

164 박소지(薄紹之): 420~475. 중국 남북조시대의 서예가. 자는 경숙. 왕헌지의 서법을 배워 예서 · 행서 · 초서에 모두 뛰어났으며 특히 행서 · 초서에는 그만의 독특한 풍격이 있다. 《순화각첩(淳化閣帖)》에 척독《희환첩(回換帖)》이 실려 있다.

165 피휘(避諱): 문장에서 선왕의 이름자나 중국의 연호자, 성인이나 선조들의 이름자가 나타나는 경우 공경과 삼가는 뜻을 표시하기 위해 획의 일부를 생략하거나 뜻이 통하는 다른 글자로 대치하는 일.

166 왕포(王褒): 513~576. 중국 남북조시대의 문예가. 북주(北周) 낭야(琅邪) 출신으로, 자는 자연(子淵)이며, 왕규(王規)의 아들이다. 양(梁)나라에서 비서랑(秘書郎)을 지냈으며, 궁정시인으로 섬세하고 공교로운 시

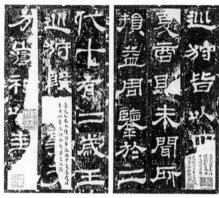

후주 화악비

당 공자묘당비

본받았다. 하지만 유독 두 사람만은 왕희지·왕헌지
의 서법을 자부하여 왕희지·왕헌지의 서법을 본받
아 옛 예서체를 쓰지 않았다. 그러나 조문연(文淵)이
행서·초서·해서의 법칙에만 능했다면 진실로 팔분
법(八分法)을 등한시하지 않았겠는가?

則, 固不閑於分法耶?

당(唐) 공자묘당비(孔子廟堂碑)[167]

[금석사][168] 우세남(虞世南)[169]이 글씨를 썼다. 대개 당
나라의 서법은 구양순과 우세남을 함께 칭송한다.

唐孔子廟堂碑

[又] 虞世南書. 蓋唐書法
歐、虞幷稱. 然張懷[8]瓘謂

---

를 많이 지었다. 양(梁) 원제(元帝) 때 시중(侍中)에 올랐고, 이부상서(吏部尙書)와 좌복야(左僕射)를 역임
했고, 선주자사(宣州刺史)까지 올랐다. 작품으로 〈연가행(燕歌行)〉·〈도하북(渡河北)〉 등이 있고, 문집으
로 《왕사공집(王司空集)》이 있다.

167 당(唐) 공자묘당비(孔子廟堂碑) : 당나라 무덕(武德) 9년(626)에 건립되었다. 《공자묘당비(孔了廟堂碑)》·《부
자묘당비(夫子廟堂碑)》라고도 한다.

168 《金石史》卷上 〈唐孔子廟堂碑〉《叢書集成初編》 1518, 13쪽).

169 우세남(虞世南) : 558~638. 중국 당나라 초기의 서예가. 영흥현자(永興縣子)에 봉해져 '우영흥(虞永興)'이
라고도 불린다. 글씨는 수(隋)나라 승려인 지영(智永)에게서 배워 왕희지체에 능했다. 구양순·저수량(褚遂
良)·설직(薛稷)과 더불어 초당4대가(初唐四大家)로 불리며, 특히 구양순과는 구우(歐虞)로 불리며 어깨를
나란히 하였다.

⑧ 懷 : 저본에는 없음. 《金石史·唐孔子廟堂碑》에 근거하여 보충.

그러나 장회관(張懷瓘)[170]은 "구양순의 글씨는 용맹한 장군이 적진에 깊숙이 들어가려는 듯하여 때로는 이롭지 않고, 우세남의 글씨는 임금의 명을 받은 사신(使臣)이 말을 잘 가려 하는 듯하여 실수하는 경우가 드물다. 또 우세남은 글씨에 강함과 부드러움을 안에 머금고 있지만, 구양순은 글씨의 근골(筋骨)이 밖으로 드러나 있다. 군자는 자신의 기량을 감추므로, 우세남의 글씨가 더 낫다.'라 했다. 이 말이 참으로 당연한 평가이다. 그러나 "수려한 고개와 높은 봉우리가 여기저기에 듬성듬성 솟아 있다."[171]라 했던 우세남에 대한 평가는 잘못이다.

구양순과 우세남은 참으로 나란히 칭송할 만하다. 지금은 《묘당비(廟堂碑)》 하나만 남아 있지만, 이미 다섯 왕조를 거친[172] 번각본(翻刻本)임에도 글씨의 정신이 아직도 환히 비추니 초각본(初刻本)은 얼마나 뛰어났는지 다시 짐작조차 하지 못하겠다.

정관(貞觀) 4년(631)에 비(碑)가 완성되어 황제에게 진상하자 황제가 우장군회계내사인(右將軍會稽內史印)을 우세남에게 하사했는데, 이는 왕희지(王羲之)가 차던 것이었다. 당시에 당 태종(太宗)[173]에게 이미 이처럼 소중히 여겨졌는데, 하물며 오늘날에야 말할 것

"歐若狂將深入, 時或不利; 虞若行人妙選, 罕有失詞. 又虞剛柔內含, 歐筋骨外露. 君子藏器, 以虞爲優." 固當. 至謂"秀嶺危峯, 處處間起"則非也.

歐、虞固可竝稱. 今止存一《廟堂碑》, 已經五代翻刻, 丰神尚爾暎發, 初刻更不知何如耶.

貞觀四年碑成進, 御賜以右將軍會稽內史印[9], 逸少所佩. 當時已爲文皇所重如此, 況今日乎?

---

170 장회관(張懷瓘): 713~741. 중국 당나라의 서예가. 악주사마(鄂州司馬)와 한림원공봉(翰林院供奉), 우솔부병조참군(右率府兵曹參軍)을 지냈다. 진서(眞書)와 행서(行書), 소전(小篆), 팔분(八分) 등을 잘 썼다. 지금 전하는 작품은 없다.

171 수려한……있다:《書斷》卷中(《文淵閣四庫全書》812, 65쪽).

172 다섯 왕조를 거친:《금석사》를 편찬한 명나라의 곽종창(郭宗昌, ?~1652)의 입장에서 보면, 중국 당나라로부터 5대 10국 시기와 명(明)나라로 이어지는 중국 역대 왕조의 계보를 말하는 것으로 보인다.

[9] 稽內史印: 저본에는 없음.《金石史·唐孔子廟堂碑》에 근거하여 보충.

이 있겠는가?

[칠송당지소록(七頌堂識小錄)[174]][175] 경구(京口)의 장씨(張氏) 일가[176]에서 소장하고 있던 우세남의 《부자묘당비(夫子廟堂碑)》의 진본 묵적은 자획이 비석의 글자보다 작았는데, 비석본(碑石本)은 당시에 시험 삼아 써본 글씨를 새긴 것이다. 우세남이 쓴 이 비는 하루라도 탑본을 하지 않는 날이 없어서 당나라 말기에 이미 돌이 갈라지고 끊어져 사라졌다. 세상에 가장 먼저 탁본한 비석본으로 전하는 것은 바로 오대(五代)시대에 왕언초(王彦超)[177]가 돌 위에 중모한 본이다.

[七頌堂識小錄] 京口 張氏藏虞永興 《夫子廟堂碑》眞蹟, 字小於碑, 碑本當時[10]試筆所作也. 永興此碑, 搨無虛日, 唐末已斷泐盡矣. 世所傳陝搨, 乃五代時王彦超重摸上石者.

---

173 당 태종(太宗):599~649(재위 626~649). 중국 당나라의 제2대 황제. 이름은 이세민(李世民)이고, 시호는 문무대성대광효황제(文武大聖大廣孝皇帝)인데 줄여서 문황제(文皇帝)라고도 한다. 당 왕조가 수립된 이후에 진왕(秦王)에 봉해졌고, 현무문(玄武門)의 정변으로 형 이건성(李建成)과 동생 이원길(李元吉)을 죽이고 태자가 된 뒤 양위받아 황제가 되었다. 돌궐(突厥)·토욕혼(土谷渾)·토번(吐蕃)·고창(高昌)을 정벌하여 스스로 천책상장(天策上將)이라 했으며, 항복한 유목 민족들에게는 천가한(天可汗, 티키어로 '하늘에서 내려온 황제·지배자'를 뜻함.)이라 불렸다. 내치로는 《오경정의(五經正義)》의 편찬을 시작하여 경학을 국가에서 관장하려 했으며, 《진서(晉書)》 등 역사서의 편찬을 통해 국가의 정통성을 확립했고, 제왕의 정치규범인 《정관정요(貞觀政要)》를 편찬했다. 문화면에서는 왕희지의 글씨를 수집하고 탁본을 배포하여 왕희지의 글씨가 유행하는 데에 큰 영향을 끼쳤으며, 우세남·구양순 등을 교관으로 하여 해서를 교육시켰다. 태종 자신도 행서(行書)와 비백(飛白)을 잘 썼으며, 작품으로 《진사명(晉祠銘)》·《온천명(溫泉銘)》 등이 있다.

174 칠송당지소록(七頌堂識小錄):청(淸)나라 유체인(劉體仁)의 저술. 기록되어 있는 서화(書畫)와 고기(古器) 47조목은 대부분 손승택(孫承澤)과 양청표(梁淸標) 등 여러 집안의 소장품이라고 기록되어 있다. 저자 유체인은 당시에 왕완(汪琬), 왕사정(王士禎) 등과 과거급제를 함께 하여 시문(詩文)을 주고 받았으며, 손승택과는 박고(博古)로 서로 높여주었다. 이 때문에 서화나 고기 등의 출처를 명확하게 고증할 수 있었을 것으로 추정된다.

175 《七頌堂識小錄》(《文淵閣四庫全書》 872, 6쪽).

176 경구(京口)의 장씨(張氏) 일가:중국 청나라의 명문 세족으로, 대대로 많은 고위관료를 배출해냈으며, 북경 일대에 거주하며 많은 고대의 유물과 서적을 소장하고 있던 일가.

177 왕언초(王彦超):914~986. 중국 오대(五代) 말, 북송(北宋) 초기의 장군·관료. 자는 덕승(德升). 이밖에 자세한 정보는 알 수 없다.

[10] 時:저본에는 "是".《七頌堂識小錄》에 근거하여 수정.

## 성교서비(聖教序碑)[178]

[금석사][179]《고금법서원(古今法書苑)》에 "당 태종(太宗)이 〈성교서(聖教序)〉를 짓자[180] 당시 도성의 여러 승려가 홍복사(弘福寺)에서 이를 간행했다. 당 태종을 보좌하던 승려 회인(懷仁)은 왕희지(王羲之)의 글씨를 집자(集字)하여 여러 해 동안 돌에 새겼는데, 왕희지의 빼어난 필적을 모아 전부 그 비석 안으로 모았다."[181]라 했다.

살펴보니 정관(貞觀) 22년(649), 고종(高宗)[182]이 춘궁(春宮)[183]에 있을 때 태종이 〈성교기(聖教記)〉를 지었고, 고종 함형(咸亨) 3년(672)에 이르러 비로소 비를 세웠다. 그렇다면 이미 기문(記文)을 지은 지 28년이나 지난 뒤이니, 이 비(碑)는 당 태종 시대에 새긴 것이 아니다.[184] 어찌 회인이 정관(627~649) 연간에 글씨를 집자하여 함형(670~673) 연간에 이르러서야 비

## 聖教序碑

[金石史]《書苑》云："唐文皇製《聖教序》, 時都城諸釋誘弘福寺. 懷仁集右軍書, 勒石累年, 方就逸少劇迹, 咸萃其中."

按貞觀二十二年, 高宗在春宮, 述《聖記》, 至高宗咸亨三年, 始建碑. 已二十八年矣, 則碑文非皇刻也. 豈懷仁集書于貞觀間, 至咸亨, 始勒石耶?

---

178 성교서비(聖教序碑): 삼장법사(三藏法師)가 인도에서 들여온 불교 경전을 번역한 뒤, 이를 기념하기 위해 당 태종이 하사한 서문을 새긴 비. 당 태종이 지었으며, 저수량(褚遂良)이 글씨를 썼다. 중국 서안시 자은사(慈恩寺)에 있다.

179 《金石史》卷上〈聖教序碑〉(《叢書集成初編》1518, 13~14쪽).

180 당 태종(太宗)이……짓자: 성교서(聖教序)는 성스러운 가르침에 대한 서문, 또는 성인(聖人)의 가르침에 대한 서문이라는 뜻으로 여기서는 불경(佛經)을 의미한다. 서유기의 등장인물로 유명한 삼장법사(三藏法師, 602~664)의 본래 이름이 현장(玄奘)인데, 당시에 중국에서 인도로 불교를 공부하기 위해 들어간 뒤, 20여 년 동안 머물다가 657부의 불경과 불사리, 그리고 불상들을 가지고 당나라로 돌아와 당 태종을 뵙게 된다. 삼장법사는 태종을 뵈면서 인도어로 되어 있는 불경을 한문으로 번역하고 싶다고 간청했는데, 태종이 이를 허락하자, 제자들과 장안의 홍복사(弘福寺)에서 불경의 번역과 편찬에 착수하게 된다. 번역을 마친 경전을 태종에게 바치면서, 삼장법사는 태종에게 제목과 서문을 하사해 주기를 간청했고, 이에 태종은 직접 서문(序文)을 지어 하사하면서 당시 태자였던 당 고종(高宗)의 기(記)도 함께 내려주었다.

181 당 태종을……모았다: 출전 확인 안 됨.

182 고종(高宗): 중국 당(唐)의 제3대 황제(재위 628~683). 사는 위선(爲善), 휘(諱)는 치(治). 정치의 초기는 태종의 "정관(貞觀)의 치"의 여세를 유지했으나, 병약한 데다 범용(凡庸)한 천자였으므로 황후 무(武)씨(측천무후)의 전횡을 허락하였다. 작품으로 〈기공송(紀功頌)〉·〈이적비(李勣碑)〉 등이 있다.

183 춘궁(春宮): 왕세자가 사는 궁전. 동궁(東宮)·춘저(春邸)라고도 한다.

184 이미……아니다: 만일 비가 672년에 건립되었다고 한다면 당 태종은 649년에 사망했으므로, 당 태종이 사망한 지 한참 뒤에 건립된 것으로 볼 수 있다.

성교서비

로소 돌에 새겼겠는가?

황백사(黃伯思)[185]는 "볼 수 있는 왕희지의 유첩(遺帖)과 비(碑)의 글자는 가늘고 미세한 획도 모두 닮았다. 지금 왕희지가 남긴 필적은 날로 눈앞에서 사라져 다시는 이처럼 볼 수 없으니, 남아 있는 것은 오직 이 석각에 있다."[186]라 했다.

황백사는 또 "당시 한림원(翰林院)의 학자들이 대부분 이 글씨를 배웠지만, 이들의 글씨는 도무지 높은 운치가 없어 마침내 원본체(院本體)[187]라는 지목을 받았으니, 한 시대의 사대부들의 글씨가 대부분 감상할 만하지 않았다. 그러나 이는 대개 배움이 제대

黃長睿謂"所見右軍遺帖與碑字, 纖微克肖. 今右軍遺迹日亡眼中, 更無此睹, 所存止有此石."

長睿又謂"于時翰林侍書輩, 多學此書, 了無高韻, 遂有院本體[11]之目, 一時學士大夫多不賞玩. 蓋學弗能, 至自俗. 碑字未嘗俗

---

185 황백사(黃伯思) : 1079~1118. 중국 북송의 학자·서예가. 자는 장예(長睿), 호는 운림자(雲林子). 원부 3년(1100)에 진사에 급제하였으며, 관직이 비서랑에 이르렀다. 저서로 《동관여론(東觀余論)》이 있다.
186 볼……있다 : 출전 확인 안 됨.
187 원본체(院本體) : 한림원에서 글씨를 배운 학자들의 천편일률적인 필체.
[11] 體 : 저본에는 없음. 《金石史·聖教序碑》에 근거하여 보충.

로 이루어질 수 없어서 저절로 비속해진 것이다. 비의 글자는 한 번도 비속했던 적은 없다. 왕희지의 글씨는 더는 오를 데가 없는 신품(神品)이라서 예나 지금이나 그 명성이 낭랑하게 떨치고 있으니, 참으로 굳이 다시 논할 필요가 없다."[188]라 했다.

《성교서(聖敎序)》와 같은 경우는 왕희지의 글씨를 새긴 석각 중에 수준이 제일이다. 정무본(定武本) 《난정서(蘭亭叙)》의 여러 판각본과 비교해보면 정무와 거리가 천 리나 떨어져있어 지금 이 비(碑)는 장안(長安)에 있으며 누구나 탁본할 수 있으니, 사람들은 쉽게 얻는 물건은 천하게 여기고 어렵게 얻는 물건은 귀하게 여기기 때문에 보배인 줄 아는 사람이 없다. 이는 참으로 100대에 걸쳐 모범으로 삼을 만한 비문이어서, 왕희지를 계승한 적사(嫡嗣)에 걸맞은 점을 알지 못하는 것이다.

무릇 당 태종은 문예를 부흥시킨 황제로서 성스럽고 슬기로움을 널리 펼쳤고, 아울러 서예에도 탁월한 능력을 갖췄다. 또 거칠게나마 서예의 계보를 이을 수 있었으니, 당시에 글씨를 돌에 새겨 탁본한 작품 중에 어느 것도 마땅히 이에 미치지 못했다. 또 당시에는 왕희지의 남아 있던 종이 필적과 자그마한 묵적까지 전부 조정으로 들어갔던 상황이었다. 이런 점을 고려할 때 진본을 탁본하여 나온 것인 데다가 돌에 새긴 각수(刻手)의 솜씨도 또한 다시 정밀하고 뛰어났으니, 이 비를 두고 왕희지를 계승한

也. 右軍書登無上神品, 今古琅琅, 固不必更論."

若《聖敎序》, 右軍石刻中第一. 較定武《蘭亭》諸刻, 相絕千里, 而今碑在長安, 人人可搨, 賤易貴難, 故人莫知寶. 不知眞足模楷百代, 稱山陰嫡嗣也.

夫以文皇弘文之主, 聖睿傍啓, 兼精臨池佳兒. 又粗能繼之, 一時摩搨之工, 宜靡有及此者. 且當時右軍殘楮纖墨, 盡入天府. 從眞迹中搨出, 摩刻手亦復精絕, 稱山陰嫡嗣, 豈虛哉?

188 당시……없다:출전 확인 안 됨.

적사에 걸맞다는 평가가 어찌 허황되다고 하겠는가?

## 오장군비(吳將軍碑)[189]

[금석사][190] 돌은 이미 부서져 비(碑)의 형태가 남아 있지 않다. 내가 손으로 그 글씨를 어루만져 보니, 다만 남아 있는 약간의 자획도 이미 글자를 읽을 수 없었다. 그나마 "홍복사(弘福寺)[191]의 승려 대아(大雅)[192]가 왕희지의 글씨를 집자하여 대장군 오문(吳文)[193]을 위해 세웠다."라는 글은 아직도 남아 있다. 또 "개원(開元) 9년(721)[開元九年]"이라는 글자가 있어, 귀신이 보호한 듯하고 성명과 연대 모두가 하나도 없어지지 않았으니, 또한 기이하다 하겠다.

　비(碑)의 글자는《성교서비(聖敎序碑)》와 매우 비슷하다. 다만 대아와 회인(懷仁)[194]이 집자한 글씨가 이미 사람과 하늘처럼 다르니 어찌 우열을 따질 수 있겠는가? 이 비석은 만력(萬曆) 연간(1573~1620)에 유생 왕요혜(王堯惠)[195]가 서안부(西安府)[196]에 유람을 갔다가 해자에서 발견하고 재빨리 군수에게 말해 반궁(頖

## 吳將軍碑

[又] 石已破碎, 無碑形, 余手摩其文, 止餘若干字, 文已不可讀. 尚存"弘[12]福寺僧大雅集右軍書, 爲大將軍吳文立". 又有"開元九年"字, 若神鬼呵護, 竝姓名、年代無一殘闕, 亦奇矣.

碑字[13]極類《聖敎序》, 第大雅、懷仁, 已分人天, 何能較優劣耶? 此石萬曆間王文學堯惠遊於西安府, 隍中見之, 亟語郡守, 移置頖[14]宮.

---

189 오장군비(吳將軍碑):《진군대장군(鎭軍大將軍) 오공비(吳公碑)》라고도 한다. 현재는 남아 있지 않다.

190《金石史》卷下〈唐九成宮醴泉銘〉《叢書集成初編》1518, 17쪽).

191 홍복사(弘福寺):중국 귀주성(貴州省) 귀양시(貴陽市)에 있는 절. 처음 지을 때 이름은 굉복사(宏福事)였다.

192 대아(大雅):중국 당(唐) 현종(玄宗) 때의 홍복사(弘福寺) 승려.

193 오문(吳文):미상.

194 회인(懷仁):중국 당(唐) 고종(高宗) 때의 홍복사(弘福寺) 승려.

195 왕요혜(王堯惠):미상.

196 서안부(西安府):지금의 중국 산서성(山西省) 서안시(西安市) 일대.

[12] 弘:《金石史·唐大雅集王右軍書吳將軍碑》에는 "宏".

[13] 字:저본에는 없음. 오사카본·규장각본《金石史·唐大雅集王右軍書吳將軍碑》에 근거하여 보충.

[14] 頖:저본에는 "類". 오사카본·《金石史·唐大雅集王右軍書吳將軍碑》에 근거하여 수정.

宮)[197]에 옮겨 두었다.

## 구성궁(九成宮) 예천명(醴泉銘)[198]

[금석사][199] 조맹견(趙孟堅)[200]은 "구양순(歐陽詢)[201]의
《화도사비(化度寺碑)》[202]·《구성궁 예천명》이 해서 법
첩의 제일이다."[203]라 했으나, 나는 당(唐)나라 때 해
서 법첩의 제일일 뿐이라 여긴다. 다만 《화도사비》
는 이미 훼손되었고, 《구성궁 예천명》은 옛날의 상
태가 아니다.

내가 옛날에 탁본한 《구성궁 예천명》을 얻었는
데, 거기에는 겨우 14글자만 빠졌고 기세가 매우
아름답고 특별하며, 종이에 탁본된 글자는 정밀하
고 부드러운 데다가 경계선도 여전히 남아 있었으

## 九成宮醴泉銘

[又] 趙子固謂"率更《化
度》、《醴泉》,爲楷法第一.",
余謂唐楷第一耳. 顧《化
度》已毁,《醴泉》非舊.

余得古搨《醴泉銘》,僅闕
十四字,壯偉瑰奇,楮墨精
靱,界縷猶存,眞北宋物
也. 昔人所稱"草裏驚蛇,

197 반궁(頖宮) : 본래는 중국 주(周)나라 때 제후의 수도에 설치한 학교로, 주위에 해자가 있었다. 반궁(泮宮)이
라고도 한다. 당(唐)나라 때에는 학교를 반궁이라 했으며, 조선시대에는 성균관(成均館)의 별칭으로 쓰였다.

198 구성궁(九成宮) 예천명(醴泉銘) : 중국 섬서성(陝西省) 인유현(隣遊縣)의 구성궁(九成宮) 터에 있는 비. 정
관(貞觀) 6년(632)에 건립되었다. 지금은 송대(宋代)의 탁본이 선본으로 꼽힌다.

199 《金石史》卷下〈唐大雅集王右軍書吳將軍碑〉《叢書集成初編》 1518, 17~18쪽).

200 조맹견(趙孟堅) : 1199~?. 중국 남송 후기의 서화가. 자는 자고(子固). 송 태조 조광윤(趙匡胤)의 자손이
며, 사망 시기는 남송이 멸망하기 전에 죽었다는 설도 있고, 원(元)나라가 수립된 이후에도 계속 은거했다
는 설이 있어 분명하지 않다. 수묵(水墨)과 백묘(白描)의 수선·매화·난초·대나무를 잘 그렸다. 그의 《서론
(書論)》은 조맹부(趙孟頫) 서체의 이론적 근거가 되었다. 작품으로 《수선도권(水仙圖卷)》이 있다.

201 구양순(歐陽詢) : 557~641. 중국 수(隋)·당(唐)시기의 관료·서예가. 자(字)는 신본(信本). 수 양제(煬帝)
때 태상박사(太常博士)를 지냈고, 당 고조(高祖)가 즉위한 뒤에도 급사중(給事中)을 지내 벼슬을 계속했으
며, 태종(太宗) 때 칙명을 받아 《예문유취(藝文類聚)》를 편찬했다. 아들 구양통(歐陽通)도 글씨를 잘 썼기
때문에 아들과 구분하기 위해 대구양(大歐陽)이라고도 불렸고, 우세남(虞世南)과 함께 태자솔경령(太子率
更令)이 되었기 때문에 후대에 솔경(率更)이라고도 불렸다. 모든 서체를 다 잘 썼으며 그중에서도 해서(楷
書)를 특히 잘 썼다. 우세남·저수량(褚遂良)·설직(薛稷)과 함께 초당(初唐)4대가로 불렸다. 작품으로 《황
보탄비(皇甫誕碑)》·《구성궁 예천명》 등이 있다.

202 화도사비(化度寺碑) : 본래 이름은 《화도사(化度寺) 고승(故僧) 옹선사사리(邕禪師舍利) 탑명(塔銘)》이나.
당(唐)나라 정관(正觀) 5년에 건립되었다. 돈황 석굴[敦煌石室]에서 발견된 당(唐)대 탁본을 프랑스인 백
희화(伯希和, 본명 Paul Pelliot)가 외국으로 가지고 가서 프랑스 파리도서관과 영국 런던박물관에 나눠 보
존되어 있다.

203 구양순((歐陽詢)의……제일이다 : 출전 확인 안 됨. 조맹견의 저서에는 보이지 않고, 왕세정(王世貞)의 《엄주
산인고(弇州山人稿)》에 동일한 구절이 보인다.

니, 진실로 북송 때의 물건이다. 옛날 사람들이 말한 "풀 속을 휘저어 뱀을 놀라게 하고, 구름 사이에서 번개가 갑자기 나올 정도이며, 무기고의 창날처럼 글자가 빽빽하다."라는 경지를 모르는 사이에 여기서 볼 수 있는 것이다.

雲間電發, 森森若武庫矛戟"者, 隱然可見.

사람들은 구양순이 진(晉)나라 때의 서법을 변화시킨 줄만 알뿐, 용필(用筆)204과 결체(結體)205가 고예(古隷, 팔분법)로부터 나왔다는 사실을 모른다.

人知信本變晉法, 不知用筆、結體多從古隷中出.

그러므로 구양통(歐陽通)206 이 마침내 구양순보다 더 굳센 필법을 만들었다. 비록 금예(今隷)의 변형처럼 보이지만, 거기에는 또한 구양순 가문 필법의 영향이 저절로 배어 있다.

故小歐陽遂作批法. 雖今隷之變, 亦家學有自.

송(宋)나라 때 탁본한 《구성궁 예천명》의 첫 번째 줄을 보면, 예를 들어 궁(宮) 자의 왼쪽 점은 붓을 세워 한 번 긋고 조금 돌려 곧 운치와 법도가 있었다. 이것이 한(漢)나라 때의 팔분법(八分法)207이다. 하지만 지금까지 오랫동안 수없이 탁본하여 비석의 글자가 점점 닳게 되면서 매우 가늘어져 본래의 모습을 잃게 되었다. 그 결과 마침내 한 획이 한 점처럼 되어버

觀宋搨《醴泉銘》首行, 如宮字左點, 作竪筆, 正鋒一劃而微轉, 便有韻度. 是漢分法也. 今撫搨日久, 碑字漸減, 細瘦失眞. 遂成一點, 筆意了不可尋, 故古搨足尙也.

---

204 용필(用筆):붓을 사용하는 방법으로 필법(筆法)·운필법(運筆法)이라고도 한다. 서법 3요소의 하나로, 가장 기본적인 단계이다.

205 결체(結體):글자의 전체적인 짜임새와 구도. 결구(結句)·결자(結字)라고도 한다.

206 구양통(歐陽通):?~691. 중국 당나라의 관료·서예가. 구양순의 아들. 중서사인(中書舍人)을 지냈기 때문에 후대에 난대(蘭臺), 사관(史官)의 별칭)라고도 불렸고, 아버지와 구분하기 위하여 소구양(小歐陽)이라고도 했다. 측천무후(則天武后) 집권기에 무승(武承)을 태자로 세우는 일을 반대하다 처형당했다. 작품으로 《도인법사비(道因法師碑)》·〈천남생기지(泉男生基志)〉 등이 있다.

207 팔분법(八分法):전서(篆書)가 간단한 서체로 변한 형태. 고예(古隷)라고도 한다.

렸으니, 필의(筆意)[208]를 끝내 찾을 수 없다. 그러므로
옛 탁본이 충분히 숭상할 만한 것이다.

## 도인선사비(道因禪師碑)[209]

[금석사][210] 구양순의 비판(碑版)은 아직 몇 종이 남아
있지만, 구양통의 비판은 《도인법사비(道因法師碑),
도인선사비》만 남아 있을 뿐이다. 구양통 부자는
모두 유명하여 대구양(大歐陽)·소구양(小歐陽)이라
불렸다.

　구양순의 해서(楷書)는 근원이 고예(古隷)에서 나왔
다. 그러므로 골기(骨氣)가 활달하고 결체가 독특하
여 당(唐)나라 해서의 제일이 되었다. 구양통은 어릴
때 고아가 되어 아버지의 글씨를 사들이는 데 많은
재물을 아끼지 않았으며 열심히 배우기를 게을리하
지 않아 그 근원을 체득할 수 있었다. 그러므로 문
득 굳센 필법을 만들어 낸 것은 가문의 학풍을 계승
한 것이지, 새로 만들어 낸 것은 아니다.

## 道因禪師碑

[又] 率更碑版尚有數種,
而蘭臺止存一《道因法師
碑》. 蘭臺父子齊名, 號大、
小歐陽.

率更楷法, 源出古隷. 故骨
氣洞達, 結體獨異, 居唐楷
書第一. 小歐陽早孤, 購
求父書, 不惜重貲, 力學不
倦, 能窺源本. 故輒作批
法, 家學相承, 非創造也.

---

208 필의(筆意):글씨의 조형으로 표현되는 글씨를 쓰는 사람의 생각이나 감정·사상.
209 도인선사비(道因禪師碑):본래 이름은 《대당(大唐) 고번경(故翻經) 대덕(大德) 익주(益州) 다보사(多寶寺)
　　도인법사비(道因法師碑)》이다. 용삭(龍朔) 3년(663)에 건립되었다. 중국 섬서성(陝西省) 서안시(西安市)
　　비림(碑林)에 있다.
210 《金石史》卷下〈唐道因禪師碑〉《叢書集成初編》1518, 18쪽).

증(贈) 태사(太師) 노국(魯國) 공선공비(孔宣公碑)[211]

[금석사][212] 이 비(碑)는 당(唐) 고종(高宗)[213]이 태산(泰山)[214]에서 봉선하고 돌아오다 곡부(曲阜)[215]를 지나며 공자(孔子)의 사당에 제사지내고 공자를 태사로 증직하며 세운 비이다. 칙령으로 최행공(崔行功)[216]이 비문을 짓고, 손사범(孫師範)[217]이 글씨를 썼다.

손사범의 예서는 골기(骨氣)가 많아 마르고 힘이 있지만, 모나게 깎여 따뜻한 느낌이 적다. 이는 위(魏)나라 이후의 서법이지, 한(漢)나라 서법이 아니다. 도리어 개원(開元) 연간(713~741) 이후에 풍류가 풍부하게 쌓인 것만 못하다.

술성송(述聖頌)[218]

[금석사][219] 비(碑)는 화음(華陰)[220] 서악묘(西岳廟)[221]의

贈太師魯國孔宣公碑

[又] 此唐 高宗封泰山, 還過曲阜, 祀孔子, 贈太師所立碑也. 勅崔行功撰, 孫師範書.

師範隸書瘦硬而方削寡情. 是魏以後法, 非漢法也. 反不如開元後之風流蘊藉也.

述聖頌

[又] 碑在華陰 西岳廟一道

---

211 증(贈) 태사(太師) 노국(魯國) 공선공비(孔宣公碑) : 공선공비(孔宣公碑)라고도 한다. 건봉(乾封) 원년(666)에 건립되었다.

212 《金石史》卷下〈唐贈太師魯國孔宣公碑〉《叢書集成初編》1518, 18~19쪽).

213 고종(高宗) : 628~683(재위 649~683). 중국 당나라의 3대 황제로 태종(太宗)의 9번째 아들이다. 돌궐(突厥)을 복속시키고, 백제와 고구려를 멸망시키는 등 대외전쟁을 통하여 영토를 확장했으나, 신라(新羅)·토번(吐蕃)에서 패배하기도 했다. 《당률소의(唐律疏議)》를 작성하고, 《오경정의(五經正義)》를 완성하여 율령과 전장 제도를 완성했다.

214 태산(泰山) : 중국 산동성 태안시에 있는 산. 해발 1545m. 고대의 성왕 순(舜)이 5악 순찰 때 제일 먼저 태산에서 제사를 지냈다는 전설이 있어, 진·한 이래 역대 천자가 하늘에 제사하는 봉선의 의(儀)를 행했다.

215 곡부(曲阜) : 중국 산동성 태산 남쪽에 있는 도시. 춘추시대(春秋時代)에는 노(魯)나라의 땅이었는데 공자(孔子)의 출생지로 알려져 있다.

216 최행공(崔行功) : ?~674. 중국 당나라의 관료. 글을 잘 지어 황제의 조서를 담당했고, 의학에도 조예가 있었다. 저서로 《최행공집(崔行功集)》·《최씨찬요방(崔氏纂要方)》 등이 있다.

217 손사범(孫師範) : ?~?. 중국 당나라의 서예가. 팔분체(八分體)에 뛰어났다.

218 술성송(述聖頌) : 중국 섬서성(陝西省) 서안시(西安市) 비림(碑林)에 있다. 비면이 심하게 훼손되어 제작연대는 알 수 없다.

219 《金石史》卷下〈唐述聖頌〉《叢書集成初編》1518, 19쪽).

220 화음(華陰) : 지금의 중국 섬서성(陝西省) 화음시(華陰市) 일대. 화산(華山) 북쪽이라는 의미이다.

221 서악묘(西岳廟) : 지금의 중국 섬서성 화음시(華陰市) 경내에 있으며 역대 황제들이 화산(華山)의 신(神)인 소호금천씨(少昊金天氏)에게 제사를 지내던 곳이다. 후한(後漢) 때 지어졌으며 청나라 때까지 계속 사용되

서악묘

술성송

한쪽 도원(道院)²²²에 있다. 달해구(達奚珣)²²³가 서문을 지었으며, 여향(呂向)²²⁴이 송(頌)²²⁵을 짓고 아울러 글씨도 썼다. 이 송이 현종(玄宗)²²⁶때 세운《화악비(華岳碑)》이다. 지금 비는 이미 불에 타서 훼손되었으나, 돌덩이만 아직 남아 있는데 산처럼 우뚝 솟아 있다.

비에 새겨진 글자의 결체는 저수량(褚遂良)²²⁷ 의

院. 達奚珣撰序, 呂向撰頌幷書. 是頌玄宗所建《華岳碑》也. 今碑已燬, 尙存塊石, 巋然如山.

碑字結體, 類登善《聖敎》,

---

있고 현재에도 남아 있다. 역사적 가치가 있는 비석 50여 개가 이곳에 있다.

222 도원(道院) : 도교 수련을 하는 사람들이 머무는 곳.

223 달해구(達奚珣) : 미상.

224 여향(呂向) : ?~?. 중국 당나라의 문인. 722년 한림원(翰林院)에 초빙되었고, 집현원(集賢院) 교리(校理)를 겸하여 세자와 왕자들에게 문장을 가르쳤다. 《문선주(文選注)》의 편찬에 참여했다.

225 송(頌) : 한문 문체의 하나로, 《시경(詩經)》에서 시작되었다. 왕 또는 위대한 인물들의 업적을 칭송하는 의도로 쓰였다.

226 현종(玄宗) : 685~762(재위 712~741). 중국 당나라의 6대 황제. 초기에는 유능한 재상들과 함께 제도와 국방을 개혁하고 대외 영향력을 확대해 개원의 치[開元之治]라 불리는 전성기를 기록했다. 그러나 재위 중반 이후에는 이림보(李林甫)·안록산(安祿山) 등을 총애하고 절도사의 권한을 강화해 이들이 각지에서 반란을 일으키는 원인을 제공했다. 안록산·사사명(史思明)의 난으로 피난 중에 다른 방면으로 간 황태자가 군대의 추대를 받자 양위하고 물러났으며, 안·사의 난이 평정된 이후에 태상황으로 지내다가 죽었다.

227 저수량(褚遂良) : 596~658. 중국 당나라 초기의 서예가. 자(字)는 등선(登善). 하남군(河南郡)에 봉해져서 저하남(褚河南)이라고도 불렸다. 태종(太宗)이 왕희지(王羲之)의 글씨를 모을 때 감정을 맡았다. 우세남(虞世南)의 서풍을 배웠고 이후에 왕희지의 서풍을 터득하여 대성했으며, 그의 글씨는 아름답고 화려하며 용필(用筆)에 힘찬 기세와 변화가 있다는 평을 받았다. 구양순(歐陽詢)·우세남과 함께 초당(初唐) 3대가로 불렸으며, 작품으로《맹법사비(孟法師碑)》·《이궐불감비(伊闕佛龕碑)》·《안탑(雁塔) 성교서(聖敎序)》 등이 있다.

《안탑(雁塔)성교서(聖敎序)》[228]와 비슷하지만, 골기가 조금 미약하고, 지나치게 성급하고 호쾌하여 그 작품들에 미치지는 못한다. 품평하는 자들은 "구양순·종요(鍾繇)[229]의 서풍이 섞여 있지만 그들의 부류와는 비슷하지 않고, 글씨의 기세가 물 흐르듯 매끄럽지만 경박한 것이 조금 단점이다."라 했으면서도, 반대로 "근골이 지나치게 많아 마른 듯하다."라고도 했으니, 이는 또한 무엇 때문인가?

骨氣少孫, 峭爽過之, 所以不及耳. 評者謂"歐、鍾相雜, 旣不類, 筆端流潤而微傷佻[15]", 反謂"筋骨乾枯", 又何也?

## 화악정향비(華岳精享碑)[230]

[금석사][231] 이 비의 뒷면, 비음(碑陰) 주위에 있는 내용은 다음과 같다. 소정(蘇頲)[232]이 현종(玄宗)의 명으로 기우제를 지냈는데, 하늘이 응하여 이 비(碑)를 세웠다. 주부(主簿) 함기(咸冀)[233]가 글을 지었고, 어사(御史) 유승(劉升)[234]이 글씨를 썼다. 어찌 개원(開元) 연간의 예서체에 살지고 고우며 요염하도록 아름답

華岳精享碑

[又] 此刻之後, 周碑陰者, 蘇頲承玄宗命禱[16]雨, 有應而建也. 主簿咸冀撰, 御史劉升書. 何其當開元間, 隷體絶無豐艶妖冶之習, 猶存古意耶? 第得漢支不

---

228 안탑(雁塔)성교서(聖敎序):《대당(大唐)삼장(三藏)성교서기(聖敎序記)》의 이칭.

229 종요(鍾繇):151~230. 중국 조위(曹魏)의 정치가·서예가. 조조(曹操)에게 등용되어 명제(明帝) 때까지 활동했으며, 섬서(陝西) 지역을 안정시킨 공로로 상국(相國)에까지 올랐다. 서예가로도 명망이 높아 팔분(八分)과 행서(行書)에 뛰어났으며, 해서(楷書)의 창시자로 알려졌다. 작품으로〈선시표(宣示表)〉·《묘전병사첩(墓田丙舍帖)》등이 있다.

230 화악정향비(華岳精享碑):본래 이름은《화악(華嶽)정향소응비(精享昭應碑)》이다. 개원(開元) 8년(720)에 건립되었다. 중국 섬서성(陝西省) 화음현(華陰縣)에 있다.

231《金石史》卷下〈唐華岳精享碑〉(《叢書集成初編》1518, 19쪽).

232 소정(蘇頲):670~727. 중국 당나라의 관료·문인. 허국공(許國公)이라는 작위를 받아 소허공(蘇許公)이라고도 불렸다. 문장으로 이름을 날렸으며, 저서로《소정집(蘇頲集)》이 있다.

233 함기(咸冀):?~?. 중국 당나라의 관료·문장가. 자(字)는 이업(廣業). 현종 때 시문(詩文)·담론(談論) 등으로 이름을 날려 개원 18학사로 꼽혔다.

234 유승(劉升):?~?. 중국 당나라의 서예가. 현종 때 중서사인(中書舍人)이 되었다. 초서·예서·팔분에 뛰어났다.

15 佻:저본에는 "兆". 오사카본·《金石史·唐述聖頌》에 근거하여 수정.

16 禱:저본에는 "鑄". 오사카본·《金石史·唐華岳精享碑》에 근거하여 수정.

게 만들려는 풍습은 전혀 보이지 않는데도 오히려 고졸(古拙)한 뜻을 가지고 있겠는가? 다만 이 작품은 한(漢)나라 때의 서법 일부를 얻었지만, 전체는 얻지 못했고, 한나라 글씨의 모양은 얻었지만 뜻을 얻지 못했으니, 한나라 사람이 저승에서 일어난다 해도 손뼉을 치지 않을 것이다. 이휴광(李休光)[235]이 비액(碑額)을 썼는데, 모두 거칠고 촌스러워 가소롭다.

得體, 得漢象不得意, 卽起漢人于九原, 能不鼓掌. 李休光名額, 俱麤野可笑.

## 동주(同州) 성교서기(聖教序記)[236]

[금석사][237] 동주(同州)[238]의 자사(刺史)였던 저수량이 쓴 《동주 성교서기》와 《자은(慈恩) 성교서기(聖教序記)》는 크기가 대략 같다. 그러나 《동주 성교서기》는 필획의 골기(骨氣)가 풍부하고 《자은 성교서기》는 운치가 넉넉하여 한 사람이 썼지만 두 손에서 나온 듯하다. 그 중에서 《동주 성교서기》는 더욱 돌이 떨어지고 번개가 치는 듯한 기세가 있다.

뒷면에 "용삭(龍朔) 3년(663) 계해(癸亥)년 6월 23일 비를 세웠다. 대당(大唐, 당(唐)나라)의 저수량(褚遂良)이 글씨를 썼다."라 했다. 동주의 관청에 있었으면서도 다시 '신(臣)'이라 쓰지 않은 점 또한 《자은 성교서기》와 다르다.

저수량은 영휘(永徽) 원년(650) 경술(庚戌)년에 동주

## 同州聖教序記

[又] 同州 褚書 《聖教序記》與《慈恩》, 大小略同. 而《同州》饒骨,《慈恩》饒韻, 如出兩手, 而《同州》尤有墜石驚電之勢.

後云"龍朔三年癸亥六月二十三日建, 大唐 褚遂良書". 在同州倅廳, 復不稱臣, 又與《慈恩》異.

公永徽元年庚戌出爲同州

---

235 이휴광(李休光) : ?~?. 중국 당나라의 인물.《구당서(舊唐書)》·《신당서(新唐書)》에 이름만 언급된다.
236 동주(同州) 성교서기(聖教序記) : 본래 이름은 《대당(大唐) 삼장(三藏) 성교서기(聖教序記)》이다. 삼장법사(三藏法師) 현장(玄奘)의 업적을 기린 글로, 당(唐) 고종(高宗)이 글을 지었다.
237《金石史》卷下〈唐褚書同州倅廳聖教序記〉(《叢書集成初編》1518, 19~20쪽).
238 동주(同州) : 지금의 중국 섬서성(陝西省) 위남시(渭南市)에 속해 있는 지역.

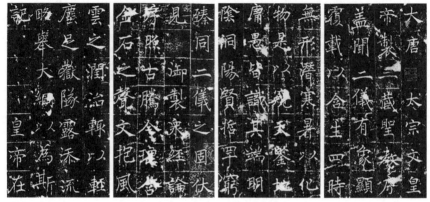

동주 성교서기

자사(同州刺史)로 나갔다가 3년(652)에 조정으로 돌아왔다. 6년(655)에 담주(潭州)239로, 현경(顯慶) 2년(657)에는 애주(愛州)240로 좌천되었으며, 3년(658) 무오(戊午)년에 임지에서 죽었다.

비가 세워진 용삭 3년은 그가 죽고 나서 6년이 지났을 때이다. 어찌 저수량이 다시 글씨를 써줄 수 있었겠으며, 어찌 두 비(碑)가 모두 직접 쓴 글을 돌에 새긴 것이 아니겠는가? 저수량이 죽자 동주 사람들이 동향(桐鄕)의 그리움241을 견디지 못해, 그의 글을 다시 베껴 관청에 새긴 것이다. 실제로 그 비가 세워진 날짜를 기록한 이유는 처음부터 그것이 없어질

刺史, 三年還朝. 六年貶潭州, 顯慶二年貶愛州, 三年戊午卒于貶所.

至龍朔癸亥, 卒已六年矣. 安得復與書事, 豈二碑皆非手書上石? 公歿同人不勝桐鄕⑰之思, 復摸刻官所. 實紀所建歲月, 初不計其存亡. 其兩地字迹不同者, 摸手異耳.

239 담주(潭州) : 지금의 중국 호남성(湖南省) 장사현(長沙縣) 일대.
240 애주(愛州) : 지금의 베트남 북부 타인호아(Thanh Hoa)성의 타인호아시 일대.
241 동향(桐鄕)의 그리움 : 동향(桐鄕)은 중국 안휘성(安徽省) 동성현(桐城縣)의 북쪽에 있는 지역으로, 춘추시대의 동국(桐國)이다. 한(漢)나라 여강(廬江) 서현(舒縣) 사람인 주읍(朱邑)이 동향의 색부(嗇夫, 고을에서 소송·조세를 담당하던 하급 관리)가 되어 고을의 업무를 잘 다스렸다. 그가 죽자, 고을 사람들이 그의 무덤을 만들고 사당을 세워 받들었다. 여기에서는 동주(同州) 고을의 사람들이 저수량을 그리워하는 마음을 비유하였다.
⑰ 桐鄕 : 저본에는 "相卿". 오사카본·규장각본·《金石史·唐豬書同州倅廳聖敎序記》에 근거하여 수정.

때를 고려했기 때문이 아니었다. 그 두 곳 비의 글자
체가 다른 이유는 베껴 쓴 사람이 다르기 때문이다.

옛 사람이 《난정서》를 임서(臨書)한 때, 그 글이
구양순에게서 나왔기 때문에 해서가 뛰어나다고도
했고, 저수량에게서 나왔기 때문에 행서가 뛰어나
다고도 했다. 이는 반드시 저수량 글씨를 연습하는
사람은 《자은 성교서기》를 베끼고, 구양순 글씨를
연습하는 사람은 《동주 성교서기》를 베끼기 때문이
다. 이렇듯 비문 각자가 모두 한 서체의 골기와 풍모
를 갖춘 것이다. 그러나 왕세정(王世貞)이 항상 이 사
실에 대하여 의심하여, 저수량이 무덤에서 일어나
말할 수 없는 것을 한스러워했다.

昔人臨《蘭亭》, 出歐陽率
更, 故楷法勝, 出褚河南,
故行法勝. 此必習褚者摸
《慈恩》, 習歐者摸《同州》,
故各自具一氣骨風韻也. 王
元美常致疑於此, 恨不能
起九原而語之.

## 자은(慈恩) 성교서기(聖敎序記)[242]

[금석사][243] 저수량이 해서로 쓴 《성교서기(聖敎序記)》
이다. 하나는 동주(同州)의 관청에 있고, 하나는 장
안(長安)[244]의 대자은사(大慈恩寺)[245]에 있다.

대자은사에 있는 비(碑)는 서문과 기문(記文) 2개
이다. 비(碑)는 안탑문(雁塔門)의 동쪽과 서쪽 양 옆에
보관되어 있는데, 벽돌로 매우 정밀하게 만들었다.

## 慈恩聖敎序記

[又] 褚河南楷書《聖敎序
記》. 一在同州倅廳, 一在
長安慈恩寺.

在慈恩者, 序、記自爲二.
碑嵌雁塔門東、西兩傍, 致
令辟甚精. 余嘗手摩其文,

---

242 자은(慈恩) 성교서기(聖敎序記): 본래 이름은 《대당(大唐) 삼장(三藏) 성교서기(聖敎序記)》이며, 《안탑
(雁塔) 성교서기(聖敎序記)》·《자은사(慈恩寺) 성교서(聖敎序)》라고도 한다. 안탑문(雁塔門) 우실(右室)
에 보관되어 있고, 좌실(左室)에는 태종(太宗)이 지은 《대당(大唐) 삼장(三藏) 성교서(聖敎序)》가 있다.

243 《金石史》卷下〈唐諸書雁塔聖敎序記〉(《叢書集成初編》1518, 20쪽).

244 장안(長安): 지금의 중국 섬서성(陝西省) 서안시(西安市) 일대. 수(周)나라 무왕(武王)이 이곳을 도읍으로
하여 호경(鎬京)이라 했으며, 전한(前漢)의 수도가 되어 장안이라 불렸다. 당(唐)나라 때의 수도도 이곳이
었다.

245 대자은사(大慈恩寺): 중국 당(唐)나라 고종(高宗)이 어머니의 자은(慈恩)에 보답하기 위하여 648년에 건립
하였고 대자은사(大慈恩寺)라는 사액을 받았다. 흔히 삼장법사(三藏法師)로 알려진 현장(玄奘)이 경전과
불상을 보관하기 위하여 5층 전탑(塼塔)을 세웠는데, 8세기에 높이 64m의 7층탑으로 개수되었다.

대자은사

자은 성교서비

내가 이전에 그 글귀를 손으로 어루만져보니, 필법이 가벼운 구름처럼 섬세하고 우아하여 있는 듯 없는 듯했다. 이른바 "황궁의 궁문이 멀리 봄 숲에 비치고, 곱고 예쁜 미녀는 화려한 비단도 당해낼 수 없네."246라 했으니, 이 비문이 참으로 그렇다.

서문 뒤에는 "영휘(永徽) 4년(653) 10월 15일에 세웠고, 중서령(中書令) 신(臣) 저수량이 쓰다."라 되어 있고, 기문 뒤에는 "영휘 4년 계축(癸丑) 12월 10일 세웠고, 상서우복야(尙書右僕射)247 상주국(上柱國)248 하남군(河南郡)249 개국공(開國公) 신 저수량이 쓰다."라 되어 있다.

이 글에서 저수량이 동주(同州)에서 소환된 뒤

筆法如輕雲纖阿, 若無若有. 所謂"瑤臺靑瑣, 窅暎春林, 嬋娟美女, 不勝羅綺", 信然.

序後云"永徽四年十月十五日建, 中書令臣褚遂良書", 記後云, "永徽四年癸丑十二月十日建, 尙書右僕射、上柱國、河南郡、開國公臣褚遂良書".

此自同州召還後, 筆⑱稱

---

246 황궁의……없네:《太平御覽》卷748〈工藝部〉"書中"(《文淵閣四庫全書》900, 628쪽).

247 상서우복야(尙書右僕射):중국 수(隋)·당(唐)시기에 있던 관직. 정1품이고 상서성(尙書省)의 장관으로, 수나라 때는 상서좌복야(尙書左僕射)에 이어 관료 서열 2위로 국정을 총괄했다. 당(唐)나라 때에도 요직이었으나, 상서성(尙書省)·문하성(門下省)·중서성(中書省)의 위상 변화에 따라 명칭과 권한이 바뀌었다.

248 상주국(上柱國):중국 당나라 때 공이 있는 관원에게 내리는 명예직. 정2품이고 실제 맡은 일과 권한은 없었다.

249 하남군(河南郡):지금의 중국 하남성(河南省) 낙양시(洛陽市) 동부, 정주시(鄭州市) 일대. 전한(前漢) 때 설치되었으며 당나라 때까지 존속했다.

로 '신(臣)'이라 쓴 이유는 황제의 어제문(御製文)을 썼기 때문이지, 칙서를 받들어 지은 글이 아니기 때문이다.

"臣"者, 以御製文, 非奉敕書也.

## 왕청원충사비(王淸源忠嗣碑)[250]

王淸源忠嗣碑

[금석사][251] 원재(元載)[252]가 글을 짓고, 왕진(王縉)[253]이 글씨를 썼는데, 서법이 매우 예스럽다. 비록 장봉(藏鋒)[254]으로 글씨 모양을 감추었으나, 송나라 사람의 솔직담백한 서풍을 다시 열었다. 사서(史書)에는 왕충사(王忠嗣)[255]를 화주(華州)[256]의 정(鄭)[257] 사람이라 했고,[258] 비(碑)에는 화음(華陰) 사람이라 했다.

[又] 元載撰, 王縉書, 書法蒼老. 雖藏鋒斂態, 而復開宋人率直門戶. 史稱忠嗣華州鄭人, 碑稱華陰人.

　비는 주성(州城)[259] 서쪽 30리에 있는 적수(赤水)[260]

碑竪州城西三十里赤水道

---

250 왕청원충사비(王淸源忠嗣碑) : 대력(大曆) 10년(775)에 건립되었고, 1950년대에 훼손되었다.

251 《金石史》卷下〈唐王淸源忠嗣碑〉(《叢書集成初編》1518, 20~21쪽).

252 원재(元載) : ?~777. 중국 당나라의 관료·문인. 《노자(老子)》·《장자(莊子)》·《열자(列子)》 등에 뛰어나 벼슬길에 올랐으며 문장을 잘 썼다. 내시들과 잘 어울리고 황제의 비위를 잘 맞췄으며, 권력을 멋대로 휘두르고 뇌물을 받았다. 결국 악행으로 황제에게 고발당해 자살하라는 명을 받고 죽었다.

253 왕진(王縉) : 700~781. 중국 당나라의 관료·문인. 문장으로 유명해져 관직 생활을 했다. 불교를 신봉하여 고기와 매운 음식을 먹지 않았으며 말년까지 이를 엄격하게 지켰다. 성격이 탐욕스러워 뇌물을 많이 받았으며, 원재에게 아부하여 원재가 벌 받을 때 좌천되었다.

254 장봉(藏鋒) : 서예 용필법의 일종으로, 붓끝이 획의 중심을 통과하고 치우치지 않게 쓰는 기법.

255 왕충사(王忠嗣) : 706~750. 중국 당나라의 군인. 토번(吐蕃)을 막는 공을 세워 36세의 나이로 절도사(節度使)가 되었다. 이후 안서대도호(安西大都護)가 되고 돌궐(突厥)을 붕괴시켜 공이 더욱 커졌으나 이임보(李林甫)에게 미움을 사 처형되었다.

256 화주(華州) : 지금의 중국 섬서성(陝西省) 화현(華縣) 일대.

257 정(鄭) : 중국 춘추시대(春秋時代)의 제후국 정(鄭)에서 유래된 지역명. 지금의 하남성과 섬서성 일부에 걸쳐 있었으며, 이 지역의 별칭으로 쓰였다.

258 사서(史書)에는……했고 : 왕충사의 출신지는 사서(史書)마다 다르다. 《구당서(舊唐書)》에는 태원(太原, 지금의 중국 산서성 태원시) 사람이라 되어 있고, 《신당서(新唐書)》에는 본문과 같이 화주 사람이라 되어 있다.

259 주성(州城) : 주(州)의 중심지에 있는 성. 명(明)·청(淸) 시기에는 지방 제도가 성(省)·주(州)·현(縣)으로 나뉘어 있었다. 주(州)·현(縣)은 오늘날의 시(市)·군(郡)의 관계와 같고 상관의 위계도 지주(知州)가 지현(知縣)보다 품계가 위였다. 주성(州城)에는 지주(知州)의 관청이 있었다. 여기서는 화주의 성(城)을 가리킨다.

260 적수(赤水) : 미상. 현재로는 중국 귀주성(貴州省)에 위치한 하천 지명뿐이다. 두 지역 간의 거리가 상당하므로 이곳을 지칭한다고 볼 수 없다. 본문에서 가리키는 섬서성 화현 지역 일대의 적수에 대한 정보는 찾아볼 수 없다.

18 筆 : 저본에는 "必". 오사카본·《金石史·唐諸書雁塔聖教序記》에 근거하여 수정.

의 길 남쪽에 있고, 또 그 남쪽에 있는 높은 언덕
이 바로 왕사충의 무덤이다. 비는 한 가운데가 꽤
나 높고 둘레가 낮으며 빼어난 조각은 지금 사람들
이 미칠 수 있는 바가 아니다. 옆면에는 물짐승을
조각하여 더욱 기이하고 웅장하다. 사람들로 하여
금 먼 옛날 당나라 사람의 미술품을 떠올리게 해서
광채가 빛나는 것을 깨닫지 못했다. 만력(萬曆) 연간
(1573~1620)에 위남(渭南)261의 최방량(崔邦亮)262이 현성
(縣城)의 서쪽 길 북쪽으로 옮겨 두었다.

南, 又南高原卽其冢也. 碑
頗穹窿, 追琢之妙非今人可
及. 側[19]刻水獸, 尤奇異怪
偉. 令人遠想唐人畫蹟, 不
覺色飛. 萬曆間渭南崔令
君邦亮移置縣城之西道北.

## 소림사비(少林寺碑)263

[금석사]264 이 비의 윗면에는 태종(太宗)이 진왕(秦王)
이었을 때 왕세충(王世充)265을 정벌하면서 사주(寺主,
사찰을 관리하는 승려) 및 군인과 백성들을 피신시키면
서 쓴 격문을 새겼다. 비액(碑額)은 현종(玄宗)이 팔분
으로 7대자(大字)를 썼는데, "태종문황제어서(太宗文
皇帝御書, 태종 문황제께서 직접 쓰시다)."라 했다. 지금 《소
림사비》의 용필(用筆)을 보면 경박하고 평범하여 이
미 문황제 태종의 용필과는 비슷하지 않고, 또한 '세

## 少林寺碑

[又] 此碑上方, 刻太宗爲
秦王時征王世充移寺主及
軍民檄. 首玄宗八分書七
大字, 謂"太宗 文皇帝御
書". 今觀其用筆, 懁佻凡
近, 旣不類文皇筆, 且世民
二字獨大而又行草, 一見便
奇偉, 不群.

---

261 위남(渭南) : 지금의 중국 섬서성(陝西省) 위남현(渭南縣) 일대. 명(明)나라 때부터 행정구역 이름이었다.
262 최방량(崔邦亮) : ?~?. 중국 명나라의 관료. 《명사(明史)》에 신종(神宗) 때 회양(淮揚) 순안어사(巡按御史)
　　로 언급만 되어 있다.
263 소림사비(少林寺碑) : 본래 이름은 《황당(皇唐) 숭악(嵩岳) 소림사비(少林寺碑)》이다. 개원(開元) 6년(728)
　　에 건립되었고, 비석의 높이는 3.1m, 너비는 1.38m이다.
264 《金石史》卷下〈唐小林寺碑〉《叢書集成初編》1518, 21쪽).
265 왕세충(王世充) : ?~621. 중국 수나라 말기의 군인·정치가. 본래 지씨(支氏)였으나, 아버지가 왕씨의 양자
　　로 들어가 왕씨가 되었다. 병법에 뛰어나 군공으로 벼슬을 했다. 양제(煬帝)가 죽은 뒤 월왕(越王) 양동
　　(楊侗)을 옹립했다가, 그를 폐하고 스스로 황제를 칭하여 정(鄭)나라를 세웠다. 당 태종에게 패한 뒤 항복
　　했으나 장안(長安)에 갔다가 살해당했다.
[19] 側 : 저본에는 "則". 오사카본·《金石史·唐王淸源忠嗣碑》에 근거하여 수정.

소림사비

민(世民)' 두 글자는 유독 큰 데다가 행초(行草)로 되어
있으니, 언뜻 보면 매우 뛰어나서 견줄 곳이 없을 듯
하다.

하지만 이 비(碑)의 내용은 참으로 이밀(李密)266이
진왕을 뵐 때의 상황과 같아, 격문은 반드시 기실(記
室)267에게서 나왔고, 진왕은 스스로 서명만 했을 뿐

眞如李密見秦王時狀, 始
知檄必出記室, 而秦王自書
名耳. 不然何獨別作行草,

---

266 이밀(李密) : 582~618. 중국 수나라 말기의 인물. 수나라 개국공신 양소(楊素)에게 인정을 받아 그 아들 양
현감(楊玄感)과 친하게 지냈으며, 양현감이 난을 일으켰을 때 도주했다. 반란군 적양(翟讓)의 수하로 있다
가 그를 살해하고 독자세력을 이끌었으나 당(唐)이 건국되자 고조(高祖)에게 항복했다. 이후 반란을 도모
하다가 살해되었다.

267 기실(記室) : 중국 수(隋)·당(唐) 시기 각 부(府)에 소속되어 기록을 담당하던 관리. 종(從)6품.

이라는 사실을 비로소 알 수 있다. 그렇지 않다면 어찌 유독 태종의 이름인 '세민(世民)' 2글자만 별도로 행초로 써서 격문의 글자와 비슷하지 않게 했겠는가? 그런데 어찌 현종(玄宗)이 경박하고 평범한 비(碑)의 글씨를 선대(태종)의 글씨로 드러내려 했고, 오류를 보고도 신하들이 입을 다물어 끝내 그것을 바로잡지 않았겠는가?

격문의 아랫면이 곧 《소림사비》이다. 배최(裴漼)[268]가 글을 짓고 글씨도 썼다. 글씨가 자못 저수량의 굳세고 수려한 필세를 얻었지만, 멀리 봄 숲에 비치는 운치는 없다.

與檄字不類耶? 豈玄宗欲昭先迹, 偶誤, 群臣噤噤, 訖無正之乎!

檄文下方, 卽《少林寺碑》. 裴漼撰竝書. 書頗得褚河南之勁俊, 而無窅暎春林之致.

## 숭양관비(嵩陽觀碑)[269]

[금석사][270] 이임보(李林甫)[271]가 글을 짓고, 도사(道士) 손태충(孫太沖)[272]이 현종(玄宗)의 병 치료를 위하여 연단(煉丹)[273]을 9번 정련하고 송(頌)을 지었으며, 서호(徐浩)[274]가 팔분법으로 글씨를 썼다. 서호의 팔분법

## 嵩陽觀碑

[又] 李林甫述, 道士孫太沖爲明皇煉丹至九轉而作頌, 徐浩分書. 分法簡穆, 評者謂"子敬、元常異代同

---

268 배최(裴漼) : ?~736. 중국 당나라의 관료. 예종(睿宗) 때 벼슬에 올라 현종 때 이부상서(吏部尙書)가 되었고, 학문으로 유명하여 태자의 교육을 맡았다.

269 숭양관비(嵩陽觀碑) : 본래 이름은 《대당(大唐) 숭양관(嵩陽觀) 기성덕감응지송비(紀聖德感應之頌碑)》이다. 천보(天寶) 3년(744)에 건립되었고, 비석의 높이는 9.02m, 너비는 2.04m, 두께는 1.05m이다. 당나라 현종의 병 치료를 위하여 건립했다.

270 《金石史》 卷下 〈唐嵩陽觀碑〉 《叢書集成初編》 1518, 21~22쪽).

271 이임보(李林甫) : ?~752. 중국 당나라의 관료. 현종 때 《당률소의(唐律疏議)》를 편찬하는 등의 업적을 남겼지만, 황제에게 가는 언로를 막고 앞에서는 친한 척하지만 모함으로 사람을 많이 죽여, '입에는 꿀이 있고 뱃속에는 칼이 있다.[口有蜜, 腹有劍.]'라는 평을 받아 사자성어 구밀복검(口蜜腹劍)의 어원이 되었다.

272 손태충(孫太沖) : 미상.

273 연단(煉丹) : 옛날 중국에서 무병장수를 위해 먹던 약. 수은이 들어 있어 오래 복용하면 척추가 썩어 들어가 죽게 되며, 시신에서 수은이 검출되어 이 약의 복용 여부를 알 수 있다.

274 서호(徐浩) : 703~782. 중국 당나라의 관료·서예가. 젊어서 명경과에 급제했고, 글을 잘 짓고 글씨를 잘 써 황제의 총애를 받았으며 조칙을 많이 썼다. 작품으로 《불공화상비(不空和尙碑)》·《숭양관비》 등이 있으며, 《법서요록(法書要錄)》에 그의 저서가 수록되어 있다.

은 질박하고 온화하여 품평하는 사람들이 "서호는 왕헌지(王獻之)·종요(鍾繇)와 시대는 다르지만 벗이 되어 공자의 문하에서 당(堂)에 올라[275] 높은 경지를 창으로 엿본 듯하다."[276]라 했다.

友, 孔門[20]升堂, 得門窺牖."

## 단행침비(段行琛碑)[277]

[금석사][278] 단행침(段行琛)[279]은 충렬공(忠烈公) 단수실(段秀實)[280]의 아버지이다. 장증(張增)[281]이 비문을 썼고, 이동계(李同系)[282]가 전액(篆額)을 썼다. 비(碑)는 견양(汧陽)[283]의 단수실의 고향 마을에 있고, 아직 상태가 완전하고 좋아서 읽을 수 있다. 장증의 글씨는 거칠고 제멋대로여서 경지에 들지 못했으니, 구양순(歐陽詢)·우세남(虞世南)의 서풍이 흔적도 없이 사라졌다. 그렇지만 당나라 때 쓴 행서(行書)·해서(楷書)·팔분(八分)이 모두 6대(六代)[284]를 아득히 뛰어넘었다. 오직 이 비(碑)만 부드럽고 자유로운 느낌이 있어 근

## 段行琛碑

[又] 行琛 忠烈 秀實父也. 張增書碑, 李同系篆額. 碑在汧陽 忠烈故里, 尚完好可讀. 增書疏縱, 不入格, 歐、虞風軌掃地矣. 唐書行、楷、八分, 皆遠超六代, 惟此碑隤然自放, 則近啓宋、元矣.

---

275 당(堂)에 올라 : 《논어(論語)》〈선진(先進)〉에 "자로(子路)는 마루에는 올랐으나 아직 방에는 들어오지 못하였다.(由也升堂矣, 未入於室也.)"라 했다. 승당입실(升堂入室)은 마루에 오르고 방에 들어가는 것으로, 학문이나 예술을 익힐 때 차츰 높은 수준으로 나아가 깊은 경지에 이른다는 뜻이다.

276 서호는……듯하다 : 《法書要錄》卷6〈述書賦〉下《文淵閣四庫全書》812, 192쪽).

277 단행침비(段行琛碑) : 높이 3.5m, 너비 1.3m, 두께 0.35m이다. 현재는 대부분의 글씨가 마모되어 알아보기 힘들다.

278 《金石史》卷下〈唐段行琛碑〉《叢書集成初編》1518, 22쪽).

279 단행침(段行琛) : ?~?. 중국 당나라의 무신인 단수실(段秀實)의 아버지.

280 단수실(段秀實) : 719~783. 중국 당나라의 무신. 어렸을 때 경전과 역사서를 배우고 성장하여 무술을 배웠다. 주차(朱泚)가 난을 일으키자 이에 맞서 싸우다 전사했다.

281 장증(張增) : 미상.

282 이동계(李同系) : 미상.

283 견양(汧陽) : 지금의 중국 섬서성(陝西省) 견양현(汧陽縣) 일대.

284 6대(六代) : 중국 삼국시대의 오(吳), 동진(東晉)과 남북조(南北朝)시대의 남조(南朝)에 해당하는 송(宋)·제(齊)·양(梁)·진(陳)의 6국.

[20] 門 : 저본에는 "氏". 《法書要錄·述書賦》에 근거하여 수정.

단행침비                   주공사 영천비

래 송나라와 원나라의 서풍을 연 것이다.


주공사(周公祠) 영천비(靈泉碑)          周公祠靈泉碑

　[금석사]285 봉상부(鳳翔府)286 기산현(岐山縣)287 봉          [又] 鳳翔府 岐山縣 鳳棲
서향(鳳棲鄕)에 있는 주공(周公)288의 사당에 옛날에          鄕 周公祠舊有泉水久竭.
샘물이 있었는데, 오래전에 말라버렸다. 그러다가          大中間泉忽湧出. 崔觀察
대중(大中, 847~860) 연간에 샘이 갑자기 솟아 나왔다.          珙奏狀, 宣宗手詔褒嘉.
절도사(節度使) 최공(崔珙)289이 이 상황을 황제에게          碑勒奏及手詔、謝表, 筆氣

285《金石史》卷下〈唐周公祠靈泉碑〉(《叢書集成初編》1518, 22쪽).
286 봉상부(鳳翔府) : 지금의 중국 섬서성(陝西省) 봉상현(鳳翔縣)에서 기산현(岐山縣) 일대.
287 기산현(岐山縣) : 지금의 중국 섬서성 기산현(岐山縣) 일대.
288 주공(周公) : ?~?. 중국 주(周)나라를 세운 문왕(文王)의 아들로, 형 무왕(武王)을 도와 주나라의 기틀을
　　마련했다. 무왕이 죽고 나이 어린 성왕(成王)이 즉위하자 섭정했고, 삼감(三監)의 난을 평정했다. 예악(禮
　　樂)과 제도(制度)를 완비하여 봉건제도(封建制度)를 만들었고, 유교(儒敎)의 성인으로 추앙받았다.
289 최공(崔珙) : ?~?. 중국 당나라의 관료. 선종(宣宗) 연간에 고위직과 지방절도사를 역임했다. 당나라 때 관
　　찰사(觀察使)는 절도사(節度使)의 속관(屬官)이었는데, 선종 초년에 최공이 태자빈객(太子賓客) 겸 봉상절
　　도사(鳳翔節度使)였으므로, 원문의 '관찰(觀察)'을 '절도사'로 풀이했다.

아뢰자, 선종(宣宗)[290]이 손수 조서를 써서 칭찬하고 기뻐했다. 비(碑)에는 최공의 상주문(上奏文)과 선종이 손수 쓴 조서(詔書)와 표장문(表彰文)을 새겼는데, 글씨의 기운이 맑고 걸림이 없어 저수량(褚遂良)의 필의(筆意)가 있다. 비(碑) 뒷면에는 날짜와 직함을 썼는데, 다시 유공권(柳公權)[291]의 글씨와 비슷하니 저수량과 유공권 두 사람의 손에서 나온 듯하다.

## 경룡관(景龍觀) 종명(鍾銘)[292]

[금석사][293] 경룡관(景龍觀)[294]은 당나라 중종(中宗)[295]이 세웠고, 예종(睿宗)[296]이 다시 구리를 녹여 종을 주조하고 명문(銘文)을 새겼다. 지금은 서안(西安)의 종루에 있다. 명문의 글씨는 고졸하고 질박하니 당

蕭散, 有褚河南意. 後書年月及銜, 復似柳, 如出兩手.

## 景龍觀鍾銘

[又] 景龍觀 唐 中宗所起, 睿宗復爲煉銅鑄鍾而銘之. 今在西安鍾樓. 銘書古雅拙樸, 在唐以上. 是楷法

---

[290] 선종(宣宗):810~859(재위 846~859). 중국 당나라의 제16대 황제. 이름은 이침(李忱). 헌종(憲宗)의 13남이고, 목종(穆宗)의 이복동생이다. 어릴 때부터 멍청한 척을 하다가 조카 무종(武宗)이 단약(丹藥) 때문에 수은중독으로 죽자, 그를 통제하기 쉽다고 여긴 환관들에 의해 즉위했다. 즉위한 뒤에는 과거제를 부활시키고, 당쟁을 해소시켰으며, 토번(吐蕃)을 공격하여 영토를 수복하는 등 여러 방면으로 업적을 남겼다. 고려(高麗) 왕조에서는 왕건(王建)의 조부 작제건(作帝建)이 그의 아들이라고 주장했다.

[291] 유공권(柳公權):778~865. 중국 당나라의 관료·서예가. 헌종(憲宗) 때 벼슬에 올라 무종(武宗) 때 태자소사(太子少師)에 이르렀다. 왕희지·구양순·우세남의 글씨를 공부했으며 중년 이후에는 안진경(顔眞卿)의 글씨를 공부했다. 모든 서체에 능통했지만, 특히 당나라 해서(楷書)를 집대성했고 서체가 강건하고 날카롭다는 평가를 받았다. 작품으로 《현비탑비(玄秘塔碑)》·《신책군(神策軍) 기성덕비(紀聖德碑)》 등이 있다.

[292] 경룡관(景龍觀) 종명(鍾銘):경운종(景雲鍾)에 새긴 종명(鍾銘). 경운종은 현재 서안 비림박물관에 소장되어 있다.

[293] 《金石史》卷下〈唐景龍觀鍾銘〉(《叢書集成初編》1518, 22~23쪽).

[294] 경룡관(景龍觀):황실 도관(道觀, 도교 사원)의 이름.

[295] 중종(中宗):656~710(재위 705~710). 중국 당나라 제4대 황제. 고종의 7남이며 측천무후(則天武后)의 아들이다. 고종이 죽고 잠시 제위에 올랐다가 측천무후에게 폐위되어 여릉왕(廬陵王)으로 강등되고 유폐되었다가, 측천무후가 실각되자 즉위했다. 고종이 황후 위씨(韋氏)가 측천무후처럼 정권을 장악하려는 야심이 있어, 7녀 안락공주와 함께 중종을 독살했다. 위씨와 안락공주는 정권을 완전히 장악하지 못하여 현종에게 쫓겨나 폐서인이 되었고, 현종의 아버지인 예종이 즉위했다.

[296] 예종(睿宗):662~716(재위 710~712). 중국 당나라 제5대 황제. 고종의 8남이며 측천무후의 아들이다. 측천무후가 중종을 폐위시키고 황제로 세웠다가 690년에 황태자로 강등시켰다. 중종이 황후 위씨와 안락공주에게 독살되자 현종이 이들을 축출하고 아버지 예종을 황제로 옹립했다. 712년에 현종에게 양위하고 태상황으로 물러났다.

경룡관 종명

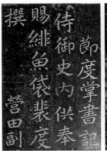

수무후사기

나라 이전의 서법이다. 이 종의 명문은 해서(楷書) 서법에 전서(篆書)와 팔분(八分)을 겸했다. 애석하게도 작자의 성명이 적혀 있지 않다. 그 원본은 홍화(興和, 539~542) 연간에 나왔는데, 《이중선(李仲琁) 수공자묘비(修孔子廟碑)》297에 우아함을 가미했기 때문에 더 낫다.

兼篆、分者, 惜姓名未著. 其源出自興和年, 《李仲琁修孔子廟碑》劑之以雅, 故勝.

## 수무후사기(修武侯祠記)298

[금석사]299 《제갈무후사기(諸葛武侯祠記, 수무후사기)》는 진공(晉公) 배도(裴度)300와 상서(尙書) 유공작(柳公綽)301이 재상 무원형(武元衡)302의 관부(官府, 관청)에 있

## 修武侯祠記

[又] 《諸葛武侯祠記》, 裴晉公度、柳尙書公綽, 在武相元衡幕中時撰書. 公

---

297 이중선(李仲琁) 수공자묘비(修孔子廟碑) : 중국 동위(東魏)의 연주(兗州) 자사(刺史) 이중선이 공자묘를 보수하며 세운 비.

298 수무후사기(修武侯祠記) : 제갈무후사(諸葛武侯祠)를 수리하면서 지은 비. 중국 호북성(湖北省) 선도시(仙桃市) 제갈무후사 경내에 있다.

299 《金石史》卷下〈唐柳尙書公綽武侯祠碑〉(《叢書集成初編》1518, 23쪽).

300 배도(裴度) : 765~839. 중국 당나라의 문인·관료. 덕종(德宗) 때 급제하여 여러 관직을 역임했고, 헌종(憲宗) 때 회서(淮西) 지역의 번진을 평정하여 진국공(晉國公)에 봉해졌다. 목종(穆宗)~문종(文宗) 재위 기간에 계속 재상직을 지내다가 물러났으며, 백거이(白居易)·유우석(劉禹錫) 등과 교제했다. 배진공(裴晉公)이라고도 불렸다. 작품으로 〈계거(溪居)〉가 있다.

301 유공작(柳公綽) : 768~832. 중국 당나라의 관료·서예가. 호부상서(戶部尙書)·병부상서(兵部尙書) 등을 역임했고, 사후에 태자태보(太子太保)에 증직되었다. 《전당시(全唐詩)》에 그의 작품이 남아 있다.

을 때 글을 짓고 글씨를 썼다. 유공작은 유공권의 형인데, 미불이 그를 동생보다 낫다고 평했지만 온화한 풍류를 회복시키지는 못했다. 비록 운필이 매우 자유롭지만, 유공권 엽법(擫法)[303]의 정밀함에 견주어 보면 우아한 풍취가 그에 미치지 못한다. 하지만 장욱의 씩씩하고 웅장하며 격조와 힘이 있는 서법과 부합하는 면이 있음을 알 수 있다. 그러나 유공작은 바르고 미불은 치우쳤으니, 이 또한 당나라와 송나라의 차이점이다. 비(碑)는 여전히 새것과 같아서 상태가 아주 좋다.

緯於公權兄也. 米元章評其勝弟, 然無復蘊藉風流. 雖極揮灑, 視誠縣擫密, 雅致不及. 與老顚糾糾雄傑格力, 知有合也. 然柳正米偏, 又唐·宋之別也. 碑尙完好如新.

## 벽락비(碧落碑)[304]

[금석사][305] 강주(絳州)[306] 《벽락비》는, 《상서고실(尙書故實)》[307]에 "진유옥(陳惟玉)[308]이 글씨를 썼고, 고조의 아들 한왕(韓王) 이원가(李元嘉)[309]의 넷째 아들 이심(李諶)[310]이 어머니를 위하여 지었다."[311]라 했고, 《낙

## 碧落碑

[又] 絳州《碧落碑》,《尙書故實》謂"陳惟玉書, 高祖子韓王 元嘉四男爲先妃所製",《洛中紀異錄》謂"李諶

---

302 무원형(武元衡) : 758~815. 중국 당나라의 관료·시인. 측천무후의 일족이다. 문하시랑평장사(門下侍郎平章事)를 지냈다. 저서로 《임회집(臨淮集)》이 있다.

303 엽법(擫法) : 집필법(執筆法)의 종류 중 한 가지로, 엄지손가락의 끝부분을 붓대의 안쪽에서 바깥으로 누르듯이 잡는다. 이때 모양이 마치 피리를 불 때, 아랫구멍을 엄지손가락으로 막는 모양과 같이 한다.

304 벽락비(碧落碑) : 함형(咸亨) 2년(670)에 건립되었고, 중국 산서성(山西省) 신강현(新絳縣) 용흥사(龍興寺)에 있다. 높이 2.26m, 너비 1.03m, 두께 0.21m이다.

305 《金石史》卷下〈唐碧落碑〉(《叢書集成初編》1518, 23~24쪽).

306 강주(絳州) : 지금의 중국 산서성(山西省) 신강현(新絳縣) 일대.

307 상서고실(尙書故實) : 중국 당나라의 이작(李綽)이 지은 《서경(書經)》의 주석서.

308 진유옥(陳惟玉) : 미상.

309 이원가(李元嘉) : 618~688. 중국 당나라의 왕자. 고조의 11남이다. 측천무후 집권기에 측천무후의 일족 무삼사(武三思)가 월왕(越王) 이정(李貞)의 난에 연루되었다고 모함하여 잡혀 죽을 것이라 여기고 자살했다.

310 이심(李諶) : ?~688. 중국 당나라의 황족. 이정의 난에 연루되어 죽었다.

311 진유옥(陳惟玉)이……지었다 : 《尙書故實》(《文淵閣四庫全書》862, 471~472쪽).

벽락비

중기이록(洛中紀異錄)》[312]에는 "이심이 어머니 방태비 (房太妃)의 명복을 빌며 형상을 만들었다. 이때 갑자기 도사 2명이 와서 스스로 천하에서 전서(篆書)를 잘 쓰는 명필이라 하여, 이심이 그가 하는 대로 들어주고는 문을 닫고 3일이 지난 뒤에 열어보니 흰 비둘기 2마리로 변해 날아갔다. 전서는 뚜렷하게 좌우 대칭이다."[313]라 했다. 왕세정(王世貞)은 "이 말이 비록 허무맹랑해 보이지만 이양빙(李陽氷)이 7일 동안 비 (碑)를 보며 차마 떠나지 못하고 12년 동안 이 글씨를 연습했지만 경지에 이르지 못했다. 어찌 진유옥 같은 애송이가 쓴 것이겠는가?"[314]라 했다.

나는 전서가 하(夏)·상(商)·주(周) 3대(三代)에 존

爲母房太妃追薦像成, 忽
二[21]道士來, 自謂天下能
篆者, 李聽所爲, 則扃戶三
日乃開, 化二白鴿飛去. 篆
文宛然像背矣", 王元美謂:
"此雖誕妄, 然李陽氷覽之
七日而不忍去, 習之十二年
不成. 豈惟玉輩小子所辦
乎?"

余謂篆書三代尙矣, 下訖

---

312 낙중기이록(洛中紀異錄) : 중국 송나라의 진재사(秦再思)가 지은 책으로, 세상에 드러나지 않은 기이한 일을 수록했다.
313 이심이……좌우대칭이다 : 출전 확인 안 됨.
314 이……있겠는가 : 《弇州四部稿》卷135〈墨刻跋〉"碧落碑".
[21] 二 : 저본에는 "一". 《金石史·唐碧落碑》에 근거하여 수정.

중을 받다가 진(秦)나라에 이르러 명맥이 끊어졌다고 생각한다. 세상에 전해지는 하(夏)·상(商)·주(周)의 유적은 모두 위조품에 속한다.

유독 기양(岐陽)[315]의 석고문(石鼓文)과 기물 이(彝)의 관지(款識)만 진품이니, 곧 자획을 모두 알아볼 필요도 없이 고아함이 전에 없었던 것이므로 바라보면 분별할 수 있다. 이 비(碑)가 유독 이상하게도 사람 손이 닿지 않는 곳에 있어 내용을 해독할 수 없었기 때문에 문을 닫아 놓자 비둘기로 변했다는 설이 생겼다.

이 비의 점과 획의 형상과 결체와 필의는 난잡하여 이치에 맞지 않으므로 훌륭한 곳도 먼 옛날의 작품을 따라갈 수가 없고, 결함이 있는 부분은 이미 요즘의 나쁜 것들보다 수준이 떨어진다. 이는 마치 시골 글방에서 어린아이를 가르치는 이의 못 쓴 글씨와 같다. 글씨가 평범하고 속되어 싫어할 만하니, 반드시 진유옥 같은 무리가 썼다고 해도 의심할 것이 없다. 당나라 사람들은 팔분(八分)에 대해서도 오히려 최고의 경지에 이르지 못했는데, 하물며 옛 전서에서 경지에 이르렀겠는가?

이후 사람들은 전해 들은 말이 이상하여 두려워하고 거기에 현혹되어 분별하지 못했으니, 끝내 함부로 쉽게 따져보아 반박하지 못하였다. 이양빙이 비의 글씨를 존숭하며 익혔는지는 모르겠지만, 장님

秦, 絶矣. 世傳三代遺迹, 皆屬贗作.

獨岐陽石古文、彝器款識 爲眞, 卽字畫不必盡識, 而 古雅無前, 望而可辨. 此碑 獨以怪異奧人, 以不可解, 所以有扃戶化鴿之說.

而點畫形象、結體、命意, 雜亂不理, 其高處不能遠 追上古, 下者已墮近代惡 趣, 如村學究敎小兒角險 字. 凡俗可厭, 定爲惟玉輩 書無疑. 唐人於八分, 尚不 能造極, 況古篆乎?

後人懾於傳聞之異, 眩然 莫辨, 遂不敢[22]輕加評駁. 不知李陽氷之慕習, 非謂 盲瞽定屬謬傳, 曷足據爲

---

315 기양(岐陽): 지금의 중국 섬서성(陝西省) 기산(岐山) 남쪽 일대.
[22] 敢: 저본에는 "可". 오사카본·《金石史·唐碧落碑》에 근거하여 수정.

처럼 글씨를 볼 줄 모르는 사람의 설을 확정하여 잘 못 전해지는 사실은 말하지 않고, 어찌 이것을 근거로 단정하여 결론을 내릴 수 있겠는가?

지금 '천존상(天尊像)'이라는 글자는 남아 있지 않으니, 곧 별도로 새긴 돌로 탁본한 것이다. 비의 이름인 '벽락(碧落)'316에 대하여 이조(李肇)317는 "벽락관(碧落觀)이다."라 했고, 이한(李漢)318은 "종우벽락(終于碧落)이라는 글자이다."라 했다. 지금은 그 글이 완전하여 읽을 수 있는데, 종우벽락(終于碧落)은 아니다. 개원(開元) 연간(713~741)에 비로소 용흥사(龍興寺)로 이름을 바꾸었고, 처음 실제 이름은 벽락관(碧落觀)이니, 이조의 설이 근거가 있다.

斷案耶?

今"天尊像"字不存, 乃是別刻之石以應搨者也. 碑名"碧落", 李肇謂"碧落觀也", 李漢謂"終于碧落字". 今其文完善可讀, 非終于碧落. 而開元間始改名龍興寺, 初實名碧落觀也, 則肇說有據.

## 신행선사비(信行禪師碑)319

[어정연감유함]320 비(碑)는 경조부(京兆府)321에 있고, 설직(薛稷)322이 글씨를 썼다. 설직은 포주(蒲州)323 사

## 信行禪師碑

[淵鑑類函] 碑在京兆府, 薛稷書. 稷, 蒲州人, 收之

---

316 벽락(碧落) : 도교에서 말하는 푸른빛 안개가 자욱한 푸른 하늘.

317 이조(李肇) : ?~?. 중국 당나라의 관료. 헌종(憲宗)~문종(文宗) 연간에 활동했고 중서사인(中書舍人)에 이르렀다. 저서로 《당국사보(唐國史補)》·《한림지(翰林志)》 등이 있다.

318 이한(李漢) : ?~?. 중국 당나라의 황족. 어릴 때 한유(韓愈)에게 학문을 배워 고학에 뛰어났다. 헌종(憲宗)~선종(宣宗) 연간에 활동했고, 《헌종실록(憲宗實錄)》 편찬에 참여했다.

319 신행선사비(信行禪師碑) : 본래 이름은 《수(隋) 대선지식(大善知識) 신행선사(信行禪師) 흥교지비(興敎之碑)》이며, 신룡(神龍) 2년(706)에 건립되었고, 비석은 현재 남아있지 않다. 탁본 원본은 일본에서 가져갔다.

320 출전 확인 안 됨.

321 경조부(京兆府) : 지금의 중국 섬서성(陝西省) 서안시(西安市) 주변부 일대. 경기도와 같이 수도 장안을 둘러 싼 지역이다.

322 설직(薛稷) : 649~713. 중국 당나라의 관료·서예가. 설원초(薛元超)의 아들이며 설수(薛收)의 손자이다. 태자소보(太子少保) 등을 역임하여 설소보(薛少保)라고도 불렸다. 구양순·우세남·저수량의 서법을 배워 예서·해서·행서를 잘 썼으며, 그림도 잘 그렸다. 앞의 3명과 함께 당초 4대가(唐初四大家)로 불린다.

323 포주(蒲州) : 지금의 중국 산서성(山西省) 영제시(永濟市)·임진현(臨晉縣) 일대.

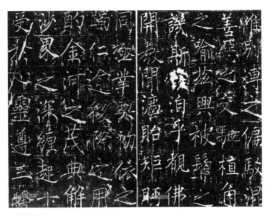

신행선사비

람으로, 설수(薛收)324의 손자이다. 그의 외할아버지 위징(魏徵)325의 집에 우세남(虞世南)·저수량의 글씨가 많이 소장되어 있었다. 설직은 이 글씨들을 임서하고 배우는 데에 몰두한 결과 결체가 굳세고 화려해서 마침내 천하에 이름을 떨쳤고, 그림 역시 아주 훌륭하다. 또 설직의 다른 작품으로 《중악묘비(中岳廟碑)》·《언사령(偃師令) 최부군덕정비(崔府君德政碑)》326가 있는데, 모두 서경(西京, 장안)에 있다.

孫[23]也. 其外祖魏徵家多藏虞、褚書. 稷銳精臨倣, 結體遒麗, 遂名天下, 畫又絶品. 又有《中岳廟碑》、《偃師令崔府君德政碑》, 竝在西京.

---

324 설수(薛收) : 591~624. 중국 당나라의 관료. 방현령(房玄齡)의 추천으로 태종이 진왕(秦王)일 때 수하가 되었다. 이후 태종을 도와 당 건국에 공을 많이 세웠다. 진왕부(秦王府) 18학사 중 1명으로 방현령·공영달(孔穎達)·두여회(杜如晦)·우세남(虞世南) 등과 활동했으나, 태종이 즉위하기 전에 사망했다.

325 위징(魏徵) : 580~643. 중국 당나라의 관료. 수(隋)나라 말기 이밀(李密)의 반군에 참여했다가 당(唐)나라 태자 이건성(李建成)의 측근이 되었다. 현무문(玄武門)의 변 이후 대종에게 중용되어 재상까지 올랐다. 바른말을 잘하기로 유명했으며, 학식도 깊어 《주서(周書)》·《수서(隋書)》 등의 역사서와 《군서치요(群書治要)》 등의 유서(類書) 편찬에 참여했다.

326 언사령(偃師令) 최부군덕정비(崔府君德政碑) : 지금의 중국 산서성(山西省) 능천현(陵川縣)에 있는 최부군묘(崔府君廟)에 있던 것으로 추정된다.

[23] 孫 : 저본에는 "弟". 일반적인 사실에 근거하여 수정.

운휘장군비

## 운휘장군비(雲麾將軍碑)327

[어정연감유함]328 비(碑)는 포성현(蒲城縣)329에 있고,
이옹(李邕)330이 글씨를 썼다. 이옹의 자는 태화(泰和)
이고 양주(楊州)331 사람이다. 문장으로 천하에 이름
을 떨쳤는데, 비(碑)·송(頌)을 더욱 잘 지어 사람들이
금과 비단을 바치고 글을 청하다 보니 받은 돈이 수
만 금을 헤아렸다. '이북해(李北海)'라고도 불렸다. 글
씨를 잘 써서 스스로 임시로 이름을 정해 새겼는데,
새기는 사람이 그것을 "복영지(伏靈芝)와 황학선(黃鶴
仙)"332이라고 불렀다. 그 서체는 왕희지의 행서(行書)

## 雲麾將軍碑

[又] 碑在蒲城縣, 李邕書.
邕字泰和㉔, 楊州人. 以文
名天下, 尤長於碑、頌, 人
奉金帛請文, 所受鉅萬計.
稱爲"李北海". 善書, 仍自
刻假立, 刻人名曰"伏靈芝、
黃鶴仙". 其書變右軍行法,
頓挫起伏, 李陽氷謂"書中
得仙手". 又有《葉有㉕道

---

327 운휘장군비(雲麾將軍碑) : 본래 이름은《당(唐) 고운휘장군(故雲麾將軍) 우무위대장군(右武衛大將軍) 증
진주도독팽국공(贈泰州都督彭國公) 시왈소공(諡曰昭公) 이부군(李府君) 신도비병서(神道碑竝序)》이고,
《이사훈비(李思訓碑)》라고도 한다. 개원(開元) 8년(720)에 세웠다.

328 출전 확인 안 됨.

329 포성현(蒲城縣) : 지금의 중국 섬서성(陝西省) 포성현(蒲城縣) 일대.

330 이옹(李邕) : 678~747. 중국 당나라의 관료·서예가.《문선주(文選註)》를 지은 이선(李善)의 아들이다. 괄
주자사(括州刺史)·북해태수(北海太守)를 역임하여 이괄주(李括州)·이북해(李北海)라고도 불린다. 작품으
로《단주석실기(端州石室記)》·《녹산사비(麓山寺碑)》·《법화사비(法華寺碑)》 등이 있다.

331 양주(楊州) : 지금의 중국 강소성(江蘇省) 양주시(楊州市) 일대.

332 복영지(伏靈芝)와 황학선(黃鶴仙) : 장수의 상징인 납작한 영지와 늘씬한 황학을 비유하여 이름을 지은 것
이다.

㉔ 和 : 저본에는 "華". 오사카본에 근거하여 수정.

㉕ 葉有 : 저본에는 없음. 오사카본·규장각본에 근거하여 보충.

를 변형시킨 모양으로, 누르고 꺾고 세우고 누워 이 양빙이 "글씨에서 신선의 손길을 얻었다."라 했다.[333] 또한 그의 《섭유도비(葉有道碑)》[334]는 처주부(處州府)[335]에 있고, 《악록산사비(岳麓山寺碑)》[336]는 악주부(岳州府)[337]에 있다.

碑》在處州府,《嶽麓山寺碑》在岳州府.

## 다보탑(多寶塔) 감응비(感應碑)[338]

[금화경독기][339] 안진경(顔眞卿)이 쓴 《다보탑 감응비》는 서안(西安)의 부학(府學, 지방의 향교)에 있다. 또 《대당(大唐) 중흥송비(中興頌碑)》[340]는 영주부(永州府)[341]에 있고, 《안씨(顔氏) 가묘비(家廟碑)》[342]는 서안(西安)의 부

## 多寶塔感應碑

[金華耕讀記] 顔眞卿書《多寶塔碑》在西安府學. 又有《大唐中興頌碑》在永州府,《顔氏家廟碑》在西

대당 중흥송비

안씨 가묘비

포정사장군 장회각비

---

333 그……했다 : 《御定淵鑑類函》卷325〈工藝部〉2 "書"2(《文淵閣四庫全書》990, 511쪽).

334 섭유도비(葉有道碑) : 당나라 현종 개원(開元) 5년(717)에 세워진 비. 비석은 유실되었다.

335 처주부(處州府) : 지금의 중국 절강성(浙江省) 여수시(麗水市) 일대.

336 악록산사비(岳麓山寺碑) : 당나라 현종 개원 연간(713~742)에 세워진 비로, 지금은 장사시(長沙市)와 악양시의 접경지역에 있는 악록서원(嶽麓書院)에 있다.

337 악주부(岳州府) : 지금의 중국 호남성(湖南省) 악양시(岳陽市) 일대.

338 다보탑(多寶塔) 감응비(感應碑) : 본래 이름은 《대당(大唐) 서경(西京) 천복사(千福寺) 다보불탑(多寶佛塔) 감응비(感應碑)》이고 《다보탑비(多寶塔碑)》라고도 한다. 천보(天寶) 11년(752)에 건립했고, 서안 비림박물관에 있다.

339 출전 확인 안 됨.

340 대당(大唐) 중흥송비(中興頌碑) : 원결(元結)이 글을 짓고, 안진경이 글씨를 썼다. 안록산의 난을 평정한 내용이다.

341 영주부(永州府) : 지금의 중국 호남성(湖南省) 영주시(永州市) 일대.

342 안씨(顔氏) 가묘비(家廟碑) : 본래 이름은 《당(唐) 고통의대부(故通議大夫) 행설왕우주국(行薛王友柱國) 증비서소감(贈秘書少監) 국자좨주(國子祭酒) 태자소보(太子少保) 안군비명(顔君碑銘)》이고, 안진경이 글씨를 썼다.

다보탑 감응비

학(府學)에 있으며, 《곽경지(郭敬之) 가묘비(家廟碑)》343는 섬서(陝西)에 있고, 《포정사장군(布政司將軍) 장회각비(臧懷恪碑)》344는 삼원현(三原縣)345에 있으며, 《동방(東方) 만천찬비(曼倩讚碑)》346는 능현(陵縣)347에 있고, 《팔관재회비(八關齋會碑)》348는 귀덕현(歸德縣)349에 있다. 그의 탁본 가운데 우리나라에 들어온 것 중에서 《다보탑 감응비》·《안씨 가묘비》·《동방 만천찬비》만이 가장 유명하여 글씨를 배우는 사람에게 나루를 건너는 뗏목과 같은 역할을 한다.

安府學, 《郭敬之家廟碑》在陝西, 《布政司將軍臧懷恪碑》在三原縣, 《東方曼倩讚碑》在陵縣, 《八關齋會碑》在歸德縣. 其搨本之東來者, 惟《多寶塔》·《顏氏家廟碑》·《東方曼倩讚》最著, 爲學書家津筏.

343 곽경지(郭敬之) 가묘비(家廟碑): 본래 이름은 《유당(有唐) 고중대부(故中大夫) 사지절(使持節) 수주제군사(壽州諸軍事) 수주자사(壽州刺史) 상주국(上柱國) 증태보(贈太保) 곽공묘비명(郭公廟碑銘)》이고, 당 대종(代宗)이 예서로 제액을 하사했으며, 안진경이 글을 짓고 글씨를 썼다.

344 포정사장군(布政司將軍) 장회각비(臧懷恪碑): 본래 이름은 《당(唐) 고우무위장군(故右武衛將軍) 증공부상서(贈工部尙書) 상주국(上柱國) 상채현(上蔡縣) 개국후(開國侯) 장공신도비(臧公神道碑)》이고, 《장회각비(臧懷恪碑)》라고도 한다.

345 삼원현(三原縣): 지금의 중국 산서성(山西省) 함양시(咸陽市) 심원현(三元縣) 일대.

346 동방(東方) 만천찬비(曼倩讚碑): 본래 이름은 《동방선생(東方先生) 화찬비음기(畫贊碑陰記)》이고, 안진경이 썼다.

347 능현(陵縣): 지금의 중국 산동성(山東省) 덕주시(德州市) 일대.

348 팔관재회비(八關齋會碑): 본래 이름은 《유당송주관리팔관재회보덕기(有唐宋州官吏八關齋會報德記)》이고, 당나라 무종(武宗) 때 안진경이 썼다.

349 귀덕현(歸德縣): 지금의 중국 산동성(山東省) 제남시(齊南市) 일대.

규봉 선사비

규봉(圭峯) 선사비(禪師碑)[350]

[금석사][351] 배휴(裴休)[352]가 글을 짓고 아울러 글씨도 썼으며, 유공권이 전액(篆額)을 썼다. 유공권은 글씨로 이름이 한 시대를 떠들썩하게 했는데, 배휴를 볼 때면 진실로 공경스럽게 대했다. 배휴는 불교 교리에 널리 통달했고, 조사(祖師)[353]의 심법에도 막힘이 없었다. 손수 쓴 대장경이 500상자나 되었고 여러 소(疏)와 논(論)에 서문을 지었으니, 진실로 관리로서 선나(禪那)[354]를 행한 사람이다.

圭峯禪師碑

[金石史] 裴休撰并書, 柳公權篆. 柳書名噪一世[26], 視裴固雁行. 裴博綜教相, 通徹祖心. 手書藏經五百函, 序諸疏、論, 固是宰官禪那.

---

350 규봉(圭峯) 선사비(禪師碑): 본래 이름은 《당(唐) 고규봉(故圭峰) 정혜사(定慧師) 전법비병서(傳法碑並序)》이고, 《규봉(圭峰) 정혜선사비(定慧禪師碑)》·《규봉비(圭峰碑)》라고도 한다. 대중(大中) 9년(855)에 건립되었고, 중국 섬서성(陝西省) 호현(戶縣)에 있다. 높이 2.08m, 너비 0.93m이다.

351 《金石史》卷下〈唐圭峰禪師碑〉(《叢書集成初編》1518, 25쪽).

352 배휴(裴休): 791~870. 중국 당나라의 관료·서예가. 세법을 개정하여 관료로 업적을 남겼고, 불교에 관심이 많아 《전심법요(傳心法要)》를 편찬했다.

353 조사(祖師): 불교에서 종파를 열었거나 그 법통을 계승한 승려.

354 선나(禪那): 불교에서 말하는 깨달음의 경지에 도달하는 수행과정으로, 마음을 가다듬고 정신을 통일하여 번뇌를 끊고 진정한 이치를 사유하며, 진실의 법칙을 체득하는 일을 말한다. 선(禪)·사유수(思惟修)라고도 한다.

[26] 世: 《金石史·唐圭峯禪師碑》에는 "時".

불공선사비(不空禪師碑)

[금석사]355 불공(不空)356은 산스크리트어로 아목구발절라(阿目佉跋折羅, Amoghavajra)이고 중국말로 금강불공(金剛不空)인데, 2글자로 간략하게 썼다.

비(碑)는 엄영(嚴郢)357이 글을 짓고, 서호(徐浩)가 해서로 글씨를 썼다. 평론하는 사람들이 "서호의 글씨는 성난 사자가 돌을 할퀴고 목마른 천리마가 샘으로 달려가는 듯하다.358"라 했다. 원앙(袁昂)359이 또 "남쪽 언덕에 사는 사대부가 한갓 풍모만을 숭상하여 남루하고 천박함을 면하지 못한 것과 같다."360라 했다.

지금 비(碑)의 글자를 살펴보니 골기와 힘은 풍부하지만, 법도가 부족하여 왕씨와 사씨361의 문중 자제들과 어울리지는 못한다. "왕헌지의 서체와 근사하고, 결체가 매우 장중하다."라 하고서, 다시 '남루하고 천박하다'라 한 것은 어째서인가?

不空禪師碑

[又] 不空梵名阿目佉跋折羅, 華言不空金剛, 止行二名略也.

碑爲嚴郢撰, 徐浩楷書. 論者謂:"浩書如怒猊抉石, 渴驥奔泉." 袁昂又謂:"如南岡士大夫, 徒尙風範, 不免寒乞."

今觀碑字, 饒骨力, 而乏規度, 不堪與王、謝門中子弟周旋. 謂"近大令, 結體甚莊重", 而復謂"寒乞", 何也?

---

355 《金石史》卷下〈唐不空禪師碑〉(《叢書集成初編》1518, 25~26쪽).

356 불공(不空):705~774. 스리랑카 출신의 브라만. 720년 중국 당나라에 가서 불경을 번역했다. 741년 인도로 돌아와 용지(龍智)에게 배운 뒤, 746년 다시 중국으로 돌아가 죽을 때까지 머물렀다. 현종(玄宗)·숙종(肅宗)·대종(代宗) 3대 황제의 제사(帝師)를 지냈다. 《금강정경(金剛頂經)》등을 번역하여 중국 밀교의 기초를 닦았다.

357 엄영(嚴郢):?~?. 중국 당나라의 관료. 현종(玄宗)·덕종(德宗) 재위 기간에 활동했으며 어사대부(御史大夫)까지 올라갔다.

358 성난……듯하다:《新唐書》卷160〈列傳〉85 "徐浩".

359 원앙(袁昂):미상.

360 남루……같다:출전 확인 안 됨.

361 왕씨와 사씨:중국 동진(東晉)시대의 이름난 귀족 가문인 왕씨와 사씨 집안. 그들을 대표하는 인물인 왕도(王導)와 사안(謝安)을 지칭하기도 한다.

현비탑비

## 현비탑비(玄秘塔碑)362

[금석사]363 현비탑(玄秘塔)은 대달법사(大達法師) 단보(端甫)364를 위하여 세워졌다. 장락궁(長樂宮)365 남쪽 언덕에 있었는데, 지금은 서안(西安)의 부학(府學)으로 옮겼다. 배휴가 글을 짓고 유공권이 글씨를 썼다. 유공권의 글씨는 구양순·우세남·저수량·안진경과 나란히 일컬어졌다.

미불이 이들을 다음과 같이 평하였다. "구양순의 글씨는 막 병이 나은 사람이 얼굴빛이 초췌하고 거동이 매우 불편한 듯하다. 우세남의 글씨는 술법을 배워 곡식을 먹지 않는 도사가 정신은 맑지만 몸이 야윈 듯하다. 저수량의 글씨는 전투에 익숙한 말 모

## 玄秘塔碑

[又] 玄秘塔爲大達法師建. 在長樂南原, 今移西安府學. 裴休撰, 柳公權書. 柳書與歐·虞·褚·顔竝稱.

米元章評云: "歐如新瘥病人, 顔色憔悴, 擧動辛苦. 虞如學術休糧道士, 神清體疲. 褚如熟戰御馬, 擧動隨意, 別有驕色. 顔如

---

362 현비탑비(玄秘塔碑): 본래 이름은 《당(唐) 고좌가승록(故左街僧錄) 내공봉(內供奉) 삼교담론인가대덕(三教談論引駕大德) 안국사(安國寺) 상좌사자(上座賜紫) 대달법사(大達法師) 현비탑비녕병서(玄秘塔碑銘竝序)》이고, 회창(會昌) 원년(841)에 세웠다. 서안 비림박물관에 있다.

363 《金石史》 卷下 〈唐玄秘塔碑〉(《叢書集成初編》 1518, 27쪽).

364 단보(端甫): 770~836. 중국 당나라의 승려. 시호는 대달(大達). 10살 때 출가했고, 덕종(德宗)의 초빙으로 황궁에 드나들었다. 순종(順宗)·헌종(憲宗) 재위 기간에도 계속 우대받았으며 좌가승사(左街僧事)에 이르렀다.

365 장락궁(長樂宮): 섬서성(陝西省) 서안시에 있던 황궁. 지금은 남아 있지 않다.

는 사람이 자유자재로 움직이면서 유달리 교만한 기색이 있는 듯하다. 안진경의 글씨는 항적(項籍)[366]이 검을 어루만지고 번쾌(樊噲)[367]가 적진으로 돌파할 때 강력한 노(弩)[368]를 당기고 쇠기둥 같이 우뚝하게 서 있는 듯 당당하여 범하지 못할 기색이 있다. 유공권의 글씨는 깊은 산에서 도를 터득한 도사가 수양이 이미 완성되어 정신과 기운이 맑고 군세며 세상에 더럽혀지지 않은 듯하다."[369]

내가 생각해보니, 유공권의 글씨는 조(趙) 무령왕(武寧王)[370]이 검사(劍士, 검객)를 좋아하여, 관(冠)은 만호(曼胡)[371]의 끈으로 묶고, 뒷부분의 옷을 짧게 입으며, 눈을 부릅뜨고 알아 듣기 어려울 정도로 거친 소리를 지르는 듯하다. 안진경의 글씨는 용천검(龍泉劍)과 태아검(太阿劍)[372] 같은 명검이 높은 경지에 오

項羽按劍, 樊[27]噲排突, 硬弩欲張, 鐵柱特立, 昂然有不可犯之色. 柳如深山得道士, 修養已成, 神氣淸健, 無塵俗."

余謂柳如趙王好劍士, 冠曼胡之纓, 短後之衣, 瞋目而語難. 顔如龍泉、太阿登高臨深, 巍巍[28]翼. 褚如公孫盛年舞劍器, 波瀾蔚跂, 玉貌錦衣. 歐、虞法

---

366 항적(項籍): B.C. 232~B.C. 202. 진(秦)·한(漢) 교체기의 군벌. 자는 우(羽). 대대로 초(楚)나라의 귀족 가문이었으며 진나라가 혼란에 빠지자 거병하여 초나라 왕족 웅심(熊心)을 추대했다. 한 고조와 일시적으로 제휴했으나 진나라를 멸망시킨 뒤 서로 대립하다가 해하전투(垓下戰鬪)에서 패해 죽었다. 한자성어 사면초가(四面楚歌)·역발산기개세(力拔山氣蓋世) 등이 항적에게서 유래했고, 해하전투의 일화는 경극 《패왕별희(覇王別姬)》의 소재가 되었다.

367 번쾌(樊噲): ?~BC 189. 전한(前漢)의 개국공신. 본래 개백정이었으나 한 고조를 따라 군공을 많이 세웠다. 홍문(鴻門)의 연회에서 칼춤으로 고조를 구한 일화가 유명하며 고조가 즉위한 뒤에는 좌승상(左丞相)·상국(相國) 등을 역임했고 한신(韓信)의 반란을 진압하는 데에도 공을 세웠다.

368 노(弩): 우리나라의 쇠뇌와 비슷한 중국의 기계식 활. 기계장치를 이용하여 활시위를 당겼기 때문에 인력이 낼 수 있는 것보다 관통력이 강했고, 연사가 가능한 것도 있었다. 휴대할 수 있는 크기에서부터 성을 공격하거나 방어할 때 쓰는 큰 규모에 이르기까지 다양한 크기의 노가 운용되었다.

369 구양순의……듯하다: 출전 확인 안 됨.

370 무령왕(武寧王): ?~BC 295. 중국 전국시대 조나라의 왕. 이민족의 옷을 입고 말을 타며 활을 쏘는 군사개혁으로 이민족의 침입을 방어했으며 영도를 확장했다. 둘째 아들 혜문왕(惠文王)에게 양위하고 주보(主父)가 되었으나, 불만을 품은 맏아들의 반란으로 인하여 굶어 죽었다.

371 만호(曼胡): 날이 없는 긴 극(戟, 창).

372 용천검(龍泉劍)과 태아검(太阿劍): 중국 춘추전국시대 월나라의 장인 구야자(歐冶子)와 오나라의 장인 간장(干將)이 함께 만들었다는 전설 속의 명검.

[27] 樊: 저본에는 "燓". 오사카본·규장각본·《金石史·唐玄秘塔碑》에 근거하여 수정.

[28] 巍翼: 저본에는 "翼巍". 오사카본·규장각본·《金石史·唐玄秘塔碑》에 근거하여 수정.

르고 깊은 곳에 도달하여 매우 높이 나는 듯하다. 저수량의 글씨는 공손대랑(公孫大娘)[373]이 성년이 되어 검기(劍器)[374]로 춤출 때 파도가 치는 듯하고 웅혼하며 옥처럼 아름다운 얼굴에 비단옷을 입은 듯하다. 구양순·우세남의 원필(圓筆, 꺾이는 부분이 둥근 자획)과 방필(方筆, 꺾이는 부분이 각진 자획)을 본받으면 글씨가 진실로 제후의 검 같다. 무릇 그림자를 보면 빛이 보이지 않는 것처럼 그 서법의 요체는 아마도 진(晉)나라 필법에 있을 것이다.

圓法方, 則固諸侯之劍也. 若夫見影不見光, 其在晉法乎.

## 대지선사비(大智禪師碑)[375]

[금석사][376] 사호(史浩)[377]가 글씨를 썼다. 비록 진하고 왕성하며 세밀하고 막힘이 없고 여유롭지만 근골이 부족하지 않으니 그것이 자획이 두텁다[肉] 하여 글씨가 살쪘다[肥]고 문제를 삼지는 않은 까닭이다.

## 大智禪師碑

[又] 史惟則書, 雖濃郁而縝密暢適, 筋骨不乏, 所以肉不病肥.

## 초금선사비(楚金禪師碑)

[금석사][378] 오통미(吳通微)[379]가 글씨를 썼다. 글씨가 가볍고 둥글며 아름답고 막힘이 없어 높은 명성을 얻을 수준과 비슷했다. 옛사람들이 원본체(院本體)로

## 楚金禪師碑

[又] 吳通微書. 輕圓婉暢, 有類高華. 昔人有院本體之目.

---

373 공손대랑(公孫大娘) : ?~?. 중국 당나라 현종(玄宗) 시기에 활동한 무녀. 칼춤으로 이름났다.

374 검기(劍器) : 칼춤에 사용하는 칼의 일종.

375 대지선사비(大智禪師碑) : 《의복선사비(義福禪師碑)》라고도 한다. 개원(開元) 24년(736)에 세웠고, 서안 비림박물관에 있다. 높이 2.02m, 너비 1.12m이다.

376 《金石史》 卷下 〈唐大智禪師碑〉(《叢書集成初編》 1518, 27쪽).

377 사호(史浩) : ?~?. 중국 당나라의 서법가·관리. 강소성(江蘇省) 양주(揚州) 사람이다. 전예(篆隸)·팔분·비백에 뛰어났다. 저서로 《서사회요(書史會要)》·《묵지편(墨池編)》이 있고, 작품으로 《대지선사비(大智禪師碑)》 등이 있다.

378 《金石史》 卷下 〈唐楚金禪師碑〉(《叢書集成初編》 1518, 27~28쪽).

379 오통미(吳通微) : ?~?. 중국 당나라의 관료·서예가. 덕종(德宗) 때 활동했다.

지목한 사례가 있었다.

이원량(李元諒) 무공소덕비(懋功昭德碑)[380]

[금석사][381] 이원량(李元諒)은 본래 안식(安息) 안씨(安氏)이다. 어렸을 때 환관 낙봉선(駱奉先)[382]에게 길러져서 성은 낙(駱), 이름은 원광(元光)이라 고쳤다. 낙원광은 용맹스럽고 지모(智謀)가 있어 주차(朱泚)[383]의 난을 만났을 때 화주(華州)를 평정하여 화주 사람들이 감동했다. 이때 낙원광 장군이 농우(隴右)[384]로 진(鎭)

李元諒懋功昭德碑

[又] 李元諒, 本安息安氏 [29]. 少養宦官駱奉先, 冒姓 駱名元光. 鷙敢有謀, 會 朱泚之亂, 能鎭定華州, 華 人感之. 於其將移鎭隴右, 行軍司馬董叔經請之天子

이원량 묘비

이원량 무공소덕비

380 이원량(李元諒) 무공소덕비(懋功昭德碑):《이원량비(李元諒碑)》라고도 한다. 풀숲에 버려진 비를 만력(萬曆) 6년(1578)에 관아로 옮겼으며, 현재 중국 섬서성(陝西省) 화현(華縣) 인민정부원(人民政府院)에 있다. 높이 4.45m, 너비 1.57m, 두께 0.41m.

381 《金石史》卷下〈唐李元諒懋功昭德碑〉(《叢書集成初編》1518, 29쪽).

382 낙봉선(駱奉先):?~?. 중국 당나라 환관. 대종(代宗)의 징벌 때 호종하여 총애를 받았다.

383 주차(朱泚):742~784. 중국 당나라의 군벌. 대종(代宗) 대력(大曆) 3년(768), 주희채(朱希彩)와 함께 노룡절도사(盧龍節度使) 이회선(李懷仙)을 죽인 뒤, 병사들이 주희채를 죽이자 절도사를 자처했다. 덕종(德宗) 건중(建中) 4년(783), 장안의 반란으로 덕종이 달아나자 진(秦)나라를 세워 칭제건원(創製建元) 했다. 다음해에 국호를 한(漢)으로 고치고 한원천황(漢元天皇)이라 자처했지만, 이 해에 부하에게 살해당했다.

384 농우(隴右):지금의 중국 감숙성(甘肅省) 난주시(蘭州市)를 포함한 인근 지역 일대. 농서(隴西)라고도 한다.

[29] 氏:저본에는 "民". 오사카본·규장각본·《金石史·唐李元諒懋功昭德碑》에 근거하여 수정.

을 옮기려 하자 행군사마(行軍司馬) 동숙경(董叔經)[385]이 황제에게 청하여 비(碑)를 세웠다. 장몽(張濛)[386]이 이원량을 기리는 송(頌)을 지었으며, 한수필(韓秀弼)[387]이 팔분서로 글씨를 썼다.

비(碑)의 글씨는 군세면서도 가늘고 우아하여 글씨가 정선된 목판본과 비교해도 뒤지지 않는다. 전란으로 어지러운 때 비(碑)를 다시 정교하게 조각해서, 뜻을 굽히지 않았으니, 또한 이와 같은 글씨체가 다시 일어날 조짐을 충분히 예상할 수 있다.

낙원광은 공을 세워 무강군왕(武康郡王)[388]에 봉해졌고 시호는 장위(莊威)이다. 이원량은 황제에게 하사받은 성과 이름이다.

만력(萬曆) 연간(1573~1620) 초에 비가 쓰러지고 훼손되어 풀숲에 있었고, 사람들은 그렇게 많은 세월을 보냈다. 그러다 영창(永昌)[389] 사람 석원린(石元麟)[390]이 화주(華州)의 태수로 와서 관아로 옮겨 두었다.

立碑, 而張濛撰頌, 韓秀弼分書.

其書勁駿瘦雅, 不減擇木. 當兵戈雲擾, 碑復琢磨精工, 不爲苟就, 亦足占中興之兆.

元光以功封武康郡王, 諡莊威. 李元諒賜姓名也.

萬曆初碑臥廢署草間, 人多歲其上. 永昌 石元麟[30] 來守華州, 移置郡衙.

---

385 동숙경(董叔經) : ?~?. 중국 당나라의 관료. 비서감(秘書監)·경조윤(京兆尹) 등을 역임했다.
386 장몽(張濛) : 미상.
387 한수필(韓秀弼) : 미상.
388 무강군왕(武康郡王) : 서위 공제(恭帝) 2년(555)에 무강군(武康郡)을 설치하여 양안(陽安, 지금의 사천성(四川省) 간양시(簡陽市) 지역을 다스리게 했다.
389 영창(永昌) : 지금의 중국 감숙성(甘肅省) 금창시(金昌市) 일대.
390 석원린(石元麟) : 미상.
[30] 麟 : 저본에는 "獜". 오사카본·《金石史·唐李元諒想功昭德碑》에 근거하여 수정.

진운(縉雲) 성황묘비(城隍廟碑)391

[어정연감유함]392 이양빙이 진운현(縉雲縣)393의 현령이 되었을 때, 가뭄을 만나 성황묘(城隍廟)394에 기우제를 지냈지만 5일이 지나도 비가 오지 않았다. 성황묘를 태우려 하자 때마침 바로 비가 왔다. 마침내 성황묘를 옮기고 그 일에 대해 기문(記文)을 써서 비를 세웠다. 비의 전서(篆書) 또한 매우 빼어나고 가늘며 굳세어 귀신처럼 날아 움직이는 듯했다.

또 이양빙의 《수문선왕묘기(修文宣王廟記)》·《망귀대기(忘歸臺記)》가 모두 처주(處州)에 있다. 진운은 처주의 속현(屬縣, 지방관이 파견되지 않은 지역)이다. 그러므로 이양빙의 글씨가 처주에 유독 많다.

縉雲城隍廟碑

[淵鑑類函] 陽冰爲縉雲縣令, 値旱禱雨于城隍廟, 五日不雨. 將焚其廟, 及期乃雨. 遂遷廟而記其事, 篆亦奇偉瘦勁, 飛動若神.

又有《修文宣王廟記》、《忘歸臺記》皆在處州. 縉雲爲處州屬縣. 故其書獨多於處州.

신천명(新泉銘)

[학고편(學古編)]395 《신천명(新泉銘)》은 곧 이양빙의 가장 좋은 작품이다. 사람들은 대부분 서원여(舒原輿)396의 말만 듣고 《신역기(新驛記)》를 더 높이 평가하지만, 이 비가 100배는 더 낫다는 사실을 잘 알지 못한다.

新泉銘

[學古編]《新泉銘》, 迺陽冰最佳者. 人多以舒原輿之言稱《新驛記》, 殊不知此碑勝百倍也.

---

391 진운(縉雲) 성황묘비(城隍廟碑):《성황묘비(城隍廟碑)》·《진운현(縉雲縣) 성황묘기비(城隍廟記碑)》라고도 한다. 건원(乾元) 2년(759)에 세웠고, 선화(宣和) 5년(1123)에 다시 새겼다. 절강성(浙江省) 여수지구(麗水地區)에 있다.

392 출전 확인 안 됨;《石墨鐫華》卷4〈跋四十七首〉"唐縉雲縣城隍廟記"

393 진운현(縉雲縣):중국 절강성(浙江省) 여수현(麗水縣) 진운현(縉雲縣) 인데.

394 성황묘(城隍廟):성황신(城隍神)에게 제사를 지내기 위해 지은 절로, 중국 고대 종교문화에서 보편적으로 숭상하는 중요한 신(神) 중 하나이다. 현재 곳곳에 남아 있으며, 그 중에서도 상해(上海) 성황묘·오산(吳山) 성황묘 등이 잘 보존되어 있다.

395 학고편(學古編):중국 원(元)나라의 전각가(篆刻家)인 오구연(吾丘衍)이 저술한 책. 전서·예서의 서체 변화와 전각(篆刻)의 방법 등에 관한 내용을 주로 다루고 있다. 인쇄학을 전문적으로 연구한 최초의 저술로 평가되고 있다.

396 서원여(舒原輿):미상.

## 14) 【부록】 수(隋)·당(唐) 이후의 각첩(刻帖, 비문을 탁본한 서첩)

## 【附】隋、唐以後刻帖

계첩(禊帖)[397]

[한자헌첩고(閑者軒帖考)[398]][399] 수(隋)나라 때의《난정서(蘭亭敍)》판본은 개황(開皇) 연간(581~600)에 새겼다. 진본(眞本)은 지영(智永)[400]의 처소에 있는데, 원본을 직접 모사하여 돌 위에 새겼다. 이것이《난정서》석각의 모태이다.

하연지(何延之)[401]가 다음과 같이 말했다. "왕희지(王羲之)는 영화(永和) 연간(345~356)에 태원(太原) 손승공(孫承公)[402] 등 41명과 불계(祓禊)[403]를 수행하고 붓

禊帖

[閑者軒帖考] 隋本《蘭亭敍》刻於開皇間. 眞本在智永處, 手摸上石, 爲《禊帖》石刻之祖.

何延之云："右軍 永和中, 與太原 孫承公等四十一人修祓禊, 揮毫製序, 用鼠繭

《난정서》 저수량 임모본

---

397 계첩(禊帖)：왕희지(王羲之, 307~365)가 쓴 행서첩《난정서(蘭亭序)》의 별칭.《난정서》는 먼저 연회의 시간과 장소 및 참여한 사람들을 순서대로 기술하고, 자연 환경과 주변 경물을 묘사했다. 그 언어가 간결하면서도 매우 서정적이다.

398 한자헌첩고(閑者軒帖考)：중국 청(淸)나라 때 손승택(孫承澤, 1592~1676)이 편찬한 책이다. 왕희지의《난정서(蘭亭敍)》부터 문징명(文徵明, 1470~1559)의《정운관첩(停雲館帖)》에 이르기까지 모두 30여 종의 서첩이 실려 있다. 또한 각 작품의 원류를 살피고 그 차례를 매기기도 했다.

399 《閑者軒帖考》〈禊帖〉(《四庫全書存目叢書》 520, 546~548쪽).

400 지영(智永)：중국 수(隋)나라의 승려로, 왕희지의 7세손이라 한다. 자는 일소(逸少), 호는 영선사(永禪師), 본명은 왕법극(王法極). 해서·행서·초서 3체를 예술적으로 완성했다. 저서로《진초천자문(眞草千字文)》이 있고, 작품으로는《여청재첩(餘淸齋帖)》의 〈귀전부(歸田賦)〉가 있다.

401 하연지(何延之)：?~?. 중국 당(唐)나라의 문인. 다른 사항은 전하지 않고, 그가 지은《난정시말기(蘭亭始末記)》만이 전하고 있다.

을 들어 서문을 썼다. 이때 누에고치로 만든 종이[蠶繭紙]와 쥐 수염으로 만든 붓[鼠鬚筆]을 사용했다. 글자가 힘이 있고 예쁘며 굳세었는데, 이전에는 이러한 글자가 없었다. 글자는 모두 324자로, 중복되는 글자가 있지만 이런 글자도 모두 글자체를 다르게 구성했다. 그 중에 '지(之)' 자는 20자 정도 있는데, 쓸 때마다 글자체를 이리저리 바꿔 모두 다르게 써서 마침내 같은 체로 쓴 글자가 없으니, 마치 신이 도와준 듯하다. 술에서 깬 뒤 다른 날에 수백 수천 번에 달하도록 다시 써 봐도 끝내 이전에 썼던 글자에 미치지 못했다."[404]

당나라 때의 《난정서》판본은 태종(太宗) 정관(貞觀) 연간(627~649)에 판각되었다. 태종은 글씨를 좋아하여 왕희지의 유묵(遺墨)을 마음에 두고 있었다. 이로 인해 위징(魏徵)[405]이 왕희지의 친필로 쓴 《난정서》가 승려 변재(辯才)[406]의 처소에 있다고 이야기하자, 특별히 어사(御史) 소익(蕭翼)[407]을 보내 속임수를 써서 《난정서》를 얻었다.

紙、鼠鬚筆. 遒媚勁健, 絶代所無. 凡三百二十四字, 有重者皆撯[31]別體. 就中之字有二十許, 變轉悉異, 遂無同者, 如有神助[32]. 及[33]醒後他日更書百千本, 終不及之."

唐本《蘭亭叙》刻於太宗貞觀間. 太宗嗜書, 留心右軍之迹. 因魏徵言《蘭亭叙》眞迹, 在僧辯才處, 特遣御史蕭翼賺得.

---

402 손승공(孫承公) : 미상.

403 불계(祓禊) : 음력 3월 삼짇날에 물가에 가서 묵은 때를 씻고 술을 마시는 의식의 일종.

404 왕희지(王羲之)는……못했다 : 《蘭亭考》卷2〈睿賞〉(《文淵閣四庫全書》682, 82쪽).

405 위징(魏徵) : 580~643. 중국 당나라의 문신. 자는 현성(玄成). 칙명을 받아 《주서(周書)》·《수서(隋書)》·《북제서(北齊書)》·《양서(梁書)》·《진서(陳書)》 등 역사서 편찬에 다수 참여했다. 저서에 《군서치요(群書治要)》가 있다.

406 변재(辯才) : ?~?. 중국 당나라의 승려. 진군(陳郡) 양하(陽夏) 사람으로 속세의 성은 원(袁). 설강성(浙江省) 월주(越州) 영흠사(永欽寺)에서 수행했다.

407 소익(蕭翼) : ?~?. 중국 당나라의 관리. 본명은 세익(世翼). 정관(貞觀) 연간(627~649)에 간의대부(諫議大夫), 감찰어사(監察御史)를 지냈다.

[31] 撯 : 《閑者軒帖考·稧帖》에는 "其".

[32] 神助 : 저본에는 "重者". 《閑者軒帖考·稧帖》에 근거하여 수정.

[33] 及 : 저본에는 "皆". 《閑者軒帖考·稧帖》에 근거하여 수정.

무덕(武德) 4년(621)에 《난정서》가 진왕(秦王)[408]의 부고(府庫)에 들어갔다가, 정관(貞觀) 10년(636)에 처음으로 탕보철(湯普徹)[409]·풍승소(馮承素)[410]·제갈정(諸葛貞)[411]·조모(趙模)[412]에게 각각 원본을 임탑(臨搨, 탁본)하라고 명하여 모사품을 근신(近臣)들에게 하사했다.

당시에 저수량(褚遂良)[413]과 구양순(歐陽詢)[414]도 각각 임탑본(臨搨本)이 있었다. 그러나 이 두 사람은 자신의 필법이 드러나서 왕희지의 점과 획에 구애받지 않았다. 후세에 이른바 구양순이 임모한 '정무본(定武本)'과 저수량이 임모한 '당견본(唐絹本)'이 이것이다. 이 필체들은 마침내 두 갈래로 분명히 나뉘어 온 세상에서 서로 뛰어남을 다투게 된다. 당시에 구양순이 궁궐에서 글씨를 새긴 돌은, 가장 얻기 어려운 데다가 판본마다 이미 값이 수만 전이나 했다.

후대에 석진(石晉)의 난(936)[415]에 이르러 거란(契丹)이 구양순의 석각을 수레에 싣고 북쪽으로 가다가 살

武德四年《敍》入秦府, 貞觀十年, 始命湯普徹、馮承素、諸葛貞、趙模, 各臨搨, 以賜近臣.

當時褚遂良、歐陽詢各有臨本, 然二人自出家法, 不復拘拘點畫. 後之所謂"定武本"歐臨是也, 所謂"唐絹本"褚臨是也. 遂迥分二派, 互爭雄長於宇宙間矣. 彼時歐石刻於禁中, 最稱難得, 每本已值數萬錢.

迨後石晉之亂, 契丹輦石而北, 棄於殺胡[34]林. 慶

408 진왕(秦王) : 당 태종이 황제가 되기 전의 왕호.

409 탕보철(湯普徹) : ?~?. 당 태종의 명에 따라 《난정서》를 탁본한 사람 중 한 명이다. 탕보철과 풍승소를 합칭하여 '탕풍(湯馮)'이라 하기도 한다.

410 풍승소(馮承素) : 617~672. 중국 당나라의 서법가. 자는 만수(萬壽), 장안 사람이다. 풍승소가 행서로 임탑한 판본은 현재 《풍모난정서(馮摹蘭亭序)》란 이름으로 북경고궁박물원에 소장되어 있다.

411 제갈정(諸葛貞) : ?~?. 중국 당 태종 때의 서법가 중 한 명으로 옛 비석이나 서첩을 탁본하는 데 솜씨가 뛰어났다. 당 태종의 명에 따라 《난정서》를 탁본한 사람 중 한 명이다.

412 조모(趙模) : ?~?. 중국 당나라 때 서예가. 관직은 좌우내율부속사참군(左右內率付屬師參軍)·태자우감문참군(太子右監門參軍)을 지냈다.

413 저수량(褚遂良) : 596~658. 중국 당나라의 서예가. 자는 등선(登善), 우세남(虞世南)·구양순과 더불어 초당 3대가로 불린다. 《방현령비(房玄齡碑)》·《이궐불감비(伊闕佛龕碑)》·《맹법사비(孟法師碑)》 등 많은 비문을 썼으며, 현재까지 해서의 모범으로 전해진다.

414 구양순(歐陽詢) : 557~641. 중국 당나라의 서예가. 자는 신본(信本). 수나라 때에는 태상박사(太常博士), 당 고조 때는 급사중(級仕中)이 되었다. 처음에는 왕희지에게 글씨를 배우고, 뒤에 독자적인 서체를 창시했다. 현재까지 해서의 모범으로 전해진다.

415 석진(石晉)의 난(936) : 석경당[石敬塘, 892~942(재위 936~942)]이 후당(後唐)의 명종(明宗)이 죽은 후에 거란의 힘을 빌어 후당을 멸하고 후진(後晉)을 세운 일을 가리킨다.

호림(殺胡林)[416]에 버렸다. 경력(慶曆) 연간(1041~1048)에 이학구(李學究)가 이 돌을 얻었는데, 그의 아들이 마침 관가에 부채를 져서 갚을 도리가 없었다. 이때 송기(宋祁)[417]가 정무(定武)[418]의 태수였는데, 공금으로 그 아들의 부채를 대신 갚고, 석각은 관아에 귀속시켰다.

희녕(熙寧) 연간(1068~1077)에 설향(薛向)[419]이 목사(牧使)로 나가 다른 판본 1개를 새겨 탁본을 구하는 사람들의 요구에 응했으니, 이 고을에 이미 진본과 위작 2가지 석각본이 있게 된 것이다. 그의 아들 설소팽(薛紹彭)[420]이 다시 다른 돌에 새겨 몰래 옛 석각본과 바꾸고는, 또 옛 석각본의 단(湍)·류(流)·대(帶)·좌(左)·우(右) 5글자를 깎아 훼손해서 진위를 가릴 수 있도록 표시를 했다.

대관(大觀) 연간(1100~1125)에 조서를 내려 그 돌을 가져다가 선화전(宣化殿)[421]에 두었다. 그 뒤 정강(靖康)의 난(1126~1127)[422] 때에 종택(宗澤)[423]이 이 돌을

曆中爲李學究所得, 其子負官緡, 無從取償. 時宋景文守定武, 乃以帑金代償, 納石于庫.

熙寧間薛師正出牧, 刊一別本, 以應求者, 此郡眞贗, 已有二刻矣. 其子紹彭又摸之他石, 潛易古刻, 又剔損古刻湍、流、帶、左、右五字爲識.

大觀中, 詔取其石, 置宣化殿. 後靖康之亂, 宗澤送之 [35]揚州, 金人焚雜, 揚[36]竟

---

416 살호림(殺胡林) : 지금의 중국 하북성(河北省) 난성현(欒城縣) 서북 지역 일대.
417 송기(宋祁) : 998~1061. 중국 송나라의 문신. 자는 자경(子京), 안주(安州) 안륙(安陸) 사람. 인종 천성 2년(1024)에 진사가 되고, 지제고와 한림학사를 지냈다. 저서로 《송경문집(宋景文集)》·《대악도(大樂圖)》·《필기(筆記)》 등이 있다.
418 정무(定武) : 지금의 중국 하북성(河北省) 정주시(定州市) 일대.
419 설향(薛向) : ?~?. 중국 북송의 서예가. 설소팽(薛紹彭)의 아버지. 《난정서》의 진본을 추적할 때 이름이 항상 거론된다.
420 설소팽(薛紹彭) : ?~?. 중국 북송의 서예가. 자는 도조(道祖), 호는 취미거사(翠微居士). 송대(宋代)의 유명한 서법가로 미불(米芾)과 이름을 나란히 했다. 당시 사람들이 '미설(米薛)'이라 통칭했다.
421 선화전(宣化殿) : 중국 송나라의 황실.
422 정강(靖康)의 난(1126~1127) : 중국 북송(北宋)이 금(金)나라에 의해 멸망한 일을 가리킨다. 정강지변(靖康之變)·징강지화(靖康之禍)라고도 한다.
423 종택(宗澤) : 1059~1128. 중국 북송의 관리·군사가. 자는 여림(汝霖). 철종 원우 6년(1091)에 진사가 되어 주현(州縣)의 관리를 두루 지냈다. 저서로 《종충간공집(宗忠簡公集)》이 있다.
[34] 胡 : 저본에는 "虎". 《閑者軒帖考·稧帖》에 근거하여 수정.
[35] 澤送之 : 《閑者軒帖考·稧帖》에는 "汝霖爲留守猶馳進高宗于".
[36] 金人焚雜揚 : 《閑者軒帖考·稧帖》에는 "倉卒".

《난정서》정무본(定武本)

양주(揚州)[424]로 보냈는데, 금(金)나라 사람들이 방화와 약탈을 하는 와중에 양주에서도 마침내 그 종적을 잃고 말았다.

지금 국학(國學)에 있는 《난정서》판본은 홍치(弘治) 연간(1488~1505)에 천사암(天師菴)[425] 흙 속에서 출토되었다. 북경은 오대(五代)로부터 송(宋)대에 이르기까지 중국에 귀속되지 않았기 때문에, 석각이 아주 힘 있고 빼어나 당나라 때 모사한 것임을 알 수 있다. 이는 금나라 사람들이 수레에 실어 북경으로 보냈

失所在.

今國學有《蘭亭》本, 弘治間, 出於天師菴土中. 燕都自五代終宋, 未歸中國, 石極遒秀, 知爲唐摸[37]. 當是金人輦致燕[38]京之物. 姜堯章謂"靖康之變, 宣化殿

---

424 양주(揚州): 중국 강소성(江蘇省) 중부, 양자강(揚子江) 하류의 북쪽 일대.
425 천사암(天師菴): 지금의 중국 북경(北京) 천지단(天地壇) 서남쪽 인근에 있던 암자.
[37] 摸: 저본에는 "撫". 《閑者軒帖考 · 稧帖》에 근거하여 수정.
[38] 燕: 저본에는 "東". 《閑者軒帖考 · 稧帖》에 근거하여 수정.

던 물건이다. 강기(姜夔)[426]가 "정강(靖康)의 변란에 선화전에 새긴 석고(石鼓)[427]와 《난정서》가 함께 연경으로 들어갔다."[428]라 했는데, 아마도 이것일 것이다. 지금 사람들은 복주본(復州本)이 정무본(定武本)의 계통인 줄만 알고 국학본(國學本)이 있는지는 알지 못하니, 이는 국학본을 본 사람이 적기 때문이다.

또 저수량이 임모한 '당견본(唐絹本)'은 당시에 각 군(郡)의 학궁(學宮)[429]에 널리 나누어 주었다. 영상(穎上)[430]의 석각과 장치현(長治縣)[431]의 석각을 최근에 발견했는데, 모두 학궁의 터에서 나왔다. 영상에 있는 우물 가운데서 한밤중에 무지개처럼 빛을 내뿜기에 현령이 기이하게 여기고 하급관리에게 살펴보게 하자 《난정서》와 청동으로 만든 뢰(罍) 6개를 얻었다. 구호선(苟好善)[432]이 장치현을 다스릴 때 땅을 파서 《난정서》와 사리 몇 개를 얻었다. 장치현의 탁본을 내게 주었는데, 내가 영상에서 새긴 것과 대조해 보니 털끝만큼도 다른 것이 없었다.

묵적의 경우 세상에 구양순의 글씨가 있다는 사실을 전혀 듣지 못했다. 그러나 저수량의 글씨는 옛

上石鼓及《蘭亭敍》, 同入於燕.", 或卽此也. 今人止知復州本爲定武的派, 而不知有國學本, 以見之者少也.

又褚摸絹本, 當時廣賜各郡學宮. 如穎上石及長治縣石, 皆得之近年, 俱學基也. 穎上井中, 夜放光如虹, 縣令異之, 使下探, 得《蘭亭》及六銅罍. 苟君好善令長治, 掘地得《蘭亭》及舍利數顆. 曾以搨本遺余, 與穎上刻相對, 無絲毫異.

至於墨迹, 在世絶不聞有歐陽書, 而褚書舊聞嘉

---

426 강기(姜夔) : 1155~1221. 중국 남송의 문인·음악가. 자는 요장(堯章), 호는 백석도인(白石道人). 평생 벼슬하지 않고, 전국 각지를 유람하면서 시를 지었다. 매화를 읊은 《암향(暗香)》과 《소영(疏影)》이 유명하고, 작품에 《대악의(大樂議)》가 있다.

427 석고(石鼓) : 중국 주나라 때 북 모양으로 만든 석비(石碑). 여기서는 선화전에 새긴 돌비를 가리키는 듯하다.

428 정강(靖康)의……들어갔다 : 출전 확인 안 됨.

429 학궁(學宮) : 중국 각 군(郡)·현(縣)에 있던 학교. 공자의 사당이 있었으며, 유학을 가르치는 관리가 집무하는 관청과 함께 있었다.

430 영상(穎上) : 지금의 중국 안휘성(安徽省) 서북쪽에 위치한 부양시(阜陽市) 동쪽 일대.

431 장치현(長治縣) : 지금의 중국 산서성(山西省) 동남쪽 태항산맥(太行山脈) 서쪽 일대. 동쪽으로 호관현(壺關縣)과 닿고, 서쪽으로 장자현(長子縣)과 인접해 있다.

432 구호선(苟好善) : 1585~1639. 중국 명나라의 관료. 호광도감찰어사(湖廣道監察御史) 등을 역임했다.

날부터 가흥(嘉興)[433] 항씨(項氏)[434]의 집에 판본 1개가 있다고 들었다. 갑신(甲申)년 겨울에 예전에 들어온 판본 1개를 보았는데, 대개 송나라 사람 소씨(蘇氏)[435]의 것이니, 석각 위에 "대중상부(大中祥符)[436] 3년(1010) 9월 9일에 전(前) 진사(進士) 소기(蘇耆)[437], 자는 국노(國老)가 표제를 쓰다."라는 내용이 있으니, 미불(米芾)[438]이 말한 '판본 3종' 중 하나이다.

興 項氏家一本. 甲申之冬, 見舊內一本, 蓋宋人蘇氏物, 上有"大中祥符三年九月九日, 前進士蘇耆字國老題", 米老所謂"三本"之一也.

원(元)나라 때 등문원(鄧文原)[439]의 집으로 들어가게 되어서, 서첩 말미에 등문원과 가구사(柯九思)[440]의 발문(跋文)이 있다. 또 19번째 판각한 판본이 있으니, 이는 고검(高儉)[441]에게 하사한 당견본(唐絹本)으로, 정관(貞觀) 12년(638) 윤 2월 계미일에 쓴 것이다. 옛날에 강남(江南) 고씨(顧氏)[442]의 집에도 판본이 있

元時歸鄧文原家, 後有文原及柯九思跋. 又有第十九本, 賜高士廉絹本, 貞觀十二年閏二月癸未書. 向在江南 顧氏家, 皆褚摸眞迹也.

---

433 가흥(嘉興): 지금의 중국 절강성(浙江省) 북부 일대.

434 항씨(項氏): 미상.

435 소씨(蘇氏): 미상.

436 대중상부(大中祥符): 중국 북송(北宋) 진종(眞宗) 때의 연호. 1008년부터 1016년까지 9년 동안 사용되었다.

437 소기(蘇耆): 987~1035. 중국 송나라의 관리. 자는 국노(國老). 소이간(蘇易簡)의 아들이며 소순흠(蘇舜欽)의 아버지이다. 관직이 태수(太守)에 이르렀다. 그의 사적(事跡)은 아들 소순흠의 《선공묘지명(先公墓志銘)》에 드러나 있다. 저서로는 《한담록(閑談錄)》·《차한림지(次翰林志)》가 있다.

438 미불(米芾): 1051~1107. 중국 북송의 서예가·화가. 자는 원장(元章), 호는 녹문거사(鹿門居士), 양양만사(襄陽漫士). 저서로 《보장대방록(寶章待訪錄)》·《서사(書史)》·《연사(硯史)》, 시문집에 《보진영광집(寶晉英光集)》이 있다.

439 등문원(鄧文原): 1258~1328. 중국 원나라의 정치가·서예가. 자는 선지(善之)·비석(匪石), 시호는 문숙(文肅). 관직은 집현직학사(集賢直學士)·국자좨주(國子祭酒) 등을 지냈으나, 만년에는 병을 핑계로 벼슬하지 않았다. 해서·행서·초서를 잘 썼으며, 조맹부의 영향을 많이 받았다. 작품에 《행서칠언고시(行書七言古詩)》가 있고, 저서로 《파서문집(巴西文集)》·《내제집(內制集)》 등이 있다.

440 가구사(柯九思): 1290~1343. 중국 원나라의 문인·화가. 자는 경중(敬中), 호는 단구생(丹邱生). 문종(文宗, 1329~1332)의 총애를 받아 획시원감서박사(學士院鑑書博士)로 제수되어 서화와 금석의 감식을 담당했다. 작품에 《만향고절도(晚香高節圖)》가 있고, 저서로 《단구생집(丹邱生集)》이 있다.

441 고검(高儉): 575~647. 중국 당나라의 정치가. 자는 사렴(土廉). 고려(高勵)의 아들이다. 태종 정관(貞觀) 초에 시중(侍中)에 올랐고 이부상서·우복야를 지냈다. 황명을 받아 《대당씨족지(大唐氏族知)》 편찬에 참여했다.

442 고씨(顧氏): 미상.

었다. 이 모두가 저수량이 친필로 모사한 판본이다.

송나라 때에 이르러 사람들이 다투어 탁본을 숭상하여 집집마다 돌 1개에 《난정서》를 판각했다. 송이종(理宗)443의 창고에서 발견된 판본은 117종에 이르며, 옥지(玉池)444에 '어부도서(御府圖書, 황실 창고의 도서)'라 써 붙여 보관했다.

나는 겨우 삼구판본(三衢板本)·복주본(福州本)·소주본(蘇州本) 10여 장을 보았다. 이들은 먹빛이 검고 윤기가 돌아 진실로 국보라 하겠다. 또 남송(南宋)의 재상 유경인(游景仁)445이 또한 판본 100종을 소장하고 이를 나누어 갑(甲)과 을(乙) 10집(集)으로 만들었다. 서천(西川)446 태사(太史) 호국담(胡菊潭)447이 20여장을 얻었는데, 판본마다 유경인의 발문이 있었다. 갑본부터 을본까지 탁본한 본 가운데 쌍구(雙鉤)로 뜬 몇 행이 가장 빼어나다. 이것이 이른바 '당랍본(唐蠟本)'이다.

또 어부령자종산본(御府領字從山本)·전당허씨본(錢唐許氏本)·중산왕씨본(中山王氏本)·순희첩중본(淳熙帖中本)·이공택본(李公擇本)·괄창유경본(栝蒼劉涇本)·회계본(會稽本)·임천본(臨川本)·창문탕사인본(閶門湯舍人

至於有宋, 競尙墨本, 家刻一石. 宋理宗御府所收, 至一百一十七刻, 玉池用御府圖書鈐縫.

余僅見三衢板本、福州本、蘇州本十餘幅, 墨色黟潤, 誠爲國寶. 又南渡宰相游景仁亦藏百本, 分爲甲、乙十集. 西川 胡菊潭太史得二十餘幅, 每本有游氏跋. 其甲之乙爲搨賜本中, 有雙鉤數行尤妙, 所謂"唐蠟本"也.

又如御府領字從山本、錢唐許氏本、中山王氏本、淳熙帖中本、李公擇本、栝蒼劉涇本、會稽本、臨川本、

---

443 이종(理宗) : 1205~1264(재위 1224~1264). 중국 송나라의 제5대 황제로, 태조의 10세손이다. 주자학에 심취하여 유학자를 중용했고, 개혁을 도모하였다. 1234년에 몽골과 동맹을 맺어 금나라를 멸망시켰고, 1259년에 몽골군을 다시 몰아내는 데 성공하였다. 그러나 지나치게 이상적인 개혁은 몽골군의 침공으로 실패로 끝나고 말았다.

444 옥지(玉池) : 서첩에 종이나 비단 등을 붙여 족자나 액자·병풍 형식으로 만드는 일.

445 유경인(游景仁) : 미상.

446 서천(西川) : 지금의 중국 사천성(四川省) 동쪽 끝 기주(夔州) 일대. 당나라 때 검남절도사(劍南節度使)는 검남동천절도사(劍南東川節度使)와 검남서천절도사(劍南西川節度使)로 나뉘었는데, 이를 약칭하여 '동천(東川)' 및 '서천(西川)'이라 했다. 송대에 이르러 전국에 15로를 둘 때, 이곳에 서천로(西川路)를 설치했다.

447 호국담(胡菊潭) : 미상.

本)·무릉본(武陵本)과 같은 것이 있다. 또 전겸익(錢謙益)448의 서재에서 옥산본(玉山本)을 보았고, 왕문손(王文蓀)449의 집에서 향향림(向薌林)450이 판각한 판본 2종을 보았더니, 그 정채(精釆)가 모두 황제가 소장하고 있던 판본에 뒤처지지 않았다.

또 원나라 대덕(大德) 연간(1297~1308)에 전당(錢唐)에서 전국형(錢國衡)451이 새긴 10종의 《난정서》 필법도 모두 기이한 아취가 있다. 대개 그 때에 송나라 사람들이 만든 여러 선본(善本)이 모두 그 집에 있었기 때문에 전국형이 그 정수를 뽑을 수 있었다.

내가 일찍이 그 전질(全帙)을 보았는데, 하남(河南)의 주헌왕(周憲王)이 새긴 5종의 경우에는 그 자신이 임모한 작은 판본을 덧붙였다. 그 5종은 익부(益府)452에서 판각한 것이 하나요, 정무본(定武本)이 하나이고, 미불이 저수량의 판본을 임모한 판본이 하나이고, 문씨(文氏)가 정운관(停雲館)에서 판각한 것이 하나요, 설소팽이 임모한 판본이 하나이다. 이 판본들은 모두 정교함과 공력은 넉넉하지만 고아한 정취가 없으니, 또한 세상 사람들이 그렇게 만든 것이다. 예

閶門湯舍人本、武陵本. 又於錢牧齋寓見玉山本, 王文蓀家見向薌林所刻二本, 其精釆俱不在御府之下.

又元 大德間錢唐 錢國衡刻十種《蘭亭》筆法, 咸有異趣. 蓋彼時宋人諸善本, 皆在其家, 故國衡得選其粹.

余曾見其全帙, 至河南 周憲王所刻五種, 係其自臨稍[39]板. 益府所刻一、定武一、米摸褚本及文氏 停雲館所刻、薛紹彭臨本, 精工有餘, 而古韻亡矣, 亦世使之然也. 如賈秋壑使廖瑩中縮《蘭亭》爲小本, 以靈壁佳石刻之, 則帖之妖也.

---

448 전겸익(錢謙益) : 1582~1664. 중국 청나라의 학자·시인. 자는 수지(受之), 호는 목재(牧齋)·어초사(漁樵史)·우산종백(虞山宗伯)·상호(尙湖). 만력 38년(1610)에 진사에 급제하였고, 그 뒤로 첨사·예부시랑·예부상서 등을 지냈다. 저서로 《초학집(初學集)》·《유학집》 등이 있다.
449 왕문손(王文蓀) : 미상.
450 향향림(向薌林) : 미상.
451 전국형(錢國衡) : 미상.
452 익부(益府) : 지금의 중국 산동성(山東省) 청주시(靑州市) 일대.
[39] 稍 : 저본에는 "勁而稍". 《閑者軒帖考·稧帖》에 근거하여 수정.

를 들어 가사도(賈似道)<sup>453</sup>가 요영중(廖瑩中)<sup>454</sup>에게 《난
정서》의 크기를 축소하여 작은 판본을 만들게 하고는
아름다운 벽이나 돌에 새기니, 곧 예쁜 서첩이다.

안 《한자헌첩고》의 저자 손승택(孫承澤)의 이 기록
은 당나라와 송나라의 일을 서술했는데, 모두 여러
사람의 기(記)·발(跋)에서 가려 뽑은 것이다. 그러나
간간이 잘못된 곳이 있다. "어사(御史) 소익(蕭翼)을
보내 속임수를 써서 《난정서》를 얻었다."라는 말은
하연지의 말을 인용한 것이고, "무덕(武德) 4년(621)에
《난정서》가 진왕(秦王)의 부고(府庫)에 들어갔다."라는
말은 유속(劉餗)<sup>455</sup>의 말을 인용한 것이다. 2가지 주
장은 본래 서로 어긋나는데, 손승택이 2가지를 인
용한 것은 잘못이다.

하연지의 주장에 의하면, 속임수를 써서 《난정
서》를 얻은 것은 태종(太宗)이 즉위한 후인 정관(貞觀)
연간이다. 만약 무덕 4년이라면 태종이 막 진왕(秦
王)이 되었을 때인데, 어떻게 어사를 바로 보낼 수 있
었겠으며 또 어떻게 위징이 계책을 아뢰는 일이 있
었겠는가?

案 孫氏此錄敍唐、宋事,
皆採掇諸家記、跋者, 而間
有訛舛. 其所云"遣御史蕭
翼賺得"者, 用何延之語,
其所云"武德四年入秦府"
者, 用劉餗語. 二說本相牴
牾, 而孫氏兩取之誤矣.

據何說, 賺取《蘭亭》, 在
太宗卽位後貞觀年間, 若
在武德四年,則太宗方爲秦
王, 安得輒遣御史? 又安
有魏徵獻計之事?

---

453 가사도(賈似道) : 1213~1275. 중국 송나라의 관리. 자는 사헌(師憲), 호는 반한노인(半閑老人)이다. 이종
(理宗)의 신임을 얻은 뒤, 도종~공종 3대에 걸쳐 16년간 정권을 장악했다. 저서로 《열생수초(悅生隨抄)》가
있다.
454 요영중(廖瑩中) : ?~1275. 중국 송나라의 관리·각서가·장서가. 호는 약주(藥洲). 가사도의 막하에 있으면
서 태부승(太府丞), 지주(知州)에 제수되었으나 나아가지 않았다.
455 유속(劉餗) : ?~?. 중국 당나라의 학사. 자는 정경(鼎卿). 서주 팽성(지금의 강소성 서주) 사람이다. 진사에
급제하였고, 박학다식하였으며 재주가 많았다. 저서로 《수당가화(隋唐嘉話)》·《국조전기(國朝傳記)》·《전
기(傳記)》·《악부고제해(樂府古題解)》 등이 있다.

[동천청록]456 《난정첩(蘭亭帖)》은 세상에서 정무본(定武本)을 최고로 친다. 설향(薛向)이 정무(定武)의 수령이 되었을 때, 그의 아들 설소팽이 《난정첩》을 다른 돌에 새긴 뒤 바꿔 가져가 버렸다. 이때 원래 돌의 4~5행에 새겨져 있던 청(清)·류(流)·대(帶)·영(映) 4글자457를 훼손해서 사람들을 속였다.

그러나 원본은 역시 분별할 수 있는 규칙이 있다. 원래 새겨져 있던 4글자를 훼손한 것이 첫 번째이다. 6~7행에 있는 '관현지성(管絃之盛)'의 위에 훼손되지 않은 '팔(八)' 자 같은 작은 거북 모양이 두 번째이다. 8행의 '시일야(是日也)'부터 9행의 '관우주(觀宇宙)'까지 2줄 사이에 있는 세로행 간격이 가장 넓은데, 세로행으로 10자를 쓰고 그 아래는 횡의 난(闌) 밖으로 벗어난 것이 세 번째이다. '관현지성(管絃之盛)'의 '성(盛)'자를 쓸 때 '도(刀)'가 갈고리처럼 날카로운 것이 네 번째이다. '통(痛)' 자를 고쳐 쓴 부분이 분명하고 모호하지 않은 것이 다섯 번째이다. 22행의 '흥감지유(興感之由)'의 '유(由)' 자가 '신(申)' 자와 비슷한 것과 25행의 '열서(列敍)'의 '열(列)' 자가 쇠못처럼 굳센 것

[洞天清錄]《蘭亭帖》世以定武本爲冠. 自薛向[40]作帥, 別刻石易去, 於元石鐫損清[41]、流、帶、映四字以惑人.

然元本亦有法可辨. 鐫損四字, 一也. "管絃[42]之盛"上不損處若八字[43]小龜形, 二也. "是日也"、"觀宇宙"兩行之間, 界行最肥, 而直界伸脚十字, 下出橫闌[44]外, 三也. "管絃之盛"盛[45]字之刀, 鋸利如鉤, 四也. 痛字改筆處勁[46]不模糊, 五也. "興感之由"由字類申, "列敍"之列, 其堅[47]如鐵釘, 此其大略也.

---

456 《洞天清錄集》〈古今石刻辨〉(《叢書集成初編》1552, 22~23쪽).
457 청(清)……4글자: 앞의 《한자헌첩고》 기사에서는 단(湍)·류(流)·대(帶)·좌(左)·우(右) 5글자라고 했다.
[40] 向:《洞天清錄集·古今石刻辨》에는 "珦".
[41] 清:《洞天清錄集·古今石刻辨》에는 "天".
[42] 絃:《洞天清錄集·古今石刻辨》에는 "弦".
[43] 字:《洞天清錄集·古今石刻辨》에는 "行".
[44] 闌: 저본에는 "蘭".《洞天清錄集·古今石刻辨》에 근거하여 수정.
[45] 盛: 저본에는 없음.《洞天清錄集·古今石刻辨》에 근거하여 보충.
[46] 勁:《洞天清錄集·古今石刻辨》에는 없음.
[47] 堅:《洞天清錄集·古今石刻辨》에는 "豎".

등이다. 이것이 대략적인 내용이다.

그러나 정무본은 또한 본래 비본(肥本)·수본(瘦本) 2가지 판본이 있다. 그런데 4글자가 깎여 훼손된 것이 바로 수본으로 진본 정무본임에 의심할 여지가 없다. 어떻게 알 수 있는가? 지금 복주본(復州本)은 진본 정무본을 다시 탑모한 것으로 역시 4글자를 훼손시켜 글자가 아주 가늘게[瘦] 남아 있다. 왕후지(王厚之)[458]·우무(尤袤)[459]는 진본을 판별하기를 마치 소송하듯이 했다. 그러나 수본은 글자의 풍류와 운치가 매우 뛰어나니, 어찌 식자들의 감식안을 피할 수 있겠는가?

내가 살펴보니 여러 사람들이 모두, 설소팽이 훼손한 글자는 곧 단(湍)·류(流)·대(帶)·우(右)·천(天) 5글자라고 했는데, 여기서는 도리어 "청(清)·류(流)·대(帶)·영(映) 4글자라 했다. 하연지(何延之)는 또 단(湍)·류(流)·대(帶)·좌(左)·우(右) 5글자라 했다. 이는 모두 그들이 살펴본 탁본이 다르기 때문이다.

[제동야어][460] 강기(姜夔)는 《계첩편방고(禊帖偏旁考)》에서 다음과 같이 말했다.

"'영(永)' 자에는 필획이 뻗는 부분에서 약간 꺾어

然定武又自有肥、瘦二本, 而鐫損者乃瘦本, 爲眞定武無疑. 何以知之? 今復州本以眞定武本重模, 亦鐫損[48]四字, 其字極瘦. 王順伯、尤延之爭辨如聚訟. 然瘦本風韻竟勝, 豈能逃識者之鑑?

案諸家皆謂薛氏所劚損卽湍、流、帶、右、天五字, 而此却云清、流、帶、映四字, 何子楚則又作湍、流、帶、左、右五字, 皆所見搨本之異.

[齊東野語] 姜堯章《禊帖偏旁考》云:

"永字無畫發筆處微折轉.

---

458 왕후지(王厚之):1131~1204. 중국 송나라의 관리. 자는 순백(順伯), 호는 복재(復齋). 효종 건도 2년(1166)에 진사에 급제하였고, 강동제형(江東提刑)과 직보문각(直寶文閣)을 역임했다. 저서로 《금석록(金石錄)》·《고이(考異)》가 있다.

459 우무(尤袤):1127~1194. 중국 송나라의 관리·장서가. 자는 연지(延之), 호는 수초거사(遂初居士). 고종 소흥 18년(1148)에 진사에 급제하였고, 태흥령(太興令)과 급사중(給事中), 예부상서(禮部尙書) 등을 역임했다. 저서 《수초소고(遂初小稿)》·《내외제(內外制)》가 있었지만, 모두 일실되었다.

460 《齊東野語》卷12 〈白石禊帖偏旁考〉(《文淵閣四庫全書》865, 755쪽).

48 損:저본에는 "員".《洞天淸錄集·古今石刻辨》에 근거하여 수정.

회전하는 획이 없다.

'화(和)' 자에서 '구(口)'의 아래 획이 횡으로 다소 삐져나왔다.

'연(年)' 자는 붓을 들어 글자의 윗부분까지 올렸다.

'재(在)' 자는 왼쪽으로 들어간 부분이 반대 방향으로 깎였다.

'세(歲)' 자는 마지막 필획인 점이 '산(山)' 자 아래이자 '과(戈)'획 우측에 있다.

'사(事)' 자는 가장 하단의 획이 옆으로 살짝 비껴 있으나 획을 위로 올려 긋지는 않았다.⁴⁶¹

'류(流)' 자는 자획 내부 '운(云)' 자가 있는 곳에서 곧 붓을 돌려 획을 마무리한 것이지, 점을 찍은 것은 아니다.

'수(殊)' 자는 획을 위로 올려 그은 다리 부분이 횡필을 띠고 있다.

'시(是)' 자의 아래 '소(疋)'【음은 소(疏)이다.】자는 모두 붓을 3차례 방향을 전환하면서도 단절되지 않게 썼다.

'취(趣)' 자는 파임[波]⁴⁶²을 약간 반대로 걷어올려 위를 향하게 썼다.

'흔(欣)' 자는 '흠(欠)' 자의 우측 획 하나가 장초(章

'和'字口下橫筆稍出.

'年'字懸筆上湊頂.

'在'字左入⁴⁹反剔.

'歲'字有點, 在山之下、戈畫之右.

'事'字脚斜拂不⁵⁰挑.

'流'字內'云'字處就回筆, 不是點.

'殊'字挑脚帶橫.

'是'字下疋【音疏】凡三轉不斷.

'趣'字波略反捲向上.

'欣'字欠右一筆作章草發

---

461 획을……않았다 : 원문의 '도(挑)'는 서예에서 획을 위로 올려 긋는 '치침'을 가리킨다. 영자팔법(永字八法)에서는 '적(趯)'이라 한다. 《임원경제지 유예지》 2, 풍석문화재단, 2018, 73~74쪽 참조.

462 파임[波] : 예서의 점획마다 물결 모양이 있으며, 가로획의 끝을 오른쪽으로 빼는 것. 파임 또는 파(波)라고도 한다. 《임원경제지 유예지》 2, 풍석문화재단, 2018, 76~77쪽 참조.

49 入 : 《齊東野語·白石禊帖偏旁考》에는 없음.

50 不 : 저본에는 없음. 《齊東野語·白石禊帖偏旁考》에 근거하여 보충.

草)463로 쓴 듯한 모양이지만, 파임은 아니다.

'포(抱)' 자는 '기(己)' 자처럼 입을 벌리고 있다.

'사생역대의(死生亦大矣)'의 '역(亦)' 자는 점 4개를 찍었다.

'홍감(興感)'의 '감(感)' 자 중 '과(戈)' 부분의 마지막 획은 곧게 한 번 붓을 그어 그렸지, 점을 찍은 것은 아니다.

'미상불(未嘗不)'의 '불(不)' 자는 아래에서 붓을 되돌리는 곳에 고리 모양의 빈 공간 하나가 있다.

筆之狀, 不是捺.

'抱' 字己開口.

'死生[51]亦大矣' '亦' 字是四點.

'興感' '感' 字, 戈邊是直作一筆, 不是點.

'未嘗不' '不' 字下反挑脚[52]處有一闕.


증굉보(曾宏父)464《심정결(審定訣)》465

曾宏父《審定訣》


서예가가 모두 정무본을 말하는데,
유래를 살펴보니 요령이 있네,
모전과 먹466, 그리고 3첩의 종이를 준비하고
게 발톱 같은 글자가 8자 비단에 자연스럽게 이루어졌네.
중고(中古) 시기에는 가지런히 열 짓고 9곳을 도려냈으며

書家一辭稱定本,
審定由來有要領.
氈墨或因三疊紙,
鍼爪天成八段錦.
中古齊列九處剜,

---

463 장초(章草): 한자 서체 중 초서의 한 가지. 중국 한나라 때 쓰였던 필체로, 예서를 빨리 쓰기 위해 자연적으로 생긴 서체이다.

464 증굉보(曾宏父): ?~?. 중국 송나라의 관리. 자는 유경(幼卿). 송나라 여릉(廬陵) 사람이다. 이종 순우 연간(1241~1252)에 봉산서원(鳳山書院)을 창건하고, 스스로 봉서일객(鳳墅逸客)이라 불렀다. 저서로《석각포서(石刻鋪敍)》가 있다.

465 출전 확인 안 됨.

466 모전과 먹: 원문의 '전묵(氈墨)'을 풀이한 것으로, 비석이나 옛 기물 위에 새겨진 글자와 그림 등을 모사할 때 사용하는 도구. 전하여 탁본을 가리키기도 한다.

[51] 生: 저본에는 "字".《齊東野語·白石禊帖偏旁考》에 근거하여 수정.

[52] 脚:《齊東野語·白石禊帖偏旁考》에는 없음.

맨 마지막에는 단(湍)·유(流) 등 5글자를 훼손시켰지.

8행 자간은 거칠고 9행 자간은 널찍한데,

텅 빈 1행, 말로는 다 전달 못해서겠지.

내가 살펴보니 "모전과 먹, 혹 삼첩지를 준비하고"라는 구절은 선화(宣和) 연간(1119~1125)에 조서를 내려 설향의 옛 판각본을 가져다가 설소팽이 바로 이틀 밤낮을 먹을 갈며 탁본하면서 많은 양을 얻고자 했다고 세속에 전해짐을 말한 것이다. 3장을 겹친 종이마다 모전과 먹을 더하기 때문에 맨 아래에 깔아 돌과 거리가 가장 가까운 종이에 새겨진 글자가 석각을 그대로 옮긴 것이다. 반면 그 위에 있는 2장의 종이의 획은 그보다 더욱 가늘다. "게 발톱같은 글자가 8단 비단에 자연스럽게 이루어졌네."라는 구절은 정무본에 새겨진 '앙(仰)' 자가 마치 의식용 도끼날의 끝부분이나 게 발톱처럼 뾰족하게 생겼기 때문임을 말한 것이다.

[금화경독기]467《계첩(稧帖)》은 천고(千古)의 법첩 중에 으뜸이나, 논의하는 사람들의 의견이 가장 많이 갈린다. 하연지(何延之)의 《난정시말기(蘭亭始末記)》와 유속(劉餗)468의 《전기(傳記)》처럼 내용이 같지 않

最後湍、流五字損.

界畫八麤九更長,
缺空一行言不盡.
案"氈墨或因三疊紙", 謂宣化中, 詔取薛氏古刻, 薛氏乃連夜墨搨, 冀得多蓄, 流傳人間. 每疊三紙加氈墨焉, 故最下近石字肉爲眞, 在上二紙字畫愈細也. "鍼爪天成八段錦", 謂定武本'仰'字如鍼鍼眼, 如蟹爪也.

[金華耕讀記]《稧帖》爲千古法書之冠, 而論者最多歧. 何延之《記》與劉餗《傳記》不同. 何謂"王氏子

---

467《金華耕讀記》卷5〈稧帖〉, 2~5쪽.

468 유속(劉餗):?~?. 중국 당나라의 관리. 유지기(劉知幾)의 둘째 아들이다. 집현원학사(集賢院學士) 등을 역임했다.

53 四:저본에는 "二".《閑者軒帖考·稧帖》에 근거하여 수정.

다. 하연지는 "왕희지의 자손들이 대대로 전해 7대 손 지영(智永)에게 이르렀고, 지영이 제자인 변재(辯才)에게 주었다."라 했다.

반면 유속은 "양나라의 난리에 국경 너머로 반출되었다가 진나라 천가(天嘉) 연간(560~566)에 왕지영이 얻어 태건(太建) 연간(569~582)에 바쳤다. 수나라가 진나라를 평정하자 어떤 사람이 진왕(晉王)에게 바쳤는데, 승려 지과(智果)가 탁본을 하기 위해 빌려가서 돌려주지 않았다. 지과가 죽자 제자인 변재가 얻었다."라 했다.

하연지는 "변재에게 있던 《난정서》를 당 태종이 소익을 보내 속임수를 써서 얻었다."라 했고, 유속은 "당 태종이 구양순에게 월주(越州)에 가서 구해오도록 했다."라 했다.

하연지의 주장을 따르면 태종이 《난정서》를 얻은 때는 즉위한 뒤였지만, 유속의 주장을 따르면 무덕(武德) 4년(621)에 얻어서 진왕(秦王)의 부고(府庫)에 들어갔다. 하연지의 주장을 따르면 태종 말년에 유언에 따라 《난정서》를 순장했고, 유속의 주장을 따르면 고종이 저수량의 상소에 따른 것이다. 하연지·유속은 모두 당나라 때 사람인데 전해들은 내용이 이처럼 크게 차이가 나니, 그 이유는 무엇 때문인가?

하연지는 스스로 "변재의 제자인 원소(元素)에게 직접 들었다."라 했고, 또 "개원(開元) 10년(722) 4월 27일에 아들 영(永)에게 사본을 진상하도록 하여 비단 30필을 하사받았다."라 했다. 그렇다면 이는 당시에 임금에게 올리는 문장으로, 전해 들은 말에서

孫傳掌, 至七代孫智永, 永付弟子辯才."

劉謂"梁亂出在外, 陳天嘉中, 爲永所得, 太建中獻之. 隋平陳, 或以獻晉王, 僧智果借搨, 因不還, 果死, 弟子辯才得之."

何謂"太宗使蕭翼賺取", 劉謂"使歐陽詢就越州求得之".

據何說, 太宗得《蘭亭》在即位後; 據劉說, 武德四[53]年取入秦王府. 據何說, 太宗末年, 遺命殉葬, 據劉說, 高宗從褚遂良之奏. 何, 劉皆唐時人, 而傳聞乃如是徑庭, 何耶?

延之自云: "親得之辯才弟子元素", 且云: "開元十年四月二十七日, 使子永寫本以進, 蒙賜絹三十匹", 則是當時進御之文, 不應有

소익(蕭翼) 잠난정(賺蘭亭) 고사도(故事圖)

실제가 아닌 말이 있어서는 안 되었다.

또 오열(吳說)[469]이 보충하여 쓴《소익(蕭翼) 잠난정(賺蘭亭) 고사도(故事圖)》발문에서 다음과 같이 말했다. "그림은 당나라 우승상 염립본(閻立本)[470]의 필적이다. 한 서생의 모습을 한 자가 어사 소익이다. 의기양양하게 흡족한 낯빛을 띠고 있다. 한 노승의 모습을 한 자가 비구 변재이다. 입을 벌린 채 다물지 못하고 실의에 가득 찬 모습이다. 집사 2명이 입김을 불어 끓는 차를 식히니, 그 모양이 생동감이 있다."

이 그림에는 집현원(集賢院)[471]의 도서인(圖書印)을 찍었다. 염립본도 당대 사람이었으므로, 당시에 이러한 일이 없었다면 어떻게 거짓으로 꾸며서 대번에 그

傳聞不實之語.

又傳朋翼跋《蕭翼賺蘭亭故事圖》云："唐右丞相閻立本筆. 一書生狀者, 御史蕭翼也, 意氣揚揚, 有自得之色. 一老僧狀者, 比丘辯才也, 口張不呿, 有失志之態. 執事二人噓氣止沸, 其狀如生."

鈐以集賢院圖書印. 閻亦當時人, 使當時無其事, 何得粧虛幻, 無輒形之圖繪?

---

469 오열(吳說)：?~?. 중국 송나라의 서예가. 자는 부붕(傅朋), 호는 연당(練塘). 소흥 15년(1145)경에 상서랑(尙書郞)이 되었고, 상요(上饒, 장시성)의 태수(太守)와 숭도관 주관을 역임했다. 작품에《왕안석(王安石)·수식(蘇軾) 삼시권(三詩卷)》·《독고승본란정서발(獨孤僧本蘭亭序跋)》이 있다.

470 염립본(閻立本)：600~673. 중국 당나라의 화가. 고종의 현경 연간(656~660)에 형 대신 공무상서가 되었고, 사평대상백우상(司平大相伯右相) 중서령(中書令)과 공부 장관을 역임했다. 북조의 전통을 따르면서 남조의 화풍을 융합시킨 독특한 화풍을 가지고 있었다. 작품에《진왕부(秦王府) 18학사도(十八學士圖)》·《능운각공신(凌雲閣功臣) 24인도(二十四人圖)》·《외국도(外國圖)》등이 있다.

471 집현원(集賢院)：당 현종 때 궁중에 세운 집현전서원(集賢殿書院). 경전을 편집하고 유실된 책을 수집하거나 인재를 추천하는 등의 일을 담당했다.

림을 그릴 수 있었겠는가? 그렇다면 하연지의《난정시말기》는 바로 진실된 기록이고, 유속의《전기》는 오히려 사실의 기록을 미루고 회피하며 숨기려는 의도가 있다. 혹 유속 부자가 대대로 사관이기 때문에 그들의 말을 신뢰할 수 있다고 여기고, 마침내 하연지의《난정시말기》를 허황되다고 배척한다면 잘못이다.

태종의 영민함과 통찰력은 세상을 덮을 만하지만, 도리어 즐기고 좋아하는 일에 빠졌다. 그래서 살아서는 속임수를 써서 원하는 바를 얻음으로써 거간꾼들이 서로 속이며 질시하는 관습도 꺼리지 않았고, 죽어서는 이를 아껴서 순장함으로써 많은 소장품을 묻으면서까지 후하게 장례를 치루었다는 비난을 자초했다. 이는 진실로 당시에는 고할 수 없었지만 후세에 전해진 사례이다.

유속이 그 설에 대해 이렇게 사실의 기록을 미루고 회피한 것은《춘추》를 저술할 때, 노나라를 위해 피휘했던 의미와도 같아 굳이 실마리 하나하나를 기재하지 않았으니 잘못이다.

《난정서》를 임탑한 사람들 성명과 같은 경우에도 또한 말마다 다르다. 하연지는 조모(趙模)·한도정·풍승소(馮承素)·제갈정(諸葛貞)이 각각 여러 본을 임탑했다 했고, 고사손(高似孫)[472]은 탕보철·조모·한도정·풍승소의 임탑본이 모두 지영(智永)·저수량이 임탑한 것만 못하다 했다.

然則延之之《記》自是實錄, 而劉《記》猶有遷就掩諱之意. 或以劉餗父子之世爲史官, 謂其言可信, 遂斥何《記》誕妄則誤矣.

夫以太宗之蓋世英睿, 顧反溺於嗜好, 生以譎取, 不厭駔詐睒眒之習, 死以愛殉, 自取多藏厚葬之譏, 此誠不可詔諸今, 而傳諸後者也.

劉之遷就, 其說猶之得《春秋》爲魯諱之義, 未必紀載之, 誤也.

若其臨搨人姓名, 又言言殊. 何延之以爲趙模、韓道政、馮承素、諸葛貞各搨數本. 高似孫以爲湯普徹、趙模、韓道政、馮承素搨本皆不如永禪師、褚河南所臨.

---

472 고사손(高似孫):?~1231. 중국 송나라 말기의 문인. 자는 속고(續古), 호는 소료(疏寮). 효종 순희 11년 (1184)에 진사에 합격하고, 교서랑(校書郞)과 회계주부(會稽主簿), 처주수(處州守) 등을 역임했다. 저서로《자략(子略)》·《섬록(剡錄)》이 있다.

《남부신서(南部新書)》[473]에서는 《난정첩》이 이미 진 왕의 부고에 들어가고 나서 마도숭(麻道嵩)[474]이 진왕의 명을 받아 임탑본을 2개 쓰고서, 그중 1개는 변재(辯才)에게 보내고, 1개는 진왕 자신이 가졌으며, 마도숭은 사사로이 1개를 임탑했다고 했다.[475]

어떤 사람은, 저수량·우세남·구양순 자신들이 모두 임모한 본이 있는데 저수량이 임모한 본은 자획이 조금 살지고, 구양순이 임모한 본은 자획이 조금 야위었다고 했다.

어떤 사람은, 정관 연간에 임모하여 공신들에게 하사할 때에 저수량이 정무에 있으면서 직접 돌을 어루만지며 새겼으니, 정무본은 곧 저수량의 필적이라고 했다.

어떤 사람은, 정무본에 새겨진 글씨의 배치가 구양순이 임모한 글씨 배치와 가장 흡사하다 하여 구양순의 필적이라고 의심했다.[476]

어떤 사람은, "구양순의 글씨는 살을 에는 듯이 자획이 날카로운 것이 하나의 법칙이니, 어찌 자획의 모든 면이 변화하는 정무본과 같을 수 있겠는가? 정무본은 본래 왕희지의 친필을 임모하여 낸 것이다."[477]라 했다.

《南部新書》以爲《蘭亭帖》既入秦府, 麻道嵩奉敎揚兩本, 一送辯才, 一秦王自收, 嵩私揚一本.

或謂褚、虞、歐陽皆有臨摹, 而褚遂良摹者稍肥, 歐陽詢摹者稍瘦.

或謂貞觀中, 摹賜功臣時, 褚河南在定武, 自撫於石, 則定武本, 卽褚筆也.

或謂定武本位[54]置近類歐陽詢, 疑詢筆也.

或謂"歐書寒峭一律, 豈能如定武本之八面變化? 定武自是眞迹摹出."

---

473 남부신서(南部新書) : 중국 송나라의 학사 전이(錢易)의 저술로, 총 10권이다. 대부분 당나라 사대부들의 일화를 담고 있다. 이 때문에 당대 관료들의 여러 가지 모습을 엿볼 수 있다. 청나라 건륭 연간에 《사고전서》에 수록되었다.

474 마도숭(麻道嵩) : 미상.

475 남부신서(南部新書)에서는……했다 : 《蘭亭考》 卷3 〈紀元〉(《文淵閣四庫全書》 682, 87쪽).

476 어떤……의심했다 : 《蘭亭考》 卷5 〈臨摹〉(《文淵閣四庫全書》 682, 103쪽).

477 구양순의……것이다 : 《蘭亭續考》 卷1 〈臨摹〉(《文淵閣四庫全書》 682, 170쪽).

54 位 : 저본에는 "謂". 오사카본·규장각본·《金華耕讀記·稧帖》에 근거하여 수정.

더러는 명황(明皇) 연간(685~762)에 지영이 임모한 판본을 옥석에 판각한 것이 곧 정무본이라 했다.

각자 듣고 본 바에 근거했기 때문에 논자마다 이처럼 의견이 다르다.[478]

나는 태종이 왕희지의 진적을 기쁘게 얻고서, 탁본하여 황태자·여러 왕·근신들에게 하사할 때에 함께 받은 이가 진실로 한 사람이 아니었을 것이라고 생각한다. 우세남·저수량·구양순은 또한 모두 가까이서 모시는 신하로서 탁본을 하사받았을 것이고, 서로 임모하기를 다퉜을 것도 역시 당연하다. 후대의 감상가들은 다만 한쪽으로 치우친 안목을 가지고 어떤 판본이 진본이고 위작인 줄을 관찰하려고만 하지, 그 임모한 판본이 누구에게서 나왔는지는 굳이 따져 묻지는 않았다.

정무본이 《계첩》의 원본 정통을 잇는 판본이 된 것은 그 유래가 오래되었다. 세상 사람들은 모두 설사백(薛嗣伯)[479]이 가지고 돌아간 판본이 정무본의 옛 판각본이라고 했으나, 역시 의심스러운 점이 있다.

하원(何薳)[480]의 《춘저기문(春渚記聞)》[481]에 다음과 같이 말했다. "정무본 《난정서》 석각은 석진의 난 때

或謂明皇時, 以智永所臨, 刻于玉石, 卽定武本. 各據聞見, 有此參商.

余謂太宗喜得眞迹, 搨賜皇太子、諸王、近臣, 是時供奉, 固非一人. 虞、褚、歐陽又皆以近侍受賜, 其競相臨摹, 亦其固然. 後之鑑賞家只當俱一隻眼, 以觀其孰得孰失耳, 其臨搨之出於誰某, 不須問也.

定武本之爲《稧帖》嫡嗣, 其來久矣. 世皆以薛嗣伯携歸者爲定武古刻, 然亦有可疑者.

何薳《春渚記聞》云: "定武《蘭亭》石刻, 石晉之

---

478 의견이 다르다: 원문의 '參商'을 풀이한 것이다. 삼상(參商)은 삼성(參星)과 상성(商星)으로, 이 두 별은 각각 이십팔수의 하나인데 동·서로 멀리 떨어져 있다. 이 때문에 이별하여 오래도록 만나지 못하거나 형제가 화목하지 않은 일을 비유하는 말로 쓰인다. 여기서는 한 가지 일에 대한 견해가 여러 갈래로 나뉘어 각각 다양함을 의미한다.

479 설사백(薛嗣伯): 설소팽(薛紹彭)을 지칭하는 듯하다. 설소팽의 동생은 설사창(薛嗣昌)이다.

480 하원(何薳): 1077~1145. 중국 송나라의 문학가. 자는 자초(子楚)·자원(子遠)·한청노농(韓靑老農). 사학자 하거비(何去非)의 아들이다. 저서로 《춘저기문(春渚記聞)》이 있다.

481 춘저기문(春渚記聞): 선도(仙道)의 기이한 일, 민간의 소문, 관위작록에 대한 예언 등을 다룬 책이다. 총 10권. 대부분 황당무계한 이야기들이지만, 그 중에 송나라 시기 사대부들의 미신 관념과 민간 풍속을 이해할 만한 자료도 있다.

에 거란이 수레에 싣고 북쪽으로 가서 진정(眞定)[482]에 이르렀다. 요(遼) 태종(太宗) 야율덕광(耶律德光)[483]이 죽자(974년) 마침내 이 돌을 중산에 버렸다.

亂, 契丹輦載而北至眞定. 德光死, 遂棄此石於中山.

경력(慶曆) 연간(1041~1048)에 이학구(李學究)가 석각을 얻었지만 다른 사람들에게 보여주지 않았다. 이학구가 죽고, 그의 아들은 관가에 부채를 져서 갚을 도리가 없었다. 송기(宋祁)가 이때 정무의 태수였는데, 공금으로 부채를 대신 갚고, 돌을 가져다 관아의 창고에 보관했다.

慶曆中, 李學究得之, 不以示人. 李死, 其子負官緡, 無從取償. 宋景文時爲定帥, 以公帑代輸, 而取石藏庫中.

희녕(熙寧) 연간(1068~1077)에 설향(薛向)이 목사로 나갔을 때 그의 아들 설소팽(薛紹彭)이 별도로 부본(副本)을 새겨서 원래의 돌과 바꾸고 장안(長安)으로 돌아갔다.

熙寧中, 薛師正出牧, 其子紹彭, 別刻副本易之, 以歸長安.

대관(大觀) 연간(1100~1125)에 조서를 내려 그 돌을 가져다가 선화전(宣化殿)에 두었다. 병오년(丙午年, 1126)에 금나라 도적들이 반란을 일으켜 《난정서》와 석고를 수레에 싣고 북쪽으로 갔다."[484]

大觀間, 詔取其石, 置宣化殿. 丙午金寇犯順, 與石鼓載而北."

여러 학자들이 주장하는 정무본의 내력은 모두 여기에 근본을 두고 있다.

諸家所言定武本來歷, 皆本於此.

그러나 채조(蔡絛)[485]의 말을 살펴보면 다음과 같다. "정무본은 바로 강좌(江左)[486]에서 전해 내려

然考蔡絛之言, 云: "定武本乃江左所傳晉人會稽石

---

482 진정(眞定) : 지금의 중국 하북성(河北省) 정정현(正定縣) 일대.
483 야율덕광(耶律德光) : 902~947(재위 926~947). 거란의 칸이자, 요나라의 제2대 황제. 본명은 요골(堯骨)이고, 자는 덕근(德謹). 묘호는 대종, 시호는 효무혜문황제(孝武惠文皇帝)이다. 후당(後唐)과 후진(後晉)을 멸망시키고 국호를 대요(大遼)로 바꿨다.
484 정무본……갔다:《春渚紀聞》卷5〈雜記〉"定武蘭亭叙刻"에 보인다.
485 채조(蔡絛) : ?~1147. 중국 송나라의 문인. 자는 약지(約之), 호는 백납거사(百衲居士). 채경(蔡京)의 막내아들이다. 저서로 《서청시화(西淸詩話)》·《철위산총담(鐵圍山叢談)》이 있다.
486 강좌(江左) : 중국 양자강(揚子江) 하류 남안 지방. 강동(江東)이라고도 한다.

온 진(晉)나라 사람의 회계석(會稽石)이다. 서진(西晉, 265~361)으로부터 오월(吳越) 전홍숙(錢弘俶)[487] 말년(978)에 천하가 통일되는 데 이르기까지 정무본은 부유한 사람의 집에 있었다.

호사가가 금과 비단을 많이 주고는 회계(會稽)에서 가져다 집에 보관했다. 그러다가 후사가 끊기고 재산이 몰수되면서 현의 관원이 정무 태수가 있는 곳 한 부분의 벽 사이에 두었다. 희녕(熙寧) 연간(1068~1077)에 손차공(孫次公)[488]이 정무 태수가 되었을 때, 그 돌을 궁궐에 바치라는 교지가 있어 궁궐에 바치고서 별도로 다른 돌에 판각하여 이를 벽 사이에 돌려두었다.

원풍(元豊) 연간(1078~1085) 이후에 설향이 정무에 와서 마침내 그 돌을 가지고 돌아갔다. 세상 사람들은 단지 석각이 설향에게 돌아갔다고 하지만, 이 석각이 본래 옛 판각이 아닌 줄은 알지 못했다. 대관 연간 초기에 조서를 내려 궁궐의 상방(尙方)[489]을 수색했으나 없어서 다시 설향의 돌을 가져다 궁중 창고에 넣었다."[490]

也. 自晉至錢氏末, 天下既一統, 而定武在富民之家.

好事者厚以金幣, 從會稽取之而藏於家. 後戶絶貲沒, 縣官因置定帥之便坐壁間. 熙寧中孫次公帥定, 有旨, 納其石禁中, 另刻石而還之壁.

元豊後, 薛向來定, 遂取其石以歸, 世但謂石歸薛氏, 然不知雅非古矣. 大觀初, 詔索諸尙方則無有, 乃更取薛氏石, 入御府."

---

487 전홍숙(錢弘俶) : 929~988(재위 947~988). 오대십국시대 오월의 마지막 왕. 나라가 기울어지자 송 태조에게 항복하여 안락한 말년을 보냈다.
488 손차공(孫次公) : 미상.
489 상방(尙方) : 황제가 사용하는 물건을 관리하는 관서.
490 《蘭亭考》卷3 〈紀原〉(《文淵閣四庫全書》 682, 92쪽).

채조는 곧 채경(蔡京)491의 아들이자, 채양(蔡襄)492의 조카라서 희녕·대관 연간의 일을 반드시 가장 상세하게 알고 있을 사람이다. 그러나 그의 주장이 여러 학자들과 크게 다르다. 이것이 채조의 주장이 의심스러운 부분의 첫째이다.

손승택은 설소팽이 이미 옛 판각본을 바꿔 장안으로 돌아갈 때, 단(湍)·류(流)·대(帶)·우(右)·천(天) 5글자를 훼손하여 사람들을 속였다고 했다. 이때부터 정무본의 진위를 논하는 사람들이 마침내 5글자가 갈라지거나 훼손되었는지 여부에 따라 진본의 증거로 삼게 되었으니, 이는 매우 가소로운 일이다.

무릇 설소팽이 이미 이 돌을 완상하기를 좋아해서 몰래 바꿔 가져간 것이라면 옥구슬처럼 보호하여 오직 혹여 그 터럭만큼이라도 훼손될까 염려해야 할 터인데, 어찌 고의로 자획을 훼손하는 것을 달가워했겠는가? 이른바 글자를 훼손하여 사람들을 속였다는 말은 어린아이의 견해나 다름없다. 만일 사람을 속이려 했다면 훼손한 것이 위작본에 있어야 하지, 옛 석각본에 있지 않았을 것이다.

예전에 필량사(畢良史)493의 발문을 본 적이 있는

條即蔡京之子、蔡襄之侄, 熙寧、大觀間事, 必知之最詳, 而其說與諸家大異, 此其可疑者一也.

說者謂薛既易古刻而歸, 劖損湍、流、帶、右、天五字以惑人. 自是論眞贗者, 遂以五字缺損爲眞本之證, 此尤可笑.

夫薛既愛賞此石, 潛易以去, 則護之當如珙璧, 惟恐或損其絲毫, 寧肯故殘字畫? 其所謂惑人云者, 無異兒童之見. 苟爲惑人, 則所劖損者當在贗石, 而不在舊石矣.

嘗見畢少董跋, 云:"兒時,

491 채경(蔡京) : 1047~1126. 중국 송나라의 정치가·서예가. 자는 원장(元長). 희녕 3년(1070)에 진사에 급제했고, 재상까지 역임했다. 왕안석(王安石)의 신법(新法)을 되살리고, 사마광(司馬光) 등을 축출했다. 작품에 《원우당적비(元祐黨籍碑)》가 있다.
492 채양(蔡襄) : 1012~1067. 중국 송나라의 문인·서예가. 자는 군모(君謨), 시호는 충혜(忠惠). 천성 8년(1030)에 진사에 급제했고, 한림학사, 삼사사(三司使) 등을 역임했다. 송나라 4대가로 불릴 만큼 글씨가 뛰어났다. 저서로 《다록(茶錄)》·《여지보(荔枝譜)》·《채충혜공집(蔡忠惠公集)》 등이 있다.
493 필량사(畢良史) : ?~1150. 중국 송나라의 관리. 자는 소동(少董)·백서(伯瑞). 고종 소흥(紹興) 초에 진사에 급제하였다. 수집한 골동품을 나중에 모두 싣고 임안(臨安)에 도착하니, 사람들이 '필골동(畢骨董)'이라 불렀다. 저서로 《춘추정사(春秋正辭)》·《번경당집(繙經堂集)》이 있다.

데, 거기에는 다음과 같이 말했다. "어렸을 때에 비감군(秘監君)이신 할아버지가 정무에 부임할 때 좇아가 고을의 치소 동쪽 정원의 활을 쏘는 곳 동쪽이자 규정(葵亭)의 서쪽 벽에서《난정서》옛 판각본을 보았다. 그 본에서는 제5행의 '대(大)' 자와 '우(右)' 자, 제8행의 '천(天)' 자의 자획이 이미 훼손되었고, 돌은 청색을 띠고 있었다. 대관 기축년(己丑年, 1109)에 왕극명(王克明)[494]을 따라 정무에 이르렀다가 석각을 보았는데, 옛날에 봤던 본과 다름이 없었다. 다만 그 석각은 흰색이었지, 청색이 아니었다. 아마 그 처음에 봤던, 청색을 띠는 돌이 곧 옛날 판본이며 두 번째 본 흰색을 띠는 돌이 곧 위작본일 것이다."[495]

필량사는 당시에 이를 직접 목격했으니, 그의 주장이 증거가 될 만하다. 신각본과 구각본에 모두 갈라지거나 훼손된 부분이 있기 때문에, 이를 가지고 진본과 위작을 분별한다면 어리석은 사람에게 꿈 이야기를 말해주는 것[496]과 무엇이 다르겠는가? 이것이 채조의 주장이 의심스러운 부분의 둘째이다.

從祖秘監君官定武, 見《蘭亭》古刻在州治東園射圃之東, 葵亭西壁, 第五行 '帶'字·'右'字, 第八行 '天'字字畫已闕壞, 石青色. 大觀己丑, 隨王彦昭至定武, 見石, 與舊所見無異. 但白石非靑石. 蓋其初見之靑石, 卽舊刻也, 再見之白石, 卽[55]贗刻也."

董是當日目擊之, 其說可證. 新舊刻之俱有缺損, 執此以別眞贗, 何異癡人說夢? 此其可疑者二也.

---

494 왕극명(王克明):1069~1135. 중국 송나라의 의술가. 자는 언소(彦昭). 어렸을 때부터 연약해서 의사들이 모두 완치할 수 없는 병이라고 했는데, 스스로 의술을 공부해서 완치했다. 병자들을 치료해주다가 명성을 얻었다. 예부시에 합격한 후 의관에 임명되었다.

495 어렸을……것이다:《蘭亭考》卷3〈紀原〉(《文淵閣四庫全書》682, 93~94쪽).

496 어리석은……것:어리석은 사람에게는 꿈 이야기를 해주어도 알아듣지 못한다는 말이다. 당나라 때 서역의 고승인 승가(僧伽)가 안휘성(安徽省) 근처를 여행하고 있었다. 승가의 행동을 보고 어떤 사람이 "당신의 성은 무엇인가?[何姓]"라 묻자, 승가가 "성은 하씨다.[姓何]"라고 대답했다. 또 "이느 나라 사람인가?[何國人]"라 묻자, 승가가 "하국 사람이다.[何國人]"라 대답했다. 그런 뒤에 당나라의 서도가(書道家) 이옹(李邕)이 승가를 위해 비문을 썼는데, 그가 장난으로 한 말들을 진짜라고 여겨 "대사의 성은 하씨이고, 하국 사람이다."라고 썼다. 석혜홍은 자신의 저술인《冷齋夜話》에 "이는 곧 이른바 어리석은 사람에게 꿈을 이야기한 것이다. 이옹은 결국 꿈을 참인 줄 믿고 말았으니 참으로 어리석은 사람이 아닐 수 없다.[此正所謂 對癡人說夢耳, 李邕遂以夢爲眞眞癡絶也.]"라 했다.《冷齋夜話》卷9〈癡人說夢夢中說夢〉에 보인다.

55 卽:저본에는 "但". 오사카본·《金華耕讀記·禊帖》에 근거하여 수정.

논의하는 사람들은 저수량이 임모한 판본은 자획이 너무 살쪄서 아쉽고, 장경선(張景先)[497]의 궐석본(闕石本) 또한 자획이 너무 가늘어서 아쉽다고 했다. 황정견(黃庭堅)이 정무본에 대해 "자획이 살졌으나 살이 남아돌지는 않고, 가늘지만 뼈가 드러나지는 않았다."라 칭찬하자 사대부들이 바람에 초목이 쓰러지듯이 수긍했고, 마침내는 정무본을 추켜세워 여러 판본 중의 으뜸이라 했다. 그렇다면 정무본이 천하에 중망을 얻은 이유는 그야말로 자획의 살지고 가는 정도가 가장 적당했기 때문일 뿐이다.

그러나 정무본에도 역시 본래부터 자획의 넓고 가느다란 차이가 있다. 더욱이 하연지는 "자획이 가는 판본이 진짜 정무본이다."라 했고, 왕순백은 "자획이 살진 판본이 진짜 정무본이다."라 했다. 두 사람은 모두 박학다식하며 성품이 단아하다고 평가되건만 그 주장이 이처럼 다르니, 앞으로 누가 이를 절충하도록 할 수 있겠는가?

나는 자획이 가늘거나 살진 것은 각자의 취향을 따르는 것이라 여긴다. 살진 자획을 좋아하는 자는 자획이 오직 혹여 가늘까 염려하지만, 가는 자획을 좋아하는 자는 오직 혹여 살질까 염려한다. 이는 마치 미인 중에 조의주(趙宜主)[498]는 너무 야위었고, 양

論者謂褚庭誨所臨恨太肥, 張景先闕石本又恨太瘦. 至黃山谷稱定武"肥不剩肉, 瘦不露骨", 而士大夫靡然和之. 遂推定武爲諸刻之冠. 然則定武之重於天下, 政以肥瘦得中耳.

然定武又自有肥瘦之別, 尤延之謂"瘦者爲眞定武", 王順伯謂"肥者爲眞定武". 二公皆號博雅, 而其不同如此, 將孰使之折衷哉?

余謂瘦謂肥, 各隨好尙. 喜肥者, 惟恐其或瘦; 喜瘦者, 惟恐其或肥. 如論飛燕太瘦, 太眞太肥, 皆在姸媸色相之外, 以是而更定

---

497 장경선(張景先):미상.
498 조의주(趙宜主):B.C 45~B.C 1. 한나라 성황제의 부인이며, 효성황후가 되었다. 춤과 노래를 잘하고, 몸이 가볍기가 나는 제비와 같았기 때문에 비연(飛燕)으로 호를 삼았다. 절세의 미인으로 여동생 합덕(合德)과 함께 성제(成帝)의 후궁이 되었다.

귀비(楊貴妃)는 너무 살쪘다[499]고 논하는 것과 같으니, 이 기준은 모두 아름다움과 추함의 기준에서는 부차적인 것이니, 이것으로 다시 우열을 정한다면 잘못이다. 이것이 의심스러운 부분의 셋째이다.

육유(陸遊)[500]는 다음과 같이 말했다. "《난정서》를 살필 때에는 응당 선종(禪宗)[501]에서 문답을 통해 가르침에 입문하듯이 하는 것이 좋다. 만약 그 개가 입을 크게 벌리기를 기다렸다면[502] 그 다음에는 무엇을 해야 하겠는가? 식견이 있는 사람들은 서첩을 한 번 열자마자 이미 정교함과 거침을 알 수 있다. 그런데 어떤 사람은 오직 점획만을 구하여 귀로 들은 이야기를 참고하여 감상하니, 속인들을 속이는 것은 가능하거니와 다만 왕희지는 수긍하지 않을 듯하다."[503] 이 주장은 감상가의 깊은 뜻을 가장 잘 터득한 것이다.

優劣則差矣. 此其可疑者三也.

陸務觀之言曰: "觀《蘭亭》, 當如禪宗勘辨[56]入門, 便可. 若待渠張口, 堪作什麽? 識者一開卷, 已見精麤. 或者惟求點畫, 參以耳鑑, 瞞俗人則可, 但恐王內史不肯耳." 此說最得鑑賞三昧矣.

---

499 조의주(趙宜主)는……살쪘다 : 중국 4대 미인 중 한 명이었던 양귀비는 체형이 뚱뚱했는데, 서로의 체형을 비교하여 '연수환비(燕瘦環肥)'라는 성어가 생겼다. 이 말의 의미는, 야위거나 뚱뚱하거나 상관없이 이들 모두 미인이라는 점에 있다. 여기서는 난정서 자획의 야윔과 살찜으로 미의 기준을 삼아 우열을 가리는 것을 비유했다.

500 육유(陸遊) : 1125~1130. 중국 남송의 관리. 자는 무관(務觀). 시로 유명했으며 중국 역대 시인들 중에서 시를 가장 많이 썼다. 금에 대항하는 의식의 시를 많이 써 애국시인으로 추앙받았다.

501 선종(禪宗) : 불교의 한 종파. 깨달음을 얻는 방법으로 참선수행을 중요시한다.

502 개가……기다렸다면 : 이 내용은 역대 부처와 조사들의 어록과 행적을 모은 책에 실린 일화이다. 이 일화는 현재 《직지심경(直指心經)》에 보이지만, 《경덕전등록(景德傳燈錄)》이나 《선원몽구습유(禪苑蒙求拾遺)》에 근원한다. 내용을 살펴보면 다음과 같다. 덕산밀선사(德山密禪師)의 휘하에서 수행하던 선자(禪者)가 있었는데, 오랫동안 열심히 수행하는데도 깨닫지 못하다가 어느 날 개 한 마리가 입을 크게 벌리고 자신을 잡아먹으려는 듯이 달려들고 하며 달아났다. 얼마 지나지 않아, 이러한 일을 덕산밀선사에게 아뢰자, "굳이 두려워하지 말라. 단, 정신을 통렬히 가다듬고 그 개가 입을 크게 벌리기를 기다렸다가 부딪쳐 완전히 입 속으로 들어가면 깨달을 것이다.[不必畏矣, 但痛加精彩, 待渠開口, 撞入裏許便了.]"라고 선사가 대답했다. 여기에서는 《난정서》가 아무리 유명한 작품이라 한들 정신을 가다듬고 차근차근 한 획씩 살펴보면 그 진위 여부를 가릴 수 있다는 의미로 쓰였다.

503 난정서를……듯하다 : 《蘭亭續考》 卷1(《文淵閣四庫全書》 682, 165쪽).

[56] 勘辨 : 저본에는 "辨勘". 《蘭亭續考》에 근거하여 수정.

## 악의론(樂毅論)[504]

[몽계필담][505] 왕희지(王羲之)의 글씨로 옛날부터 전해지는 것은 오직 《악의론(樂毅論)》뿐이다. 이는 바로 왕희지가 직접 돌에 써서 그 당시에 돌에 새겼고, 나머지는 모두 종이나 비단으로 전해진다. 당 태종(唐太宗)이 왕희지·왕헌지의 묵적을 모았는데, 오직 《악의론》 석본(石本)만이 태종을 따라 소릉(昭陵)[506]에 들어갔다. 주량(朱梁)[507] 때 온도(溫韜)[508]가 소릉을 파헤쳐 다시 세상에 전해지게 되었다. 어떤 사람은 "공주가 위작을 원본과 바꿨으니, 무덤에 들어간 적이 없다."라 했다.

내가 예전에 고안세(高安世)[509]의 집에 있는 돌을 본 적이 있는데, 이미 끝부분이 갈라지고 손상되어 뒷부분에 오직 '해(海)' 자 하나만 남아 있는 것이 이것이었다. 고안세가 죽자 돌은 다시는 세상에 드러나지 않았고, 지금 전하는 《악의론》은 모두 임모한 판본이다. 필획이 옛날의 맑으면서도 강한 느낌이 다시는 없으니, 왕희지의 작게 쓴 해서체는 여기에서 거의 끊어지게 된 셈이다. 후대에 교훈을 전하는 글들은 모두 여기에 비할 바가 아니다.

## 樂毅論

[夢溪筆談] 王羲之書舊傳惟《樂毅論》. 乃羲之親書于石, 其他皆紙素所傳. 唐太宗裒聚二王墨迹, 唯《樂毅論》石本隨太宗入昭陵, 朱梁時溫韜發昭陵, 復傳人間. 或曰: "公主以僞本易之元本, 不曾入壙."

余嘗見高安世家石, 已破缺末, 後獨有一海字者是也. 安世死, 石不復見, 今傳《樂毅論》皆摹本也. 筆畫無復昔之淸勁, 羲之小楷字, 於此殆絶. 遺敎經之類, 皆非其比也.

---

504 악의론(樂毅論) : 중국 삼국시대 위(魏)나라 하후현(夏侯玄, 209~254)이 연나라 장군 악의(樂毅, BC. 324~262)에 대해서 쓴 소론이다. 여기서는 동진(東晉)의 왕희지가 해서로 쓴 서예 법첩을 가리킨다.

505 《夢溪筆談》卷17 〈書畫〉(《文淵閣四庫全書》 862, 801쪽).

506 소릉(昭陵) : 중국 당 태종의 능. 섬서성(陝西省) 함양시(咸陽市) 예천현(禮泉縣)에 있다.

507 주량(朱梁) : 주온(朱溫, 852~907)이 세운 오대십국의 후량(後梁).

508 온도(溫韜) : ?~928. 중국 5대10국시대의 유명한 도굴꾼. 어렸을 때 도적질을 하다가 후에 이무정(李茂貞) 막하에서 화원(華原)의 진장(鎭將)이 되었다. 이때 당나라의 여러 황릉(皇陵)을 도굴하였다.

509 고안세(高安世) : 미상.

악의론

[서사]510 《악의론》은 해서로 쓴 작품 중 제일이고, 《난정서》는 행서로 쓴 작품 중 제일이다.

[書史] 《樂毅論》正書第一, 《蘭亭敍》行書第一.

동방선생찬(東方先生讚)511

[동파발관본법첩(東坡跋官本法帖)512]513 《난정서》·《악의론》·《동방선생찬(東方先生讚)》은 모두 빼어나다. 비록 모사하여 여러 단계를 거쳐 전해졌지만 여전히 옛사람이 썼던 필의가 남아 있다. 후대에 교훈을 전하는 글과 비교해보면 차이가 있다.

東方先生讚

[東坡跋官本法帖] 《蘭亭》、《樂毅》、《東方先生》皆妙絶. 雖摹寫屢傳, 猶有昔人用筆意. 比之遺敎經則有間矣.

---

510 《書史》(《文淵閣四庫全書》 813, 33쪽).

511 동방선생찬(東方先生讚): 왕희지의 작품 《동방선생화상찬(東方先生畫像贊)》이다. 《만천상찬(曼倩像贊)》이라고도 한다. 영화 12년(356)에 해서로 썼다.

512 동파발관본법첩(東坡跋官本法帖): 미상. 소식의 문집에는 동일한 문장이 없고, 《六藝之一錄》卷135 〈法帖論述5〉 "蘇東坡辨法帖"에 보인다. 〈관본법첩(官本法帖)〉은 《순화각첩(淳化閣帖)》을 가리킨다.

513 《蘭亭考》卷5 〈臨摹〉(《文淵閣四庫全書》 682, 100쪽).

[원교서결]514《만천상찬(曼倩像贊)》은 왕희지의 글씨 중에 제일이다. 그 글씨의 모범적이면서도 반듯하고 빼어나면서도 강건함은 이미 대전체와 비슷하며 말이 내달리고 새가 날아오르는 듯한 자태는 행서와 초서에 더 잘 사용할 수 있으니, 이것이 상상도 할 수 없는《만천상찬》의 가장 뛰어난 특징이다. 위삭(衛鑠)515이 말한 6가지 용필법516은 전서·초서·팔분·예서 등의 필법을 해서에 잘 갖추는 방법인데, 이것을 나는 이 글씨에서 보았다.

## 황정경(黃庭經)517

[원교서결]518《황정경내첩(黃庭經內帖)》·《황정경외첩(黃庭經外帖)》은 모두 왕희지에게서 나왔지만《내경·황정경내첩》이 더욱 크고 화려하다. 그 자태의 맑고 깨끗함은 비록《외경·황정경외첩》만 못해도 또한 본래 온후하여 좋아할 만하다. 근래에 윤순(尹淳)519이

[圓嶠書訣]《曼倩像贊》57 爲右軍書之第一. 其典嚴奇崛, 既似篆籀, 而騫翥之態, 尤可用之於行58草, 此最不可思測也. 衛59夫人所謂六種用筆備篆、草、分、隸等法於眞者, 吾於此書見之.

## 黃庭經

[又]《黃庭內、外帖》俱出右軍, 而《內經》尤鉅麗. 其體態之瀟灑, 雖遜《外經》, 亦自溫厚可喜. 近世尹白下偏喜《外經》, 故人

---

514《圓嶠書訣》〈後編下〉(《圓嶠書訣》서울대 규장각한국학연구원 이미지).

515 위삭(衛鑠):272~349. 중국 동진(東晉)의 여류 서예가. 위항(衛恒)의 조카딸로, 여양태수(汝陽太守) 이구(李矩)의 아내다. 글씨를 잘 썼고, 예서에 아주 뛰어났다. 종요(鍾繇)의 제자이고, 서성(書聖)으로 알려진 왕희지와 계몽(啟蒙)의 스승이다. 저서로《필진도(筆陣圖)》가 있다.

516 위삭(衛鑠)이 말한 6가지 용필법:위삭에게 배운 왕희지에게서 다음과 같은 6가지 서법의 특징이 보이므로, 다음의 필법을 가리키는 것으로 추정된다. 첫째, 전서와 예서의 유운(遺韻)이 있다. 둘째, 전서와 예서를 쓸 때의 습관이 남아 있다. 셋째, 해서를 쓸 때의 습관이 남아 있다. 넷째, 글씨를 쓸 때의 속도가 더디고 거칠다. 다섯째, 회전하거나 꺾이는 부분에서는 교전필법(絞轉筆法)을 위주로 한다. 여섯째, 글씨를 쓸 때 정교하고 섬세하며, 변화가 많다.《임원경제지 유예지》2, 풍석문화재단, 2018, 88~94쪽 참조.

517 황정경(黃庭經):도교의 경서. 양생과 수련의 원리가 주 내용이고, 7언운문(七言韻文)으로 되어 있다.

518《圓嶠書訣》〈後編下〉(서울대 규장각,《圓嶠書訣》이미지, 39a~40a).

519 윤순(尹淳):1680~1741. 조선 후기의 문신·서화가. 자는 중화(仲和), 호는 백하(白下)·학음(鶴陰)·나계(羅溪)·만옹(漫翁). 문집에《백하집(白下集)》, 글씨에《백하서첩(白下書帖)》과〈고려산(高麗山) 적석사비(積石寺碑)〉등이 있다.

57 曼倩像贊:《圓嶠書訣》에는 "像贊".

58 行:《圓嶠書訣》에는 없음.

59 衛:저본에는 없음.《圓嶠書訣》에 근거하여 보충.

《외경》만을 지나치게 좋아했기 때문에 사람들이 마침내 《내경》을 천시하게 되었고, 이 때문에 《내경》을 구매하여 우리나라로 들여오는 사람이 드물게 되었다.

遂賤《內經》, 尠有購貿東來者.

정자경(鄭子經)[520]은 《황정경》이 왕희지의 작품이 아니라 바로 지영이나 서호(徐浩)[521] 같은 사람의 작품이라 했다. 그리고 《악의론》 역시 옛 판각본은 없고, 송나라 초기에 별도로 모사하여 새겼다고 했다.

鄭子經謂《黃庭》非右軍作, 乃智永、徐浩輩所爲. 《樂毅論》亦無舊本, 宋初別寫刻之.

나는 그렇지 않다고 생각한다. 옛 서첩 중 좋은 작품은 우리나라에 들어온 적이 전혀 없었다. 그러나 내가 예전에 찰방(察訪) 이숙(李淑)[522]의 집에서 《악의론》을 보았고, 근래에는 판서 민성휘(閔聖徽)[523]의 집에서 《만천상찬》을 보았는데, 모두 매우 수준이 높고 빼어났다. 그 필력의 굳세고 빼어남이 한나라와 위나라의 비석과 우열을 논할 수 없고, 결구(結構)의 신묘하고 기이함이 몹시 월등했다. 이것이 어찌 당나라 이후의 사람들이 그와 비슷하게라도 흉내낼 수 있겠는가? 《황정경》이 비록 위의 《악의론》과 《동방선생찬》보다 조금 못하더라도 내가 본 서첩 중에

余謂不然, 古帖佳者, 絶無東來者, 而余曾見李察訪淑家《樂毅論》, 近得[60]閔[61]尙書聖徽家《曼倩像贊》, 皆極高妙. 其畫力之勁妙, 與漢、魏碑無上下, 而結構神奇殆過之, 是豈唐以後人所可彷彿? 《黃庭》雖稍遜於右二帖, 而就吾所見之佳者言之, 亦豈徐浩[62]輩所可擬也?

---

520 정자경(鄭子經) : 미상. 원(元)나라 때 인물로 추정된다. 《원시선(元詩選)》에 〈동쪽으로 돌아가는 정자경을 전송하며[東歸歌送鄭子經]〉라는 시가 보인다.

521 서호(徐浩) : 703~782. 중국 당나라의 서예가. 자는 계해(季海). 아버지인 서교지(徐嶠之)로부터 서법을 배웠으며, 그 서풍은 '성난 사자가 돌을 할퀴고, 목마른 말이 샘으로 달리는 듯하다.'라 일컬어졌다. 저서인 《논서(論書)》·《고적기(古迹記)》가 《법서요록(法書要錄)》에 실려 있으며, 글씨에 〈불공화상비(不空和尙碑)〉·〈숭양관비(嵩陽觀碑)〉 등이 전한다.

522 이숙(李淑) : 미상.

523 민성휘(閔聖徽) : 1582~1647. 조선 중기의 문신. 자는 사상(士尙), 호는 졸당(拙堂)·용졸(用拙). 강원도사·영변판관(寧邊判官)과 금산·여주의 목사를 거치는 동안 목민관으로서의 치적을 쌓았으며, 판서를 역임했다. 저서로 《송경방고록(松京訪古錄)》이 있다.

[60] 近得 : 저본에는 없음. 《圓嶠書訣》에 근거하여 보충.

[61] 閔 : 저본에는 "悶". 《圓嶠書訣》에 근거하여 수정.

[62] 浩 : 《圓嶠書訣》에는 "肥".

아름다움으로 말하자면 또한 어찌 서호 같은 사람
들이 흉내낼 수 있겠는가?

## 차선첩(借船帖)[524]

[상서고실(尙書故實)[525]][526] 왕희지의 《차선첩(借船帖)》은
서첩 중에서 매우 아름다운 것이다.

## 십칠첩(十七帖)[527]

[발십칠첩(跋十七帖)[528]][529] 왕희지의 《십칠첩(十七帖)》
중에서 진본을 전한 법첩은 그 필의를 완미해 보면
부드럽고 여유가 있으며, 기상이 초연하여 격식에
얽매이지도 않았고, 일부러 서법에서 벗어나려고도
하지 않았다. 한 글자 한 글자가 자신의 마음에서
흘러나왔을 뿐이다.

## 징청당첩(澄淸堂帖)[530]

[한자헌첩고(閑者軒帖考)[531]] 《징청당첩(澄淸堂帖)》은 당나라의 하

## 借船帖

[尙書故實] 王內史《借船
帖》, 書之尤佳者也.

## 十七帖

[朱子跋] 右軍《十七帖》
相傳眞的, 玩其筆意, 從
容衍裕, 氣像超然, 不與法
縛, 不求法脫, 一一從自己
胸襟流出.

## 澄淸堂帖

[閑者軒帖考] 《澄淸堂帖》

---

524 차선첩(借船帖) : 왕희지의 서첩. 당(唐)나라 때 낙양에서, 후한의 학자이자 문인인 채옹(蔡邕, 132~192)이
홍도(鴻都)에서 공부할 때 경문을 새긴 돌을 발굴하여 탁본했다. 《차선첩》의 글씨는 이보다 더 공교로워
서법이 매우 짜임새가 있으며 아름답다.

525 상서고실(尙書故實) : 중국 당나라 이작(李綽, ?~862)이 지은 책. 역대로 뛰어난 서예와 그림을 서술했다.

526 《尙書故實》(《文淵閣四庫全書》 862, 477쪽).

527 십칠첩(十七帖) : 왕희지가 촉(蜀) 지역에 있는 주무(周撫)에게 보낸 초서의 척독을 주로 모은 법첩. 법첩 첫
머리에 "십칠일선서(十七日先書)"가 나오므로 《십칠첩》이라 이름했다.

528 발십칠첩(跋十七帖) : 남송 주희(朱熹, 1130~1200)가 지은 《십칠첩》의 발문

529 《회암집(晦庵集)》 卷84 〈跋〉 "跋十七帖"(《文淵閣四庫全書》 1145, 751쪽).

530 징청당첩(澄淸堂帖) : 중국 동진(東晉)의 왕희지(王羲之)·왕헌지(王獻之)의 글씨를 집각한 법첩. 징청당첩
의 원문을 새긴 원석(原石)은 일찍 산실되어 탁본으로 전해진 작품이 매우 적고, 역대 문헌에 수록된 작품
도 완전한 질(帙)은 아니다. 본문에서는 당나라의 하지장이 임모한 판본이라고 하였으나, 일반적으로는 남
송의 첩고(帖估, 법첩을 만드는 상인)가 《순화각첩》 및 관사각의 첩에서 취사하여 만든 것으로 추정된다.

531 《閑者軒帖考》 〈禊帖〉(《四庫全書存目叢書》 520, 548쪽).

지장(賀知章)[532]이 손수 임모한 것으로, 모두 왕희지의 글씨이다. 글씨가 깨끗하고 생동감이 있으며 글자들 간의 어울림이 마치 신령이 춤추는 듯하여 송나라 사람들의 여러 판각이 모두 그보다 수준이 낮음을 알았다. 각 권의 앞머리에 갑(甲)·을(乙) 기호로 순서를 매겼으며,[533] 모두 합쳐 10책이다.

옛사람들은 징심당(澄心堂)은 바로 남당(南唐)[534] 열조(烈祖)[535]가 금릉(金陵)[536]을 다스릴 때 편안히 거처하던 곳이라 했다. 지금 세상 사람들은 징심당이 원

爲唐 賀季眞手摹, 皆右軍書. 淸眞生動, 筆花靈舞, 覺宋人諸刻皆在其下. 卷首有甲、乙字號, 蓋十冊也.

按昔人謂澄心堂, 乃南唐烈祖節度金陵之宴居也. 世以爲元宗書殿, 誤矣. 宋

십칠첩

징청당첩

---

532 하지장(賀知章): 659~744. 중국 당나라의 시인. 자는 계진(季眞)·유마(維摩), 호는 사명광객(四明狂客)·비서외감(祕書外監). 695년에 진사에 급제했다. 현종(玄宗)을 섬겼고, 시인 이백(李白)의 발견자로 알려졌다.

533 각……매겼으며: 각 권에 갑(甲)·을(乙)·병(丙)·정(丁)·무(戊)·기(己)·경(庚)·신(辛)·임(壬)·계(癸) 10개의 십간(十干)으로 순서를 매겼다는 뜻이다. 예컨대, 《거가필용(居家必用)》이 이와 같은 방식으로 권 순서를 매겼으며, 이밖에 3권일 경우에는 천(天)·지(地)·인(人), 5권일 경우에는 인(仁)·의(義)·예(禮)·지(智)·신(信) 등으로 순서를 매겼다.

534 남당(南唐): 중국의 5대10국 때 이승(李昇)이 세운 나라(937~975).

535 열조(烈祖): 888~943(재위 937~943). 중국 오대십국 시기 남당(南唐)의 건국자. 이름은 이승(李昇), 자는 정륜(正倫). 천복(天福) 2년(937) 금릉(金陵, 지금의 남경)에서 남당을 건국, 연호를 승원(昇元)이라 하고 7년 동안 다스렸다.

536 금릉(金陵): 중국 4대 고도(古都) 가운데 한 곳인 남경(南京)을 말한다.

나라[元宗] 때 궁중에서 서적을 보관하던 전각이라고 생각하지만, 이는 잘못이다. 송(宋)나라 때부터 이미 싱심당에 소장된 책의 목록이 3천여 권이 있었다.

時尚有澄心堂書目三千餘卷.

## 필진도서후(筆陣圖書後)[537]

[원교서결][538] 《필진도(筆陣圖)》는 위삭(衛鑠)이 지었다. 지금 통행되는 《희지필진도첩(羲之筆陣圖帖)》은 곧 왕희지가 《필진도》의 뒤에 쓴 것으로, 내용을 요약한 것이다. 이는 남당(南唐) 후주(後主)[539]가 '희지필진도'라고 써서 송(宋)나라 학사(學士) 도곡(陶穀)[540]을 속인 것이다. 그런데 우리나라 사람들이 식견이 좁아 마침내 위삭과 왕희지의 합작이라고 여기고, 온 세상 사람들이 임모하여 거의 모든 책들을 왜곡시켰다.

### 筆陣圖書後

[圓嶠書訣]《筆陣圖》, 衛夫人撰. 今所行《羲之筆陣圖帖》即右軍題後, 語之撮[63]略者也. 南唐 李後主書此, 賺宋學士[64]陶穀. 東人固陋, 遂謂右軍合作, 擧世臨摹, 盡[65]楷書種.

---

537 필진도서후(筆陣圖書後): 왕희지의 스승이라 알려진 위삭(衛鑠)이 지은 《필진도병서(筆陣圖竝書)》 뒤에 서술을 덧붙인 글로, 글씨를 쓰는 법에 대한 설명을 주로 담고 있다.

538 《圓嶠書訣》〈後編下〉(서울대 규장각, 《圓嶠書訣》 이미지, 10b).

539 후주(後主): 937~978(재위 961~975). 중국 5대10국 시기 남당(南唐)의 마지막 황제. 이름은 이욱(李煜), 자는 중광(重光), 호는 종은(鍾隱)·연봉거사(蓮峰居士). 학문과 문예를 좋아하고 서화의 기법과 감상에 매우 뛰어났다. 특히 음률에 정통하고 사(詞)의 작자로 유명했다. 송나라에 조공을 바치며 왕조의 명맥을 유지했지만, 결국 송 태종이 내린 사약을 받고 죽었다.

540 도곡(陶穀): 903~970. 중국 송나라의 학자. 자는 수실(秀實). 젊었을 때, 후진(後晉)·후한(後漢)·후주(後周)를 대대로 섬겨 지제고(知制誥)·한림학사(翰林學士) 등 많은 관직을 역임했다. 북송이 건립된 후에는 예부상서(禮部尙書)·호부상서(戶部尙書)를 지냈다.

63 撮: 저본에는 "節".《圓嶠書訣》에 근거하여 수정.

64 宋學士: 저본에는 없음.《圓嶠書訣》에 근거하여 보충.

65 盡: 오사카본에는 "畫".

## 예학명(瘞鶴銘)[541]

[수수한거록(秀水閑居錄)[542]][543] 《예학명(瘞鶴銘)》은 윤주(潤州)[544] 양자강(揚子江)[545] 자락 초산(焦山)[546]의 족암(足巖)[547] 아래에 있어서 겨울철에 물이 줄어야 비로소 탁본을 할 수 있다. 세상에 전하기로는 왕희지의 글씨라고 하지만, 그 석각의 내용이 진(晉)나라 사람들의 말과 같지 않으니, 이는 의심할 만하다.

[원교서결][548] 《예학명》은 세상에서 왕희지의 글씨라고 하지만, 옛 사람들은 도홍경(陶弘景)[549]의 글씨라고 판별했다. 도홍경 역시 왕희지의 글씨를 잘 배운 사람으로, 그의 구불구불한 필획은 왕희지에게서 터득한 것이 많다.

## 瘞鶴銘

[秀水閑居錄] 《瘞鶴銘》在潤州揚子江 焦山之足巖下, 惟冬序水退, 始可摸打. 世傳以爲王逸少書, 然其語不類晉人, 是可疑也.

[圓嶠書訣] 《瘞鶴銘》, 世稱右軍書, 而古人辨爲陶弘景書. 陶亦善學右軍, 其詰曲處, 得之右軍者多.

---

541 예학명(瘞鶴銘) : 중국 육조시대의 유명한 마애각석. 황백사(黃伯思)는 이를 도홍경(陶弘景)의 작품이라 하였고, 동유(董逌)는 중국 당나라의 시인이자 화가인 고황(顧況)이 글을 짓고, 상황산초(上皇山樵)가 글씨를 썼다고 한다. 창작 연대와 작자에 대해서는 의견이 분분하다. '예(瘞)'는 매장한다는 뜻으로, 어떤 서법가가 집에서 학을 기르다가 죽자, 학을 묻어주고서 문장을 지어 새겼다는 데에서 이름을 붙였다.

542 수수한거록(秀水閑居錄) : 송나라의 학자 주승비(朱勝非, 1082~1144)가 지은 필기류 소설. 총 1권이다.

543 《說郛》 卷41下 〈秀水閒居錄〉(《文淵閣四庫全書》 878, 279쪽) ; 《墨莊漫錄》 卷6(《文淵閣四庫全書》 864, 61쪽).

544 윤주(潤州) : 중국 강소성(江蘇省) 양자강 하류에 있는 진강현(鎭江縣) 일대.

545 양자강(揚子江) : 중국 중부 지방에 있는 강. 전체 길이 약 6,300km. 티베트 고원에서 발원하여 동중국해로 흘러들어 가는 중국에서 가장 긴 강.

546 초산(焦山) : 강소성(江蘇省) 진강시(鎭江市) 북쪽에 있는 양자강 중앙에 있다. 동한 말년에 초광(焦光)이라는 사람이 이 곳에 은거했기 때문에 초산이라 이름했다. 《예학명》 이외에도 역대 4백여 개의 비각이 이곳에 있다.

547 족암(足巖) : 미상.

548 출전 확인 안 됨.

549 도홍경(陶弘景) : 456~536. 중국 남북조시대 양나라의 의약학자·도학가. 자는 통명(通明), 호는 은거(隱居). 관직에서 일찍 물러나 구곡산(句曲山)에 은거하며 많은 저술을 남겼다. 또한, 유·불·도 삼교(三敎)에 능통하였다. 저서로 도교서로는 《진고(眞誥)》 20권, 문집으로는 《화양도은거집(華陽陶隱居集)》 2권, 약학서로는 《본초경집주(本草經集注)》가 있다.

예학명                     낙신부

## 낙신부(洛神賦)[550]

[산곡별집(山谷別集)][551]][552] 《낙신부(洛神賦)》는 세상에서 왕헌지(王獻之)의 글씨라고 하지만 나는 일찍이 왕헌지가 남긴 글씨가 아니라고 의심했다. 아마도 옛 판각본이 이미 없어졌기 때문에 후세 사람이 왕헌지라는 이름에 의탁한 것이 아닐까?

[칠송당지소록(七頌堂識小錄)][553]][554] 왕헌지는 《낙신부》를 필사하기를 좋아했는데, 내가 봤던 13행은 《정운관첩(停雲館帖)》에 있는 왕헌지의 여러 글씨와는 크게 차이가 난다. 또 탁본 1개를 보았는데, 전문이 다 있었지만 어느 때에 새겼는지 알 수 없었다.

## 洛神賦

[黃山谷跋]《洛神賦》, 世謂王獻之筆, 而余嘗疑非王令遺筆. 豈古本旣零落, 後人附托之耶?

[七頌堂識小錄] 子敬好寫《洛神賦》, 余所見只十三行, 與《停雲館》諸刻大異. 又見一搨本迺全文, 不知何時所刻耳.

---

550 낙신부(洛神賦): 중국 삼국시대 위나라의 조식(曹植)이 지은 산문부. 222년 조식이 조정에 들어간 뒤 다시 고향으로 돌아가다가 낙수(洛水)를 지날 때 낙신(洛神)의 일을 생각하며 지었다. 신화 속 낙수의 여신 복비(宓妃)의 이야기를 담고 있다.

551 산곡별집(山谷別集): 중국 북송의 문학가 황정견(黃庭堅)의 글 가운데 문집에 수록되지 않은 것을 따로 모아 편집한 책. 시가 주로 수록되어 있다.

552 《山谷別集》 卷11 〈題跋〉 "題唐本蘭亭"(《文淵閣四庫全書》 1113, 642쪽).

553 칠송당지소록(七頌堂識小錄): 중국 명나라 말 청나라 초의 관리인 유체인(劉體仁, ?~?)이 편찬한 책.

554 《七頌堂識小錄》(《文淵閣四庫全書》 872, 127쪽).

지영(智永) 천문(千文)[555]

[상서고실][556] 《천자문(千字文)》은 양(梁)나라 주흥사(周興嗣)[557]가 편찬한 책인데, 책 안에 왕희지의 글씨가 있어서 사람들이 모두 《천자문》의 저자를 정확하게 알지 못한다.

애초에 바로 양(梁)나라 무제(武帝)가 은철석(殷鐵石)[558]에게 왕희지의 글 가운데 중복되지 않는 글자 1,000자를 탁본하게 했는데, 이때 한 글자마다 종이 1장을 사용하다 보니 뒤죽박죽 섞여 순서가 없었다. 무제가 주흥사를 불러 "그대는 재주가 있고 총명하니 나를 위해 운율을 만들라."라 하자, 주흥사가 하룻밤

智永千文

[尙書故實] 《千字文》梁周興嗣編次, 而有右軍書, 人皆不曉.

其始乃梁武令殷鐵石于大王書中搨一千字不重者, 每字片紙, 雜碎[66]無序. 武帝召興嗣, 謂曰: "卿有才思, 爲我韻之." 興嗣一夕編進, 鬢髮皆白, 賞賜甚

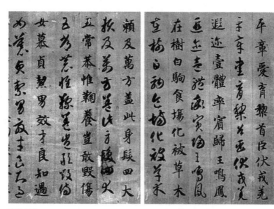

지영 천문

---

555 지영(智永) 천문(千文): 《지영천자문(智永千字文)》이라고도 한다. 작자는 미상이다. "해서체는 서 있는 듯하고, 행서체는 걷는 듯하고, 초서체는 내달리는 듯하다.(楷書如立, 行書如行, 草書如奔.)"라는 평가를 받는다.

556 《尙書故實》(《文淵閣四庫全書》 862, 479쪽).

557 주흥사(周興嗣): 469~537. 중국 남조의 문신·사학자. 자는 사찬(思纂). 기전(記傳)에 두루 정통했고, 글을 잘 지었다. 무제의 명령으로 왕희지의 글씨를 모아 《천자문(千字文)》을 지었다. 저서로 《황제실록(皇帝實錄)》·《황덕기(皇德記)》가 있었는데, 모두 일실되었다.

558 은철석(殷鐵石): ?~?. 중국 남조 양(梁)나라의 관리.

66 碎: 저본에는 "瓚". 《尙書故實》에 근거하여 수정.

사이에 편집하여 바치느라 주흥사의 수염과 머리털이 모두 하얗게 새어버리자 무제가 매우 많은 상을 하사했다. 왕희지의 후손인 지영선사가 이를 직접 사본 800개로 임서하여 세상 사람들에게 나눠 주었으며 강남(江南)의 여러 절들도 각각 사본 1개씩이 있다.

[금석사]559 지영선사의 《진초천자문(眞草千字文, 지영 천문)》은 송나라 때 관중(關中)560에서 새겼는데, 매우 정교하여별다른 아쉬움이 없을 정도이다. 해서(楷書)는 이미 왕희지 서법의 본령을 올바로 깨달은 경지에 있었기 때문에 선정(禪定)에 들어간 스님처럼 그 모습이 죽은 사람 같았지만, 자연스레 신묘하게 노닐며 변화하는 듯하다. 초서는 마치 고행을 하는 승려가 걷고 움직이고 앉고 누울 때에 계율을 잃지 않는 듯했다. 그러나 때때로 한 글자씩 갑자기 다시 속된 기운이 있으니, 어째서인가? 사다함(斯陀含)561이 한 번 오기는 했지만 실제로는 왕래가 없기 때문이니, 이로써 성문사과(聲聞四果) 중 초과(初果)562를 오히려 쉽게 바로잡을 수 없음을 바로 알 수 있다.

厚. 右軍孫智永禪師自臨八百本, 散與人間, 江南[67] 諸寺, 各留一本.

[金石史] 永禪師《眞草千字文》, 趙宋時刻於關中, 頗極精工, 無復遺恨. 楷則已登山陰正覺, 如入定僧, 貌類死人, 自爾神遊變化. 草如苦行頭陀行動坐臥, 不失戒律, 而時出一字, 忽復入俗, 何也? 斯陀含爲一來, 而實無往來, 乃知聲聞初果尚不易正也.

---

559 《金石史》卷上 〈隋智永千字文〉 《叢書集成初編》 1518, 12~13쪽).

560 관중(關中): 중국 섬서성(陝西省) 중부 위수(渭水) 유역에 있는 평야 일대.

561 사다함(斯陀含): 초기 불교 수행단계인 사향사과(四向四果)의 두 번째 단계. 사다함은 욕계의 수혹(修惑)을 거의 끊은 성자지만 번뇌(煩惱)를 완진히 제저하지 못하여 한 번 천상의 경지에 이르렀다가 다시 인간세계로 온 자라 하여, 일왕래(一往來)·일래(一來)라고도 한다.

562 성문사과(聲聞四果) 중 초과(初果): 성문사과는 불법 수행의 정도에 따라 얻게 되는 지위를 말하는데, 수다원(須陀洹)·사다함(斯陀含)·아나함(阿那含)·아라한(阿羅漢)이 그것이다. 초과는 이 중 첫 단계인 수다원을 가리킨다.

[67] 江南: 《尙書故實》에는 없음.

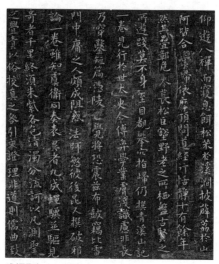
여남공주명

[해악명언]563 지영(智永)이 임서하여 집자(集字)한 《천자문》은 생동감이 있고 강건하여 8법(八法, 영자팔법)이 모두 구비되었다. 이 《천자문》에는 왕희지의 친필이 있는데, 전패(顚沛) 글자에서부터 시작된다.

[海嶽名言] 智永臨集《千文》秀潤圓勁, 八面具備. 有眞迹, 自顚沛字起.

### 여남공주명(汝南公主銘)564

[서사]565 우세남(虞世南)의 《여남공주명(汝南公主銘)》은 친필에 기초했고, 낙양(洛陽)의 호사가에게 있다.

성은 모르고 이름이 기현(幾玄)566이라는 사람이

汝南公主銘

[書史] 虞世南《汝南公主銘》起草眞迹, 在洛陽好事家.

有名幾玄者, 題其檦曰:

---

563 확인 안 됨.

564 여남공주명(汝南公主銘):〈여남공주(汝南公主)묘지명(墓志銘)〉이라고도 한다. 여남공주는 당 태종의 딸로, 어렸을 때 죽었다. 636년에 우세남이 글씨를 썼다. 행마다 12~15글자가 적혀 있으며, 모두 222자이다. 현재 상해시박물관에 소장되어 있다.

565 《說郛》卷88上 〈書史〉《文淵閣四庫全書》 881, 103~104쪽).

566 기현(幾玄):미상.

그 책 표지에 "좨주(祭酒) 최작(崔綽)은 감상을 잘한다고 자부했는데, 우세남의 글씨를 보고는 가장 감동했다."라 썼다. 그리고 매번 동쪽 형제의 집으로 내려오는 나를 전송하면서는 반드시 "이번에 가서 《여남첩》을 본다면 또한 등급에 있어서 무엇이 떨어지겠는가?"라 했다.

우세남의 법첩이 당시에 귀중하게 여겨진 것이 이와 같았다. 그러나 친필은 보기 드물어서 모사본인 《침와첩(枕臥帖)》·《적시첩(積時帖)》·《주아첩(蛀牙帖)》·《두풍첩(頭風帖)》 4종이 이 법첩에 실려 있을 뿐이다. 세상에서 제일 수량이 적은 법첩은 왕헌지의 법첩과 우세남의 법첩이다.

## 구양(歐陽) 소자천문(小字千文)[567]

[동천청록][568] 〈구양 소천자문〉은 형주(邢州)에 있고, 《중하첩(仲夏帖)》·《난야첩(蘭若帖)》 2첩은 북방에 있다.

[묵지쇄록(墨池瑣錄)][569][570] 진경원(陳景元)[571]이 구양순의 글씨를 평하기를 "세상이 모두 그의 필체가 방필

"祭酒崔綽以鑒賞自負, 最伏膺虞書." 每送予兄弟下第東歸必云: "此去獲見《汝南帖》, 亦何減昇第?"

虞帖之爲時所重如此, 然眞迹罕見, 摹本《枕臥》、《積時》、《蛀牙》、《頭風》四帖今法帖所載耳, 世最少者子敬、虞帖.

## 歐陽小字千文

[洞天淸錄] 《歐陽小字千文》在邢州, 《仲夏》、《蘭若》二帖在北方.

[墨池瑣錄] 陳景元評歐陽詢字[68]云: "世皆知其體方

---

567 구양(歐陽) 소자천문(小字千文): 구양순(歐陽詢)이 작은 글씨로 쓴 《천자문》은 《행서(行書) 천자문(千字文)》이라고도 한다. 구양순이 74세 때 지은 작품으로, 《구성궁(九成宮) 예천명(醴泉銘)》보다 이전에 지은 작품이다. 서체의 품격이 매우 우아하고, 획이 중심에 모여 있어 결체가 여유롭다는 평가를 받는다.

568 《洞天淸祿集》〈古今石刻辨〉(《叢書集成初編》1552, 23쪽).

569 묵지쇄록(墨池瑣錄): 중국 명나라의 학자 양신(楊愼, 1488~1559)이 편찬한 서론서(書論書).

570 《墨池瑣錄》(《文淵閣四庫全書》816, 6쪽).

571 진경원(陳景元): 1024~1094. 중국 북송의 도사(道士). 진단학파(陳摶學派)의 중요한 인물로 도교사에 중요한 위치에 있으며, 노장학(老莊學)·황로학(黃老學)까지도 두루 계승했다.

[68] 字: 저본에는 없음. 《墨池瑣錄》에 근거하여 보충.

구양 소자천문

(方筆)이라는 것은 알지만 원필(圓筆)임은 아는 이가 없다."라 했으니, 이 또한 구양순 필체의 알려지지 않은 이치를 밝혔다고 할 수 있다.

而[69]莫知其筆圓.", 亦可爲 歐闡幽也.

## 손과정(孫過庭) 초서(草書) 서보(書譜)572

[서학첩요(書學捷要)573]574 손과정(孫過庭)575이 초서로 쓴 《서보(書譜)》는 전적으로 왕희지의 서법을 본받았고, 3,700여 글자에 한 기운이 관통하여 필세의 운치가 모두 남아 있다. 이는 진실로 초서의 지극히 귀한 보배이다. 비록 송나라 때의 판각본은 매우 적지

孫過庭草書書譜

[書學捷要] 孫虔禮草書《書譜》全法右軍, 而三千七百餘言, 一氣貫注, 筆致具存, 實爲草書至寶. 雖宋刻甚少, 而文氏停雲館本尚可臨

---

572 손과정(孫過庭) 초서(草書) 서보(書譜):중국 당나라의 서예가인 손과정(孫過庭)이 687년에 저술한 서예이론서. 내용은 옛사람들의 글씨의 품계·서체·서법 등으로 이루어져 있고, 왕희지를 전형으로 한나라 때부터 육조 이후의 전통적인 글씨의 이론을 체계적으로 논술하였다.

573 서학첩요(書學捷要):중국 청나라의 학자 주이정(朱履貞, 1796~1820)이 편찬한 서론서(書論書).

574 출전 확인 안 됨.

575 손과정(孫過庭):648~703. 중국 당나라의 서예가. 자는 건예(虔禮)·과정(過庭). 왕희지(王羲之)의 서법을 배웠으며 초서에 뛰어났다. 저서로 《서보(書譜)》가 있다.

[69] 其體方而:저본에는 "而其體方". 《墨池瑣錄》에 근거하여 수정.

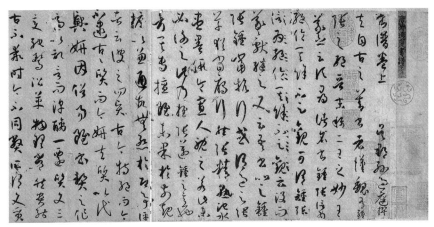

손과정(孫過庭) 초서(草書) 서보(書譜)

만 문벽(文璧)576의 정운관본(停雲館本)577이 여전히 임모할 만하다. 근래의 번각본(翻刻本) 같은 경우에는 수준이 좋지 않아 임모할 수 없다.

摹. 若近世翻刻則惡劣不堪矣.

### 장진첩(藏眞帖)578 · 율공첩(律公帖)579

[금석사]580 회소(懷素)581의 《장진첩》·《율공첩》이 두

### 藏眞、律公帖

[金石史] 素師《藏眞》、《律

---

576 문벽(文璧) : 1470~1559. 중국 명나라의 문인·서예가·화가. 자는 징명(徵明), 호는 형산(衡山)·정운생(停雲生). 몇 차례 과거에 응시했으나 급제하지 못했고, 54세에 학문과 인품이 세상에 알려져 한림원시조(翰林院侍詔)를 지냈다. 작품에 《산수도권(山水圖卷)》·《강남춘도(江南春圖)》 등이 있고, 저서로 《보전집(甫田集)》이 있다.

577 정운관본(停雲館本) : 정운관은 문벽(문징명)의 개인 서화 소장실로, 다양한 서화를 소장하며 감정했던 것으로 알려져 있다. 손과정의 초서 《서보》 또한 그가 소장하고 있었던 것으로 보인다.

578 장진첩(藏眞帖) : 행서·초서로 쓰여진 작품으로, 송나라 원우 8년(1093)에 유사웅(游師雄)이 중각하였다. 6행, 51자로 이루어져 있으며, 현재 서안 비림(西安碑林)박물관 제3실에 석각이 남아 있다.

579 율공첩(律公帖) : 주로 초서로 쓰여진 작품이며, 현재 서안 비림박물관 제3실에 석각이 남아 있다.

580 《金石史》卷下 〈藏眞律公帖〉(《叢書集成初編》 1518, 28쪽).

581 회소(懷素) : 737~799. 중국 당나라의 서예가. 자는 장진(藏眞). 자유분방하게 휘갈겨 쓴 초서[狂草]로 유명해져서 '초성(草聖)'이라 불리었다. 어려서 출가하여 승려가 되었다. 장욱(張旭)과 함께 '전장광소(顚張狂素)'라고도 한다. 작품에 《자서첩(自敍帖)》·《고순첩(苦筍帖)》·《성모첩(聖母帖)》·《논서첩(論書帖)》·《소초천문(小草千文)》 등 여러 작품이 있다.

장진첩

율공첩

첩[582]은 송나라 유사웅(游師雄)[583]이 관중에서 새겼기 때문에 매우 정밀하고 공교롭다. 그 서체가 날아오르는 듯이 부드러우면서 힘차고 세련되며 자연스러우면서 아름답다. 회소의 또 다른 작품인《성모첩(聖母帖)》에 비하면 근골(筋骨, 골기)은 많고 살은 적기 때문에 더 낫다.[584]

公》三帖, 是宋 游師雄刻之關中者, 故極精工. 其書飛動遒逸, 天眞爛然, 比之《聖母》, 多筋少肉故勝.

---

582 두 첩 : 원문은 "三"으로 되어 있으나, 오기로 판단하여 이렇게 옮겼다.
583 유사웅(游師雄) : 1037~1097. 중국 북송의 관료 및 서예가.
584 근골(筋骨)은……낫다 : 근골은 자획의 골기에 가까운 부분이고, 살은 자획의 두께를 가리킨다.

성모첩

## 성모첩(聖母帖)[585]

[금석사][586] 회소(懷素)의《성모첩(聖母帖)》은 자획이 살지고 필세가 둥글어 역시 풍채가 매우 좋지만 필의가 조금 안정되지 않았다. 단지 왕희지의 외탁법(外拓法)[587]을 조금 터득했기 때문에 스스로 멋을 많이 부렸다. 이로 인하여 끝내 왕희지의 당실(堂室)에는 들어가지 못했다.[588] 평론하는 사람들이 범범하게 왕희지·왕헌지를 흉내냈다고《성모첩》을 범범하게 평가했으니, 여전히 이 두 사람의 영향권에 속해 있을 따름이다.

[연북잡지(研北雜志)[589]][590] 회소의 글씨는 소순원(蘇舜元)[591]·소순흠(蘇舜欽)[592] 형제의 위작이 많다.

聖母帖

[又] 素師《聖母帖》體肥筆圓, 亦極軒擧, 而意少不恬. 第微得大令外拓法, 故自饒姿. 坐是遂亦不入內史堂室. 評者泛以二王擬之, 尚屬影響之識耳.

[研北雜志] 懷素書多蘇才翁兄弟所贗作.

---

585 성모첩(聖母帖) : 당나라 정원 9년(793)에 회소가 자신의 고향인 호남에서 강소성 양주시(揚州市)로 유람을 가며 초서로 지은 작품이다. 내용은 진(晉)대의 두(杜)·강(康) 두 선녀가 하늘로 올라가 장강(長江)과 회수(淮水) 일대의 백성들에게 복을 내려주었다는 고사이다.

586 《金石史》卷下〈聖母帖〉(《叢書集成初編》1518, 28쪽).

587 외탁법(外拓法) : 서예 용어 중 하나. 필의가 웅장하고 형식에 얽매이지 않는 필법을 말한다.

588 왕희지의……못했다 : 당실(堂室)은 회소가 왕희지의 서법을 거의 완벽하게 터득한 경지를 비유한 표현이다.《論語·先進》에 공자가 자로(子路)의 경지를 두고 평하기를 "당(堂)에는 올랐고, 아직 실(室)에는 들어가지 못했다.(升堂矣 未入於室也.)"라 한 데서 온 말이다.

589 연북잡지(研北雜志) : 중국 원나라의 문인 육우(陸友)가 편찬한 유서(類書).

590 《研北雜志》卷上(《文淵閣四庫全書》866, 578쪽).

591 소순원(蘇舜元) : 1006~1054. 중국 북송(北宋)의 관료. 삼사탁지판관(三司度支判官) 등을 역임했다. 시가(詩歌)를 잘 짓고 초서를 잘 썼다.

## 하팔청감첩(賀八淸鑑帖)[593]

[서사][594] 장욱(張旭)[595]의 《하팔청감첩(賀八淸鑑帖)》은 자법(字法)이 굳세고 고졸하여 다른 글자와 비슷하지 않다. 장욱이 제일 잘 쓴 글씨이다.

## 長史四帖

### 장사사첩(長史四帖)

[서사][596] 당나라 솔부장사(率府長史)[597] 장욱(張旭)은 자가 백고(伯高)이고, 친필로 쓴 서첩 4개가 남아 있다. 첫 번째는 《추심첩(秋深帖)》, 두 번째는 《전발첩(前發帖)》, 세 번째는 《여관첩(汝官帖)》, 네 번째는 《작일첩(昨日帖)》이다. 그 중에서 《추심첩》·《전발첩》·《여관첩》 등 서첩 3개는 내가 관중에서 석본(石本)을 본 적이 있다.

### 쟁좌위첩(爭坐位帖)[598]

[서사][599] 태사(太師) 안진경(顏眞卿)의 《쟁좌위첩(爭座位

## 賀八淸鑑帖

[書史] 張伯高《賀八淸鑑帖》字法勁古, 不類他書, 伯高第一書也.

## 長史四帖

[又] 唐率府長史張顚, 字伯高, 眞迹四帖, 第一《秋深》、第二《前發》、第三《汝官》、第四《昨日》. 其《秋深》、《前發》、《汝官》三帖, 余曾見石本于關中.

## 爭坐位帖

[又] 顏太師 眞卿《爭座位

---

592 소순흠(蘇舜欽) : 1009~1049. 중국 북송의 관료. 대리평사(大理評事) 등을 역임했다. 당시 화려한 풍조에 반대하고 고문(古文)운동을 제창했다.

593 하팔청감첩(賀八淸鑑帖) : 본문에 서술된 내용 이외에 다른 정보가 전해지지 않는다.

594 《書史》(《文淵閣四庫全書》 813, 36쪽).

595 장욱(張旭) : ?~?. 중국 당나라의 서예가. 자는 백고(伯高). 왕희지·왕헌지의 서법을 배웠고, 초서를 잘 썼다. 술을 몹시 좋아하고 취흥이 오르면 필묵을 잡았으며, 때로는 머리채를 먹물에 적셔서 글씨를 쓰는 등의 취태(醉態)가 있었으므로 세상 사람들이 그를 장전(張顚)이라 불렀다. 저서로 《자언첩(自言帖)》이 있다.

596 《書史》(《文淵閣四庫全書》 813, 35~36쪽).

597 솔부장사(率府長史) : 솔부도위(率府都尉)의 속관으로 군무를 보좌했다. 솔부(率府)는 절충부(折衝府)에 속하며 6개가 설치되어 지방을 방어하는 역할을 했다. 장사(長史)는 각 관부의 속관으로, 정원은 1인이며 종 5품이나.

598 쟁좌위첩(爭坐位帖) : 중국 당나라 때 안진경이 쓴 행서의 대표작으로, 광덕 2년(764)에 정양군왕(定襄君王) 곽영예(郭英乂)에게 보낸 서한의 초고이다. 곽영예가 조정의 좌위(座位, 品官)를 무시하고 오만방자하게 행동했다. 이에 곽영예의 잘못된 행동을 나무라고 반성을 촉구하는 내용이다. 《논좌위첩(論座位帖)》·《여곽복야서(與郭僕射書)》라고도 한다.

599 《書史》(《文淵閣四庫全書》 813, 34쪽).

帖》에는 그의 가장 뛰어난 생각이 담겨 있다. 나라를 위한 충성과 의로움을 생각하여 분노를 드러냈지만, 흥분되거나 가라앉거나 굴곡진 뜻을 글씨에 드러내지 않으면서도, 의도하는 바를 자연스럽게 충분히 드러낸 심정이 이 서첩에 담겨 있다. 글씨를 새긴 돌은 대강의 형태만 거칠게 남아 있을 뿐이다.

帖》在顔最爲傑思. 想其忠義憤發, 頓挫鬱屈意不在字, 天眞髻露在於此書. 石刻粗存梗槪爾.

## 협주별가첩(峽州別駕帖)[600]

[서사][601] 글씨가 《규종비(糾宗碑)》[602]와 비슷하고 매우 맑다. 또 《제호주사군문(祭濠州使君文)》[603]·《걸미첩(乞米帖)》[604]은 모두 안진경의 친필이다.

### 峽州別駕帖

[又] 字類《糾宗碑》, 淸甚. 又《祭濠州使君文》, 《乞米[70]帖》皆魯公眞迹.

## 녹포첩(鹿脯帖)[605]

[칠송당지소록][606] 안진경의 《녹포첩(鹿脯帖)》 친필은 왕장(王長)[607]의 집에 있다. 종이와 먹이 새것 같고, 글씨의 정신에 생기가 넘쳐 10걸음 밖에서도 사람의 이목을 끈다.

### 鹿脯帖

[七頌堂識小錄] 顏魯公《鹿脯帖》眞迹在王長家. 紙墨如新, 精神奕奕, 能攝人於十步外.

---

600 협주별가첩(峽州別駕帖) : 흰 마지(麻紙)에 안진경이 글씨를 썼다고 전해진다.
601《書史》(《文淵閣四庫全書》813, 34쪽).
602 규종비(糾宗碑) : 안진경이 글씨를 썼다.
603 제호주사군문(祭濠州使君文) : 미상.
604 걸미첩(乞米帖) : 영태(永泰) 원년(765)에 안진경이 글씨를 쓰고 탁본하였다. 행서이고 4행 44자이다. 절강성박물관에 소장되어 있다.
605 녹포첩(鹿脯帖) : 영태(永泰) 원년(765)에 안진경이 글씨를 쓰고 탁본하였다. 행서이고 9행 82자이다. 절강성박물관에 소장되어 있다.
606《七頌堂識小錄》(《文淵閣四庫全書》872, 121쪽).
607 왕장(王長) : 미상.
[70] 乞米 :《書史》에는 "鹿肉".

녹포첩

[어정연감유함][608] 탁본이 곳곳에 남아 있다.

[동천청록][609] 안진경의 글씨 중에서《마고선단기(麻姑仙壇記)》[610] ·《오흥석주지(吳興石柱誌)》[611] ·《구본간록자서(舊本干祿字書)》[612] ·《묘희사기(妙喜寺記)》[613] ·《서림사제명(西林寺題名)》[614]과 같은 것은 모두 매우 훌륭한 작품이다.

[淵鑑類函] 搨本處處有之.

[洞天淸錄] 顔筆如《麻姑壇記》、《吳興石柱誌[71]》、《舊本干祿字[72]》、《妙喜寺記》、《西林題名》, 皆絶品也.

---

608 출전 확인 안 됨.

609《洞天淸祿集》〈古今石刻辨〉(《叢書集成初編》1552, 23쪽).

610 마고선단기(麻姑仙壇記) : 마고선인(麻姑仙人)을 기념하기 위한 비. 안진경이 쓴 해서 비문의 대표작이다. 현재 북경 고궁박물원에 있다.

611 오흥석주지(吳興石柱誌) : 지금의 중국 절강성(浙江省) 호주시(湖州市) 일대의 특징을 기록한 지문. 안진경이 글과 전액을 썼다.

612 구본간록자서(舊本干祿字書) :《간록자서》는 안진경의 백부(伯父)이자 당나라의 서예가인 안원손(顔元孫)이 지은 자전이다. 여기서는 안원손이 짓고 안진경이 글씨를 썼다고 보는 것이 맞을 듯하다.

613 묘희사기(妙喜寺記) : 중국 절강성 호주시 묘희사에 있는 기문.

614 서림사제명(西林寺題名) : 중국 강서성(江西省) 구강시(九江市) 여산(廬山)의 서림사(西林寺)에 있는 제명(題名).

[71] 誌 :《洞天淸祿集·古今石刻辨》에는 "記".

[72] 字 : 저본에는 "寺".《洞天淸祿集·古今石刻辨》에 근거하여 수정.

## 음부경서(陰符經序)[615]

[묵지쇄록][616] 미불(米芾)은 유공권(柳公權)[617]을 가리켜 글씨가 졸렬하다 했는데, 《현비탑명(玄秘塔銘)[618]》이 참으로 그 비판에 딱 들어맞는다. 《음부경서(陰符經序)》와 같은 서첩을 옛 사람들이 유공권의 글씨 중에 제일이라 평가한 이유는, 진실로 진(晉)나라의 운치가 있기 때문이다. 이 아래로는 《풍숙비(馮宿碑)[619]가 《묘당비(廟堂碑)[620]》에 버금가니, 《현비탑명》과 같이 낮은 수준으로 볼 만한 작품이 아니다. 《자사삽첩(紫絲靸帖)》도 좋다.

## 서현(徐鉉) 전서 천자문[621]

[동천청록][622] 서현(徐鉉)[623]은 옛날의 소전법(小篆法)을 깊이 터득했다. 전서로 쓴 《천자문(千字文)》은 남창(南昌)[624]에서 돌에 새겼다. 이 《천자문》은 정교하고 빼어남이 옛사람에게도 부끄럽지 않다.

## 陰符經序

[墨池瑣錄] 米元章目柳公權爲惡札, 《玄秘塔銘》誠中其譏. 若《陰符經序》, 昔人評爲柳書第一, 實有晉韻. 下此則《馮宿碑》亞於《廟堂碑》, 非《玄秘塔銘》可同日觀也. 《紫絲靸帖》亦佳.

## 徐鉉篆千字

[洞天淸錄] 徐鉉深得古小篆法. 有篆《千文》, 刻石南昌. 精妙無愧古人.

---

615 음부경서(陰符經序) : 본문에 서술된 내용 이외에 다른 정보가 전해지지 않는다.
616 《墨池瑣錄》卷2(《文淵閣四庫全書》816, 6쪽).
617 유공권(柳公權) : 778~865. 중국 당나라의 서예가. 우십유·한림시서학사를 역임했다.
618 현비탑명(玄秘塔銘) : 유공권이 대달법사(大達法師) 단보(端甫)의 매골탑 유래를 기록한 비.
619 풍숙비(馮宿碑) : 왕기(王起)가 글을 짓고 유공권이 전액을 썼다. 현재 서안 비림박물관에 있다.
620 묘당비(廟堂碑) : 우세남이 장안 국자감에 있는 공묘(孔廟)에 지은 비.
621 서현(徐鉉) 전서 천자문 : 본문에 서술된 내용 이외에 다른 정보가 전해지지 않는다.
622 《洞天淸祿集》〈古今石刻辨〉(《叢書集成初編》1552, 23쪽).
623 서현(徐鉉) : 917~992. 중국 5대10국 시대 남당의 학자·문학가·서예가. 자는 정신(鼎臣), 호는 기성(騎省). 서법(書法)과 전각에 능했다. 아우 서개(徐鍇)와 함께 '이서(二徐)'라 불리기도 했다. 저서로 《기성집(騎省集)》·《서문공집(徐文公集)》이 있다. 송나라의 《순화각첩》보다도 이른 시기에 지어졌다.
624 남창(南昌) : 중국 강서성(江西省)의 성도.

서현 전서 천자문

## 승원첩(昇元帖)625

[한자헌첩고]626 남당(南唐) 후주(後主)가 비부(秘府)627 의 진귀한 소장품인 각첩(刻帖) 4권을 꺼내 권마다 뒤에 '승원 2년(938) 3월에 건업문방(建業文房)628에서 모사하여 돌에 새겼다.'라 새겼다. 이것이 《순화각첩(淳化閣帖)》의 모태이다.

[운석재필담(韻石齋筆談)629]630 글씨를 새긴 돌은 하(夏)·은(殷)·주(周) 및 진나라와 한나라에도 있었지만 모두 풍비(豐碑)631나 마애(磨崖)632였다. 법첩을 차

## 昇元帖

[閑者軒帖考] 南唐 李後主出秘府珍藏刻帖四卷, 每卷後刻"昇元二年三月建業文房模勒上石". 爲《淳化閣帖》之祖.

[韻石齋筆談] 石刻三代及秦、漢卽有之, 皆豐碑及磨崖也. 法帖之成帙而可置

---

625 승원첩(昇元帖): 본문과는 다른 내용으로, 승원첩의 이름을 두고 "송나라 주밀(周密)이 《지아당잡초(志雅堂雜鈔)》에서 "강남의 후주가 서현(徐鉉)을 불러 소장하고 있던 고금의 법첩을 돌에 새기라고 하고서 승원첩(昇元帖)이라 했다."라고도 한다.

626 《閑者軒帖考》〈昇元帖〉(《文淵閣四庫全書》 520, 548쪽).

627 비부(秘府): 고대에 궁궐 내의 도서를 보관하는 곳.

628 건업문방(建業文房): 남당 후주의 서재명이다. 서화첩에 '건업문방인(建業文房印)'을 찍었다.

629 운석재필담(韻石齋筆談): 중국 명말청초의 서화 이론가 강소서(姜紹書, ?~?)가 지은 서예 감정서.

630 《韻石齋筆談》卷下〈昇元帖〉(《文淵閣四庫全書》 872, 107쪽).

631 풍비(豐碑): 본래 고대에 천자나 제후의 관을 하관할 때 사용하는 기구인데, 전하여 공덕을 기린 글을 적은 큰 비석을 가리킨다.

632 마애(磨崖): 자연 암벽에 부조(浮彫)나 선각(線刻) 등으로 만든 조각.

례로 엮어 책상 위에 둔 것은 《승원첩(昇元帖)》과 《순화가첩(淳化閣帖)》에서부터 시작되었다.

案頭者, 自《昇元》·《淳化帖》始.

## 순화각첩(淳化閣帖)633

[동천청록]634 송 태종(太宗) 때 옛사람들의 묵적을 찾아서 왕저(王著)635에게 편집을 맡기고 비각(祕閣)에서 대추나무판에 10권을 모각(摸刻)하도록 했다. 그래서 때때로 은정문(銀錠紋)636이 있는데, 앞에 세로행 경계선과 목록(目錄)이 있는 각첩이 이것이다.

당시에 이정규(李廷珪)637가 만든 먹으로 두드려 만들었기 때문에 손으로 문질러도 손을 더럽히지 않았다. 오직 친왕(親王)638이나 재상(宰相)이 직위에 제수될 때라야 판본 1개를 하사했기 때문에 민간에서는 얻기 어려웠다. 당시에 판본마다 값이 이미 100관문(貫文)639이었다.

## 淳化閣帖

[洞天淸錄] 太宗朝搜[73]訪古人墨迹, 令王著銓次, 用棗木板摸刻十卷于祕閣, 故時有銀錠紋, 前有界行、目錄者是也.

當時用李廷珪墨拓打, 手[74]揩之不汙手, 惟親王、宰執使相拜除, 乃賜一本, 人間罕得. 當時每本價已百[75]貫文.

---

633 순화각첩(淳化閣帖):내부(內府, 비부)에서 소장하고 있던 역대의 묵적(墨蹟)을 한림시서(翰林侍書) 왕저(王著)에게 명하여 모각(模刻)하게 하고, 징심당지(澄心堂紙)에 이정규(李廷珪) 먹을 사용하여 박아서 편찬한 서첩. 《각첩(閣帖)》 또는 《순화비각법첩(淳化秘閣法帖)》이라고도 한다.

634 《洞天淸祿集》〈古今石刻辨〉(《叢書集成初編》 1552, 20쪽).

635 왕저(王著):928~969. 중국 북송의 문인. 자는 성상(成象). 후한(後漢) 건우(乾祐) 연간에 진사에 급제했고, 후주(後周)에서 벼슬하며 금부낭중(金部郎中)·지제고(知制誥)를 역임했다. 북송 순화 3년(992) 태종의 명에 의해 《순화각첩》을 모각했다.

636 은정문(銀錠文):중국의 화폐인 은정(銀錠) 모양의 무늬. 《이운지》 권4 〈종이〉 참조. 정(錠)과 정(鋌)은 화폐 단위로 통용되었으며, 병(餅), 홀(笏) 등으로 쓰이기도 했다.

637 이정규(李廷珪):?~967. 중국 남당의 먹 장인. 황산(黃山)의 소나무를 원료로 송연먹을 만들었다.

638 친왕(親王):적출(嫡出)의 횡지·항손을 일컫는다.

639 관문(貫文):화폐 단위 중 하나. 중국 북송의 지폐인 교자(交子)로, 관(貫)과 문(文)으로 나뉘었다. 앞면에는 액면·발행연도·발행처가 인쇄되었고, 뒷면에는 그림이 인쇄되었다. 화폐단위는 처음에 1~10관까지 10종이 있었고, 나중에는 1·5·10관의 3종으로 변했다가, 다시 1관과 500문의 2종으로 변했다.

[73] 搜:저본에는 "瘦". 《洞天淸祿集·古今石刻辨》에 근거하여 수정.

[74] 手:《洞天淸祿集·古今石刻辨》에는 없음.

[75] 百:《洞天淸祿集·古今石刻辨》에는 "八百."

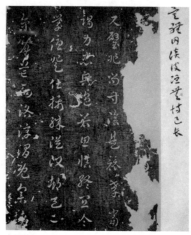

순화각첩

[석각포서(石刻鋪敍)640]641 《역대제왕법첩(歷代帝王法帖)》이 제1권인데, 후한 장제(章帝)642의 글씨를 제일 앞에 두었다. 그러나 옛일에 정통한 사람들이 대부분 "이는 한나라 장초(章草)643일 뿐이지, 장제가 쓴 글씨가 아니다."라 했다. 또 "후한 장제(章帝)로부터 양나라 간문제(簡文帝)644에 이르기까지 서첩 7개는 모두 한 사람이 위조하여 만들었다."라 했다.

2~4권은 《역대명신첩(歷代名臣帖)》이고, 창힐(蒼頡)645의 《무기첩(戊己帖)》·우(禹) 임금의 《출령첩(出令

[石刻鋪敍] 以《歷代帝王帖》爲初卷, 而冠以漢 章帝書. 博古者多議"此乃漢代章草耳, 非章帝所書." 又謂"自漢 章而下至梁 簡文七帖, 並一手僞爲之."

二之四卷則《歷代名臣帖》, 實蒼頡、夏禹書於第五卷.

---

640 석각포서(石刻鋪敍):중국 송나라의 학자 증굉보(曾宏父)가 지은 책이다. 총 2권이다.

641 《石刻鋪敍》 卷下 〈淳化閣帖〉 《文淵閣四庫全書》 682, 41~42쪽).

642 장제(章帝):57~88(재위 75~88). 후한의 제3대 황제. 이름은 유달(劉烜). 명제(明帝) 유장(劉莊)의 다섯째 아들이다. 장제가 재위하는 동안 사상이 활발해지고 정치가 공명정대하였으며, 경제가 번성하였다.

643 장초(章草):중국 한나라 때 유행했던 서체의 일종. 예서를 빨리 쓰기 위해 생긴 글씨체이고, 후대의 초서와는 약간 다르다.

644 간문제(簡文帝):503~551(재위 549~551). 중국 양(梁)나라의 제2대 황제. 자는 세찬(世纘)·세찬(世贊). 묘호는 태종(太宗). 천감(天監) 5년(506) 진안왕(晉安王)에 봉해졌다. 명나라 사람이 편집한 《양간문제집》이 있다.

645 창힐(蒼頡):중국 전설상의 인물. 황제(皇帝)의 사관(史官)이었으며, 한자를 만들었다고 전해진다.

帖》은 제5권에 두었다. 6~8권은 모두 왕희지의 글씨인데, 7권에 지영선사의 서첩 1개가 잘못 들어갔다. 9~10권은 왕헌지의 글씨이다. 미불·황백사(黃伯思)가 그 진위 여부를 따지면서 각 권마다 조목조목 상세하게 밝힌 것이 수천 자이고, 《법첩간오(法帖刊誤)》[646]에 보인다.

대개 《순화각첩》의 원본은 강좌(江左)로부터 얻었다. 남당에는 글씨를 잘 쓰는 사람들이 많아 옛날의 현인들의 말을 가져다 마음대로 법첩을 만들어 냈으니, 법첩을 만든 방식이 임모가 아니라서 이를 '방첩(倣帖)'이라 한다. 비각에 보관된 서첩이 모두 여러 상자이며 명확하게 '방서(倣書)'라고 표제를 썼다. 선정(宣政) 연간(1100~1125)에는 유도(劉燾)[647] 같은 무리조차도 그것을 볼 수 있었다.

[한자헌첩고][648] 한(漢)나라의 비와 송(宋)나라의 서첩은 천고에 홀로 우뚝 설 수 있다. 그 중에서도 송나라 서첩의 제일은 《순화각첩》이고, 다음은 《대관첩(大觀帖)》[649]이며, 그 다음은 《강첩(絳帖)》[650]이다. 나머지 서첩은 요란하게 숫자만 채울 뿐이다.

六之八卷悉王羲之書, 七卷誤攙入釋智永一帖. 九之十則獻之書. 米元章、黃長睿辨其眞贗, 各卷條列甚詳, 累數千言, 見之《法帖刊誤》.

蓋其源得自江左, 多南唐善書者, 取前賢語, 以意成之, 非臨非摸, 是謂"倣帖". 藏之秘閣, 凡數匣, 明題云"倣書". 宣政間, 劉無言輩猶及見之.

[閑者軒帖考] 漢之碑、宋之帖可以隻立千古, 而宋帖首《淳化》, 次《大觀》, 又次《絳帖》, 餘帖琤琤備數而已.

---

646 법첩간오(法帖刊誤) : 역대 법첩의 간행과 오류에 대하여 저술한 책. 북송의 황백사(黃伯思, 1079~1118)가 지었다.

647 유도(劉燾) : 1070~1131. 중국 송나라의 관리. 자는 무언(無言). 원우 3년(1088)에 진사에 급제하여 그 해 지공거(知貢擧)를 지냈다. 건중정국 원년(1101)에 비서성정자(秘書省正字)에 제수되었고, 선화 7년(1126)에는 비각수찬을 지냈다. 저서로 《남산집(南山集)》 20권이 있었으나, 일실되었다.

648 《閑者軒帖考》〈淳化閣帖〉(《文淵閣四庫全書》 520, 548~550쪽).

649 대관첩(大觀帖) : 북송(北宋) 대관(大觀) 연간(1107~1110)에 만든 《난정서》 판본.

650 강첩(絳帖) : 북송때 강주(絳州)에서 만든 《난정서》 판본.

송나라 사람들은《담첩(潭帖)》651이《순화각첩》보다 수준이 높다고 했는데, 이는 터무니없는 소리다. 또한《순화각첩》을 처음 만들 때에 왕저(王著)의 모사 솜씨가 높지 못했기 때문에《대관첩》의 정밀하고 아름다운 수준에 미치지 못한다고 한 평가는 정확한 말이다.

그러나《순화각첩》은 기운이 질박하고 후덕하여 선현들의 전형(典刑)이 남아 있는 반면《대관첩》에 이르러서는 아름다운 필체가 들쭉날쭉하니, 시에 비유하자면 성당(盛唐)652에서 점차 만당(晚唐)653으로 흘러가는 것과 같다. 또 근래에 왕저(王著)가 쓴《전진왕비(錢秦王碑)》654를 보았는데, 진(晉)나라와 당나라의 서법을 모방하여 자법(字法)이 뛰어나고 빼어나다. 대개 서법을 깊이 배우려는 사람이라면 가볍게 생각해서는 안 된다.

도종의(陶宗儀)655는 "단명전학사(端明殿學士)656인 왕규(汪逵)657가《순화각첩변기(淳化閣帖辨記)》를 지었

宋人謂《潭帖》在《閣帖》之上, 此妄也. 又謂《淳化》創始, 兼以王著摸手不高, 未及《大觀》之精美, 固也.

然《淳化》氣韻樸厚, 有先民之典刑, 至《大觀》, 光彩浮動, 比之詩則盛而漸晚矣. 且近見王侍書書《錢秦王碑》, 規模晉、唐, 字法挺秀. 蓋深於書學者, 未可輕訾也,

陶九成云:"端明[76]殿學士汪逵有《淳化辨記》, 共

---

651 담첩(潭帖) : 북송 경력(慶曆) 연간(1041~1048)에 만든《난정서》판본.

652 성당(盛唐) : 중국 당나라의 문학사를 구분하는 4개의 시기 중 두 번째로, 당시(唐詩)가 가장 융성하던 때이다. 두보(杜甫) · 왕유(王維) · 맹호연(孟浩然)과 같은 시인이 이때 활동했다.

653 만당(晚唐) : 중국 당나라의 문학사를 구분하는 4개의 시기 중 네 번째로 당나라의 문학뿐만 아니라 국가 전체적으로 쇠퇴하던 때이다. 두목(杜牧) · 이상은(李商隱) · 온정균(溫庭筠)과 같은 시인이 이때 활동했다.

654 전진왕비(錢秦王碑) : 미상.

655 도종의(陶宗儀) : ?~1369. 중국 원말명초의 학자. 자는 구성(九成), 호는 남촌(南村). 원나라 말기에 진사시에 응시했으나 급제하지 못했고, 명나라 초기에 관리의 초빙으로 교관(敎官)이 되었다. 저서로《철경록(輟耕錄)》·《남촌시집(南村詩集)》이 있다.

656 단명진학사(端明殿學士) : 복건성(福建省) 보전시(莆田市)의 단명전(端明殿)에서 황제에게 진주하는 문서를 관장하던 한림학사(翰林學士).

657 왕규(汪逵) : ?~?. 중국 남송의 관리. 자는 계로(季路). 건도 연간(1165~1173)에 진사에 급제하여 국자사업(國子司業)과 이부상서(吏部尙書) 등을 역임했다. 당(堂)을 짓고 기서(奇書) · 금석유문(金石遺文) 등 2천 권을 보관했다.

[76] 明 : 저본에는 "時".《閑者軒帖考 · 淳化閣帖》에 근거하여 수정.

는데, 모두 10권이다."라 하고는, 말미에 "이 판본은 바로 나무에 새긴 것이다. 모두 184판(版)이고, 2,287행이다. 단마다 일(一)·이(二)·삼(三)·사(四)를 옆면에다 새기거나 인명을 새겼다. 간혹 은정문(銀鋌文)이나 인주 흔적이 있지만, 이는 나무가 갈라졌기 때문에 생긴 것이다. 그 먹은 바로 이정규(李廷珪)가 만든 먹으로, 옻처럼 매우 검다. 그 글씨는 정밀하고 분명하며 풍만하게 살졌다. 여러 각첩에 비하면 자획이 살졌다."[658]라 했다.

유작(劉灼)[659]이 말했다. "요즘 사람들은 대부분 《순화각첩》을 알아보지 못한다. 몇몇 집에서 가보로 소장하고 있는 판본들은 모두 진본이 아니다. 진본은 글씨가 매우 살지고 원숙하며 빼어난 풍채가 있다. 예컨대 《담첩》과 《강첩》은 너무 가늘고 《임강첩(臨江帖)》[660]은 너무 예쁘기만 하다.

내가 비로소 왕규가 기록한 《순화각첩변기》를 얻었으나, 행수(行數)는 안타깝게도 진본 서첩을 참고할 수 없었다. 만년에 강좌(江左)에서 벼슬할 때 닥나무 2천 그루로 판본 1개를 만들었는데, 우육(尤焴)[661]이 이를 보고는 보물이라 했다.

무릇 진본 서첩으로 분별할 수 있는 요건에는 몇

十卷", 末云:"其本乃木刻. 計一百八十四版, 二千二百八十七行. 其逐段以一、二、三、四刻於旁, 或刻人名. 有或銀鋌、印痕則是木裂. 其墨乃李廷珪墨, 黑甚如漆. 其字精明而豐腴, 比諸刻爲肥."

劉潛夫云:"近人多不識《閣帖》. 某家寶藏本皆非眞. 眞者字極豐穰, 有神采. 如《潭》、《絳》則太瘦, 《臨江》則太媚.

余始得汪端明所記《閣帖》, 行數恨無眞帖參校. 晩使江左用二千楮致一本, 尤伯晦見之, 曰寶物也.

夫眞帖可辨者有數條, 墨

658 단명전학사(端明殿學士)인……살졌다: 출전 확인 안 됨.
659 유작(劉灼): 1187~1269. 중국 남송의 문인·시인. 자는 잠부(潛夫). 강호시파(江湖詩派)에 속하며, 시정을 논하거나 백성들의 삶을 반영한 작품들이 많다. 저서로 《후촌선생대전집(後村先生大全集)》이 있다.
660 임강첩(臨江帖): 북송 원우(元祐) 7년(1092) 장사(長沙)에서 판각한 순화각첩. 본래 이름은 《희어당첩(戲魚堂帖)》이다.
661 우육(尤焴): 1190~1272. 중국 남송의 관리. 자는 백회(伯晦), 호는 목석(木石). 가정 원년(1209)에 진사에 급제했고, 예부상서(禮部尚書), 단명전대학사(端明殿大學士) 등을 역임했다.

가지가 있는데, 먹색이 첫 번째다.

다른 판본은 권수(卷數)를 위에 새기고 판수(板數)를 아래에 새겼는데, 오직 이 판본만은 권수와 판수의 글씨가 모두 이어져 있으니, 이것이 두 번째이다.

다른 판본은 행수(行數)를 쓴 글씨가 서첩의 글씨에 비해 작고 가는데, 이 판본은 행수를 쓴 글씨가 서첩에 있는 글씨에 비해 모두 크고 진하니, 이것이 세 번째이다.

내가 얻은 강좌본(江左本)은 판마다 모두 온전한 종이로 이루어져 이어 붙인 부분이 없다. 모두 1부 10권으로 되어 있는데, 어떤 판이라도 왕규의 《순화각첩변기》와 합치되지 않는 것이 없다. 이제야 옛 사람들이 서첩을 꾸밀 때, 차라리 판마다 행수(行數)를 많게 하거나 적게 할지언정 가위로 잘라 한데 모으는 것을 좋아하지 않았다는 것을 알았다. 이는 옛 서첩의 진면목을 남겨두려는 것이니, 이것이 네 번째이다."662

色, 一也.

他本刊卷數在上, 板數在下, 惟此本卷數、板數字皆相聯屬, 二也.

他本行數字比帖字小而瘦, 此本行數字比帖中字皆大而濃, 三也.

余所得江左本, 每板皆全紙無接黏處. 一部十卷, 無一板不與端明所記合. 乃知昔人裝背之際, 寧使每板行數或多或寡, 而不肯剪截湊合者, 欲存舊帖之眞面目, 四也."

## 담첩(潭帖) 【일명 《경력장사첩(慶歷長沙帖)》이다.】

[동천청록]663 《순화각첩(淳化閣帖)》이 이미 담주(潭州)664에 널리 퍼졌으니, 이는 곧 《순화각첩》을 모각한 2번째 판본으로, 《담첩(潭帖)》이라 했다. 내가 그 초간본을 본 적이 있는데, 마땅히 옛날의 《강첩》과

潭帖 【一名《慶歷長沙帖》.】

[洞天清錄]《淳化閣帖》旣頒行潭州, 卽模刻二⑰本, 謂之《潭帖》. 予嘗見其初本, 當與舊《絳帖》雁行.

---

662 요즘……네 번째이다:《輟耕錄》卷15〈淳化閣帖〉.
663 《洞天淸祿集》〈古今石刻辨〉(《叢書集成初編》1552, 21쪽).
664 담주(潭州):중국 호남성(湖南省) 장사현(長沙縣) 일대.
⑰ 二:저본에는 "本".《洞天淸祿集·古今石刻辨》에 근거하여 수정.

담첩

견줄 만하다.

경력(慶曆) 8년(1047)에 이르러서는 돌이 이미 닳고
떨어져 나가 영주(永州)665의 승려 희백(希白)666이 중
모(重摸, 다시 임모함)했다. 소식(蘇軾)은 오히려 이 판본
에 진(晉)나라 사람의 풍도가 있다고 좋아하였다. 건
염(建炎) 연간(1127~1130)에 적군의 기마병이 장사(長
沙)667에 이르렀을 때, 성을 수비하던 병사들이 이 석
각본으로 포석(砲石)668을 만들었기에 조금도 보존된
것이 없다. 소흥(紹興) 연간(1131~1162) 초에 세 번째로
중모했는데, 이때는 진본의 모습을 많이 잃어버렸다.

至慶曆八年, 石已殘缺[78],
永州僧希白重摸, 東坡猶嘉
其有晉人風度. 建炎虜[79]騎
至長沙, 守城者以爲砲石,
無一存者. 紹興初第三次重
摸, 失眞遠矣.

665 영주(永州): 중국 호남성 지급시(地級市) 일대로, 호남성 남부 상강(湘江)과 소강(瀟江)의 물줄기가 합류하
　　는 곳에 있다.
666 희백(希白): 미상.
667 장사(長沙): 중국 호남성 장사시(長沙市) 일대.
668 포석(砲石): 전쟁터에서 적에게 쏘던 돌.
[78] 缺: 《洞天淸祿集·古今石刻辨》에는 "闕".
[79] 虜: 《洞天淸祿集·古今石刻辨》에는 "金".

[한자헌첩고][669] 경력(慶曆) 8년(1048)에 유항(劉沆)[670]
이 담주(潭州)를 다스렸다. 하루는 혜조대사 희백에
게 명하여 《담첩(潭帖)》을 중모(重摸)하게 했다. 그 글
씨를 새긴 돌은 관아에 두고, 왕희지의 《상한첩(霜寒
帖)》·《십칠첩(十七帖)》, 왕몽·안진경 등의 여러 서첩을
추가했다. 그래서 글씨의 줄이 상당히 높아져 《순화
각첩》의 줄과 차이가 났다. 이 때문에 권마다 각각
'경력(慶曆) 몇 년 몇 월'[671] 및 '혜조대사 희백이 중모
하다.'라는 글자가 있다.

유항은 또한 이전의 판본을 모방하여 돌에 새기
고, 그것을 탁본한 서첩 10권을 자신의 집[私第]으로
가지고 갔다. 세상에서는 이를 '유승상(劉丞相) 사제
본(私第本)'이라 한다. '경력(慶曆)' 등의 표제[題字]는 다
만 2·3권에만 있을 뿐이다. 또한 관본(官本)을 자물
쇠로 채워 놓아 쉽게 얻을 수 없어서 비석 장인[碑匠]
이 별도로 판본 1개를 새겼다. 세상에서는 이를 '장
사(長沙) 비장가본(碑匠家本)'이라 한다.

후대에 화재로 서첩이 훼손되자 소흥(紹興) 연간
(1131~1162)에 새로운 돌에 다시 새기되, 옛 서첩의 훼
손되거나 빠진 부분은 다시 보수하여 새기지 않았다.

[閑者軒帖考] 慶曆八年,
劉公沆帥[80]潭. 日命慧照
大師 希白重摸 《潭帖》, 刻
石寘之郡齋, 增入 《霜寒》、
《十七日》、王濛、顔眞卿等
諸帖, 而字行頗高, 與 《閣
帖》差不同. 逐卷各有 "慶
曆年月" 及 "慧照大師 希白
重摸" 字.

劉公又仿前本刻石, 十卷
以歸私第, 世稱 "劉丞相
私第本". "慶曆" 等題字,
止[81]三兩卷有之. 又以官本
局鑰, 不易得, 碑匠別刻一
本, 世謂 "長沙碑匠家本".

後以鬱攸之變帖毀, 紹興
復刻新石, 舊帖損缺處,
不復補刻, 亦無卷尾歲月,

---

669 《閑者軒帖考》 〈潭帖卽慶歷長沙帖〉 (《文淵閣四庫全書》 520, 554~555쪽).

670 유항(劉沆) : 995~1060. 중국 북송의 관리. 자는 충지(沖之), 호는 여산(廬山). 유소(劉素)의 아들이다. 천
성(天聖) 8년(1030)에 진사에 급제하여 대리평사(大理評事)에 제수됐다. 담주(潭州)에 있을 때 요민(瑤民)
의 반란을 진압하였다. 이후에 참지정사(參知政事)·집현전대학사(集賢殿大學士)를 역임했다.

671 경력(慶曆)……월 : 이 중모 작업은 경력 5년(1045)에 시작하여 경력 8년(1048)에 마쳤기 때문에 이 기간 동
안의 일자가 쓰여 있을 것으로 추정된다.

[80] 帥 : 저본에는 "師". 《閑者軒帖考·潭帖卽慶歷長沙帖》에 근거하여 수정.

[81] 止 : 저본에는 "正". 《閑者軒帖考·潭帖卽慶歷長沙帖》에 근거하여 수정.

또한 권 말미에는 판각한 연·월이 없다. 이를 '신각본' 또는 '삼산목본(三山木本)'이라 한다.

홍매(洪邁)[672]는 다음과 같이 말했다. "《담주법첩(潭州法帖)》 중에 전희백(錢希白)이 새긴 《담첩》이 가장 좋은 판본이다. 대조(待詔) 정흠지(程欽之)[673]가 원부(元符) 3년(1100)에 계주(桂州)[674]를 다스리게 되었는데, 이때 소식(蘇軾)이 담이(儋耳)[675]에서 합포(合浦)[676]로 이동하다가 정흠지가 소장하고 있던 서첩을 보게 되었다. 책마다 각각 그 말미에 석각에 대한 설명을 썼다. 그중 제8권에 '승려 희백의 글씨에서는 절로 강좌(江左)의 풍미가 느껴지기 때문에《장사첩(長沙帖, 장사 비장가본)》이 순화(淳化) 연간에 정흠지가 임모한 판본에 비해 더 낫다. 민간에서는 이를 제대로 살피지도 않고 다투어《순화각첩》본을 구하니, 잘못되었다. 이 서첩 중에서 왕희지의 글씨 한 권은 더욱 빼어나다.'"[677]

謂之"新刻本[82]", 又謂之 "三山木本".

洪容齋云:"《潭州法帖》錢希白所鑴最爲善本. 程欽之 待詔以元符三年帥[83]桂林, 東坡自儋耳移合浦, 得觀其藏帖. 每冊[84]各題其末, 其第八卷云:'希白作字, 自有江左風味, 故《長沙帖》比淳化待詔所摸爲勝. 世俗不察, 爭訪《閣》本, 誤矣. 此逸少一卷尤妙.'"

---

672 홍매(洪邁):1123~1202. 중국 남송의 학자. 자는 경려(景廬), 호는 용재(容齋). 소흥(紹興) 15년(1145)에 박학굉사과(博學宏詞科)에 합격하여 중서사인(中書舍人)·직학사원(直學士院)·동수국사(同修國史)를 역임했다. 저서로《용재수필(容齋隨筆)》·《이견지(夷堅志)》 등이 있다.

673 정흠지(程欽之):미상.

674 계주(桂州):지금의 중국 광서장족자치구(廣西壯族自治區) 북동부에 위치한 계림(桂林) 일대.

675 담이(儋耳):지금의 중국 해남성(海南省) 담주시(儋州市) 일대.

676 합포(合浦):지금의 중국 광서장족자치구(廣西壯族自治區) 합포현(合浦縣) 일대.

677 담주법첩(潭州法帖)……빼어나다:《容齋四筆》卷10〈東坡題潭帖〉.

[82] 本:저본에는 없음.《閑者軒帖考·潭帖卽慶歷長沙帖》에 근거하여 보충.

[83] 帥:저본에는 "師".《閑者軒帖考·潭帖卽慶歷長沙帖》에 근거하여 수정.

[84] 冊:《閑者軒帖考·潭帖卽慶歷長沙帖》에는 "帖".

## 여릉첩(廬陵帖)<sup>678</sup>

여릉첩(廬陵帖)

[석각포서]<sup>679</sup> 황우(皇祐) 연간(1049~1054)에 여릉(廬陵)<sup>680</sup> 태박(太博) 소여기(蕭汝器)<sup>681</sup> 및 그의 아우 전승(殿丞)<sup>682</sup> 소여지(蕭汝智)<sup>683</sup>가 화주(和州)<sup>684</sup>의 함산현(含山縣)<sup>685</sup>을 연달아 다스리게 되었는데, 승상(丞相) 유초공(劉楚公)<sup>686</sup>이 하사받은 《순화각첩(淳化閣帖)》을 얻어 번모(翻摸)<sup>687</sup>하여 돌에 새기고 그 돌을 가지고 고향집으로 돌아갔다. 그 뒤 50년이 지난 숭녕(崇寧) 병술년(丙戌年, 1106)에 소여지의 아들인 소륜(蕭綸)<sup>688</sup>이 다시 잘못되거나 빠진 부분을 보수하여 새겼고, 후대에 관아로 들어갔다. 현재는 비석(碑石)이 산실되어 탁본할 수 없다.

[石刻鋪敍] 皇祐中廬陵蕭太博<sup>85</sup>汝器暨其弟殿丞汝智相繼宰和之含山, 得丞相劉楚公被賜《閣帖》, 翻摸入石, 携歸鄉居. 後五十年崇寧丙戌, 殿丞之子綸又修補訛闕, 後歸郡齋. 今碑石散失, 不可摸搨.

안 《한자헌첩고》에는 '태박(太博)'이 '태부(太傅)'로 되어 있고, 또 "서첩 10권은 십간(十干)을 나타내는 10개의 기호로 순서를 매겼다."<sup>689</sup>라 했다.

案 《閑者軒帖考》"太博"作"太傅", 又云: "帖十卷用十干爲號".

---

678 여릉첩(廬陵帖): 본문에 서술된 내용 이외에 다른 정보가 전해지지 않는다.

679 《石刻鋪敍》卷下〈廬陵帖〉(《文淵閣四庫全書》682, 49쪽).

680 여릉(廬陵): 지금의 중국 강서성(江西省) 길안시(吉安市) 일대.

681 소여기(蕭汝器): 1034~?. 중국 북송의 관리. 자는 대중(大中). 1067년에 진사에 급제했다.

682 전승(殿丞): 미상.

683 소여지(蕭汝智): ?~?. 소여기의 동생.

684 화주(和州): 중국 안휘성(安徽省) 마안산시(馬鞍山市) 화현(和縣) 일대. 안휘성의 동쪽에 위치해 있으며, 서쪽으로 함산현(含山縣)과 접해 있다.

685 함산현(含山縣): 중국 안휘성(安徽省) 마안산시(馬鞍山市) 함산현 일대. 양자강 중하류 북쪽에 위치해 있다.

686 유초공(劉楚公): 815~901. 자는 백연(白衍). 더 이상의 자세한 정보는 확인되지 않는다.

687 번모(翻摸): 미상.

688 소륜(蕭綸): 미상.

689 서첩……매겼다: 《閑者軒帖考》〈廬陵帖〉(《文淵閣四庫全書》520, 556쪽).

85 博: 《閑者軒帖考·廬陵帖》에는 "傅".

청강첩(清江帖)690 【또《희어당첩(戲魚堂帖)》이라고도 한다.】

淸江帖【亦名《戲魚堂帖》】

[석각포서]691 원우(元祐) 7년(1092)에 유차장(劉次莊)692이 《순화각첩(淳化閣帖)》을 얻어 모각(摸刻)하고, 별도로 《석문(釋文)》 10권을 갖추었다. 어떤 사람은 새긴 것이 지나치게 기교를 부려 진본의 모습을 잃었다고 나무라기도 한다.

[石刻鋪敍] 元祐七年, 劉次莊得《閣帖》摸刻, 外有《釋文》十卷. 或咎所鐫過巧失眞.

[십칠첩발]693 유차장(劉次莊)은 글씨를 잘 쓴다는 명성이 있었다. 그러나 그가 새긴 판본에 글씨 1개가 반으로 나뉘어 윗부분은 앞 행의 밑을 차지하고 있고, 아랫부분은 뒤 행의 꼭대기를 차지하고 있으니, 몹시 가소롭다.

[朱子右軍十七帖跋] 劉次莊有能書名. 其所刻本有中分一字, 半居前行之底, 半處後行之顚者, 極爲可笑.

[동천청록]694 《임강첩(臨江帖, 청강첩)》은 탁본을 할 때 공력을 들여 상당히 정교하니, 마땅히 옛 《강첩(絳帖)》의 다음이자 새로 새긴 《담첩(潭帖)》의 윗길이라고 할 수 있다. 그러나 그 석문(釋文)695에 간혹 잘못된 곳이 있다.

[洞天淸錄]《臨江帖》用工頗精緻, 當在舊《絳帖》之次、新《潭帖》之上. 然其釋文間有訛處.

---

690 청강첩(清江帖) : 본문에 서술된 내용 이외에 다른 정보가 전해지지 않는다.
691 《石刻鋪敍》卷下〈清江帖〉(《文淵閣四庫全書》 682, 49~50쪽).
692 유차장(劉次莊) : ?~?. 중국 숭니리의 문인·서예가. 자는 중수(中叟), 호는 희어옹(戲魚翁). 서예에 뛰어나 명성이 있었으며, 해서·행서·초서를 가장 잘 썼다. 왕헌지와 저수량의 서체를 기본으로 익히고, 그밖에 여러 서체도 다양하게 익혔다. 저서로 《희어당법첩(戲魚堂法帖)》 10권이 있다.
693 《晦庵集》卷84〈跋〉 "跋十七帖"(《文淵閣四庫全書》 1145, 751쪽).
694 《洞天淸祿集》〈古今石刻辨〉(《叢書集成初編》 1552, 21쪽).
695 석문(釋文) : 《순화각첩》을 풀이한 문장.

청강첩

[준생팔전]696 번각본(翻刻本) 중에 내용이 상당히 품격이 있어서 담묵(淡墨)697으로 뜬 탁본이 더욱 아름답다.

[한자헌첩고]698 유차장이 모각(摸刻)한 서첩은 권 말미의 전제(篆題)를 제거했지만 〈석문(釋文)〉을 추가했다. 탁본을 할 때 공력을 들여 상당히 정교했기 때문에 당시에 '진본《순화각첩(淳化閣帖)》과 혼동할 만하다.'라 했다. 그러나 새긴 것이 지나치게 기교를 부려 진본의 모습을 잃었으니, 한 글자씩 대조해 보면 절로 큰 차이가 보일 것이다. 경원(慶元) 연간(1195~1200)에 사천(四川)699의 통령(統領)700 권안절(權安

[遵生八牋] 在翻刻中, 頗有骨格, 淡墨搨尤佳.

[閑者軒帖考] 劉次莊所摸刻帖除去卷尾篆題, 而增《釋文》, 用工精緻, 當時謂 "可以亂《閣》本眞迹". 然所鐫過巧失眞, 一對質則自逕庭矣. 慶元間, 四川總領權安節以《戲魚堂帖》竝《釋文》, 重刻於益昌官舍.

---

696 《遵生八牋》卷15〈燕閑淸賞牋〉上 "淸賞諸論" '論歷代碑帖'(《遵生八牋校注》, 538쪽).

697 담묵(淡墨) : 진하지 않은 먹물.

698 《閑者軒帖考》〈臨江帖卽戲魚堂帖〉(《文淵閣四庫全書》520, 556쪽).

699 사천(四川) : 중국 사천성(四川省) 일대.

700 통령(統領) : 중국 남송 때 군대를 통솔하던 관직. 청나라 때에는 팔기군(八旗軍)의 전봉영(前鋒營)에 1인이 배속되었다.

節)701이 《희어당첩(戱魚堂帖)》과 〈석문〉을 함께 익창(益昌)702의 관사에서 중각(重刻)했다. 〈석문〉의 글씨는 원본과 비교해 보면 약가 크다.

## 검강첩(黔江帖)703

[한자헌첩고]704 진자명(秦子明)705이 병사를 이끌고 장사(長沙)로 갈 때 번각을 하는 승려 보월(寶月)706의 옛 법첩 10권을 배에 싣고 검강(黔江)707의 벽에 있는 소성원(紹聖院)708으로 가고자 했다. 돌에 글씨를 새긴 사람은 담주(潭州) 사람인 탕정신(湯正臣)709 부자(父子)다.

그 권첩의 분량·차례의 순서·자행의 길이가 모두 《순화각첩》과 같게 만들었으나, 종이와 먹색은 《희어당첩》과 비슷하게 만들었다. 다른 점은 제1권에 '순화(淳化)'로 시작하는 전서로 3행이 쓰여 있고, 그 다음에 해서로 1행을 덧붙여 '공비고부사(供備庫副使)·충동남제팔부장(充東南第八副將)·훈련담주제군(訓鍊潭州諸軍)·담주주차(潭州駐箚)에게 하사하노라.'라고 1행을 덧붙여 썼다는 것이다.

'진세장가본(秦世章家本)'은 그 뒤에 권마다 탕정신

---

## 黔江帖

[又] 秦子明將兵長沙, 翻刻僧寶月古法帖十卷, 謀[86]舟載, 入黔江壁之紹聖院. 刻石者, 潭人湯正臣父子.

其卷帖多寡、次序先後、字行長短悉同《淳化帖》, 而紙、墨彷彿《戱魚堂》. 其所異者, 第一卷有"淳化"篆書三行, 其次有楷書一行云："降授供備庫副使、充東南第八副將、訓鍊潭州諸軍、潭州駐箚."

"秦世章家本"後每卷有湯

---

701 권안절(權安節) : ?~?. 중국 송나라의 관리·시인. 자는 신지(信之). 전운부사(轉運副使)·절동제형(浙東提刑) 등을 역임했다.
702 익창(益昌) : 지금의 중국 하북성(河北省) 패주시(霸州市) 일대. 옛날에는 책성(策城)이라 했다.
703 검강첩(黔江帖) : 본문에 서술된 내용 이외에 다른 정보가 전해지지 않는다.
704 《閒者軒帖考》〈黔江帖〉(《文淵閣四庫全書》 520, 556쪽).
705 진지명(秦子明) : ?~?. 중국 송나라의 관리.
706 보월(寶月) : 미상.
707 검강(黔江) : 지금의 중국 중경직할시(重慶直轄市) 남부 검강구(黔江區) 일대.
708 소성원(紹聖院) : 진자명(秦子明)이 전장에서 죽은 병사들을 추모하기 위해 조정에 청하여 지은 불사(佛祠).
709 탕정신(湯正臣) : ?~?. 중국 송나라의 관리.
[86] 謀 : 저본에는 없음. 《閒者軒帖考·黔江帖》에 근거하여 보충.

(湯正臣) 및 그의 아들 선지(仙芝)[710]·영지(靈芝)[711]의 이름이 있다. 자수의 분량은 《순화각첩》과 같지 않다. 살펴보건대, 보월의 서첩이 세상에 전해진 까닭은 각법(刻法)이 매우 정교하기 때문이다. 그러나 직접 보지 못해 상고할 수 없으니 안타깝다.

正臣及其男仙芝、靈芝名, 字數多寡不同. 按寶月帖世傳, 刻法甚精, 惜未見失考.

## 무강첩(武岡帖)[712]

[동천청록][713] 무강군(武岡軍)[714]에서 중모한 《강첩(絳帖)》 20권은 진본의 모습을 상당히 잃었다. 게다가 돌도 견고하지 않아 쉽게 정수를 잃었다. 그 뒤에 무신(武臣)이 군수(郡守)가 된 적이 있는데, 중모한 《강첩》의 글씨가 생기가 없는 것을 싫어하여 비석 장인에게 즉시 옛 글자획을 다시 새기게 하고는 이를 '세비(洗碑)'라 했다. 하지만 끝내 볼만한 것이 더욱 없게 되었으며, 그 〈석문〉은 더욱 잘못되었다. 그러나 무강지(武岡紙)[715]가 북지(北紙)[716]와 비슷하기 때문에 지금 볼 수 있는 《강첩(絳帖)》은 《무강첩(武岡帖)》의 초판본이 많을 뿐이다. 그 닳고 떨어진 부분을 확인해보면 절로 알 수 있다.

## 武岡帖

[洞天淸錄] 武岡軍重摸 《絳帖》二十卷[87]殊失眞, 石且不堅, 易失精神. 後有武臣守郡, 嫌其字不精彩, 令匠者卽舊畫再[88]刻, 謂之"洗碑", 遂愈不可觀, 其 《釋文》尤舛謬. 然武岡紙類北紙, 今所見《絳帖》多《武岡》初本耳. 驗其殘缺處, 自可[89]見.

---

710 선지(仙芝) : 미상.

711 영지(靈芝) : 미상.

712 무강첩(武岡帖) : 본문에 서술된 내용 이외에 다른 정보가 전해지지 않는다.

713 《洞天淸祿集》〈古今石刻辨〉(《叢書集成初編》1552, 21쪽).

714 무강군(武岡軍) : 지금의 중국 호남성 무강시(武岡市) 일대.

715 무강지(武岡紙) : 무강군(武岡軍)에서 생산되는 종이를 가리킨다.

716 북지(北紙) : 볏짚·보리짚·귀리짚 등의 단섬유로 만드는 고정지(藁精紙)의 일종으로, 주로 우리나라 북부 지방에서 귀리짚으로 만든 한지를 가리킨다. 북황지(北黃紙)·황지(黃紙)라고도 한다. 《이운지》권4 〈종이〉 참조.

[87] 卷 : 저본에는 "局". 《洞天淸祿集·古今石刻辨》에 근거하여 수정.

[88] 再 : 저본에는 "存". 《洞天淸祿集·古今石刻辨》에 근거하여 수정.

[89] 可 : 저본에는 "家". 《洞天淸祿集·古今石刻辨》에 근거하여 수정.

[한자헌첩고][717] 비신(碑身)[718]이 약간 길지만, 일(日)·월(月)·광(光)·천(天)·덕(德) 등의 글자 기호가 중간에 끼어 있고, 자획은 또한 맑고 굳세다. 그 뒤에 무신(武臣)이 군수(郡守)가 되었을 때 옛 글자획을 다시 새겨[洗碑] 끝내 진본의 모습을 잃게 되었다. 심지어 《종요첩(鍾繇帖)》내의 '재세영명(再世榮名)'이라는 구절의 '명(名)' 자를 '곡(谷)' 자로 고쳐 쓰기도 했다. 비의 훼손되고 벗겨진 부분에 깎아낸 흔적이 뚜렷하게 남아 있으니, 매우 비웃을 만하다.

[閑者軒帖考] 碑段稍長, 而日、月、光、天、德等字號間於其中, 字畫亦淸勁. 後武帥[90]洗碑, 遂失本眞. 甚至《鍾繇帖》內"再世榮名"之[91] "名"字, 修作"谷"字. 其[92]損剝處, 鑿痕宛然, 深可鄙笑.

## 오진첩(烏鎭帖)[719]

[한자헌첩고][720] 호주(湖州)[721]의 장씨(張氏)[722]가 《강첩(絳帖)》과 《순화각첩》 2첩을 집안의 글방에서 목판에 새긴 것이다. 글자의 획이 조금 살지지만, 필의(筆意)가 매우 뛰어나서 여러 서첩보다 상당히 낫다. 연지(連紙)[723] 1장마다 1단을 탁본할 수 있다.

## 烏鎭帖

[又] 湖州 張氏以《絳》、《閣》二帖, 鋟木板於家塾. 字畫稍肥, 而極有筆意, 頗勝諸帖. 每連紙一副, 可打一段.

---

717 《閑者軒帖考》〈武岡帖〉(《文淵閣四庫全書》520, 556쪽).
718 비신(碑身) : 비문을 새긴 비석의 바탕돌이다. 여기에서는 서첩을 새긴 작은 단위의 비신을 가리킨다.
719 오진첩(烏鎭帖) : 본문에 서술된 내용 이외에 다른 정보가 전해지지 않는다. 중국 송대 조사면(曹士冕, ?~?)이 지은 《法帖譜系》卷上〈烏鎭本〉에도 본문과 같은 내용이 있다.
720 《閑者軒帖考》〈烏鎭帖〉(《文淵閣四庫全書》520, 556~557쪽).
721 호주(湖州) : 중국 절강성(浙江省) 호주시(湖州市) 일대. 절강성의 북부, 즉 태호(太湖)의 남쪽에 있다. 오진(烏鎭)은 호주시 경계에 있는 지역이다.
722 장씨(張氏) : 미상.
723 연지(連紙) : 길게 이어진 종이. 탁본이나 긴 문장을 쓸 때 사용한다.
[90] 帥 : 《閑者軒帖考·武岡帖》에는 "臣守郡".
[91] 之 : 《閑者軒帖考·武岡帖》에는 "今".
[92] 其 : 《閑者軒帖考·武岡帖》에는 "且".

## 복청첩(福淸帖)[724]

[한자헌첩고][725] 복주(福州)[726] 관아에서 판각하고 《강첩》·《순화각첩》·《급취장첩(急就章帖)[727]》·《안탑첩(雁塔帖)[728]》이라 이름 붙인 4개의 서첩으로, 또한 정교하게 잘 만들었다고 평가받는다. 비가(碑家)[729]들은 가끔 관첩(官帖)의 이름을 빌려 사람들을 현혹시킨다. 다만 그 관첩을 만든 장인들은 밀랍을 사용하는 데 능숙하지 않으므로 각각의 장마다 문질러 빛을 낸 흔적이 있으면 위조품이니, 이를 증거로 진위를 확인할 수 있다.

## 福淸帖

[又] 福州刻《絳》、《閣》、《急就章》、《雁塔》題名四帖, 亦稱精工. 碑家往往駕名官帖以惑人, 但彼中匠者, 不善用蠟, 每每有硏光痕, 可以證驗.

## 풍양첩(澧陽帖)[730]

[한자헌첩고][731] 풍양(澧陽)[732] 관아에서 판각한 서첩 10권으로, 막 완성되고는 곧 흩어졌다. 왕희지의 글씨만 겨우 남아 있는데, 매우 정미(精微)하다.

## 澧陽帖

[又] 澧陽刻帖十卷, 甫完卽播散, 僅存右軍書, 精甚.

---

724 복청첩(福淸帖) : 본문에 서술된 내용 이외에 다른 정보가 전해지지 않는다. 중국 송대 조사면이 지은 《法帖譜系》卷上〈福淸本〉에도 본문과 같은 내용이 있다.

725 《閑者軒帖考》〈福淸帖〉(《文淵閣四庫全書》520, 557쪽).

726 복주(福州) : 중국 복건성(福建省) 복주시(福州市) 일대. 복건성의 성도(省都).

727 급취장첩(急就章帖) : 《급취장(急就章)》을 모사한 법첩. 한원제(漢元帝) 때 황문령(黃門令)을 지낸 사유(史游, ?~?)의 글씨체를 장초(章草)라 하며, 저서로 《급취장》이 있다.

728 안탑첩(雁塔帖) : 장안(長安) 대자은사(大慈恩寺) 안탑문(雁塔門) 옆에 서 있는 비문의 글씨를 베낀 서첩. 위 "[부록] 한(漢)·당(唐) 이전의 금석" '사은(慈恩) 성교서기(聖敎序記)' 항목 참조.

729 비가(碑家) : 비석·법첩 등을 품평하거나 취급하는 사람.

730 풍양첩(澧陽帖) : 본문에 서술된 내용 이외에 다른 정보가 전해지지 않는다. 중국 송대 조사면이 지은 《法帖譜系》卷上〈澧陽帖〉에도 본문과 같은 내용이 있다.

731 《閑者軒帖考》〈澧陽帖〉(《文淵閣四庫全書》520, 557쪽).

732 풍양(澧陽) : 중국 호남성(湖南省) 북부 풍양시(澧陽市) 일대.

## 채주첩(蔡州帖)733

[동천청록]734 상채(上蔡)735 관아에서 임모(臨摸)한 《강첩(絳帖)》 상(上) 10권으로, 비록 옛 《강첩》과 비교해 보면 하(下) 10권이 빠져 있지만 《임강첩(臨江帖)736》보다 훨씬 뛰어나다.

## 팽주첩(彭州帖)737

[동천청록]738 역대 법첩(法帖) 10권을 판각한 것으로, 몹시 정미하거나 아름답지는 않다. 종이의 색이 북지(北紙)739와 비슷하여 사람들이 대부분 북첩(北帖, 북지로 만든 첩)이라 생각한다.

## 대관첩(大觀帖)740

[석각포서]741 대관(大觀)742 연간(1107~1110) 초에 휘종 (徽宗)은 《순화각첩(淳化閣帖)》 판본이 이미 트고 갈라진 데다 또 왕저(王著)743의 표제(標題)에 오류가 많았

## 蔡州帖

[洞天淸錄] 上蔡臨摸《絳帖》上十卷, 雖比舊《絳帖》, 少下十卷, 而迴出《臨江》之上.

## 彭州帖

[又] 刻歷代法帖十卷, 不甚精采. 紙色類北紙, 人多以爲北帖.

## 大觀帖

[石刻鋪敍] 大觀初徽宗以《淳化帖》板已皴裂, 且王著標題多誤, 詔出墨蹟, 更

---

733 채주첩(蔡州帖) : 본문에 서술된 내용 이외에 다른 정보가 전해지지 않는다. 중국 송대 주장문(朱長文, 1039 ~1098)이 지은 《墨池編》 卷6 〈碑刻〉 "宋碑" '蔡州帖'에도 본문과 같은 내용이 있다.

734 《洞天淸祿集》〈古今石刻辯〉(《叢書集成初編》 1552, 21쪽).

735 상채(上蔡) : 중국 하남성(河南城) 동남부 상채현(上蔡縣) 일대.

736 임강첩(臨江帖) : 청강첩(淸江帖)의 이명. 희어당첩(戲魚堂帖)이라고도 한다. 위 청강첩 참조.

737 팽주첩(彭州帖) : 본문에 서술된 내용 이외에 다른 정보가 전해지지 않는다. 중국 송대 주장문이 지은 《墨池編》 卷6 〈碑刻〉 "宋碑" '彭州帖'에는 팽주(彭州)에서 판각되었다는 기록이 있다.

738 《洞天淸祿集》〈古今石刻辯〉(《叢書集成初編》 1552, 21쪽).

739 북지(北紙) : 횡렴(橫簾, 가로발)을 사용하여 만든 종이로, 재질이 꺼끌꺼끌하면서 두텁다. 가로무늬가 새겨지는 특징이 있고 일명 측면지(側面紙)라고도 한다. 《이운지》 권4 〈서재의 고상한 벗들〉 하(下) "종이"에 북지외 제조법이 나온다.

740 대관첩(大觀帖) : 중국 북송 대관 3년(1109)에 관에서 판각한 서첩. 재상인 채경(蔡京, 1047~1126)이 표제를 썼으며 태청루(太淸樓) 아래에 보관해서 '태청루첩(太淸樓帖)'이라 불리기도 한다.

741 《石刻鋪敍》 卷上 〈帖譜〉(《文淵閣四庫全書》 682, 42쪽).

742 대관(大觀) : 중국 북송(北宋) 휘종(徽宗)의 세 번째 연호(1107~1110).

743 왕저(王著) : 928~969. 중국 북송(北宋)의 문신. 자(字)는 성상(成象). 한림학사(翰林學士)를 역임했다.

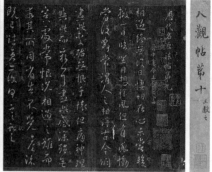

대관첩

기 때문에 조칙을 내리고 묵적(墨蹟)을 내어주고 다
시 법첩의 차례를 정하게 했다. 《순화각첩》을 새긴
것을 비교해보면《강첩(絳帖)》보다 못하다.

　따로 취사선택하여 분량을 늘이거나 줄였는데,
다만 《무제첩(武帝帖)》을 《서진무제첩(西晉武帝帖)》 뒤
에 합쳤으며, 제7권의 《우군첩(右軍帖)》 안에 잘못 들
어간 지영(智永)의 글씨를 뽑아서 제5권에 배열했다.
또 첫 권의 옛 서첩 3단을 병합하여 1단으로 만들었
는데, 진(晉)나라 선제(宣帝, 179~251)를 진(晉)나라 무
제(武帝, 236~290)의 위로 올리는 방식이다. 이렇게 해
서 앞뒤의 순서가 어지럽지 않게 했으며, 《명신첩(名
臣帖)》까지도 그렇게 했다. 그런 다음 채경(蔡京)[744]에
게 명하여 제목을 쓰게 하고, 돌에 새겨 태청루(太淸
樓)[745] 아래에 세웠다.

　이 일은 바로 나라가 흥성할 때라 전장(典章)과 문

定彙次, 視《淳化》所刻,
非若《絳帖》.

另有去取增減, 止倂《武
帝帖》, 合於《西晉武帝帖》
後, 擇七卷《右軍帖》內誤
入智永書, 列在第五卷. 合
首卷古帖三段, 倂而歸一,
及躋晉 宣於晉 武上之類,
使先後次序不紊, 迨《名臣
帖》亦然. 命蔡京書簽, 刊
石太淸樓下.

此正國朝盛時, 典章文物,

---

744 채경(蔡京) : 1047~1126. 중국 북송의 서예가. 자(字)는 원장(元長). 태사(太師)와 재상(宰相)을 역임했다.
745 태청루(太淸樓) : 중국 북송(北宋)의 궁전인 숭정전(崇政殿) 서북쪽, 영양문(迎陽門) 안쪽 후원에 있던 누
　각. 도서를 보관하던 장소로 쓰였다.

물(文物), 백공(百工) 및 기예(技藝)가 순화(淳化) 연간(990~994)의 초창기와 비교해 보면 자연스럽게 다르다는 것을 알 수 있다. 또 당시에 원래 소장하고 있던 진본들을 모두 꺼내어 임모했고 오류들을 바로잡았으니, 외부에서 만든 서첩들과는 다르다. 단지 석각과 복각만 보더라도, 채경이 비록 문자학에 뛰어나지는 못하지만, 아마도 왕저보다는 나을 것이니, 이 《대관첩(大觀帖)》 판본이 《순화각첩》보다 낫다는 사실은 명백할 것이다.

百工技藝, 視淳化草創, 自然不同. 且當時盡出元藏眞帖臨摸, 定其舛誤, 非若外方. 但因石刻、翻刻, 京雖驕吝字學, 恐出王著右, 是《大觀》之本愈於《淳化》, 明矣.

[왕풍옹발(王澧翁跋)[746][747] 이 서첩은 《순화첩(淳化帖)》과 비교해 볼 때 바르게 수정한 곳이 상당히 많다. 예를 들면 왕헌지의 《수의첩(授衣帖)》 1첩은 《순화첩(淳化帖)》에서보다 이미 43자가 많아졌는데, 이는 황백사(黃伯思)[748]가 고증한 내용과 꼭 같다. 각각의 판마다 앞에서 작은 글씨로 위에는 권수(卷數)를 적고 중간에는 판수(板數)를 적었으며 아래에는 새긴 사람의 이름을 썼다. 길거나 짧은 법첩 모두 어수선하지 않게 잘 잘라서 자획이 넉넉한데, 이때부터 이런 체제가 일종의 유행이 되었다.

[王澧翁跋] 此帖比《淳化》, 更正頗多. 如子敬《授衣》一帖, 已增《淳化》四十三字, 與黃伯思所辯正同. 每板前小字上題卷數, 中題板數, 下書刻者名, 長短一體, 不煩翦截, 字畫豐腴, 自是一種風景.

대개 숭녕(崇寧)[749]·대관 연간 이후로 위로부터 뜻

蓋崇、觀以來, 上雅意書

---

746 왕풍옹발(王澧翁跋) : 왕풍옹의 사적은 미상이다. 다만, 《경자소하기(庚子銷夏記)》 卷4 〈송사본대관태청누첩(宋賜本大觀太淸樓帖)〉 마지막에 다음과 같은 구절이 있다. "왕풍옹이 손수 쓴 발문(跋文)이 있는데, 매우 상세하다.(王澧翁有手跋, 極詳.)"

747 출전 확인 안 됨.

748 황백사(黃伯思) : 1079~1118. 중국 북송의 문자학자·서예가. 자는 장예(長睿), 호는 운림자(雲林子). 《법첩간오(法帖刊誤)》를 저술하여 《순화각첩(淳化閣帖)》의 많은 오류를 바로잡았다.

749 숭녕(崇寧) : 중국 북송(北宋) 휘종(徽宗)의 두 번째 연호(1102~1106).

이 전아하여 글씨를 배우니[750], 상방(尚方, 황제의 물건을 관리하는 관서)에서 제작하는 일마다 정밀하여 마땅히 송나라 초기보다 수준이 뒤떨어지지는 않았다. 그러므로 오래되었는지 최근인지를 따지면 이 서첩이 《순화첩》보다 뒤에 놓이지만, 정미하고 거친 정도를 따지자면 《대관첩(大觀帖)》 앞에 놓을 서첩은 없을 것이다.

[준생팔전][751] 원본을 모사한 탁본이 채경으로부터 비롯되었는데, 서첩의 글씨들이 거리낌이 없고 재빠르며, 붓이 한쪽으로 치우치고 손이 제멋대로 움직여 옛 원본의 필의를 회복하지 못하였다. 그러나 각수(刻手, 모사하는 장인)의 정밀한 작업에 힘입어 오히려 다른 서첩보다 뛰어나다.

[한자헌첩고][752] 《속각첩(續閣帖)》은 건중정국(建中靖國)[753] 연간(1101)에 판각되었다. 대관(大觀) 3년(1109)에 이르러 다시 《속첩(續帖)》 10권을 참고하여 이 《대관첩》을 판각했는데, 세월이 지나면서 이름을 《후첩(後帖)》이라 했다. 또한 손과정의 《서보(書譜)》·정관(貞觀)[754] 연간의 《십칠첩(十七帖)》을 판각하였기에 모두

學, 尚方製作事事[93]精工, 宜不媿國初. 故論久近, 則此帖後於《淳化》, 論精麤則《大觀》前無帖矣.

[遵生八牋] 摸自蔡京, 恣意草率, 筆偏手縱, 無復古意. 賴刻手精工[94], 猶勝他帖.

[閑者軒帖考] 《續閣帖》刻成於建中靖國間, 及大觀三年, 刻此帖, 復取《續帖》十卷, 易去歲月, 名衒以爲《後帖》. 又刻孫過庭《書譜》, 貞觀《十七帖》, 總二十二卷

750 위로부터……배우니:송나라 휘종이 글씨에 심취할 정도로 애호했던 사실을 나타내는 것으로 보인다.
751 《遵生八牋》 卷14 〈燕閑淸賞牋 上〉 "論歷代碑帖"(《遵生八牋校注》, 538쪽).
752 《閑者軒帖考》〈大觀帖〉(《文淵閣四庫全書》 520, 551쪽).
753 건중정국(建中靖國):중국 북송(北宋) 휘종(徽宗)의 첫 번째 연호(1101).
754 정관(貞觀):중국 당(唐) 태종(太宗)의 연호(627~649).
93 事:저본에는 없음. 오사카본·규장각본에 근거하여 보충.
94 精工:저본에는 "精工精工". 오사카본·규장각본·《遵生八牋·燕閑淸賞牋論·歷代碑帖》에 근거하여 수정.

22권이 《대관(大觀) 태청루첩(太淸樓帖)》으로 되었다.

爲《大觀太淸樓帖》.

## 속각첩(續閣帖)[755]

[석각포서][756] 모두 10권이다. 원우(元祐)[757] 5년(1090)에 경적(經籍)과 상소문을 관장하는 비서성(秘書省)이 《순화각첩(淳化閣帖)》에서 간행되지 않은 전대의 유묵(遺墨)을 돌에 새기자고 건의하였고, 황제가 명을 내려 이를 따랐다. 휘종(徽宗) 건중정국(建中靖國) 원년(1101)에 이르러 이 일을 마쳤으니, 11년이 걸렸고 비용이 15만 전이 들어서야 완성되었다. 서첩을 모사한 사람은 대조(待詔) 소창(邵彰)[758]이고 이 일을 건의한 사람은 비서소감(秘書少監) 등순무(鄧洵武)[759]·손악(孫諤)[760]이다.

수권(首卷, 1권)에는 진(晉)·당(唐) 제후(帝后)의 글씨를, 2권·3권에는 왕희지(王羲之)의 글씨를, 4권에는 왕희지 및 그의 아들 왕조지(王操之)[761] 등의 글씨를, 5권에는 《황정경(黃庭經)》·《악의론(樂毅論)》·《난정서(蘭亭敍)》를, 6권에는 《보장집(寶章集)》[762]을, 7권에는

## 續閣帖

[石刻鋪敍] 凡十卷. 元祐五年, 秘省乞以《淳化閣帖》所未刊前代遺墨入石, 有旨從之. 至徽宗 建中靖國元年, 畢工, 歷十一年, 費緡錢一十五萬乃成. 摹寫者, 待詔邵彰; 上其事者, 秘書少監鄧洵武、孫諤也.

首卷晉、唐帝后書, 二卷、三卷王羲之書, 四卷羲之暨其子操之等筆, 五卷《黃庭經》、《樂毅論》、《蘭亭敍》, 六卷《寶章集》, 七卷索靖

---

755 속각첩(續閣帖): 중국 북송 휘종(徽宗) 원년(1101)에 만든 서첩. 《순화각첩(淳化閣帖)》의 체제를 따랐다.

756 《石刻鋪敍》卷下〈續閣帖〉(《文淵閣四庫全書》682, 50쪽).

757 원우(元祐): 중국 북송 철종(哲宗)의 첫 번째 연호(1086~1094).

758 소창(邵彰): 미상.

759 등순무(鄧洵武): 1057~1121. 중국 북송의 문신. 자는 자상(子常). 국사원편수관(國史院編修官)을 역임하였고, 《신종사(神宗史)》를 편찬했다.

760 손악(孫諤): ?~?. 중국 북송의 문신. 자는 원충(元忠).

761 왕조지(王操之): ?~?. 왕희지의 여섯 번째 아들. 지는 자중(子重), 초서를 잘 쓰는 인물로 알려져 있다.

762 보장집(寶章集): 왕희지 등의 글씨를 모은 서첩. 당나라 측천무후(則天武后)가 만세통천(萬歲通天) 2년(697)에 왕희지의 후예인 왕방경(王方慶, ?~702)에게 왕희지를 비롯한 역대 서예가의 글씨를 주문하자, 왕방경은 왕씨 문중 서예가 28인의 작품을 바쳤다. 측천무후는 중서사인(中書舍人)인 최융(崔融)에게 이 일을 기록하게 하고 다시 왕방경에게 하사했다. 이 책을 《왕씨세보(王氏世寶)》 또는 《왕씨보장집(王氏寶章集)》이라 한다.

삭정(索靖)[763]의 《월의첩(月儀帖)[764]》을, 8권에는 우세남(虞世南)·하지장(賀知章)·유공권(柳公權)의 서첩과 무명인(無名人)의 서첩을, 9권에는 이회림(李懷琳)[765]이 쓴 혜강(嵆康)[766]의 《여산거원절교서(與山巨源絶交書)》를, 마지막 권에는 당나라 무명인의 글씨를 실었다.

[한자헌첩고][767] 이 판각본은 처음에는 《순화각첩》의 체제를 따르려고 하였으나 나중에는 결국 《대관첩》의 축소판이 되었다. 그러나 문장 채택의 정미함과 임모의 빼어남은 앞의 두 법첩에 훨씬 못 미친다.

## 강첩(絳帖)[768]

[동천청록][769] 《강주법첩(絳州法帖, 강첩)》 20권은 반순신(潘舜臣)[770]이 《순화각첩》을 중모(重摸, 사본을 다시 모사함)하고 별도의 서첩을 추가한 것이다. 그러나 지금 볼 수 있는 《순화각첩》에 비해서 정신(精神)이 지

《月儀》, 八卷虞世南、賀知章、柳公權帖及無名人帖, 九卷李懷琳書嵆康《絶交書》, 末卷唐無名人書.

[閑者軒帖考] 此刻初欲續《淳化閣帖》, 後乃以殿《大觀帖》, 然採擇之精, 臨摸之妙, 遠不及二帖矣.

絳帖

[洞天淸錄] 《絳州法帖》二十卷, 乃潘舜臣用《淳化帖》重摸, 而參入別帖, 然比今所見《閣帖》精神過

---

763 삭정(索靖) : 239~303. 중국 서진(西晉)의 군관이자 유명한 서예가. 자는 유안(幼安). 장초(章草)를 잘 썼으며 저서로 《초서장(草書狀)》이 있다.
764 월의첩(月儀帖) : 삭정이 달을 소재로 하여, 장초의 서법으로 쓴 법첩.
765 이회림(李懷琳) : ?~?. 중국 당나라의 문신. 태종 때 대조(待詔)를 역임했다. 초서로 쓴 《여산거원절교서(與山巨源絶交書)》를 남겼는데 모두 159행 1,209자이다.
766 혜강(嵆康) : 223~262. 중국 삼국시대 위(魏)나라의 시인. 죽림칠현(竹林七賢)의 한 사람. 조조(曹操, 155~220)의 손녀와 결혼했으나 정치에는 관여하지 않고 은거하며 청렴하게 살았다. 부정한 일을 보면 직언을 했는데, 혜강의 직언을 못마땅하게 여긴 권력자 사마소(司馬昭)에 의해 누명을 쓰고 처형되었다. 저서로 《양생론(養生論)》·《고사전(高士傳)》·《성무애악론(聲無哀樂論)》·《석사론(釋私論)》 등이 있다.
767 [閑者軒帖考] 〈續閣帖〉 《文淵閣四庫全書》 520, 553쪽).
768 강첩(絳帖) : 중국 북송의 강주(絳州)에서 관원 1사람이 1049년부터 1063년까지 판각한 서첩. 판각한 사람의 이름은 반순신(潘舜臣), 반정부(潘正夫), 반사조(潘師朝) 등이라는 설이 있으나, 확실하지 않다. 《순화각첩(淳化閣帖)》을 저본으로 송대 이전 명가의 글씨를 모아 증보했으며, 《순화각첩》과 함께 삼대명첩(三大名帖)으로 불린다.
769 《洞天淸祿集》 〈古今石刻辯〉 《叢書集成初編》 1552, 20~21쪽).
770 반순신(潘舜臣) : 미상.

나치다. 반순신의 공로가 대단하지는 않았지만 돌조각은 잘했다. 비록 우물의 난간석이나 계단이라도 모두 골고루 조각하여 빈틈이 없기 때문에, 단수가 제일 많아서 때로는 길이가 1척 남짓이 되기도 했다.

반순신이 죽고 두 아들이 《강주법첩》을 갈라서 2개로 만들었다. 큰 아들이 관아에 빚을 지고 갚지 못하자 《강주법첩》 상편 10권은 강주(絳州) 관아에 귀속되었다. 여기에 강주의 지주(知州, 주의 수령)가 다시 모사해서 하편 10권을 채워 넣었다. 작은 아들도 다시 상편 10권을 모사해서 역시 1질을 채워 완성했다. 이에 강주(絳州)에는 관본(官本)·사본(私本)의 두 판본이 있게 되었다. 그러나 정강(靖康)의 전란[771]으로 이 돌들은 모두 남아 있지 않게 되었다.

금(金)나라 사람들은 100년 사이에 2번이나 중모(重摸)를 했다. 경원(慶元)[772] 연간에 내가 옛 재상의 집에서, 남쪽으로 수도를 옮긴[773] 초창기에 북방에서 가져온, 반순신이 새겨 둘로 갈라지지 않았던 원래의 서첩 20권이 있는 것을 보았다. 북지(北紙)에 북묵(北墨)으로 되어 있고, 정신이 환연히 드러나서 금

之. 舜臣事力單微, 而自能鑴石, 雖井欄[95]堦砌, 皆[96]徧刻無餘, 所以段數[97]最多, 或長尺餘.

舜臣死, 二子析而爲二. 長者負官錢, 沒入, 上十卷[98]于絳州. 絳守重摸下十卷足之. 幼者復重摸上十卷, 亦足成一部. 於是絳州有公私二本. 靖康兵火, 石竝不存.

金人百年之間, 重摸至再. 慶元間, 余見舊宰執家, 有南渡初, 自北方携得舜臣元所刻未分析時二十卷. 北紙、北墨, 精神煥發, 視金[99]人所摸者, 天淵矣.

---

771 정강(靖康)의 전란 : 중국 송(宋)나라 8대 흠종(欽宗) 정강(靖康, 1126~1127) 연간에 일어난 전란. 정강 2년(1127)에 금(金)나라 2대 태종(太宗)이 송나라 수도 변경(汴京)을 침공해서 흠종을 비롯하여 많은 황족(皇族)과 대신을 사로잡아 갔고, 그 결과 9대 고종(高宗)이 남경(南京)에서 즉위(卽位)하여 남송(南宋)이 시작되었다.

772 경원(慶元) : 중국 송나라 영종(寧宗)의 첫 번째 연호(1195~1200).

773 남쪽으로……옮긴 : 북송(北宋)은 1126년 금나라 군대의 공격을 받아 수도 개봉(開封)이 함락되어 이듬해 남경(南京)으로 도읍을 옮기고 남송을 건국했다.

95 欄 : 저본에는 "蘭". 《洞天淸祿集·古今石刻辯》에 근거하여 수정.

96 皆 : 저본에는 "背". 《洞天淸祿集·古今石刻辯》에 근거하여 수정.

97 數 : 저본에는 없음. 오사카본·규장각본·《洞天淸祿集·古今石刻辯》에 근거하여 보충.

98 上十卷 : 저본에는 "千局". 《洞天淸祿集·古今石刻辯》에 근거하여 수정.

99 金 : 저본에는 "今". 오사카본·《洞天淸祿集·古今石刻辯》에 근거하여 수정.

나라 사람들이 모사한 것과 비교해 보면 하늘과 땅
차이이다.

안 반순신(潘舜臣)은 《석각포서(石刻鋪敍)》에는 부마(駙
馬, 임금의 사위) 반정부(潘正夫)774로 적혀 있고,775 《한
자헌첩고(閒者軒帖考)》에는 반사조(潘師朝)776로 적혀 있
다. 게다가 "반사조는 철종(哲宗)의 딸 진국공주(秦國公
主)777와 결혼했기 때문에 또한 《반부마첩(潘駙馬帖)》이
라 부른다."778고 하는데, 어느 것이 옳은지 모르겠다.

　혹자는 "구양수(歐陽修)의 《집고록(集古錄)》 발문(跋
文)에 '요즈음 상서랑(尙書郎) 반사조가 관첩(官帖)을 사
사로이 집에서 모각(摸刻)했다.'"라고 하는데, 그렇다
면 철종의 딸과 결혼한 사람은 아마도 반사조보다
후대의 사람일 것이다. 《강첩(絳帖)》의 판각은 마땅히
인종(仁宗, 재위 1022~1063) 말년에 있던 일이지, 소성(紹
聖)779·원부(元符)780 연간 때에 나온 것이 아니다.

[석각포서]781 전첩(前帖)·후첩(後帖)이 각각 10권으
로, 편차가 《순화각첩(淳化閣帖)》과는 많이 다르다.

案 潘舜臣,《石刻鋪敍》作
駙馬潘正夫,《閒者軒帖考》
則作潘師朝. 且云"師朝,
尙哲宗秦國公主, 故又名
《潘駙馬帖》", 未知孰是.

或云"歐陽公《集古錄》跋
尾謂'近時有尙書郎潘師
朝, 以官帖私自摸刻於家'",
則尙哲宗女者, 殆其後
人100.《絳帖》之刻, 當在
仁宗季年, 非出於紹聖、元
符之日也.

[石刻鋪敍] 前後各十卷,
編次多與《淳化帖》不同.

---

774 반정부(潘正夫):?~1152. 중국 송나라의 문신. 철종의 딸 진국공주(秦國公主)와 결혼했고 관직은 소부(少
　傅)까지 올랐다.
775 반순신(潘舜臣)은 ……있고:《石刻鋪敍》卷上〈絳帖〉.
776 반사조(潘師朝):?~?. 중국 송나라의 문신. 젊었을 때 수주지주(秀州知州)를 지냈고 상서랑(尙書郎)을 역임
　했다. 강주(絳州)에서 《강첩》을 판각한 것으로 전해지며, 만년에는 회경정(會景亭)이라는 정원을 건축했다.
777 진국공주(秦國公主):?~?. 중국 송나라 철종의 셋째 딸. 정식명칭은 진국강의장공주(秦國康懿長公主).
　《한자헌첩고》의 설명과 달리, 빈징부(潘正夫)와 결혼했다.
778 반사조는 ……부른다:《閒者軒帖考》〈絳帖〉.
779 소성(紹聖):중국 송나라 철종(哲宗)의 두 번째 연호(1094~1098).
780 원부(元符):중국 송나라 철종의 세 번째 연호(1098~1100).
781 《石刻鋪敍》卷上〈絳帖〉《文淵閣四庫全書》682, 46쪽).
100 人:저본에는 "人". 오사카본·규장각본에 근거하여 수정.

《순화각첩》은 한(漢)나라 장제(章帝)가 제일 앞에 오고, 창힐(蒼頡)·하우(夏禹)의 글씨를 제5권에 배열한 데 비해, 《깅첩(絳帖)》은 창힐과 하우의 글씨를 1권에 놓고, 역대 제왕(帝王)의 글씨를 후첩(後帖)에 2권으로 배치했다.

《순화각첩》은 왕희지·왕헌지의 서첩을 모두 묶어 5권에 넣었는데, 《강첩》은 전첩과 후첩에 모두 왕희지·왕헌지의 서첩을 넣고, 분량을 늘여서 10권으로 만들었다. 게다가 제2권의 장지(張芝)·왕흡(王洽)의 글씨를 나누어 각각 제2권·제5권에 넣었고, 제3권의 유원량(庾元亮)·변곤(卞壺)의 글씨를 나누어 각각 제3권·제4권에 넣었다.

《강첩》의 〈고제왕첩(古帝王帖)〉에서는 한(漢)나라의 장제(章帝), 진(晉)나라의 선제(宣帝), 명(明)나라의 강제(康帝)·애제(哀帝)·간제(簡帝)·문제(文帝), 양(梁)나라의 고제(高帝)의 글씨를 삭제했으며, 〈명신첩(名臣帖)〉에서는 사마유(司馬攸)·왕소(王劭)·왕흠(王廞)·소자운(蕭子雲)·승려 지영(智永)·이옹(李邕)[782] 등 몇 개의 서첩은 삭제하고 왕몽양(王濛羊)의 자문(諮問)을 더 넣었다.

후첩의 제1권은 전체가 본조(本朝) 송(宋)나라 태종(太宗)의 어필(御筆)을 새겼고, 제9권에는 장욱(張旭)의 천자문(千字文) 45자 및 회소(懷素)의 초서(草書)를 더 넣었다. 제10권에는 안노공(顏魯公)·왕이(王廙)·고

《閣》以漢章帝爲首, 列蒼頡、夏禹書於第五;《絳》則以蒼頡、夏禹書爲初卷, 置歷代帝王書於後帖之二卷.

《閣》總二王帖爲五卷, 《絳》則前後帖皆有之, 衍而爲十. 且以第二卷張芝、王洽書, 折爲第二、第五卷, 以第三卷庾元亮、卞壺書, 折爲第三、第四卷.

古帝王帖, 則刪漢章帝、晉宣帝、明康、哀、簡、文帝、梁高帝, 名臣帖則削司馬攸、王劭、王廞、蕭子雲、僧智永、李邕等數帖, 卻增入王濛羊諸書.

後帖一卷全刻本朝太宗宸翰, 九卷增入張旭千文四十五字及懷[101]素草書, 十卷增入顏魯公、王廙、高閒

---

782 이옹(李邕):678~747. 중국 당나라의 서예가. 자는 태화(泰和). 이선(李善)의 아들로, 일찍부터 재능을 드러냈다. 해서와 행서로 비석 글씨를 쓰는 데 뛰어났고, 왕희지와 왕헌지의 필법을 본받아 개성 있는 글씨를 썼다. 저서로 《이북해집(李北海集)》이 있다.

[101] 懷:저본에는 "壞". 일반적인 용례에 근거하여 수정.

한(高開)·이건중(李建中)의 글씨를 더 넣었다.

⑩ 、李建中書.

[한자헌첩고]783 강주(絳州)의 지주(知州)가 반순신(潘
舜臣)의 큰 아들이 바친 10권을 얻은 뒤 하편 10권을
중모(重摸)해서 완전하게 채운 본을 '동고본(東庫本)'이
라 하는데, 이 본은 정강(靖康)의 전란으로 남아 있
지 않다. 금(金)나라 사람들이 2번이나 이를 중모했
다. 수도를 남쪽으로 옮겨간 뒤에는 반순신의 각본
은 이미 얻기 어렵다고 알려졌으며, 수집된 판본으
로는 대략 모두 각장(権場)784에서 번각(翻刻)된 것으
로, '양자부전본(亮字不全本)'·'신강본(新絳本)'·'북본(北
本)'이 이것이다.

우리집에 판본이 4개 있는데, 모두 반순신이 처
음 탁본한 판본으로, 이는 송(宋)나라 사람 방해(方
楷)785가 소장하고 있던 본이다. 제9권 첫 장에서 끊
어져 손상된 부분은 단병문(單炳文)786이 고증한 내용
과 정확히 일치하니, 서첩 중에서도 경성(景星, 상서로운
별)·봉황(鳳凰)처럼 보기 드문 진귀한 것이다.

단병문이 《강첩(絳帖)》을 분석한 내용은 아주 정
밀하다. 각석(刻石)은 양주(襄州)787에 있다고 하며,
《순화관본법첩(淳化官本法帖)》은 지금 다시 보기 어렵

[閑者軒帖考] 絳守得潘氏
長子所納十卷, 重摸下十
卷, 足之者, 謂之"東庫本",
靖康兵火不存, 金人重摸
至再. 南渡後, 潘刻已稱難
得, 所收者, 大約皆権場中
翻刻, 所謂"亮字不全本"、
"新絳本"、"北本"是也.

余家有四本, 皆潘氏初搨,
乃宋人方楷所藏. 第九卷
首葉斷損處, 與單炳文所
考脗合, 帖中之星、鳳也.

單炳文論《絳帖》, 至爲精
密. 刻石襄州有云,《淳化
官本法帖》今不復多見. 其

783 《閑者軒帖考》〈絳帖〉(《文淵閣四庫全書》520, 554쪽).
784 각장(権場):중국의 송(宋)·요(遼)·금(金)·원(元) 시대 이민족과의 교역을 위해 변경(邊境)에 설치되었던
무역시장. 각서(権署)라고도 한다.
785 방해(方楷):미상.
786 단병문(單炳文):미상.
787 양주(襄州):중국 호북성(湖北省) 양번시(襄樊市) 일대.
⑩ 開:저본에는 "間". 오사카본·규장각본에 근거하여 수정.

다. 그 다음으로는 《강첩》이 가장 좋은데, 구본(舊本) 또한 이미 얻기 어렵다.

일찍이 여러 본을 비교해 보니 글자와 획이 대부분 가지런하지 않았다. 위씨(煒氏) 집안에서 소장하고 있는 구본(舊本)은 제9권 왕헌지(王獻之)의 글씨가 1권인데, 제4행 안에 면(面) 자 우변의 전필(轉筆)이 바로 돌이 파손된 곳에 있어서 겨우 볼 수 있지만, 금본(今本)은 우변의 전필이 아예 없어서 전혀 글자를 이루지 못한다. 면(面) 자 아래 일(一) 자는 제5행의 7번째 글자와도 같지 않다. 또 제7행의 첫째 글자는 구본(舊本)에는 행서(行書)로 지(止) 자인데, 금본(今本)은 초서(草書)로 심(心) 자이고 필법도 속되다. 내가 본 진본(眞本)은 이것과 서로 부합된다.

증굉보(曾宏父)[788]의 설에 의하면 《강첩》은 일(日)·월(月) 등의 글자를 붙여 20개 자호(字號)로 나누었다. 도재(陶齋) 조사면(曹士冕)[789]이 본 창주(滄州) 모감승(毛監丞)[790]의 진본(眞本)은 전부 12권이라고 하는데, 원래 각 권의 자호와 세부목차가 없으니, 조사면의 설이 옳다. 대개 내가 진본(眞本)을 보았을 때에는 명칭이 없었다. 나중에 법첩 몇 권을 사들였는데, 이는

次《絳帖》最佳, 而舊本亦已艱得.

嘗以數本校之, 字畫多不侔. 煒家所藏舊本, 第九卷大令書一卷, 第四行內面字右邊轉筆, 正在石破缺處, 隱然可見, 今本乃無右邊轉筆, 全不成字. 其面字下一字, 與第五行第七字, 亦不同. 又第七行第一字, 舊本乃行書止字, 今本乃草書心字, 筆法且俗. 余所見眞本, 與此相合矣.

據曾宏父說, 《絳帖》分日、月等字二十號, 而曹陶齋士冕所見滄州毛監丞眞本, 謂總十二卷, 元無字號及斷眼數目, 則曹說爲正. 蓋余見眞本, 無字號, 後買得數卷, 乃明初駙馬李祺

788 증굉보(曾宏父): ?~?. 중국 남송(南宋) 때 여릉[廬陵, 현재 강서성(江西省) 길안시(吉安市) 일대] 사람. 순우(淳祐, 1241~1252) 연간에 봉산서원(鳳山書院)을 건립했다. 호는 봉서일객(鳳墅逸客). 저서로 《이운지》에서 자주 인용되는 《석각포서(石刻鋪敍)》가 있다.

789 조사면(曹士冕): ?~?. 중국 남송의 문인. 자는 단가(端可), 호는 도재(陶齋). 남송의 대신(大臣) 조언약(曹彦約, 1157~1228)의 후손이다. 저서로 《서사회요(書史會要)》·《보계잡설(譜系雜說)》·《법첩보계(法帖譜系)》 등이 있다.

790 모감승(毛監丞): 감승(監丞)은 국자감(國子監)의 벼슬 이름이다. 허급지(許及之, ?~1209)가 지은 '송모감승지창주(送毛監丞知漳州)'라는 시가 전하는 것으로 보아 중국 남송시대의 사람으로 추정되나, 자세한 사항은 확인되지 않는다.

명(明)나라 초 부마(駙馬) 이기(李祺)[791]가 소장하고 있던 법첩이었다. 여기에는 윗부분에 각각의 자호가 새겨져 있었으니, 이것이 바로 '동고본(東庫本)' 혹은 '무강본(武岡本)'일 뿐이다.

조사면이 모감승(毛監丞)의 진본《강첩》에 쓴 지문(識文)에서 다음과 같이 말했다. "제2권 종요(鍾繇)의 〈선시표(宣示表)〉 제1행 안에 보(報) 자의 우변 직획(直畫)은 굽은 모양으로 획을 시작하여 왼쪽으로 향했으며, 제2행의 다(荂) 자 안에 아래쪽 석(夕) 자의 윗획이 약간 위를 향해 굽었고, 제5행 명(名) 자에서 오른쪽 모서리에 점이 하나 작게 있다. 제10행 당(當) 자 위의 세 점은 바로 옆에 단석문(斷石紋)[792]이 있고, 〈이욕일첩(已欲日帖)〉[793] 아랫부분에도 단석문이 있으며, 이 권 중에 제1단과 제3단의 돌은 모두 모서리가 떨어져 나갔다. 제9권의 〈대령첩(大令帖)〉은 바로 단병문(單炳文)의 "양주각석본(襄州刻石本)"과 같아서 조금도 차이가 없으니, 고가(故家)에 소장된 법첩 중에 이《강첩》과 비교할 만한 법첩은 없다."라 했다.

## 여주첩(汝州帖)[794]

[석각포서][795] 12단(段)이다. 대관(大觀) 3년(1109)에 여

所藏, 上刻各字號, 是乃 "東庫本"或"武岡本"耳.

曹士冕識毛監丞眞《絳》云: "第二卷鍾繇《宣示》第一行內, 報字右邊直畫, 句起向左畔; 第二行荂字內, 下面夕字上畫, 微仰曲; 第五行名字, 右角微有一點; 第十當字上三點, 全旁有斷石紋.《已欲日帖》脚下有斷石紋. 此卷內第一段與第三段石, 竝有缺角. 第九卷《大令帖》, 正如單炳文"襄州刻石本", 纖微弗差, 故家所藏, 未有其比."

## 汝州帖

[石刻鋪敍] 十二段. 大觀

---

791 이기(李祺): ?~1403. 중국 명나라 초기 개국공신 이선장(李善長)의 아들. 태조 주원장의 장녀인 임안공주(臨安公主)와 결혼하여 부마도위(駙馬都尉)가 되었다.

792 단석문(斷石紋): '斷'을 破로 쓴 판본도 있음.

793 이욕일첩(已欲日帖): 미상.

794 여주첩(汝州帖): 중국 북송 때 여주(汝州)의 군수(郡守) 왕채(王寀)가 1109년에 돌에 새긴 서첩.

795《石刻鋪敍》卷下〈汝帖〉(《文淵閣四庫全書》682, 50쪽).

주군(汝州郡)796의 군수(郡守) 왕채(王寀)797가 돌에 새겨 여주군의 좌소당(坐嘯堂)에 두었다.

제1단은 금석문(金石文) 8종이다. 제2단은 진(秦)·한(漢)·삼국(三國)의 각석이다. 제3단은 진(晉)·송(宋)·제(齊)·양(梁)·진(陳) 다섯 왕조 제왕(帝王)들의 글씨이다. 제4단은 위(魏)·진(晉) 9인의 글씨이다. 제5단은 진(晉)나라에서 도강(渡江)한 삼가(三家)의 법첩(法帖)이다. 제6단은 《이왕첩(二王帖)》과 《낙신부(洛神賦)》이다.

제7단은 남조(南朝) 10인의 글씨이다. 제8단은 북조(北朝) 후진(後晉)의 글씨이다. 제9단은 북주(北周)·수(隋)·당(唐) 삼조(三朝)의 황제와 제후의 글씨이다. 제10단은 당(唐)나라 구양순(歐陽詢)·우세남(虞世南)·저수량(褚遂良)·설직(薛稷)의 글씨이다. 제11단은 당나라 6신(六臣)의 글씨이다. 제12단은 당나라에서 오대(五代)까지 여러 왕들의 글씨이다.

매 단(段)에는 모두 여주군의 인장과 왕채가 쓴 제목을 새겼다.

[동천청록]798 《여주첩(汝州帖)》은 황백사(黃伯思)가 한 푼의 값어치도 없다고 배격한 작품이다. 지금 회계(會稽)에서 다시 《여주첩》을 중모(重模)하여 《난정첩

三年, 郡守王寀刊石, 置郡之坐嘯堂.

第一則金石文八種. 二則秦、漢、三國刻. 三則晉、宋、齊、梁、陳五朝帝王書. 四則魏、晉九人書. 五則晉渡江三家帖. 六則《二王帖》并《洛神賦》.

七則南朝十人書. 八則北朝胡晉書. 九則唐三朝帝后書. 十則唐歐、虞、褚、薛書. 十一則唐六臣書. 十二則唐迄五代諸王書.

每段皆刻汝之郡印暨王敷103陽所題標目.

[洞天清錄]《汝州帖》爲黃伯思所掊擊不值一文. 今會稽又以《汝帖》重開, 謂

---

796 여주군(汝州郡) : 중국 하남성(河南省) 평정산(平頂山) 일대의 옛 지명.
797 왕채(王寀) : 1078~1118?. 중국 북송 때 강주(江州) 덕안(德安) 사람. 자는 보도(輔道), 호는 남해(南陔). 병부시랑(兵部侍郎) 등을 역임했다.
798 출전 확인 안 됨.
103 敷 : 저본에는 "數". 오사카본·《石刻鋪敍·汝帖》에 근거하여 수정.

(蘭亭帖)》이라 부른다.

之《蘭亭帖》.

[한자헌첩고]799 숭정(崇禎)800 갑술년(甲戌年, 1634)에
내가 여주(汝州)에 가서 《여주첩》을 보았는데, 상태
가 의외로 양호하여 그리 심하게 결락(缺落)이 되거
나 찢어지지는 않았다. 다만 그 법첩의 단점들은 참
으로 황백사가 비판한 내용과 같았다.

[閑者軒帖考] 崇禎甲戌,<br>余至汝見帖, 猶完好不甚<br>缺裂. 但其訛謬, 誠有如黃<br>長睿所譏.

## 소흥(紹興) 국자첩(國子帖)801

[한자헌첩고]802 남송(南宋) 소흥(紹興)803 연간(1131~
1162)에 내부(內府)에 소장하고 있던 《순화각첩(淳化閣
帖)》을 판각(板刻)해서 국자감(國子監, 국립 교육기관)에
두었는데, 처음부터 끝까지 《순화각첩》 본과 모두
같았다. 당시 어부(御府)에서 뜬 탁본은 대부분 궤지
(匱紙)804를 사용했는데, 대개 금박(金箔)이나 은박(銀
箔)으로 두드려 낸 것이다. 필획(筆畫)과 정신(精神)이
매우 빼어나서 볼 만하다. 후에 비석 장인들이 이
각판으로 종종 선익탁본(蟬翼拓本)805을 만들었으며,
게다가 두꺼운 종이를 각판 위에 덮어서 미세하게 은

紹興國子帖
[又] 紹興中[104], 以內府所<br>藏《閣帖》刻板, 置之國<br>子監, 首尾與《閣》本悉<br>同. 當時御府拓者, 多用匱<br>紙, 蓋打金、銀箔者也. 筆<br>畫、精神極有可觀. 後碑工<br>往往作蟬翼本, 且以厚紙<br>覆板上, 隱然爲銀錠痕以<br>惑人. 按宋搨, 以匱紙爲第<br>一, 蟬翼次之.

---

799 《閑者軒帖考》〈汝州帖〉(《文淵閣四庫全書》520, 557쪽).
800 숭정(崇禎) : 중국 명나라 숭정제(崇禎帝)의 연호(1628~1644).
801 소흥(紹興) 국자첩(國子帖) : 중국 남송(南宋) 소흥(紹興) 연간(1131~1162)에 궁궐에 있던 《순화각첩》을 모
각한 서첩으로, 국자감(國子監)에 두었기 때문에 《소흥 국자첩》이라 부른다.
802 《閑者軒帖考》〈紹興國子帖〉(《文淵閣四庫全書》520, 553쪽).
803 소흥(紹興) : 중국 남송 고종(高宗)의 연호(1131~1162).
804 궤지(匱紙) : 탁본을 뜨는 용도로 사용하는 종이의 한 종류. 제법은 미상.
805 선익탁본(蟬翼拓本) : 먹을 엷게 한 다음 발이 굵은 솜방망이로 두들겨서 뜨는 탑본. 그 모양이 마치 매미
[蟬]의 날개[翼]처럼 작고 촘촘한 공백이 생기게 하는 방법으로, 표면이 거친 곳에 주로 사용한다. 선시탁
(蟬翅拓)이라고도 한다.
[104] 中 : 저본에는 "國中". 오사카본·규장각본·《閑者軒帖考·紹興國子帖》에 근거하여 수정.

박(銀箔)의 흔적을 만들어 궤지로 탁본한 것처럼 사람들을 현혹시키기도 했다. 송나라의 탁본을 살펴보면 궤지탁본이 제일이고, 선익덕본이 다음이다.

## 무릉첩(武陵帖)[806]【《정첩(鼎帖)》이라고도 한다.】

[석각포서][807] 모두 22권이다. 소흥(紹興) 11년(1141)에 무릉군(武陵郡)[808]의 군수(郡守) 장곡(張斛)[809]이 비각(秘閣)의 법첩을 모으고 여기에 《담첩(潭帖)》·《강첩(絳帖)》·《임강첩(臨江帖)》·《여해첩(汝海帖)》 등 여러 첩을 합한 뒤, 법첩의 유무를 비교하고 빠진 부분을 보충하여 이 책을 완성했다. 서첩 뒤에 무릉군의 관리들 이름과 직함을 차례로 기록했다.

본조(本朝) 송(宋) 태종(太宗)의 어필(御筆)을 첫 번째 권(卷)에 놓고, 2권에서 4권까지는 옛 제왕(帝王)의 글씨인데, 《강첩》·《순화각첩》에 없었던 수(隋) 양제(煬帝)의 글씨를 더했다. 5권은 창힐(蒼頡)과 하우(夏禹)[810]의 글씨 그리고 옛 종(鍾)·정(鼎)의 관지(款識)이며, 6권 이후는 역대명신첩(歷代名臣帖)이고, 10권 끝부분은 왕희지·왕헌지의 글씨이다. 이 글씨가 쭉 이어지다가 17권 앞부분에 가서 멈춘다. 20권은 안진경(顏眞卿)의 법첩과 장욱(張旭)의 초서(草書)이며, 마지

## 武陵帖【亦名《鼎帖》】

[石刻鋪敍] 凡二十二卷. 紹興十一年, 郡守張斛集秘閣法帖, 合《潭》、《絳》、《臨江》、《汝海》諸帖, 參校有無, 補其闕遺以成此書, 後列郡官名銜.

以本朝太宗御書冠於首卷, 二卷至四則古帝王書, 增隋煬帝《絳》、《閣》之所無者, 五卷則蒼頡、夏禹書暨古鍾鼎款識, 六卷以後則歷代名臣帖, 十卷之末, 卽二王書, 亘[105]十七卷之首而止. 二十卷則顏魯公帖及張長史草書, 末卷亦祖

---

806 무릉첩(武陵帖) : 중국 남송 소흥(紹興) 11년(1141)에 무릉군(武陵郡)의 군수(郡守) 장곡(張斛)이 《담첩(潭帖)》·《강첩(絳帖)》·《임강첩(臨江帖)》·《여해첩(汝海帖)》 등을 합치고 부족한 부분을 증보해서 만든 서첩.

807 《石刻鋪敍》 卷下 〈武陵帖〉(《文淵閣四庫全書》 682, 51쪽).

808 무릉군(武陵郡) : 중국 호남성(湖南省) 서포현(漵浦縣) 일대의 옛 지명.

809 장곡(張斛) : ?~?. 중국 북송 말기 금나라 초기 1120년 전후에 활동한 문신. 송나라에서는 무릉군수를 지냈고, 금나라에서는 비서성저작랑(秘書省著作郎)을 지냈으며, 서화에 능했다.

810 《洞天淸錄》 〈古今紙花印色辨〉 "武陵帖".

[105] 亘 : 저본에는 "互". 《石刻鋪敍·武陵帖》에 근거하여 수정.

막 권(卷)은 또한《강첩》을 본받고 발전시켰는데, 이 건중(李建中)811의 해서체 글씨를 여러 서첩의 전서·예서·행서·초서 등의 옆에 써서 비교할 수 있게 만든 상세한 목판본이다.

案《동천청록》에는 20권이라 했다. "왕희지가 작은 글씨로 쓴《황정경》이 가장 빼어나 다른 서첩이 미칠 수 없는 수준이다"라고 했다.812

[한자헌첩고]813 매 단(段)에 무릉(武陵)이라는 글자 및 예서(隸書)로 천자문(千字文)을 순서대로 한 자씩 써서 순서를 매긴 자호가 있다.

## 순희(淳熙) 수내사첩(修內司帖)814

[한자헌첩고]815 순희(淳熙)816 연간에 효종(孝宗)의 명을 받아 궁궐의 서첩들을 돌에 새겼는데, 규모가《순화각첩》과 모두 똑같고, 권미(卷尾)에 해서(楷書)로 '순희 12년(1185) 을사(乙巳) 2월 15일에 수내사(修內司)817가 삼가 황제의 명을 받들어 서첩들을 모사하고 돌에 새기다.'라 썼다. 첫 번째 권은 아직 남아 있는 고본(古本)《순화각첩》과 거의 비슷했으며, 세월이 지

《絳帖》殿, 以<u>李建中</u>字較之諸帖, 爲詳然木本也.

案《洞天清錄》作二十卷, 且云"<u>右軍</u>小字《黃庭經》最妙, 他帖所不及".

[閑者軒帖考] 每段有武陵字及隸書千字文等號.

## 淳熙修內司帖

[又] 淳熙間, 奉旨刻石禁中卷帖, 規模悉同《淳化閣》本, 而卷尾乃楷題云 "淳熙十二年乙巳歲二月十⌈⌉五日, 修內司恭奉聖旨模勒上石". 首卷彷彿猶存古本《淳化》, 歲月後乃磨去.

---

811 이건중(李建中):945~1013. 중국 북송의 서예가. 자는 득중(得中), 호는 암부민백(巖夫民伯). 태상박사(太常博士)·금부원외랑(金部員外郎)·공부랑중(工部郎中) 등을 역임했다.
812《洞天清錄》〈古今紙花印色辨〉"武陵帖".
813《閑者軒帖考》〈武陵帖〉《文淵閣四庫全書》520, 557쪽).
814 순희(淳熙) 수내사첩(修內司帖):중국 남송 효종(孝宗)의 명으로 1185년에 돌에 새긴 서첩. 《순화각첩》과 규모와 체제가 비슷하다.
815《閑者軒帖考》〈淳洲修內司帖〉《文淵閣四庫全書》520, 553쪽).
816 순희(淳熙):중국 송나라 효종(孝宗)의 세 번째 연호(1174~1189).
817 수내사(修內司):중국 송(宋)·금(金)·원(元)의 관서명으로, 궁궐과 종묘의 수리를 담당했다.
108 十:저본에는 없음. 오사카본·규장각본·《閑者軒帖考·淳洲修內司帖》에 근거하여 보충.

난 후에 마침내 각석들이 모두 마모되어 없어졌다.

## 순희(淳熙) 비각속첩(秘閣續帖)[818]

[석각포서][819] 모두 10권이다. 순희(淳熙) 12년(1185) 3월에 효종의 명을 받아 서첩들을 모사하고 돌에 새겼는데, 모두 남도(南渡)[820] 후에 진(晉)·당(唐) 사람들의 남은 묵적을 계속 입수한 것이다.

첫 번째 권은 종요(鍾繇)·왕희지(王羲之)의 서첩이고, 다음 권은 왕희지·왕헌지(王獻之)의 글씨인데, 그 안에는 해서체로 작게 쓴 《황정경(黃庭經)》이 포함되어 있으며, 뒤에는 '신수량임[臣遂良臨, 신하 저수량(褚遂良)이 임서했습니다]'이라는 네 글자가 있다. 제3권은 구양순(歐陽詢)·소우(蕭瑀)[821]·저정회(褚庭誨)[822]·손사막(孫思邈)·적인걸(狄仁傑)[823]·장욱(張旭)·안진경(顏眞卿)의 글씨이다. 제4권은 당나라 현종(玄宗)의 비답(批答)과 배휘경(裴耀卿)[824] 등의 상소문이다. 제5권은 이백(李白)·호영(胡英)[825]·이옹(李邕)·백거이(白居易)의 서첩이다.

## 淳熙秘閣續帖

[石刻鋪敍] 凡十卷. 淳熙十二年三月, 被旨摸勒入石, 皆南渡後, 續得晉、唐人遺墨.

首卷則鍾繇、王羲之帖. 次則羲、獻書, 內《黃庭經》小楷, 後有"臣遂良臨"四字. 三則歐陽詢、蕭瑀、褚庭誨、孫思邈、狄仁傑、張旭、顏眞卿書. 四則明皇批答, 裴耀卿等奏狀. 五則李白、胡英、李邕、白居易帖.

---

818 순희(淳熙) 비각속첩(秘閣續帖): 중국 남송 효종(孝宗)의 명으로 1185년에 돌에 새긴 서첩 10권. 《순희(淳熙) 수내사첩(修內司帖)》에 없는 글씨들을 모았다.

819 《石刻鋪敍》卷下 〈淳熙秘閣續帖〉 (《文淵閣四庫全書》 682, 51쪽).

820 남도(南渡): 북송(北宋)은 1126년 금나라 군대의 공격을 받아 수도 개봉(開封)이 함락되자 이듬해 남경(南京)으로 도읍을 옮기고 남송을 건국했는데, 이를 남도(南渡)라 한다.

821 소우(蕭瑀): 575~648. 중국 남조(南朝) 양(梁)나라의 황족. 양 명제(明帝) 소규(蕭巋, 542~585)의 일곱째 아들이자 양나라 마지막 황제 소종의 이복동생이다. 자는 시문(時文). 사후에 능연각(凌煙閣)에 모셔진 24명의 공신들 중 한 명이 되었다.

822 서정회(褚庭誨): ?~? 중국 당나라 현종(玄宗) 시기의 유명한 서예가. 현종의 대신인 저무량(褚無量)의 둘째 아들이다. 왕희지의 《십칠첩(十七帖)》·《난성서(蘭亭敍)》를 임모해서 유명해졌으며 많은 글씨를 남겼다.

823 적인걸(狄仁傑): 630~700. 중국의 측천무후(則天武后)가 세운 무주(武周)시대의 재상(宰相). 중종(中宗)을 다시 태자로 세우도록 하여 당(唐) 왕조의 부활에 공을 세웠으며 수많은 인재들을 천거하여 당(唐)의 중흥에도 크게 기여하였다.

824 배휘경(裴耀卿): 681~743. 중국 당나라 때 재상을 역임했다. 자는 환지(煥之).

825 호영(胡英): 미상.

순희 비각속첩

제6권은 장구령(張九齡)826을 비롯한 장씨 집안의
재상 3명 및 이신(李紳)827의 고신(告身, 임명장)이다. 제
7권은 이양빙(李陽氷)828의 전서와 이덕유(李德裕)829 ·
필함(畢諴)830 · 이상은(李商隱)831의 글씨이다. 제8권은

六則張九齡三相暨李紳告
身. 七則李陽氷篆、李德裕、
畢諴、李商隱書. 八則懷素
顚草. 九則高閑、亞栖、齊

826 장구령(張九齡) : 678~740. 중국 당나라의 정치가. 자는 자수(子壽), 일명 박물(博物)로 불렸다. 당(唐)나
라 현종(玄宗) 때의 정치가. 문인 재상 장열의 추천을 받아 중서사인(中書舍人), 중서시랑(中書侍郞)을 거
쳐 재상이 되었다. 안록산이 위험한 인물이라고 미리 알아차렸다는 일화가 전해지며, 반대파인 이임보에게
미움을 받고 좌천되었다. 대표 작품으로《영연(詠燕)》·《부득자군지출의(賦得自君之出矣)》등이 있다.

827 이신(李紳) : 772~846. 중국 당나라의 문인. 자는 공수(公垂). 평범하고 세속적인 시를 썼는데, 토속적인
언어로 농민의 고통을 노래한《민농(憫農)》은 널리 애송되었다.

828 이양빙(李陽氷) : ?~?. 750년대 전후에 활동한 중국 당나라의 서예가. 자는 중온(仲溫). 전서(篆書)에 뛰어
났고, 이백의 시집에 서문을 쓰기도 했다.

829 이덕유(李德裕) : 787~849. 중국 당나라의 정치가. 자는 문요(文饒). 명문가인 조군(趙郡) 이씨(李氏) 출신
으로, 헌종(憲宗) 때의 재상 이길보(李吉甫)의 아들이다. 문필에 뛰어나 한림학사 · 중서사인 등을 지냈다.
중앙집권의 강화를 위해 힘썼으며 폐불(廢佛)을 단행했다.

830 필함(畢諴) : 802~864. 중국 당나라의 문인. 자는 존지(存之). 경사(經史)에 통달했으며, 시가(詩歌)에도
뛰어났다.

831 이상은(李商隱) : 812~858. 중국 만당(晩唐)의 시인. 자는 의산(義山). 유미주의적(唯美主義的) 경향의 시
를 썼으며, 전고(典故)를 자주 인용하고 화려한 언어를 구사하여 당대 수사주의문학(修辭主義文學)의 극
치를 보였다. 저서로《이의산시집(李義山詩集)》·《번남문집(樊南文集)》등이 있다.

회소(懷素)의 광초(狂草)이다. 제9권은 고한(高閑)[832]·아서(亞栖)[833]·제기(齊己)[834]의 글씨이다. 마지막 권은 양응식(楊凝式)[835]과 무명인의 서첩이다.

모두 '내부도서(內府圖書)'·'선화(宣和)'와 '소흥(紹興)'이라는 작은 글자의 인장, '예사전(睿思殿)[836]' 인장이 찍혀 있다.

이 중 이신(李紳)의 고신(告身)의 경우 뒷쪽에 송(宋) 고종(高宗)의 친필 발문이 있다. 왕희지의 《황정경(黃庭經)》·회소의 광초에는 남당(南唐)의 군주 이욱(李煜)의 '건업문방(建業文房)' 인장이 찍혀 있다. 지금 장사(長沙)에서 새긴 것과 비교해 보면 필법이 매우 다르다.

[준생팔전][837] 글씨를 새긴 솜씨는 정교하며 필획은 도톰하고 골기가 많지만 거친 것이 단점이어서 결국 운치가 적다.

[동천청록][838] 보경(寶慶)[839] 연간의 화재로 그 돌은 남아 있지 않다.

己書. 末卷楊凝式并無名人帖.

皆有"內府圖書", "宣和"及 "紹興"小字印章, "睿思殿" 印.

如李紳告身, 後有高廟親 筆跋語,《黃庭經》、懷素顛 草則有李後主"建業文房" 之印. 視今長沙所鐫, 筆法 迴殊.

[遵生八牋] 工夫精緻, 肥 而多骨, 乃失之麤, 遂少風 韻.

[洞天淸錄] 寶慶火災, 其 石不存.

---

832 고한(高閑) : ?~?. 중국 당나라의 승려. 절강(浙江) 호주(湖州) 오정(烏程) 사람. 서예에 능하고 특히 초서(草書)를 잘 썼으며, 한유(韓愈)도 그의 서법을 칭찬한 적이 있다.
833 아서(亞栖) : ?~?. 중국 당나라의 승려. 글씨를 잘 써서 장욱(張旭)의 필의(筆意)를 보여준다는 평가를 받는다.
834 제기(齊己) : 864?~943?. 중국 당말오대(唐末五代) 시기의 승려. 속성(俗姓)은 호(胡)이고, 자호(自號)는 형악사문(衡嶽沙門). 시와 서예에 능숙했다.
835 양응식(楊凝式) : 873~945. 중국 오대(五代) 때의 시인·정치가. 자는 경도(景度), 호는 계사인(癸巳人)·허백(虛白). 시에 능했고, 글씨를 잘 썼는데, 특히 행서와 초서에 뛰어났다. 구양순과 안진경의 필법을 터득했다고 평가받는다.
836 예사전(睿思殿) : 중국 북송 희녕(熙寧) 연간(1068~1077)에 세운 편전(便殿).
837 《遵生八牋》卷14〈燕閑淸賞牋 上〉"論歷代碑帖"淳熙秘閣續帖(《遵生八牋校注》, 538쪽).
838 《洞天淸祿集》〈古今石刻辯〉(《叢書集成初編》1552, 22쪽).
839 보경(寶慶) : 중국 송나라 이종(理宗)의 첫 번째 연호(1225~1227).

종정이기(鍾鼎彝器) 관지첩(款識帖)<sup>840</sup>

[석각포서]<sup>841</sup> 모두 20권이다. 정강군(定江軍) 절도판관청사(節度判官廳事)를 지낸 전당(錢唐)사람 설상공(薛尙功)이 편집하고 석문(釋文)을 달았다. 하(夏)나라에서 시작하여 한(漢)나라에서 끝난다.

첫 번째 권은 하(夏)나라의 무늬가 새겨진 과(戈)·허리띠 고리, 상(商)나라의 종(鍾)·정(鼎)을 실었다. 2권은 상(商)나라의 준(尊)·이(彝)를, 3권은 유(卣)를 실었다. 4권은 호(壺)·작(爵)을, 5권은 고(觚)·거(擧)·치(觶)·대(敦)·언(甗)·력(鬲)·화(盉)·이(匜)·반(槃)·과(戈)를 실었는데, 모두 상나라의 기물이다.

6~7권은 주(周)나라의 종(鍾)을 실었다. 8권의 뒤에는 경(磬)에 새겨진 명문(銘文)을 더하였다. 9~10권은 정(鼎)에 전서(篆書)로 새겨진 관지(款識)를 실었다. 11권은 준(尊)·유(卣)·호(壺)·주(舟)·보(寶)를 실었다. 12권은 치(觶)·각(角)·이(彝)·이(匜)를 실었다. 13~14권은 대(敦)에 새겨진 명문을 실었다. 15권은 보(簠)·궤(簋)·두(豆)·화(盉)를 실었다. 16권은 언(甗)·력(鬲)·반(槃)·우(盂)·암(盦)을 실었다. 17권은 과(戈)·탁(鐸)·고(鼓)·호(琥)를 실었는데, 모두 주나라 기물이다.

18권은 진(秦)나라의 인장·권(權)·근(斤)과 한나라

[石刻鋪敍] 凡二十卷. 定江僉幕錢唐 薛尙功編次并釋. 起於夏而盡於漢.

初卷夏瑌戈、鉤帶、商鍾、鼎. 二卷商尊、彝. 三則卣. 四則壺、爵. 五則觚、擧、觶、敦、甗、鬲、盉、匜<sup>107</sup>、槃、戈, 皆商器也.

六之七周鍾. 八之後益以磬銘. 九之十鼎之篆識. 十一尊、卣、壺、舟、寶. 十二觶、角、彝、匜. 十三至十四敦銘. 十五簠、簋、豆、盉. 十六甗、鬲、槃、盂、盦. 十七戈、鐸、鼓、琥, 皆周器也.

十八<sup>108</sup>秦璽、權、斤、漢鍾、

---

840 종정이기(鍾鼎彝器) 관지첩(款識帖) : 중국 남송의 설상공(薛尙功, ?~?)이 편집하고 석문(釋文)을 단 서첩으로, 각종 청동 기물에 있는 관지(款識)·명문(銘文) 등을 모았다. 각석은 산실되었고 송대의 탁본을 바탕으로 한 《역대(歷代) 종정이기(鍾鼎彝器) 관지법첩(款識法帖)》이 《문연각사고전서(文淵閣四庫全書)》 225책에 있다.

841 《石刻鋪敍》 卷上 〈鍾鼎彝器款識帖〉 《文淵閣四庫全書》 682, 40~41쪽).

107 三則……盉匜 : 저본에는 "槃戈……鼎之" 뒤에 있음. 오사카본·규장각본·《石刻鋪敍·鍾鼎彝器款識帖》에 근거하여 수정.

108 八 : 저본에는 "鐙八". 오사카본·규장각본·《石刻鋪敍·鍾鼎彝器款識帖》에 근거하여 수정.

종(鍾)·각(角)·방(鈁, 네모난 솥)·정(鼎)·자(鬵, 작은 솥)를 실었다. 19권은 노(鑪)·호(壺)·치(卮)·율관(律管)·이(匜)·세(洗)·정(鉦)을 실었다. 마지막 20권은 등(鐙)·정(錠)·촉(燭)·반(槃)·언(甗)·부(釜)·증(甑)·현(鋗)·노기(弩機)를 실었는데, 모두 한나라 기물이다.[842]

소흥(紹興) 14년(1144)에 군수(郡守) 임사열(林師說)[843]이 새겨서 관청의 창고에 두었는데, 돌 각각의 개수를 헤아리면 24개이다. 여주(汝州)에서 새긴《무릉첩(武陵帖)》과 비교해 보면, 판각한 금석문(金石文)의 전서와 예서는 이 서첩에 잘 갖추어져 있다.

## 박고당첩(博古堂帖)[844]

[한자헌첩고][845] 송(宋)나라 사람이 여러 선본(善本)을 모아 하나의 서첩을 만든 법첩이다. 하·상·주의 서첩으로는 주(周)나라 목왕이 단산(壇山)에 새긴 4글자[846]만 실었다. 한(漢)나라는 채옹(蔡邕)의 석경(石

角、鈁、鼎、鬵. 十九鑪、壺、卮、律管、匜、洗、鉦. 末卷[109]鐙、錠、燭、槃、甗、釜、甑、鋗、弩機, 皆漢器也.

紹興十四年, 郡守林師說鐫置公庫, 石以片計者二十有四, 視汝之所刻《武陵》, 所錄金石篆隸則此帖爲備.

## 博古堂帖

[閑者軒帖考] 宋人集諸善本爲一帖. 三代止周穆王壇山四字. 漢止蔡中郎石經《論語》二段. 晉則

---

842 하(夏)나라에서……기물이다 : 여기서 소개한 기물의 명칭은《이운지》권5〈골동품〉"옛 동기의 이름" 참조.

843 임사열(林師說) : ?~?. 중국 남송의 관료. 자는 기중(箕仲).

844 박고당첩(博古堂帖) : 중국 송나라의 신창(新昌) 사람 석방철(石邦哲, ?~?)이 만든 서첩. '월주(越州) 석씨첩(石氏帖)'이라고도 불린다. 석방철의 자는 희명(熙明). 유명한 장서가로 '박고당(博古堂)'을 지었다. 중국 남송 고종(高宗) 소흥(紹興) 연간(1131~1162) 초기에 대리평사(大理評事)를 지냈으며, 병부상서(兵部尙書)를 지낸 석공필(石公弼, 1061~1115)의 종질(從姪)이다.

845 《閑者軒帖考》〈博古堂帖〉(《文淵閣四庫全書》520, 557~558쪽).

846 주(周)나라……4글자 : 주나라 목왕(穆王)이 단산(壇山)에 새겼다는 '길일계사(吉日癸巳)' 4글자. 단산은 현재 하북성(河北省) 찬황현(贊皇縣)의 만화산(萬花山)으로 추정된다.

[109] 卷 : 저본에는 없음. 오사카본·《石刻鋪敍·鍾鼎彝器款識帖》에 근거하여 보충.

길일계사 탁본

經)847《논어(論語)》 2단만 실었다. 진(晉)나라는 왕희
지의 《난정서(蘭亭敍)》·《필진도(筆陣圖)》·《황정경(黃庭
經)》·《조아비(曹娥碑)848》·《악의론(樂毅論)》·《동방삭찬
(東方朔贊)》과 왕헌지의 《낙신부십삼행(洛神賦十三行)》
및 사안(謝安)849의 글씨를 실었고, 당(唐)나라 사람으
로는 우세남(虞世南)·저수량(褚遂良)·구양순(歐陽詢)·
유공권(柳公權)의 작게 쓴 해서와 안진경(顏眞卿)의 행
서와 해서 및 백거이(白居易)의 글씨를 실었다. 송(宋)
나라는 미불(米芾)의 글씨까지 실었다. 마지막에는
한나라의 예서를 집자한《천자문(千字文)》을 실었다.

이 모두가 정밀하게 새겨 굳세고도 아름답다. 이
는 대개 송나라가 당나라와 시간적으로 멀지 않아
이름난 판각본(板刻本)들이 모두 남아 있었기 때문에
그것들을 모아서 훌륭한 서첩을 만들 수가 있었다.

목왕(穆王)의 '길일계사(吉日癸巳)' 4자는 진정부(眞

右軍《蘭亭敍》、《筆陣圖》、
《黃庭經》、《曹娥碑》、《樂
毅論》、《東方朔贊》, 大令
《十三行》及謝太傅書. 唐
人則虞、褚、歐、柳小楷, 顏
魯公行、楷書及白樂天書.
宋止米元章書, 末集漢隸
《千文》.

皆精工勁秀, 蓋宋去唐未
遠, 名刻俱在, 故得以集其
佳勝.

按穆王"吉日癸巳"四字, 在

---

847 채옹(蔡邕)의 석경(石經) : 채옹은 170년 영제(靈帝)의 낭중(郎中)이 되어 동관(東觀)에서 서지(書誌) 교정
에 종사하였으며, 175년 여러 경전의 교정을 주청하여 스스로
써서 돌에 새긴 후 태학(太學)의 문 밖에 세웠다. 이것이 '희평
(熹平) 석경(石經)'이며, '홍도(鴻都) 석경(石經)'·'동한(東漢)
태학(太學) 석경(石經)'이라고도 한다. 송대 이래로 수백 개의
석경 조각이 발굴되었으며 판독된 글자수는 8,800여 자이다.

848 조아비(曹娥碑) : 조아(曹娥, 130~143)를 추모하는 비석. 조아
는 중국 후한(後漢) 조우(曹盱)의 딸로, 효녀였다. 14살 때인
순제(順帝) 한안(漢安) 2년(143) 5월 5일에 아버지가 신(神)을
맞이하는 의식을 치르다가 강물에 빠져 죽고 시신이 유실되어
버렸다. 조아는 강변에서 아버지를 부르며 통곡했는데, 밤낮으
로 울음소리가 그치지 않았다. 17일 뒤 강물에 몸을 던져 죽었
다. 환제(桓帝) 원가(元嘉) 원년(151) 상우장(上虞長) 도상(度
尙)이 새로 장례를 치르고 이 비를 세웠다.

849 사안(謝安) : 320~385. 중국 동진(東晉)의 정치가·문인. 자는
안석(安石). 왕희지·지둔(支遁) 등과 교유했으며, 명재상으로
칭송이 높았다.

희평석경

定府)850 찬황현(贊皇縣)851의 산 속에 있는 것을 송기(宋祁)852가 발견했는데, 현령인 유장(劉莊)이 캐서 관청으로 귀속시켰다. 권군사(權郡事)853 이중우(李中祐)854가 관청 벽에 감실을 만들어 보관했으며, 정화(政和)855 5년(1115)에 내부(內府)로 옮겼다.

채옹(蔡邕)의 홍도(鴻都) 석경(石經)은 오래되어 이미 전해지지 않았는데, 송(宋) 가우(嘉祐)856 말년(1063)에 낙성(洛城)의 흙 속에서 《논어》 2단(段)을 얻었다. 홍도 석경의 진적(眞蹟)은 오직 이것뿐이다.

### 여지루첩(荔支樓帖)857

[한자헌첩고]858 송(宋)나라의 육유(陸游)859가 옛사람들의 편지글을 모아 가주(嘉州)860에서 돌에 새겨 여지루(荔支樓)861 아래에 두었다. 《송법첩(宋法帖)》이라

[110] 眞定府 贊皇縣山中, 宋祁搜獲, 縣令劉莊鑿取歸州. 權郡事李中祐龕置廳壁, 政和五年, 取入內府. 蔡邕鴻都石經, 久已不傳, 宋 嘉祐末, 于洛城土中, 得《論語》二段, 眞蹟惟此.

### 荔支樓帖

[又] 宋 陸游集前人筆札, 以嘉州石刻之, 置荔支樓下, 又名《宋法帖》.

---

850 진정부(眞定府) : 중국 하북성(河北省) 서남부에 있는 정정현(正定縣)의 옛 명칭.

851 찬황현(贊皇縣) : 중국 하북성(河北省) 서남부 태항산(太行山) 동쪽에 있는 고을.

852 송기(宋祁) : 998~1061. 중국 북송의 문인. 자는 자경(子京). 송상(宋庠)의 동생인데, 형제가 함께 유명해 '이송(二宋)'으로 불렸다. 구양수(歐陽脩)와 함께 《신당서(新唐書)》를 편찬했으며, 저서에 《출휘소집(出麾小集)》·《익부방물약기(益部方物略記)》·《송경문집(宋景文集)》·《대악도(大樂圖)》·《필기(筆記)》 등이 있다.

853 권군사(權郡事) : 중국 송나라의 군현(郡縣) 지방관직.

854 이중우(李中祐) : 미상.

855 정화(政和) : 중국 송나라 휘종(徽宗)의 세 번째 연호(1111~1118).

856 가우(嘉祐) : 중국 송나라 인종(仁宗)의 아홉 번째 연호(1056~1063).

857 여지루첩(荔支樓帖) : 중국 남송(南宋)의 육유(陸游, 1125~1210)가 편지글을 모아 돌에 새긴 서첩.

858 《閑者軒帖考》〈荔支樓帖〉(《文淵閣四庫全書》 520, 558쪽).

859 육유(陸游) : 1125~1210. 중국 남송(南宋)의 대표적 시인. 자는 무관(務觀), 호는 방옹(放翁). 철저한 항전주의자로 일관했으며, 약 50년 동안에 1만 수(首)에 달하는 시를 남겨 중국 시사상(詩史上) 최다작의 시인으로 꼽힌다. 강렬한 서정을 부흥시킨 점이 최대의 특색이라 할 수 있다. 저서로 《검남시고(劍南詩稿)》 등이 있다.

860 가주(嘉州) : 중국 사천성(四川省) 동산시(東山市) 일대의 옛 지명.

861 여지루(荔支樓) : 중국 사천성 충주[忠州, 현재 충현(忠縣) 일대]에 있던 누각. 경치가 수려하여 옛 시인들이 이곳을 소재로 시를 지었다.

[110] 在 : 저본에는 없음. 오사카본·규장각본·《閑者軒帖考·博古堂帖》에 근거하여 보충.

고도 한다.

## 사서당첩(賜書堂帖)862

[동천청록]863 송수(宋綬)864가 산양군(山陽郡)865 금향현(金鄉縣)866에서 새겼다. 앞머리에는 옛 종(鍾)·정(鼎) 등 기물의 관지문(款識文)을 실었는데, 절묘하다. 다만 〈이왕첩(二王帖)〉은 좋은 글씨를 선택하는 데 정밀하지 못하였다. 지금은 각석이 남아 있지 않다.

### 賜書堂帖

[洞天淸錄] 宋宣獻刻于山陽 金鄉ⅲ, 首載古鍾鼎器款識文, 絶妙, 但《二王帖》, 詮擇未精, 今石不存.

## 예장첩(豫章帖)867

[동천청록]868 용학(龍學) 호세장(胡世將)869이 새겼는데, 곳곳에 정교하고 빼어난 부분이 있어 지금 이미 중모(重摸)하였다. 뒤에 작은 글씨의 예서체로 범순인(范純仁)870이 자제들을 경계하는 글871이 있는데 이것이 초본(初本)이다.

### 豫章帖

[又] 胡龍學世將刻, 種種精妙, 今已重模. 後有小字隷書范忠宣公子弟戒者, 是初本.

---

862 사서당첩(賜書堂帖):중국 북송 인종(仁宗) 때의 문신 송수(宋綬, 991~1041)가 산양군(山陽郡)에서 만든 서첩. 사서당(賜書堂)은 송수의 서재이다.

863《洞天淸祿集》〈古今石刻辯〉(《叢書集成初編》1552, 22쪽).

864 송수(宋綬):991~1041. 중국 북송의 문신·장서가. 자는 공수(公垂), 시호는 선헌(宣獻). 경전에 밝고 글씨를 잘 썼으며, 저서로《천성로부기(天聖鹵簿記)》등이 있다.

865 산양군(山陽郡):중국 산동성(山東省) 거야현(巨野縣) 일대의 옛 지명.

866 금향현(金鄉縣):중국 산동성(山東省) 제녕시(濟寧市) 금향현(金鄉縣) 일대.

867 예장첩(豫章帖):중국 송나라의 호세장(胡世將, 1085~1142)이 황정견(黃庭堅, 1045~1105)의 글씨를 탑본한 서첩. 예장(豫章)은 황정견의 호(號)이다.

868《洞天淸祿集》〈古今石刻辯〉(《叢書集成初編》1552, 22쪽).

869 호세장(胡世將):1085~1142. 중국 송나라의 문인. 자는 승공(承公). 용도각학사(龍圖閣學士)를 역임하여 용학(龍學)이라고 부른다. 저서로《호충헌집(胡忠獻集)》이 있다.

870 범순인(范純仁):1027~1101. 중국 북송의 정치가·학자. 자는 요부(堯夫), 시호는 충선(忠宣). 범중엄(范仲淹, 989~1052)의 둘째 아들. 저서로《범충선공집(范忠宣公集)》이 있다.

871 범순인(范純仁)이……글:《송명신언행록(宋名臣言行錄)》에 나오는 범순인의 어록을 말한다.

ⅲ 鄉:저본에는 "卿". 오사카본·규장각본·《洞天淸祿集·古今石刻辯》에 근거하여 수정.

# 서유구의 시와 산문 등 여러 저작을 번역한

# 《풍석총서》 시리즈

《번계시고》 "서유구가 사랑했던 자연경을 이해할 수 있는 가치 있는 자료"
《금화경독기》 "이용후생의 구상과 독서후기, 실무지침서의 면모가 담긴 저술"
《완영일록》 "조선 최고의 전라도관찰사 행정공무일기"

《번계시고》 전 1권 | 자연경실 | 20,000원

《금화경독기》 전 2권 | 자연경실 | 100,000원

《완영일록》 전 6권 | 흐름 | 180,000원

## 이왕첩(二王帖)[872]

[동천청록][873] 제학(提學) 허한(許閑)[874]이 《이왕첩(二王帖)》을 임강(臨江)[875]에서 새겼다. 모사가 아주 정밀하나 글씨를 가려 뽑는 데는 정성이 부족했다.

안 포정박(鮑廷博)[876]이 자신의 서재인 지부족재(知不足齋)[877]에서 교정하여 간행한 《석각포서(石刻鋪敍)》의 주에서 "《이왕첩(二王帖)》 3권은 바로 남도(南渡) 이후에 모사한 것이다."라 했고, 석문(釋文) 뒤의 발문(跋文)에는 "병인(丙寅)년 1월 15일 밤 군수 허개(許開)[878]가 쓰다."라 했다. 또 "허개의 자가 중계(仲啓)로, 일찍이 중봉대부(中奉大夫)로서 무이산(武夷山)에 있는 도관인 충우관(沖祐觀)을 관장했으며, 《지은류고(志隱類藁)》 20권이 있다."[879]는 내용이 조희변(趙希弁)[880]의 《독서부지(讀書附志)》에 보인다. 《동천청록(洞天淸祿集)》에는 '허한(許閑)'으로 잘못 쓰여 있는데, 후대의 사람들이 대부분 그대로 받아들였다. 병인(丙寅)년은 개희(開禧)[881] 2년(1206)이다.

## 二王帖

[又] 許提學[112]閑刻《二王帖》於臨江, 模勒極精, 誠少詮擇.

案 鮑廷博知不足齋校刊《石刻鋪敍》注云"《二王帖》三卷, 乃南渡後所摸", 釋文後跋云"丙寅歲元夕, 守許開題". "開字仲啓, 嘗爲中奉大夫, 提擧武夷沖祐觀, 有《志隱類藁》二十卷", 見趙君錫《讀書[113]附志》. 《洞天淸錄》誤作"許閑", 後人多仍之. 丙寅, 是開禧二年.

---

872 이왕첩(二王帖) : 본문에 서술된 내용 이외에 다른 정보가 전해지지 않는다.

873 《洞天淸祿集》〈古今石刻辯〉《叢書集成初編》1552, 22쪽).

874 허한(許閑) : 미상.

875 임강(臨江) : 중국 길림성(吉林省) 동남쪽에 있는 시(市).

876 포정박(鮑廷博) : 1728~1814. 중국 청(淸)나라의 장서가. 자는 이문(以文), 호는 녹음(淥飮).

877 지부족재(知不足齋) : 청나라의 장서가 포정박의 장서각(藏書閣) 명칭.

878 허개(許開) : ?~?. 중국 송나라의 문인. 자는 중계(仲啓).

879 허개의……있다 : 《讀書附志》 卷下 〈別集類〉.

880 조희변(趙希弁) : ?~?. 중국 남송의 역사가·장서가. 자는 군석(君錫). 저서로 《독서부지(讀書附志)》 등이 있다.

881 개희(開禧) : 중국 송나라 영종(寧宗)의 세 번째 연호(1205~1207).

112 學 : 《洞天淸祿集·古今石刻辯》에는 "擧".

113 書 : 저본에는 없음. 오사카본·규장각본에 근거하여 보충.

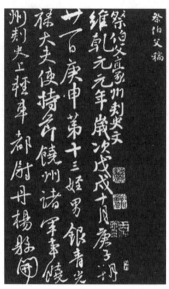

갑수당첩 중 안진경의 제백부고(祭伯父稿)

갑수당첩(甲秀堂帖)[882]

[동천청록][883] 여강(廬江)의 이씨(李氏)[884]가 새겼다. 앞
부분에는 왕희지·안진경의 글씨가 있는데, 대부분
세상에서 볼 수 없었던 작품들이다. 뒷부분에는 송
(宋)나라 유명인들의 글씨가 이어지는데, 상당히 양
이 많다.

[준생팔전][885] 지금 오중(吳中)에 중모본(重摸本)이 있
으니, 이 또한 볼 만하다.

甲秀堂帖

[又] 廬江 李氏刻. 前有王、
顔書, 多世所未見. 後繼以
本朝名公書頗多.

[遵生八牋] 今吳中有重模
本, 亦有可觀.

---

882 갑수당첩(甲秀堂帖) : 본문에 서술된 내용 이외에 다른 정보가 전해지지 않는다.
883 《洞天淸祿集》〈古今石刻辯〉(《叢書集成初編》 1552, 22쪽).
884 이씨(李氏) : 미상.
885 《遵生八牋》 卷14 〈燕閑淸賞牋 上〉 "論歷代碑帖" '甲秀堂帖'(《遵生八牋校注》, 539쪽).

## 성봉루첩(星鳳樓帖)[886]

[동천청록][887] 상서(尚書) 조언약(曹彦約)[888]이 남강군(南康軍)[889]에서 새겼다. 비록 여러 차례에 걸쳐 판각한 중모본(重摸本)이지만 필획이 정밀하고 잘 새겨서 수준이 구차하지는 않다.

[한자헌첩고][890] 원(元)나라의 진역증(陳繹曾)[891]은 "이 서첩은 맑으면서도 너무 진하지는 않아, 《태청루속첩(太淸樓續帖)[892]》에 버금간다.'라 했다.

## 백일첩(百一帖)[893]

[준생팔전][894] 송(宋)나라의 왕만경(王曼慶)[895]이 새겼다. 필의(筆意)가 맑고 굳세며, 우아하여 빼어난 정취가 있지만 글자를 판각한 솜씨는 정밀하지 못하다.

星鳳樓帖

[洞天淸錄] 曹尙書 彦約 刻于南康軍, 雖以衆刻重模, 精善不苟.

[閑者軒帖考] 元 陳繹曾 云："此帖淸以不穠, 亞於 《太淸樓續帖》."

百一帖

[遵生八牋] 宋 王曼慶刻. 筆意淸遒, 雅有勝趣, 刻手不精.

---

886 성봉루첩(星鳳樓帖)：중국 송나라의 문인 조언약이 왕헌지(王獻之)의 글을 탑본한 서첩. 조사면(曹士冕)이 중모한 성봉루첩도 있다.

887 《洞天淸祿集》〈古今石刻辯〉(《叢書集成初編》1552, 22쪽).

888 조언약(曹彦約)：1157~1228. 중국 송나라의 문인. 자는 간보(簡甫), 호는 창곡(昌谷), 시호는 문간(文簡). 타고난 재주가 뛰어났고, 주희(朱熹)에게 학문을 배웠다. 건평위(建平尉)와 병부상서(兵部尙書) 등을 역임하고 예부시랑(禮部侍郞)까지 올랐다. 저서로 《경악관견(經幄管見)》·《여지강목(輿地綱目)》·《창곡류고(昌谷類稿)》·《창곡집(昌谷集)》 등이 있다.

889 남강군(南康軍)：중국 송나라의 행정구역인 군(軍)으로, 현재 강서성(江西省) 여산시(廬山市) 일대에 해당한다.

890 《閑者軒帖考》〈星鳳樓帖〉(《文淵閣四庫全書》520, 558~559쪽).

891 진역증(陳繹曾)：?~?. 중국 원나라의 문인. 자는 백부(伯敷). 비백(飛白)체를 잘 썼다. 《요사(遼史)》를 공동으로 저술했으며, 《문전보론(文荃譜論)》·《고금문식(古今文式)》·《과거문계(科擧文階)》 등의 저서가 있다.

892 태청루속첩(太淸樓續帖)：중국 북송 대관 3년(1109)에 관에서 판각한 '태청루첩(太淸樓帖)'의 이명으로 추정된다.

893 백일첩(百一帖)：본문에 서술된 내용 이외에 다른 정보가 전해지지 않는다.

894 《遵生八牋》卷14〈燕閑淸賞牋 上〉"論歷代碑帖" '百一帖'(《遵生八牋校注》, 538쪽).

895 왕만경(王曼慶)：?~?. 중국 송나라 말기 금나라 초기의 문인. 자는 희백(禧伯), 호는 담유(淡游) 또는 담유(澹游). 왕정균(王庭筠, 1151~1202)의 아들. 행성우사랑중(行省右司郞中)을 역임했다. 시·글씨·그림에 모두 뛰어났으며 묵죽(墨竹)을 가장 잘 그렸다. 저서로 《금사본전(金史本傳)》·《화사회요(畫史會要)》·《중주집(中州集)》·《도회보감(圖繪寶鑑)》이 있다.

## 보진재첩(寶晉齋帖)[896]

[준생팔전][897] 소흥(紹興) 연간(1131~1162)에 조지격(曹之格)[898]이 무위주(無爲州)[899]의 주학(州學, 주내의 학술관청)에서 새겼는데, 여러 첩 중에서 최하(最下)에 속한다.

[한자헌첩고][900] 모든 권(卷)의 앞머리에 '보진재법첩(寶晉齋法帖) 권제몇[卷第幾]'이라고 모두 전서(篆書)로 쓰여 있다. 마지막에 '우조씨가장진적(右曹氏家藏眞蹟, 이상은 조씨 가문 소장의 진적이다)'이라는 지문(識文)이 큰 인장으로 찍혀 있다. 글자는 대부분 미불(米芾)이 임서한 것이다. 살펴보건대, 미불이 당시에 사안(謝安)[901]의 글씨와 왕희지의 《파강첩(破羌帖)》을 얻었다. 그래서 그의 서재를 '보진(寶晉)'이라 지었다.

## 옥린당첩(玉麟堂帖)

[한자헌첩고][902] 남송(南宋) 오태후(吳太后)[903]의 오빠인

---

## 寶晉齋帖

[又] 紹興年間, 曹之格刻於無爲州學, 在諸帖中爲最下.

[閑者軒帖考] 凡卷首, "寶晉齋法帖卷第幾"俱篆字, 末有"右曹氏家藏眞蹟"識, 以大圖書. 字多米元章所臨. 按米老當日得謝公書及右軍《破羌帖》, 因名其齋曰"寶晉".

## 玉麟堂帖

[又] 南宋 吳琚 吳太后之兄

---

896 보진재첩(寶晉齋帖): 중국 송대의 조지격(曹之格)이 만든 법첩 10권. 북송의 미불(米芾)이 왕희지(王羲之)의 《왕략첩(王略帖)》, 왕헌지(王獻之)의 《십이월첩(十二月帖)》, 사안(謝安)의 《팔월오일첩(八月五日帖)》을 얻고 자신의 서재를 보진재(寶晉齋)라고 이름 지었으며, 숭녕(崇寧) 3년(1104) 무위군지주(無為軍知州)로 있을 때 이것을 돌에 새겼다. 그후 석각은 병화(兵火)로 망실되었는데 조지격(曹之格)이 무위군의 통판(通判)으로 있을 때 미불이 새긴 석각의 번각본과 자신이 소장해오던 《진첩(晉帖)》 그리고 미불의 글씨 등을 모아서 함순(咸淳) 4년(1268)에 돌에 새기고 '보진재법첩(寶晉齋法帖)'이라고 이름 지었다.

897 《遵生八牋》卷14〈燕閑清賞牋 上〉"論歷代碑帖"'寶晉齋帖'(《遵生八牋校注》, 538쪽).

898 조지격(曹之格): ?~?. 중국 송나라의 문인. 조사면(曹士冕)의 아들. 지상원현(知上元縣)·차통판무위군(差通判無爲軍)을 역임했다. 함순(咸淳) 연간(1265~1274)에는 미불(米芾)의 《보진재첩(寶晉齋帖)》을 모각했다.

899 무위주(無爲州): 중국 안휘성(安徽省) 무위현(無爲縣) 일대.

900 《閑者軒帖考》〈寶晉齋帖〉(《文淵閣四庫全書》520, 559쪽).

901 사안(謝安): 320~385. 중국 동진(東晉)의 명정치가. 자는 안석(安石). 왕희지와 교유했으며 행서를 잘 썼고 음악에도 능했다.

902 《閑者軒帖考》〈玉麟堂帖〉(《文淵閣四庫全書》520, 559쪽).

903 오태후(吳太后): 1115~1197. 중국 송나라 고종(高宗) 조구(趙構)의 황후 오씨(吳氏). 개봉 사람이며 이름은 전하지 않는다. 중국 역사상 가장 긴 55년 동안 황후와 태후의 자리에 있었다.

오거(吳琚)[904]가 새긴 서첩 10권이다. 옛사람들은 이 서첩의 색이 진하고 맑지 않다고 폄하했다. 오거의 글씨는 미불의 서체를 이어받았으며, 그가 송(宋)나라 때 미불의 《난정서(蘭亭敍)》를 전했다.

所刻帖十卷. 前人譏其穠而不淸. 吳琚書法米字, 宋時傳其《蘭亭》.

## 군옥당첩(群玉堂帖)

[석각포서][905] 모두 10권이다. 한탁주(韓侂冑)[906]가 자신의 집에 소장하고 있던 묵적을 직접 새긴 것으로, 《열고당첩(閱古堂帖)》이 이것이다.

1권은 남도(南渡) 뒤의 제후어서(帝后御書)[907]를, 2권은 진(晉)·수(隋)의 명현첩(名賢帖)을, 3권은 당(唐)의 명현첩을, 4권은 회소(懷素)의 《천자문》을, 5권·6권·9권은 모두 송조(宋朝)의 명현첩을, 7권은 황정견의 글씨를, 8권은 미불의 글씨를, 10권은 채양(蔡襄)[908]의 《석만경첩(石曼卿帖)》을 펴냈다.

개희(開禧) 말년(1207)에 한탁주는 죄를 지어 죽었

## 群玉堂帖

[石刻鋪敍] 凡十卷. 韓侂冑自鐫其家藏墨蹟, 《閱古堂帖》是也.

首卷刊南渡後帝后御書, 二則晉, 隋名賢帖, 三則唐名賢帖, 四則懷素《千文[114]》, 五、六、九卷悉本朝名賢帖, 七卷山谷書, 八卷米元章書, 末卷蔡忠惠《石曼卿帖》.

開禧末, 韓以罪死, 籍嘉定

---

904 오거(吳琚):?~?. 1189년 전후 활동했던 중국 남송의 서예가. 자는 거보(居父), 호는 운학(雲壑). 고종(高宗) 오황후(吳皇后)의 조카. 미불의 서체를 이어받았으며 대자(大字)에도 뛰어났다. 저서로 《급족첩(急足帖)》·《시첩(詩帖)》·《옥린당첩(玉麟堂帖)》이 있다.

905 《石刻鋪敍》卷下〈群玉堂帖〉(《文淵閣四庫全書》682, 51~52쪽).

906 한탁주(韓侂冑):? ~ 1207. 중국 남송(南宋)의 정치가. 영종(寧宗) 옹립에 공을 세우고 외척으로 정계에 등장했다. 우승상 조여우(趙汝愚)를 유배시키고 그가 추천한 주희(朱熹)와 그 학파를 위학(僞學)으로 몰아 추방함으로써 '경원(慶元)의 당금(黨禁)'을 일으켰다. 이후 14년간 정권을 잡았으며, 1206년 권세 확장을 위하여 금(金) 토벌군을 일으켰다가 실패하자 문책을 받고 사미원(史彌遠)에게 살해당하였다.

907 제후어서(帝后御書):황제와 황후가 직접 쓴 글씨.

908 채양(蔡襄):1012~1067. 중국 송나라의 문인·서예가. 자는 군모(君謨), 시호는 충혜(忠惠). 송나라의 4대가라 불릴 만큼 글씨가 뛰어나고 문학적 재능도 뛰어났다. 왕희지체를 잘 썼으나 안진경(顏眞卿)의 글씨를 배운 뒤 골력(骨力) 있는 독자적 서풍을 이룩했다. 저서로 《다록(茶錄)》·《여지보(荔枝譜)》·《채충혜공집(蔡忠惠公集)》 등이 있다.

114 文:저본에는 "字". 오사카본·《石刻鋪敍·群玉堂帖》에 근거하여 수정.

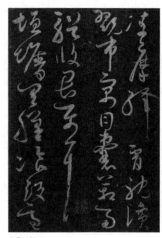

군옥당첩

으며, 그의 서적들은 가정(嘉定) 개원(改元)909(1208)에 황제의 명으로 비서성(秘書省)에 들어갔다. 그래서 지금의 이름으로 바뀐 것이다.

[한자헌첩고]910 《군옥당첩》은 모각(摸刻)이 아주 정밀하고, 종이와 먹빛 또한 빼어나다. 그 중 미불의 서첩은 《소흥첩(紹興帖)911》·《영광당첩(英光堂帖)912》에 비해 모두 수준이 뛰어나다. 아마도 한탁주의 문객인 향약수(向若水)913는 서화 감정에 정밀했기 때문에, 이 법첩은 그의 손으로 모각되었을 것이다.

改元被旨入秘省, 乃易今名.

[閑者軒帖考] 摸刻極精, 紙墨亦妙, 其米帖視《紹興帖》,《英光堂帖》俱勝. 蓋韓之客向若水精於鑑定, 帖乃其手摸也.

909 개원(改元) : 나라의 연호를 바꾼 해.
910 《閑者軒帖考》〈群玉堂帖〉《文淵閣四庫全書》 520, 559쪽).
911 소흥첩(紹興帖) : 소흥미첩(紹興米帖)의 이칭. 뒷부분에 상세하게 나온다.
912 영광당첩(英光堂帖) : 중국 송나라 시대에 만들어진 미불의 법첩. 현재는 잔본(殘本)만 남아 있다.
913 향약수(向若水) : 미상.

## 봉서첩(鳳墅帖)914

안 《전첩(前帖)》 20권, 《속첩(續帖)》 20권이다. 송(宋)나라 증굉보(曾宏父)가 새겼다. 그가 저술한 《석각포서(石刻鋪敍)》에 스스로 권목(卷目, 권 목차)을 다음과 같이 기록했다.

"가희(嘉熙) 연간(1237~1240)·순우(淳祐) 연간(1241~1252)에 길주(吉州)에서 돌에다 새겨 봉산서원(鳳山書院)915에 두었다.

《전첩(前帖)》의 1권은 7조(朝)의 제왕들의 묵적(墨跡), 2권은 북송의 명재상과 명현(名賢)의 서첩, 3권은 북송과 남송의 정괴첩(廷魁帖, 장원급제자들의 서첩), 4권은 희풍당(熙豐黨)916 및 숭관당(崇觀黨)917 인물들이 대비되는 서첩, 5권은 청강(淸江, 양자강의 지류)의 유씨(劉氏) 3명의 서첩이다.

6권은 증공(曾鞏)918 및 무성첩(武城帖), 7권은 채양(蔡襄) 및 소식(蘇軾)의 서첩, 8권은 소씨(蘇氏) 집안의 여러 인물들의 서첩, 9권은 구양수(歐陽脩)의 〈당삼종찬고(唐三宗贊槀)919〉·사마광(司馬光)의 〈의백관표서

## 鳳墅帖

案 《前帖》二十卷, 《續帖》二十卷. 宋 曾宏父刻. 其所著 《石刻鋪敍》, 自記卷目曰:

"嘉熙、淳祐間, 勒石吉州, 實鳳山書院.

《前帖》初卷七朝宸翰, 二卷東都名相、名賢帖, 三則東都、南渡廷魁帖, 四則熙豐黨人曁崇觀攻黨帖, 五則淸江 三劉帖.

六則曾南豐曁武城帖, 七則蔡忠惠曁蘇帖, 八則蘇門諸賢帖, 九則歐陽文忠 《唐三宗贊槀》、司馬文正

---

914 봉서첩(鳳墅帖): 중국 송나라의 문인 증굉보(曾宏父)가 길주에서 돌에 새긴 법첩. 전첩(前帖)·속첩(續帖)·화첩(畫帖)과 부록(附錄)을 합쳐 모두 44권으로, 자신이 창건한 봉산서원에 두었다. 현재는 전첩 11권·15권·18권과 속첩 3~4권, 10~16권만 상해도서관(上海圖書館)에 소장되어 있다.

915 봉산서원(鳳山書院): 중국 송나라의 문인 증굉보가 길주에서 사재를 들여 창건한 서원. 기둥이 365개였고 장서가 5만 권에 이르는 웅장한 규모였다고 한다.

916 희풍당(熙豐黨): 중국 북송 희녕(熙寧) 연간(1068~1077)·원풍(元豐) 연간(1078~1085)에 권력을 잡은 신법당(新法黨).

917 숭관당(崇觀黨): 중국 북송 숭녕(崇寧) 연간(1102~1106)·대관(大觀) 연간(1107~1110)에 권력을 잡은 구법당(舊法黨).

918 증공(曾鞏): 1019~1083. 중국 북송의 문인·정치가. 자는 자고(子固). 여러 관직을 역임하고 민생에 관심이 많았으며 뛰어난 글을 많이 남겨 당송팔대가의 한 사람으로 불린다.

919 당삼종찬고(唐三宗贊槀): 구양수가 당나라 황제 3인의 글을 모아서 쓴 서첩. 현재는 남아 있지 않다.

〈議百官表書〉920〉·소식(蘇軾)의 〈한원제고(翰苑制藁)921〉, 10권은 북송 명현(名賢)의 시찬(詩贊)·〈육일집고발(六一集古跋)922〉이다.

11권은 황정견(黃庭堅)의 서첩, 12권은 미불(米芾)의 《보진첩(寶晉帖)》, 13권은 남송의 명재상들의 서첩, 14권은 남송의 집정첩(執政帖)923, 15권은 남송의 《유행첩(儒行帖)924》·속정괴첩(續廷魁帖, 장원급제자들의 서첩 속편)이다.

16권은 〈소흥(紹興) 정론(正論)925〉 및 〈경원(慶元) 정인첩(正人帖)926〉이다. 17권은 남송의 〈문예첩(文藝帖)927〉이다. 18권~19권은 남송의 시문제발(詩文題跋)928이다. 20권은 오열(吳說)929·범성대(范成大)930·양무구(楊無咎)931의 서첩이다."932

"《속첩(續帖)》의 1권은 북송 명현 문언박(文彦博) 등의 서첩이다. 2권은 구양수(歐陽脩)의 〈양사단고(梁史

《議百官表書》、東坡《翰苑制藁》、十則東都名賢詩贊、《六一集古跋》.

十一黃太史帖, 十二米元章《寶晉帖》, 十三南渡名相帖, 十四南渡執政帖, 十五南渡儒行竝續廷魁帖.

十六《紹興正論》曁《慶元正人帖》. 十七南渡文藝帖. 十八、十九南渡詩文題跋. 二十吳紫谿、范石湖、楊逃禪帖."

"《續帖》首卷東都名賢文忠烈等帖. 二卷歐陽公《梁史

---

920 의백관표서(議百官表書) : 사마광이 조정 관료들의 표문(表文)에 대해 논의한 서첩. 현재는 남아 있지 않다.

921 한원제고(翰苑制藁) : 소식이 한림원(翰林院)에서 쓴 글을 모은 서첩. 현재는 남아 있지 않다.

922 육일집고발(六一集古跋) : 구양수의 《육일제발(六一題跋)》로 추정된다.

923 집정첩(執政帖) : 남송 말기의 서예가 조맹부(趙孟頫, 1254~1322)가 쓴 서첩.

924 유행첩(儒行帖) : 《예기(禮記)》 제41편 〈유행(儒行)〉에 나오는 내용을 쓴 서첩. 작자는 미상.

925 소흥(紹興) 정론(正論) : 중국 남송 고종(高宗) 소흥 연간(1131~1162)에 상산(湘山)의 초부(樵夫, ?~?)라고 알려진 인물이 쓴 서첩.

926 경원(慶元) 정인첩(正人帖) : 중국 남송 영종(寧宗) 경원 연간(1195~1200)에 만들어진 서첩. 작자는 미상.

927 문예첩(文藝帖) : 남송 문인들의 시문을 모아서 만든 서첩.

928 시문제발(詩文題跋) : 남송 문인들의 시와 글 및 제발(題跋, 제사와 발문)을 모아서 만든 서첩.

929 오열(吳說) : ?~?. 중국 남송의 문인·서예가. 자는 부명(傅朋), 호는 연당(練塘). 전당(錢塘, 현재 절강성 항주 지역)의 자계(紫溪)에 살았으므로 사람들이 오자계(吳紫溪)라 불렀다.

930 범성대(范成大) : 1126~1193. 중국 남송의 문인·정치가. 자는 치능(致能), 호는 석호거사(石湖居士). 남송의 사대시인으로 꼽힌다. 어머니가 채양(蔡襄)의 손녀이다.

931 양무구(楊無咎) : 1097~1171. 중국 남송의 서화가. 자는 보지(補之), 호는 도선노인(逃禪老人)·청이장자(清夷長者)·자양거사(紫陽居士). 매화를 잘 그렸고 글씨는 구양순의 서법을 따랐다. 저서로 《도선사(逃禪詞)》 등이 있다.

932 《石刻鋪敍》卷下 〈鳳墅帖〉(《文淵閣四庫全書》 682, 52쪽).

斷棄)933〉와 소옹(邵雍)의 〈봉춘음(逢春吟)934〉이다. 3권은 강남(江南) 남당(南唐)의 왕 이욱(李煜)과 오월국(吳越國)의 왕 전류(錢鏐)935의 서첩 및 북송의 명현첩(名賢帖)이다.

4권은 정진(程振)936·양방예(楊邦乂)937 〈남도(南渡) 장상명현첩(將相名賢帖)〉이다. 5권은 향민중(向敏中)938·여이간(呂夷簡)939·송기(宋祁)940의 〈동도(東都, 북송) 명현첩(名賢帖)〉이다. 6권은 나유(羅愈)941의 시함고신(試銜告身)942·여진(女眞) 민국(閩國)의 왕 왕연희(王延義)943 등의 〈위선제도외첩(僞宣制度外帖)944〉이다.

7권은 호안국(胡安國)945·호인(胡寅)946·호굉(胡

斷槁》、康節《逢春吟》. 三卷江南 李主、吳越 錢王暨東都名賢帖.

四卷程剛愍、楊忠襄《南渡將相名賢帖》. 五卷向文簡、呂文靖、宋景文《東都名賢帖》. 六卷羅愈試銜告身、女眞 閩主等《僞宣制度外帖》.

七卷胡文定、致堂、五峯

---

933 양사단고(梁史斷棄): 구양수가 남조시대 양(梁)나라(502~557)의 역사에 대해 평가하며 쓴 글.

934 봉춘음(逢春吟): 중국 북송의 유학자 소옹(邵雍, 1011~1077)이 봄을 맞이하면서 느낀 감정을 읊은 시.

935 전류(錢鏐): 852~932. 중국 당말오대(唐末五代) 때 오월(吳越)의 창건자. 자는 구미(具美) 또는 거미(巨美). 소금을 팔면서 살았고 권법과 용맹을 갖추었다. 당나라 말에 비장(裨將)이 되었다가 반란군 수장을 체포해 절도사(節度使)가 되었다. 902년과 904년에 각각 월왕(越王)과 오왕(吳王)에 봉해졌으며 후에 스스로 오월국의 왕이라 불렸다. 41년 동안 재위하며 농업과 상업, 해상 교역을 발전시켰다.

936 정진(程振): ?~?. 중국 송나라 단명전(端明殿) 학사(學士). 자는 백기(伯起), 시호는 강민(剛愍).

937 양방예(楊邦乂): 1085~1129. 중국 송나라의 문인. 자는 희직(晞稷), 시호는 충양(忠襄).

938 향민중(向敏中): 949~1020. 중국 북송의 정치가. 자는 상지(常之), 시호는 문간(門簡). 여러 관직을 역임했고 어려운 일을 지혜롭게 잘 처리했다.

939 여이간(呂夷簡): 979~1044. 중국 북송의 정치가. 자는 담보(擔父), 시호는 문정(門靖). 태자태사(太子太師) 여몽정(呂蒙正)의 조카. 천성(天聖) 6년(1028) 재상에 올랐으며, 유능한 재상으로 10년 이상 인종을 보좌했다.

940 송기(宋祁): 998~1061. 중국 북송의 정치가. 자는 자경(子京).

941 나유(羅愈): 미상.

942 시함고신(試銜告身): 조정 관리들의 직함과 임명장을 적어놓은 서첩. 시함(試銜)은 정식으로 임명되지 않은 이름뿐인 직함이고, 고신(告身)은 관직 임명장이다.

943 왕연희(王延義): ?~944. 중국 5대10국 시기에 있었던 민국(閩國)의 왕(재위 939~944). 본명은 왕연의(王延義)이다.

944 위선제도외첩(僞宣制度外帖): 왕연희가 역대 제도를 상고하여 만든 서첩. 현재는 남아 있지 않다.

945 호안국(胡安國): 1074~1138. 중국 남송의 유학자. 자는 강후(康侯), 시호는 문정(文定). 왕안석(王安石)이 《춘추(春秋)》를 폐하여 학관(學官)의 대열에 끼지 못한 데서 《춘추》의 학문이 쇠퇴한 것을 탄식했다. 이 책을 연구하는 데 20여 년을 보내며 《춘추호씨전(春秋胡氏傳)》 30권을 저술하였다.

946 호인(胡寅): 1098~1156. 중국 남송의 유학자. 자는 명중(明仲), 학자들은 치당선생(致堂先生)이라 불렀으며 호안국의 조카다. 저서로 《논어상설(論語詳說)》·《독사관견(讀史管見)》·《비연집(斐然集)》이 있다.

宏)947의 〈남도유행첩(南渡儒行帖)948〉이다. 8권은 건도 (乾道) 연간(1165~1173)·순희(淳熙) 연간(1174~1189)의 여러 재상들과 남송의 명현첩(名賢帖)·육유(陸游)·양만리(楊萬里)949가 쓴 《논어장구(論語章句)》·《맹자장구(孟子章句)》와 시문(詩文)이다. 9권은 이강(李綱)950의 〈유청원시(游青原詩)951〉이다.

10권~11권은 범성대의 〈유대앙시(游大仰詩)952〉와 서첩, 12권은 장사손(張士遜)953·안수(晏殊)954·방적(龐籍)955·소송(蘇頌)956·진강백(陳康伯)957·왕규(王珪)958·조변(趙抃)959·당각(唐恪)960·유항(劉沆)961의 서

《南渡儒行帖》. 八卷乾、淳續相南渡名賢帖、陸放翁、楊誠齋書《語孟章句》并詩文. 九卷李梁谿《游青原詩》.

十及十一范石湖《游大仰詩》竝帖. 十二張文懿、晏元獻、龐莊敏、蘇司空、陳文恭、王文恭、趙清獻、唐

---

947 호굉(胡宏):1106~1161. 중국 남송의 문인. 자는 중인(仲仁), 호는 오봉(五峰). 호안국의 아들이며, 남송 호상학파(湖湘學派)의 개창자. 저서로 《지언(知言)》·《오봉집(五峰集)》·《황왕대기(皇王大紀)》 등이 있다.

948 남도유행첩(南渡儒行帖):호안국 등이 남도(南渡)와 관련된 행적을 수집하여 만든 서첩. 현재는 남아 있지 않다.

949 양만리(楊萬里):1124~1206. 중국 남송의 시인. 자는 정수(廷秀), 호는 성재(誠齋). 성실한 인격의 학자로서 남송사대가 중의 한 사람으로 꼽힌다. 저서로 《강호집(江湖集)》·《퇴휴집(退休集)》·《성재역전(誠齋易傳)》 등이 있다.

950 이강(李綱):1083~1140. 중국 북송의 명신. 자는 백기(伯紀), 호는 양계(梁溪). 휘종(徽宗) 연간에 금(金)이 쳐들어오자 병부시랑(兵部侍郞)으로 화의(和議)를 배척하고 맞서 싸울 것을 강력하게 주장하다가 귀양 갔으나, 고종(高宗)이 즉위하자 재상이 되고 금나라와의 전쟁을 지휘하여 금군을 격퇴했다. 그의 충성과 의기는 선비들과 백성들로부터 높은 명망을 얻었다. 저서로 《양계선생문집(梁溪先生文集)》·《정강전신록(靖康傳信錄)》·《양계사(梁溪詞)》 등이 있다.

951 유청원시(游青原詩):중국 강서성(江西省) 길안시(吉安市)에 있는 청원산(青原山)을 유람한 소감을 노래한 시. 청원산은 예로부터 천하의 절경(絕景)으로 알려져 있어 많은 시인들이 이 산을 소재로 시를 썼다.

952 유대앙시(游大仰詩):중국 호북성(湖北省) 통산현(通山縣)에 있는 대앙산(大仰山)을 유람한 소감을 노래한 시.

953 장사손(張士遜):964~1049. 중국 북송의 시인·정치가. 자는 순지(順之), 시호는 문의(文懿). 인종(仁宗) 천성(天聖) 6년(1028)에 집현전 태학사(太學士)가 되었고 재상을 3번 역임했다.

954 안수(晏殊):991~1055. 중국 북송의 문인·정치가. 자는 동숙(同叔), 시호는 원헌(元獻).

955 방적(龐籍):988~1063. 중국 북송의 정치가. 자는 순지(醇之), 시호는 장민(莊敏).

956 소송(蘇頌):1020~1101. 중국 북송의 천문학자·약물학자. 자는 자용(子容). 벼슬은 태자태보(太子太保)까지 올랐고 사후 사공(司空)에 추증되었으며 추호(追號)는 정간(正簡)이다. 백가(百家)의 설·산법(算法)·지리(地理)·본초(本草)·훈고(訓詁)·율려학(律呂學) 등 여러 분야에서 큰 업적을 남긴 학자이다. 저서로 《도경본초(圖經本草)》·《신의상법요(新儀象法要)》 등이 있다.

957 진강백(陳康伯):1097~1165. 중국 남송의 정치가·시인. 자는 장경(長卿), 시호는 문공(文恭).

958 왕규(王珪):1019~1085. 중국 북송의 정치가·문인. 자는 우옥(禹玉), 시호는 문공(文恭).

959 조변(趙抃):1008~1084. 중국 북송의 문인. 자는 열도(閱道), 호는 지비자(知非子), 시호는 청헌공(清獻公). 우간의대부(右諫議大夫)·참지정사(參知政事)를 역임했다. 저서로 《조청헌공집(趙清獻公集)》이 있다.

960 당각(唐恪):?~1127. 중국 북송의 정치가. 자는 흠수(欽叟), 호는 소재(少宰).

961 유항(劉沆):995~1060. 중국 북송의 관리. 자는 충지(冲之), 호는 여산(廬山), 시호는 문안(文安).

한(書翰)이다.

13권은 사호(史浩)[962]·정위왕(鄭魏王)[963]·진회(秦檜)의 소간(小柬, 짧은 편지)이다. 14권은 범중엄(范仲淹)[964]·마량(馬亮)[965]·포종맹(蒲宗孟)[966]·오거후(吳居厚)[967]·유안세(劉安世)[968]·채자미(蔡紫微)[969]·정좌승(鄭左丞)[970]·설향(薛向)[971]·유차대(劉次對)[972]·유휘학(劉徽學)[973]의 소간(小柬)이다.

15권은 소순흠(蘇舜欽)[974]·육학사(陸學士)[975]·공사인(孔舍人)[976]·소복경(蕭僕卿)[977]·소리승(蕭理丞)[978]

少宰、劉文晏書翰.

十三史越王、鄭魏王、秦檜小柬. 十四范文正、馬忠肅、蒲密院、吳密院、劉忠定、蔡紫微、鄭左丞、薛恭敏、劉次對、劉徽學小柬.

十五蘇滄浪、陸學士、孔舍人、蕭僕卿、蕭理丞詩文.

---

[962] 사호(史浩) : 1106~1194. 중국 남송의 문인. 자는 직옹(直翁), 호는 진은거사(眞隱居士), 시호는 문혜(文惠) 또는 충정(忠定). 월왕(越王)에 봉해졌기 때문에 사월왕이라고도 부른다. 사조(史詔)의 손자이다. 저서로《상서강의(尚書講義)》·《무봉진은만록(鄮峰眞隱漫錄)》등이 있다.

[963] 정위왕(鄭魏王) : 미상.

[964] 범중엄(范仲淹) : 989~1052. 중국 북송의 문인·정치가. 자는 희문(希文), 시호는 문정(文正). 인종 경력(慶曆) 4년 악양루(岳陽樓)를 중수할 때 초빙되어서 "악양루기(岳陽樓記)"를 지었는데, 이후 천하의 명문이 되었다. 저서로《범문정공집(范文正公集)》등이 있다.

[965] 마량(馬亮) : ?~?. 중국 북송의 문인·정치가. 자는 숙명(叔明), 시호는 충숙(忠肅).

[966] 포종맹(蒲宗孟) : 1022~1088. 중국 북송의 정치가. 자는 전정(傳正). 동지추밀원(同知樞密院)을 역임하였으므로 포밀원(蒲密院)이라 부른다.

[967] 오거후(吳居厚) : 1039~1114. 중국 북송의 정치가. 자는 돈로(敦老).

[968] 유안세(劉安世) : 1048~1125. 북송의 정치가. 자는 기지(器之), 호는 원성(元城)·독역노인(讀易老人), 시호는 충정(忠定). 재상을 역임하였고 간언을 잘하기로 유명했다. 저서로《진언집(盡言集)》이 있다.

[969] 채자미(蔡紫微) : 미상.

[970] 정좌승(鄭左丞) : 미상.

[971] 설향(薛向) : ?~?. 중국 북송의 문인·정치가. 자는 사정(師正), 호는 공민(恭敏). 신종(神宗) 원풍(元豐) 연간(1078~1085)에 추밀직학사(樞密直學士)와 공부시랑(工部侍郎)을 역임했다.

[972] 유차대(劉次對) : 미상. 차대(次對)는 국정 전반에 대해 논의하는 고위 관료 회의 또는 이 회의에 참석하는 관직을 의미한다.

[973] 유휘학(劉徽學) : 미상.

[974] 소순흠(蘇舜欽) : 1008~1049. 중국 북송의 시인. 자는 자미(子美), 호는 창랑(滄浪). 대리평사(大理評事)·집현전교리(集賢殿校理) 등을 역임했다. 당시에 유행하던 변려문과 고문시가(古文詩歌)에 반대하고 호방(豪放)한 시를 썼다. 대표작으로《오문(吾聞)》·《회중만박독두(淮中晚泊犢頭)》등이 있다.

[975] 육학사(陸學士) : 중국 남송의 시인 육유(陸游, 1125~1210)로 추정된다.

[976] 공사인(孔舍人) : 미상.

[977] 소복경(蕭僕卿) : 미상. 복경(僕卿)은 송나라의 관직명이다.

[978] 소리승(蕭理丞) : 미상. 이승(理丞)은 송나라의 관직명이다.

의 시문(詩文)이다. 16권은 설전당(薛錢塘)979·유자휘(劉子翬)980·조무수(趙撫守)981·장자(章粢)982·임포(林逋)983·소견(蘇堅)984·한원길(韓元吉)985·왕후지(王厚之)986·장효상(張孝祥)987·나여재(羅與齋)988·진희량(陳希亮)989·유삭(劉朔)990·조번(趙蕃)991의 시발(詩跋, 시와 발문)이다.

17권은 태조(太祖)가 쓴 '대송일통(大宋一統)'이라는 글씨와 태종(太宗)의 여러 글씨, 영종(英宗)이 하사한 《회련비(懷璉批)992》, 신종(神宗)이 쓴 《서교서시(西郊書

十六薛錢塘、劉屏山、趙撫守、章莊敏、林和靖、蘇後湖、韓南澗、王復齋、張于湖、羅與齋、陳少卿、劉正字、趙章泉詩跋.

十七太祖書"大宋一統"字、太宗雜書、英宗賜《懷璉批》、神宗書《西郊書詩》、

---

979 설전당(薛錢塘) : 미상.

980 유자휘(劉子翬) : 1101~1147. 중국 남송의 유학자. 호는 병산(屏山), 시호는 문정(文靖). 관직 생활을 하다 병으로 사직한 후에 많은 후학을 양성했다. 대표적인 제자로 주희(朱熹, 1130~1200)가 있다.

981 조무수(趙撫守) : 미상.

982 장자(章粢) : ?~?. 중국 북송의 문인. 호는 장민(莊敏), 자는 질부(質夫). 철종(哲宗) 재위 때 집전수찬(賢殿修撰)을 역임했다. 대표작으로 《수룡음(水龍吟)》이 있다.

983 임포(林逋) : 967~1028. 중국 북송의 시인. 자는 군복(君複). 후대에 사람들이 화정선생(和靖先生)이라 불렀다. 사람들이 '매처학자(梅妻鶴子, 매화를 처로 삼고 학을 아들로 삼다)'라 말할 정도로 매화와 학을 사랑했다. 저서로 《산원소매(山園小梅)》 등이 있다.

984 소견(蘇堅) : ?~? 중국 북송의 문인. 자는 백고(伯固), 호는 후호거사(後湖居士). 동파(東坡) 소식(蘇軾, 1037~1101)과 교분이 있어 서로 시를 주고받았다. 대표작으로 《소후호시찰첩(蘇後湖詩扎帖)》이 있다.

985 한원길(韓元吉) : ?~?. 중국 남송의 시인. 호는 남간(南澗). 대표작으로 《도미정시(荼蘼亭詩)》·《송안백제(送安伯弟)》가 있다.

986 왕후지(王厚之) : 1131~1204. 중국 남송의 문인·장서가. 호는 복재(復齋). 저서로 《복재인보(復齋印譜)》·《종정관지(鍾鼎款識)》가 있다.

987 장효상(張孝祥) : 1132~1170. 중국 남송의 시인. 자는 안국(安國), 호는 우호거사(于湖居士). 저서로 《우호거사문집(于湖居士文集)》이 있다.

988 나여재(羅與齋) : 미상.

989 진희량(陳希亮) : 1014~1077. 중국 북송의 문인. 자는 공필(公弼). 영종(英宗, 재위 1064~1067) 때에 태상소경(太常少卿)을 역임하였으므로 진소경(陳少卿)으로 부르기도 한다. 저서로 《진희량문집(陳希亮文集)》·《제기상상론(制器尙象論)》이 있다.

990 유삭(劉朔) : 1127~1170. 중국 북송의 문인. 자는 복지(複之). 고종(高宗, 재위 1127~1162) 때에 비서성정자(秘書省正字)를 역임하였으므로 유정자(劉正字)라 부르기도 한다. 저서로 《춘추비사(春秋比事)》·《이유유집(二劉遺集)》이 있다.

991 조번(趙蕃) : 1143~1229. 중국 북송의 시인. 자는 창보(昌父), 호는 장천(章泉). 저서로 《장천고(章泉稿)》가 있다.

992 영종(英宗)이 하사한 회련비(懷璉批) : 송나라 영종(英宗, 재위 1064~1067)이 대각회련(大覺懷璉, 1009~1090) 선사에게 내린 비답(批答). 대각회련은 학식과 덕망이 높아서 경사(京師)에 거주하며 늘 황제와 가까이하면서 대화를 주고받았으나, 말년에 여러 차례 산중으로 들어가기를 청하자 마지못해 왕이 허락한다는 비답을 내렸고, 이후 산중으로 들어가 은거했다.

詩)993》, 철종(哲宗)이 쓴 '벌불급사(罰不及嗣)994' 4글자, 흠종(欽宗)이 쓴 《탁옥부(琢玉賦)995》, 헌성오후(憲聖吳后)996가 쓴 《귀전부(歸田賦)997》이다. 18권은 서현(徐鉉)998·호숙(胡宿)999·조변(趙抃)·양문공(楊文公)1000·당개(唐介)1001·등원발(滕元發)1002·전문숙(錢文肅)1003·전조(錢藻)1004·포증(包拯)1005의 서첩이다.

19권은 석개(石介)1006·장존성(張存誠)1007·심괄(沈

哲宗書"罰不及嗣"四字、欽宗書《琢玉賦》、憲聖吳后書《歸田賦》. 十八徐騎省、胡文恭、趙淸獻、楊文公、唐質肅、滕章敏、錢文肅、錢內翰、包孝肅帖.

十九石徂徠、張存誠、沈存

---

993 서교서시(西郊書詩): 신종(神宗)이 북송의 수도인 개봉(開封) 서쪽 교외에서 쓴 시. 현재는 남아 있지 않다.

994 벌불급사(罰不及嗣): '벌은 후손에게까지 내리지는 않는다'는 의미의 고사성어. 《신오대사(新五代史)》 卷 28 〈당신전(唐臣傳)〉 16 "임환(任圜)"에 나온다.

995 탁옥부(琢玉賦): 흠종(欽宗)이 썼다고 알려진 《옥탁불성옥기부(玉琢不成玉器賦)》로 추정되나 현재 전하지 않는다.

996 헌성오후(憲聖吳后): 1115~1197. 중국 송나라 고종(高宗)의 2번째 황후. 정식명칭은 헌성(憲聖) 자열(慈烈) 황후(皇后) 오씨(吳氏)이다.

997 귀전부(歸田賦): 중국 한(漢)나라의 문장가 장형(張衡, 78~139)이 쓴 사부(辭賦). 전원(田園)에 은거하는 삶을 서정적으로 그린 작품이다.

998 서현(徐鉉): 916~991. 중국 북송 초기의 문인·서예가. 자는 정신(鼎臣), 호는 기성(騎省). 저서로 《서기성집(徐騎省集)》이 있다.

999 호숙(胡宿): 995~1067. 중국 북송의 문인. 자는 무평(武平), 시호는 문공(文恭). 한림학사(翰林學士)·추밀부사(樞密副使)를 역임했다. 저서로 《호문공집(胡文恭集)》이 있다.

1000 양문공(楊文公): 중국 북송의 철학가·문인 양시(楊時, 1053~1135)로 추정된다. 자는 중립(中立), 호는 구산(龜山), 시호는 문정(文靖). 정호(程顥)·정이(程頤) 형제에 사사(師事)했고, 저서로 《구산집(龜山集)》·《구산어록(龜山語錄)》·《이정수언(二程粹言)》 등이 있다.

1001 당개(唐介): 1010~1069. 중국 북송의 문인. 자는 자방(子方), 시호는 질소(質肅). 전중시어사(殿中侍御史)·참지정사(參知政事)를 역임했다.

1002 등원발(滕元發): 1020~1090. 중국 북송의 문인. 원래 이름은 보(甫), 자는 원발(元發)이었으나 후에 원발로 개명하였다. 시호는 장민공(章敏公). 저서로 《달도문집(達道文集)》이 있다.

1003 전문숙(錢文肅): 미상.

1004 전조(錢藻): 1022~1082. 중국 북송의 문인. 자는 순로(醇老). 한림시독학사(翰林侍讀學士)를 오래 역임하였으므로 전내한(錢內翰)이라고도 부른다. 사후 태중대부(太中大夫)에 추증되었다.

1005 포증(包拯): 999~1062. 중국 북송의 정치가. 자는 희인(希仁), 호는 청천(靑天), 시호는 효숙(孝肅). 다른 별칭으로는 포룡도(包龍圖)·포흑자(包黑子) 등이 있다. 개봉부윤(開封府尹)으로 재직하는 동안 신분고하를 막론하고 누구에게나 엄정한 판결을 내려 당대에 높은 평판을 받았다. 포청천(包靑天)이라는 이름은 후대에 이르러서 공정한 판관(判官)의 대명사가 되었다. 삼사사(三司使)·추밀원부사(樞密院副使) 등을 역임했다. 저서로 《효숙포공주의(孝肅包公奏議)》·《포증집(包拯集)》이 있다.

1006 석개(石介): 1005~1045. 중국 북송의 유학자. 자는 수도(守道), 호는 조래선생(徂徠先生). 국자감직강(國子監直講)을 역임했다. 저서로 《조래선생전집(徂徠先生全集)》이 있다.

1007 장존성(張存誠): 미상.

括)[1008] · 당순(唐詢)[1009] · 왕흠신(王欽臣)[1010] · 심헌달(沈
獻達)[1011] · 양걸(楊傑)[1012] · 석연년(石延年)[1013]의 시간(詩
束, 시와 간찰)이다. 20권은 유경(劉涇)[1014] · 설소팽(薛紹
彭)[1015] · 소순원(蘇舜元)[1016] · 모방(毛滂)[1017] · 주방언(周邦
彦)[1018] · 하경호(賀慶湖)[1019] · 이병(李邴)[1020] · 양용학(楊龍
學)[1021] · 장근(張根)[1022]의 시문(詩文)이다."[1023]

또 "이상의 서첩은 모두 본조(本朝)인 송(宋)의 성
군(聖君)과 명신(名臣)의 진필(眞筆)로서, 직접 눈으로

中、唐彦猷、王仲至、沈獻
達、楊無爲、石曼卿詩束.
二十劉巨濟、薛道祖、蘇才
翁、毛東堂、周淸眞、賀慶
湖、李文敏、楊龍學、張秘
閣詩文."

"悉本朝聖君、名臣眞筆,
目所見者. 若夫異代字蹟

---

1008 심괄(沈括):1031~1095. 중국 북송의 정치가. 자는 존중(存中), 호는 몽계장인(夢溪丈人). 사천감(司天
監) · 사관검토(史館檢討) · 삼사사(三司使) 등을 역임했다. 저서로 《몽계필담(夢溪筆談)》 등이 있다.

1009 당순(唐詢):1005~1064. 중국 북송의 문인. 자는 언유(彦猷). 삼사호부판관(三司戶部判官)을 역임했다.
저서로 《연록(硯錄)》이 있다.

1010 왕흠신(王欽臣):1034~1101. 중국 북송의 문인 · 장서가. 자는 중지(仲至). 공부원외랑(工部員外郞)을 역
임했고, 고려(高麗)에 사신으로 다녀왔다. 저서로 《광풍미집(廣諷味集)》이 있으나 현재는 전하지 않는다.

1011 심헌달(沈獻達):미상.

1012 양걸(楊傑):?~?. 중국 북송의 시인. 자는 차공(次公), 호는 무위자(無爲子). 구양수(歐陽修) · 왕안석(王
安石) · 소식(蘇軾) 등의 문인과 교유하였다. 태상박사(太常博士) · 예부원외랑(禮部員外郞) 등을 역임했다.
저서로 《악기(樂記)》가 있으나 현재는 전하지 않는다.

1013 석연년(石延年):994~1041. 중국 북송의 문인 · 서예가. 자는 만경(曼卿). 비각교리(秘閣校理) · 태자중윤
(太子中允)을 역임했다. 시와 서예에 매우 능숙했다. 저서로 《석만경시집(石曼卿詩集)》이 있다.

1014 유경(劉涇):1043~1100. 중국 북송의 문인. 자는 거제(巨濟), 호는 전계(前溪). 저서로 《주노자(注老
子)》 · 《전계집(前溪集)》이 있으나 현재는 전하지 않는다.

1015 설소팽(薛紹彭):?~?. 중국 북송의 시인 · 서예가. 자는 도조(道祖), 호는 취미거사(翠微居士). 미불(米
芾) · 유경(劉涇)과 막역한 친구로 지내면서 시를 주고받았다. 비서각수찬(秘書閣修撰)을 역임했다. 서예에
매우 뛰어나서 미불과 이름을 견줄 정도였다.

1016 소순원(蘇舜元):1006~1054. 중국 북송의 문인 · 서예가. 자는 숙재(叔才), 호는 재옹(才翁). 삼사탁지판
관(三司度支判官) · 복건관찰사(福建觀察使) 등을 역임했다. 저서로 《재옹집(才翁集)》이 있다.

1017 모방(毛滂):1061~1124. 중국 북송의 문인. 자는 택민(澤民), 호는 동당(東堂). 구주추관(衢州推官) · 무
강현령(武康縣令) 등을 역임했다. 저서로 《동당집(東堂集)》이 있다.

1018 주방언(周邦彦):1056~1121. 중국 북송의 문인. 자는 미성(美成), 호는 청진거사(淸眞居士). 태학정(太學
正) · 대성부제거(大晟府提擧)를 역임했다. 저서로 《편옥사(片玉詞)》가 있다.

1019 하경호(賀慶湖):미상.

1020 이병(李邴):1085~1146. 중국 북송의 문인. 자는 한로(漢老), 호는 용감거사(龍龕居士), 시호는 문민(文
敏). 직학사원(直學士院) · 자정전학사(資政殿學士)를 역임했다. 저서로 《초당집(草堂集)》이 있다.

1021 양용학(楊龍學):미상. 용학(龍學)은 송나라의 관직명이다.

1022 장근(張根):?~? 중국 북송의 문인. 자는 지상(知常). 비각수찬(秘閣修撰)을 역임하여 장비각(張秘閣)
이라 부른다.

1023 《石刻鋪敍》 卷下 〈鳳墅帖〉(《文淵閣四庫全書》 682, 52~53쪽).

볼 수 있는 것이다. 다른 시대의 서첩의 경우, 앞 사람들이 새긴 것을 미리 갖추고 있다가 계속 베껴서 모사하였기 때문에 더욱 더 그 참모습을 잃었다. 그래도 우리 송나라 왕조의 300년간 서법을 분류하여 모으려고 하여서 스스로 일가를 이루었다."[1024]라 했다. 그동안 여러 서첩들의 자세한 목차를 뜻대로 다 밝힐 수 없었는데, 이《봉서첩》을 얻어 그 선후(先後)를 알 수 있었다.

則前賢鐫刻已備, 展轉膽模, 愈失其眞. 但欲類吾宋三百年間書法, 自成一家." 其間彙次不能盡[115]如人意者, 得之有先後也.

## 세채당첩(世綵堂帖)[1025]

[한자헌첩고][1026] 가사도(賈似道)[1027]가 새겼다. 그의 빈객으로 있던 요영중(廖瑩中)[1028]은 모사를 정밀하게 했고, 왕용화(王用和)[1029]는 판각 기술이 뛰어나서 이들이 번각한 《순화각첩(淳化閣帖)》·《강첩(絳帖)》은 진품을 가리기 힘들 정도로 비슷하다. 또 가사도 집안의 가묘(家廟)에 새겨진 여러 글들을 보니, 모두 정밀하고 뛰어났다. 가사도는 한때 권력을 잡았던 간신

## 世綵堂帖

[閑者軒帖考] 賈似道刻. 其客廖瑩中精於摸揚, 王用和工於鐫刻, 翻本《淳化》·《絳帖》, 幾於亂眞. 又見其家廟記諸刻, 俱精絶. 一時似道權姦亡宋, 遺恨[116]千古. 乃其風流博洽, 使

---

1024 《石刻鋪敍》卷下〈鳳墅帖〉《文淵閣四庫全書》682, 52쪽).

1025 세채당첩(世綵堂帖): 중국 송나라의 정치가 가사도(賈似道)가 자신이 소장한 정무본(定武本) 계첩(禊帖)을 요영중(廖瑩中)과 왕용화(王用和)에게 판각하도록 시켜서 완성한 법첩. 세채당(世綵堂)은 요영중의 당호(堂號)이다.

1026 《閑者軒帖考》〈世綵堂帖〉《文淵閣四庫全書》520, 559쪽).

1027 가사도(賈似道): 1213~1275. 중국 송나라의 정치가. 자는 사헌(師憲), 호는 열생(悅生). 1259년 쿠빌라이가 이끄는 몽골군을 격퇴시킨 공으로 우승상이 되었다. 이후 몽골군의 재침공이 있자 가사도는 군사를 이끌고 전장에 나갔으나 적극적인 전투는 하지 않고 몽골군과의 강화(講和)만을 꾀하였다가 전투에서 패배하였다. 가사도는 패배의 책임을 지고 유배당했으며 이후 피살되었다.

1028 요영중(廖瑩中): ?~?. 중국 송나라의 각서가(刻書家)·장서가. 호는 약주(藥洲). 한때 가사도의 빈객으로 있었다.

1029 왕용화(王用和): ?~?. 중국 송나라의 판각 장인(匠人).

[115] 盡: 저본에는 "書". 오사카본·《石刻鋪敍·鳳墅帖》에 근거하여 수정.

[116] 恨: 저본에는 "限". 오사카본·규장각본·《閑者軒帖考·世綵堂帖》에 근거하여 수정.

으로 송(宋)을 망하게 하여 천고에 한을 남겼다. 가
사도가 이와 같이 풍류와 박학다식으로 당시에 재
상이 되지 않고 다만 학사원(學士院)[1030]에서 일생을
마쳤다면 어찌 후세에 전해질 수 없게 되었겠는가?

當日不爲宰相, 而但終學士
院, 安見其不可傳[117]也?

### 천첩(泉帖)[1031]

[한자헌첩고][1032] 천주지부(泉州知府)[1033] 상성(常性)[1034]
이 홍무(洪武)[1035] 4년(1371)에 새겼는데, 군학(郡學, 군내
의 학술관청)에서 《순화각첩(淳化閣帖)》을 조본(祖本, 모사의
기준이 되는 선본)으로 모각(摸刻)했다. 위로 《담첩(潭帖)》·
《강첩(絳帖)》에 견줄 만하다. 선덕(宣德)[1036] 연간에 비
부(秘府, 궁궐의 장서각)로 들어갔기 때문에 후대에 이르
게 되자 희귀해져서 처음 탁본한 선본 1부는 가치가
100금이나 되었고, 근래의 고본(顧本)[1037]·번본(潘本)
과 같은 판본들은 이 《천첩》에 훨씬 못 미친다.

### 泉帖

[又] 泉州知府常性, 於洪
武四年刻, 於郡學從《閣
帖》祖本摸刻. 上可追媲
《潭[118]》、《絳》. 宣德中取入
秘府, 及至末祀, 初搨善本
一部價值百金, 如近年顧
本、潘本, 遠不及之.

### 동서당첩(東書堂帖)[1038]

[한자헌첩고][1039] 주헌왕(周憲王) 주유돈(朱有燉)[1040]이

### 東書堂帖

[又] 周憲王爲世子時, 手摸

---

1030 학사원(學士院): 중국 송나라의 학술기관. 명나라와 청나라에서는 한림원(翰林院)으로 개칭하였다.
1031 천첩(泉帖): 중국 천주(泉州)에서 번각된 《순화각첩(淳化閣帖)》. 천주지부(泉州知府) 상성(常性)이 새겼다.
1032 《閑者軒帖考》〈泉帖〉(《文淵閣四庫全書》 520, 560쪽).
1033 천주지부(泉州知府): 천주의 지방행정관. 천주는 복건성(福建省) 천주시(泉州市) 일대.
1034 상성(常性): ?~?. 중국 명나라의 문신. 태조 주원장이 재위하던 시기에 천주지부(泉州知府)를 역임했다.
1035 홍무(洪武): 중국 명나라 태조(太祖)의 연호(1368~1398).
1036 선덕(宣德): 중국 명나라 선종(宣宗)의 연호(1426~1435).
1037 고본(顧本): 가장 좋은 선본은 아니지만 참고할 만한 판본.
1038 동서당첩(東書堂帖): 중국 명나라 태조 주원장(周元璋)의 손자 주유돈(朱有燉)이 영락(永樂) 14년(1416)
     에 새긴 법첩. 《동서당집고법첩(東書堂集古法帖)》이라고도 한다. 주유돈은 주헌왕(周憲王)에 봉해졌다.
1039 《閑者軒帖考》〈東書堂帖〉(《文淵閣四庫全書》 520, 560쪽).
[117] 傳: 저본에는 "見傳". 오사카본·규장각본·《閑者軒帖考·世綵堂帖》에 근거하여 수정.
[118] 潭: 저본에는 없음. 오사카본·규장각본·《閑者軒帖考·泉帖》에 근거하여 보충.

세자 때에 직접 모사하고 돌에 새겼으며 모두 10권이다. 대략 《순화각첩》을 위주로 하고, 《순희 비각속첩(秘閣續帖)》을 참작했으며 송(宋)나라·원(元)나라 사람들의 글씨까지 더 넣었다.

왕세정(王世貞)[1041]은 다음과 같이 말했다. "주유돈의 붓글씨에 대한 공력은 매우 정밀하나 아쉽게도 재능을 믿고 겸양이 부족했기 때문에 그의 글씨는 화려한 장식은 넘치고 본바탕의 결은 부족하다. 이는 대개 모필(摸筆) 능력이 매우 뛰어나서 옛사람들의 묵적은 줄어들고 오히려 모사하는 사람의 손을 따라가게 했을 뿐이어서이다. 《난정서》에도 역시 그러하다. 대개 쌍구곽전법(雙鉤廓塡法)[1042]으로 탁본을 해야 비로소 이러한 단점을 면할 수 있다."[1043]

## 보현당첩(寶賢堂帖)[1044]

[한자헌첩고][1045] 진정왕(晉靖王) 주기원(朱奇源)[1046]이

上石, 共十卷. 大約以《淳化》爲主, 而參以《秘閣續帖》, 及增入宋, 元人書.

王元美云: "憲王臨池之力甚精, 惜其天資少遜, 以故粉澤有餘, 膚理不足. 蓋摸筆至, 使古人之迹屈而從手耳, 其于《蘭亭》亦然. 蓋雙鉤廓塡, 始可免此病也."

## 寶賢堂帖

[又] 晉靖王爲世子時刻石.

1040 주유돈(朱有燉): 1379~1439. 중국 명나라 태조 주원장의 다섯 번째 아들인 주정왕(周定王) 주숙(朱橚)의 맏아들. 호는 성재(誠齋)·전양자(全陽子). 박학하고 글씨를 잘 썼으며, 옛날의 명적(名迹) 10권을 수집해 손으로 직접 모사하여 돌에 새기고 《동서당법첩(東西堂法帖)》이라 불렀다. 정통(正統) 원년(1436) 주헌왕(周憲王)에 봉해졌다. 사곡(詞曲)을 잘 지었고, 《성재악부(誠齋樂府)》를 저술했다.

1041 왕세정(王世貞): 1526~1590. 중국 명나라의 문인. 자는 원미(元美), 호는 봉주(鳳州)·엄주산인(弇州山人). 명대 후기 고문사(古文辭)파의 지도자이며 격조를 소중히 여기는 의고주의(擬古主義)를 주장했다. 저서로 《엄주산인사부고(弇州山人四部考)》·《속고(續稿)》·《예원치언(藝苑卮言)》 등이 있고, 《금병매(金瓶梅)》가 그의 작품이라는 설이 있다. 희곡으로는 《명봉기(鳴鳳記)》가 유명하다.

1042 쌍구곽전법(雙鉤廓塡法): 탁본을 할 때 외곽선을 먼저 채운 다음에 안을 채워 탁본하는 방법.

1043 주유돈의……있다: 《弇州四部考》 卷133 《東書堂帖》.

1044 보현당첩(寶賢堂帖): 중국 명나라 태조 주원장의 5세손 주기원(朱奇源)이 홍치(弘治) 9년(1496)에 아버지인 진장왕(晉莊王) 주종현(朱鍾鉉)의 명을 받아 새긴 법첩. 자신의 당호인 보현당(寶賢堂)으로 법첩의 이름을 삼았다. 《보현당(寶賢堂) 집고법첩(集古法帖)》 또는 《대보현당첩(大寶賢堂帖)》이라고도 한다.

1045 《閑者軒帖考》〈寶賢堂帖〉《文淵閣四庫全書》520, 560쪽).

1046 주기원(朱奇源): 1449~1478. 중국 명나라 태조 주원장의 4세손인 진장왕(晉莊王) 주종현(朱鍾鉉)의 맏아들. 천순(天順) 3년(1459)에 세자에 봉해졌으나 젊은 나이에 요절하였다. 글 쓰는 일을 좋아하던 그는 자신의 소장품을 엄선해서 180여 개의 돌에 새기고 자신의 서재 이름을 붙여 《보현당(寶賢堂) 집고법첩(集

보현당첩

세자 때에 돌에다 새겼다. 대략 《순화각첩(淳化閣帖)》·《강첩(絳帖)》·《대관첩(大觀帖)》·《보진재첩(寶晉齋帖)》을 위주로 하고, 소장하고 있던 송(宋)·원(元) 및 명(明)나라 사람의 묵적을 더했다.

왕세정은 이 서첩에 대해 다음과 같이 말했다. "글자와 행의 배열 순서는 그렇게 속되지는 않다. 다만 돌의 결이 이미 거칠어서 모사(摸寫)·석각(石刻)·탁본(拓本) 세 가지 솜씨가 모두 어울리지 않는다."

大約以《閣》、《絳》、《大觀》、《寶晉》爲主, 而益以所藏宋、元及明人墨蹟.

王元美謂此帖: "行款次第頗不俗, 第石理旣粗, 而摸、刻、搨三手俱不稱."

### 하장첩(河莊帖)[1047]

[운석재필담(韻石齋筆談)[1048]][1049] 《순화각첩》의 비판(碑板, 비석 판각본)은 어느 해에 궁중으로 들어갔는지

### 河莊帖

[韻石齋筆談] 《淳化帖》碑板, 不知何年入禁中. 正德

---

古法帖》이라 했다. 사후에 진정왕(晉靖王)으로 추봉되었다.

1047 하장첩(河莊帖) : 미상.

1048 운석재필담(韻石齋筆談) : 중국 청나라의 문인 강소서(姜紹書, ?~1680)가 지은 책. 자신이 본 옛 기물·서화 기타 물건들의 형태와 전해진 내력 등을 상세히 기록했다.

1049 《韻石齋筆談》卷下 〈河莊淳化帖〉 《文淵閣四庫全書》 872, 107~108쪽)

모른다. 정덕(正德) 연간(1506~1521)에 하장(河莊)[1050]의 중한(中翰)[1051] 벼슬을 한 손칠봉(孫七峯)[1052]이 수도에 여행을 갔을 때 환관인 소경(蕭敬)[1053]과 친했다. 무종(武宗)이 취화궁(翠華宮)[1054]으로 순행을 가면 소경이 늘 궁궐을 지켰다. 하루는 소경이 손칠봉을 안내해서 궁궐 안을 보여 주었다. 작은 전각(殿閣) 하나에 이르러 전각의 모퉁이에 쌓여 있는 물건들을 보니, 송나라 때 판각한 《순화각첩》의 비판이었다.

손칠봉이 자세히 보면서 아껴 감상하느라 차마 떠나지를 못했다. 소경이 "그대는 저 비판이 갖고 싶소? 마땅히 그대를 위해 성사되도록 도모해야겠소."라 했다. 그 후 연말에 큰 눈이 내리자 눈을 쓸어내라는 어명이 내려왔다. 소경은 글을 올려 궁궐 뜰에 못 쓰는 자재가 있으니 밖으로 옮겨야 한다고 하자, 황제가 허락했다. 소경은 곧 비판을 손칠봉에게 주었고, 손칠봉은 놀라고 기뻐하며 비단 주머니에 비판을 잘 싸서 집으로 돌아왔다.

당시에 글씨를 잘 쓰는 문징명(文徵明)·축윤명(祝允明)[1055]에게 감정을 해보니 송나라 때 판각한 《순화각첩》으로 볼 수 있다고 했다. 그러자 수레를 타고

間河莊七峯孫中翰遊京師, 善內臣蕭敬. 武宗翠華巡幸, 敬常居守. 一日敬引七峯觀大內, 至一小殿, 見殿角堆積, 宋刻《淳化帖》碑板.

七峯諦視之, 愛賞不忍去. 敬謂"子欲之乎? 當爲圖之". 後歲暮大雪, 傳旨掃除. 敬啓內庭有廢材, 宜移出, 帝可之. 敬卽以帖板致七峯, 七峯驚喜, 以錦囊密貯歸里.

當時善書如文徵仲、祝希哲鑑定, 可與宋搨《閣帖》, 方駕求者塡門. 京口楊文

---

1050 하장(河莊): 중국 절강성(浙江省) 항주시(杭州市) 하장진(河莊鎭) 일대로 추정된다.
1051 중한(中翰): 중국 명·청대에 글을 짓고 번역하고 쓰는 일을 담당하는 내각중서(內閣中書)의 관직.
1052 손칠봉(孫七峯): ?~?. 중국 명나라의 문인. 곡수산방(曲水山房)의 주인이며, 거부(巨富)로 알려져 있다.
1053 소경(蕭敬): 1438~1528. 중국 명나라 때의 환관. 자는 극공(克恭), 호는 매동거사(梅東居士). 사례감태감(司禮監太監)에 올랐다. 6명의 황제를 모셨으며 박식하고 시와 글씨에 뛰어났다.
1054 취화궁(翠華宮): 중국 섬서성(陝西省) 서안(西安) 여산(驪山)에 있던 별궁(別宮).
1055 축윤명(祝允明): 1461~1527. 중국 명나라의 문인·서예가. 자는 희철(希哲), 호는 기지생(枝指生)·기지산(枝指山), 별칭은 축경조(祝京兆). 저서로 《기산문집(枝山文集)》·《축씨집략(祝氏集略)》이 있다.

이 서첩을 구하러 오는 사람이 문을 메웠다. 이때 경구(京口)[1056]의 양일청(楊一淸)[1057]이 손칠봉과 사돈이었는데, 손칠봉에게 경계하여 "비판(碑板)이 궁궐 뜰에서 나왔는데 여기저기 탁본을 나누어 주시니, 혹시 남들이 이 사실을 폭로하면 그 화는 또한 예측하기 어려울 것입니다."라 했다.

손칠봉이 이 비판을 너무 좋아하여 물이나 불 등의 손상을 입지 않도록 원래의 비판으로 별도의 비판 10권을 빨리 새겨 서첩을 구하는 사람에게 응했다. 이 비판을 《2호첩》이라 했다. 궁궐에서 얻은 송나라 때의 판각본은 《상호첩(上號帖)》이라 했다.

송나라 탁본인 《순화각첩》은 먹색이 진하고 은정문(銀錠紋)이 없는 탁본이 제일 좋다. 뒤로 올수록 비판이 점점 갈라짐에 따라서 탁본의 먹색이 조금 담담하며 은정문이 생기면 그 다음이다. 하장(河莊)의 《상호첩(上號帖)》은 풍모가 맑고 강건하며 결체(結體)가 원만하고 치밀하여 순수한 비단이 쇠를 품고 있는 듯한 경지가 있다. 은정문이 없어야 송각(宋刻)의 상품(上品)이니, 《차호첩(次號帖, 2호첩)》은 낮게 평가해야 할 것이다.

손칠봉은 일찍이 왜변(倭變)을 겪어서 현재 전해지는 《하장첩》은 경성(景星, 상서로운 별)·봉황(鳳凰)처

襄與孫爲姻家, 戒之曰: "碑板出自禁庭, 紛紛[119]傳揚, 倘爲人指摘, 禍且叵測."

七峯篤好此板, 不忍付之水火, 亟以原搨另刻十卷, 以應求者, 謂之"《二號帖》". 宋刻則稱"《上號》".

宋搨《閣帖》, 墨色濃而無銀錠紋者上也. 後來板漸拆裂, 墨色稍淡, 有銀錠紋者次也. 河莊《上號帖》, 標格淸勁, 結體圓密, 有純綿裹[120]鐵之致. 無銀錠紋, 乃宋刻上乘也, 至於《次號》存爲評脚可也.

孫氏曾經倭變, 帖傳稀如星鳳, 其《上號》將與宋搨

---

1056 경구(京口) : 중국 강소성(江蘇省) 진강시(鎭江市)의 옛 명칭.
1057 양일청(楊一淸) : 1454~1530. 중국 명나라 때의 문인·정치가. 자는 응령(應寧), 호는 수암(邃庵), 시호는 문양(文襄). 저서에 《양문양공집(楊文襄公集)》·《관중주의(關中奏議)》·《석종시초(石淙詩鈔)》 등이 있다.
[119] 紛紛 : 저본에는 "紛". 오사카본·규장각본·《韻石齋筆談·河莊淳化帖》에 근거하여 보충.
[120] 裹 : 저본에는 "裏". 오사카본·규장각본·《韻石齋筆談·河莊淳化帖》에 근거하여 수정.

럼 희귀하다. 그중《상호첩(上號帖)》은 송탑(宋搨)과 어깨를 나란히 견주는 서첩이라서《상해고씨본(上海顧氏本)》이 바랄 수 있는 수준이 아니다.

立驅, 非《上海顧氏本》所可望也.

## 정운관첩(停雲館帖)[1058]

[한자헌첩고][1059] 문징명 부자는 모두 서학(書學)에 정밀하였고 또 직접 서각을 할 수 있었다. 가정(嘉靖)연간(1522~1566)에 옛 묵적 및 근래의 이름난 서첩을 모사하여 돌에 새겼는데, 모두 10권이다. 맑고 강건하며 속되지 않다. 근세의 여러 각첩(刻帖) 중에 이것을 제일로 친다.

당순지(唐順之)[1060]가 이에 대해 "내가 문징명이 새긴 서첩에 실려 있는 이회림(李懷琳)의《혜강여산거원절교서(嵇康與山巨源絶交書)》를 보았는데, 나중에 손칠봉이 소장하고 있는 송각본(宋刻本)을 보니 정신(精神)이 서로 떨어지기가 10배나 되었다. 글씨를 쓴 사람은 다르지 않은데, 새긴 사람이 다르기 때문이다. 비록 잘 쓴 글씨라도 잘 새기는 사람이 아니라면 진실로 그 정신을 발휘하여 세상에 전할 수가 없다."[1061]라 했다.

## 停雲館帖

[閑者軒帖考] 文衡山父子皆精書學, 又自能鐫刻. 嘉靖中, 摸勒舊蹟及近時名筆上石, 共十卷. 清勁不俗, 近世諸刻, 推此第一.

唐荊川云: "予見文氏所刻帖中載李懷琳《絶交[121]書》, 後見孫氏所藏宋刻本, 則精神相去十倍. 書之者非有異, 而刻之者異也. 雖有善書, 非善刻者, 固不能發其精神而傳於世也."

---

1058  정운관첩(停雲館帖): 중국 명나라 때 문징명(文徵明)이 선집하고 아들 문팽(文彭, 1498~1573)·문가(文嘉, 1501~1583)가 판각한 서첩 12권. 가정(嘉靖) 16년(1537)에 1권을 판각했으며 가정 39년(1560)에 완성했다. 처음에는 목각이었으나 후에 석각으로 만들었다. 문징명의 호는 정운생(停雲生)으로 정운관(停雲館)은 그의 당호인 듯하다.

1059 《閑者軒帖考》〈停雲館帖〉(《文淵閣四庫全書》520, 560~561쪽).

1060  당순지(唐順之): 1507~1560. 중국 명나라의 유명한 양명학자(陽明學者). 자는 응덕(應德), 호는 형천(荊川). 수학의 삼각법에 정통하고 산문작가(散文作家)로서도 뛰어났다. 저서로《형천집(荊川集)》이 있다.

1061 내가……없다:《문장변체휘선(文章辨體彙選)》권370〈발이회림절교서후(跋李懷琳絶交書後)〉.

[121] 交: 저본에는 "文". 오사카본·규장각본·《閑者軒帖考·停雲館帖》에 근거하여 수정.

정운관첩

내가 당(唐)나라 임위건(林緯乾)[1062]의 묵적을 보니 유려하고 몹시 빼어났다. 문징명의 서첩에 모사된 글씨를 함께 비교해 보면 서로의 차이가 아주 컸다.[1063] 당시에 문징명 부자가 탁본을 직접 만지고 새겼으며 또 문객(門客)인 온서(溫恕)[1064] · 장문(章文)[1065]도 이들을 위해 가까이서 돕고 있었는데, 오히려 유감(遺憾)이 이와 같다면 서첩을 모사하는 일이 어찌 쉬운 일이겠는가?

余見唐 林緯乾墨蹟, 秀宕絕倫, 文帖所摸勒者, 與之對勘, 相去遠甚. 當日衡山父子自撫自刻, 又有門客溫恕, 章簡父爲之周旋, 尙有遺憾如此, 則摸帖豈易事乎?

### 초서집운(草書集韻)

[묵지쇄록][1066] 금(金)나라 때 금계노인(錦溪老人) 장천석(張天錫)[1067]이 옛 명가의 초서(草書) 1첩을 《초서

### 草書集韻

[墨池瑣錄] 云 : "金時, 錦溪老人 張君用, 集古名家

---

1062 임위건(林緯乾) : 미상.
1063 서로의……컸다 : 임위건의 묵적의 수준이 훨씬 높았다는 뜻이다.
1064 온서(溫恕) : 미상.
1065 장문(章文) : ?~?. 중국 명나라 중기의 판각 장인. 자는 간보(簡父). 강소성(江蘇省) 장주(長洲) 사람. 《묵지당첩(墨池堂帖)》을 판각한 장조(章藻)는 그의 아들이다.
1066 《墨池瑣錄》 卷3 《文淵閣四庫全書》 816, 8~10쪽).
1067 장천석(張天錫) : ?~?. 중국 원나라 때의 인쇄 장인. 자는 군용(君用), 호는 금계노인(錦溪老人). 기찰(機察) 관직을 역임했다. 해서는 유공권의 서체를 배웠고 초서는 진(晉) · 송(宋)나라 서체를 배웠으며 큰 글씨도 잘 썼다. 《금사(金史)》 · 《송사(宋史)》 · 《대원대일통지(大元大一統志)》를 판각했다.

운회(草書韻會)》라 이름했다. 이 책에 모은 역대의 여러 명가는 한(漢)나라의 장제(章帝) 유달(劉炟)[1068]·사유(史游)[1069]로부터 금(金)나라의 왕만경(王萬慶)[1070]까지 모두 257명이다.

내가 아직도 금나라 사람의 판각(板刻)본을 볼 수 있는데, 그 정묘함과 신채(神彩)가 법첩에 뒤지지 않았다. 원(元)나라 말기에 호사가가 또 선우추(鮮于樞)[1071]를 추가하여 《초서집운(草書集韻)》이라 개명했다. 홍무(洪武) 연간(1368~1398) 초에 촉(蜀) 땅의 사저에서 번각하였는데, 판각이 다소 거칠어서 안타깝다.

[서학첩요][1072] 촉(蜀)에서 판각한 서첩은 지금도 보지 못했다.

## 초서요령(草書要領)

[준생팔전][1073] 5권이다. 진(晉)나라의 초서를 모아 초학자에게 모범이 되게 했다.

草書一帖, 名曰《草書韻會》. 其所取歷代諸家, 自漢 章帝、史游、至金 王萬慶, 共二百五十七人.

余猶及見金人板刻, 其精妙神彩不減法帖. 元末好事者, 又添鮮于樞, 改名"《草書集韻》". 洪武初, 蜀邸翻刻, 刻頗粗惡可惜."

[書學捷要] 蜀刻今亦未見.

## 草書要領

[遵生八牋] 五卷. 集晉草書, 爲初學法.

---

1068 유달(劉炟):57~88. 한(漢)나라 명제(明帝) 유장(劉莊)의 다섯 번째 아들로, 동한(東漢)의 세 번째 황제이다.

1069 사유(史游):?~?. 한(漢)나라 원제(元帝) 때 황문령(黃門令)을 역임한 문신. 문자학과 글씨에 뛰어났으며 그의 글씨체는 장초(章草)라 불린다. 저서로 《급취장(急就章)》이 있다.

1070 왕만경(王萬慶):?~?. 중국 금나라의 관리·문인. 왕정균(王庭筠, 1151~1202)의 아들. 자는 희백(禧伯), 호는 담유(澹游). 시서화에 모두 능했다.

1071 선우추(鮮于樞):1246~1302. 중국 원나라의 관리·문인·서예가. 대도(大都, 현재 북경) 사람으로, 자는 백기(伯機), 호는 곤학산민(困學山民)·서계자(西溪子)·기직도인(寄直道人). 시문과 서예에 능통했는데, 특히 초서에 명성이 높았으며, 자유로운 글씨로 조맹부의 칭송을 받았다. 글씨는 《어부사(漁父詞)》와 《투광고경가(透光古鏡歌)》 등이 남아 있으며, 저서에 《곤학재집(困學齋集)》과 《곤학재잡록(困學齋雜錄)》 1권 등이 있다.

1072 《書學捷要》卷下〈米元章提筆法〉.

1073 《遵生八牋》卷14〈燕閑淸賞牋 上〉"論歷代碑帖"(《遵生八牋校注》, 540쪽).

## 초운(草韻)

[준생팔전]1074 3종이며, 각각 5권이다. 송(宋)·원(元) 때 판각한 것을 오중(吳中)에서 중모(重摸)한 것이다.

## 사성예운(四聲隸韻)

[준생팔전]1075 글씨가 매우 뛰어나서 대략 아름다운 자태라 할 듯하다. 전하는 말에 의하면, 유구(琉球)1076에서 돌에 새겼고, 탁본 방법과 종이 색이 아주 좋다고 한다.

## 만안교기(萬安橋記)

[원교서결]1077 송(宋)나라 사람들은 채양(蔡襄)의 진서(眞書, 해서)를 높이 칭송하여 《만안교기(萬安橋記)》를 오계(浯溪)1078에 있는 비석들과 견주기에 이르렀다. 하지만 내가 채양의 글씨를 보니 모두 힘이 없고 속되었는데, 《만안교기》는 더욱 힘이 없고 느슨하여 싫어할 만하다.

[칠송당지소록]1079 납언(納言) 왕사령(王思齡)1080의 집에 채양의 서첩 2개가 있는데, 빠르게 흘러간 필획

## 草韻

[又] 三種, 各五卷. 宋、元刻, 吳中重摸.

## 四聲隸韻

[又] 書法極工, 略似嫵媚. 傳云石刻于琉[122]球, 其搨法紙色絶佳.

## 萬安橋記

[圓嶠書訣] 宋人崇獎蔡襄眞書, 至以《萬安記》比浯溪碣. 余觀蔡書, 皆脆俗, 《萬安記》尤鈍緩可厭.

[七頌堂識小錄] 王納言思齡家有蔡忠惠二帖, 草草

1074 《遵生八牋》卷14〈燕閑清賞牋 上〉"論歷代碑帖"(《遵生八牋校注》, 540쪽).
1075 《遵生八牋》卷14〈燕閑清賞牋 上〉"論歷代碑帖"(《遵生八牋校注》, 539쪽).
1076 유구(琉球):일본 오키나와현 일대 섬에 있던 왕국. 1879년에 일본에 강제로 병합되었다.
1077 《圓嶠書訣》〈後編下〉(서울대 규장각, 《圓嶠書訣》이미지, 40b).
1078 오계(浯溪):중국 호남성(湖南省) 영주시(永州市) 오계진(浯溪鎭) 일대. 상강(湘江) 수변에 자연 석벽으로 이루어진 비림(碑林)이 있다.
1079 《七頌堂識小錄》(《文淵閣四庫全書》 872, 125쪽).
1080 왕사령(王思齡):?~?. 중국 명나라의 문인. 호는 납언(納言). 호과급사중(戶科給事中)을 역임했다.
[122] 琉:저본에는 "玩". 오사카본·규장각본·《遵生八牋·燕閑清賞牋》에 근거하여 수정.

만안교기

들이 모두 진(晉)나라 사람들 글씨의 정수를 얻었다.

處皆得晉人三昧.

## 취옹정기(醉翁亭記)[1081]

[칠송당지소록(七頌堂識小錄)[1082]][1083] 소식이 초서로 쓴 《취옹정기(醉翁亭記)》는 언릉(鄢陵)[1084]에 각본(刻本)이 있으나 사람들은 그것이 위작이라고 의심했다. 그러나 내가 정주(定州)[1085]를 지나가다가 설랑석(雪浪石)[1086] 벽 사이에 새겨진 남은 비석을 보았는데, 바

## 醉翁亭記

[又] 蘇東坡草書《醉翁亭記》, 鄢陵有刻本, 人疑其贋. 然余過定州, 看雪浪石壁間嵌殘碑, 乃草書《中山松醪賦》, 語筆與此同.

---

1081 취옹정기(醉翁亭記) : 원래 중국 송대의 문인 구양수가 취옹정에서 쓴 문장으로, 안휘성(安徽省) 저주(滁州)로 좌천되었을 때 낭야산(琅琊山)에 있는 취옹정에서 손님들과 산천을 감상하며 술을 마시고 지은 글이다. 여기서는 구양수의 글을 소식이 초서로 써서 언릉(鄢陵)의 돌에 새긴 것이다.

1082 칠송당지소록(七頌堂識小錄) : 중국 청나라의 문인 유체인(劉體仁, 1617~1676)이 편찬한 서적. 《지부족재총서(知不足齋叢書)》에 수록되어 있다. 서유구는 오사카본에 '청나라 유체인의 저술(清劉體仁著)'이라는 두주(頭註)를 기록해 두었다.

1083 《七頌堂識小錄》(《文淵閣四庫全書》872, 123쪽).

1084 언릉(鄢陵) : 중국 하남성(河南城) 허창시(許昌市) 언릉현(鄢陵縣) 일대.

1085 정주(定州) : 중국 하북성(河北省) 정주시(定州市) 일대.

1086 설랑석(雪浪石) : 중국 정주(定州)에 있는 석벽으로, 소식이 쓴 영물시(詠物詩)에서 그 이름이 비롯되었다. 검고 거친 돌 사이로 흰 눈 같은 줄무늬가 있다.

로 초서로 쓴 《중산송료부(中山松醪賦)1087》였으니, 글의 내용과 초서로 쓴 글씨가 이와 일치했다.

소식이 일찍이 글을 베껴 썼던 것을 살펴보니 매번 한 가지 서체였다. 그렇다면 갑자기 자유분방한 초서를 썼던 장욱이나 회소처럼 글씨를 썼더라도 어찌 소동파는 그런 글씨를 쓸 리가 없다고 성급하게 말할 수 있겠는가? 그 글자 획의 크기나 질감의 정도가 일정하지 않은데, 무거운 것은 빽빽하고 뾰족한 획이 숲처럼 무성해서 또한 꽉 찬 느낌을 주는 안진경의 서법과 같다.

按坡公嘗鈔書, 每爲一體, 則忽作顚張醉素, 何可遽謂必無? 其字123畫輕重不一, 重則稜角森然, 又顔法也.

[금화경독기]1088 《취옹정기》의 탁본은 우리나라로 들어온 것이 많다. 대개 넓적한 획이 많으니, 바로 황정견이 소식의 글자에 대해 평가한 "돌이 두꺼비를 누르는 서체"1089와 같았다. 따라서 《취옹정기》가 소식의 글씨라는 사실은 의심의 여지가 없다.

[金華耕讀記] 《醉翁亭記》揚本, 多東來者, 大抵多扁畫, 政如山谷所稱"石壓蝦蟆"者, 其爲坡老筆無疑.

또 소식의 아들 소과(蘇過)1090의 《사천집(斜川集)》에 있는 《서선공자후(書先公字後)》라는 한 편의 글을 살펴보면 다음과 같이 말했다.

又案蘇過《斜川集》有《書先公字後》一篇, 云:

"돌아가신 부친께서는 어릴 적에 왕희지와 왕헌

"先公少年喜二王書, 晩乃

---

1087 중산송료부(中山松醪賦) : 중국 북송의 문장가 소식이 말년에 쓴 사부(辭賦) 작품의 하나. 술을 담그는 내용을 소재로 쓴 작품이다.

1088 출전 확인 안 됨.

1089 돌이……서체 : 《독성잡지(獨醒雜志)》 권3에 수록되어 있는, 소식과 황정견의 대화에서 나오는 표현이다.

1090 소과(蘇過) : 1072~1123. 중국 북송의 문인. 자는 숙당(叔黨), 호는 사천거사(斜川居士). 소식(蘇軾, 1037~1101)의 아들이다. 저서로 《사천집(斜川集)》이 있다.

123 字 : 저본에는 "子". 오사카본·규장각본·《七頌堂識小錄》에 근거하여 수정.

지의 글씨를 좋아하셨다가 만년에서야 안진경의 글씨를 좋아하셨다. 그러므로 부친의 글씨에는 때에 따라 두 대가의 풍모가 드러난다. 그런데 세속의 사람들은 그런 사실은 모르고서 부친이 서호(徐浩)의 글씨를 배워서 풍격이 낮다고 함부로 말한다. 부친의 글씨는 도(道)가 있는 선비가 상황에 맞게 벼슬을 하거나 물러나는 자세와 같아서, 그 영예와 치욕을 함부로 평가하기에는 적절하지 않다.

옛사람들이 부친의 글씨를 대수롭지 않게 여겨 다른 물건들 사이에 방치하고자 했다면 이때는 이 글씨가 숨어있던 시기였다. 요즘 사람들이 이 글씨를 재물을 취할 수 있게 도와주는 것으로 생각한다면 이때는 이런 풍속이 만연하여, 다투어 많이 소장한 것을 과시하여 이득을 좇으려는 시기이다. 무릇 부친의 글씨를 임모한 것이 여러 가지로 많이 나오며 거기에는 위조한 부친의 도장을 붉은색으로 어지럽게 찍어 놓은 것이 10에 7~8개나 된다."[1091]

이 글은 소식 묵적에 관련된 사실적인 기록이라 할 수 있으며, 그 당시부터 이미 위조품이 많았다는 것을 또한 알 수 있을 것이다.

喜顏平原. 故時有二家風氣. 俗子不知, 妄謂學徐浩陋矣. 公之書如有道之士隱顯, 不足以議其榮辱.

昔之人有欲擠之於淵, 則此書隱. 今之人以此書爲進取資, 則風俗靡然, 爭以多藏爲誇而逐利之, 夫臨摸百出, 朱紫相亂, 十七、八矣."

此可爲坡老墨蹟實錄, 而自當時, 已多贋鼎, 亦可見矣.

## 추포가(秋浦歌)[1092]

[칠송당지소록][1093] 황정견(黃庭堅)이 초서로 쓴 《추포

## 秋浦歌

[七頌堂識小錄] 黃山谷草

---

1091 《斜川集》〈書先公字後〉.
1092 추포가(秋浦歌): 중국 당나라의 시인 이백(李白)이 지은 시로, 5언시 17수로 구성되었다. 황정견은 이 시를 소성(紹聖) 3년(1096)에 자유분방한 초서로 썼다.
1093 《七頌堂識小錄》(《文淵閣四庫全書》 872, 127쪽).

가》는 긴 두루마리에 쓴 진본으로, 단양(丹陽)[1094]의 장초(蔣超)[1095]에게 얻었는데, 수준이 아주 뛰어나다.

[금화경독기][1096] 또 《적양공비(狄梁公碑)[1097]》 서평과 행서로 쓴 《염노교·적벽회고(念奴嬌·赤壁懷古)[1098]》 탁본은 모두 맑고 강건하여 좋아할 만하다. 예정보(倪正父)[1099]가 말한 "황정견은 자유분방한 필법이 많다"[1100]라는 평도 모두 옳다.

## 소흥(紹興) 미첩(米帖)

[운석재필담(韻石齋筆談)[1101]][1102] 송(宋) 고종(高宗)은 미불(米芾)의 글씨를 아주 좋아했으며, 소흥(紹興) 연간(1131~1162) 신유년(辛酉年, 1141)에 미불의 묵적을 모아 궁중에서 새겼다. 나는 송나라 때 탁본한 이 법첩 제3권을 경사(京師) 안에서 얻었는데, 모두 세로로 경계선을 긋고 쓴 글씨였으며, 수려하고 빼어난 글씨들이 옥색과 담황색 비단 사이로 아롱지는 것이었다.

書《秋浦歌》長卷眞蹟, 得之丹陽蔣虎臣, 極賞[124]之.

[金華耕讀記] 又有《狄梁公碑》書評, 行書《大江東去辭》搨本, 皆淸勁可喜. 倪正父所謂"魯直多縱筆"者儘然.

## 紹興米帖

[韻石齋筆談] 宋高宗篤好米元章書, 紹興辛酉集元章墨蹟, 刻之禁中. 余得宋搨第三卷于袁寰中, 皆擘窠書, 秀偉奇傑, 掩映縹緗.

---

1094 단양(丹陽) : 중국 강소성(江蘇省) 단양시(丹陽市) 일대.
1095 장초(蔣超) : 1630~1673. 중국 명말청초의 문인. 자는 호신(虎臣), 호는 수암(綏庵). 한림편수(翰林編修)를 역임했다. 저서로 《수암집(綏庵集)》 등이 있다.
1096 출전 확인 안 됨.
1097 적양공비(狄梁公碑) : 중국 당나라의 명재상 적인걸(狄仁傑, 630~700)을 추모하는 비석.
1098 염노교·적벽회고(念奴嬌·赤壁懷古) : 중국 송나라의 소식이 지은 사(詞). 악곡에 따라 부르는 노래의 가사인데 곡조의 이름을 따라 염노교(念奴嬌)라고 부르며, 적벽을 회고하는 내용이다. '대강동거(大江東去)'라는 구절로 시작하므로 "대강동거사(大江東去詞)"라고도 한다.
1099 예정보(倪正父) : ?~?. 중국 남송의 문신. 상서(尙書)·시랑사(侍郎使) 등을 역임했다.
1100 황정견은……많다 : 《墨池瑣錄》 卷2 《叢書集成初編》 1631, 1쪽).
1101 운석재필담(韻石齋筆談) : 중국 청나라의 문인 강소(姜紹, ?~?)의 저서. 운석재(韻石齋)는 강소의 호.
1102 《韻石齋筆談》 卷下 〈紹興米帖〉 《文淵閣四庫全書》 872, 107쪽).
[124] 賞 : 저본에는 "譽". 오사카본·규장각본·《七頌堂識小錄》에 근거하여 수정.

[묵지쇄록]1103 황정견(黃庭堅)은 "미불의 글씨는 경쾌한 칼 솜씨로 적진(敵陣)을 흐트러뜨리는 듯하고, 강한 쇠뇌로 얇은 나무 조각을 쏘는 듯하다. 그러나 필세가 또한 빈약하니 이것은 자로(子路)1104가 공자(孔子)를 아직 뵙지 못했을 때의 기상과 같다."1105라 했다. 미불은 일찍이 황정견의 글씨를 '묘(描)' 자로 평가1106했는데, 또한 호승심이 강한 사람들이 적수를 만난 셈이다.

[墨池瑣錄] 山谷云: "米元章書, 如快劍斫陣, 强弩射札. 然勢亦窮, 此似仲由未見夫子時氣象耳." 米嘗評黃庭堅爲"描"[125]字, 亦是好勝遇敵[126]也.

### 경재잠(敬齋箴)1107

[금화경독기]1108 주희(朱熹)가 쓴 《경재잠(敬齋箴)》은 목각에 8단(段)이다. 지금 제주[耽羅] 향교에 소장되어 있다.1109 뱃사공이 바다에서 얻었다고 하기도 하고, 혹은 강소성(江蘇省)·절강성(浙江省)의 장삿배가 이것을 싣고 표류하다 육지에 닿아서 그 판(版)을 놓

### 敬齋箴

[金華耕讀記] 朱子書《敬齋箴》, 木刻八段, 今藏耽羅校宮. 或云梢[127]工得之海洋, 或云江、浙商舶載此飄到, 留其版而去. 余見揚

---

1103 《墨池瑣錄》卷2(《文淵閣四庫全書》816, 7쪽).

1104 자로(子路): B.C.542~B.C.480. 중국 춘추시대 노나라의 관리. 이름은 중유(仲由), 자는 자로(子路). 공자의 유명한 제자 10명 중 한 사람이다. 품성이 강직했으며 용기와 힘을 좋아했다.

1105 《山谷集》卷29〈題跋〉"跋米元章書"(《文淵閣四庫全書》1113, 310쪽).

1106 미불은……평가: '묘(描)'로 평가했다는 말은, 미불이 황정견의 글씨 수준을 높게 보지 않았다는 뜻으로 추정된다.

1107 경재잠(敬齋箴): 중국 송나라의 주희가 짓고 쓴 잠언. 4언 40구 160자로 이루어져 있으며 사람이 갖추어야 할 바람직한 일상적 삶의 태도를 담고 있다.

1108 출전 확인 안 됨.

1109 지금……있다: 현재 제주향교에는 경재잠 목판이 없다. 중간에 산실되었는지 서유구가 《경재잠(敬齋箴)》이 소장된 강진군 남강사(南康祠)를 제주도의 향교로 착각한 것인지는 불확실하다. 송시열이 제주도로 유배갔다는 사실을 엮어서 만든 신화가 아닌지 의심된다.

[125] 描: 저본에는 "猫". 오사카본·규장각본·《墨池瑣錄》에 근거하여 수정.

[126] 敵: 저본에는 "適". 오사카본·규장각본·《墨池瑣錄》에 근거하여 수정.

[127] 梢: 저본에는 "稍". 오사카본·규장각본에 근거하여 수정.

경재잠 목판 탁본으로 만든 병풍(성균관대학교 양현재 사무실)

고 갔다고도 한다.[1110] 내가 그 탁본을 보니 글자 크기는 6~7촌쯤 되고 획은 살지고 강건하여 험준한 바위 같았는데, 목판 글씨들을 병풍처럼 늘어놓으면 기암괴석을 마주한 듯했다. 말단에 주희의 호(號)인 '회옹(晦翁)'이라는 글자가 있다.

本, 字大六七寸, 畫肥而勁奇碨礧, 張之屛著, 如對奇巖怪石. 末有晦翁字.

---

1110지금……한다:《경재잠》을 포함한 주희의 목판은 전라남도 강진군 남강사(南康祠)에 소장되어 있다. 1809년 송시열이 제주도로 유배갈 때의 승선지인 성자포 앞바다에 떠밀려 온 나무궤 안에 '주자경재잠목판(朱子敬齋箴木板)' 20매와 '대우수전(大禹手篆)' 8매가 있었다고 한다. 현재 보존된 목판은 원래 성자포에 표착된 원판 중 훼손되거나 소실된 것을 일부 개판한 것이다. 모두 43판으로 대우수전 6판(구판 4판, 1904년 모각판 2판), 경재잠 26판(구판 10판, 1904년 모각판 16판), 기타 11판이다.

## 송설첩(松雪帖)[1111]

[금화경독기][1112] 고려 충선왕(忠宣王)[1113]은 원나라의 공주(公主)와 결혼하여 태위(太尉)[1114]로서 연경(燕京)의 사저에 머물 때 만권당(萬卷堂)[1115]을 짓고 서사(書史, 전적)를 자신의 즐거움으로 삼았다. 요수(姚燧)[1116]와 조맹부(趙孟頫) 같은 여러 사람들이 모두 그곳에서 교유했기 때문에 조맹부의 글씨가 우리나라에 많이 전해졌다.

우리나라의 안평대군(安平大君) 이용(李瑢)[1117]은 서법(書法)의 일인자로서 한 시대에 이름을 떨쳤는데, 오로지 조맹부의 송설체(松雪體)만 배웠다. 그래서 온 세상 사람들이 그쪽으로 쏠렸으며, 마침내 조맹부가 왕희지 이후에 최고 인물이라고 하였다. 이용이 수집한 묵적은 세상에서 제일 많았다.

〈빈풍도(豳風圖)[1118]〉의 앞에 쓴 〈칠월시(七月詩)〉는

## 松雪帖

[又] 高麗 忠宣王尙元公主, 以太尉留燕邸, 構萬卷堂, 書史自娛. 姚燧、趙孟頫諸人, 咸遊其門, 故趙書盛傳於東國.

我朝安平, 首以書法, 振耀一世, 而專學松雪. 故擧世靡然, 遂謂右軍後一人. 蒐羅墨蹟, 富於天下.

如《豳風圖》前《七月詩》,

---

1111 송설첩(松雪帖): 조맹부(趙孟頫, 1254~1322)의 글씨를 모아 놓은 법첩. 조맹부는 남송 말기·원나라 초기 문인이면서 유명한 서화가였고, 자는 자앙(子昻), 호는 송설도인(松雪道人)이라 한다. 조맹부의 글씨를 송설체라 한다.

1112 출전 확인 안 됨.

1113 충선왕(忠宣王): 1275~1325. 고려 제26대 왕(재위 1308~1313). 이름은 왕장(王璋), 자는 중앙(仲昻). 충렬왕의 아들. 어머니는 원나라 세조(世祖) 쿠빌라이의 딸 제국대장공주(齊國大長公主) 쿠툴룩켈리쉬이며, 비는 원나라 진왕(晉王) 감마라의 딸 계국대장공주(薊國大長公主) 부타시리이다.

1114 태위(太尉): 중국 원나라의 관직명. 국방 및 군사 부문을 담당한 재상(宰相)이다.

1115 만권당(萬卷堂): 충선왕이 연경에 지은 서재. 만권당에는 많은 서적과 그림 등이 수장되어 있어 저명한 문인들이 출입하였고, 충선왕은 이들과 교유하였다.

1116 요수(姚燧): 1238~1313. 중국 원나라의 문인. 자는 단보(端甫), 호는 목암(牧庵). 한림학사승지(翰林學士承旨)·집현대학사(集賢大學士)를 역임했다.

1117 안평대군(安平大君) 이용(李瑢): 1418~1453. 조선 전기의 서예가·서화가·시인. 자는 청지(淸之), 호는 매죽헌(梅竹軒)·비해당(匪懈堂), 봉호는 안평대군(安平大君)이다. 세종의 셋째 아들이며 문종·세조의 친동생이다. 서예와 시문, 그림, 가야금 등 여러 기예에 능하였다. 한석봉과 함께 조선 최고의 명필로 평가된다.

1118 빈풍도(豳風圖): 《시경(詩經)》 〈빈풍(豳風)〉의 칠월(七月)·치효(鴟鴞)·동산(東山)·파부(破斧)·벌가(伐柯)·구역(九罭)·낭발(狼跋) 등 일곱 편을 소재로 그린 그림이다. 특히 백성들의 생업인 농업이나 잠업(蠶業)과 관련한 풍속을 월령 형식으로 읊은 칠월편의 내용만 그리는 경우가 많아 '빈풍칠월도(豳風七月圖)'라고도 불린다.

송렴(宋濂)[1119]이 말한 "인종(仁宗)[1120]이 세자일 때 보배로써 애지중지하던 서화"[1121]였다. 《추흥부(秋興賦)[1122]》는 진계유(陳繼儒)[1123]가 말한 "그 필법이 모두 왕헌지에서 나왔으며 뒷부분에 장동해(張東海)의 발문이 있다."라는 작품이다. 나는 그 탁본들을 모두 보았다.

그밖에 문(文)·부(賦)·《천자문》·해서체로 작게 쓴 《도인경(度人經)[1124]》·《도덕경(道德經)[1125]》 등과 같은 종류는 이루 다 기록할 수 없으며, 또한 우리나라에서 번각(飜刻)한 판본이 있다.

요즈음에 이광사(李匡師)[1126]가 동기창(董其昌)[1127]의 말을 인용해서 모든 글자가 하나같이 똑같음을 비난했으며, 모든 사람들이 그의 글씨를 숭상하는 일도 예전보다는 조금은 수그러들었다고 한다.

即宋潛溪所稱"仁宗在靑宮時, 珍惜裝褫"者也. 《秋興賦》, 陳眉公所謂"筆法全出獻之, 後有張東海跋"者也. 余皆見其搨本.

他如文、賦、《千文》、小楷《度人經》、《道德經》等類, 不可殫記, 亦有我東飜刻本.

近自李圓嶠, 引董思白之言, 詆斥其千字一同, 而擧世推尙, 亦頗遜於前日云.

---

1119 송렴(宋濂) : 1310~1381. 원나라 말기에서 명나라 초기에 활약했던 정치가. 자는 경렴(景濂), 호는 잠계(潛溪) 또는 용문자(龍門子).

1120 인종(仁宗) : 1285~1320. 중국 원나라의 황제. 무종(武宗)의 동생이다. 유술(儒術)에 정통했다.

1121 인종(仁宗)이……서화 : 출전 확인 안 됨.

1122 추흥부(秋興賦) : 중국 서진(西晉)의 시인 반악(潘岳, 247~300)이 지은 시.

1123 진계유(陳繼儒) : 1558~1639. 중국 명나라의 문인·서예가. 자는 중순(仲醇), 호는 미공(眉公). 저서로 《보안당비급(寶顔堂秘笈)》·《태평청화(太平淸話)》 등이 있다.

1124 도인경(度人經) : 중국의 도교 경전. 정식 명칭은 《태상동현영보무량도인상품묘경(太上洞玄靈寶無量度人上品妙經)》이다.

1125 도덕경(道德經) : 중국의 고대 철학자인 노자(B.C 571?~B.C 471?)가 지은 책. 《장자(莊子)》와 함께 도가(道家)의 대표적인 경전이다.

1126 이광사(李匡師) : 1705~1777. 조선 후기의 문인·서예가. 자는 도보(道甫), 호는 원교(圓嶠)·수북(壽北). 조선시대의 양명학자 중 한 사람이며 서예가로서 원교체(圓嶠體)를 완성하였다. 이 서체는 중국서체의 영향에서 벗어나 조선화(朝鮮化)되었다는 의미에서 동국진체(東國眞體)라 부른다. 저서로 《원교집선(圓嶠集選)》이 있다.

1127 동기창(董其昌) : 1555~1636. 중국 명나라 말기의 문인·화가·서예가. 저서인 《화선실수필(畵禪室隨筆)》에서 남종화(南宗畵)가 북종화(北宗畵)보다도 더 정통적인 화풍이라는 상남폄북론(尙南貶北論)을 주창했다. 문학에 능통하였고, 서예가로서도 두각을 나타내어 당대 북방의 유명한 서예가인 형동(邢侗)과 어깨를 겨루어서 '북형남동(北邢南董)'이라 불린다. 저서로 《용태집(容台集)》 등이 있다.

案 이상에서 윗부분은 작가 한 사람의 묵적을 단일하게 판각한 작품들[1128]이며, 아래《승원첩(昇元帖)》이후로는 모두 여러 작가의 묵적을 모아서 판각한 작품들이다.

案 已上單刻一家墨蹟者, 下《昇元帖》以後, 皆合刻諸家墨蹟者.

---

1128 이상에서……작품들: 처음부터《서현 전서 천자문》까지를 말한다.

## 15) 【부록】우리나라의 금석

### 【附】東國金石

당(唐) 소정방(蘇定方) 평백제탑(平百濟塔)[1129]

[나려임랑고(羅麗琳瑯攷)[1130]][1131] 하수량(賀遂良)[1132]이 글을 짓고 권회소(權懷素)[1133]가 글씨를 썼다. 글씨는 큰 해서체로 굳세고 장중하여 마음을 놀라게 하고 몸을 요동치게 하니, 우리나라 제일의 아름다운 장관이다.

　탑은 현경(顯慶) 5년(660) 경신(庚申)년 8월 기사(己巳)월 15일 계미(癸未)일에 세웠다. 너비는 16.2촌,

唐蘇定方平百濟塔

[羅麗琳瑯攷] 賀遂良撰, 權懷素書, 碑文大楷, 遒勁尊嚴, 驚心動魄, 海東第一瑰觀也.

顯慶五年庚申八月己巳朔十五日癸未建, 寬十六尺二

당 소정방 평백제탑명 탁본　유인원 기공비 탁본(국립중앙박물관)
(국립중앙박물관)

---

1129 당(唐) 소정방(蘇定方) 평백제탑(平百濟塔) : 평제탑(平齊塔)이라 불리기도 한다. 중국 당나라 소열(蘇烈)이 백제를 평정한 기념으로 세웠다고 알려져 왔으나 실제로는 이미 세워진 탑에 글씨를 새겼다는 사실이 밝혀졌다. 지금의 정림사지 5층 석탑이다. 국보 제9호.

1130 나려임랑고(羅麗琳瑯攷) : 조선 후기에 활동한 문인·서화가 이조묵(李祖默, 1792~1840)이 1824년에 신라와 고려의 비문 중 일부를 탁본하고 설명을 붙여 간행한 책.

1131 출전 확인 안 됨.

1132 하수량(賀遂良) : ?~?. 중국 당나라 고종(高宗, 재위 649~683) 때 활약했던 문인. 능주자사(陵州刺史)를 지냈다.

1133 권회소(權懷素) : ?~?. 중국 당나라 고종(高宗) 때 활약했던 문인. 낙주(洛州) 하남(河南) 사람.

【헤아릴 때는 여호척(廬虎尺)[1134]을 사용했다】높이는 5.25척이다. 글은 모두 117행인데, 앞면은 70행이고 1행은 모두 16자로 되어 있으며, 뒷면은 47행이고 1행은 모두 20자로 되어 있다. 전액(篆額)[1135]에는 건륭(乾隆) 갑인(甲寅, 1794)이라 써 있다. 태풍으로 탑의 절반이 잘려 있고, 부여현(扶餘縣)[1136]의 백제(百濟) 옛 터에 있다.

寸.【量用廬虎尺】高五尺二寸五分. 共計百十七行, 前七十行, 行皆十六字; 後四十七行, 行皆二十字. 額篆書乾隆甲寅. 大風塔半折, 在扶餘縣百濟遺墟.

## 유인원(劉仁願) 기공비(紀功碑)[1137]

[부여지(扶餘志)[1138]][1139] 부소산(扶蘇山)[1140] 중턱의 누대에 있다.

劉仁願紀功碑

[扶餘志] 在扶蘇山中臺.

[옹수곤(翁樹崑)[1141] 비목쇄기(碑目瑣記)[1142]][1143] 이미 잔본(殘本)[1144]이라서 떨어진 부분이 있고, 크고 작은 종이 6장이 보관되어 있으나 전문을 보지는 못했다. 비문은 해서로 쓰여 있고 필법이 굳세어 아낄 만

[翁樹崑碑目瑣記] 已殘本敝, 藏大小六紙, 未見全文. 碑文正楷, 筆法遒勁可愛. 曾見柳泠齋題《蘇定

---

1134 여호척(廬虎尺): 중국 후한(後漢)시대에 사용했던 자. 1척이 약 23.3cm이다.

1135 전액(篆額): 현판이나 비석에 전서체(篆書體)로 쓴 제목.

1136 부여현(扶餘縣): 충청남도 부여군의 옛 행정 구역.

1137 유인원(劉仁願) 기공비(紀功碑): 663년에 세워진 것으로 추정되며, 지금은 국립부여박물관에 보관되어 있다. 보물 제21호.

1138 부여지(扶餘志):《부여현읍지(扶餘縣邑誌)》를 말한다. 편찬연대 미상의 충청도 부여현(지금의 부여군) 읍지. 1책. 채색지도가 첨부된 필사본. 서울대학교 규장각한국학연구원에 있다.

1139 《扶餘縣邑誌》〈古蹟〉, 28쪽.

1140 부소산(扶蘇山): 충청남도 부여군 부여읍 쌍북리에 있는 산. 금강에 맞닿아 있으며 백제의 마지막 도읍인 사비(泗沘)가 있던 곳이다. 해발 106m.

1141 옹수곤(翁樹崑): 1785~1815. 중국 청나라의 학자. 자는 성원(星原)·학승(學承), 호는 홍두산인(紅豆山人). 옹방강(翁方綱)의 여섯째 아들, 옹수배(翁樹培)의 동생. 가학을 이어받았으며 글씨를 잘 썼다. 저서로《비목쇄기(碑目瑣記)》가 있다.

1142 비목쇄기(碑目瑣記): 중국 청나라의 학자인 옹수곤(翁樹崑)의 저술. 현재는 실전되었다.

1143 출전 확인 안 됨.

1144 잔본(殘本): 내용이 소실되어 완전하지 않은 판본. 서유구는 오사카본에 "잔본이라는 글자는 오류인 듯하다(殘本疑誤)"라는 두주(頭註)를 기록해 두었다.

하다. 일찍이 유득공(柳得恭)[1145]이 쓴 〈소정방 평백제 탑〉·〈유인원 기공비〉의 제문(題文)과 이서구(李書九)[1146]를 위해 유득공이 쓴 부(賦)와 장가(長歌)에 유득공이 쓴 제문(題文)을 보았는데, 당연히 옛날 탁본이었다.

方平百濟塔〉、《劉仁願紀功碑》, 爲李薑山賦、長歌泠齋所題. 當是舊拓本.

[동방금석평(東方金石評)[1147][1148] 글씨는 구양순체로, 가늘다.

[東方金石評] 率更體, 瘦.

### 신라(新羅) 쌍계사(雙磎寺) 교시진감선사비(敎諡眞鑑禪師碑)[1149]

新羅雙磎[128]寺敎諡眞鑑禪師碑

[비목쇄기] 비의 글자는 해서로 썼고, 전 당(唐)나라 도통순관(都統巡官)[1150] 승무랑(承務郎)[1151] 시어사(侍御

[瑣記] 碑字正楷, 前西國都統巡官承務郎侍御史內

---

1145 유득공(柳得恭):1748~1807. 조선 후기의 관료·학자. 자는 혜보(惠甫)·혜풍(惠風), 호는 영재(泠齋)·영암(泠庵)·고운당(古芸堂). 풍속과 역사에 관심이 많아 《경도잡지(京都雜誌)》·《발해고(渤海考)》 등의 저서를 남겼다. 오늘날 가장 잘 알려진 저서인 《발해고》는 발해사를 우리 역사로 인식한 최초의 역사서이다.
1146 이서구(李書九):1754~1825. 조선 후기의 관료·문인. 자는 낙서(洛瑞), 호는 척재(惕齋)·강산(薑山)·소완정(素玩亭)·석모산인(席帽山人). 형조판서(刑曹判書)·판중추부사(判中樞府事) 등을 역임했으며 역사·시·서예 등에 조예가 깊었다. 박지원(朴趾源)의 문하이고 이덕무(李德懋) 등과도 교류가 있었다. 문집으로 《척재집(惕齋集)》·《강산초집(薑山初集)》이 있다.
1147 동방금석평(東方金石評):미상.
1148 출전 확인 안 됨.
1149 신라(新羅) 쌍계사(雙磎寺) 교시진감선사비(敎諡眞鑑禪師碑):신라 진성왕 원년(887)에 옥천사(玉泉寺)를 쌍계사로 고치면서 세운 비이다. 지금도 경상남도 하동군 쌍계사에 보관되어 있다. 비문의 글자 크기는 약 2.3cm이다. 국보 제47호.
1150 도통순관(都統巡官):중국 당나라 때 관직으로 절도사(節度使)·관찰사(觀察使)·단련사(團練使)·방어사(防禦使) 등을 말한다.
1151 승무랑(承務郎):중국 당나라 때 관직으로, 전적(典籍)과 문서를 관리하는 시랑(侍郎)이 결석일 때 그 임무를 대신했다.
[128] 磎:저본에는 "谿". 일반적인 용법에 근거하여 수정.

쌍계사 진감선사대공탑비 탁본(국립중앙도서관)

史)[1152] 내공봉(內供奉)[1153] 자금어대(紫金魚袋)[1154]를 받은 최치원(崔致遠)[1155]이 글을 짓고, 글씨와 전액(篆額)도 썼다. 비의 높이는 6.2척이고, 너비는 3.1척이다. 비문은 모두 38행이고 각 행은 70자로 되어 있다. 비의 윗부분이 끊어졌고 뒤의 절반은 약간 떨어져 나갔다.

供奉賜紫金魚袋崔致遠撰, 竝書篆額. 碑高六尺二寸, 寬三尺一寸, 共計三十八行, 每行七十字. 其上載, 後半微缺, 一角在晉州智

---

1152 시어사(侍御史): 중국 진(秦)나라 때부터 있었던 관직으로, 어사중승(御史中丞)의 지휘를 받아서 백관들을 감찰하는 일을 했다.

1153 내공봉(內供奉): 중국 당나라의 관직명. 시어사(侍御史) 9명중 3명을 내공봉이라 불렀다. 궁궐 안에서 의식을 주관하고 백관들이 법도에 어긋나지 않도록 감찰했다.

1154 자금어대(紫金魚袋): 중국 당나라·송나라의 관복으로, 3품 이상은 자색(紫色) 관복과 금색(金色) 잉어 모양 장식을 단 허리띠를 둘렀으며, 5품 이상은 홍색(紅色) 관복에 은색 잉어 모양 장식을 단 허리띠를 둘렀고, 6품 이하는 녹색(綠色) 관복을 입었고 허리띠는 없었다.

1155 최치원(崔致遠): 857~?. 신라 말기의 관료·학자. 자는 고운(孤雲)·해운(海雲). 신라 말 6두품 지식인의 대표적인 인물이다. 당나라에 유학하여 벼슬을 했으며 〈격황소서(擊黃巢書)〉로 이름을 날렸다. 신라로 돌아와서 관직생활을 했으며 〈대숭복사비문(大崇福寺碑文)〉 등을 남겼다. 진성왕(眞聖王) 때 시무책을 올렸으나 시행되지 않자 은거하며 청량사(淸凉寺)·쌍계사(雙溪寺) 등에 머물렀다.

1조각은 진주(晉州)[1156] 지리산(智異山)에 있다.[1157]　　　　異山.

[동방금석평][1158] 글씨는 안진경체이고, 완숙하면서　　[評] 魯公體, 熟而捷, 且
도 빠른 기세가 있으며 또 길쭉하다.　　　　　　　　楷.


## 최치원묘비(崔致遠墓碑)[1159]　　　　　　　　　　崔致遠墓碑

[해동금석록(海東金石錄)[1160]][1161] 비액(碑額)은 최치원이　　[海東金石錄] 額孤雲自筆,
직접 글씨를 썼고, 뒷면은 최흥효(崔興孝)[1162]가 썼다.　　陰記崔興孝書, 在鴻山 極
홍산(鴻山)[1163]의 극락사(極樂寺)[1164] 뒤에 있다.　　　　樂寺後.


[동방금석평][1165] 비 뒷면은 종요(鍾繇)의 서체이고,　　[評] 陰記鍾體, 拙.
질박하다.

---

1156 진주(晉州) : 경상남도 진주 지역에 있었던 지명. 1906년 행정구역 조정에 따라 사월·삼장 등 6개 면을 산
　　청군으로, 청암·종화 등 7개 면을 하동군으로, 문선·남양 등 5개 면을 사천군으로 이속하였다. 1914년 행
　　정구역 개편 때 영선·오읍·영이·개천면을 고성군으로, 축동·대곡면을 사천군으로 이속하였다.
1157 1조각은……있다 : 행정구역 개편으로 옛 진주 지역이 축소되면서 지리산은 진주와 떨어지게 되었다.
1158 출전 확인 안 됨.
1159 최치원묘비(崔致遠墓碑) : 이 비는 후대에 최치원의 글씨를 집자해서 만든 비로 추정되나 전해지지 않는다.
　　이규경(李圭景, 1788~1863)은 그의 저서 《오주연문장전산고(五洲衍文長箋散稿)》에서 "공의 나이 40일
　　때는 신라 진성여주(眞聖女主) 10년(896)이니 곧 당 소종(唐昭宗) 9년이다. 이때에 무성(武城, 현재 태인면
　　(泰仁面)) 태수(太守)로 나갔다가 스스로 불우(不遇)를 개탄, 가족들과 함께 강양군(江陽郡, 현재 합천군
　　(陜川郡)) 가야산(伽倻山)에 들어가 일생을 마쳤고, 묘(墓)는 호서(湖西) 홍산현(鴻山縣) 극락사(極樂寺)
　　뒤에 있다. 비(碑)가 있는데, 비액(碑額)은 공의 자필이고 음기(陰記)는 최흥효(崔興孝)가 썼다. 세상에서
　　는 공을 선학(仙學)의 원조(元祖)라 하여 선학을 수련, 신선이 되어 갔다고 하니, 홍산현에 있다는 묘는 마
　　치 교산(喬山)에 황제(黃帝)의 묘가, 주질(盩庢)에 노자(老子)의 묘가 있다는 이야기와 같은 것이다."라 하
　　여 홍산에 있다고 하는 최치원묘는 후대에 전하는 이야기일 뿐이라고 했다. 《五洲衍文長箋散稿》〈經史編〉
　　5 "論史類"2 '人物·崔文昌事蹟辨證說'(한국고전번역원 번역 참고).
1160 해동금석록(海東金石錄) : 조선 후기의 서예가 이우(李俁, 1637~1693)가 우리나라 금석문의 탑본(搨本)을
　　연대순으로 엮은 서첩인 《대동금석서(大東金石書)》를 1668년에 지었는데, 이 판본이 청나라의 학자들에게
　　보내져 《해동금석존고(海東金石存攷)》·《해동금석원(海東金石苑)》 등의 저서를 낳게 되었다. 서유구가 확
　　인한 《해동금석록》도 역시 이와 같은 경로로 지어진 저술로 추정된다.
1161 《大東金石書》卷1〈雙溪寺眞鑑禪師大空塔碑〉(국립중앙도서관 古2202-61, 17쪽).
1162 최흥효(崔興孝) : 1390~1452. 고려 말 조선 초의 문신·서예가. 초서와 행서를 잘 썼고, 대외문서와 필사업
　　무를 주로 담당했다.
1163 홍산(鴻山) : 충청남도 부여군(扶餘郡) 홍산면(鴻山面) 일대.
1164 극락사(極樂寺) : 미상.
1165 출전 확인 안 됨.

홍류동(紅流洞) 제시석(題詩石)[1166]

[합천지(陝川志)[1167]][1168] 해인사(海印寺)[1169] 근처인 홍류동(紅流洞)[1170] 무릉교(武陵橋)[1171] 옆에 최치원이 시를 쓴 돌[題詩石]이 있다. 7언절구로 모두 34글자이다.

[동방금석평][1172] 행서이며, 고졸(古拙)하다.

紅流洞題詩石

[陝川志] 海印寺 紅流洞武陵橋邊, 有崔孤雲題詩石, 七言絶句, 共三十四字.

[評] 行書, 古拙.

홍류동 제시석 탁본(국립중앙박물관)

난조(화한삼재도회)

---

1166 홍류동(紅流洞) 제시석(題詩石): 경상남도 합천군 가야면 구원리 홍류동 계곡에 최치원이 새긴 시. 《고운집(孤雲集)》卷1〈시(詩)〉에 "가야산 독서당에 제하다(題伽倻山讀書堂)"라는 제목으로 나온다. 이 독서당이 최치원이 지은 '농산정(籠山亭)'이다. 마모된 글씨는 알아보기 어려우며, 계곡 북쪽에 송시열(宋時烈)이 모사한 시가 있다. 시의 전문은 다음과 같다. "바위틈 미친 듯 내달리는 계곡물 겹겹산을 포효하니, 옆에 있는 사람의 말소리도 구별하기 어려워라, 늘 시시비비 따지는 소리 들릴까 염려를 해서, 일부러 흐르는 물로 온산을 감쌌다네.(狂奔疊石吼重巒, 人語難分咫尺間, 常恐是非聲到耳, 故敎流水盡籠山.)"
1167 합천지(陝川志): 1899년에 편찬된 《경상남도합천군읍지(慶尙南道陝川郡邑誌)》를 말한다. 1책. 채색지도가 첨부된 필사본. 서울대학교 규장각한국학연구원에 있다.
1168 《慶尙南道陝川郡邑誌》〈古蹟〉, 17쪽.
1169 해인사(海印寺): 경상남도 합천군 가야면에 있는 사찰. 신라(新羅) 애장왕(哀莊王) 때 지어졌으며, 대한불교 조계종 제12교구 본사로, 2009년 12월 21일 사적 제504호로 지정되었다. 국보 제32호 《재조대장경》 경판·제52호 대장경판고(大藏經板庫)·보물 제128호 반야사(般若寺) 원경왕사비(元景王師碑)·제264호 석조여래입상·제518호 원당암 다층석탑 및 석등이 있다.
1170 홍류동(紅流洞): 경상남도 합천군 가야면 구원리에 있는 계곡.
1171 무릉교(武陵橋): 경상남도 합천군 가야면 구원리에 있던 다리. 지금은 남아 있지 않다.
1172 출전 확인 안 됨.

## 무장사비(鍪藏寺碑)1173

[나려임랑고]1174 신라(新羅) 수대남령(守大南令)1175 김
류진(金陸珍)1176이 글을 짓고 아울러 글씨를 썼다. 비
문은 행서(行書)이고 난조(鸞鳥)1177가 빠르게 날고 봉
황(鳳凰)이 머무르는 형상이니, 필의가 빛나고 밝아
사람을 감동시킨다.

비의 떨어져 나간 곳을 자세히 분별하면 17행을
판독할 수 있고, 중간의 가장 높은 1행은 24글자로,
모두 헤아려보면 283.5글자이다.

안 이 비는 정원(貞元) 16년(800)에 세워졌다. 《금사(金
史)》를 상고해 보면 정원(貞元) 연호는 4년(1156) 되는
해에 이르러 연호를 바꾸었다.1178 그러니 비록 연호
가 같더라도 이 비를 당나라 정원(貞元) 연간(785~805)
에 세운 것은 의심의 여지가 없다. 비는 경주부(慶州
府) 은참산(恩站山)1179에 있다.

## 鍪藏寺碑

[攷] 新羅守大129南令金陸
珍撰幷書, 碑文行書, 鸞飄
鳳泊, 烜赫動人.

就殘缺處詳辨, 得十七行,
中間最高一行二十四字, 共
計二百八十三半字.

案 是碑建于貞元十六年.
考《金史》, 貞元至四年改
元, 則此碑之建在唐貞元,
無疑也. 在慶州府恩站山.

---

1173 무장사비(鍪藏寺碑): 경상북도 경주시 암곡동 무장산 무장사에 세워졌던 무장사(鍪藏寺) 아미타(阿彌陀)
불조상(佛造像) 사적비(事蹟碑)를 말한다. 현재는 절터에 보물 제125호인 이수와 귀부가 남아 있고 비편의
일부가 김정희에 의해 발견되었다.

1174 출전 확인 안 됨.

1175 수대남령(守大南令): 미상. 김륙진의 관직명으로 기록된 '대나말(大奈末)'과 관계가 있는 듯하다. 대나말
은 17관등 중 제10등으로 '한나마(韓奈麻)'라고도 한다.

1176 김륙진(金陸珍): ?~?. 신라 말기의 진골 귀족·서예가. 17등 관등(官等) 중 제10등인 대나마(大奈麻)이던
803년(애장왕 4) 왕명을 받들어 무장사(鍪藏寺)에 세운 아미타(阿彌陀) 불조상(佛造像) 사적비(事蹟碑)의
비문을 지었다. 그 뒤 대아찬(大阿飡)에 올라, 809년 사은사(謝恩使)가 되어 당나라에 다녀왔다.

1177 난조(鸞鳥): 중국의 전설 속 동물. 닭과 비슷한 모양에 오색을 띠고 있지만 전체적으로 푸른색이라 생각되
었다.

1178 금사(金史)를……바꾸었다: 금나라는 1156년에 연호를 정원에서 정륭(正隆)으로 바꾸었다. 따라서 금나
라 정원 연간은 1153년부터 1155년까지이다.

1179 은참산(恩站山): 지금의 경상북도 경주시 암곡동 무장산.

129 大: 오사카본에는 "太".

[동방금석평]1180 행서(行書)이며, 뛰어나다.

[評] 行書, 逸.

## 신행선사비(神行禪師碑)1181

[나려임랑고]1182 당나라 위위경(衛尉卿)1183 국상(國相)1184 병부령(兵部令)1185 이간(伊干)1186 김헌정(金獻貞)1187이 글을 짓고, 동계(東溪)1188의 승려 영업(靈業)1189이 글씨를 썼다. 글씨가 왕희지체의 정수를 얻어 기뻐할 만하다.

원화(元和) 8년(813) 계사(癸巳) 9월 경술(庚戌) 9일 무오(戊午)에 비를 세웠다. 높이는 5.66척, 너비는 2.5척이다. 헤아려보면 모두 29행이고, 1행은 모두 63자이다. 비문은 행서와 해서로 쓰여 있고, 모든 비면이 갈라지지 않았다. 비는 진주목(晉州牧) 지리산(智異山)에 있다.

## 神行禪師碑

[攷] 唐衛尉卿國相兵部令伊干金獻貞撰, 東溪沙門靈業書, 得山陰正脈, 可喜.

元和八年, 歲次癸巳九月庚戌朔九日戊午建碑. 高五尺六寸六分, 寬二尺五寸, 共計二十九行, 行皆六十三字, 碑文行,楷, 全幅不泐. 在晉州牧 智異山.

---

1180 출전 확인 안 됨.

1181 신행선사비(神行禪師碑): 신라 말기의 승려 신행선사(神行禪師)를 기념한 비로, 단속사(斷俗寺) 경내에 있었으나 현재는 비편의 일부만 동국대학교 박물관에 보존되어 있고, 탑본은 국립중앙박물관에 남아 있다.

1182 출전 확인 안 됨.

1183 위위경(衛尉卿): 중국의 동한(東漢)·위(魏)·진(晉) 시대부터 있었던 관직명. 궁문(宮門)의 경비, 궁 밖의 순행, 무기고 감찰 등의 임무를 수행했다.

1184 국상(國相): 중국 한(漢)나라 때부터 있었던 관직명. 승상(丞相)·재상(宰相) 등 최고 행정장관의 통칭.

1185 병부령(兵部令): 중국 수(隋)·당(唐) 시대부터 설치되었던 관서인 병부(兵部)의 수장. 군사와 무기 업무를 담당했다.

1186 이간(伊干): 신라의 17관등 가운데 둘째 등급. 이찬(伊湌)이라고도 한다. 자색(紫色) 관복을 입었으며, 진골만이 오를 수 있었다.

1187 김헌정(金獻貞): ?~?. 신라 38대 원성왕(元聖王, ?~798)의 손자이다. 아들 희강왕(僖康王, ?~838)에 의하여 익성왕(翌成王)으로 추존되었다.

1188 동계(東溪): 미상. 중국 절강성(浙江省) 천태산(天台山)에서 섬계(剡溪)로 흐르는 하천의 이름이 동계인데, 신라의 승려 영업(靈業)이 중국 천태종의 본산인 천태산에 유학을 다녀왔거나 천태종의 교학을 배운 것으로 추정된다.

1189 영업(靈業): ?~?. 신라 헌덕왕(憲德王) 때의 승려·서예가. 속성(俗姓)은 김씨(金氏)이며 동경(東京) 어리(御里) 사람이고 급간(級干) 상근(常勤)의 아들이자 고승(高僧)인 안홍대사(安弘大師)의 종증손(從曾孫)이다. 김생(金生), 최치원(崔致遠), 요극일(姚克一), 탄연(坦然)과 함께 신라 말 5대 명필가로 불렸다. 서거정(徐居正, 1420~1488)은 그의 글씨가 김생(金生)에 버금간다고 평했다.《大東野乘》〈筆苑雜記〉卷1 참조.

단속사 신행선사비 탁본(국립중앙박물관)

[동방금석평]<sup>1190</sup> 행서이며, 필획이 담담하고 성글다.　　[評] 行書, 澹而疏.

案 이 비는 지금 진주 단속사(斷俗寺)<sup>1191</sup>의 옛 터에 있다. 비의 뒷면에 "숙정대령(肅正臺令)<sup>1192</sup> 동평장사(同平章事)<sup>1193</sup> 이간(伊干) 김귀보(金貴寶)<sup>1194</sup>와 장공주(長公主)<sup>1195</sup>·영묘사(靈妙寺)<sup>1196</sup> 큰스님 유현(幽玄)<sup>1197</sup>이 신

案 此碑今在晉州 斷俗寺故墟. 碑陰題曰: "創建神碑肅正臺令同平<sup>130</sup>章事伊干金仲業 貴寶、長公主靈

---

1190 출전 확인 안 됨.
1191 단속사(斷俗寺): 경상남도 산청군(山淸郡) 단성면(丹城面) 운리(雲里) 지리산 안에 있던 절. 조선 초기까지 남아 있었다. 절터에 보물 제72호 단속사지 동삼층석탑, 보물 제73호 단속사지 서삼층석탑이 남아 있다.
1192 숙정대령(肅正臺令): 신라의 중앙행정관서인 숙정대(肅正臺)의 수장. 원래 명칭은 사정부(司政府)로 태종무열왕 6년(659)에 설치되었다. 경덕왕(景德王) 때 이름을 숙정대(肅正臺)로 바꿨다가 혜공왕(惠恭王) 때 다시 사정부로 되돌렸다. 이름에 비춰 볼 때, 관리들에 대한 규찰과 탄핵을 담당했으며, 당(唐)나라의 어사대(御史臺)와 관련이 있었던 것으로 보인다.
1193 동평장사(同平章事): 중국 당나라 때의 관직명인 동중서문하평장사(同中書門下平章事)의 준말로, 재상(宰相)에 해당한다.
1194 김귀보(金貴寶): 미상. 중업(仲業)이 자(字)인 듯하다.
1195 장공주(長公主): 왕의 누이.
1196 영묘사(靈妙寺): 경상북도 경주시 성건동 남천(南川) 자락에 있던 절. 별칭은 영묘사(靈廟寺)이다. 조선 초기까지 남아 있었다. 절터에 당간지주(幢竿支柱)가 남아 있으며, 영묘사(靈妙寺) 또는 영묘사(靈廟寺)라고 글자가 찍힌 기와가 발견되고 있다.
1197 유현(幽玄): 신라의 공주인 듯하다.
130 同平: 저본에는 "平同". 오사카본에 근거하여 수정.

행선사비를 창건했다."라 쓰여 있다. 또한 글자를 새긴 사람인 사지고(舍知高)·충견(忠堅) 등을 포함한 4명의 성명이 있다.

## 창림사비(昌林寺碑)[1198]

[경주지][1199] 금오산(金鰲山)[1200] 기슭에 창림사(昌林寺)[1201]가 있다. 이 절에는 글자가 없는 오래된 비가 있는데, 이 비는 곧 김생(金生)[1202]이 글씨를 쓴 것이다. 원나라 조맹부(趙孟頫)[1203]가 〈창림사비발(昌林寺碑跋)〉에 "옛날 당나라 때 신라의 승려 김생이 쓴 글이다. 그 나라의 〈창림비〉는 글자획에 본받을 만한 요소가 매우 많다. 비록 당나라 사람의 석각이라도 이를 멀리 뛰어넘지는 못한다."[1204]라 했다. 옛말에 "어느 곳인들 재목이 자라지 않겠는가."라 했는데, 이 말이 믿을 만하다.

廟寺大德幽玄." 又有刻字人舍知高、忠堅等四人姓名.

## 昌林寺碑

[慶州志] 金鰲山麓有昌林寺, 寺有古碑無字, 卽金生書也. 元 趙子昂《昌林寺碑跋》云: "古唐 新羅僧金生所書, 其國〈昌林寺碑〉, 字畫深有典刑. 雖唐人石刻, 無以遠過之也." 古語曰"何地不生才", 信然也."

---

1198 창림사비(昌林寺碑) : 경상북도 경주시 배동 남산의 창림사에 있었던 비. 현재 귀부(龜趺)만 남아 있다.

1199 출전 확인 안 됨 :《研經齋全集外集》卷61〈筆記類〉 "蘭室譚叢" '高麗碑'(《韓國文集叢刊》278, 120쪽).

1200 금오산(金鰲山) : 경상북도 경주시 남산의 한 봉우리. 수많은 절터·불상·탑·석등이 있다. 해발 468m.

1201 창림사(昌林寺) : 경상북도 경주시 배동 남산에 있던 절. 절터에 남아 있던 석탑을 1976년에 복원했다. 또한 창림사비의 아래 부분인 쌍두귀부(雙頭龜趺)가 남아 있고, 이는 신라시대 귀부 연구에 중요한 자료이다.

1202 김생(金生) : 711~?. 신라 후기의 서예가. 왕희지체를 잘 썼고, 남아 있는 작품은 모두 불교와 관련된 글씨이다. 고려시대부터 우리나라 제일의 서예가로 평가되었다. 조선시대에는 이미 남아 있는 작품이 거의 없었으며〈창림사비〉또한 탁본도 전해지지 않는다.

1203 조맹부(趙孟頫) : 1254~1322. 중국 원나라의 관료·서예가·화가. 자는 자앙(子昂), 호는 송설도인(松雪道人). 복고주의를 주장하여 왕희지의 글씨체를 깊이 공부했으며, 원나라 서예의 1인자로 꼽는다. 대부분의 서체와 수묵화에 뛰어났으며, 그의 글씨체를 조맹부체(趙孟頫體)·송설체(松雪體)라 했다. 조맹부체는 조선에서도 유행했다.

1204 옛날……못한다 :《朝鮮史略》卷3〈新羅紀〉 "昭聖王"(《文淵閣四庫全書》466, 408쪽).

화음석각(華陰石刻)[1205]

[해동금석록][1206] 김생이 글씨를 썼고, 구례(求禮)에 있다.

華陰石刻

[錄] 金生書, 在求禮.


강당사비(講堂寺碑)[1207]

[해동금석록][1208] 최치원이 글을 짓고, 김생이 글씨를 썼다. 해미(海美)[1209] 가야산(伽倻山)[1210] 강당동(講堂洞)[1211]에 있다.

講堂寺碑

[又] 崔致遠撰, 金生書, 在海美 伽倻山 講堂洞.


진흥왕(眞興王) 순수(巡狩) 정계비(定界碑)[1212]

[동국문헌비고(東國文獻備考)][1213][1214] 신라 〈진흥왕 순수 정계비〉는 함흥부(咸興府) 북쪽 초방원(草坊院)[1215]에 있고, 초방원은 함흥부 북쪽 100여 리 황초령(黃草嶺)[1216]의 아래에 있다. 《동국여지승람(東國輿地勝

眞興王巡狩定界碑

[文獻備考] 新羅《眞興王巡狩定界碑》在咸興府北草坊院, 院[131]在今咸興北百餘里草黃嶺下. 《輿地勝

---

1205 화음석각(華陰石刻) : 전라남도 구례군(求禮郡) 마산면(馬山面) 황전리(黃田里) 화엄사에 있었던 '화엄석경(華嚴石經)'을 말한다. 보물 제1040호. 임진왜란 때 파손되어 현재 14,000여 점의 파편이 상자에 보관되어 있다.

1206 출전 확인 안 됨.

1207 강당사비(講堂寺碑) : 충청남도 서산시(瑞山市) 운산면(雲山面) 용현리(龍賢里) 가야산(伽倻山) 보원사(普願寺)에 있었던 비로 추정되나, 현재 전해지지 않는다. 조선시대에는 보원사를 강당사라고도 불렀다.

1208 출전 확인 안 됨.

1209 해미(海美) : 충청남도 서산시 해미면 일대.

1210 가야산(伽倻山) : 충청남도 예산군 덕산면과 서산시 운산면·해미면에 걸쳐 있는 산. 해발 678m.

1211 강당동(講堂洞) : 충청남도 서산시 운산면 용현리 용현계곡의 옛 이름.

1212 진흥왕(眞興王) 순수(巡狩) 정계비(定界碑) : 진흥왕 순수비 중에서 황초령비(黃草嶺碑)를 말한다.

1213 동국문헌비고(東國文獻備考) : 조선 영조(英祖) 때 홍봉한(洪鳳漢, 1713~1778) 등이 왕명으로 편찬한 유서(類書). 총 100권이고, 13가지 항목으로 이루어져 있다.

1214 《東國文獻備考》卷7〈輿地考〉2 '歷代國界'下 '新羅國'(《東國文獻備考》4, 103~104쪽).

1215 초방원(草坊院) : 함경남도 장진군 황초령 일대.

1216 황초령(黃草嶺) : 함경남도 장진군과 영광군 사이의 고개. 해발 1,208m. 《신증동국여지승람》에는 함흥부 서쪽 110리에 초황령(草黃嶺)이 있다고 하였는데, 《증보문헌비고》와 김정호의 《대동여지도》에는 현재의 이름대로 황초령으로 되어 있다.

[131] 院 : 저본에는 없음. 오사카본·규장각본·《東國文獻備考·輿地考·歷代國界》에 근거하여 보충.

초방원 진흥왕비 탑본(국립중앙박물관)

覽》》[1217]에는 '방(坊)' 자가 '황(黃)' 자로 되어 있는데, 음이 서로 비슷하기 때문이다. 《해동집고록(海東集古錄)》[1218]에 "비문은 12행이고, 각 행은 35자이며, 전체 비문은 420자이다."라 했는데, 지금은 닳아 없어져 분별할 수 있는 글자는 겨우 278자이다.

[동방금석평][1219] 글씨 쓴 사람은 알 수 없다. 해서이며, 고아하다.

覽》坊作黃, 音相近. 《海東集古錄》"碑十二行, 行三十五字, 全碑爲四百二十字", 今滅泐, 可辨者堇二百七十八字.

[評] 書人無考. 楷, 古雅.

---

1217 동국여지승람(東國輿地勝覽): 조선 성종(成宗, 재위 1469~1494) 때 노사신(盧思愼)·양성지(梁誠之) 등이 왕명으로 편찬한 지리지. 조선 성종 12년(1481)에 50권을 완성했으며, 각 도의 역사·산물·풍속 등을 기록한 인문지리지이다.
1218 해동집고록(海東集古錄): 미상.
1219 출전 확인 안 됨.

안 비문에 "무자(戊子)년 8월 국경을 순수(巡狩)[1220]하고 민심을 찾아 묻고 모았다."라는 구절이 있다. 진흥왕(眞興王)[1221] 무자년(戊子, 568)은 남진(南陳)[1222] 임해왕(臨海王)[1223] 광대(光大) 2년, 북제(北齊)[1224] 후주(後主)[1225] 천통(天統) 4년이다.

비문은 거의 다 없어져서 글씨 쓴 사람의 성명을 분별할 수 없다. 지리지(地理志)에 "단천(端川)[1226]에도 〈진흥왕 순수비〉가 있다."라 했다.

案 碑文有"歲次戊子秋八月巡狩管境, 訪采民心"之語. 眞興王戊子當陳主伯宗光大二年, 北齊後主緯天統四年.

碑泐殆盡, 不可辨書人姓名矣. 地志云"端川亦有《眞興王巡狩碑》".

우안 유득공은 〈신라 진흥왕(眞興王) 북순비시주(北巡碑詩註)〉에서 "비문이 많이 손상되었고, 어가를 호종한 승려가 법장(法藏)[1227]·혜인(慧忍)[1228]이라 되어 있는데, 곧 비문을 짓고 글씨를 쓴 사람들이다."[1229]라 했다.

又案 柳泠齋《新羅眞興王北巡碑詩註》曰: "文多缺, 有曰隨駕沙門道人法藏·慧忍, 卽撰書者."

---

1220 순수(巡狩) : 왕이 국내를 돌며 민심을 살피는 일.
1221 진흥왕(眞興王) : 534~576(재위 540~576). 신라 제24대 왕. 이름은 김삼맥종(金彡麥宗). 신라의 영토를 한강유역과 함경도 일부 지역까지 넓히고 국경지역에 마운령비(摩雲嶺碑)·황초령비(黃草嶺碑)·북한산비(北漢山碑)·단양적성비(丹陽赤城碑)를 세웠다.
1222 남진(南陳) : 중국 남북조시대의 남방 왕조. 고조(高祖) 진패선(陳覇先)이 557년 건국했고, 589년 후주(後主) 진숙보(陳叔寶) 때 수(隋)나라에 의해 멸망했다.
1223 임해왕(臨海王) : 554~570(재위 566~568). 남진의 3대 황제. 이름은 진백종(陳伯宗). 몸이 약하고 기품도 없어 삼촌 진욱(陳頊)이 실권을 잡았다. 568년 진욱에 의해 폐위되어 임해왕에 봉해졌고, 2년 뒤에 17세의 나이로 죽었는데, 진욱에게 살해당했다는 설이 있다.
1224 북제(北齊) : 중국 남북조시대의 북방 왕조. 현조(顯祖) 고양(高洋)이 550년 건국했고, 576년 후주(後主) 고위(高緯) 때 북주(北周)에 의해 멸망했다.
1225 후주(後主) : 556~577(재위 565~577). 이름은 고위(高緯). 북제의 마지막 황제. 8살에 황제가 되어 태황태후(太皇太后)와 가까운 자들이 국정을 농단했다. 능력 있는 신하 곡률광(斛律光)과 북주를 방어하던 장수 고장공(高長恭)을 죽였는데, 고장공 살해가 주요 원인이 되어 멸망했다.
1226 단천(端川) : 함경남도 이원군 곡구리 마운령 일대. 마운령비는 북한의 국보 문화유물 제111호이며, 함흥시 사포구역 궁서리 함흥본궁(咸興本宮)으로 옮겨 보관하고 있다.
1227 법장(法藏) : 미상.
1228 혜인(慧忍) : 미상.
1229 《泠齋集》卷5 〈古今體詩〉 "新羅眞興王北巡碑"(《韓國文集叢刊》 260, 80쪽).

북한산 진흥왕 순수비(국립중앙박물관)

[비목쇄기]<sup>1230</sup> 우리나라의 예서 비문으로 이런 종류는 드물게 보인다.

[瑣記] 東方隷書碑, 罕見此種.

### 진흥왕(眞興王) 북순비(北巡碑)<sup>1231</sup>

[문암록(問庵錄)<sup>1232</sup>]<sup>1233</sup> 비봉(碑峯)<sup>1234</sup>은 도성 창의문(彰義門)<sup>1235</sup> 밖에 있고, 여기에 신라 〈진흥왕 북순비〉

### 眞興王北巡碑

[問庵錄] 碑峯在都城彰義門外, 有新羅《眞興王北巡

---

1230 출전 확인 안 됨.
1231 진흥왕 북순비(眞興王北巡碑) : 진흥왕 순수비 중에서 북한산비를 말한다. 국보 제3호. 서울특별시 종로구 북한산 비봉에 있었으나 지금은 국립중앙박물관에 보존되어 있다.
1232 문암록(問庵錄) : 미상.
1233 출전 확인 안 됨.
1234 비봉(碑峯) : 서울특별시 종로구 북한산 비봉능선의 봉우리. 진흥왕 순수비가 있어 이런 이름이 지어졌다. 해발 560m.
1235 창의문(彰義門) : 서울특별시 종로구 청운동에 있는 한양 성문. 북소문(北小門)·자하문(紫霞門)이라고도 한다. 양주 방면으로 통하는 교통로였다.

가 있다. 글자가 모두 닳아 없어졌지만 아직도 남은 10여 자를 분별할 수 있다.

碑》. 字皆漫滅, 猶餘十餘字可辨.

## 낭혜화상[1236]탑(朗慧和尙塔)[1237]

[해동금석록][1238] 최치원이 글을 짓고, 최인연(崔仁渷)[1239]이 글씨를 썼다. 비는 남포(藍浦)[1240] 성주사(聖住寺)[1241]에 있는데, 절은 없어지고 비만 남아 있다.

朗慧和尙塔

[錄] 崔致遠撰, 崔仁渷書, 在藍浦 聖住寺, 寺廢碑存.

[동방금석평][1242] 해서이며, 질박하고 거칠다.

[評] 楷, 拙澁.

## 개천사비(開天寺碑)[1243]

[여지고(輿地考)[1244]][1245] 천등산(天登山)[1246]은 충주(忠州) 북쪽으로 40리 떨어져 있고, 여기에《개천사비》가 있다. 민간에서는 당나라 개원(開元) 연간(713~741)

開天寺碑

[輿地考] 天登山在忠州北四十里, 有《開天寺碑》. 俗傳唐 開元間立, 今刓.

---

1236 낭혜화상(朗慧和尙) : 800~888. 신라 후기의 승려. 법명은 무염(無染), 호는 무량(無量)·무주(無住), 시호는 대낭혜(大朗慧). 태종무열왕의 8대손이며 신라 선문구산(禪門九山) 중 성주산문(聖住山門)의 개산조(開山祖)이다.

1237 낭혜화상탑(朗慧和尙塔) : 신라 후기의 승려 낭혜화상(朗慧和尙) 무염(無染, 800~888)을 기념하기 위한 탑비. 본래 이름은 낭혜화상(朗慧和尙) 백월보광탑비(白月葆光塔碑)이다. 충청남도 보령시 성주면 성주리 성주산 성주사터에 있다.

1238《大東金石書》卷1〈聖住寺朗慧和尙碑〉(국립중앙도서관 古2202-61, 20쪽).

1239 최인연(崔仁渷) : 868~944. 신라 말기의 서예가. 최치원의 동생이다. 대표작으로 〈백월서운탑(白月棲雲塔)〉이 있다.

1240 남포(藍浦) : 충청남도 보령시 남포면, 미산면 일대.

1241 성주사(聖住寺) : 충청남도 보령시 성주면 성주리 성주산에 있던 절. 절터에 국보 제8호 백월보광탑비, 보물 제19호 성주사지 5층석탑 등이 남아 있다.

1242 출전 확인 안 됨.

1243 개천사비(開天寺碑) : 충청북도 충주시 동량면 하천리 개천사에 있던 비. 비는 조선 초기까지 남아 있었고, 절은 1779년(정조 3) 이전에 폐사되었다.

1244 여지고(輿地考) :《동국문헌비고》에 포함되어 있는 지리지(地理志). 역대 국경·군현 연혁·산천 등의 내용이 수록되어 있다.

1245《東國文獻備考》卷13〈輿地考〉8 "山川" 2 '忠淸道'(《東國文獻備考》7, 34쪽).

1246 천등산(天登山) : 충청북도 충주시 산척면과 제천시 백운면에 걸쳐 있는 산. 봉우리가 하늘을 찌를 듯이 높이 솟았다 하여 천등산이라 했다. 해발 807m.

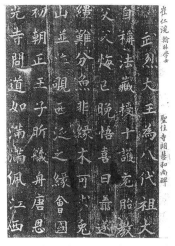

성주사 낭혜화상 백월보광탑비 탁본(국립중앙박물관)  개천사 법경대사 자등탑비 탁본(국립중앙박물관)

에 세웠다고 전해졌으나, 지금은 닳았다.

## 진경대사탑(眞境大師塔)[1247]

[해동금석록][1248] 최인연이 글을 짓고, 승려 행기(幸期)[1249]가 글씨를 썼다. 창원 봉림사(鳳林寺)[1250]에 있는데, 절은 없어지고 비만 남아 있다.

[동방금석평][1251] 글씨는 안진경체이며, 짧고 좁다.

## 眞境大師塔

[錄] 崔仁渷撰, 釋幸期書, 在昌原 鳳林寺, 寺廢碑存.

[評] 魯公體, 短隘.

---

1247 진경대사탑(眞境大師塔): 신라 말기의 승려 진경대사(眞境大師) 심희(審希, 855~923)를 기념하기 위한 비. 본래 이름은 진경대사(眞境大師) 보월릉공탑비(寶月凌空塔碑)이다. 귀부와 이수는 온전하지만 비신은 절반 정도가 소실되었다. 1919년 경복궁으로 옮겨졌고, 지금은 국립중앙박물관에 소장되어 있다.

1248 출전 확인 안 됨.

1249 행기(幸期) : ?~?. 신라 말기의 승려. 서예에 뛰어났다.

1250 봉림사(鳳林寺): 경상남도 창원시 의창구 봉곡동 봉림산에 있던 절. 신라시대 선문9산(禪門九山) 중 봉림산파의 중심 사찰이다. 임진왜란으로 불탔으며 1900년대 초에 절터 앞에 절을 지어 맥을 이었다. 본래의 절터는 농지로 개간되어 있다.

1251 출전 확인 안 됨.

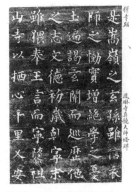

봉림사 진경대사 보월릉공탑비 탁본
(국립중앙박물관)

봉암사 지증대사 적조탑비음 탁본
(국립중앙박물관)

태자사 낭공대사 백월서운탑비 탁본
(국립중앙박물관)

## 지증선사비(智證禪師碑)[1252]

[해동금석록][1253] 최치원이 글을 짓고, 승려 혜강(慧江)[1254]이 썼다. 문경(聞慶) 희양산(曦陽山)[1255] 봉암사(鳳巖寺)[1256]에 있다.

## 智證禪師碑

[錄] 崔致遠撰, 釋慧江書, 在聞慶 曦陽山 鳳巖寺.

## 낭공탑(朗空塔)[1257]

[봉화지(奉化志)[1258]][1259] 태자사(太子寺)[1260]는 봉화현(奉

## 朗空塔

[奉化志] 太子寺在縣南

---

1252 지증선사비(智證禪師碑): 신라 말기의 승려 지증선사(智證禪師) 지선(智詵, 824~882)을 기념하기 위한 비. 본래 이름은 지증대사(智證大師) 적조탑비(寂照塔碑)이다. 경상북도 문경시 가은읍 원북리 봉암사에 있으며, 현재 남아 있는 비는 924년(경애왕 1)에 다시 세운 것이다.

1253 출전 확인 안 됨.

1254 혜강(慧江): 842~?. 신라 말기 분황사(芬皇寺)의 승려. 서예에 뛰어났다.

1255 희양산(曦陽山): 충청북도 괴산군 연풍면, 경상북도 문경시 가은읍에 걸쳐 있는 산. 해발 996m.

1256 봉암사(鳳巖寺): 경상북도 문경시 가은읍 원북리 희양산에 있는 절. 신라 선문9산 중 희양산파의 중심 사찰이다. 조선시대에 여러 번 불탔으나 계속 중건되어 지금까지 남아 있다.

1257 낭공탑(朗空塔): 신라 말기의 승려 낭공대사(朗空大師) 행적(行寂, 832~916)을 기념하기 위한 탑비인 '태자사낭공대사백월서운탑비(太子寺朗空大師白月棲雲塔碑)'의 앞면을 말한다. 현재 국립중앙박물관에 소장되어 있다.

1258 봉화지(奉化志): 1899년에 편찬된 경상북도 봉화군(奉化郡) 읍지(邑誌). 서울대학교 규장각한국학연구원에 있다.

1259 《奉化郡邑誌》〈山川〉 "太子山", 6쪽 ; 《奉化郡邑誌》〈寺刹〉 "太子寺", 15쪽.
　　　太子山在縣南三十五里……太子寺今無

1260 태자사(太子寺): 경상북도 안동시 도산면 태자리에 있던 절. 절터에 백월서운탑비(白月棲雲塔碑)가 있었

化縣) 남쪽으로 35리 떨어진 태자산(太子山)[1261]에 있었는데, 지금은 없어졌다. 여기에 신라 최인연이 글을 지은 〈승낭공탑명(僧朗空塔銘)〉이 있다.

三十五里太子山, 今廢. 有新羅崔仁渷撰《僧朗空塔銘》.

[비목쇄기][1262] 비문은 행서이고, 정명(貞明) 3년(917)에 세웠다. 한림학사(翰林學士)[1263] 수병부시랑(守兵部侍郎)[1264] 지서서원사(知瑞書院事)[1265] 사자금어대(賜紫金魚袋) 최인연이 글을 짓고, 승려 단목(端目)[1266]이 김생의 글씨를 집자(集字)했다. 비의 높이는 6척이고, 너비는 2.85척이다. 비문은 모두 31행이고, 각 행은 83자이다.

[瑣記] 碑文行書, 貞明三年立. 翰林學士守兵部侍郎知瑞書院事賜紫金魚袋崔仁渷撰文, 釋端目集金生書. 碑高六尺, 寬二尺八寸五分. 共計三十一行, 行八十三字.

## 백월서운탑(白月棲雲塔)[1267]

[비목쇄기][1268] 행적(行寂)[1269] 문하의 제자인 승려 순

白月棲雲塔

[又] 門下法孫釋純白述碑

---

는데, 비는 국립중앙박물관에 보관되어 있고, 절터에는 귀부(龜趺)와 용 모양으로 된 비의 머릿돌인 이수(螭首)만 남아 있다.

1261 태자산(太子山) : 경상북도 안동시 도산면 태자리에 있는 작은 산. 태자리는 본래 봉화군 하남면에 속해 있었는데, 1914년 행정구역 통폐합으로 안동군 도산면에 소속되었다.

1262 출전 확인 안 됨.

1263 한림학사(翰林學士) : 중국 당나라의 관직명. 황제의 자문 역할을 하며 조칙의 기초를 담당했다. 이 제도를 신라에서 받아들였다.

1264 수병부시랑(守兵部侍郎) : 병부시랑은 병부(兵部)의 부장관(副長官)이며, 수(守)는 관직이 품계보다 높은 경우 붙이는 칭호이다.

1265 지서서원사(知瑞書院事) : 신라시대 문한(文翰)을 맡아 보던 관아인 서서원(瑞書院)의 책임자. 헌강왕(憲康王) 6년(880)경에 설치된 것으로 추정되며, 관원으로 서서랑(瑞書郎) 외에 지서서감(知瑞書監)·서서원학사(瑞書院學士)·서서원직학사(瑞書院直學士) 등이 전한다.

1266 단목(端目) : ?~?. 행적(行寂)의 제자이다.

1267 백월서운탑(白月棲雲塔) : 태자사(太子寺) 낭공대사(朗空大師) 백월서운탑비(白月栖雲塔碑)의 뒷면을 말한다.

1268 출전 확인 안 됨.

1269 행적(行寂) : 832~916. 신라 말기의 승려. 시호는 낭공(朗空). 해인사에서 공부하고 복천사(福川寺)에서 구족계(具足戒)를 받았다. 당나라에 유학하여 석상경제(石霜慶諸)에게서 심인(心印)을 받았다. 귀국하여 효공왕(孝恭王) 때 국사(國師)가 되었고, 석남사(石南寺)의 주지로 있다가 사망했다.

백(純白)1270이 비문을 서술했다. 행서와 해서가 자못 《백월비(白月碑)》1271의 필법과 서로 비슷하다. 후주(後周)1272 현덕(顯德) 원년 갑인년(甲寅年, 954) 7월 15일에 비를 세웠다. 비의 높이는 4.9척이고, 너비는 2.75척이다. 비문은 모두 18행이고, 각 행은 47자이다.

[약천집(藥泉集)1273]1274 영천군(榮川郡)1275 자민루(字民樓)1276 아래에 김생이 쓴 《백월서운탑비(白月棲雲塔碑)》가 있다. 비석은 여전히 완전하지만, 새겨진 글자획은 닳고 떨어져 나갔다. 뒷면에 '신라국 석남사(石南寺)1277에서 돌아가신 국사(國師)의 비명(碑銘)[新羅國石南寺故國師碑銘].'이라 새겼고, 그 뒤에는 '문하 제자인 승려 순백이 서술했다.'라 새겼고, 끝부분에는 큰 글씨로 '현덕(顯德) 원년 갑인년(954) 7월 15일에 세웠다[顯德元年, 歲在甲寅七月十五日立].'라 쓰여 있다. 비의 글씨체는 김생의 것과 거의 같지만 곱고 세밀한 점은 김생 글씨에 미치지 못하고, 또 닳고 떨어져 나간 부분이 많다.

文. 行、楷頗與《白月碑》筆法相似, 後周顯德元年, 歲在甲寅七月十五日立碑. 高四尺九寸, 寬二尺七寸五分. 正文共十八行, 行四十七字.

[藥泉集] 榮川郡 字132民樓下有金生書《白月棲雲塔碑》, 碑石猶完, 而刻畫刓缺. 後面刻"新羅國 石南寺故國師碑銘", 後書門下法孫釋純白述, 末端大書"顯德元年, 歲在甲寅七月十五日立". 字體酷肖金生, 而縝密不及, 且多刓缺.

---

1270 순백(純白) : 미상.

1271 백월비(白月碑) : 태자사(太子寺) 낭공대사(朗空大師) 백월서운탑비(白月棲雲塔碑)의 앞면을 말한다.

1272 후주(後周) : 중국 5대10국시대의 마지막 국가. 태조 곽위(郭威)가 951년에 세웠고, 송나라 태조 조광윤이 960년 찬탈하여 멸망했다.

1273 약천집(藥泉集) : 조선 후기 문신 남구만(南九萬, 1629~1711)의 문집.

1274 《藥泉集》 卷29 〈雜著〉 "嶺南雜錄". 《韓國文集叢刊》 132, 491~492쪽).

1275 영천군(榮川郡) : 경상북도 영주시 일대의 옛 지명.

1276 자민루(字民樓) : 경상북도 영주의 동헌 북쪽에 있었던 누각. 1447년(세종 29)에 군수 권상(權詳)이 건립했으나, 지금은 없다.

1277 석남사(石南寺) : 미상.

132 字 : 저본에는 "守". 오사카본·규장각본·《藥泉集·雜著·嶺南雜錄》에 근거하여 수정.

비는 본래 봉화현(奉化縣)의 태자사(太子寺) 터에 있었는데, 명나라 정덕(正德) 연간(1505~1521)에 영천군수 이항(李沆)[1278]이 자민루 아래로 옮기고 난간을 만들어 보호했다. 만력(萬曆) 임자년(壬子年, 1612)에 동쪽을 정벌하던 장교들이 영천에 오래 머무르다가 수천 본을 탁본했다. 탁본할 때는 추운 시기라 먹이 얼자 비에 숯불을 피웠는데, 이로 인하여 비가 많이 상했다.

그 뒤에 명나라 사신 웅화(熊化)[1279]가 올 때 압록강을 건너기 전에 먼저 사람을 보내 《백월비》 탁본을 달라고 했다. 우리나라 사람들이 비가 있는 곳을 몰라 다시 웅화에게 물어 영천에 있다는 사실을 알고, 비로소 관리를 보내 탁본하여 주었다 하니, 우리나라 사람들의 무관심이 심하다.

아아! 이른바 낭공대사(朗空大師) 행적(行寂)이 어떤 승려인지 알 수 없지만, 마침내 김생의 글씨를 가탁하여 그 비문이 먼 후세에 전해지게 했다. 게다가 비문이 중국에 들어가 천하에서 매우 뛰어난 보배가 되었으니, 구양수(歐陽修)가 말한 "부처와 노자의 거짓되고 망령된 설이라도 자획의 정밀함 때문에 차마 갑자기 없애버릴 수 없다."[1280]라 한 말이 진실일 것이다.

本在奉化縣古寺遺墟, 明正德中, 榮川郡守李沆移置字民樓下, 護以欄檻. 萬曆壬子年間, 東征將士久留榮川, 打[133]搨數千本. 時當寒沍墨凍, 加以熾炭, 因此多傷.

其後熊天使化之來也, 未渡鴨水, 先送人, 乞《白月碑》印本. 我人不知碑在處, 更問天使, 知在榮川, 始差官印贈云, 東人之不好事, 甚矣.

嗟呼, 所謂朗空大師, 不知何許釋子, 而乃託金生之字, 使其碑流傳久遠. 且入中華爲天下絶寶, 歐公所謂"浮屠、老子詭妄之說, 特以字畫之工, 不忍遽廢者", 信矣.

---

1278 이항(李沆) : ?~1533. 조선 전기의 문신. 기묘사화(己卯士禍)를 일으켜 김극핍(金克愊)·심정(沈貞)과 함께 3흉으로 비난받았다. 심정과 함께 사약을 받고 죽었다.

1279 웅화(熊化) : ?~?. 중국 명나라의 관료. 조선의 선조(宣祖)가 죽자 신종(神宗)이 내린 시호와 부의를 받들어 조선에 왔다.

1280 부처와⋯⋯없다 : 《歐陽文粹》 卷8 〈書〉 "與蔡君謨"(《文淵閣四庫全書》 1103, 712쪽).

[133] 打 : 저본에는 없음. 오사카본·규장각본에 근거하여 보충.

태자사 낭공대사 백월서운탑비음 탁본(국립중앙박물관)

요즘에 어떤 수령이 탁본을 구하는 사람들 때문에 힘이 들자 군사들에게 난간을 헐게 하여 마구간을 만들고, 말똥과 오물을 쌓고 비를 파묻어서 사람들이 탁본을 하지 못했다. 비석이 많이 상한 것은 이때에 일어난 일이라 한다.

近有一守, 苦求搨者, 衆毀欄檻, 作馬廐, 使糞穢堆積掩埋, 不得下手模打, 碑石多缺在於其時云.

[동방금석평]1281 거침없고 빼어난 작품이다.

[評]134 放縱奇品.

안 현덕 갑인년(954)은 고려 광종(光宗)1282 때이니, 김생(金生)과의 거리가 멀다. 이는 당연히 집자한 것이다.

案 顯德甲寅當高麗 光宗時, 去135金生遠. 此當是集字也.

---

1281 출전 확인 안 됨.
1282 광종(光宗):925~975(재위 949~975). 고려의 제4대 왕. 이름은 왕소(王昭). 정종(定宗)의 친동생이고 선위를 받아 즉위했다. 왕권 강화를 위하여 노비안검법(奴婢按檢法)·과거(科擧)제도를 시행했고, 백관의 공복(公服)제도를 확립했다.
134 출전 확인 안 됨.
135 去:저본에는 "云". 오사카본·규장각본에 근거하여 수정.

우안 봉화현(奉化縣) 태자산(太子山)에 지금 낭공탑(朗空塔)이 있다. 어찌 본래 비가 2개여서 1개는 봉화에 있고 1개는 영천으로 옮겼겠는가? 비에는 '석남사(石南寺)'라 하고, 《봉화읍지(奉化邑志)》에는 '태자사'라고만 하고 '석남'의 이름은 적지 않았으니, 의심할 만하다.

又案 奉化縣 太子山今有朗空塔. 豈本有二碑, 一在奉化, 一移榮川耶? 碑云"石南寺", 而《奉化邑志》, 但稱太子寺, 不擧石南之名, 可疑.

우안 《난실필기(蘭室筆記)》[1283]에 "낭공탑은 곧 백월서운탑이라 했다. 봉화 태자산에서 영천군의 창고로 옮겨 두었다. 비의 앞면은 곧 최인연이 글을 짓고, 승려 단목이 집자한 것이다. 뒷면에는 '석남사에서 돌아가신 국사의 비명'이라 새겨져 있고, 그 뒤에는 '문하 제자인 승려 순백이 서술했다.'라 적혀 있다. 비의 글씨체는 앞면과 서로 비슷하나, 조금 성글고 제멋대로이다."라 했으니, 모사를 한 사람의 손으로 하지는 않았을 것이리라.

又案 《蘭室筆記》"朗空塔, 卽白月棲雲塔也. 自奉化 太子山, 移置榮川郡廳. 其前面, 卽崔仁渷撰文, 而釋端目集字也. 後面刻 '石南寺故國師碑銘', 後記 '門下法孫釋純白述', 而字體頗與前面相似, 稍涉疏宕", 所摸殆非一手也歟.

### 봉덕사(奉德寺) 종명(鍾銘)[1284]

[경주지(慶州志)][1285] 신라 혜공왕(惠恭王)[1286]이 종을

### 奉德寺鍾銘

[慶州志] 新羅 惠恭王鑄

---

1283 난실필기(蘭室筆記): 조선 후기의 학자 성해응(成海應, 1760~1839)의 글로 추정되나 책으로 남아 있지는 않다. 그의 문집 《연경재전집외집(研經齋全集外集)》 卷36 〈존양류(尊攘類)〉 "風泉雜志"에 2회 인용되었다.

1284 봉덕사 종명(奉德寺鍾銘): 성덕대왕신종(聖德大王神鍾, 에밀레종)에 새겨진 글귀. 본래는 경덕왕(景德王)이 성덕왕(聖德王)을 위하여 종을 만들려다 혜공왕(惠恭王) 때 종을 주조했다. 이때 주조한 종이 국보 27호 성덕대왕신종(聖德大王神鍾)이다. 현재 국립경주박물관에 소장되어 있다.

1285 출전 확인 안 됨.

1286 혜공왕(惠恭王): 758~780(재위 765~780). 신라 36대 왕. 이름은 김건운(金乾運). 8세에 왕위에 올라 어머니 만월부인 김씨가 섭정했다. 기반이 약하여 중신들이 반란을 계속 일으켰고, 자라고 나서는 음악과 여색에 빠져 정치에 소홀했다. 780년 이찬 김지정(金志貞)의 반란으로 왕비와 함께 살해당했다. 혜공왕을 마지막으로 무열왕계(武烈王系)의 대가 끊겼다.

봉덕사 종명 탁본(국립중앙박물관)

주조했다. 무게가 12만근이고, 봉덕사(奉德寺)[1287]에 두었다. 한림랑(翰林郎)[1288] 김필해(金弼奚)[1289]가 명문을 짓고 아울러 서(序)를 지었다. 이후에 절이 없어져 종을 영묘사(靈妙寺)로 옮겼다가 다시 경주부(慶州府) 남문 밖으로 옮겼다.

鍾, 重十二萬斤, 置奉德寺, 翰林郎金弼奚撰銘并序. 後寺廢, 鍾移靈妙寺, 又移 慶州府南門外.

### 최고운(崔孤雲) 사적비(事蹟碑)[1290]

[비목쇄기][1291] 지리산(支離山)[1292]에 있고, 수문하시

### 崔孤雲事蹟碑

[瑣記] 在支離山中, 守門

---

1287 봉덕사(奉德寺) : 경상북도 경주시 북천(北川) 부근에 있던 절. 성덕왕(聖德王)이 지었다.

1288 한림랑(翰林郎) : 신라시대의 관직. 문서를 담당하는 한림대(翰林臺)에 속한 관원으로, 한림랑 외에 한림대조(翰林待詔)·한림서생(翰林書生) 등이 있었다.

1289 김필해(金弼奚) : ?~?. 통일신라의 관료. 김필월(金弼粵)·김필오(金弼奥)라고도 한다. 《삼국유사》에는 당시 관직이 전태자사의랑(前太子司議郎)으로 기록되어 있다.

1290 최고운 사적비(崔孤雲事蹟碑) : 미상.

1291 출전 확인 안 됨.

1292 지리산(支離山) : 지리산(智異山)을 말하는 듯하다.

랑(守門下侍郞)[1293] 이색(李穡)[1294]이 글씨를 썼다. 이색의 호는 목은(牧隱)이고, 공민왕(恭愍王)[1295] 때 사람이며, 시와 문장으로 동방에서 이름이 났다.

下侍郞李穡書. 穡號牧隱, 恭愍王時人, 以詩文筆翰, 名東方.

## 신라(新羅) 태종릉비(太宗陵碑)[1296]

[경주지][1297] 경주부(慶州府) 서쪽 서악리(西嶽里)[1298]에

新羅太宗陵碑

[慶州志] 在府西西嶽里,

태종무열왕릉비 제액 탁본(국립중앙박물관)

번길묘비(문화재청)

---

1293 수문하시랑(守門下侍郞) : 문하시랑은 문하시랑평장사(門下侍郞平章事)의 준말로, 고려시대 중서문하성의 정2품 관직이다. 수(守)는 관직이 품계보다 높을 경우 붙이는 호칭이다.

1294 이색(李穡) : 1328~1396. 고려 후기의 문신·학자. 자는 영숙(潁叔), 호는 목은(牧隱). 원(元)나라의 과거에 합격하여 벼슬을 했다. 귀국해서는 성리학(性理學)에 입각한 정책을 건의했으며 성균관대사성(成均館大司成)·판삼사사(判三司事) 등을 역임했다. 정몽주(鄭夢周) 피살에 연루되어 유배되었다가 석방되었고, 이성계의 회유를 받았으나 고사했다. 포은(圃隱) 정몽주·야은(冶隱) 길재(吉再)와 함께 고려 말 3현으로 불린다. 저서로 《목은문고(牧隱文藁)》와 《목은시고(牧隱詩藁)》 등이 있다.

1295 공민왕(恭愍王) : 1330~1374(재위 1351~1374). 고려 31대 왕. 어릴 때 원나라에서 볼모생활을 했고 노국대장공주(魯國大長公主)와 결혼했다. 충정왕(忠定王)이 독살당하여 왕이 되었고, 반원(反元)정책을 펼쳐 국토를 수복했다. 후반기에는 의심이 많아져 신하를 함부로 죽이고 자제위(子弟衛)에게 후궁을 범하게 하고 그것을 감상하는 등 방탕한 생활을 했다. 자제위 홍륜(洪倫)이 익비(益妃) 한씨(韓氏)를 임신시키자 이를 은폐하려고 최만생(崔萬生)·홍륜을 죽이려 하다가 이들에게 살해당했다.

1296 신라(新羅) 태종릉비(太宗陵碑) : 무열왕릉(武烈王陵)에 있는 능비. 현재는 귀부와 이수만 남아 있다. 국보 제25호.

1297 출전 확인 안 됨.

1298 서악리(西嶽里) : 경상북도 경주시 서악동 일대. 경내에 무열왕릉과 서악리(西嶽里) 고분군(古墳群)이 있다.

있다. 김인문(金仁問)<sup>1299</sup>이 글씨를 썼다.

金仁問書.

[동방금석평]<sup>1300</sup> 전액(篆額)은 양각이며, 글자 획의 끝이 모두 말발굽 같으니, 볼품없고 속되다.

[評] 額篆陽刻, 畫端皆如馬蹄, 宂俗.

번길묘비(番吉廟碑)<sup>1301</sup>

[해동금석록]<sup>1302</sup> 신라 한서의(韓恕意)<sup>1303</sup>가 글을 지었고, 글씨를 쓴 사람은 알 수 없다. 공주(公州)<sup>1304</sup> 효가리(孝家里)<sup>1305</sup>에 있다.

番吉廟碑

[錄] 新羅 韓恕意撰, 書人無考. 在公州 孝家里.

김유신(金庾信) 묘비(墓碑)<sup>1306</sup>

[경주지]<sup>1307</sup> 경주부 서쪽으로 5리 떨어진 서악리(西嶽里)에 있다.

金庾信墓碑

[慶州志] 在府西五里西嶽里.

[동방금석평]<sup>1308</sup> 글씨를 쓴 사람은 알 수 없다. 구양

[評] 書人無考, 率更體,

---

1299 김인문(金仁問) : 629~694. 신라의 왕족. 무열왕(武烈王, 603~661)의 둘째 아들이고, 문무왕(文武王, 626~681)의 친동생이다. 학문과 무예에 고루 뛰어났다. 삼국통일에 기여했으며 이후 당나라에 머물면서 신라와 당나라의 분쟁을 조정했다. 고구려 멸망 이후 신라가 신라 영토에서 당군을 축출하려 하자 당나라에 의해 신라왕에 봉해지기도 했고, 분쟁이 사라진 뒤에도 당에 머물러 대우를 받았다. 죽은 뒤에는 시신이 본국으로 보내졌고, 태대각간(太大角干)에 추증되었다.

1300 출전 확인 안 됨.

1301 번길묘비(番吉廟碑) : 신라 경덕왕 때 사람인 효자 향덕(向德)의 아버지의 비. 효자 향덕비가 충청남도 공주시 소학동에 남아 있다.

1302 출전 확인 안 됨.

1303 한서의(韓恕意) : ?~?. 신라의 관료. 경덕왕 때 웅천주(熊川州)의 조교(助敎)를 역임했다.

1304 공주(公州) : 충청남도 공주시의 대부분을 점유했던 구행정구역인 공주군(公州郡). 백제 때 이래 웅진(熊津)·웅천(熊川)·공주(公州)·안절군(安節郡) 등으로 이름을 바꾸어오다가, 1896년 8월 충청남도 공주군으로 지명을 굳혔다.

1305 효가리(孝家里) : 충청남도 공주시 옥룡동 일대.

1306 김유신(金庾信) 묘비(墓碑) : 신라 김유신의 묘비. 지금 경주시 충효동에 있는 김유신묘에는 숙종(肅宗) 때 세워진 묘표만 남아 있다. 현재의 김유신묘가 김유신의 것이 아니라는 설이 일제강점기부터 제기되고 있다.

1307 출전 확인 안 됨.

1308 출전 확인 안 됨.

순체이고, 심하게 닳아 잘 보이지 않는다.　　　　刊.


　　이상은 신라의 금석이다.　　　　　　　　○以上新羅.


## 고려(高麗) 태조릉비(太祖陵碑)[1309]　　　　高麗太祖陵碑

[해동금석록][1310] 글씨를 쓴 사람은 알 수 없다. 개성　　[錄] 書人無考, 在開城府.
부(開城府)[1311]에 있다.


## 진공선사비(眞空禪師碑)[1312]　　　　　　眞空禪師碑

[원주지(原州志)][1313][1314] 비는 원주(原州) 건등산(建登　　[原州志] 碑在原州 建登
山)[1315] 흥법사(興法寺)[1316]에 있다.[1317] 고려(高麗) 태조　　山 興法寺, 高麗 太祖御撰,
(太祖)[1318]가 직접 짓고, 최광윤(崔光胤)[1319]이 왕명으로　　崔光胤奉勅摸唐 太宗書.
당나라 태종의 글씨를 모사했다. 이제현(李齊賢)[1320]이　　李齊賢云 : “字大小眞行相

---

1309 고려(高麗) 태조릉비(太祖陵碑) : 고려(高麗) 태조(太祖) 왕건(王建)의 능비. 황해북도 개풍군 해선리 왕건
　　왕릉(王建王陵)에 있고, 비각이 보존되어 있다.
1310 출전 확인 안 됨.
1311 개성부(開城府) : 고려시대 왕도(王都)에 설치되었던 특별행정구역. 경기도 북서부에 있었다.
1312 진공선사비(眞空禪師碑) : 신라 말, 고려 초의 승려 진공(眞空, 855~937)을 기리는 비. 흥법사 터에 귀부
　　와 이수만 남아 있고, 탁본이 국립중앙박물관에 소장되어 있다.
1313 원주지(原州志) : 1899년에 편찬된 강원도 원주군(지금의 원주시) 읍지. 1책. 필사본. 표지에는 '강원도원
　　주군읍지(江原道原州郡邑誌)'로 되어 있다. 서울대학교 규장각한국학연구원에 있다.
1314 출전 확인 안 됨.
1315 건등산(建登山) : 강원도 원주시 문막읍 건등리에 있는 산. 해발 260m.
1316 흥법사(興法寺) : 강원도 원주시 지정면 안창리에 있던 절. 통일신라 시기에 지어졌고 고려 태조의 명으로
　　중창했다. 왕사(王師) 진공(眞空)이 입적할 때까지 머물렀다.
1317 비는⋯⋯있다 : 실제로 흥법사지(興法寺址)는 건등산에서 북쪽으로 섬강(蟾江) 건너편에 있다.
1318 태조(太祖) : 877~943(재위 918~943). 고려의 초대 왕. 이름은 왕건(王建). 개성의 호족 출신으로, 궁예
　　의 부하였다가 쿠데타로 왕위에 올랐다. 신라의 항복을 받고 후백제를 전쟁으로 통합하여 통일국가를 이루
　　었다. 곳곳의 지방 호족들과 혼인을 하여 왕권을 안정시켰으나, 이들에 의하여 태조 사후 정국이 매우 혼
　　란스러웠다.
1319 최광윤(崔光胤) : ?~?. 고려 초기의 관료. 후진(後晉)에 사신으로 갔다가 거란의 포로가 되었는데, 그곳
　　에서 벼슬을 했다. 정종(定宗) 때 거란이 고려를 침공하려 하자 고려 조정에 이를 알려 광군(光軍, 농민군)
　　창설에 기여했다.
1320 이제현(李齊賢) : 1287~1367. 고려 말기의 관료·학자. 원나라 수도 연경에 머무르며 유학생활을 했고, 귀국해
　　서는 사학(史學)에 많은 영향을 끼쳤다. 《본조편년강목(本朝編年綱目)》을 증수하고, 충렬왕(忠烈王)·충선왕
　　(忠宣王)·충숙왕(忠肅王)의 실록을 편찬했다. 저서로 《사략(史略)》이 있었으나 남아 있지 않다.

말했다. "글씨는 크고 작은 해서와 행서가 서로 섞여 있다. 난새가 물 위를 날고 봉황이 물가에 내려앉는 듯한 모양으로 그 기상이 세상 밖까지 삼킬 듯하니, 진실로 천하의 보물이다."[1321]

間, 鸞漂鳳泊, 氣呑象外, 眞天下之寶也."

이후에 원주 관아에 옮겨 두었는데, 어떤 수령이 탁본을 구하는 사람들 때문에 고생을 하다 소홀히 방치하던 끝에 도랑 속에 던져버려 비가 부서졌다. 지금은 2조각만 남아 있다.

後移置州廨, 有一守苦求搨者, 紛至, 投擲溝塍中, 仍折破, 今但存二片.

[해동금석록][1322] 지금 원주 감영(監營)[1323]에 있다.

[錄] 今在原州監營.

[동방금석평][1324] 행서이며, 글씨가 날아 움직이는 듯하여 본받을 만하다.

[評] 行書, 飛動可法.

진공선사비 탁본(국립중앙박물관)

현화사 창건비 탁본(국립중앙박물관)

---

1321 글씨는……보물이다:《欒翁稗說》〈後集〉1, 85쪽 ;《靑城集》卷8〈題跋〉"書興法碑" ;《靑莊館全書》卷55
〈盎葉記〉2 "興法寺碑後".
1322 《大東金石書》卷1에 당태종(唐太宗)의 글씨를 집자(集字)한〈興法寺眞空大師塔碑〉와 무명씨(無名氏)가
글씨를 쓴〈興法寺眞空大師塔碑陰〉이 보인다. (국립중앙도서관 古2202-61, 31~34쪽).
1323 감영(監營) : 강원도 원주시 일산동에 있는 조선시대 강원도 감영.
1324 출전 확인 안 됨.

## 현화사(玄化寺) 창건비(創建碑)[1325]

[해동금석록][1326] 주저(周佇)[1327]가 글을 짓고, 고려 현종(顯宗)[1328]이 비액을 쓰고, 채충순(蔡忠順)[1329]이 글씨를 썼다. 우봉(牛峯)[1330] 영취산(靈鷲山)[1331]에 있다.

[동방금석평][1332] 전액(額篆)은 번잡하고 속되어 글씨의 형태를 갖추지 못했다. 뒷면의 기문(記文)은 안진경체이며, 획이 가늘고 거칠다.

## 보현사(普賢寺) 창건비(創建碑)[1333]

[해동금석록][1334] 김부식(金富軾)[1335]이 글을 짓고, 고려 인종(仁宗)[1336]이 전액을 쓰고, 문공유(文公裕)[1337]가

## 玄化寺創建碑

[錄] 周佇撰, 高麗 顯宗額, 蔡忠順書, 在牛峯 靈鷲山.

[評] 額篆宂俗不成字, 陰記魯公體, 枯澁.

## 普賢寺創建碑

[錄] 金富軾撰, 高麗 仁宗額, 文公裕書, 在寧邊 妙

---

1325 현화사(玄化寺) 창건비(創建碑): 고려 현종(玄宗) 때 창건된 현화사를 창건하며 세운 비. 황해북도 장풍군 월고리에 절터와 비가 남아 있다.

1326 《大東金石書》卷1〈玄化寺碑〉(국립중앙도서관 古2202-61, 55쪽).

1327 주저(周佇): ?~1024. 고려 전기의 관료. 북송(北宋) 온주(溫州) 출신이며 상인을 따라왔다가 고려에서 벼슬을 했다. 벼슬이 예부상서(禮部尙書)에 이르렀고 외교문서와 행서에 뛰어났다.

1328 현종(顯宗): 992~1031(재위 1009~1031). 고려의 8대 왕. 이름은 왕순(王詢). 왕이 되기 전에는 김치양(金致陽)과 천추태후(天秋太后)의 경계 속에 목숨의 위협을 받기도 했으나, 강조(康兆, ?~1010)가 목종(穆宗)을 살해하고 현종을 옹립했다. 거란의 2차 침입 때는 나주까지 피난을 갔지만, 3차 침입은 성공적으로 막아냈다.

1329 채충순(蔡忠順): ?~1036. 고려 전기의 관료. 목종 때 현종을 도왔고, 거란의 2차 침입 때에도 왕을 호종했다. 이 공으로 보국공신(輔國功臣)이 되었고, 벼슬은 문하시랑평장사(門下侍郎平章事)에 이르렀다. 글씨로도 일가를 이루었다.

1330 우봉(牛峯): 개성특급시 승전동 서남쪽 일대.

1331 영취산(靈鷲山): 개성특급시 북동쪽에 있는 산. 개성의 진산(鎭山)인 천마산(天摩山, 해발 762m)의 동쪽에 있다. 《대동여지도(大東輿地圖)》에 보인다.

1332 출전 확인 안 됨.

1333 보현사(普賢寺) 창건비(創建碑): 한국 5대 사찰인 보현사(普賢寺)를 창건하면서 세운 비. 평안북도 향산군 향암리 보현사에 있다.

1334 《大東金石書》卷1〈普賢寺碑額〉(국립중앙도서관 古2202-61, 80쪽).

1335 김부식(金富軾): 1075~1151. 고려 중기의 관료. 이자겸(李資謙)이 몰락한 뒤 성장했고, 묘청(妙淸)의 난을 진압한 공으로 문하시중(門下侍中)에 이르렀다. 말년에 인종의 명으로 《삼국사기(三國史記)》를 편찬했다.

1336 인종(仁宗): 1109~1146(재위 1122~1146). 고려의 17대 왕. 14살에 왕이 되었고, 그의 재위기간은 지속적인 혼란기였다. 초기에는 외조부 이자겸이 자신의 두 딸을 인종과 혼인시키고 국정을 농단했으며 마침내 인

보현사 창건비 탁본(국립중앙박물관)

글씨를 썼다. 영변(寧邊)[1338] 묘향산(妙香山)[1339]에 있다.　　香山.

[동방금석평][1340] 비액은 행서이고, 매우 세련되고 　[評] 額行書, 飄逸, 陰記
활달하다. 뒷면의 기문(記文)은 행서이며, 필획이 모 　行書, 稜厲捷熟可法.
나고 반듯하고 아주 능숙하여 본받을 만하다.

종을 폐위시키려 했으나, 인종이 척준경(拓俊京)을 회유하여 축출하였다. 이자겸 축출 후에는 개경파와 서
경파가 충돌을 일으켜 묘청·정지상(鄭知常) 등이 반란을 일으켰다.
1337 문공유(文公裕):1088~1159. 고려 중기의 관료. 이자겸과 대립한 한안인(韓安仁)의 사위여서 이자겸이 집
권한 뒤에 유배되었다. 이자겸이 축출된 뒤 복직되었으며, 묘청이 중용되자 묘청 일파를 탄핵했다. 글씨를
잘 썼으며 주로 문한직(文翰職)을 역임했다.
1338 영변(寧邊):평안북도 영변군 일대.
1339 묘향산(妙香山):평안북도 향산군·영원군 및 자강도 희천시에 걸쳐 있는 산. 태백산(太白山) 또는 향산
(香山)이라고도 하며, 고향산(구향산)과 신향산으로 나뉜다. 경관이 수려하면서도 웅장하여 예부터 명산
으로 이름이 났다. 해발 1,909m.
1340 출전 확인 안 됨.

## 법경대사(法鏡大師)[1341] 혜광탑(慧光塔)[1342]

[해동금석록][1343] 선경(禪扃)[1344]이 글씨를 썼고, 후진(後晉)[1345] 때 세웠다. 장단(長湍)[1346] 용암산(踊巖山)[1347] 오룡사(五龍寺)[1348]의 옛터에 있다.

## 도선선사비(道詵禪師碑)[1349]

[해동금석록][1350] 최유청(崔惟淸)[1351]이 글을 짓고, 승려 현가(玄可)[1352]가 글씨를 썼다. 광양(光陽) 백학산(白鶴山)[1353]에 있다.

[동방금석평][1354] 안진경체이며, 질박하다.

## 法鏡大師慧光塔

[錄] 禪扃[136]書, 石晉時立, 在長湍 踊巖山 五龍寺舊基.

## 道詵禪師碑

[又] 崔惟淸撰, 釋玄可書, 在光陽 白鶴山.

[評] 魯公體, 拙.

---

1341 법경대사(法鏡大師) : 871~921. 신라 말·고려 초의 고승(高僧). 법명은 경유(慶猷). 당에 건너가 운거도응(雲居道膺, ?~902)의 법을 전하고 가지산문(迦智山門)의 형미(逈微, 864~917), 성주산문(聖住山門)의 여엄(麗嚴, 862~930), 수미산문(須彌山門)의 이엄(利嚴, 870~936)과 함께 해동의 사무외대사(四無畏大師)로 불리며 활동했으며, 귀국한 후 궁예와 태조를 만나 왕사의 예우를 받았다.

1342 법경대사(法鏡大師) 혜광탑(慧光塔) : 개성특급시 용흥동 오룡사에 세워진 오룡사(五龍寺) 법경대사(法鏡大師) 보조혜광탑비(普照慧光塔碑)를 말하며, 944년(혜종 1)에 건립되었다. 이수(螭首)·비신·귀부(龜趺)를 모두 갖추었다.

1343 출전 확인 안 됨.

1344 선경(禪扃) : 미상.

1345 후진(後晉) : 중국 5대10국(五代十國)의 왕조. 석경당(石敬塘)이 세웠기 때문에 석진(石晉)이라고도 한다. 존속 기간 936~946년.

1346 장단(長湍) : 경기도 파주시 장단면과 개성특급시 일부 지역.

1347 용암산(踊巖山) : 황해북도 장풍군 월고리와 개성특급시 용흥동의 경계에 있는 산. 바위가 용솟음치듯 솟아 있어 용암산이라 했다.

1348 오룡사(五龍寺) : 개성특급시 용흥동에 있던 절. 1900년대에 폐사되어 터만 남아 있다.

1349 도선선사비(道詵禪師碑) : 전라남도 광양시 옥룡면 추산리 백계산(白鷄山) 옥룡사(玉龍寺) 터에 있던 비로 추정된다. 비는 1150년(의종 4)에 세웠다고 한다.

1350 출전 확인 안 됨.

1351 최유청(崔惟淸) : 1093~1174. 고려 중기의 관료. 경사자집(經史子集)과 불경(佛經)에 두루 뛰어났다. 《남도집(南都集)》·《유문사실(柳文事實)》 등을 편찬했다.

1352 현가(玄可) : 미상.

1353 백학산(白鶴山) : 백계산(白鷄山)의 오기로 추정된다.

1354 출전 확인 안 됨.

[136] 扃 : 저본에는 "高". 일반적인 사실에 근거하여 수정.

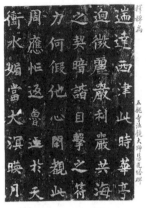

오룡사 법경대사 보조혜광탑비 탁본
(국립중앙박물관)

인각사 보각국사비 탁본(국립중앙박물관)

인각사(麟角寺) 보각국사비(普覺國師碑)[1355]

[해동금석록][1356] 민지(閔漬)[1357]가 글을 짓고, 왕희지의
글씨를 집자했다. 의흥(義興)[1358] 화산(華山)[1359]에 있다.

麟角寺普覺國師碑

[錄] 閔漬撰, 集王右軍字,
在義興 華山.

[동방금석평][1360] 행서이며, 매우 훌륭한 작품이다.

[評] 行書, 絶品.

[비목쇄기][1361] 원정(元貞) 원년(1295) 을미(乙未)년 8
월에 세웠다. 일연(一然)[1362]의 문인인 승려 죽허(竹

[瑣記] 元貞元年乙未八月
日建, 門人沙門竹虛集右軍

---

1355 인각사(麟角寺) 보각국사비(普覺國師碑) : 고려 후기의 승려 일연(一然)을 기념하기 위하여 세운 비. 경상
북도 군위군 고로면 화북리에 있다. 보물 제428호.

1356 《大東金石書》卷1〈麟角寺普覺國師靜照塔碑〉(국립중앙도서관 古2202-61, 96쪽).

1357 민지(閔漬) : 1248~1326. 고려 후기의 관료. 원나라가 일본을 정벌하려 할 때 좌부승지로 충렬왕(忠烈王)
을 수행하여 원나라에 가서 일본 정벌의 불필요함을 주장하여 전함 건조를 중지하도록 했다. 저서로 《본국
편년강목(本國編年綱目)》이 있으나 남아 있지 않다.

1358 의흥(義興) : 경상북도 군위군 일대의 옛 지명.

1359 화산(華山) : 경상북도 군위군 고로면에 있는 산.

1360 출전 확인 안 됨.

1361 출전 확인 안 됨.

1362 일연(一然) : 1206~1289. 고려 후기의 승려. 고종(高宗) 때 무량사(無量寺)에서 수행했고, 9산문(九山門)
4선(四選)의 으뜸이 되었다. 1246년 선사(禪師)의 법계를 받았고 지눌(智訥)의 법통을 계승했다. 선종(禪
宗)의 교세를 크게 일으켰고, 《화록(話錄)》·《게송잡저(偈頌雜著)》《삼국유사(三國遺事)》를 편찬했다.

虛)[1363]가 우군장군 왕희지의 글씨를 집자했다. 또 다른 문인인 내원당(內願堂)[1364] 주지 통오(通奧) 진정대선사(眞靜大禪師) 청공(淸恭)[1365]이 비를 세웠다.

버려진 비편을 모아 놓기만 하고 정리하지 않았는데, 갈라진 비편의 글자들을 대조하여 정밀하게 분별하고서 순서를 비로소 바로잡았다.

### 선림원(禪林院) 홍각선사비(弘覺禪師碑)[1366]

[해동금석록][1367] 김원(金薳)[1368]이 글을 짓고, 왕희지의 글씨를 집자했다. 양양(襄陽) 설악산(雪嶽山)[1369]에 있다.

[동방금석평][1370] 매우 훌륭한 작품이다.

王羲之書. 門人內願堂兼住[137]持通奧眞靜大禪師淸玢立.

敝藏未裝, 殘缺本逐字精辨, 次序始定.

禪林院弘覺禪師碑

[錄] 金薳撰, 集王右軍字, 在襄陽 雪山.

[評] 絕品.

---

1363 죽허(竹虛) : ?~?. 고려 후기의 승려. 일연의 대표적인 제자이다.

1364 내원당(內願堂) : 고려시대에 왕실에서 불공을 드리기 위해 개성 궁궐 안에 세운 법당. 조선 태종(太宗) 때 창덕궁 문소전 옆으로 이전되었다가 중기 이후에 철폐되었다.

1365 청공(淸恭) : ?~?. 고려 후기의 승려. 초기 법명은 청분(淸玢). 충렬왕 때 대선사(大禪師)의 법계를 받았고, 1315년 은퇴하여 영원사(靈源寺)에 있다가 1322년 송림사(松林寺)로 옮겨 죽을 때까지 지냈다.

1366 선림원(禪林院) 홍각선사비(弘覺禪師碑) : 강원도 양양군 서면 서림리 선림원(禪林院) 터에 있던 비. 보물 제446호. 현재는 원래의 귀부와 이수에 복원된 비신이 선림원 터에 있고, 비신의 파편 1개가 경복궁 근정전 회랑에 소장되어 있다.

1367 《大東金石書》 卷1 〈禪林院弘覺禪師碑〉 (국립중앙도서관 古2202-61, 13쪽).

1368 김원(金薳) : ?~?. 신라 후기의 관료. 구양순체에 뛰어났으며 구양순의 아들 구양통(歐陽通)에 가까운 면모를 가졌다고 평가되었다. 대표작인 〈보림사(寶林寺) 보조선사(普照禪師) 창성탑비(彰聖塔碑)〉는 청나라에도 소개되어 금석학자 섭창치(葉昌熾)에게 칭송받았다.

1369 설악산(雪嶽山) : 강원도 속초시·양양군·인제군·고성군에 걸쳐 있는 산. 설산(雪山)·설봉산(雪峯山)이라고도 한다. 해발 1,708m.

1370 출전 확인 안 됨.

[137] 住 : 저본에는 "註". 오사카본에 근거하여 수정.

직지사(直旨寺) 대장당기비(大藏堂記碑)[1371]

[해동금석록][1372] 임민비(林民庇)[1373]가 글을 짓고, 왕희지의 글씨를 집자했다. 김산(金山)[1374] 황악산(黃嶽山)[1375]에 있다.

直旨寺大藏堂記碑

[錄] 林民庇撰, 集王右軍字, 在金山 黃嶽山.

정토사(淨土寺) 법경대사(法鏡大師)[1376] 자등탑(慈登塔)[1377]

[해동금석록][1378] 최언위(崔彦撝)[1379]가 글을 짓고, 사찬(沙粲)[1380] 구족달(具足達)[1381]이 글씨를 썼다. 충주

淨土寺法鏡大師慈登塔

[又] 崔彦撝撰, 具足達沙粲書, 在忠州 開天山.

---

1371 직지사(直旨寺) 대장당기비(大藏堂記碑) : 경상북도 김천시 대항면 운수리 황악산(黃嶽山) 직지사의 주요 건물 중 대장당(大藏堂)을 기념하기 위한 비. 국립중앙박물관에 소장된 비문 탁본에 의하면 대장전에 금자사경(金字寫經) 593함(函)이 있었음을 알 수 있다. 1596년(선조 29) 왜병들이 불을 질러 43동의 건물 가운데 천불전(千佛殿)·천왕문(天王門)·자하문(紫霞門)을 제외한 모든 건물이 불타 버렸다. 이때 법당 앞에 있던 대형 5층목탑도 함께 소실되었다.

1372 《大東金石書》卷1〈直指寺大藏殿碑〉(국립중앙도서관 古2202-61, 88쪽).

1373 임민비(林民庇) : ?~1193. 고려 후기의 관료. 명종(明宗) 때 관직에 올랐고, 왕의 뜻을 잘 받들어 중용되었다. 추밀원사(樞密院使)·참지정사(參知政事) 등을 역임했으며, 근면하고 청렴하기로 유명했다.

1374 김산(金山) : 경상북도 김천시 어모면·조마면, 시내(대광동·덕곡동·율곡동 제외), 감문면 구야리·금곡리·금라리·남곡리·도명리·문무리·보광리·삼성리·송북리·은림리, 감천면 광기리·금송리, 구성면 광명리·금평리·송죽리·양각리·하강리·하원리·홍평리, 남면 송곡리, 농소면 노곡리·연명리·입석리, 대항면 대룡리·대성리·덕전리·운수리·주례리·향천리, 봉산면 신리·예지리·인의리, 충청북도 영동군 추풍령면 관리·사부리·신안리·작점리·죽전리·지봉리·추풍령리 일대.

1375 황악산(黃嶽山) : 경상북도 김천시 대항면, 충청북도 영동군 매곡면·상촌면의 경계에 있는 산. 해발 1,111m.

1376 법경대사(法鏡大師) : 879~941. 신라 말·고려 초의 고승(高僧). 법명은 현휘(玄暉), 속성은 이(李), 본관은 남원(南原), 시호는 법경(法鏡). 당나라 출신 귀화인의 후손이다. 906년(효공왕 10) 당나라로 건너가 도건(道虔)에게서 선법을 공부하고 924년(태조 7) 귀국하였다. 태조 왕건은 그를 국사로 대우하여 충주 정토사의 주지로 삼았다. 주변의 많은 호족 세력을 왕건의 지지 세력으로 끌어들이는 데 큰 역할을 했으며, 홍림(弘琳)·대덕(大德)·법예(法譽)·대통(大統) 등 300여 명의 제자를 길러냈다.

1377 정토사(淨土寺) 법경대사(法鏡大師) 자등탑(慈登塔) : 신라 말·고려 초의 승려 법경(法鏡)을 기리기 위하여 만든 탑과 탑비를 말한다. 충청북도 충주시 동량면 하천리 정토사(淨土寺)에 태조 왕건의 명에 의해 유골을 봉안한 정토사(淨土寺) 법경대사(法鏡大師) 자등탑(慈登塔)과 정토사(淨土寺) 법경대사(法鏡大師) 자등탑비(慈燈塔碑)(보물 제17호)가 건립되었으며, 자등탑은 일본으로 반출되었고 탑비는 현재까지 남아 있다.

1378 출전 확인 안 됨.

1379 최언위(崔彦撝) : 868~944. 신라 말·고려 초의 관료. 신라 경순왕(敬順王)이 고려에 항복하자 고려에 가서 태자사부(太子師傅)를 지냈다. 문장을 잘 지어 당시 궁원(宮園)의 액문(額文)은 모두 최언위가 지었다고 한다. 최치원·최승우와 함께 신라 3최로 꼽혔다.

1380 사찬(沙粲) : 신라의 17관등 중 제8관등.

1381 구족달(具足達) : ?~?. 고려 초기의 관료. 고려 초기 구양순체의 대가로 평가된다. 작품으로 〈보현사낭원대사오진탑비(普賢寺朗圓大師悟眞塔碑)〉·〈대안사광자대사탑비(大安寺廣慈大師塔碑)〉 등이 있다. 구족

직지사 대장당기비 탁본
(국립중앙박물관)

정토사 법경대사 자등탑비 탁본
(국립중앙박물관)

곡성 대안사 광자대사탑비(문화재청)

(忠州) 개천산(開天山)[1382]에 있다.

[동방금석평][1383] 안진경체이며, 굳세며 단단하고 날     [評] 魯公體, 勁而犀[138]利.
카롭다.

대안사(大安寺)[1384] 광자대사[1385]비(廣慈大師碑)[1386]     大安寺廣慈大師碑

[해동금석록][1387] 손소(孫紹)[1388]가 글을 짓고, 구족달     [錄] 孫紹撰, 具足達書, 在

---

달(仇足達)로도 쓴다.

[1382] 개천산(開天山) : 충청북도 충주시 동량면 하천리에 있는 산. 정토산(淨土山)이라고도 한다. 해발 670m.

[1383] 출전 확인 안 됨.

[1384] 대안사(大安寺) : 전라남도 곡성군 죽곡면 원달리 동리산(桐裏山)에 있는 태안사(泰安寺)의 이칭. 고려 태
조 때 광자대사(廣慈大師) 윤다(允多)가 중창하여 선문구산(禪門九山)의 하나인 동리산파(桐裏山派)의 중
심사찰로 삼았다.

[1385] 광자대사(廣慈大師) : 864~945. 신라 말·고려 초의 승려. 법명은 윤다(允多), 자는 법신(法信), 시호는 광자
대사(廣慈大師). 경주 출신. 선문구산 중 동리산파(桐裏山派)의 제3조이며 율법을 중시했다.

[1386] 대안사(大安寺) 광자대사비(廣慈大師碑) : 고려의 승려 광자대사(廣慈大師) 윤다(允多)를 기념하여 세운
탑비. 광종(光宗) 1년(950)에 세웠다. 비문의 글씨는 왕희지의 행서를 근간으로 하고 초서도 간간히 보이
며, 김생의 필체도 섞여 있다.

[1387] 출전 확인 안 됨.

[1388] 손소(孫紹) : 미상.

[138] 犀 : 저본에는 "屛". 오사카본에 근거하여 수정.

이 글씨를 썼다. 곡성(谷城) 동리산(桐裏山)[1389]에 있다.　　谷城桐裏山.

## 무위사비(無爲寺碑)[1390]　　無爲寺碑

[해동금석록][1391] 무위사(無爲寺)[1392]는 신라의 승려 도　　[又] 寺爲新羅僧道詵所
선(道詵)[1393]이 창건한 절이다. 비문은 최언위가 짓　　創. 碑文崔彦撝撰, 柳勳律
고, 유훈률(柳勳律)[1394]이 글씨를 썼다. 강진(康津) 월　　書, 在康津 月出山.
출산(月出山)[1395]에 있다.

[동방금석평][1396] 안진경체이며, 크고 날카롭다.　　[評] 魯公體, 太稜.

## 광조사(廣照寺) 진철대사[1397]비(眞徹大師碑)[1398]　　廣照寺眞徹大師碑

[해동금석록][1399] 최언위가 글을 짓고, 이환상(李奐　　[錄] 崔彦撝撰, 李奐[139]相

---

1389 동리산(桐裏山):전라남도 순천시 황전면과 곡성군 죽곡면의 경계에 있는 산. 봉두산(鳳頭山)이라고도 한
　　다. 해발 753m.
1390 무위사비(無爲寺碑):신라 말기의 승려 선각대사(先覺大師) 형미(逈微, 864~917)를 기념하여 세운 비로,
　　선각대사(先覺大師) 편광탑비(遍光塔碑)라 부른다. 전라남도 강진군 성전면 월하리 무위사에 있다.
1391 《大東金石書》卷1〈無爲寺先覺大師遍光塔碑〉(국립중앙도서관 古2202-61, 43쪽).
1392 무위사(無爲寺):신라의 원효(元曉)가 창건하여 관음사(觀音寺)라 했고, 헌강왕(憲康王) 때 도선(道詵)이
　　중건하여 갈옥사(葛屋寺)라 했으며, 효공왕(孝恭王) 때 형미가 다시 중창했다. 조선시대에도 건물을 계속
　　증축하여 본절 23동, 암자 35개에 이르는 거대한 사찰이었으나 화재로 규모가 매우 작아졌다.
1393 도선(道詵):827~898. 신라 말의 승려이며 풍수학의 대가. 호는 연기(烟起), 자는 옥룡자(玉龍子)·옥룡
　　(玉龍), 성은 김씨(金氏), 시호는 요공선사(了空禪師). 영암 출신. 전라남도 광양의 옥룡사(玉龍寺)에서 유
　　명해져 헌강왕에게 초빙되었으며, 고려 태조의 출생을 예언하여 고려 왕실의 극진한 존경을 받았다.
1394 유훈률(柳勳律):미상.
1395 월출산(月出山):전라남도 영암군 영암읍과 강진군 성전면의 경계에 있는 산. 소백산맥의 끝자락에 있고,
　　무위사 외에도 월남사(月南寺) 터와 도갑사(道岬寺)가 있다. 해발 809m.
1396 출전 확인 안 됨.
1397 진철대사(眞徹大師):870~936. 신라 말·고려 초의 선승(禪僧). 법명은 이엄(利嚴), 성은 김씨, 진철은 시
　　호이다. 태안 출신. 선종구산 가운데 수미산파(須彌山派)의 개조(開祖)이다.
1398 광조사(廣照寺) 진철대사비(眞徹大師碑):진철대사(眞徹大師) 이엄(利嚴)을 기념하여 세운 비. 진철대사
　　(眞澈大師) 보월승공탑비(寶月乘空塔碑)라 부른다. 고려 태조 때 세웠고, 황해남도 해주시 학현동 광조사
　　(廣照寺) 터에 있다.
1399 출전 확인 안 됨.
[139] 奐:저본에는 "魚". 일반적인 사실에 근거하여 수정.

무위사 선각대사 편광탑비 탁본
(국립중앙박물관)

광조사 진철대사 보월승공탑비 탁본
(국립중앙박물관)

보리사 대경대사 현기탑비 탁본
(국립중앙박물관)

相)[1400]이 글씨를 썼다. 해주(海州)[1401] 수미산(須彌山)[1402]에 있다.

書, 在海州 須彌山.

보리사(菩提寺) 대경대사(大鏡大師)[1403] 현기탑(玄機塔)[1404] [해동금석록][1405] 최언위가 글을 짓고, 이환추(李桓樞)가 글씨를 썼다. 지평(砥平)[1406] 용문산(龍門山)[1407]에 있다.

菩提寺大鏡大師玄機塔 [又] 崔彦撝撰, 李桓[140]樞 書, 在砥平 龍門山.

---

1400 이환상(李奐相):?~?. 신라 말·고려 초의 명필. 일명 이환추(李桓樞). 벼슬은 상주국(上柱國)을 지냈다. 937년에 광조사(廣照寺) 진철대사(眞澈大師) 보월승공탑비(寶月乘空塔碑)를, 939년에는 보리사(菩提寺) 대경대사(大鏡大師) 현기탑비(玄機塔碑)와 비로암(毘盧庵) 진공대사(眞空大師) 보법탑비(普法塔碑)를 썼다.

1401 해주(海州)):황해남도 해주시와 벽성군 일대의 옛 지명.

1402 수미산(須彌山):황해남도 해주시 학현동에 있는 산.

1403 대경대사(大鏡大師):862~930. 신라 말 고려 초의 승려. 법호는 여엄(麗嚴), 경주(慶州) 김씨(金氏), 대경(大鏡)은 시호, 현기(玄機)는 탑호이다. 충청남도 보령 출신. 성주사(聖住寺)의 무염(無染, 801~888)을 찾아가서 수년 동안 수행한 뒤, 중국으로 건너가 운거(雲居, ?~902)의 지도를 받고 909년에 귀국했다. 보리사(菩提寺) 주지로 활동하며 융천(融闡)·흔정(欣政) 등 500여 명의 제자를 양성했다.

1404 보리사(菩提寺) 대경대사(大鏡大師) 현기탑(玄機塔):대경대사(大鏡大師) 여엄(麗嚴)을 기념하여 세운 비. 고려 태조 때 세웠고, 비문은 구양순체이다. 지금은 국립중앙박물관에 소장되어 있다.

1405 출전 확인 안 됨.

1406 지평(砥平):경기도 양평군 단월면, 양동면, 용문면, 지평면, 청운면 일대.

1407 용문산(龍門山):경기도 양평군 용문면과 옥천면 경계에 있는 산. 용문사(龍門寺)·상원사(上院寺)·윤필사(潤筆寺)·사나사(舍那寺) 등의 절이 있다. 해발 1,157m.

[140] 桓:저본에는 "恒". 일반적인 사실에 근거하여 수정.

## 흥녕사비(興寧寺碑)[1408]

[원주지][1409] 사자산(獅子山)[1410] 제일봉에 있다. 절은 지금 없어지고 옛 비만 있는데, 곧 신라 승려 절중(折中)[1411]이 옛날에 거처하던 곳이다.

비가 많이 갈라져 분별할 수 있는 글자는 곧 "천복(天福) 9년(944)에 세웠다. 최언위가 글을 짓고, 최윤(崔潤)[1412]이 글씨를 썼다[天福九年立崔彦撝撰崔潤書]."이다.

## 興寧寺碑

[原州志] 在獅子山第一峯, 寺今廢, 有古碑, 卽新羅僧寶印舊居也.

碑多缺, 可辨者, 卽"天福九年立, 崔彦撝撰, 崔潤書."

흥녕사지 징효대사탑비(문화재청)

---

1408 흥녕사비(興寧寺碑): 신라 승려 징효대사(澄曉大師) 절중(折中)을 기념하여 세운 비이다. 강원도 영월군 수주면 법흥리 흥녕사 터에 있다.

1409 출전 확인 안 됨.

1410 사자산(獅子山): 강원도 영월군 수주면, 평창군 방림면, 횡성군 안흥면에 걸쳐 있는 산. 해발 1,181m.

1411 절중(折中): 826~900. 신라 말기의 승려. 시호는 징효(澄曉), 탑호는 보인(寶印). 헌강왕 때 수도에 가까운 곡산사(谷山寺) 주지로 천거되었으나 사양하고 사자산에 머물렀다. 그의 흥녕선원(興寧禪院)이 중사성(中使省)에 예속되어 왕실의 비호를 받았으나, 내란이 일어나 동림사(桐林寺)·은강선원(銀江禪院) 등을 전전했다.

1412 최윤(崔潤): 미상.

## 봉선홍경사(奉先弘慶寺) 갈기(碣記)[1413]

奉先弘慶寺碣記

[나려임랑고][1414] 비문은 큰 해서이고 윗부분에 가로로 전서 7자가 쓰여 있다. 한림학사(翰林學) 선의랑(宣議郎)[1415] 내사사인(內史舍人)[1416] 지제고(知制誥)[1417] 겸 사관수찬관(史館修撰官)[1418] 사자금어대(賜紫金魚袋) 최충(崔沖)[1419]이 글을 짓고, 봉의랑(奉議郎)[1420] 국자승(國子丞)[1421] 백현례(白玄禮)[1422]가 글씨를 썼다.

글씨의 골기가 밝고 정신이 맑아 〈구성궁 예천명〉과 상당히 비슷하다. 태평(太平) 6년(1026) 비를 세웠고, 높이는 5.6척, 너비는 2.9척이다. 비문은 모두 25행이고 행마다 모두 46자이다. 직산현(稷山縣)[1423] 소사(素沙)[1424]에 있다.

[砧] 碑文大楷, 篆蓋七字橫寫. 翰林學士宣議郎內史舍人知制誥兼史館修撰官賜紫金魚袋崔沖撰, 奉議郎國子丞白玄禮書.

骨瑩神淸, 頗似《醴泉銘》. 太平六年立, 高五尺六寸, 寬二尺九寸, 共計二十五行, 行皆四十六字, 在稷山縣素沙.

---

[1413] 봉선홍경사(奉先弘慶寺) 갈기(碣記) : 승려 형긍(迥兢)이 왕명을 받아 세운 절 봉선홍경사(奉先弘慶寺)의 창건비. 이 절은 여행자를 위한 원(院)의 성격이 더 강했다. 조선 초기에 절이 폐허가 되어 홍경원(弘慶院)과 비갈만 남았다. 충청남도 천안시 서북구 성환읍 대홍리에 있다.

[1414] 출전 확인 안 됨.

[1415] 선의랑(宣議郎) : 고려시대 문관 종7품 상(上)의 벼슬. 문종(文宗) 14년(1060)에 정했다가 충렬왕(忠烈王) 원년(1275)에 없앴다.

[1416] 내사사인(內史舍人) : 고려시대 내사문하성(內史門下省)의 종4품 벼슬.

[1417] 지제고(知制誥) : 고려시대에 국왕이 반포하는 조서(詔書)·교서(敎書) 등을 지어 바치는 벼슬. 한림원(翰林院)·보문각(寶文閣)의 관원이 겸직할 때는 내지제고(內知制誥), 다른 관서의 관원이 겸직할 때는 외지제고(外知制誥)라 했다. 뒤에 지제교(知製敎)로 고쳤다.

[1418] 사관수찬관(史館修撰官) : 고려시대에 정사(政事)를 기록하는 관청인 예문춘추관(藝文春秋館)의 벼슬. 한림원(翰林院)의 3품 이하의 관원이 겸임했다.

[1419] 최충(崔沖) : 984~1068. 고려 전기의 관료. 현종 때 태조에서 목종에 이르는《7대실록(七代實錄)》의 편찬에 참여했고, 벼슬이 문하시중까지 이르렀다. 벼슬에서 물러난 뒤에는 9재학당(九齋學堂)을 창설하여 교육에 힘썼으며, 문예를 크게 일으켜 해동공자(海東孔子)라 불렸다.

[1420] 봉의랑(奉議郎) : 고려시대 문관 종6품 상(上)의 품계명.

[1421] 국자승(國子丞) : 고려시대 국자감(國子監)의 종6품 벼슬. 충렬왕(忠烈王) 원년(1275)에 직강(直講)으로 고쳤다.

[1422] 백현례(白玄禮) : ?~?. 고려 전기의 관료. 글씨가 매우 힘차다는 평가를 받았다.

[1423] 직산현(稷山縣) : 충청남도 천안시 서북구 성거읍·성환읍·입장면·직산읍, 경기도 평택시 안중읍 안중리, 오성면 교포리·당거리·창내리, 팽성읍 노양리·도두리·본정리·신대리, 포승읍 만호리·신영리·희곡리, 현덕면 황산리 일대.

[1424] 소사(素沙) : 충청남도 천안시 서북구 성환읍과 경기도 안성시 일대에 있는 평야.

봉선홍경사 갈기비 탁본(국립중앙박물관)　　　거돈사 승묘선사비 탁본(국립중앙박물관)

안 태평(太平)은 요(遼)나라[1425] 성종(聖宗)[1426]의 연호
이다. 이때 고려가 요나라의 달력을 받았다.

案 太平爲遼聖宗年號. 是
時高麗奉遼正朔.

거돈사(居頓寺) 승묘선사비(勝妙禪師碑)[1427]
[해동금석록][1428] 최충이 글을 짓고, 김거웅(金巨
雄)[1429]이 글씨를 썼다. 원주(原州) 현계산(玄溪山)[1430]에
있다.

居頓寺勝妙禪師碑
[錄] 崔冲撰, 金巨雄書, 在
原州 玄溪山.

---

1425 요(遼)나라 : 중국 북방민족인 거란족의 왕조. 북송(北宋)의 북방에 있었다. 916년 태조 야율아보기(耶律
阿保機)가 창업했고, 1125년 9대 천조제(天祚帝) 야율아과(耶律阿果)가 금(金)나라에 항복하여 멸망했다.
1426 성종(聖宗) : 972~1031(재위 982~1031). 중국 요나라의 6대 황제. 이름은 야율문수노(耶律文殊奴). 북송
과의 전쟁에서 승리하여 황하 유역까지 진출했고, 3차에 걸쳐 고려를 침략했다. 고려 침략 1차에서는 서희
의 외교로 정복을 중단했고, 2차에서는 강조(康兆)를 죽이고 개경을 함락시켰으나 양규(楊規)의 활약으로
철수했고, 3차에서는 강감찬(姜邯贊)에게 군대가 전멸당해 고려 침략은 실패로 끝났다. 고려 침략 때의 국
력 손실을 복구하지 못한 것이 요나라가 쇠퇴하여 멸망에 이른 중요한 원인이 되었다.
1427 거돈사(居頓寺) 승묘선사비(勝妙禪師碑) : 고려 초기의 승려 원공국사(圓空國師) 지종(智宗, 930~1018)
을 기념한 비. 원공국사(圓空國師) 승묘탑비(勝妙塔碑)라 부른다. 강원도 원주시 부론면 정산리에 있다.
1428 《大東金石書》 卷1〈居頓寺圓空國師勝妙塔碑〉(국립중앙도서관 古2202-61, 59쪽).
1429 김거웅(金巨雄) : ?~?. 고려 전기의 관료. 구양순체를 잘 썼다.
1430 현계산(玄溪山) : 강원도 원주시 부론면에 있는 산. 현계산(玄鷄山)이라고도 한다. 해발 535m.

[동방금석평]1431 안진경체이고, 획이 가늘다. [評] 魯公體, 枯.

## 영통사(靈通寺) 대각국사1432비(大覺國師碑)1433

[해동금석록]1434 김부식이 글을 짓고, 비 앞면은 오언후(吳彦侯)1435가 글씨를 썼고, 뒷면의 기문(記文)은 영근(英僅)1436이 썼다. 장단(長湍)1437 오관산(五冠山)1438에 있다.

## 靈通寺大覺國師碑

[錄] 金富軾撰, 前面吳彦侯書, 陰記英僅書, 在長湍五冠山.

[동방금석평]1439 비의 앞면은 안진경체이고 획이 가늘며, 뒷면의 기문(記文)은 해서이고 크기가 들쭉날쭉하지만 고졸한 기운이 있다.

[評] 前面魯公體, 枯 ; 陰記楷, 大小參差, 有古氣.

[숭연록(嵩緣錄)1440]1441 비의 허리 아래로는 거의 모두 다 갈라지거나 떨어져 나갔다. 글을 지은 사람과 글씨를 쓴 사람의 관함(官銜)1442도 온전하지 못하지

[嵩緣錄] 碑腰以下缺落殆盡, 撰人, 書人官銜亦不全, 但其名字不損.

---

1431 출전 확인 안 됨.
1432 대각국사(大覺國師) : 1055~1101. 고려 전기 국사, 승통(僧統), 국청사(國清寺) 제1대 주지 등을 역임한 승려. 속명은 왕후(王煦), 호는 우세(祐世), 법명은 의천(義天). 경기도 개성 출신. 아버지는 고려 제11대 왕인 문종이며, 어머니는 인예왕후(仁睿王后) 이씨(李氏)이다. 불교 전적을 정비하고 《교장(敎藏)》을 간행했으며, 천태종을 세워 교단의 통일과 국가 발전을 도모했다.
1433 영통사(靈通寺) 대각국사비(大覺國師碑) : 고려 초기의 승려 대각국사(大覺國師) 의천(義天)을 기념한 비. 개성특급시 용흥동에 있다.
1434 《大東金石書》卷1〈靈通寺大覺國師碑〉(국립중앙도서관 古2202-61, 67쪽).
1435 오언후(吳彦侯) : 미상.
1436 영근(英僅) : ?~?. 고려 중기의 승려.
1437 장단(長湍) : 경기도 파주시 장단면과 개성특급시 일부 지역.
1438 오관산(五冠山) : 개성특급시 용흥동과 황해북도 장풍군의 경계에 있는 산. 5개의 봉우리가 갓 모양이다. 고려시대 효자 문충이 오관산 아래에서 어머니를 봉양하다가 어머니가 늙어감을 한탄한 《오관산곡(五冠山曲)》이 현재까지 전해진다.
1439 출전 확인 안 됨.
1440 숭연록(嵩緣錄) : 미상.
1441 출전 확인 안 됨.
1442 관함(官銜) : 품계·보임관서·관직·이름을 함께 기록한 것.

영통사 대각국사비 탁본(국립중앙박물관)　　　　반야사 원경화상비 탁본(국립중앙박물관)

만, 이름은 손상되지 않았다.


반야사(般若寺) 원경화상[1443]비(元景和尙碑)[1444]

[해동금석록][1445] 김부일(金富佾)[1446]이 글을 짓고, 이
원부(李元符)[1447]가 글씨를 썼다. 합천(陜川) 가야산(伽
倻山)[1448] 아래에 있다.

般若寺元景和尙碑

[錄] 金富佾撰, 李元符書,
在陜川 伽倻山下.

---

1443 원경화상(元景和尙) : 1045~1114. 고려의 승려. 법명은 낙진(樂塵), 자는 자정(子正), 호는 오공통혜(悟空
通慧), 원경(元景)은 시호이다. 송나라에 건너가 정원(淨源, 1011~1088)에게서 불법을 배우고 귀국했다.
의천을 도와《속장경(續藏經)》을 판각할 때 교정을 보았으며 귀법사(歸法寺)·법수사(法水寺) 등의 주지를
지냈다.

1444 반야사(般若寺) 원경화상비(元景和尙碑) : 고려의 승려 원경왕사(元景王師) 낙진(樂塵)을 기념한 비. 귀
부의 문양과 개석의 조각 수법에서 고려 중기 석비 양식의 특징이 잘 나타나 있다. 경상남도 합천군 가야면
(伽倻面) 치인리(緇仁里) 해인사(海印寺) 경내에 있다. 보물 제128호.

1445 《大東金石書》卷1〈般若寺元景王師碑〉(국립중앙도서관 古2202-61, 64쪽).

1446 김부일(金富佾) : 1071~1132. 고려 중기의 관료. 김부식(金富軾)의 형이다. 북송에 사신으로 갔을 때 글을
잘 지어 북송 철종(哲宗)의 칭찬을 받았다. 문장을 잘 짓고 학문에도 뛰어나 왕명과 외교문서의 윤색은 모
두 그의 손을 거쳤으며, 왕과 유신(儒臣)들에게 경사를 강론하기도 했다.

1447 이원부(李元符) : ?~?. 고려 중기의 관료. 인종(仁宗) 때 주로 활동했다. 당시 유행하던 구양순체를 따르지
않고 우세남의 서체를 주로 썼으며, 해서를 잘 썼다.

1448 가야산(伽倻山) : 경상남도 합천군 가야면, 경상북도 성주군 가천면·수륜면에 걸쳐 있는 산. 해발
1,430m.

[동방금석평]<sup></sup>1449 글씨획이 성글고 기복이 심한 형상으로, 모두 속되다.

[評] 畫疏而波, 皆俗.

## 분황사(芬皇寺) 화쟁국사1450비(和諍國師碑)1451

[경주지]1452 분황사(芬皇寺)1453는 경주부 동쪽에서 5리 떨어진 곳에 있다. 신라 선덕왕(善德王)1454 3년(782)에 세웠다. 여기에 고려의 평장사(平章事) 한문준(韓文俊)1455이 글을 지은 《화쟁국사비》가 있는데, 오금석(烏金石)1456으로 만들었다.

## 芬皇寺和諍國師碑

[慶州志] 寺在府東五里. 新羅 善德王三年建, 有高麗平章事韓文俊所撰《和諍國師碑》, 烏金石也.

[동방금석평]1457 최선(崔詵)1458이 글씨를 썼는데, 짧

[評] 崔詵書, 短而拙.

---

1449 출전 확인 안 됨.

1450 화쟁국사(和諍國師) : 617~686. 신라시대의 승려. 법명은 원효(元曉), 속성은 설씨(薛氏), 아명은 서당(誓幢) 또는 신당(新幢)이며, 시호는 화정(和靜) 또는 화쟁(和諍)이다. 경상북도 압량(押梁, 지금의 경산시) 출신. 일심(一心)과 화쟁(和諍) 사상을 중심으로 불교의 대중화에 힘썼으며, 《금강삼매경론(金剛三昧經論)》·《기신론별기(起信論別記)》·《대승기신론소(大乘起信論疏)》·《대승육정참회(大乘六情懺悔)》등 100여 종 240여 권을 저술하여 불교 사상의 발전에 크게 기여했다.

1451 분황사(芬皇寺) 화쟁국사비(和諍國師碑) : 신라의 승려 화쟁국사(和諍國師) 원효를 기념한 비. 경상북도 경주시 구황동 분황사 터에 있고, 받침돌만 남아 있다.

1452 출전 확인 안 됨.

1453 분황사(芬皇寺) : 경상북도 경주시 구황동에 있던 절. 절터에 남아 있는 분황사 3층 석탑은 현재 남아 있는 가장 오래된 석탑이다.

1454 선덕왕(善德王) : ?~647(재위 632~647). 신라 27대 왕. 대중적으로는 선덕여왕(善德女王)이라 불린다. 여자였지만 아버지 진평왕(眞平王)의 왕권이 강력해서 왕이 될 수 있었다. 선덕왕의 재위 기간에는 고구려·백제의 지속적인 침략을 받아 영토가 점차 축소되었다. 이로 인하여 신라는 당나라와 동맹을 맺고 삼국통일의 계기를 마련했지만, 차차기 왕인 무열왕(武烈王) 초기까지 신라의 영역 축소가 계속되었다.

1455 한문준(韓文俊) : ?~1190. 고려 중기의 관료. 인종(仁宗) 때 관직에 올랐고, 명종(明宗) 때 문하시랑평장사(門下侍郎平章事)에 이르렀다. 무신집권자 중 한 명인 송유인(宋有仁)에게 거슬려 좌천되기도 했으며, 공정하다는 평가를 받았다.

1456 오금석(烏金石) : 탄소를 주성분으로 하는 화성암으로, 흑금석(黑金石)·흑옥석(黑玉石)·몽고흑(蒙古黑)·화산암(火山巖) 등의 이칭으로도 불렸다. 몽골[蒙古]·중국 산서성(山西省) 등지에서 나오며 한약재·비석·차판(茶板) 등으로 쓰였다.

1457 출전 확인 안 됨.

1458 최선(崔詵) : ?~1209. 고려 중기의 관료. 참지정사(參知政事)·식목도감사(式目都監使) 등의 고위관직을 역임했다. 《속자치통감(續資治通鑑)》·《태평어람(太平御覽)》을 교정하여 간행했고, 최충헌(崔忠獻)과 함께 신종(神宗)의 폐위를 논의했다.

고 질박하다.


### 영국사(寧國寺) 원각선사[1459]비(圓覺禪師碑)[1460]

[해동금석록][1461] 한문준(韓文俊)이 글을 지었고, 글씨를 쓴 사람은 알 수 없다. 옥천(沃川)[1462] 지륵산(智勒山)[1463]에 있다.

<br>

寧國寺圓覺禪師碑

[錄] 韓文俊撰, 書人無考, 在沃川智勒山.


### 문수원기(文殊院記)[1464]

[나려임랑고][1465] 비문(碑文)은 행서(行書)이고, 비액(碑額)은 큰 해서이다. 건염(建炎) 4년(1130) 경술년(庚戌年)에 승려 탄연(坦然)[1466]이 글씨를 썼고, 정의대부(正議大夫) 국자감대사성(國子監大司成) 보문각학사(寶文閣學士) 지제고(知制誥) 김부철(金富轍)[1467]이 기문(記文)을 지었다.

　행서가 호방하여 이리저리 나는 봉황 같다. 그

<br>

文殊院記

[攷] 碑文行書, 碑額大楷, 建炎四年庚戌, 沙門坦然書, 正議大夫國子監大司成寶文閣學士知制誥金富轍記.

　行豪如翻身鳳凰. 雖極傾

---

1459 원각선사(圓覺禪師) : 1119~1174. 고려 중기의 승려. 법명은 덕소(德素), 성은 전씨(田氏), 이름은 자미(子美), 자는 혜약(慧約), 시호는 원각(圓覺)이다. 명종 때의 왕사(王師)로 천태학(天台學)의 대가이며 재사(再思)·담요(曇曜)·의윤(頙胤)·신수(神秀) 등 1,200명의 제자들을 양성했다.

1460 영국사(寧國寺) 원각선사비(圓覺禪師碑) : 고려의 승려 원각국사(圓覺國師) 덕소(德素)를 기념한 비. 충청북도 영동군 양산면 누교리 영국사(寧國寺)에 있다.

1461 《大東金石書》卷1〈寧國寺圓覺國師碑〉(국립중앙도서관 古2202-61, 84쪽).

1462 옥천(沃川)) : 충청북도 옥천군 군북면·군서면·동이면·안남면·안내면·옥천읍·이원면, 영동군 양산면·학산면, 양강면 두평리·묵정리, 용화면 여의리·용강리·자계리 일대.

1463 지륵산(智勒山) : 충청북도 영동군 양산면 누교리와 충청남도 금산군 제원면 신안리의 경계에 있는 산. 지금의 천태산(天台山)이다. 해발 715m.

1464 문수원기(文殊院記) : 고려 인종(仁宗) 때 문수원(文殊院)을 중수하고 세운 비. 문수원(文殊院) 중수비(重修碑)라 부른다. 문수원은 명종 때 청평사(淸平寺)로 이름을 바꾸어 지금까지 남아 있다. 비는 6·25전쟁 때 파괴되었고, 파편 일부가 동국대학교 박물관에 소장되어 있다.

1465 출전 확인 안 됨.

1466 탄연(坦然) : 1070~1159. 고려 중기의 승려. 본래는 경학에 뛰어났다. 과거에 합격하여 세자를 가르치다가 도망쳐 출가했다. 선사(禪師)·대선사(大禪師) 등을 거쳐 1146년에는 왕사(王師)가 되었다. 글씨로 이름을 날려 김생과 요극일(姚克一)에 버금간다는 평가를 받았다.

1467 김부철(金富轍) : 1079~1136. 고려 중기의 관료. 김부식의 동생이다. 한림학사(翰林學士)·이부상서(吏部尙書) 등을 역임했고, 김부식과 정치적 입장을 함께하여 묘청의 난 토벌에 참여했다.

문수원 중수비 탁본(국립중앙박물관)　　　　승가굴 중수비 탁본(국립중앙박물관)

렇지만 이 비에 빠져들어 매우 좋아하더라도 비석은 이미 닳아서 글씨를 알아볼 수 없으니, 미인이 서서히 늙어가는 한스러움이 없지 않다.[1468] 비의 높이는 4.5척, 너비는 2.7척이다. 비문은 모두 29행이고 행마다 모두 48자이다. 춘천부(春川府) 청평산(淸平山)[1469]에 있다.

[동방금석평][1470] 비액은 안진경체와 유공권체이다.

### 승가굴(僧伽窟) 중수비(重修碑)[1471]

[해동금석록][1472] 이현(李顯)[1473]이 글을 짓고, 승려 탄

倒, 石已刓泐, 不無美人遲暮之恨. 高四尺五寸, 寬二尺七寸, 共計二十九行, 行皆四十八字, 在春川府淸平山.

[評] 額顔、柳體.

### 僧伽窟重修碑

[錄] 李顯撰, 釋坦然書,

---

1468 미인이……않다 : 중국 전국시대 굴원(屈原)의 시 〈이소(離騷)〉의 "초목이 말라 떨어짐을 보니, 미인이 서서히 늙어감이 두렵다.(惟草木之零落兮, 恐美人之遲暮.)"라는 구절에서 유래한 내용이다. 〈이소〉에는 벼슬에서 물러난 실망과 나라를 걱정하는 마음이 드러나 있다.

1469 청평산(淸平山) : 강원도 춘천시 북산면, 화천군 간동면에 걸쳐 있는 산. 옛 이름은 경운산(慶雲山)이고, 경수산·청평산(淸平山)이라고도 불리다가 현대에 오봉산으로 굳어졌다. 해발 779m.

1470 출전 확인 안 됨.

1471 승가굴(僧伽窟) 중수비(重修碑) : 고려 숙종(肅宗) 때 승가사(僧伽寺)를 중수하고 세운 비. 비는 지금 남아 있지 않다.

1472 출전 확인 안 됨.

연이 글씨를 썼다. 양주(楊州)[1474] 삼각산(三角山)[1475]에 있다.

在楊州 三角山.

[동방금석평][1476] 전액은 글씨가 고르고 수려하다.

[評] 額篆均而秀.

## 북룡사비(北龍寺碑)[1477]

[해동금석록][1478] 승려 탄연이 글씨를 썼다. 예천군 (醴泉郡)[1479] 북쪽으로 30리 떨어진 곳에 있다.

北龍寺碑

[錄] 釋坦然書, 在醴泉郡 北三十里.

## 단속사(斷俗寺) 대감국사비(大鑑國師碑)[1480]

[나려임랑고][1481] 비문은 행서(行書)이며, 비액(碑額)은 큰 해서로 대감국사비명(大鑑國師碑銘) 6자를 바르게

斷俗寺大鑑國師碑

[攷] 碑文行書, 碑額大楷, 正書大鑑國師碑銘六字.

---

1473 이현(李顯) : 미상.

1474 양주(楊州) : 경기도 고양시 덕양구 북한동·오금동·지축동·효자동, 구리시, 남양주시 시내, 별내면, 수동 면 송천리·수산리·지둔리, 오남읍, 와부읍(팔당리 제외), 조안면 시우리, 진건읍, 진접읍, 퇴계원면, 화도 읍, 동두천시(탑동 제외), 서울특별시 광진구, 노원구, 도봉구, 성동구 성수동, 송파구 신천동·잠실동, 은 평구, 중랑구, 경기도 양주시 시내, 광적면, 백석읍, 은현면, 장흥면, 연천군 전곡읍, 청산면, 의정부시, 파주시 광탄면 기산리·영장리, 포천시 신북면 갈월리·금동리·덕둔리·삼정리, 서울특별시 강북구, 서대 문구, 성북구, 종로구, 중구, 경기도 포천시 내촌면 일대.

1475 삼각산(三角山) : 서울특별시 도봉구·강북구·종로구·은평구와 경기도 고양시·양주시·의정부시에 걸쳐 있는 산. 백운대(白雲臺)·인수봉(人壽峰)·만경대(萬鏡臺)의 봉우리 3개가 있어 삼각산이라 불렸다. 해발 836m. 지금의 북한산이며 승가사가 있는 지역은 서울특별시에 편입되어 종로구 구기동에 있다.

1476 출전 확인 안 됨.

1477 북룡사비(北龍寺碑) : 경상북도 예천군 북룡사에 있던 비문으로 추정된다. 북룡사는 미상이나, 예천의 북 쪽에 위치했다는 점을 보면 용문사(龍門寺)를 가리킬 가능성도 있다. 김봉균, 《고전에서 찾아 본 예천지명 유래》, 예천군예천문화원, 2016, 128쪽 주 5번 참조.

1478 출전 확인 안 됨.

1479 예천군(醴泉郡) : 경상북도 문경시 동로면, 산북면 가곡리·가좌리·내화리·소야리·월천리·지내리·창구 리·흑송리, 예천군 보문면, 예천읍, 용문면, 유천면, 호명면, 감곡면 마촌리, 개포면 경진리·금리·동송 리·우감리·이사리, 풍양면 고산리·공덕리·괴당리·풍신리, 의성군 다인면 일대.

1480 단속사(斷俗寺) 대감국사비(大鑑國師碑) : 고려의 승려 대감국사(大鑑國師) 탄연을 기념하여 세운 비. 왕 희지체로 썼고, 지금은 조선시대의 저작인 《금석청완(金石淸玩)》에 탁본만 남아 있다.

1481 출전 확인 안 됨.

썼다. 수태보(守太保)[1482] 문하시랑평장사(門下侍郞平章事)[1483] 판이부사(判吏部事)[1484] 수국사(修國史)[1485] 겸 태자태사(太子太師)[1486]를 지내고 물러난 이지무(李之茂)[1487]가 글을 짓고, 보현사(普賢寺) 주지(住持)인 대오(大悟)[1488]가 중수(重修)하고, 대사(大師) 기준(機俊)[1489]이 글씨를 쓰고 아울러 전액(篆額)을 썼다. 필법의 외면은 거침없는 듯하나, 내실은 엄밀하다.

금나라 대정(大定) 12년(1172) 임진(壬辰)년 1월에 비를 세웠다. 높이는 7.86척이고, 비액과 이어진 가로의 너비는 3.77척이다. 비문은 모두 32행이고 행마다 모두 72자이다.

비 아래의 큰 받침돌 부분에 93자가 파손되었고, 비액의 둘레 4변에는 모두 연꽃·동자·상서로운 구름·신선이 타는 학 조각의 장식이 있는데, 매우 정교하고 우아하다. 진주목(晉州牧) 지리산에 있다.

[동방금석평][1490] 행서(行書)이고, 매우 가늘다.

守太保門下侍郞平章事判吏部事修國史兼太子太師致仕李之茂撰, 普賢寺住持大悟重, 大師機俊書并篆額. 筆法外如放縱, 內實嚴密.

大金 大定十二年壬辰正月立碑, 高七尺八寸六分, 連額橫寬三尺七寸七分, 共計三十二行, 行皆七十二字. 碑下大防處缺九十三字, 碑額并四邊, 皆有蓮花、童子、吉雲、仙鶴琢飾琱鏤, 甚工雅, 在晉州牧 智異山.

[評] 行書, 瘦.

1482 수태보(守太保): 태보는 고려시대에 왕자·부마(駙馬)·비부(妃父) 등의 종실(宗室)과 공신 및 고위 관원에게 내렸던 허직(虛職). 정1품. 수(守)는 관직이 품계보다 높은 경우 붙이는 칭호.

1483 문하시랑평장사(門下侍郞平章事): 고려시대 중서문하성(中書門下省)의 정2품 관직. 문하시랑·문하평장사라고도 한다.

1484 판이부사(判吏部事): 판상서이부사(判尙書吏部事)의 준말로, 상서이부의 으뜸 벼슬.

1485 수국사(修國史): 고려시대 정사(政事)의 기록과 사서(史書) 편찬 업무를 맡아본 사관(史館)의 종2품 관직.

1486 태자태사(太子太師): 고려시대 동궁관(東宮官)의 종1품 관직. 태사·태부·태보가 각각 1인씩 배정되었으며, 태사가 제일 높았다.

1487 이지무(李之茂): ?~?. 고려 중기의 관료. 인종 때 활동했다. 사신으로 금나라에 다녀왔고 감수국사(監修國史) 등을 역임했다.

1488 대오(大悟): ?~?. 고려의 승려이나 미상.

1489 기준(機俊): ?~?. 고려 중기의 승려. 글씨를 잘 썼고, 명종 때 활동했다.

1490 출전 확인 안 됨.

단속사 대감국사비 탁본(국립중앙박물관)　　　고달사 원종대사 혜진탑비 탁본(국립중앙박물관)

[비목쇄기]<sup>1491</sup> 비액의 4변에는 연꽃과 동자가 있는데, 다른 비에는 없는 장식이다. 매번 대정 연간 (1161~1189)의 동전 양식과 주조한 거울 뒷면의 동전 모양 양식을 봐도 모두 연꽃과 동자가 새겨진 문양이 있으니, 또한《금석췌편(金石萃編)》<sup>1492</sup>에서 미처 다루지 못한 내용을 보충할 수 있다.

[瑣記] 碑額四邊蓮花、童子, 他碑所無. 每見大定泉範及鑄鏡背泉式, 亦皆有蓮花、童子花樣, 亦可補《金石萃編》所未及也.

## 고달원(高達院) 원종대사비(圓宗大師碑)<sup>1493</sup>

[해동금석록]<sup>1494</sup> 김정언(金廷彦)<sup>1495</sup>이 글을 짓고, 장단열(張端說)<sup>1496</sup>이 글씨를 썼다. 여주(驪州) 혜월산(慧月

## 高達院圓宗大師碑

[錄] 金廷彦撰, 張端說書, 在驪州 慧月山.

---

1491 출전 확인 안 됨.

1492 금석췌편(金石萃編) : 중국 청나라 왕창(王昶)이 1805년에 편찬한 금석서. 선진(先秦)시대부터 금(金)나라까지의 금석문을 고증했다.

1493 고달원(高達院) 원종대사비(圓宗大師碑) : 고려 초의 승려 원종대사(圓宗大師) 찬유(燦幽)를 기념한 비. 고달사(高達寺) 원종대사(元宗大師) 혜진탑비(慧眞塔碑)라 부른다. 경기도 여주시 북내면 상교리 고달사(고달원) 터에 있었다가 지금은 국립중앙박물관에 있으며, 여러 조각으로 깨져 있다.

1494《大東金石書》卷1〈高達院元宗大師惠眞塔碑〉(국립중앙도서관 古2202-61, 45쪽).

1495 김정언(金廷彦) : ?~?. 고려 전기의 관료. 광종 때 재상을 지냈다.

1496 장단열(張端說) : ?~?. 고려 전기의 관료. 한림원 서박사(書博士)·군부경(軍府卿) 등을 역임했다. 우세남의 글씨를 잘 썼다.

山)[1497]에 있다.

[동방금석평][1498] 안진경과 유공권의 필법으로 붓을　　[評] 顔、柳法弄筆而字扁.
자유자재로 다루었으며, 글씨가 납작하다.

## 봉암사(鳳巖寺) 정진대사[1499]비(靜眞大師碑)[1500]　　鳳巖寺靜眞[141]大師碑

[해동금석록][1501] 이몽유(李夢遊)[1502]가 글을 짓고, 장　　[錄] 李夢遊撰、張端說書,
단열이 글씨를 썼다. 문경(聞慶) 희양산(曦陽山)에 있다.　　在聞慶 曦陽山.

[동방금석평][1503] 안진경체이며, 글씨가 질박하다.　　[評] 魯公體、拙.

## 법천사(法泉寺) 지광[1504]탑(智光塔)[1505]　　法泉寺智光塔

[해동금석록][1506] 정유산(鄭惟産)[1507]이 글을 짓고, 안　　[錄] 鄭惟産撰、安民厚書,
민후(安民厚)[1508]가 글씨를 썼다. 원주(原州) 명봉산(鳴　　在原州 鳴鳳山.

---

1497 혜월산(慧月山): 경기도 여주군 북내면·대신면과 양평군 지평면에 걸쳐 있는 산. 지금의 우두산(牛頭山)
　　이다. 해발 484m.
1498 출전 확인 안 됨.
1499 정진대사(靜眞大師): 878~956. 신라 말 고려 초의 승려. 법명은 긍양(兢讓), 호는 봉종(奉宗)·증공(證
　　空), 시호는 정진국사(靜眞國師), 속성은 왕씨. 충청남도 공주 출신. 구산선문(九山禪門) 중 남악계(南岳
　　系)를 대표하는 대선사(大禪師)이다.
1500 봉암사(鳳巖寺) 정진대사비(靜眞大師碑): 신라 말 고려 초의 승려 정진대사(靜眞大師) 긍양(兢讓)을 기념
　　한 비. 봉암사(鳳巖寺) 정진대사(靜眞大師) 원오탑비(圓悟塔碑)라 부른다. 965년에 세웠고, 경상북도 문경
　　시 가은읍 봉암사에 있다.
1501《大東金石書》卷1〈鳳巖寺靜眞大師圓悟塔碑〉(국립중앙도서관 古2202-61, 44쪽).
1502 이몽유(李夢遊): ?~?. 고려 전기의 관료. 성종(成宗) 때 활동했고, 성종의 묘정에 배향되었다.
1503 출전 확인 안 됨.
1504 지광(智光): 984~1067. 고려 중기의 승려. 법명은 해린(海麟), 자는 거룡(巨龍), 속성은 원씨(元氏), 본관
　　은 원주(原州), 지광(智光)은 시호이다. 문종 때 국사(國師)이며 법상종(法相宗)의 고승이다.
1505 법천사(法泉寺) 지광탑(智光塔): 고려 중기의 승려 지광국사(智光國師) 해린(海麟)을 기념하여 지광국사
　　현묘탑(智光國師玄妙塔)을 세우면서 함께 세운 비. 법천사지(法泉寺址) 지광국사탑비(智光國師塔碑)라 부
　　른다. 1070년경에 세웠고, 강원도 원주시 부론면 법천리 법천사 터에 있다.
1506《大東金石書》卷1〈法泉寺智光國師玄妙塔碑〉(국립중앙도서관 古2202-61, 62쪽).
1507 정유산(鄭惟産): ?~1091. 고려 중기의 관료. 중서사인(中書舍人)·예부상서(禮部尚書) 등을 역임했고, 시
　　문에 뛰어났다. 은퇴한 뒤에도 왕의 정치자문을 했다.
1508 안민후(安民厚): ?~?. 고려 중기의 관료. 선종(宣宗) 때 활동했다. 상서도관낭중(尚書都官郎中)을 역임했

봉암사 정진대사 원오탑비 탁본
(국립중앙박물관)

법천사 지광국사 현묘탑비 탁본
(국립중앙박물관)

鳳山)[1509]에 있다.

[동방금석평][1510] 비 뒷면의 기문(記文)은 유공권의 서
법이다. 글씨가 각지고 거세다.

[評] 陰柳法, 稜厲.

### 승(僧) 도진탑(道眞塔)[1511]

[봉화지][1512] 태자사(太子寺)는 태자산(太子山)에 있으며,
여기에 고려 좌간대부(左諫大夫)[1513] 김심언(金審言)[1514]이
글을 지은 승려 도진(道眞)[1515]의 탑명(塔銘)이 있다.

### 僧道眞塔

[奉化志] 太子寺在太子山,
有高麗左諫大夫金審言撰
僧道眞塔銘.

---

고, 글씨로 유명했다.

1509 명봉산(鳴鳳山) : 강원도 원주시 문막읍과 흥업면에 걸쳐 있는 산. 해발 620m.

1510 출전 확인 안 됨.

1511 승(僧) 도진탑(道眞塔) : 경상북도 안동시 도산면 태자리 태자사 터에 승려 도진을 기리기 위해 세웠던 것
으로 추정되는 탑.

1512 출전 확인 안 됨.

1513 좌간대부(左諫大夫) : 고려시대 중서문하성(中書門下省)의 관직. 좌간의대부(左諫議大夫)의 준말로, 간쟁
(諫諍) 등이 주된 임무이다.

1514 김심언(金審言) : ?~1018. 고려 전기의 관료. 성종의 총애를 받아 유교 정치 이념 구현에 공헌을 했다.

1515 도진(道眞) : 미상.

[141] 靜眞 : 저본에는 "直靜". 일반적인 사실에 근거하여 수정.

## 월남사비(月南寺碑)[1516]

[해동금석록][1517] 월남사(月南寺)[1518]는 본래 신라 승려 진각(眞覺)[1519]이 창건한 사찰이다. 고려 이규보(李奎報)[1520]가 비문을 지었고, 글씨를 쓴 사람은 알 수 없다. 강진(康津) 월출산에 있다.

## 月南寺碑

[錄] 寺本新羅僧眞覺所創, 高麗 李奎報撰碑, 書人無考, 在康津 月出山.

## 보림사(寶林寺) 보조선사(普照禪師)[1521]비(普照禪師碑)[1522]

[해동금석록][1523] 김영(金穎)[1524]이 글을 짓고, 김원(金薳)[1525]이 글씨를 썼는데, 7행 아래로는 김언경(金彦卿)[1526]이 글씨를 썼다. 장흥(長興) 가지산(迦知山)[1527]에 있다.

## 寶林[142]寺普[143]照禪師碑

[又] 金穎撰, 金薳書, 七行以下金彦卿書, 在長興 迦知山.

---

1516 월남사비(月南寺碑): 진각국사(眞覺國師) 혜심(慧諶)을 기념한 비. 진각국사비(眞覺國師碑)라 부른다. 고려 고종(高宗) 때 세웠고, 전라남도 강진군 성전면 월남리 월남사 터에 있다.

1517 출전 확인 안 됨.

1518 월남사(月南寺): 전라남도 강진군 성전면 월남리 월출산에 있던 절. 진각국사 혜심이 창건했고 조선 후기에 폐사되었다.

1519 진각(眞覺): 1178~1234. 고려 후기의 승려. 법명은 혜심(慧諶), 자는 영을(永乙), 호는 무의자(無衣子), 진각국사(眞覺國師)는 시호이다. 지눌(智訥)의 제자로 출가했고, 그의 뒤를 이어 수선사(修禪寺)의 2대 사주(社主)를 지냈으며 고종 때 대선사(大禪師)가 되었다. 신라의 승려라는 내용은 오류이다.

1520 이규보(李奎報): 1168~1241. 고려 후기의 관료. 문장에 뛰어나 중용되었으나 최충헌에게 비판적이었다는 무고를 당해 면직되었다. 이후에는 최씨 정권에 순응하며 높은 지위에 올랐다. 시·거문고·술을 좋아해 삼혹호(三酷好) 선생이라 불렸다. 저서로《동명왕편(東明王篇)》·《동국이상국집(東國李相國集)》등이 있다.

1521 보조선사(普照禪師): 804~880. 통일신라의 승려. 법명은 체징(體澄), 시호는 보조선사(普照禪師), 탑호(塔號)는 창성(彰聖)이다. 860년 김언경(金彦卿)이 제자의 예를 취하고 사재(私財)를 희사하여 비로자나불을 주조하여 안치하였고, 861년에는 보림사를 증축하여 더욱 많은 제자들을 교화하였다.

1522 보림사(寶林寺) 보조선사비(普照禪師碑): 신라 말기의 승려 보조선사(普照禪師) 체징(體澄)을 기념하여 보조선사(普照禪師) 창성탑(彰聖塔)과 함께 세운 비. 보조선사(普照禪師) 창성탑비(彰聖塔碑)라 부른다. 884년에 세웠고, 전라남도 장흥군 유치면 봉덕리 보림사에 있다.

1523《大東金石書》卷1〈寶林寺普照禪師碑〉(국립중앙도서관 古2202-61, 11쪽).

1524 김영(金穎): ?~?. 신라 말기의 관료. 효공왕 때 활동했다. 당나라에 유학했고, 문장을 잘 지었다.

1525 김원(金薳): ?~?. 신라 말기의 관료. 구양순체를 잘 썼으며, 특히 구양통의 서체와 유사했다.

1526 김언경(金彦卿): ?~?. 신라 말기의 관료. 병부시랑(兵部侍郎)·전중대감(殿中大監) 등을 역임했다. 글씨로 유명했으며, 특히 행서를 잘 썼다.

1527 가지산(迦知山): 전라남도 장흥군 유치면에 있는 산. 해발 509m.

[142] 林: 저본에는 "照". 일반적인 사실에 근거하여 수정.

[143] 普: 저본에는 "寶". 일반적인 사실에 근거하여 수정.

강진 월남사비(국립중앙박물관)

보림사 보조선사 창성탑비 탁본
(국립중앙박물관)

## 청평산(淸平山) 각자(刻字)[1528]

[동방금석평][1529] 이자현(李資玄)[1530]이 썼다. 큰 해서체이며, 글씨가 살졌다.

## 清平山刻字

[評] 李資玄書, 大楷, 肥.

## 원(元) 영종(英宗) 사시비(捨施碑)[1531]

[해동금석록][1532] 원나라 양재(梁載)[1533]가 글을 짓고, 고려 권한공(權漢功)[1534]이 글씨를 썼다. 회양(淮陽)[1535]

## 元英宗捨施碑

[錄] 元 梁載撰, 高麗 權漢功書, 在淮陽 金剛山 表

---

1528 청평산(淸平山) 각자(刻字): 현재 남아 있지 않다.

1529 출전 확인 안 됨.

1530 이자현(李資玄): 1061~1125. 고려 중기의 관료. 과거에 급제하여 벼슬을 하다가 청평산(淸平山)에 은거했다. 보현원(普賢院)을 문수원(文殊院)이라 고치고 증축하여 이곳에서 평생 수도하며 벼슬을 거부했다.

1531 원(元) 영종(英宗) 사시비(捨施碑): 원나라 영종(英宗)이 표훈사에 시주하여 중창한 일을 기념한 비로 추정되나 자세한 사항은 알 수 없다. 현재 남아 있는 표훈사(表訓寺) 중창비(重創碑)는 조선 고종(高宗) 때 절을 중건하며 세운 것이다.

1532 출전 확인 안 됨.

1533 양재(梁載): ?~?. 고려 후기의 관료. 중국 연남(燕南) 출신. 일명 양장(梁將)이라고도 한다. 충숙왕의 총애를 얻어 권력을 휘둘렀다.

1534 권한공(權漢功): ?~1349. 고려 후기의 관료. 충선왕(忠宣王)이 세자 시절에 원나라에 함께 머물러 측근이 되었고, 충선왕 즉위 이후에 인사권을 장악했다. 충선왕이 충숙왕(忠肅王)에게 양위한 뒤 몰락하여 유배되었으며, 이로 인하여 심왕(瀋王) 왕고(王暠)를 옹립하려 했으나 실패했다. 충혜왕(忠惠王)이 된 뒤에 다시 고관이 되었고, 충혜왕이 원나라에 압송되자 구명에 반대했다.

1535 회양(淮陽): 북한 강원도 금강군 일대.

금강산(金剛山)[1536] 표훈사(表訓寺)[1537]에 있다.　　　　訓寺.

[회양지(淮陽志)[1538]][1539] 비는 불에 타서 지금은 없다.　　　[淮陽志] 碑爲火焚, 今無.

원(元) 태정황후(泰定皇后) 장경비(藏經碑)[1540]　　　元泰定皇后藏經碑

[해동금석록][1541] 이제현(李齊賢)이 글을 짓고, 이암(李
嵒)[1542]이 글씨를 썼다. 춘천 청평산(淸平山)에 있다.

[錄] 李齊賢撰, 李君侅書,
在春川 淸平山.

[동방금석평][1543] 행서(行書)이며, 진기한 작품이다.　　　[評] 行書, 奇品.

월정사비(月精寺碑)[1544]　　　　月精寺碑

[해동금석록][1545] 이제현이 글을 짓고, 승려 종고
(宗古)[1546]가 글씨를 썼다. 강릉(江陵)[1547] 오대산(五臺

[錄] 李齊賢撰, 釋宗古書,
在江陵 五臺山.

---

1536 금강산(金剛山) : 북한 강원도 금강군, 고성군, 통천군 일대에 있는 산. 계절마다의 별칭이 따로 있는데, 봄에는 새싹과 꽃이 만발하여 금강(金剛)이라 하고, 여름에는 녹음에 뒤덮혀 봉래(蓬萊)라 하고, 가을에는 단풍으로 곱게 수놓여 풍악(楓嶽)이라 하고, 겨울에는 바위가 뼈처럼 앙상하다 하여 개골(皆骨)이라 한다. 해발 1,638m.

1537 표훈사(表訓寺) : 북한 강원도 금강군 내금강리에 있는 절. 금강산 4대 사찰 가운데 유일하게 남아 있는 절이다. 670년에 건립되어 여러 차례 중건되었고, 고종 때 마지막으로 중건되었다. 북한의 국보유적으로 지정되어 있다.

1538 회양지(淮陽志) : 편찬 연대 미상의 강원도 회양군 읍지. 1책. 표지에는 '강원도회양군읍지(江原道淮陽郡邑誌)'로 되어 있다. 서울대학교 규장각한국학연구원에 있다.

1539 출전 확인 안 됨.

1540 원(元) 태정황후(泰定皇后) 장경비(藏經碑) : 원나라 진종(眞宗)이 즉위할 때 고려에 보낸 불서(佛書)를 문수사에 보관한 사실과 원나라 황태자의 탄신을 기념하기 위하여 세운 비. 비는 파손되어 없어졌으나 이제현의 《익재난고(益齋亂藁)》에 내용이 남아 있고, 《대동금석서(大東金石書)》에 탁본이 일부 남아 있다.

1541 출전 확인 안 됨.

1542 이암(李嵒) : 1297~1364. 고려 후기의 관료. 초명은 이군해(李君侅). 충선왕과 충혜왕의 총애를 받았으나, 충숙왕이 즉위하자 충혜왕의 총애를 받았다는 이유로 유배당했다. 충혜왕이 복위되자 다시 관직에 나아갔으며 공민왕(恭愍王) 때까지 높은 관직을 역임하여 수문하시중(守門下侍中)에 이르렀다. 글씨를 잘 써 동국의 조맹부라 불렸고, 예서와 초서를 특히 잘 썼으며 묵죽도 잘 그렸다.

1543 출전 확인 안 됨.

1544 월정사비(月精寺碑) : 대장경을 시주로 바친 사실을 기록한 월정사(月精寺) 사시장경비(社施藏經碑). 강원도 평창군 진부면에 있는 월정사(月精寺)에 있었으나, 현재 남아 있지 않다.

1545 출전 확인 안 됨.

1546 종고(宗古) : ?~?. 고려 말에 활동한 승려·서예가.

山)[1548]에 있다.

[동방금석평][1549] 행서(行書)이며, 글씨가 능숙하다.　　　[評] 行書, 熟.

영원사(瑩原寺) 보감국사[1550]비(寶鑑國師碑)[1551]　　　瑩原寺寶鑑國師碑
[해동금석록][1552] 이제현이 글을 짓고, 글씨를 쓴 사　　　[錄] 李齊賢撰, 書人無考,
람은 알 수 없다. 밀양(密陽)[1553]에 있다.　　　在密陽.

영원사 보감국사비 탁본(국립중앙박물관)

개성 남대문루의 연복사 종

---

1547 강릉(江陵) : 조선시대 행정구역인 강릉대도호부(江陵大都護府)를 말한다. 남쪽으로 삼척 경계까지, 북쪽으로 양양 경계까지, 서쪽으로 횡성 경계까지, 동으로 바다까지가 관할구역이다. 관원은 부사(府使)·판관(判官)·교수(敎授) 각 1명이었고, 진관 체제하에서는 삼척·양양 도호부와 평해(平海)·간성(杆城)·고성(高城)·통천(通川) 등 4군, 울진(蔚珍)·흡곡(歙谷) 등 2현을 관할하였다.
1548 오대산(五臺山) : 강원도 평창군·홍천군·강릉시에 걸쳐 있는 산. 해발 1,565m.
1549 출전 확인 안 됨.
1550 보감국사(寶鑑國師) : 1251~1322. 고려 후기의 승려. 법명은 혼구(混丘), 자는 구을(丘乙), 호는 무극노인(無極老人), 시호는 보감(寶鑑)이다. 10세 때 무위사(無爲寺)로 출가하여 천경선사(天鏡禪師)의 제자가 되었으며, 일연(一然)을 따라 공부하여 그 자리를 이어 강석(講席)을 열었고, 충렬왕은 그를 대선사(大禪師)로 삼았다.
1551 영원사(瑩原寺) 보감국사비(寶鑑國師碑) : 고려 후기의 승려 보감국사(寶鑑國師) 혼구(混丘)를 기념하기 위해 세운 비. 보감국사(寶鑑國師) 묘응탑비(妙應塔碑)라 부른다. 경상북도 밀양시 활성동 영원사 터에 귀부와 이수만 남아 있다.
1552 《大東金石書》卷1〈瑩原寺寶鑑國師妙應塔碑〉(국립중앙도서관 古2202-61, 102쪽).
1553 밀양(密陽) : 경상남도 밀양시 시내·당장면·부복면·산내면·산외면·삼랑진읍·상남면·상동면·초동면·하남면, 무안면 가례리·고라리·내진리·덕암리·마흘리·모로리·무안리·삼대리·신법리·양효리·연상리·운정리·웅동리·정곡리·죽월리·중산리·판곡리, 청도면 고법리·구기리·요고리, 경상북도 청도군 운문면 마일리·봉하리·정상리·지촌리 일대.

[동방금석평]1554 해서이며, 글씨가 속되다.

[評] 楷, 俗.

## 연복사(演福寺) 종명(鍾銘)1555

[해동금석록]1556 이징(李徵)1557이 글을 짓고, 성사달(成士達)1558이 글씨를 썼다. 개성부(開城府)에 있다.

演福寺鍾銘

[錄] 李徵撰, 成士達書, 在開城府.

## 이지현비(梨旨縣碑)1559

[신녕지(新寧志)1560]1561 이지현(梨旨縣)1562은 본래 영평은소(永平銀所)1563였으며, 신녕현(新寧縣)1564 서쪽으로 25리 떨어진 곳에 있다. 원나라 지원(至元) 원년(1335), 원나라 혜종(惠宗)1565이 환관인 나수(那壽)·야선불화(也先不花)의 고향을 현으로 승격시켰다. 사적비가 있는데 최자(崔滋)1566가 지었다.

梨旨縣碑

[新寧志] 梨旨縣, 本永平銀所, 在新寧縣西二十五里. 元 至元後元年, 元帝以宦者那壽、也先不花鄉[144]貫陞爲縣. 有紀蹟碑, 崔滋撰.

---

1554 출전 확인 안 됨.

1555 연복사(演福寺) 종명(鍾銘) : 고려 연복사(演福寺)의 범종에 새긴 명문. 종은 1346년 원나라 기술자에 의해 만들어졌고, 개성특급시 북안동 남대문루에 있다.

1556 출전 확인 안 됨.

1557 이징(李徵) : 미상.

1558 성사달(成士達) : ?~1380. 고려 후기의 관료. 홍건적의 난 때 공민왕을 호종했고, 김용(金鏞)의 반란을 진압하는 데에도 공을 세웠다. 벼슬은 예문관대제학(藝文館大提學)에 이르렀으며 문장과 글씨에 뛰어났다.

1559 이지현비(梨旨縣碑) : 영평은소(永平銀所)가 이지현으로 승격된 것을 기념하여 세운 비. 경상북도 영천시 신녕면에 있었던 것으로 추정된다.

1560 신녕지(新寧志) :《신녕현읍지(新寧縣邑誌)》를 말한다.《경상도읍지(慶尙道邑誌)》18책에 있다.《경상도읍지》는 조선 후기의 경상도 71개 읍지를 합쳐 엮은 책으로, 1832년(순조 32)에 편찬된 필사본이며 20책으로 구성되어 있고 서울대학교 규장각한국학연구원에 소장되어 있다.

1561 《新寧縣邑誌》〈古蹟〉 "梨旨縣"(《慶尙道邑誌》18, 189~190쪽).

1562 이지현(梨旨縣) : 경상북도 영천시 신녕면과 청통면 지역으로 추정된다.

1563 영평은소(永平銀所) : 경상북도 영천시 서쪽에 있던 은광 및 은 가공소. 소(所)는 고려시대 천민들이 모여 살며 물품을 제작하거나 채굴을 하던 행정구역이다.

1564 신녕현(新寧縣) : 경상북도 영천시 신녕면 일대의 옛 지명.

1565 혜종(惠宗) : 1320~1370(재위 1333~1370). 중국 원나라의 11대 황제. 이름은 보르지긴토곤테무르[孛兒只斤妥懽帖睦爾]. 9대 명종(明宗)의 장남이다. 기철(奇轍)의 동생을 황후로 맞았고, 충혜왕이 폭정을 일삼자 그를 귀양보냈다. 주원장(朱元璋)이 명나라를 건국한 뒤 화북으로 진격하자 몽골지역으로 밀려났다.

1566 최자(崔滋) : 1188~1260. 고려 후기의 문신. 초명은 종유(宗裕), 자는 수덕(樹德), 호는 동산수(東山叟). 명유(名儒)인 문헌공 최충(崔冲)의 6대손이며 우복야(右僕射) 최민(崔敏)의 아들이다. 수태사(守太師)·문

연곡사 현각선사비 탁본(국립중앙박물관)

**장안사비**(長安寺碑)[1567]

[해동금석록][1568] 이곡(李穀)[1569]이 글을 지었다. 회양 금강산에 있다.

長安寺碑

[錄] 李穀撰, 在淮陽 金剛山.

**연곡사**(燕谷寺) **현각선사비**(玄覺禪師碑)[1570]

[해동금석록][1571] 왕융(王融)[1572]이 글을 짓고, 장신원 (張信元)[1573]이 글씨를 썼다. 구례(求禮) 지리산(智異山) 에 있다.

燕谷寺玄覺禪師碑

[錄] 王融撰, 張信元[144]書, 在求禮 智異山.

---

하시랑·동중서문하평장사(同中書門下平章事)·판이부사(判吏部事)를 역임했으며, 이인로(李仁老)·이규보 와 함께 문학평론사상 중요한 자리를 차지한다.

1567 장안사비(長安寺碑): 1343년 기황후(奇皇后)가 혜종과 태자를 위해 장안사(長安寺)를 중건하고 세운 비로 추정된다. 북한 강원도 금강군 금강산에 절터가 있고, 절과 비는 남아 있지 않다.

1568 출전 확인 안 됨.

1569 이곡(李穀): 1298~1351. 고려 후기의 관료. 문장으로 원나라에까지 이름이 났고, 고려에서의 관직생활도 순탄하여 도첨의찬성사(都僉議贊成事) 등을 역임했다. 《동문선(東文選)》에 그의 작품이 수록되어 있고, 문집으로 《가정집(稼亭集)》이 남아 있다.

1570 연곡사(燕谷寺) 현각선사비(玄覺禪師碑): 고려의 승려 현각선사(玄覺禪師)를 기념하여 979년에 세운 비. 임진왜란 때 비신이 없어졌다. 전라남도 구례군 토지면 내동리 연곡사에 귀부와 이수가 남아 있다.

1571 《大東金石書》卷1〈鷰谷寺玄覺禪師塔碑〉(국립중앙도서관 古2202-61, 47쪽).

1572 왕융(王融): ?~?. 고려 전기의 관료. 광종(光宗)·성종(成宗) 시기에 과거를 주관했다.

1573 장신원(張信元): ?~?. 고려 전기의 문신.

[144] 鄕: 저본에는 "卿". 오사카본·규장각본에 근거하여 수정.

[145] 信元: 저본에는 "元信". 일반적인 사실에 근거하여 수정.

[동방금석평]1574 안진경체이며, 획이 가늘고 질박하다.　[評] 魯公體, 枯而拙.

지곡사(智谷寺) 진관선사1575비(眞觀禪師碑)1576

[해동금석록]1577 왕융이 글을 짓고, 홍협(洪協)1578이 글씨를 썼다. 산음(山陰)1579 지리산에 있다.

智谷寺眞觀禪師碑

[錄] 王融撰, 洪協書, 在山陰智異山.

오대사(五臺寺) 수륙정사비(水陸精社碑)1580

[해동금석록]1581 권적(權適)1582이 글을 짓고, 글씨를 쓴 사람은 알 수 없다. 진주(晉州) 지리산에 있다.

五臺寺水陸精社碑

[又] 權適撰, 書人無考, 在晉州智異山.

단속사(斷俗寺) 진정대사1583비(眞定大師碑)1584

[해동금석록]1585 김은주(金殷舟)1586가 글을 짓고, 글

斷俗寺眞定大師碑

[又] 金殷舟撰, 書人無考,

---

1574 출전 확인 안 됨.

1575 진관선사(眞觀禪師): 고려 전기의 승려 석초(釋超, 912~964). 사굴산문(闍崛山門) 개청(開淸, 835~930)의 제자. 940년 28세에 송나라로 들어가 효영(曉榮, 920~990)에게 심인(心印)을 얻었다. 광종이 즉위하면서 왕의 배려로 경남 산청 지곡사(智谷寺) 주지로 있으면서 법안종(法眼宗) 선풍을 펼쳤다. 이후 말년에 5년간 개경 귀산사(龜山寺)와 보제사(普濟寺)를 중심으로 활동하다 입적했다.

1576 지곡사(智谷寺) 진관선사비(眞觀禪師碑): 고려 전기의 승려 진관선사(眞觀禪師) 석초(釋超, 912~964)를 기념하기 위해 981년에 세운 비. 진관선사(眞觀禪師) 오공탑비(悟空塔碑)라 부른다. 지금은 비가 남아 있지 않고 탁본이 남아 있다.

1577 《大東金石書》卷1〈智谷寺眞觀禪師碑〉(국립중앙도서관 古2202-61, 48쪽).

1578 홍협(洪協): 미상.

1579 산음(山陰): 경상남도 산청군 금서면·산청읍·생초면·오부면, 차황면 법평리·부리·상중리·신기리·실매리·양곡리·우사리·장박리·장위리, 신안면 일대. 1767년 산청(山淸)으로 이름이 바뀌어 《대동여지도》에는 '산청'으로 되어 있다.

1580 오대사(五臺寺) 수륙정사비(水陸精社碑): 경상남도 하동군 옥종면 오대사(五臺寺)에 있던 비. 소흥(紹興) 연간(1131~1162)에 세웠다. 지금은 남아 있지 않다.

1581 출전 확인 안 됨.

1582 권적(權適): 1094~1147. 고려 중기의 관료. 송나라 태학에 입학하여 주돈이(周敦頤)·정호(程顥)·정이(程頤)의 학문을 공부하고, 송나라에서 벼슬을 지내다 귀국했다. 학문으로 이름을 날렸으며, 귀국한 뒤에도 한림학사(翰林學士)·검교태자태보(檢校太子太保) 등을 역임했다.

1583 진정대사(眞定大師): 미상.

1584 단속사(斷俗寺) 진정대사비(眞定大師碑): 경상남도 산청군 단성면 운리 단속사 터에 있던 비. 지금은 남아 있지 않다.

1585 출전 확인 안 됨.

1586 김은주(金殷舟): 미상.

씨를 쓴 사람은 알 수 없다. 진주 지리산에 있다.　　　在晉州 智異山.


수미사(須彌寺) 무염국사1587비(無染國師碑)1588　　　須彌寺無染國師碑

[해동금석록]1589 허백진(許白震)1590이 글을 짓고, 아울　　　[又] 許白震撰竝書, 在海

러 글씨를 썼다. 해주(海州) 수미산(須彌山)1591에 있다.　　　州 須彌山.


보광사(普光寺) 원명국사1592비(圓明國師碑)1593　　　普光寺圓明國師碑

[해동금석록]1594 원나라 위소(危素)1595가 글을 짓고,　　　[又]⁣⁣⁣⁣⁣⁣⁣⁣⁣⁣⁣⁣⁣⁣⁣⁣⁣⁣⁣⁣⁣⁣⁣⁣⁣ 元 危素撰, 揭沈書,

게심(揭沈)1596이 글씨를 썼으며, 주백기(周伯琦)1597가　　　周伯琦額, 在林川.

비액을 썼다. 임천(林川)1598에 있다.

---

1587 무염국사(無染國師) : 800~888. 신라 후기의 승려. 법명은 무염(無染), 호는 무량(無量) · 무주(無住), 시
　　호는 대낭혜(大朗慧). 태종무열왕의 8대손이며 신라 선문구산(禪門九山) 중 성주산문(聖住山門)의 개산조
　　(開山祖)이다.

1588 수미사(須彌寺) 무염국사비(無染國師碑) : 미상. 황해남도 해주시 학현동 수미산 아래에는 광조사(廣照寺)
　　터가 있다. 태조 왕건은 당나라에서 귀국한 진철대사(眞澈大師) 이엄(利嚴, 870~936)의 명성을 듣고 그를
　　궁중으로 맞아들여 사사했으며, 932년에는 이 절을 창건하여 그를 주지로 삼아 머물게 했고, 구산선문(九
　　山禪門) 중 하나인 수미산문(須彌山門)을 이루었다. 수미사 절터에는 진철대사(眞澈大師) 보월승공탑비
　　(寶月乘空塔碑)가 있다. 무염국사(無染國師, 800~888)의 탑비는 충청남도 보령시 성주면 성주리 성주산
　　성주사에 있다. 위의 낭혜화상탑(朗慧和尙塔) 참조.

1589 출전 확인 안 됨.

1590 허백진(許白震) : 미상.

1591 수미산(須彌山) : 황해남도 해주시 학현동에 있는 산.

1592 원명국사(圓明國師) : 1090~1141. 고려시대 승려 징엄(澄儼). 초명(初名)은 징길(澄佶), 호는 복세(福世),
　　시호는 원명(圓明). 숙종의 넷째 아들. 1097년(숙종 2) 8세에 흥왕사(興王寺) 대각국사(大覺國師) 의천(義
　　天)에게 출가했다. 예종조에는 홍원사(洪圓寺), 개태사(開泰寺) 등의 주지를 역임했고, 죽은 후 국사로 추
　　증되었다.

1593 보광사(普光寺) 원명국사비(圓明國師碑) : 고려시대에 보광사를 크게 일으킨 원명국사(圓明國師) 징엄(澄
　　儼, 1090~1141)을 기념하기 위하여 1285년에 세운 비. 대보광선사비(大普光禪師碑)라 부른다. 1750년에
　　다시 새겼으며 현재는 비신만 남아 있다. 본래 충청남도 부여군 임천면 가신리 보광사 터에 있었다가, 국립
　　부여박물관으로 옮겨 보관하고 있다.

1594 《大東金石書》卷1〈普光寺重刱碑〉(국립중앙도서관 古2202-61, 117쪽).

1595 위소(危素) : ?~?. 중국 원·명교체기의 관료. 《송사(宋史)》·《요사(遼史)》·《금사(金史)》 편수에 참여했
　　다. 모든 글씨를 잘 썼고, 특히 지영(智永)과 우세남(虞世南)의 전칙(典則)을 갖추었다는 평을 받았다.

1596 게심(揭沈) : 미상.

1597 주백기(周伯琦) : 1298~1369. 중국 원나라의 관료. 병부시랑(兵部侍郞) 등을 역임했고, 만년에는 장사성
　　(張士誠)에게 의탁하였다가 주원장이 장사성을 격파하자 낙향했다. 저서로 《육서정위(六書正僞)》·《설문자
　　원(說文字原)》 등이 있다.

⁣⁣⁣⁣⁣⁣⁣⁣⁣⁣⁣⁣⁣⁣⁣⁣⁣⁣⁣⁣⁣⁣⁣⁣⁣ 출전 확인 안 됨.

보광사비 제액 탁본(국립중앙박물관)　　법주사 자정국사비 탁본(국립중앙박물관)

법주사(法住寺) 자정국사비(法住寺慈淨國師碑)[1599]

[해동금석록][1600] 이숙기(李叔琪)[1601]가 글을 짓고, 김원발(金元發)[1602]이 글씨를 썼다. 보은(報恩) 속리산(俗離山)[1603]에 있다.

法住寺慈淨國師碑

[又] 李叔琪撰, 金元發書, 在報恩 俗離山.

혜덕왕사비(慧德王師碑)[1604]

[해동금석록][1605] 앞면은 정윤(鄭允)[1606]이 글씨를 쓰

慧德王師碑

[又] 前面鄭允書, 陰記蔡

---

1598 임천(林川):충청남도 부여군 임천면 일대.

1599 법주사(法住寺) 자정국사비(慈淨國師碑):고려 후기의 승려 자정국존(滋淨國尊) 미수(彌授)를 기념하기 위한 비. 자정국존비(滋淨國尊碑)라 부른다. 바위를 직사각형으로 파내고 다듬어 비신을 만들고, 글씨를 새겼다. 충청북도 보은군 속리산면 사내리 법주사 경내에 있다.

1600 《大東金石書》卷1〈法住寺慈淨國尊普明塔碑〉(국립중앙도서관 古2202-61, 110쪽).

1601 이숙기(李叔琪):?~?. 고려 후기의 관료. 밀직사(密直司) 좌부대언(左副代言) 판선공시사(判繕工寺事) 진현관제학(進賢館提學)을 지냈다.

1602 김원발(金元發):미상.

1603 속리산(俗離山):충청북도 보은군 속리산면과 경상북도 상주시 화북면에 걸쳐 있는 산. 해발 1,058m.

1604 혜덕왕사비(慧德王師碑):고려 전기의 승려 혜덕왕사(慧德王師) 소현(韶顯, 1038~1096)을 기념하기 위하여 1111년에 세운 비. 혜덕왕사(慧德王師) 진응탑비(眞應塔碑)라 부른다. 글자가 닳아 비문을 지은 사람은 알 수 없고, 이수도 남아 있지 않다. 전라북도 김제시 금산면 금산사에 있다.

1605 출전 확인 안 됨.

1606 정윤(鄭允):?~?. 고려 전기의 승려. 명필로 이름났다.

고, 뒷면의 기문(記文)은 채유탄(蔡有誕)[1607]이 글씨를 쓰다. 금구(金溝)[1608]에 있다.

有誕書, 在金溝.

## 지공선사비(指空禪師碑)[1609]

[해동금석록][1610] 이색이 글을 짓고, 한수(韓脩)[1611]가 글씨를 썼다. 양주 천보산(天寶山)[1612] 회암사(檜巖寺)[1613] 옛 터에 있다.

指空禪師碑

[又] 李穡撰, 韓脩書, 在 楊州 天寶山 檜巖寺舊基.

[동방금석평][1614] 안진경체이며, 글씨가 작고 단정하다.

[評] 魯公體, 小而端.

안 10년 전에 내가 비석을 보니 완전하고 상태가 좋으며 닳지 않았다. 글씨 획이 가늘고 굳세어 구양순체와 상당히 비슷하다. 몇 년 전에 이 아무개가 회암사 터에 아버지를 장사지내면서, 비석을 깨부쉈다.

案 十年前, 余見碑石, 完 好不泐, 字畫瘦勁, 頗類率 更體. 年前李生某者葬其 父于其地, 仍打碎碑石.

---

1607 채유탄(蔡有誕) : 미상.

1608 금구(金溝) : 전라북도 김제시 시내 난봉동·황산동, 금구면·금산면·봉남면·황산면 일대.

1609 지공선사비(指空禪師碑) : 인도 출신으로 중국 원나라에서 활동한 승려 지공화상(指空和尙, ?~1363)을 기념하기 위하여 1378년에 세워진 비. 지공선사(指空禪師) 부도비(浮屠碑)라 부른다. 지공은 고려에 와서 교리를 가르친 적이 있다. 경기도 양주시 회암동 회암사 옛터에 있었으며 현재 남아 있는 비는 1828년에 다시 세운 것이다.

1610 출전 확인 안 됨.

1611 한수(韓脩) : 1333~1384. 고려 후기의 관료. 호는 유항(柳巷). 어릴 때부터 문장이 뛰어나 15세에 과거에 급제했고, 문한직을 두루 거쳤다. 신돈(辛旽, ?~1371)의 집권기에 좌천되어 사직했다가 신돈이 처형된 뒤 다시 관직에 올랐다. 시와 문장에 뛰어났고, 글씨도 잘 썼다. 《동문선》에 그의 글이 실려 있고, 시집으로 《유항집(柳巷集)》이 있다.

1612 천보산(天寶山) : 경기도 양주시 회암동과 동두천시 탑동동에 걸쳐 있는 산. 해발 423m.

1613 회암사(檜巖寺) : 1328년 원나라 승려 지공화상이 인도의 아라난타사(阿羅難陀寺)를 본떠 지은 절. 조선 시대에 폐사되었다가 순조(純祖) 때 절터 한편에 작은 절을 짓고 이름을 계승하게 했다.

1614 출전 확인 안 됨.

## 나옹(懶翁) 석종기(石鐘記)[1615]

[해동금석록][1616] 이색이 글을 짓고, 한수가 글씨를 썼다. 여주(驪州) 봉미산(鳳尾山)[1617] 신륵사(神勒寺)[1618]에 있다.

[동방금석평][1619] 안진경체이며, 글씨가 작고 단정하다.

## 懶翁石鐘記

[錄] 李穡撰, 韓脩書, 在驪州 鳳尾山 神勒寺.

[評] 魯公體, 小而端.

## 나옹선사비(懶翁禪師碑)[1620]

[해동금석록][1621] 이색이 글을 짓고, 권중화(權仲

## 懶翁禪師碑

[錄] 李穡撰, 權仲和書,

신륵사 나옹 석종기 탁본(국립중앙박물관)　　회암사 나옹선사비 탁본(국립중앙박물관)

삼일포 매향비 탁본(국립중앙박물관)

---

1615 나옹(懶翁) 석종기(石鐘記): 고려 후기의 승려인 보제존자(普濟尊者) 나옹(懶翁, 1320~1376)을 기념하기 위하여 1379년에 세운 비. 보제존자(普濟尊者) 석종비(石鐘碑)라 부른다. 경기도 여주시 천송동 신륵사에 있다.

1616 출전 확인 안 됨.

1617 봉미산(鳳尾山): 경기도 여주시 천송동에 있는 산. 해발 156m.

1618 신륵사(神勒寺): 신라 진평왕(眞平王) 때 원효(元曉)가 창건한 절. 고려 고종 때 용마(龍馬)가 나타났는데, 나옹이 신력(神力)으로 고삐[勒]를 잡아 말이 순해졌다는 전설이 있다. 경기도 여주시 천송동에 있다.

1619 출전 확인 안 됨.

1620 나옹선사비(懶翁禪師碑): 경기도 양주시 회암동 회암사(檜巖寺)에 있었던 고려 후기의 승려 나옹선사(懶翁禪師)의 기념비로 추정된다. 현재 부도(浮屠)와 석등(石燈)이 남아 있다.

1621 출전 확인 안 됨.

和)[1622]가 글씨를 썼다. 양주 천보산(天寶山)에 있다. 　　在楊州天寶山.

[동방금석평][1623] 팔분(八分)이며, 글씨가 지나치게 단정하여 신묘한 풍채는 없다. 　　[評] 八分, 太整無神采.

## 매향비(埋香碑)[1624] 　　埋香碑

[난실필기][1625] 삼일포(三日浦)[1626] 남쪽 호숫가에 있다. 원나라 무종(武宗)[1627] 지대(至大) 2년(1309) 기유년(己酉年)에 강릉도존무사(江陵道存撫使) 김천호(金天皓)[1628] 등이 산승(山僧) 지여(志如)[1629] 등과 바닷가 군과 읍에 향(香)을 묻고 비를 세워 기록했다.

지금 그 비문을 살펴보니 강릉 땅 정동촌(正東村)[1630]에 310묶음[條]을 묻었는데, 이것이 가장 많은 것이고, 평해군(平海郡)[1631] 바닷가 절에 100묶음을 묻었는데, 이것이 가장 적은 것이다.

[蘭室筆記] 在三日浦南岸. 元武宗至大二年己酉, 江陵道存撫使金天皓等, 與山僧志如等, 埋香于沿海郡邑, 樹碑而記. 今考其文, 江陵地正東村埋三百一十條, 此其最多; 平海郡海岸寺埋一百條, 此其最少者.

---

1622 권중화(權仲和) : 1322~1408. 고려 말 조선 초의 관료. 공민왕 때 과거에 급제했고 조선시대에도 벼슬을 계속했다. 경복궁 건설에 관여했으며 영의정을 지냈다. 의술·점술에 뛰어났고, 전서(篆書)를 잘 썼으며 《향약간이방(鄕藥簡易方)》·《신편집성마우의방(新編集成馬牛醫方)》을 편찬했다.

1623 출전 확인 안 됨.

1624 매향비(埋香碑) : 북한 강원도 고성군 삼일포 매향비를 말하며 현재 남아 있지 않다. 매향은 향을 강이나 바다에 담그는 일이다. 매향에 적합한 곳은 민물과 바닷물이 만나는 지역이며, 매향비는 이곳 외에도 사천·해남 등지에서 발견되었다.

1625 출전 확인 안 됨.

1626 삼일포(三日浦) : 북한 강원도 고성군 삼일포리에 있는 호수. 본래 만이었으나 남강(南江)에서 퇴적된 흙이 쌓여 만들어진 호수이다.

1627 무종(武宗) : 1281~1311(재위 1307~1311). 중국 원나라의 3대 황제. 이름은 보르지긴카이샨[孛兒只斤海山]. 성종(成宗)이 죽고 후계자를 남기지 않아 추대를 통하여 왕이 되었다. 황실의 지출이 늘어나고 화폐가치가 폭락하여 이를 극복하려 했으나 즉위 4년만에 죽었다.

1628 김천호(金天皓) : 미상

1629 지여(志如) : 미상.

1630 정동촌(正東村) : 강원도 강릉시 강동면 정동진리 일대.

1631 평해군(平海郡) : 경상북도 울진군 남부 일대. 조선시대에는 울릉도도 관할했다.

신륵사 대장각 장경비 탁본(국립중앙박물관)    개성 공민왕 현릉과 노국대장공주 정릉(국립중앙박물관)

신륵사(神勒寺) 대장각(大藏閣) 장경비(藏經碑)[1632]

[해동금석록][1633] 이숭인(李崇仁)[1634]이 글을 짓고, 권
주(權鑄)[1635]가 글씨를 쓰고, 뒷면의 기문(記文)은 설
경수(偰慶壽)[1636]가 썼다. 여주 봉미산에 있다.


[동방금석평][1637] 뒷면의 기문(記文)은 해서이며, 글씨

神勒寺大藏閣藏經碑

[錄] 李崇仁撰, 權鑄書,
陰記偰慶壽書, 在驪州 鳳
尾山.


[評] 陰記楷, 端.

---

1632 신륵사(神勒寺) 대장각(大藏閣) 장경비(藏經碑) : 이색(李穡)이 공민왕과 부모님의 명복을 빌기 위하여 나
　옹(懶翁)과 함께 대장경(大藏經)을 인출하고 대장각(大藏閣)을 지어 봉안하며 세운 비. 대장각기비(大藏閣
　記碑)라 부른다. 비신이 많이 훼손되어 알아볼 수 없는 부분이 많고 연대가 적힌 부분 또한 파손되었다. 경
　기도 여주시 천송동 신륵사에 있다.

1633 《大東金石書》卷1〈神勒寺大藏閣碑〉(국립중앙도서관 古2202-61, 126쪽).

1634 이숭인(李崇仁) : 1347~1392. 고려 말기의 관료. 호는 도은(陶隱)으로 포은(圃隱) 정몽주(鄭夢周)·목은
　(牧隱) 이색(李穡)과 함께 고려말 3은으로 불리기도 하며, 3은에는 이숭인 대신 야은(冶隱) 길재(吉再)가
　들어가기도 한다. 이색·정몽주와 정치적 입장을 함께했으며, 정몽주가 살해당한 이후에는 정도전의 미움
　을 받아 유배지에서 곤장을 맞다 죽었다. 문장을 잘 지어 명나라 태조와 중국 사대부들도 그의 문장을 좋
　아했다. 저서로《도은집(陶隱集)》이 있다.

1635 권주(權鑄) : ?~1394. 고려 말기의 관료. 홍건적의 침입 때 공민왕을 호종하여 공신이 되었으나, 조카 권진
　(權瑨)이 공민왕 살해에 가담하여 연좌죄로 유배되었다가 다시 관직생활을 했다. 벼슬은 전공판서(典工判
　書)·지신사(知申事) 등을 역임했다.

1636 설경수(偰慶壽) : ?~?. 고려 말 조선 초의 관료. 우왕 때 과거에 급제하여 직제학(直提學)에 이르렀으며 조
　선 태조 때에도 계속 벼슬을 했다. 글씨를 잘 써서 〈천상열차분야지도(天象列次分野之圖)〉의 글씨를 담당
　했고,《대동서법(大東書法)》에 그의 글씨가 전해진다.

1637 출전 확인 안 됨.

가 단정하다.

노국(魯國) 대장공주(大長公主) 묘비(墓碑)[1638]
[해동금석록][1639] 이색이 글을 짓고, 한수가 글씨를
썼다. 개성부에 있다.

魯國大長公主墓碑
[錄] 李穡撰, 柳巷書, 在
開城府.

창성사(彰聖寺) 천희선사비(千熙禪師碑)[1640]
[해동금석록][1641] 이색이 글을 짓고, 성석린(成石
璘)[1642]이 글씨를 썼다. 수원(水原) 광교산(光敎山)[1643]에
있다.

彰聖寺千熙禪師碑
[又] 李穡撰, 成石璘書,
在水原 光敎山.

칠장사(七長寺) 혜소국사비(慧炤國師碑)[1644]
[해동금석록][1645] 김현(金賢)[1646]이 글을 짓고, 민상제(閔
賞濟)[1647]가 글씨를 썼다. 죽산(竹山)[1648] 칠현산(七賢
山)[1649]에 있다.

七長寺慧炤[147]國師碑
[又] 金賢撰, 閔賞書, 在竹
山七賢山.

---

1638 노국(魯國) 대장공주(大長公主) 묘비(墓碑) : 노국대장공주(?~1365)의 능인 정릉(正陵)에 있었던 비. 지
　　금은 남아 있지 않다. 능은 황해북도 개풍군 해선리에 있다.
1639 출전 확인 안 됨.
1640 창성사(彰聖寺) 천희선사비(千熙禪師碑) : 고려 말기의 승려 진각국사(眞覺國師) 천희(千熙, 1307~1382)
　　를 기념하기 위하여 1386년에 탑과 함께 세운 비. 진각국사(眞覺國師) 대각원조탑비(大覺圓照塔碑)라 부
　　른다. 경기도 수원시 팔달구 매향동 수원화성박물관에 소장되어 있다.
1641《大東金石書》卷1〈彰聖寺眞覺國師大覺圓照塔碑〉(국립중앙도서관 古2202-61, 129쪽).
1642 성석린(成石璘) : 1338~1423. 고려 말 조선 초의 관료. 조선 건국에 참여하여 공신이 되었고, 태종이 즉위
　　한 뒤에는 좌명공신(佐命功臣)이 되었으며 벼슬이 영의정부사에 이르렀다. 시를 잘 지었고 초서를 잘 썼다.
1643 광교산(光敎山) : 경기도 수원시 장안구와 용인시 수지구에 걸쳐 있는 산. 해발 582m.
1644 칠장사(七長寺) 혜소국사비(慧炤國師碑) : 고려 전기의 승려 혜소국사(慧炤國師) 정현(鼎賢, 972~1054)을
　　기념하기 위하여 1060년에 세운 비. 경기도 안성시 죽산면 칠장리에 있다.
1645《大東金石書》卷1〈七長寺慧炤國師塔碑〉(국립중앙도서관 古2202-61, 61쪽).
1646 김현(金賢) : ?~?. 고려 후기의 관료.
1647 민상제(閔賞濟) : ?~?. 고려 후기의 관료. 구양순체의 대가이다.
1648 죽산(竹山) : 경기도 안성시 죽산면 일대.
1649 칠현산(七賢山) : 경기도 안성시 죽산면에 있는 산. 해발 516m.
[147] 炤 : 저본에는 "眼". 일반적인 사실에 근거하여 수정.

창성사 진각국사 대각원조탑비
(국립중앙박물관)

칠장사 혜소국사비 탁본
(국립중앙박물관)

강당사 법인국사 보승탑비 탁본
(국립중앙박물관)

강당사(講堂寺) 법인사(法印師) 보승탑(寶乘塔)[1650]
[해동금석록][1651] 김정언이 글을 짓고, 한윤(韓允)[1652]이
글씨를 썼다. 서산(瑞山)과 해미(海美)[1653]의 경계에 있다.

講堂寺法印師寶乘塔
[又] 金廷彦撰, 韓允書, 在
瑞山、海美之境.

동화사(桐華寺) 홍진국사비(弘眞國師碑)[1654]
[해동금석록][1655] 김훤(金暄)[1656]이 글을 짓고, 김현(金
絢)[1657]이 글씨를 썼다. 대구(大邱) 팔공산(八公山)[1658]

桐華寺弘眞國師碑
[又] 金暄撰, 金絢書, 在
大邱 八公山.

---

1650 강당사(講堂寺) 법인사(法印師) 보승탑(寶乘塔): 신라 말 고려 초의 승려 법인국사(法印國師) 탄문(坦文,
  900~975)을 기념한 비. 법인국사(法印國師) 보승탑비(寶乘塔碑)라 부른다. 충청남도 서산시 운산면 용현
  리 보원사 터에 있다.

1651 《大東金石書》卷1〈普願寺法印大師寶乘塔碑〉(국립중앙도서관 古2202-61, 46쪽).

1652 한윤(韓允): 고려 전기의 관료. 경종(景宗) 때 활동했으며, 구양순체를 잘 썼다.

1653 해미(海美): 충청남도 서산시 해미면 일대. 조선시대 이전에는 서산과 별도의 행정구역이었다.

1654 동화사(桐華寺) 홍진국사비(弘眞國師碑): 고려 후기의 승려 홍진국사(弘眞國師) 혜영(惠永, 1228~1294)
  을 기념하기 위하여 1298년에 세운 비. 홍진국존(弘眞國尊) 진응탑비(眞應塔碑)라 부른다. 비는 남아 있
  지 않고 탁본을 개인이 소장하고 있다.

1655 《大東金石書》卷1〈桐華寺弘眞國尊眞應塔碑〉(국립중앙도서관 古2202-61, 99쪽).

1656 김훤(金暄): 미상.

1657 김현(金絢): 미상.

1658 팔공산(八公山): 대구광역시 동구와 경상북도 영천시 신녕면, 군위군 부계면에 걸쳐 있는 산. 해발 1,193m.

에 있다.

선봉사(仙鳳寺) 승통석후비(僧統釋煦碑)[1659]
[해동금석록][1660] 임존(任存)[1661]이 글을 짓고, 승려
인(麟)[1662]이 글씨를 썼다. 인동(仁同)[1663] 금오산(金烏
山)[1664]에 있다.

仙鳳寺僧統釋煦碑
[又] 任存撰, 釋僧麟書,
在仁同 金烏山.

동화사 홍진국존 진응탑비 탁본  
(국립중앙박물관)

선봉사 승통석후비 탁본(국립중앙박물관)

예천 용문사 중수비 탁본(국립중앙박물관)

---

1659 선봉사(仙鳳寺) 승통석후비(僧統釋煦碑): 고려 후기의 승려 대각국사(大覺國師) 의천(義天, 1055~1101)
을 기념하기 위하여 1132년에 세운 비. 대각국사비(大覺國師碑)라 부른다. 의천의 속명은 후(煦). 경상북
도 칠곡군 북삼읍 숭오리에 비가 있고, 비 남서쪽 200m에 절이 있었는데, 절은 임진왜란 때 불탔고 비는
땅 속에 묻혔다가 1922년에 발견되었다.

1660 《大東金石書》 卷1 〈仙鳳寺大覺國師碑〉 (국립중앙도서관 古2202-61, 66쪽).

1661 임존(任存): ?~?. 고려 중기의 관료. 기거사인(起居舍人, 중서문하성의 정5품 관직)으로 《시경(詩經)》을
강의했고 묘청(妙淸) 일파와 대립했다.

1662 린(麟): 미상.

1663 인동(仁同): 경상북도 구미시 시내 거의동·공단동·구평동·구포동·금전동·시미동·신동·양호동·오태
동·옥계동·인의동·임수동·진평동, 장천면 신장리, 칠곡군 북삼읍, 석적읍, 약목면, 가산면 다부리·송학
리·심곡리·천평리·학산리·학상리·학하리, 기산면 각산리·봉산리·영리·죽전리·평복리·행정리, 왜관읍
아곡리, 지천면 황학리 일대.

1664 금오산(金烏山): 경상북도 구미시·칠곡군·김천시 사이에 걸쳐 있는 산. 해발 976m.

## 용문사(龍門寺) 중수비(重修碑)[1665]

[해동금석록][1666] 이지명(李知命)[1667]이 글을 짓고, 승려 연의(淵懿)[1668]가 글씨를 썼다. 예천(醴泉)에 있다.

## 양릉정비(陽陵井碑)[1669]

[여지고][1670] 양릉정(陽陵井)[1671]은 개성부 남쪽 8리에 있다. 명나라 홍무(洪武) 3년(1370)에 황제가 조천궁(朝天宮)[1672]의 도사(道士) 서사호(徐師昊)[1673]를 보내 고려 산천에 제사지내게 했다. 서사호가 비석을 싣고 와서, 도성 남쪽의 풍천(楓川)이 어느 곳이냐고 물었다. 사람들이 이 우물이라고 대답하자 서사호가 제사를 지내고 나서 비를 세우고 돌아갔다.[1674]

## 龍門[148]寺重修碑

[又] 李[149]知命撰, 釋淵懿書, 在醴泉.

## 陽陵井碑

[輿地考] 陽陵井在開城府南八里. 皇明洪武三年, 帝遣朝天宮道士徐師昊, 祭高麗山川. 師昊載碑石而來, 間都城南楓川何地. 人以是井對, 師昊致祭, 仍竪碑而去.

---

1665 용문사(龍門寺) 중수비(重修碑) : 용문사(龍門寺)를 중수하면서 1185년에 세운 비. 경상북도 예천군 용문면 내지리 용문사에 있다.

1666 《大東金石書》卷1〈龍門寺重修碑〉(국립중앙도서관 古2202-61, 87쪽).

1667 이지명(李知命) : 1127~1191. 고려 후기의 관료. 인종 때 과거에 급제했고, 무신정변 이후에도 무사히 관직 생활을 했다. 사(詞)와 부(賦)를 잘 지었으며, 초서와 예서를 잘 썼다.

1668 연의(淵懿) : ?~?. 고려 후기의 승려. 보제사(普濟寺)의 주지였다.

1669 양릉정비(陽陵井碑) : 황해북도 개풍군 고남리에 있던 비. 제사를 지내고 우물 속에 빠뜨렸다는 일화도 있다. 지금은 남아 있지 않다.

1670 출전 확인 안 됨.

1671 양릉정(陽陵井) : 황해북도 개풍군 고남리에 있는 우물. 고려 20대 왕 신종(神宗, 1144~1204)의 능인 양릉(陽陵)에 있는 자연샘이다. 개성대정(開城大井)·광명사정(光明寺井)과 함께 개성의 3대 신령스러운 우물이라 불렸다.

1672 조천궁(朝天宮) : 중국 명나라 초기 황족들이 다니던 학교. 강소성(江蘇省) 남경시(南京市)에 지금까지 남아 있다.

1673 서사호(徐師昊) : 미상.

1674 명나라……돌아갔다 : 《高麗史》卷42〈世家〉卷42 "恭愍王"5 '十九年·夏四月·庚辰'《국역 고려사》10, 280~282쪽)에 관련 기사가 보인다.

148 門 : 저본에는 "文". 일반적인 사실에 근거하여 수정.

149 李 : 저본에는 "金". 오사카본에 근거하여 수정.

## 선죽교각(善竹橋刻)1675

[동방금석평]1676 무명씨(無名氏, 모르는 사람)가 글씨를 썼다. 범자(梵字)1677로 새겼는데 심하게 닳았다. 해서이며, 글씨가 납작하다.

**善竹橋刻**

[評] 無名氏書. 梵字刻剅. 楷, 扁.

## 탁타교각(橐駝橋刻)1678

[동방금석평]1679 무명씨가 글씨를 썼다. 큰 해서이다. 글씨가 부드럽다.

**橐駝橋刻**

[又] 無名氏書. 大楷, 緩.

이상은 신라와 고려의 금석문이다.

○以上羅·麗.

## 본조(本朝) 천문도(天文圖) 석각(石刻)1680

[해동금석록]1681 권근(權近)1682이 글을 짓고, 설경수가 글씨를 썼다. 서운관(書雲觀)1683에 있다.

**本朝天文圖石刻**

[錄] 權近撰, 偰慶壽書, 在書雲觀.

---

1675 선죽교각(善竹橋刻) : 개성특급시 선죽동 선죽교에 있던 석각. 현재 남아 있지 않다. 지금 있는 다리와 정몽주 사적비(事蹟碑)는 조선 정조(正祖) 때 세운 것이다.

1676 출전 확인 안 됨.

1677 범자(梵字) : 고대 산스크리트어를 표기한 브라흐미(brāhmī) 문자. 현대 일반적으로 통용되는 문자 표기법과 같이 왼쪽부터 오른쪽으로 가로쓰기를 했다.

1678 탁타교각(橐駝橋刻) : 개성특급시 동현동에 있는 만부교(萬夫橋)에 있던 석각. 현재 남아 있지 않다. 만부교(萬夫橋)는 고려 태조 때 거란에서 보낸 낙타를 묶어 두고 굶겨 죽인 뒤로 낙타교(駱駝橋) 또는 탁타교라 불리기도 했다.

1679 출전 확인 안 됨.

1680 본조(本朝) 천문도(天文圖) 석각(石刻) : 1395년에 제작된 천문도(天文圖) 석각. 6·25전쟁 때 파괴된 것으로 알려졌다가, 1960년대 창경궁에서 다시 발견되었다. 창덕궁 창고에서 국립중앙박물관 지하창고를 거쳐 지금은 국립고궁박물관에 소장되어 있다.

1681 출전 확인 안 됨.

1682 권근(權近) : 1352~1409. 고려 말 조선 초의 관료. 정몽주와 정치적 입장을 같이하여 유배되었으나 조선 태조의 요청으로 벼슬을 했다. 예문관대학사(藝文館大學士)·유학제조(儒學提調) 등을 역임하여 외교와 학문 분야에서 활약했다. 《입학도설(入學圖說)》·《오경천견록(五經淺見錄)》을 저술했으며, 문집으로 《양촌집(陽村集)》이 있다.

1683 서운관(書雲觀) : 고려 말 조선 초에 천재지변의 예측, 달력 편찬, 천문 관측을 담당했던 관서. 세조(世祖) 때 관상감(觀象監)으로 이름이 바뀌었다.

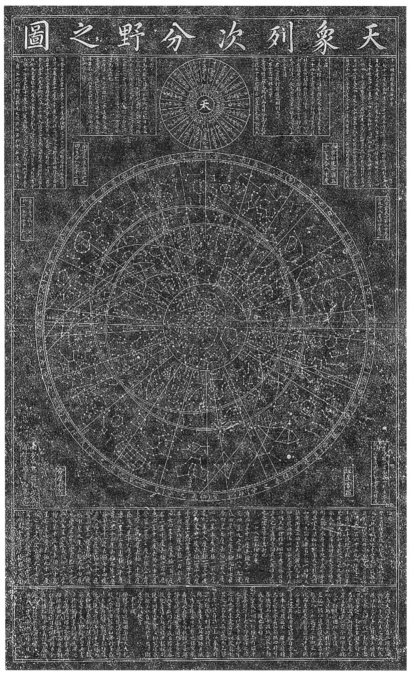

천상열차분야지도각석 탁본(국립중앙박물관)

[동방금석평][1684] 해서이며, 글씨가 살지고 예쁘다.

안 옛날에는 경복궁(景福宮)에 있었는데, 만력(萬曆) 임진년(壬辰年, 1592) 이후에 잃어버려 전해지지 않았다. 영조(英祖)[1685] 기축년(己丑年, 1769)에 내 부친[1686]이 《동국문헌비고(東國文獻備考)》를 편집하는 낭청(郎廳)[1687]이 되어, 경연에서 "태조(太祖)께서 하늘의 명을 받아 개국을 하셨던 초기에 평양(平壤)[1688]의 구본 〈천문도(天文圖)〉가 헌납된 적이 있습니다."[1689]라 아뢰니, 서운관에 명하여 다시 중성(中星)[1690]을 정하고 돌에 새겨 궁궐에 두었다. 이 돌은 경복궁 옛터에 두어야 했지만 장소가 적절하지 않았다.

국초에 천문을 관측할 때 쓰였던 흠천기(欽天器)가 풀숲에 내버려져 있어 급히 명을 내려 찾자 과연 위병들이 머무는 장소의 섬돌 사이에서 얻었다. 마침내 각을 세우고 서운관으로 옮겨 봉안했으며, '흠경

[評] 楷, 肥而姸.

案 舊在景福宮, 萬曆壬辰後失傳. 英宗己丑先大夫以《文獻備考》編輯郞, 登筵奏白"太祖受命之初, 有以箕都舊本《天文圖》獻者", 命書雲觀, 更定中星, 刻石, 置殿廡, 其石當在景福舊闕, 不宜.

使國初欽天器, 委諸草莽上, 亟命往索之, 果得於衛所階砌間. 遂建閣, 移奉于雲觀, 賜扁"欽敬"御製,

---

1684 출전 확인 안 됨.

1685 영조(英祖):1694~1776(재위 1724~1776). 조선의 21대 왕. 이름은 금(昑). 묘호는 본래 영종(英宗)이었으나 고종(高宗)이 황제국을 선포하면서 영조로 추숭되었다. 경종(景宗)에게 자식이 없어 왕이 되었으며, 즉위 초 자신을 핍박하던 소론(少論)을 축출하고, 경종 때 사형당한 이이명(李頤命) 등 노론(老論) 4대신을 복권시켰다. 가혹한 형벌을 없애고 탕평책(蕩平策)을 시행하는 등 정국을 안정적으로 이끌었으나, 정순왕후(貞純王后)의 친정 경주김씨(慶州金氏) 일파와 혜경궁(惠慶宮)의 친정 풍산홍씨(豊山洪氏) 일파의 득세로 인한 척신정치가 이루어졌고, 사도세자(思悼世子)를 죽이는 등의 흠도 있었다.

1686 부친:조선 후기의 문신 서호수(徐浩修, 1736~1799). 자는 양직(養直), 시호는 정헌(靖憲). 1765년 식년 문과에 장원을 하고 사헌부지평에 초임되었으며, 1770년에는 영의정 홍봉한(洪鳳漢)과 함께 《동국문헌비고(東國文獻備考)》의 편찬에 참여했다. 1776년 정조가 즉위하자 도승지(都承旨)에 임명되어 왕의 측근이 되었고, 이조·형조·병조·예조 등의 판서를 두루 역임했다. 《동국문헌비고》·《규장총목(奎章總目)》·《홍재전서(弘齋全書)》의 속편을 편찬했으며, 저서로는 《연행기(燕行記)》가 있다.

1687 낭청(郎廳):실무를 담당하는 종6품 관직.

1688 평양(平壤):평양직할시 일대. 조선시대에는 평양부(平壤府)였으나, 별칭으로 기도(箕都)라 불리기도 했다.

1689 태조(太祖)께서……있습니다:《승정원일기》영조 46년(1770) 2월 21일 기사에 서호수에게 천문도를 읽게 하고 채제공에게 '어제흠경각기(御製欽敬閣記)'를 교정하도록 한 일이 있다.

1690 중성(中星):별자리 28수 가운데 일출과 일몰 때 하늘 정남쪽에 보이는 별. 일몰 때의 중성은 혼중성(昏中星)이라 하고, 일출 때의 중성은 단중성(旦中星)이라 한다.

(欽敬)'이라 왕이 직접 쓴 편액을 하사하고 그 일을 기록했다.

記其事.

## 건원릉비(健元陵碑)[1691]

[해동금석록][1692] 정구(鄭矩)[1693]가 전액(篆額)을 쓰고, 성석린(成石璘)이 글씨를 썼다.

[동방금석평][1694] 전액(篆額)은 속되고, 뒷면의 기문은 행서(行書)로 쓰여 있으며, 속되다.

## 健元陵碑

[錄] 鄭矩篆, 成石璘書.

[評] 篆俗, 陰記行書, 俗.

## 헌릉비(獻陵碑)[1695]

[해동금석록][1696] 성개(成槪)[1697]가 전액(篆額)을 쓰고, 유권(柳權)[1698]이 글씨를 썼다.

## 獻陵碑

[錄] 成槪篆, 柳權書.

---

1691 건원릉비(健元陵碑): 조선 태조의 능인 건원릉(健元陵)에 세워진 신도비로, 1409년(태종 9) 4월에 건립되었다. 비문은 권근(權近)이 짓고 비음기는 변계량(卞季良)이 지었다. 경기도 구리시 인창동 동구릉(東九陵)내에 있다.

1692 출전 확인 안 됨.

1693 정구(鄭矩): 1350∼1418. 고려 말 조선 초의 문신. 자는 중상(仲常), 호는 설학재(雪壑齋). 아버지는 감찰대부(監察大夫) 정양생(鄭良生)이다. 정종 때 도승지·대사헌, 태종 때 예문관학사를 거쳐 중군총제(中軍摠制)·참지의정부사(參知議政府事)·공조판서·호조판서·판한성부사·계림부윤·개성부유후 등을 역임했다. 예서·초서·전서를 잘 썼다.

1694 출전 확인 안 됨.

1695 헌릉비(獻陵碑): 조선시대 제3대 왕 태종의 능인 헌릉(獻陵)에 세워진 신도비. 정식 명칭은 서울 태종 헌릉 신도비이다. 헌릉은 서울특별시 서초구 내곡동에 있다. 1424년(세종 6) 5월에 건립되었다. 세종의 명을 받아 변계량(卞季良)이 지은 비문을 성개(成槪)가 글씨를 썼으며, 권홍(權弘)이 전액(篆額)을 썼다. 비음기는 윤회(尹淮)가 글을 지었고, 성개가 글씨를 썼다. 임진왜란 때 크게 훼손되어 1695년(숙종 21)에 신도비를 별도로 중건했다. 원비(原碑)와 중건비는 비각 안에 나란히 안치되어 있는데, 이 중 원비가 보물 제1804호로 지정되었다.

1696 출전 확인 안 됨.

1697 성개(成槪): ?∼1440. 조선 전기의 문신. 자는 평중(平仲). 1416년(태종 16) 친시(親試) 을과(乙科) 2위로 문과에 급제했으며, 예조참의·호조참의·이조참의·황해감사(黃海監司)·동지총제(同知摠制)·병조참판을 역임하였다. 1428년(세종 10) 좌군동지총제(左軍同知摠制)가 되어 표전사은사(表箋謝恩使)로 연경(燕京)에 다녀왔다. 이후 공조우참판(工曹右參判)·경기도관찰출척사(京畿道觀察黜陟使)로 임명되었다.

1698 유권(柳權): 미상.

태종헌릉신도비(문화재청)    영릉비(문화재청)

[동방금석평]1699 전액(篆額)은 잡스럽고, 안진경·유공권의 서체로 납작하다.

[評] 篆雜, 以顏、柳匾.

**영릉비**(英陵碑)1700

[해동금석록]1701 안평대군(安平大君)1702이 글씨를 썼다.

英陵碑

[錄] 安平大君書.

[동방금석평]1703 전액(篆額)은 대전(大篆)으로, 획이 살지고 둔하며 수려한 기운이 없다. 비면(碑面)에 해서로

[評] 額大篆, 肥頑, 無秀氣. 碑面楷字, 爛熟稍弱.

---

1699 출전 확인 안 됨.

1700 영릉비(英陵碑) : 조선 왕조 제4대 세종과 소헌왕후가 합장된 영릉(英陵)에 세워졌던 신도비. 원래 영릉은 경기도 광주군(현재 서울특별시 강남구 내곡동 일대)에 있었으나 1469년 경기도 여주시 능서면으로 옮겨졌다. 비문은 마멸이 심하여 판독하기 어려우나, 비문의 내용은 《열성지장통기(列聖誌狀通記)》와 《전주이씨선원보첩(全州李氏璿源譜牒)》에 실려 있다. 비문은 정인지(鄭麟趾)가, 뒷면의 기문은 김조(金銚)가 지었으며, 전액과 글씨는 안평대군 이용(李瑢)이 썼다. 총 4,886자에 달하는 큰 비석으로, 비문의 내용은 세종대왕의 어진 업적을 찬양하고 왕후·빈(嬪) 및 그 소생들에 관한 약력 등을 적은 것이다.

1701 출전 확인 안 됨.

1702 안평대군(安平大君) : 1418~1453. 세종의 셋째 아들로, 이름은 용(瑢), 자는 청지(淸之), 호는 비해당(匪懈堂)·낭간거사(琅玕居士)·매죽헌(梅竹軒)이다. 글과 그림에 능하였고, 식견과 도량이 넓어 당대인들에게 명망이 높았으며, 당대 제일의 서예가로 손꼽혔다.

1703 출전 확인 안 됨.

남관왕묘 정전(국립중앙박물관)

쓴 글자는 솜씨가 능숙하지만 기운이 조금 약하다.

관왕묘비(關王廟碑)[1704]

關王廟碑

[해동금석록][1705] 명나라의 도량유(陶良惟)[1706]가 글을 짓고 아울러 글씨도 썼다. 경성(京城) 숭례문(崇禮門)[1707] 밖에 있다.

[錄] 明 陶良惟撰并書, 在京城 崇禮門外.

[동방금석평][1708] 해서로, 글씨가 속되다.

[評] 楷, 俗.

---

1704 관왕묘비(關王廟碑) : 관왕묘는 중국 삼국시대 촉한의 장수 관우(關羽)를 기리기 위하여 건립된 묘당(廟堂)으로, 관성묘(關聖廟)라고도 한다. 1598년(선조 31) 처음으로 서울 숭례문 밖에 남관왕묘가 건립되었고, 1602년에는 동관왕묘가 건립되었으며 지방에서는 강진·안동·성주·남원 등 네 곳에 관왕묘가 건립되었다. 숭례문 밖의 남관왕묘는 6·25전쟁 때 폭격으로 소실되었다가 관성묘유지재단에 의해 1956년에 서울특별시 동작구 사당동에 다시 건립하였다. 비는 현재 전해지지 않는다 .

1705 출전 확인 안 됨.

1706 도량유(陶良惟) : 미상.

1707 숭례문(崇禮門) : 조선시대의 한양(漢陽) 도성의 남쪽 정문인 남대문(南大門)의 본래 이름이다. 국보 제1호로 지정되어 있다.

1708 출전 확인 안 됨.

어제어필관왕묘비 탁본(국립중앙박물관)

어제어필관왕묘비(御製御筆關王廟碑)[1709]

[해동금석록][1710] 정조(正祖)[1711] 어필(御筆)이며, 관왕
묘(關王廟)에 있다.

御製御筆關王廟碑

[錄] <u>正廟</u>御筆, 在<u>關廟</u>.

양경리거사비(楊經理去思碑)[1712]

[해동금석록][1713] 이정구(李廷龜)[1714]가 글을 짓고, 김

楊經理去思碑

[錄] <u>李廷龜</u>撰, <u>金玄成</u>書,

---

1709 어제어필관왕묘비(御製御筆關王廟碑): 서울에 있는 남관왕묘(남묘)와 동관왕묘(동묘)에 정조가 1785년
(정조 9)에 직접 글씨를 써서 세운 묘비. '사조어제무안왕묘비(四朝御製武安王廟碑)'라고도 한다.
1710 출전 확인 안 됨.
1711 정조(正祖): 1752~1800. 조선의 제22대 왕(재위 1776~1800). 과거제도와 토지제도를 개혁하는 등 많은
폐단을 없애기 위해 노력했으며 규장각의 기능을 강화하여 왕정 수행의 중심기구로 삼고 학문을 부흥시켰다.
1712 양경리거사비(楊經理去思碑): 1597년 정유재란(丁酉再亂) 때 명나라의 경리조선도어사(經理朝鮮都御史)
였던 양호(楊鎬, ?~1629)의 공덕비. 원래 이 비는 서울특별시 중구 서소문동 선무사(宣武祠) 자리에 있었
으며 현재 서울특별시 서대문구 남가좌동 명지대학교 교정에 있다. 1598년(선조 31) 임진왜란 때 공이 많
았던 명나라 병부상서(兵部尙書) 형개(邢玠)의 위패를 모신 선무사를 세우면서 그 해 8월에 양호(楊鎬) 거
사비(去思碑)를 이곳에 세웠다. 양어사거사비(楊御使去思碑)라고도 한다.
1713 출전 확인 안 됨.
1714 이정구(李廷龜): 1564~1635. 조선 중기의 문신·문인. 자는 성징(聖徵), 호는 월사(月沙)·보만당(保晚
堂), 시호는 문충(文忠). 병조판서·예조판서와 우의정·좌의정 등 중요한 직책을 두루 역임했으며, 장유(張

현성(金玄成)<sup>1715</sup>이 글씨를 썼다. 모화관(慕華館)<sup>1716</sup>에 있다.

在慕華館.

[동방금석평]<sup>1717</sup> 해서로, 획이 둥글고 고졸하다.

[評] 楷, 圓而古.

### 양경리비(楊經理碑)<sup>1718</sup>

楊經理碑

[해동금석록]<sup>1719</sup> 민암(閔黯)<sup>1720</sup>이 글을 짓고, 오시복(吳始復)<sup>1721</sup>이 글씨를 썼다. 경성(京城) 선무사(宣武祠)<sup>1722</sup>에 있다.

[錄] 閔黯文, 吳始復書, 在京城 宣武祠.

### 태학정비(太學庭碑)<sup>1723</sup>

太學庭碑

[해동금석록]<sup>1724</sup> 이정구(李廷龜)가 글을 짓고, 이홍

[又] 李廷龜撰, 梨川書.

---

維)·이식(李植)·신흠(申欽)과 더불어 한문사대가로 일컬어진다.

1715 김현성(金玄成) : 1542~1621. 조선 중기에 인천도호부의 부사를 역임한 문신이자 서화가. 자는 여경(餘慶), 호는 남창(南窓). 시·서·화에 두루 능하였으며 현존하는 금석문으로는 숭인전(崇仁殿) 비문(碑文)·이충무공(李忠武公) 수군(水軍) 대첩(大捷) 비문(碑文)·조헌(趙憲) 순의비문(殉義碑文)·신숭겸(申崇謙) 충렬비문(忠烈碑文)·정언(正言) 유격(柳格) 묘비문(墓碑文) 등 다수가 있다. 저서에《남창잡고(南窓雜稿)》가 있다.

1716 모화관(慕華館) : 서울특별시 서대문구 현저동에 있었던 객관으로, 조선시대에 명나라와 청나라의 사신을 영접하던 곳이다.

1717 출전 확인 안 됨.

1718 양경리비(楊經理碑) : 정유재란(丁酉再亂) 때 조선에 원병으로 참여한 명나라 장수 양호(楊鎬, ?~1629)의 공덕을 기리기 위해 세운 비.

1719 출전 확인 안 됨.

1720 민암(閔黯) : 1636~1693. 조선 후기의 문신. 자는 장유(長孺), 호는 차호(叉湖). 대제학·병조판서·우의정을 역임했다.

1721 오시복(吳始復) : 1637~1716. 조선 후기의 문신. 자는 중초(仲初), 호는 휴곡(休谷). 한성판윤·호조판서를 역임했다.

1722 선무사(宣武祠) : 임진왜란 때 군사를 거느리고 와서 조선을 도운 명나라 병부상서(兵部尙書) 형개(邢玠, 1540~1612)와 도어사(都御史) 양호(楊鎬, ?~1629)를 제향하던 사당. 선조 31년(1598)에 지금의 서울특별시 중구 서소문동 120번지에 세웠다.

1723 태학정비(太學庭碑) : 서울 문묘(성균관)의 연혁을 기록한 묘정비. 묘정비는 1409년(태종 9)에 처음 세웠으며, 변계량이 비문을 지었다. 임진왜란으로 비석과 비각이 훼손되자 1626년(인조 4) 다시 세웠다. 이때 변계량의 옛 글을 다시 새겼으며, 음기는 이정구가 짓고 글씨는 이홍주가 쓰고, 제액(題額)은 김상용이 썼다.

1724 출전 확인 안 됨.

주(李弘冑)<sup>1725</sup>가 글씨를 썼다.

주(李弘冑)[1725]가 글씨를 썼다.

어제(御製) 어필(御筆) 태학비(太學碑)[1726]

御製御筆太學碑

[해동금석록][1727] 영조(英祖)의 어필(御筆)이며 성균관
(成均館)[1728]에 있다.

[又] 英廟御筆, 在太學.

흥천사(興天寺) 종명(鍾銘)[1729]

興天寺鍾銘

[해동금석록][1730] 한계희(韓繼禧)[1731]가 글을 짓고, 정
난종(鄭蘭宗)[1732]이 글씨를 썼다. 경성(京城) 흥인문(興
仁門)[1733] 안에 있다.

[又] 韓繼禧撰, 鄭蘭宗書,
在京城 興仁門內[150].

[동방금석평][1734] 해서로, 양각으로 주조했으며, 글

[評] 楷, 陽鑄, 匾.

---

1725 이홍주(李弘冑) : 1562~1638. 조선 중기의 문신. 자는 백윤(伯胤), 호는 이천(梨川), 시호는 충정(忠貞).
예조·병조의 판서를 역임했다. 1636년 이조판서를 거쳐 우의정이 되어 여러 번 사직을 청했으나 허락되지
않았다. 병자호란이 일어나 적들이 서문(西門) 밖까지 이르자 왕의 국서(國書)를 가지고 적진으로 들어가
국서를 전하고 화의 교섭을 벌였으나 항복은 끝까지 반대하였다. 1637년 영중추부사가 되어 사직을 표했으
나 허락되지 않고, 이 해 영의정에 올랐다. 법도에 따르고 검소한 생활로 이름이 높았다.
1726 어제(御製) 어필(御筆) 태학비(太學碑) : 1742년(영조 18) 영조가 자신의 탕평책을 중외에 표방하며, 유학
의 본산이며 관학의 최고학부인 성균관의 유생들이 경계하는 문구로 삼도록 글을 새겨 성균관 반수교(泮
水橋) 위에 세웠다. 현재 성균관대학교 정문 안쪽에 있다.
1727 출전 확인 안 됨.
1728 성균관(成均館) : 조선시대에 인재양성을 위하여 서울에 설치한 최고(最高) 유학(儒學) 교육기관. 태학(太
學)·반궁(泮宮)·현관(賢關)·근궁(芹宮)·수선지지(首善之地)라고도 했다.
1729 흥천사(興天寺) 종명(鍾銘) : 흥천사에 당대의 명인들이 대거 참여하여 주조한 종으로, 문양과 주조기술의
탁월함을 엿볼 수 있다. 흥천사는 1395년(태조 4)에 죽은 신덕왕후(神德王后) 강씨(康氏)를 위해 정릉(貞
陵) 동쪽에 세운 절이다. 1504년 화재로 불탔으나 대종(大鐘)은 덕수궁으로 옮겨져 지금까지 남아 있다.
1730 출전 확인 안 됨.
1731 한계희(韓繼禧) : 1423~1482. 조선 전기의 문신. 자는 자순(子順), 시호는 문정(文靖). 세종 때 집현전 장
서각(藏書閣)에 상주하다시피 하면서 박람강기(博覽強記)로 두터운 학식을 쌓았으며, 서거정(徐居正)과 교
분이 두터웠다. 이조판서·좌찬성을 지냈다.
1732 정난종(鄭蘭宗) : 1433~1489. 조선 전기의 문신·서예가. 자는 국형(國馨), 호는 허백당(虛白堂). 평안도병
마절도사·우참찬·이조판서·공조판서·호조판서를 역임했다.
1733 흥인문(興仁門) : 현재는 동대문이라 불리는 조선시대 한양 도성의 동쪽 정문인 흥인지문(興仁之門)의 준말.
1734 출전 확인 안 됨.
[150] 內 : 저본에는 "外". 오사카본에 근거하여 수정.

탕평비(태학비) 탁본          흥천사 종명(문화재청)          원각사비(문화재청)

자가 납작하다.


### 원각사비(圓覺寺碑)[1735]

[해동금석록][1736] 김수온(金守溫)[1737]이 글을 짓고, 정난종이 글씨를 썼다. 경성(京城) 대사동(大寺洞)[1738]에 있다.

[동방금석평][1739] 행서(行書)이며, 글씨가 고졸하고 고와서 본받을 만하다.

### 圓覺寺碑

[錄] 金守溫撰, 鄭蘭宗書, 在京城 大寺洞.

[評] 行書, 古妍[151]可法.

---

1735 원각사비(圓覺寺碑) : 1464년(세조 10)에 창건된 원각사의 창건 전말을 기록한 비. '대원각사지비(大圓覺寺之碑)'라는 2줄의 전액을 강희맹(姜希孟)의 글씨로 새겼으며, 비표(碑表)는 김수온(金守溫)이 글을 짓고 성임(成任)이 글씨를 썼으며, 비음(碑陰)은 서거정이 글을 짓고 정난종(鄭蘭宗)이 글씨를 썼다. 현재 서울특별시 종로구 종로2가 탑골공원에 있다.

1736 출전 확인 안 됨.

1737 김수온(金守溫) : 1410~1481. 조선 전기의 학자·문신. 세종의 특명으로 집현전에서 《치평요람(治平要覽)》을 편찬하였으며 학문과 문장에 뛰어나 《명황계감(明皇誡鑑)》을 국역했다.

1738 대사동(大寺洞) : 지금의 서울특별시 종로구 인사동, 종로2가 일대.

1739 출전 확인 안 됨.

[151] 妍 : 오사카본에는 "研".

무학선사비(문화재청)

원각사비(圓覺寺碑)[1740]

[동방금석평][1741] 성임(成任)[1742]이 글씨를 썼다. 행서(行書)로, 진체(晉體)[1743]여서 글씨를 본받을 만하다.

又碑

[又] 成任書, 行書, 晉體可法.

무학선사비(無學禪師碑)[1744]

[해동금석록][1745] 변계량(卞季良)[1746]이 글을 짓고, 공

無學禪師碑

[錄] 卞季良撰, 孔俯書, 在

---

1740 원각사비(圓覺寺碑) : 위의 원각사비와 같은 비이다. 다만 앞의 각주에서 밝혔듯이 비표(碑表)와 비음(碑陰)의 글을 지은 이와 글씨를 쓴 이가 다르다. 여기서는 비음의 글씨를 논하고 있다.

1741 출전 확인 안 됨.

1742 성임(成任) : 1421~1484. 조선 전기의 문신. 자는 중경(重卿), 호는 일재(逸齋)·안재(安齋). 개성부유수·좌참찬·지중추부사를 역임했다. 글씨와 시문에 뛰어났고 송설체(松雪體)의 대가로 해서·행서를 특히 잘 썼다.

1743 진체(晉體) : 사전상의 의미는 중국 진(晉)나라의 명필인 왕희지의 서체를 말한다. 다만 조선시대에만 왕희지의 서체를 표현할 때 이 용어를 사용했을 뿐이며, 정작 중국에서는 이 용어를 사용하지 않는다.

1744 무학선사비(無學禪師碑) : 경기도 양주시 회암동에 있는 조선 전기 무학대사(無學大師, 1372~1405)의 사적비. 1410년(태종 10)에 제작되었고, 1828년(순조 28)에 중건비가 만들어졌다. 1821년(순조 21) 광주의 유학(幼學) 이응준(李膺峻)이 회암사의 부도와 비석을 파괴하고 사리를 훔친 후 그 자리에 자신의 아버지를 묻었는데, 순조가 이응준을 섬에 유배하고 그 무덤을 파 버리라 명하면서 비(碑)를 다시 세웠다.

1745 출전 확인 안 됨.

1746 변계량(卞季良) : 1369~1430. 조선 전기의 문신. 자는 거경(巨卿), 호는 춘정(春亭). 대제학·우군도총제부판사(右軍都摠制府判事)를 역임했다. 정도전·권근으로 이어지는 관인 문학가의 대표적 인물이다.

부(孔俯)가 글씨를 썼다. 양주(楊州) 천보산(天寶山)[1747]의 회암사(檜巖寺)[1748] 옛터에 있다.

楊州 天寶山 檜巖寺舊基.

안 당저(當宁)[1749] 신사(辛巳)년(1821)에 이아무개[1750]가 그 아비를 탑(塔) 앞에 장사지내면서 탑을 훼손하고 비를 부수었다.

案 當宁辛巳, 李生某葬其父塔前, 毁塔碎碑.

### 태조대왕(太祖大王) 황산(荒山) 대첩비(大捷碑)[1751]

[해동금석록][1752] 김귀영(金貴榮)이 글을 짓고, 송인(宋寅)이 글씨를 썼다. 운봉(雲峯)의 황산(荒山)[1753]에 있다.

太祖大王荒山大捷碑

[錄] 金貴榮撰, 宋寅書, 在雲峯 荒山.

### 유점사(榆岾寺) 종명(鍾銘)[1754]

[해동금석록][1755] 정난종이 글씨를 썼으며, 고성(高城)의 금강산(金剛山)에 있다.

榆岾[152]寺鍾銘

[又] 鄭蘭宗書, 在高城 金剛山.

---

1747 천보산(天寶山): 경기도 양주시 회암동에 있는 산. 해발 423m.

1748 회암사(檜巖寺): 경기도 양주시 회암동 천보산에 있는 절. 1328년에 인도의 나란타사(那爛陀寺)를 본떠 266칸의 대규모 사찰로 창건하여 조선 초기까지는 전국에서 규모가 가장 컸던 절이었다. 옛 절터는 사적 제128호로 지정되어 있다. 중요 문화재로는 보물 제387호인 회암사지선각왕사비(檜巖寺址禪覺王師碑)와 보물 제388호인 회암사지부도, 보물 제389호인 회암사지쌍사자석등(檜巖寺址雙獅子石燈), 경기도 유형문화재로는 제49호인 지공선사부도 및 석등, 경기도 유형문화재 제50호인 나옹선사부도 및 석등, 경기도 유형문화재 제51호인 무학대사비(無學大師碑), 경기도 유형문화재 제52호인 회암사지부도탑이 있다.

1749 당저(當宁): 당저는 그 당시의 임금을 말한다. 1821년은 조선의 제23대 왕인 순조(純祖, 재위 1800~1834)의 재위 연간이다.

1750 이아무개: 1821년(순조 21)에 양주 회암사의 무학대사비와 부도를 훼손한 이응준(李膺峻, ?~?)을 가리킨다. 앞의 "무학선사비(無學禪師碑)" 기사에 보인다.

1751 태조대왕(太祖大王) 황산(荒山) 대첩비(大捷碑): 1380년(우왕 6) 이성계가 왜구를 물리친 황산 대첩의 전승을 되새기기 위하여 세운 비. 전라북도 남원시 운봉읍 화수리에 있다. 전액은 남응운(南應雲)이 썼고, 박광옥(朴光玉)이 세웠다.

1752 출전 확인 안 됨.

1753 황산(荒山): 전라북도 남원시 운봉읍과 아영면의 경계에 있는 산이다. 해발 698m.

1754 유점사(榆岾寺) 종명(鍾銘): 북한 강원도 고성군 월비산리 유점사에 있던 종에 새겨진 명문(銘文). 후에 이 종은 평안북도 향산군 향암리의 묘향산 보현사 종각으로 옮겨졌다. 명문에는 종의 내력과 유래, 종 제작에 관여한 사람들의 이름이 새겨져 있다. 종명(鍾銘)에 의하면, 유점사종은 성화(成化) 5년(1469)에 처음 제작되었으며, 지금의 종은 1729년에 원래 것보다 크게 고쳐 만든 것이다.

1755 출전 확인 안 됨.

152 岾: 저본에는 "岾". 일반적인 용법에 근거하여 수정.

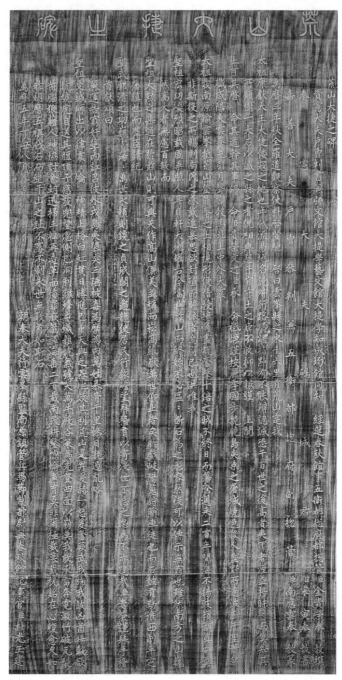

남원 황산대첩비 탁본(국립문화재연구소)

[동방금석평]1756 해서이며 양각으로 주조했다. 글씨는 작으면서 납작하며, 획은 가늘고 굳세다.

[評] 楷, 陽鑄, 小而匾, 畫纖勁.

### 소공대비(김公臺碑)1757

[해동금석록]1758 남곤(南袞)1759이 글을 짓고, 송인(宋寅)이 글씨를 썼다. 삼척(三陟)에 있다.

김公臺碑

[錄] 南袞[153]撰, 宋寅書, 在三陟.

### 진도독(陳都督) 마애비(磨崖碑)1760

[해동금석록]1761 장량상(張良相)1762이 글씨를 썼다. 남해(南海)1763의 해변에 있다.

陳都督磨崖碑

[又] 張良相書, 在南海海邊.

### 연복사탑(演福寺塔) 중수비(重修碑)1764

[해동금석록]1765 권근(權近)이 글을 짓고, 성석린(成石

演福寺塔重修碑

[又] 權近撰, 成石璘書,

---

1756 출전 확인 안 됨.
1757 소공대비(김公臺碑): 기근에 허덕이던 관동지방의 백성들을 잘 구휼했던 황희(黃喜)의 덕을 기리는 기념비. 소공대는 1423년(세종 5)에 황희를 중국의 소공(김公)과 같은 정도의 은인이라 하여 백성들이 돌을 모아 돋아 놓은 대이다. 강원도 삼척시 원덕읍 임원리에 있다.
1758 출전 확인 안 됨.
1759 남곤(南袞): 1471~1527. 조선 전기의 문신. 호조판서·병조판서·이조판서·영의정 등을 지냈다.
1760 진도독(陳都督) 마애비(磨崖碑): 임진왜란 때 이여송(李如松)·진린(陳璘) 등 조선을 구원하기 위해 원정을 온 명(明)나라 군의 공적을 기록한 전승비로, 독공정왜유격장군(督工征倭遊擊將軍) 장량상(張良相)의 이름으로 새겨져 있다. 1598년(선조 31) 노량해전 직후이거나 그 이듬해 명군이 진주하여 새겨놓은 것으로 추정된다. 경상남도 남해군 남해읍 선소리에 있다. 장량상동정마애비(張良相東征磨崖碑)라고도 한다.
1761 출전 확인 안 됨.
1762 장량상(張良相): ?~?. 중국 명나라의 장군. 임진왜란에 참전했다.
1763 남해(南海): 경상남도 남해군 고현면·남면·남해읍·삼동면·상주면·서면·설천면·이동면·미조면·창선면 일대.
1764 연복사탑(演福寺塔) 중수비(重修碑): 태조 이성계의 공덕으로 재건된 연복사 오층불탑의 건립내력을 담은 비석. 본래 개성(송도)에 있던 비를 일제강점기인 1910년 서울 용산의 철도구락부(鐵道俱樂部) 구역으로 옮긴 것으로 추정된다. 현재 서울특별시 용산구 한강로 3가 40-1010 코레일에 있다.
1765 《大東金石書》卷1〈演福寺鐘銘〉(국립중앙도서관 古2202-61, 112쪽).
[153] 袞: 저본에는 "滾". 오사카본에 근거하여 수정.

소공대비(문화재청)

연복사탑 중수비 탁본(국립중앙박물관)

청룡사 보각국사비 탁본(국립중앙박물관)

| | |
|---|---|
| 璘)이 글씨를 쓰고, 권중화(權仲和)1766가 전액(篆額)을 썼다. 송도(松都)1767에 있다. | 權仲和額, 在松都. |
| [동방금석평]1768 전액(篆額)은 대전(大篆)으로 납작하다. | [評] 額大篆, 區. |
| 청룡사(靑龍寺) 보각국사비(普覺國師碑)1769 | 靑龍寺普覺國師碑 |
| [해동금석록]1770 권근(權近)이 글을 짓고, 승려 천택 (天澤)1771이 글씨를 썼다. 충주(忠州)1772 청계산(淸溪 | [錄] 權近撰, 釋天澤書, 在忠州 淸溪山. |

---

1766 권중화(權仲和): 1322~1408. 고려 말 조선 초의 문신·의료인. 자는 용부(容夫), 호는 동고(東皐). 우의
정·영의정부사를 역임했다. 《향약간이방(鄕藥簡易方)》·《신편집성마우의방(新編集成馬牛醫方)》을 편집했
으며, 양주에 있는 회암사(檜嚴寺) 나옹화상비(懶翁和尙碑)와 개성에 있는 광통(廣通) 보제선사비(普濟禪
師碑)의 전액(篆額)을 썼다.
1767 송도(松都): 황해북도 개성특급시 일대에 위치한 개성(開城)의 또 다른 이름.
1768 출전 확인 안 됨.
1769 청룡사(靑龍寺) 보각국사비(普覺國師碑): 1394년(태조 3)에 세운 보각국사(1320~1392)의 공적비. 보각국
사의 이름은 혼수(混修), 자는 무작(無作), 호는 환암(幻菴), 속성은 조씨, 풍양현 사람이며, 보각국사와
탑명인 정혜원융(定慧圓融)은 시호이다. 충청북도 충주시 소태면 오량리에 있다.
1770 출전 확인 안 됨.
1771 천택(天澤): 미상.
1772 충주(忠州): 충청북도 괴산군 감물면·불정면, 음성군 감곡면·금왕읍·대소면·맹동면·삼성면·소이면, 생
극면 방축리·생리·송곡리·신양리·오생리·임곡리·차곡리·차평리·팔성리, 제천시 덕산면, 한수면 보평

山)[1773]에 있다.

[동방금석평][1774] 해서(楷書)로, 글씨가 질박하다.　　　　[評] 楷, 拙.


## 월정사비(月精寺碑)[1775]　　　　　　　　　　　　　月精寺碑

[해동금석록][1776] 양사언(楊士彦)[1777]이 글씨를 썼다.　[錄] 楊士彦書, 在江陵 五
강릉(江陵) 오대산(五臺山)에 있다.　　　　　　　　臺山.


## 이충무(李忠武) 전승비(戰勝碑)[1778]　　　　　　李忠武戰勝碑

[해동금석록][1779] 이항복(李恒福)[1780]이 글을 짓고, 김현　[又] 李恒福撰, 金玄成書,
성이 글씨를 썼다. 순천(順天)의 수영(水營)[1781]에 있다.　在順天水營.

---

리·송계리, 충주시 가금면·금가면·노은면·대소원면·산척면·살미면·소태면·시내·신니면·앙성면·엄정
면·주덕읍, 동량면 대전리·손동리·용교리·조동리·지동리·하천리·화암리 일대.

[1773] 청계산(淸溪山): 충청북도 충주시 소태면 오량리에서 복탄리에 걸쳐 있는 산. 해발 401m.

[1774] 출전 확인 안 됨.

[1775] 월정사비(月精寺碑): 미상.

[1776] 《大東金石書》 卷1〈月精寺社施藏經碑〉(국립중앙도서관 古2202-61, 152쪽).

[1777] 양사언(楊士彦): 1517~1584. 조선 중기의 문신이자 서예가. 자는 응빙(應聘), 호는 봉래(蓬萊). 삼등(三
登)·함흥(咸興)·평창(平昌)·강릉(江陵)·회양(淮陽)·안변(安邊)·철원(鐵原) 등 8개 고을의 수령을 지냈
다. 해서와 초서에 뛰어났으며 안평대군·김구(金絿)·한호와 함께 조선시대 전기 4대 서예가로 일컬어진다.
특히 큰 글자를 잘 썼다.

[1778] 이충무(李忠武) 전승비(戰勝碑): 임진왜란 당시 이순신의 활약상을 기록한 우리나라 최대의 대첩비. 비문
은 1615년 이항복이 지었고 글씨는 김현성이 썼으며, 비신 상단의 '통제이공수군대첩비(統制李公水軍大捷
碑)'라는 두전(頭篆)은 김상용(金尙容)이 썼다. 비석은 1620년에 세워졌다. 좌수영대첩비(左水營大捷碑)라
고도 한다. 전라남도 여수시 고소동 고소대(姑蘇臺)에 있다.

[1779] 출전 확인 안 됨.

[1780] 이항복(李恒福): 1556~1618. 조선 중기의 문신이자 학자. 자는 자상(子常), 호는 백사(白沙), 시호는 문충
(文忠). 이덕형과의 돈독한 우정으로 오성과 한음의 일화가 오랫동안 전해오게 되었다. 좌의정, 영의정을
지냈고, 오성부원군에 진봉되었다. 임진왜란과 정유재란 당시 선조의 신임을 받고 병조판서를 맡아 전란을
극복하는 데 크게 기여했으며, 전후에는 수습책에 힘썼고 영의정으로 폐모론에 적극 반대하며 대북파(大
北派)와 대립하였다. 묘는 화산서원의 남쪽인 경기도 포천시 가산면 금현리 산4-2번지에 있다.

[1781] 수영(水營): 전라도의 해안 경비를 담당하기 위해 설치했던 군영으로, 지금의 전라남도 여수시 군자동·동
산동·관문동·고소동·중앙동의 남쪽에 인접한 해안 일대로 추정된다.

시장절(申壯節) 묘비(廟碑)[1782]

[해동금석록][1783] 신흠(申欽)[1784]이 글을 짓고, 김현성이
글씨를 썼다. 대구(大邱)[1785]의 동수(桐藪)[1786]에 있다.

申壯節廟碑

[又] 申欽撰, 金玄成書, 在
大邱 桐藪.

이충무 전승비(문화재청)

신장절 묘비(문화재청)

---

1782 신장절(申壯節) 묘비(廟碑) : 고려 초의 무신 신숭겸(申崇謙, ? ~ 927)의 묘비. 신숭겸의 초명은 능산(能山), 시호는 장절(壯節)로, 평산(平山) 신씨(申氏)의 시조이다. 궁예를 폐하고 왕건을 추대하여 고려 개국에 중요한 역할을 했으며, 공산(公山)에서 견훤의 군대에게 왕건이 포위되자 그를 구하고 전사했다.

1783 출전 확인 안 됨.

1784 신흠(申欽) : 1566~1628. 조선 중기의 문신. 자는 경숙(敬叔), 호는 현헌(玄軒)·상촌(象村). 좌의정·영의정을 역임했고 사림의 신망을 받았다. 이정구(李廷龜)·장유(張維)·이식(李植)과 함께 조선 중기 한문학의 대가로 꼽힌다.

1785 대구(大邱) : 대구광역시 남구·달서구·서구·중구, 동구 검사동·능성동·내동·덕곡동·도동·도학동·둔산동·미곡동·미대동·방촌동·백안동·봉무동·부동·불로동·송정동·신무동·신암동·신용동·신천동·용수동·입석동·중대동·지묘동·지저동·진인동·평광동·효목동, 북구 검단동·노곡동·동변동·복현동·산격동·서변동·연경동·조야동·칠성동·침산동, 수성구 두산동·만촌동·범물동·범어동·상동·수성1~4가동·중동·지산동·파동·황금동, 경상북도 달성군 가창면·다사읍·옥포면·하빈면·화원읍, 각남면 녹명리·사리·신당리·옥산리·함박리, 칠곡군 가산면·동명면, 고령군 다산면·성산면 일대.

1786 동수(桐藪) : 대구광역시 팔공산(八公山)에 있는 동화사(桐華寺)를 말한다.

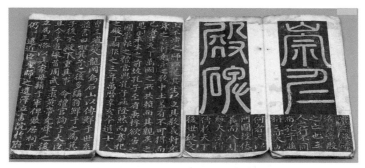
숭인전비 탁본첩(국립고궁박물관)

## 숭인전비(崇仁殿碑)[1787]

[해동금석록][1788] 이정구가 글을 짓고, 김현성(金玄成)[1789]이 글씨를 썼다. 평양성(平壤城) 안에 있다.

## 崇仁殿碑

[又] 李廷龜撰. 金玄成書, 在平壤城內.

## 야은(冶隱) 지주비(砥柱碑)[1790]

[해동금석록][1791] 유성룡(柳成龍)이 글을 짓고 아울러 글씨를 썼다. 인동(仁同)[1792]에 있는데, 글씨가 닳았다.

## 冶隱砥柱碑

[又] 柳成龍撰幷書, 在仁同, 刋.

1787 숭인전비(崇仁殿碑): 1637년(인조 15) 평양 숭인전에 세워진 묘정비(廟庭碑). 전액(篆額)은 김상용(金尙容)이 썼다. 숭인전은 1325년(충숙왕 12)에 기자(箕子)를 모시기 위하여 왕명으로 세워진 사묘(祠廟)이다.

1788 출전 확인 안 됨.

1789 김현성(金玄成): 1542~1621. 조선 중기의 문신이자 서예가. 자는 여경(餘慶), 호는 남창(南窓). 당시 평론가들에게 서예가 중에서 가장 높은 평가를 받았다. 글씨뿐 아니라 시와 그림도 뛰어나 여러 번 명나라 사신을 접대하였다. 글씨는 당시 유행했던 조맹부(趙孟頫)의 송설체(松雪體)를 섭렵하였고, 부분적으로 왕희지(王羲之)의 영향도 수용하였다. 특히 해서(楷書)에 능하였는데, 비갈(碑碣)·병풍(屛風)·족자(簇子) 등에 글씨를 많이 썼다. 현존하는 서첩(書帖)으로, 오언시(五言詩)를 초서(草書)로 쓴 《초서첩(草書帖)》이 전해져 내려온다.

1790 야은(冶隱) 지주비(砥柱碑): 1587년(선조 20)에 인동현감 유운룡(柳雲龍)이 야은(冶隱) 길재(吉再)의 높은 충절을 기리기 위하여 그 묘역을 수리하고 주변에 사당과 서원을 창건하고 그 앞에 세운 비석. 비석 표면에는 중국의 명필 양청천(楊晴川)의 글씨인 '지주중류(砥柱中流)' 4자를 새겼고, 뒤편에는 유성룡이 '지주중류'의 뜻과 교훈을 설명한 글이 새겨져 있다. '지주중류비(砥柱中流碑)'라 부르며 경상북도 구미시 오태동에 있다.

1791 출전 확인 안 됨.

1792 인동(仁同): 경상북도 구미시 시내 거의동·공단동·구평동·구포동·금전동·시미동·신동·양호동·오태동·옥계동·인의동·임수동·진평동, 장천면 신장리, 칠곡군 북삼읍, 석적읍, 약목면, 가산면 다부리·송학리·심곡리·천평리·학산리·학상리·학하리, 기산면 각산리·봉산리·영리·죽전리·평복리·행정리, 왜관읍 아곡리, 지천면 황학리 일대.

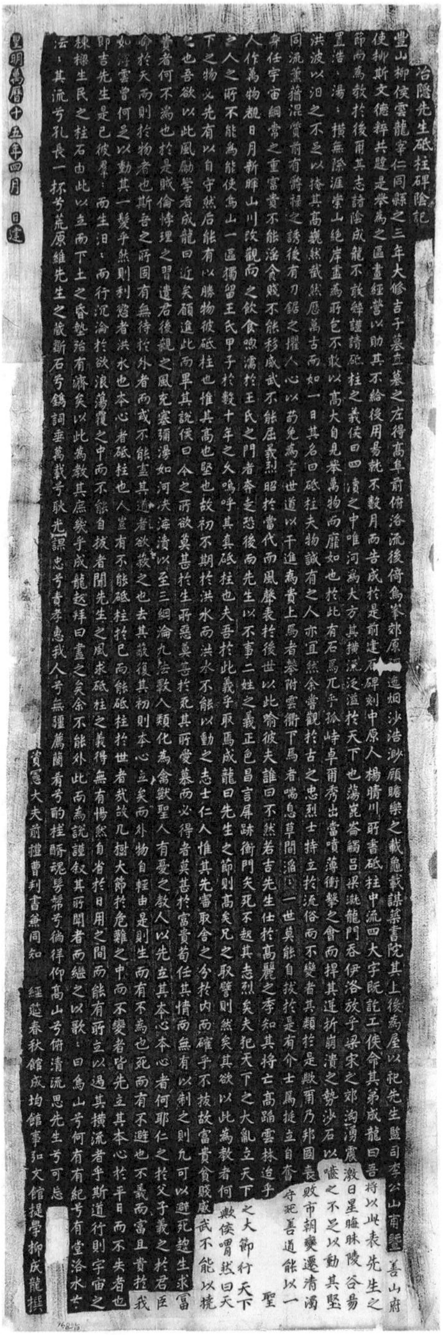

야은 지주비(국립중앙박물관)

도갑사비(문화재청)

권(權) 도원수(都元帥) 전승비(戰勝碑)<sup>1793</sup>

[해동금석록]<sup>1794</sup> 최립(崔岦)이 글을 짓고, 한호(韓濩)가 글씨를 썼다. 양주(楊州) 홍복산(弘福山)<sup>1795</sup>에 있다.

權都元帥戰勝碑

[又] 崔岦撰, 韓濩書, 在 楊州 弘福山.

도갑사비(道岬寺碑)<sup>1796</sup>

[해동금석록]<sup>1797</sup> 이경석(李景奭)<sup>1798</sup>이 글을 짓고, 오

道岬寺碑

[又] 李景奭撰, 吳竣書,

---

1793 권(權) 도원수(都元帥) 전승비(戰勝碑) : 1602년(선조 35) 권율(權慄)이 행주산성(幸州山城)에서 왜병을 물리친 승전을 기념하기 위해 건립한 비. 전액(篆額)은 김상용(金尙容)이 썼으며, 비음은 이항복(李恒福) 이 짓고 김현성(金玄成)이 썼다. '행주대첩비(幸州大捷碑)'라 부르며, 경기도 고양시 덕양구 행주내동(幸州 內洞)에 있다. 행주대첩비는 모두 3기가 있는데 최초의 초건비는 1602년(선조 35)에 건립하였고 이것이 오 랜 세월에 걸쳐 심하게 마모되어 알아볼 수 없게 되자 1845년(헌종 11)에 초건비의 비문을 그대로 옮겨 적 어 더 큰 규모로 중건비를 세웠다. 1963년에 건립한 대첩비는 이들과 구별하여 재건비라고 부른다. 본문에 서 말하는 비는 초건비를 말하는 것이다. 또 권율의 묘소는 양주 홍복산에 있는데, 본문에서 언급한 비는 아마도 그곳에 있는 권율의 신도비를 말하는 것으로 추정되며, 표제어인 전승비의 위치와는 일치하지 않 는다.

1794 출전 확인 안 됨.

1795 홍복산(弘福山) : 경기도 양주시 백석읍 복지리와 의정부시 경계에 위치한 산. 해발 462m.

1796 도갑사비(道岬寺碑) : 남북국시대의 선승인 도선국사(道詵國師)와 도갑사를 중창한 조선시대 수미왕사(守 眉王師)를 추모하는 비. 1636년(인조 14)에 시작하여 1653년(효종 4)에 완성했다. 전서체로 '월출산(月出 山) 도갑사(道岬寺) 도선국사(道詵國師) 수미대선사비명(守眉大禪師碑銘)'이라 제액을 만들었으며, 당시 형조판서인 김광욱(金光煜)이 썼다. 전라남도 영암군 군서면 도갑리에 있다.

1797 출전 확인 안 됨.

1798 이경석(李景奭) : 1595~1671. 조선 중기의 문신, 서예가. 자는 상보(尙輔), 호는 백헌(白軒)이다. 청나라의 침략으로 인한 위기에서 국가를 구하는 데 큰 공을 세웠으나, 노론을 비롯한 존명사대(尊明事大)의 명분을 앞세우는 인물들에 의해 삼전도 비문을 작성하여 부귀영화를 누렸다고 비판받기도 했다. 그는 조선의 난

준(吳竣)[1799]이 글씨를 썼다. 영암(靈巖)[1800]에 있다.

在靈巖.


**조포저(趙浦渚) 구황비(捄荒碑)[1801]**

[철산지(鐵山志)[1802]][1803] 철산부(鐵山府) 읍치에서 남쪽으로 30리 떨어진 곳에 있다. 송준길(宋浚吉)[1804]이 글을 짓고 아울러 글씨를 썼다.

趙浦渚捄荒碑

[鐵山志] 在府南三十里,
同春堂撰竝書.


**정암(靜菴) 적거(謫居) 유허비(遺墟碑)[1805]**

[해동금석록][1806] 송시열(宋時烈)[1807]이 글을 짓고, 송

靜菴謫居遺墟碑

[錄] 尤菴撰, 同春堂書,

---

국을 극복한 탁월한 재상이었으며 일생동안 검소하고 소박한 청백리의 삶을 살았다. 저서로 《백헌집(白軒集)》이 있으며 글씨에 능하였다.

1799 오준(吳竣) : 1587~1666. 조선 중기에 활동한 문신, 서예가. 문장과 글씨에 능하여 여러 번 서장관(書狀官)을 지냈으며 저서로 《죽남당집(竹南堂集)》이 있다.

1800 영암(靈巖) : 전라남도 강진군 도암면 봉황리, 영암군 군서면·덕진면·도포면·미암면·삼호면·서호면·영암읍·학산면, 시종면 구산리·봉소리·신학리·와우리·월롱리·월송리, 신북면 금수리·명동리·모산리·월지리·월평리·이천리·장산리·행정리, 완도군 노화읍·보길면·소안면, 군외면 당인리, 해남군 북평면·옥천면, 계곡면 선진리, 북일면 신월리·용일리·운전리·흥촌리, 송지면 가차리·군곡리·금강리·동현리·마봉리·산정리·서정리·소죽리·송호리·어란리·통호리, 현산면 월송리, 화산면 삼마리, 제주특별자치도 제주시 추자면 일대.

1801 조포저(趙浦渚) 구황비(捄荒碑) : 조포저(趙浦渚)는 조선 후기의 문신 조익(趙翼, 1579~1655)이다. 자는 비경(飛卿), 호는 포저(浦渚)·존재(存齋), 시호는 문효(文孝)이다. 1608년(선조 41)에 평안도에 극심한 가뭄이 들었는데, 이때 조익은 병마평사(兵馬評事)로 부임하여 백성들을 정성을 다해 돌보았다. 이에 백성들이 조익의 공덕을 칭송하여 기리기 위해 세운 비석이다.

1802 철산지(鐵山志) : 평안북도 서쪽에 위치한 철산군의 읍지(邑志).

1803 출전 확인 안 됨.

1804 송준길(宋浚吉) : 1606~1672. 조선 후기의 문신. 자는 명보(明甫), 호는 동춘당(同春堂), 시호는 문정(文正)이다. 송시열과 함께 서인에 속하여 분열된 서인 세력을 규합하는 데 힘쓰는 한편, 자의대비(慈懿大妃)의 복상(服喪)이 제기되었을 때 남인(南人)의 주장을 물리치고 기년제(朞年制, 만 1년)를 관철하였다. 학문적으로는 송시열과 같은 경향의 성리학자로서 특히 예학(禮學)에 밝고 이이의 학설을 지지하였으며, 문장과 글씨에도 뛰어났다.

1805 정암(靜菴) 적거(謫居) 유허비(遺墟碑) : 1519년 기묘사화로 능성현(綾城縣, 현재 화순군 능주면)에 귀양 왔던 정암 조광조(趙光祖, 1482~1519)를 추모하고자 세운 적려 유허비. 1667년(현종 8) 4월 능주목사(綾州牧使) 민여로(閔汝老)가 건립하였으며, 전액은 민유중(閔維重)이 썼다. 전라남도 화순군 능주면 남정리에 있다.

1806 출전 확인 안 됨.

1807 송시열(宋時烈) : 1607~1689. 조선 후기의 문신. 자는 영보(英甫). 호는 우암(尤庵)·화양동주(華陽洞主), 시호는 문정(文正)이다. 주자학의 대가로서 이이의 학통을 계승하여 기호학파의 주류를 이루었으며 예론(禮論)에도 밝았다. 저서로 《송자대전(宋子大全)》·《우암집(尤庵集)》·《송서습유(宋書拾遺)》·《주자대전차의(朱子大全箚疑)》·《정서분류(程書分類)》·《주자어류소분(朱子語類小分)》·《논맹문의통고(論孟問義通攷)》·《심경석의(心經釋義)》·《사계선생행장(沙溪先生行狀)》 등이 있다.

준길이 글씨를 썼다. 능주(綾州)[1808]에 있다.

在綾州.


## 노량(露梁) 대첩비(大捷碑)[1809]

[해동금석록][1810] 이항복이 글을 짓고, 송시열이 글씨를 썼다. 통제영(統制營)[1811]에 있다.

露梁大捷碑

[又] 李恒福撰, 尤菴書, 在統制營.


## 만경리세덕(萬經理世德) 승전비(勝戰碑)[1812]

[해동금석록][1813] 명나라 직방사낭중(職方司郎中)[1814] 가유약(賈維鑰)[1815]이 글을 지었다. 비석 뒷면에는 또 문무(文武) 장사(將士)의 이름을 새겼다. 동래(東萊)[1816]의 오륙도(五六島)[1817]에 있다.

萬經理世德勝戰碑

[又] 皇明 職方司郎中賈維鑰撰, 碑陰又刻文武將士名, 在東萊 五六島.


---

1808 능주(綾州) : 전라남도 화순 지역의 옛 지명.

1809 노량(露梁) 대첩비(大捷碑) : 1942년에 사라져 현재는 행방을 알 수 없다. 1598년(선조 31) 11월 19일 노량 앞바다에서 이순신이 이끄는 조선 수군이 일본 수군과 벌인 마지막 해전의 승리를 기념하여 세운 비로 추정된다.

1810 출전 확인 안 됨.

1811 통제영(統制營) : 조선의 수군(水軍)을 통제하는 전초기지로, 전라남도 해남군 문내면 일대에 있었다.

1812 만경리세덕(萬經理世德) 승전비(勝戰碑) : 만경리는 중국 명(明)나라의 무인 만세덕(萬世德, 1547~1603)이다. 그의 자는 백수(伯修), 호는 구택(邱澤)·진택(震澤)으로, 1597년(선조 30)의 정유재란(丁酉再亂) 때 명나라의 경리(經理)로 조선에 들어와 왜군을 함께 물리쳤다. 경리는 지금의 참모(參謀)와 같은 직책인데 만세덕은 양호(楊鎬) 대신으로 같은 해 12월 경리로 임명되었다. 그는 끝까지 조선에 머무르면서 왜군을 격퇴하는 데 전력을 다하였으므로, 조선에서는 그를 위하여 생사당(生祠堂)을 지어 훈공을 기리고, 부산진지성(釜山鎭支城)에 이 승전비를 세웠다. 자성비각기공비(子成碑閣記功碑)라고도 한다.

1813 출전 확인 안 됨.

1814 직방사낭중(職方司郎中) : 중국 명나라와 청나라에 걸쳐 병부(兵部)에 설치되었던 정5품에 해당하는 관명(官名).

1815 가유약(賈維鑰) : ?~1630. 중국 명나라의 정치가. 자는 지백(智伯). 1589년 진사가 되었으며 병부직방사낭중(兵部職方司郎中)을 지냈다.

1816 동래(東萊) : 부산광역시 금정구·남구·동구·동래구·부산진구·사상구·사하구·서구·수영구·연제구·영도구·중구, 해운대구 반송동·반여동·석대동·우동·재송동·좌동·중동, 기장군 철마면 일대.

1817 오륙도(五六島) : 부산광역시 남구 용호동에 소재한 섬. 1972년 6월 26일 부산기념물 제22호로 지정되었다가 2007년 10월 1일에 국가지정문화재 명승(名勝) 제24호로 지정되었다.

동해 퇴조비(문화재청)

동해(東海) 퇴조비(退潮碑)[1818]

[해동금석록][1819] 허목(許穆)이 전서(篆書)로 썼다. 삼척(三陟) 해변에 있다.

[비목쇄기][1820] 전서(篆書)는 모두 16행이고, 행마다 모두 18자이다. 본관이 공암(孔巖)[1821]인 허목(許穆)이 글을 짓고 아울러 글씨를 썼다. 서체가 《벽락비(碧落碑)》와 동일하다.

東海退潮碑

[又] 許穆篆, 在三陟海邊.

[瑣記] 篆書共十六行, 行皆十八字. 孔巖 許穆撰并書, 字法與《碧落碑》同.

---

[1818] 동해(東海) 퇴조비(退潮碑) : 극심한 조수 피해를 막고자 1661년(현종 2) 삼척부사 허목(許穆, 1595~1682)이 세운 것으로, 척주동해비(陟州東海碑)라고도 한다. 비문은 고전자체(古篆字體)로 씌어졌으며 강원도 삼척시 정상동에 있다.
[1819] 출전 확인 안 됨.
[1820] 출전 확인 안 됨.
[1821] 공암(孔巖) : 경기도 양천현(陽川縣, 지금의 서울시 양천구 일대)의 옛 이름. 신라 경덕왕(景德王) 때에 제차파의현(齊次巴衣縣)을 개칭한 것으로, 고려 충선왕(忠宣王) 때 양천현으로 고쳤다.

심원사(深源寺)[1822] 석(釋) 경헌(敬軒)[1823] 사리비(舍利碑)[1824]

[비목쇄기][1825] 신익성(申翊聖)[1826]이 글을 짓고, 의창군(義昌君) 이광(李珖)[1827]이 글씨를 썼다. 철원(鐵原)[1828] 보개산(寶蓋山)[1829]에 있다.

深源寺釋敬軒舍利碑

[又] 申翊聖撰, 義昌君 珖書, 在鐵原寶蓋山.

심원사(深源寺) 석(釋) 학린(學璘)[1830] 사리비(舍利碑)[1831]

[비목쇄기][1832] 정두경(鄭斗卿)[1833]이 글을 짓고, 윤순

深源寺釋學璘舍利碑

[又] 鄭斗卿撰, 尹舜擧書,

---

1822 심원사(深源寺) : 경기도 연천군 신서면 내산리 보개산(寶蓋山)에 있는 사찰. 647년(신라 진덕여왕 1) 영원(靈源)이 창건했으며, 1592년(선조 25) 임진왜란 때 불에 탄 것을 1595년 인숭(印崇)과 정인(正印) 등이 중건했다. 1950년 6·25전쟁으로 다시 절이 불에 탔고, 전쟁 후에는 비무장지대 안에 들어 민간인의 출입이 통제되자 1955년 김상기(金相基)가 현재의 위치로 옮겨 중창하였다. 연천군 심원사지 부도군이 있으며, 옛 절터에 사적비와 공적비 등이 남아 있다.

1823 경헌(敬軒) : 1544~1633. 조선 중기의 승려·승병장. 본관은 장흥(長興), 속성은 조씨(曺氏). 법호는 순명(順命), 당호는 제월당(霽月堂). 경헌은 법명이다. 15세 때 출가하여 천관사(天冠寺)에서 옥주(玉珠)의 제자가 되었으며, 1576년(선조 9) 묘향산에서 휴정(休靜)에게 배웠다. 임진왜란 당시 왜군을 격퇴하는 데 전력을 기울였다. 1632년 여름 치악산의 영은사로 옮겨 2년을 지내다가 나이 90세, 법랍 75세로 입적했다. 저서로는 《제월당집(霽月堂集)》이 있다.

1824 심원사(深源寺) 석(釋) 경헌(敬軒) 사리비(舍利碑) : 조선 중기의 승려·승병장인 경헌대사의 사리비로, 비신에는 '제월당대사(霽月堂大師) 비명(碑銘)'이라고 전서체로 쓰여 있고 내용은 해서체로 쓰여 있다. 말미에 '황명숭정9년(皇明崇禎九年) 세차병자(歲次丙子) 8월일(八月日)'이라 새겨져 있어 1636년(인조 14)에 건립된 것임을 알 수 있다. 경기도 연천군 신서면 내산리 심원사 경내에 있다.

1825 출전 확인 안 됨.

1826 신익성(申翊聖) : 1588~1644. 조선 중기의 문신. 1627년 정묘호란에는 세자를 호위하여 전주로 피란했으며, 1636년 병자호란 때는 왕을 호종하고 남한산성에 있으면서 끝까지 척화를 주장하여, 심양(瀋陽)으로 붙잡혀 갔다가 나중에 풀려났다. 문장과 글씨에 능하였다. 글씨로는 〈영창대군비(永昌大君碑)〉·〈율곡이이비(栗谷李珥碑)〉가 있고, 저서로는 《낙전당집(樂全堂集)》·《청백당일기(靑白堂日記)》 등이 있다.

1827 이광(李珖) : 1589~1645. 조선 중기의 왕자. 자는 장중(藏中). 제14대 왕 선조의 서자이다. 서예에 능했다.

1828 철원(鐵原) : 강원도 북서부에 위치한 군. 광복과 함께 38선 이북지역으로 들어갔다가 1950년 6·25사변을 치르고 1953년 7월 27일 휴전이 성립되면서 이전의 1읍 9면 중 지금의 철원읍·동송읍·갈말읍·신서면(연천군)은 수복되었으나 어운면의 일부는 비무장지대로 들어갔고, 북면·묘장면은 일부가 북한으로, 내문면·인목면·마장면은 일부 비무장지대에 있고, 대부분은 북한지역이 되었다.

1829 보개산(寶蓋山) : 경기도 연천군과 포천시에 걸쳐 있는 산. 해발 877m.

1830 학린(學璘) : 1575~1651. 조선 중기의 선사(禪師). 성은 손씨(孫氏), 호는 취운(翠雲). 인천광역시 강화(江華) 출신. 15세에 인정(印淨)을 따라 출가했고 금강산으로 들어가 서산대사의 문하에서 10여 년을 수행하여 그의 법을 이었다. 제자 법혜(法慧) 등이 심원사(深源寺)의 동쪽 기슭에 부도를 세우고 사리를 봉안했다.

1831 심원사(深源寺) 석(釋) 학린(學璘) 사리비(舍利碑) : 학린대사의 사리비로 경기도 연천군 신서면 내산리 심원사 경내에 있다.

1832 출전 확인 안 됨.

1833 정두경(鄭斗卿) : 1597~1673. 조선 중기의 학자. 시문에 뛰어났다. 1669년(현종 10) 홍문관제학을 거쳐 예조참판·공조참판 겸 승문원제조에 임명되었으나 나아가지 않았다. 대제학에 추증 되었다. 저서로 《동명집

심원사 석 경헌 사리비(문화재청)

심원사 석 학린 사리비(문화재청)

거(尹舜擧)[1834]가 글씨를 썼다. 철원(鐵原) 보개산(寶蓋山)에 있다.

在鐵原 寶蓋山.

동래(東萊) 충렬사비(忠烈祠碑)[1835]

[비목쇄기][1836] 송준길(宋浚吉)이 글씨를 썼다. 동래부(東萊府) 안에 있다.

東萊忠烈祠碑

[又] 同春堂書, 在東萊府中.

홍양(洪陽)[1837] 정란비(靖亂碑)[1838]

[난실필기]][1839] 조경(趙絅)[1840]이 글을 짓고, 정랑(正郎)

洪陽靖亂碑

[蘭室筆記] 趙絅[154]撰, 正

---

《東溟集》이 있다.

[1834] 윤순거(尹舜擧): 조선 중기의 문신, 서예가. 병자호란 때 부친 윤황(尹煌, 1571~1639)이 척화죄로 유배되고, 숙부 윤전(尹烇, 1575~1636)이 강화도에서 순절하자 고향에 내려가 학문을 닦았다. 문장과 글씨에 뛰어났다.

[1835] 동래(東萊) 충렬사비(忠烈祠碑): 임진왜란 당시 왜적의 대군과 분전을 거듭하다가 순국한 동래부사 송상현(宋象賢)의 충절을 추모하기 위하여 1670년(현종11)에 당시의 격전지인 남문 밖 농주산(弄珠山, 현 동래경찰서 자리)에 세운 비. 동래(東萊) 남문비(南門碑)라고도 한다. 글은 송시열(宋時烈)이 짓고, 글씨는 송준길(宋浚吉)이 썼으며, 전자(篆字)는 이정영(李正英)이 썼다. 부산광역시 남구 대연동 부산광역시립박물관에 있다.

[1836] 출전 확인 안 됨.

[1837] 홍양(洪陽): 충청남도 홍성의 옛 이름.

[1838] 홍양(洪陽) 정란비(靖亂碑): 1592년 임진왜란으로 민심이 극도로 동요된 틈을 타서 1596년에 이몽학(李夢鶴, ?~1596)이 반란을 일으켜 홍주성으로 쳐들어오자, 이를 당시 홍주목사였던 홍가신(洪可臣, 1541~1615)이 진압했는데, 이 공을 기리기 위해 1641년(인조 19)에 세운 비. 오랫동안 방치한 관계로 파손되고 퇴색한 것을 1973년에 보수하였다. 홍양(洪陽) 청난비(淸亂碑)라고도 한다.

[1839] 출전 확인 안 됨.

[154] 絅: 저본에는 "綱". 오사카본에 근거하여 수정.

유시영(柳時英)[1841]이 글씨를 썼다. 홍주(洪州)[1842]에 있다.

郎 柳時英書, 在洪州.

## 동파당대사비(東坡堂大師碑)[1843]

[해동금석록][1844] 정두경(鄭斗卿)이 글을 짓고, 김좌명(金佐明)[1845]이 글씨를 쓰고, 낭선군(朗善君) 이우(李俁)[1846]가 전액(篆額)를 썼다. 금강산(金剛山)에 있다.

東坡堂大師碑

[錄] 鄭斗卿撰, 金佐明書, 朗善君俁篆, 在金剛山.

## 기암당(奇巖堂) 법견대사[1847]비(法堅大師碑)

[해동금석록][1848] 이민구(李敏求)[1849]가 글을 짓고, 오준(吳竣)이 글씨를 쓰고, 김광욱(金光煜)이 전액(篆額)을 썼다. 금강산(金剛山)에 있다.

奇巖堂法堅大師碑

[又] 李敏求撰, 吳竣書, 金光煜篆, 在金剛山.

---

1840 조경(趙絅) : 1586~1669. 조선 중기의 문신. 자는 일장(日章), 호는 용주(龍洲)·주봉(柱峯). 이조판서·형조판서 등을 역임했다. 저서에는 《용주집(龍洲集)》·《동사록(東槎錄)》등이 있다.

1841 유시영(柳時英) : 1596~1658. 조선 중기의 문신. 유시정(柳時定)으로 개명했으며, 자는 안세(安世)·수부(秀夫). 어려서 정철(鄭澈)의 문인인 권필(權韠)에게 배우고 다시 신흠(申欽)·김상헌(金尙憲)의 문하에서 학문을 연마했고 글씨에 능했다.

1842 홍주(洪州) : 지금의 충청남도 홍성군 일대.

1843 동파당대사비(東坡堂大師碑) : 금강산 유점사(楡岾寺)에 있는 춘파(春坡)대사 쌍언(雙彦, 1591~1658)의 비문. 쌍언은 9살에 부모를 차례로 여의고 출가하여 유불(儒佛)을 모두 배우고 사명대사의 제자인 송월(松月)대사 응상(應祥, 1572~1654)의 법통을 이었다. 영원암과 현등암 등에서 불법에 정진하여 《춘파집(春坡集)》과 《통백론(通百論)》 등의 저술을 남겼다. 비는 1671년에 세웠으나 돌의 품질이 깨끗하지 않아 글자의 획이 보이지 않아서 다시 고쳐 세운 것이다. 유점사(楡岾寺) 춘파당대사비(春坡堂大師碑)라고도 한다.

1844 출전 확인 안 됨.

1845 김좌명(金佐明) : 1616~1671. 조선 후기의 문신. 글씨에 능했고, 도연명체를 본받아 필법에 있어 글씨의 획이 힘찼다. 영의정에 추증되고, 청릉부원군(淸陵府院君)에 추봉되었다. 현종의 묘정(廟庭)에 배향되었다. 저서로 《귀계유고(歸溪遺稿)》가 있다. 글씨로는 고성의 유점사춘파당대사비(楡岾寺春坡堂大師碑), 안동의 권태사묘비(權太師廟碑), 양주의 김식비(金湜碑)가 있으며, 그 밖에 김육비(金堉碑)·이수일비(李守一碑)·김장생묘표(金長生墓表) 등이 있다.

1846 이우(李俁) : 1637~1693. 조선 중기의 종친·서예가·장서가·편찬가·서화 애호가. 조선 선조의 손자, 인흥군(仁興君) 이영(李瑛)의 장남. 자는 석경(碩卿), 호는 관란정(觀瀾亭). 소년 시절부터 글씨에 능했다. 역대 왕실 및 금석문 자료 편찬, 서화가들의 작품 수습 등 17세기 조선 문화사에 많은 기여를 했다.

1847 법견대사(法堅大師) : 1552~1634. 조선 중기의 승려. 호는 기암(奇巖). 서산대사(西山大師)의 대표적인 제자 중 한 사람으로 1592년 임진왜란이 일어나자 스승의 뜻을 받들어 승병을 모집하여 의승장(義僧將)으로 활약했다. 저서로는 문집인 《기암집(奇巖集)》이 있다.

1848 출전 확인 안 됨.

1849 이민구(李敏求) : 1589~1670. 조선 중기의 문신. 문장이 뛰어나고 사부에 능했다. 강도검찰부사, 경기우도관찰사 등을 지냈다. 저서로 《동주집(東州集)》·《독사수필(讀史隨筆)》 등이 있다.

동파당대사비(국립중앙박물관)

송월당대사비(국립중앙박물관)

송월당대사비(松月堂大師碑)[1850]

[해동금석록][1851] 정두경(鄭斗卿)이 글을 짓고, 오준 (吳竣)이 글씨를 쓰고, 김광욱(金光煜)이 전액(篆額)을 썼다. 금강산(金剛山)에 있다.

松月堂大師碑

[又] 鄭斗卿撰, 吳竣書, 金光煜篆, 在金剛山.

서산대사비(西山大師碑)[1852]

[해동금석록][1853] 이정구(李廷龜)가 글을 짓고, 신익성

西山大師碑

[又] 李廷龜撰, 申翊聖書,

---

[1850] 송월당대사비(松月堂大師碑) : 강원도(江原道) 금강산(金剛山) 묘담국일도대선사(妙湛國一都大禪師) 송 월당(松月堂) 응상대사(應祥大師)의 비석이다.
[1851] 출전 확인 안 됨.
[1852] 서산대사비(西山大師碑) : 보현사(普賢寺)에 거처하던 서산대사 휴정(休靜, 1520~1604)의 행적에 대하여 쓴 비이다.
[1853] 출전 확인 안 됨.

서산대사비 탁본(국립중앙박물관)

(申翊聖)이 글씨를 썼다. 금강산(金剛山) 백화암(白華
菴)[1854] 옛터에 있다.

在金剛山 白華菴舊基.

### 편양당대사비(鞭羊堂大師碑)[1855]

[해동금석록][1856] 이명한(李明漢)이 글을 짓고, 오준(吳
竣)이 글씨를 썼다. 금강산 백화암 옛터에 있다.

### 鞭羊堂大師碑

[又] 李明漢撰, 吳竣書,
在金剛山 白華菴舊基.

---

1854 백화암(白華菴) : 금강산에서 서산대사 휴정(休靜, 1520~1604)이 오랫동안 기거했던 암자로, 서산대사의
   비명과 영정이 안치되어 있다.
1855 편양당대사비(鞭羊堂大師碑) : 조선 중기의 고승인 편양선사(鞭羊禪師) 언기(彦機, 1581~1644)의 비석.
   그는 11세에 출가하여 휴정(休靜)의 제자인 현빈(玄賓)에게 계(戒)를 받았다. 그 뒤 금강산에 머물면서 교
   학(敎學)을 익히는 한편, 참선을 닦았다. 임진왜란이 끝날 무렵, 묘향산 서산대사 밑에서 선을 닦았고, 이
   후 서산대사의 법(法)을 받은 적사(嫡嗣)가 되었다. 그 뒤 어느 한 곳에만 머무르지 않고 남쪽으로 편력하
   면서 고승들을 찾아 깨달음을 점검받았다. '양을 기른다'는 뜻을 지닌 그의 당호 편양이 가리키듯이, 중생
   을 교화하기 위하여 자주 시정(市井)에 나왔다고 한다.
1856 출전 확인 안 됨.

허백당대사비 탁본(국립중앙박물관)

풍담대사비 탁본(국립중앙박물관)

허백당대사비(虛白堂大師碑)[1857]

[해동금석록][1858] 이경석(李景奭)이 글을 짓고, □□
□[1859]가 글씨를 썼다. 금강산 백화암 옛터에 있다.

虛白堂大師碑

[又] 李景奭撰, □□□書,
在金剛山 白華菴舊基.

풍담대사비(楓潭大師碑)[1860]

[해동금석록][1861] 이단상(李端相)[1862]이 글을 짓고, 낭

楓潭大師碑

[又] 李端相撰, 朗善君 俣

1857 허백당대사비(虛白堂大師碑) : 1593~1661. 조선 중기의 승병장 명조(明照)의 비석. 명조의 성은 이씨, 이름은 희국(希國), 호는 허백당(虛白堂)이다. 13세에 묘향산으로 출가하여 유정(惟政)의 제자가 되었으며, 1626년(인조 4) 금나라가 국경을 침범하자 이를 맞아 싸웠다. 저서로는 1669년에 제자 남인(南印)이 간행한 시문집 《허백당시집(虛白堂詩集)》과 《승가예의문(僧伽禮儀文)》이 있다.

1858 출전 확인 안 됨.

1859 □□□ : 허백당대사비의 글씨를 쓴 사람의 이름은 파악할 수가 없기 때문에 서유구는 오사카본에서 이 부분에 대해 "인명사고(人名俟考, 사람의 이름은 알아보기를 기다린다.)"라는 두주(頭註)를 기록해 두었다.

1860 풍담대사비(楓潭大師碑) : 조선시대의 고승 풍담대사 의심(義諶, 1592~1665)의 탑비. 비문의 기록을 통해 풍담대사가 금강산에서 입적한 뒤 현종 9년(1668)에 비를 세웠음을 알 수 있다.

1861 출전 확인 안 됨.

1862 이단상(李端相) : ?~1669. 조선 후기의 문신. 자는 유능(幼能), 호는 정관재(靜觀齋). 저서로 《대학집람(大學集覽)》·《사례비요(四禮備要)》·《정관재집(靜觀齋集)》 등이 있다.

선군(朗善君) 이우(李俁)가 글씨를 썼다. 금강산 백화암 옛터에 있다.

書, 在金剛山 白華菴舊基.

## 풍악당선사비(楓嶽堂禪師碑)<sup>1863</sup>

[해동금석록]<sup>1864</sup> 이복원(李福源)<sup>1865</sup>이 글을 짓고, 조윤형(曺允亨)<sup>1866</sup>이 글씨를 쓰고 아울러 전액(篆額)도 썼다. 금강산에 있다.

### 楓嶽堂禪師碑

[又] 李福源撰, 曺允亨書 并篆, 在金剛山.

## 사선정(四仙亭) 유기(遊記)<sup>1867</sup>

[해동금석록]<sup>1868</sup> 홍귀달(洪貴達)<sup>1869</sup>이 글을 짓고 아울러 글씨를 썼다. 고성(高城) 삼일포(三日浦)<sup>1870</sup> 사선정(四仙亭) 옆에 있는 돌 위에 성화(成化) 연간 22년(1486)에 새겼다.

### 四仙亭遊記

[又] 洪貴達撰並書, 刻于 高城 三日浦 四仙亭畔石 上, 成化二十二年刻.

[동방금석평]<sup>1871</sup> 글씨는 해서(楷書)로, 평범하다.

[評] 楷, 凡.

---

1863 풍악당선사비(楓嶽堂禪師碑) : 조선 후기의 승려 보인(普印, 1701~1769)의 탑비. 보인의 성은 편씨(片氏), 본관은 금천(衿川), 호는 풍악(楓嶽)이다. 강원도 금강산 유점사(楡岾寺)에 세워졌다. 저서로는 시문집인 《풍악당집(楓嶽堂集)》이 있다.

1864 출전 확인 안 됨.

1865 이복원(李福源) : 1719~1792. 조선 후기의 문신. 자는 수지(綏之), 호는 쌍계(雙溪). 《일성록(日省錄)》·《대전통편(大全通編)》의 서문을 작성했으며 문집 《쌍계유고(雙溪遺藁)》를 남겼다.

1866 조윤형(曺允亨) : 1725~1799. 조선 후기의 문신. 서화에 능했는데, 특히 초서와 예서의 필법이 뛰어났다. 그가 남긴 글씨로는 《이보혁무신기공비(李普赫戊申紀功碑)》·《유점사풍악당대사비(楡岾寺楓嶽堂大師碑)》·《용흥잠저고정기(龍興潛邸古井記)》 등이 있다.

1867 사선정(四仙亭) 유기(遊記) : 미상. 홍귀달이 삼일포 호수 안에 있는 정자인 사선정을 유람하며 지은 기문으로 추정된다.

1868 출전 확인 안 됨.

1869 홍귀달(洪貴達) : 1438~1504. 조선 전기의 문신. 1467년(세조 13) 이시애(李施愛, ?~1467)의 난 때 공을 세워 이조정랑에 오르고, 1469년(예종 1) 장령으로 춘추관편수관이 되어 《세조실록(世祖實錄)》 편찬에 참여했다.

1870 삼일포(三日浦) : 강원도 고성군 삼일포리 일대에 있는 호수. 관동팔경(關東八景)의 하나로 꼽힐 만큼 풍광이 좋다.

1871 출전 확인 안 됨.

## 만폭동(萬瀑洞) 석각(石刻)[1872]

[해동금석록][1873] 금강산 만폭동(萬瀑洞)[1874] 입구에는 양사언(楊士彦)의 '봉래풍악원화동천(蓬萊楓嶽元化洞天, 봉래산이자 풍악산인 이곳은 으뜸의 조화를 이루어 신선이 사는 곳)'이라는 8대자(八大字, 8자의 큰 글씨)가 있다. 이 글자는 용이 용틀임하고 봉황이 나는 듯하니, 산수와 더불어 웅장함을 다툰다.

## 양봉래(楊蓬萊) 석각(石刻)[1875]

[해동금석록][1876] 함흥(咸興)[1877] 기린산(麒麟山)[1878] 아래 여러 곳에 있다. 또 금수정(金水亭)[1879]의 암석 사이에도 있는데, '경도(瓊島, 옥과 같은 섬)'라 새긴 글씨가 더욱 기이하다.

## 萬瀑洞石刻

[錄] 金剛山 萬瀑洞口, 有 楊士彦 "蓬萊 楓嶽元化[155]洞天" 八大字, 龍挐鳳翔, 與 山水爭雄.

## 楊蓬萊石刻

[又] 在咸興麒麟山下諸處. 又在金水亭巖石之間, "瓊島" 之刻, 尤奇.

---

[1872] 만폭동(萬瀑洞) 석각(石刻):양사언이 회양군수로 있을 때 금강산을 왕래하며 금강산 내금강의 바위에 초서체로 글씨를 써서 새긴 "봉래풍악원화동천(蓬萊楓嶽元化洞天)" 8자를 말한다.

[1873] 출전 확인 안 됨.

[1874] 만폭동(萬瀑洞):내금강 입구에 위치한 넓고 큰 동구로, 내금강의 상봉인 비로봉과 중향성 일대의 물이 기암괴석으로 이루어진 계곡을 따라 골골마다 나뉘어 흘러오다가 하나로 모이는 곳이다.

[1875] 양봉래(楊蓬萊) 석각(石刻):조선 전기의 서예가 양사언(楊士彦, 1517~1584)이 바위에 새긴 글씨. 세속에 얽매이길 싫어하는 호방한 기질을 가진 그는 전국의 명승을 다니면서 그 감흥을 큰 글자의 초서로 남겨 놓았다.

[1876] 출전 확인 안 됨.

[1877] 함흥(咸興):함경남도 함흥시 일대.

[1878] 기린산(麒麟山):평안북도 태천군 신광리의 남쪽 운전군 삼광리와의 경계에 있는 산. 토심이 깊고 비옥하며 약초가 많이 분포되어 있다.

[1879] 금수정(金水亭):경기도 포천시 창수면 오가리에 있는 정자. 양사언이 기거하던 별장이었다. 《상택지》 권2 〈전국의 명당들〉 "경기도" '금수정'에 관련 내용이 있다.

[155] 化:저본에는 "和". 실제 자료에 근거하여 수정.

조종암 석각1(문화재청)

## 조종암(朝宗巖) 석각(石刻)[1880]

[난실필기][1881] 명(明)나라 의종황제(毅宗皇帝)[1882]의 어필인 '사무사(思無邪)'[1883] 3자는 곧 문정공(文正公) 김상헌(金尙憲)[1884]이 심양(瀋陽)에 구류되어 있을 때 얻은 것이다. 또 '만절필동(萬折必東)'[1885] 4대자(四大字, 4자의 큰 글씨)는 우리 소경대왕(昭敬大王, 선조)께서 쓰신 어필이다. 왼쪽에는 또 '재조번방(再造藩邦, 변두리 작은

## 朝宗巖石刻

[蘭室筆記] 皇明 毅宗皇帝御書"思無邪"三字, 卽金文正 尙憲拘瀋時所得者. 又"萬折必東"四大字, 我昭敬大王御筆. 左邊又有"再造藩邦"四字及"日暮

---

1880 조종암 석각(朝宗巖石刻): 경기도 가평군 조종면 대보리에 있는, 조선시대의 숭명배청(崇明排淸) 사상을 담은 바위. 1684년(숙종 10)에 가평군수 이제두(李齊杜)와 허격(許格)·백해명(白海明) 등은 임진왜란 때 명(明)나라가 베푼 은혜와 병자호란 때 청(淸)나라에게 받은 수모를 잊지 말자는 뜻을 이 바위 위에 새겼다. 맨 위에 명나라의 마지막 왕 숭정제(의종)의 어필인 '사무사(思無邪)'를, 그 밑으로 선조의 친필 '만절필동, 재조번방(萬折必東, 再造藩邦)'과 효종의 글을 송시열이 직접 쓴 '일모도원, 지통재심(日暮道遠, 至痛在心)'을 새겼으며, 이우가 임금을 뵈는 바위라는 뜻으로 '조종암'이라 새겼다.

1881 출전 확인 안 됨.

1882 의종황제(毅宗皇帝): 중국 명나라의 마지막 황제인 숭정제(崇禎帝, 재위 1628~1644).

1883 사무사(思無邪): 《시경(詩經)》〈노송(魯頌)〉 "경(駉)"에 나오는 말로, "생각에 사특함이 없다."는 뜻이다. 《논어》〈위정(爲政)〉에 나온다.

1884 김상헌(金尙憲): 1570~1652. 자는 숙도(叔度), 호는 청음(淸陰)·석실산인(石室山人)·서간노인(西磵老人), 시호는 문정(文正)이다. 조선 중기의 문신. 정묘호란이 일어났을 때 진주사(陳奏使)로 명나라에 갔다가 구원병을 청하였고, 돌아와서는 후금(後金)과의 화의를 끊을 것과 강홍립(姜弘立)의 관직을 복구하지 말 것을 강력히 주장하였다. 대표적인 척화신(斥和臣)으로서 추앙받았다.

1885 만절필동(萬折必東): '강물이 만 번을 꺾여 굽이쳐 흐르더라도 반드시 동쪽으로 흘러간다.'는 뜻으로, 어떤 일이 원래 뜻대로 되거나 충신의 절개는 꺾을 수 없음을 비유한다.

나라를 되살리시다)'이라는 4자와 '일모도원지통재심(日
暮道遠至痛在心, 날은 저물고 갈 길은 먼데, 심한 한이 가슴에 서
려 있네)'이라는 8자가 있는데, 이는 효종(孝宗)이 백강
(白江) 이경여(李敬輿)[1886]에게 준 비답(批答)이다. 모두
송시열(宋時烈)이 글씨를 쓴 것이다.[1887] '조종암(朝宗
巖)' 3자는 낭선군(朗善君) 이우(李俁)의 글씨이다. 가평
(加平)[1888] 조종면(朝宗面)[1889]에 있다.

道遠至痛[156]在心"八字, 孝
廟賜李白江 敬輿之批, 皆
宋尤菴所書. "朝宗巖"三
字, 朗善君 俁筆也, 在加平
朝宗面.

## 화양동(華陽洞)[1890] 석각(石刻)[1891]

[난실필기][1892] 명나라 신종황제(神宗皇帝)[1893]의 어필
인 '옥조빙호(玉藻氷壺)[1894]' 4대자(四大字)는 신하 권상

## 華陽洞石刻

[又] 皇明 神宗皇帝御筆"玉
藻氷壺"四大字, 陪臣權尙

---

1886 이경여(李敬輿): 1585~1657. 조선 중기의 문신이자 서예가. 시문(詩文)과 글씨에 뛰어났다. 1642년 배청
파(排淸派)로 청나라 연호를 쓰지 않았다는 밀고를 받고 선양[瀋陽]에 끌려가 억류되었다가, 이듬해 우의
정이 되었다. 저서로 《백강집(白江集)》이 있다.

1887 또……것이다: 효종 8년(1657) 5월 5일에 영중추부사 이경여(李敬輿)의 차자에 대한 효종의 비답에, "진실
로 심한 한이 가슴에 서려 있는데, 날은 저물고 갈 길은 먼 것 같은 생각이 들어서이다(誠以至痛在中, 有日
暮道遠之意故也.).'라고 한 구절을 말한다. 《효종실록》 18권 〈효종 8년〉 5월 5일 기사)

1888 가평(加平): 경기도 가평군 가평읍, 북면(적목리 제외), 상면, 청평면(삼회리 제외), 조종면, 남양주시 수
동면 내방리·외방리·입석리, 강원도 춘천시 서면 일대.

1889 조종면(朝宗面): 경기도 가평군 중서부에 있는 면. 동쪽으로 가평읍, 남동쪽으로 청평면, 남서쪽으로 상
면(上面), 북서쪽으로 포천시 화현면(花峴面)·일동면(一東面), 북동쪽으로 북면(北面)과 접한다. 2015년
12월 하면(下面)에서 조종면으로 명칭이 변경되었다.

1890 화양동(華陽洞): 충청북도 괴산군(槐山郡) 청천면(靑川面) 화양리(華陽里) 일대. 조선 효종(孝宗) 때 송시
열이 머물렀던 곳이다.

1891 화양동(華陽洞) 석각(石刻): 충청북도 괴산군 청천면 화양리 속리산 국립공원 내에 위치한 화양구곡(華
陽九曲)의 바위에 새겨진 글씨. 화양구곡에는 조선 후기의 문신 송시열(宋時烈, 1607~1689)과 연관이 있
는 유적들이 계곡을 따라 남아 있으며, 2014년 8월 28일 대한민국의 명승 제110호로 지정되었다.

1892 출전 확인 안 됨.

1893 신종황제(神宗皇帝): 1563~1620. 명나라의 13대 황제(재위, 1573~1620)로, 이름은 주익균(朱翊均)이다.
목종(穆宗)의 셋째 아들로 융경(隆慶) 6년(1572)에 10세의 나이로 황제로 등극했다. 재위 초기에 내각수보
(內閣首輔) 장거정(張居正)의 보좌를 받아 일련의 개혁(改革)을 추진하여 사회경제를 발전시켜 '만력중흥
(萬曆中興)'으로 일컬어졌다. 그러나 재위 후반기에 조선(朝鮮)을 원조하고, 금나라의 위협이 현실화되면서
점차 쇠퇴하게 되었다.

1894 옥조빙호(玉藻氷壺): 옥조(玉藻)는 제왕의 면류관 구슬을 꿰는 실로 천자를 가리키며, 빙호(氷壺)는 얼음
이 들어 있는 옥주전자로, 맑고 깨끗함을 의미한다.

[156] 痛: 저본에는 "通". 오사카본에 근거하여 수정.

하(權尙夏)[1895]가 구륵법(鉤勒法)[1896]으로 모사(摸寫)했다. 또 신종황제 어필인 '사무사(思無邪)' 3자는 신하 이선(李選)[1897]의 모각(摸刻)이다. 의종황제(毅宗皇帝) 어필인 '비례부동(非禮不動)'[1898] 4대자는 노봉(老峯) 민정중(閔鼎重)[1899]이 연경(燕京)에서 얻어온 것으로, 송시열이 바위 아래 새겼다. 모두 화양동(華陽洞) 첨성대(瞻星臺)[1900]에 있다.

夏模勒, 又[157]神宗皇帝御筆 "思無邪"三字, 陪臣李選模刻也. 毅宗皇帝御筆"非禮不動"四大字, 閔老峯鼎重得於燕中, 尤菴刻于巖下, 并在華陽洞瞻星臺.

## 삼일포(三日浦) 석각(石刻)[1901]

[비목쇄기][1902] 고성(高城) 삼일포(三日浦)에 작은 봉우리가 있는데, 그 봉우리에는 북쪽 석벽을 깎아 편편

## 三日浦石刻

[瑣記] 高城 三日浦有小峯, 峯有石龕北崖石面, 有

---

1895 권상하(權尙夏) : 1641~1721. 조선 후기의 학자. 21세에 진사에 합격했다. 일찍 송시열(宋時烈)의 문하에서 배워 그의 총애를 받았으며 주자학으로 촉망을 받았다. 송시열의 뜻을 받들어, 화양동(華陽洞)에 만동묘(萬東廟)를 세우고 명나라의 신종과 의종을 모셨다.

1896 구륵법(鉤勒法) : 윤곽선을 그려서 대상의 형태를 그리는 기법. 용필의 순세(順勢)를 '구(鉤)'라 하고 역세(逆勢)를 '륵(勒)'이라 하거나, 단필(單筆)을 '구(鉤)'라 하고 복필(複筆)을 '륵(勒)'이라 하거나, 좌변을 '구(鉤)'라 하고 우변을 '륵(勒)'이라고도 한다. 통상 선으로 대상의 윤곽을 그리는데, 순세와 역세, 단필과 복필, 좌변과 우변을 나누지 않고 '쌍구(雙鉤)'라고 칭하기도 한다. 대체로 구륵을 한 뒤 안쪽을 채색하여 '몰골법'과 상대가 되는 기법이다. 일반적으로 정밀하고 세밀한 화조화에 사용한다.

1897 이선(李選) : 1632~1692. 송시열(宋時烈)의 문하생으로, 1657년(효종 8) 진사를 거쳐 1664년(현종 5) 춘당대(春塘臺) 문과에 급제, 검열에 등용된 뒤, 봉교(奉敎)·정언·교리·이조좌랑 등을 역임했다.

1898 비례부동(非禮不動) : 송시열의 제자 민정중(閔鼎重)이 중국에 사신으로 가서 명나라 숭정황제(崇禎皇帝)의 친필을 얻었고, 이를 송시열이 훗날 석벽에 새긴 글씨로, '예가 아니면 움직이지 않는다'는 뜻이다. 하지만, 진위에 대한 논란이 있다.

1899 민정중(閔鼎重) : 1628~1692. 조선 후기의 문신. 자는 대수(大受), 호는 노봉(老峯). 1649년(인조 27) 정시문과에 장원으로 급제하여 호남어사(湖南御史)를 지낸 뒤, 대사헌을 거쳐 이조·공조·호조·형조판서를 역임했다. 1675년 남인이 득세하자 서인으로서 장흥부(長興府)에 유배되었다가 1680년 풀려나 좌의정이 되었다. 1689년 기사환국(己巳換局) 때 남인이 다시 득세하자 벽동(碧潼)에 유배되어 그곳에서 죽었다.

1900 첨성대(瞻星臺) : 화양구곡(華陽九曲) 중 제5곡으로, "큰 바위가 첩첩이 층을 이루고 있으며, 그 위에서 천체를 관측할 수 있다"는 의미로 명명되었다.

1901 삼일포 석각(三日浦石刻) : 삼일포는 신라의 국선(國仙)들이 관동팔경을 한 장소에 하루씩만 묵으며 둘러보기로 약속했으나, 삼일포에서는 그 절경에 반해 사흘 동안 머물렀다고 해서 유래한 지명이다. 삼일포의 단서암(丹書巖)이라는 바위섬에는 '영랑도남석행(永郎徒南石行)'을 3자씩 2줄로 내려쓴 글자가 있다. 15세기까지는 모든 글자들이 다 뚜렷했는데, 20세기 초에는 '남(南)', '석(石)' 2자만 보였다고 한다. 지금은 가을철에 수량이 적을 때만 그 글자들이 어렴풋이 보인다.

1902 출전 확인 안 됨.

157 又 : 저본에는 "文". 오사카본에 근거하여 수정.

삼일포의 전경(위키백과)

하게 만든 감실(龕室)[1903]이 있다. 이 감실에 붉은 글씨로 6대자(六大字)가 있는데, '영랑도남석행(永郎[1904]徒南石行)'[1905]이라 새겨져 있다. 글자 획이 돌에 움푹 들어간 것이 마치 새로 쓴 듯하다. 전하는 말로는 사선(四仙)으로 일컬어지는 신라의 화랑인 영랑과 술랑(述郎)·남랑(南郎)·안상(安詳)이 쓴 것이라 한다.

丹書六大字, 曰"永郎徒南石行", 書畫入石, 宛然如新. 世傳永郎仙徒所書耳.

---

1903 감실(龕室) : 신위(神位) 및 작은 불상·초상 등을 모셔둔 곳을 말한다.
1904 영랑(永郎) : ?~?. 신라 제32대 효소왕(孝昭王) 때의 화랑이다.
1905 영랑도남석행(永郎徒南石行) : 삼일포 석각의 의미에 대해서는 여러 견해가 있다. '영랑(永郎)의 무리가 남석(南石)에 다녀가다.'라는 뜻으로 해석하기도 하고, 영랑(永郎)·술랑(述郎)·안상(安詳)·남석(南石) 등 4명의 국선(國仙)이 다녀간 것으로 보아 '영랑의 무리와 남석이 다녀가다'라고 해석하기도 한다. 서유구도 이 석각의 의미에 의문을 갖고, 오사카본에 '낭도남석은 오류인 듯하다(郎徒南石疑誤)'라는 두주(頭註)를 기록해 두었다.

유제독(劉提督) 제명(題名) 석각(石刻)[1906]

수헌(樹軒)[1907] [방비록(訪碑錄)[1908]][1909] 운봉현(雲峯縣)[1910] 연령(練嶺)[1911] 큰 바위에 새겼다. '만력 21년 (1593) 계사(癸巳)년 5월에 정왜도독(征倭都督)[1912]인 강서성(江西省) 홍도(洪都)[1913] 출신 성오(省吾) 유정(劉綎)[1914]이 이곳을 지나다.'라 새겨져 있다. 또 다른 바위에는 '만력 22년(1594) 갑오(甲午)년 5월에 정왜도독(征倭都督)인 강서성(江西省) 예장군(豫章郡)[1915] 출신 성오 유정이 또 지나다.'라 새겨져 있다.

劉提督題名石刻

樹軒[訪碑錄] 雲峯縣 練嶺巨石上刻. 題曰: "萬曆二十一年[158]癸巳歲仲夏月, 征倭都督 洪都 省吾 劉綎過此." 又一石題曰: "萬曆二十二年甲午歲仲夏[159]月, 征倭都督 豫章 省吾 劉綎又過."

---

[1906] 유제독(劉提督) 제명(題名) 석각(石刻) : 임진왜란 당시 조선에 원군으로 참전한 명나라 장수 유정(劉綎)이 운봉현 여원재 길을 지나가며 새긴 글씨로, 이 길을 처음 지날 때 새긴 '유정과차(劉綎過此)'는 1593년에, 두 번째 지날 때 새긴 '유정부과(劉綎復過)'는 이듬해인 1594년에 새긴 것이다. 이 바위에는 이후에도 '호남 병마절도사 이달이 1764년에 고쳐 새기다. (湖南 兵馬節度使 李鐽 崇禎 後 三 甲申 改刻)', '절도사 이달의 증손 이현직이 85년 뒤 1848년에 고쳐 새기다. (節度使公 曾孫 顯稷 八十五年後 戊申 改刻)', '절도사 이달의 현손으로 승지를 지낸 이학영이 통제사를 뵙고 사당에 절을 하고 1869년에 고쳐 새기다. (節度使公 玄孫 前 承旨 鶴榮 統營覲 行瞻拜 戊申後 二十一年 改刻)'라는 글귀가 더 새겨졌다. 전라북도 남원시 이백면 양가리 산 16-14번지에 있다.

[1907] 수헌(樹軒) : 미상.

[1908] 방비록(訪碑錄) : 미상.

[1909] 출전 확인 안 됨.

[1910] 운봉현(雲峯縣) : 전라북도 남원시 운봉읍 일대.

[1911] 연령(練嶺) : 전라북도 남원시 이백면 양가리 산 16-14번지. 지금의 여원재이다.

[1912] 정왜도독(征倭都督) : 도독(都督)은 중국 삼국시대부터 설치되었던 중국의 군사 관직명으로, 지방 군사 장관직에 해당한다. 정왜도독은 임진왜란 당시에 왜적을 토벌하기 위해 임시로 주어진 직책이다.

[1913] 홍도(洪都) : 중국 강서성(江西省) 남창시(南昌市)의 별칭.

[1914] 유정(劉綎) : ?~1619. 임진왜란 때 명에서 파견된 무장. 자는 성오(省吾). 임진왜란이 일어나자 원병을 이끌고 참전했고 정유재란 때 전세를 확인한 뒤 본국으로 돌아갔다가 대군을 이끌고 와서 도와주었다. 조선·명나라 연합군과 후금 군사와의 전투에서 전사했다.

[1915] 예장군(豫章郡) : 중국 강서성의 군명. 관공서가 남창시(南昌市)에 있다.

[158] 二十一年 : 석각에는 없음.

[159] 仲夏 : 석각에는 "季春".

이목은 묘비(문화재청)

이목은(李牧隱) 묘비(墓碑)[1916]

[해동금석록][1917] 하륜(河崙)[1918]이 글을 짓고, 공부 (孔俯)[1919]가 글씨를 썼다. 한산(韓山)[1920] 영모암(永慕 菴)[1921]에 있다.

李牧隱墓碑

[錄] 河崙撰, 孔俯書, 在韓 山永慕菴.

---

1916 이목은(李牧隱) 묘비(墓碑) : 충청남도 서천군 기산면 영모리에 있는 이색(李穡, 1328~1396)의 신도비. 임진왜란 당시에 원본은 분실되었다. 지금까지 전해지는 비는 현종 7년(1666)에 후손들이 다시 세운 것이 다. 이색의 본관은 한산(韓山), 자는 영숙(穎叔), 호는 목은(牧隱), 시호는 문정(文靖). 이제현(李齊賢)의 문하생이었고, 고려 말 삼은(三隱)의 한 사람이다. 1367년 성균관의 학칙을 새로 제정했고, 정몽주(鄭夢 周) 등과 강론하는 등 성리학을 크게 발전시켰다. 문하에서 권근(權近)·김종직(金宗直)·변계량(卞季良) 등을 배출하여 조선시대 성리학의 주류를 이루게 했다.
1917 출전 확인 안 됨.
1918 하륜(河崙) : 1347~1416. 고려 말 조선 초의 문신. 자는 대림(大臨), 호는 호정(浩亭). 영의정부사·좌정 승·좌의정을 역임했다. 저서로 《호정집(浩亭集)》이 있다.
1919 공부(孔俯) : ?~1416. 고려 말 조선 초의 문신. 도교에 조예가 있어 도교를 좋아하던 태종의 총애를 받았 고, 1408년 10월 이후 서장관으로 중국에 6차례 다녀왔다. 초서와 예서를 잘 썼다.
1920 한산(韓山) : 지금의 충청남도 서천군 일대.
1921 영모암(永慕菴) : 목은 이색의 화상(畫像)을 모신 사당. 충청남도 서천군 기산면 영모리에 있었다. 지금은 봉서사(鳳棲寺)에 안치되어 있다.

## 고려(高麗) 서시중릉비(徐侍中稜碑)[1922]

[방비록][1923] 박순(朴淳)[1924]이 글을 짓고, 백광훈(白光勳)[1925]이 글씨를 썼다. 장성(長城)[1926]에 있다.

## 高麗徐侍中稜碑

[訪碑錄] 朴淳撰, 白光勳書, 在長城.

## 민안인묘비(閔安仁墓碑)[1927]

[해동금석록][1928] 권근(權近)이 글을 짓고, 민진(閔進)[1929]이 글씨를 썼다. 개성부(開城府)에 있다.

[동방금석평][1930] 진체(晉體)이며, 글씨가 섬세하고 굳세어 본받을 만하다.

## 閔安仁墓碑

[錄] 權近撰, 閔進書, 在開城府.

[評] 晉體, 纖勁可法.

---

1922 고려(高麗) 서시중릉비(徐侍中稜碑): 고려 후기의 문관이자 효자인 서릉(徐稜, ?~?)의 효행 정려비. 전라남도 장성군 북일면 박산리에 있으며 1578년(선조 11)에 세워졌다. 음기는 서태수(徐台壽)가 지었고, 전액은 조억수(趙億壽)가 썼다. 비명은 '고려(高麗) 시중(侍中) 절효선생(節孝先生) 서공(徐公) 비명(碑銘)'이다. 서릉의 본관은 장성(長城), 자는 대방(大方), 호는 송암(松庵)이다. 벼슬이 문하시중에 이르렀으나 홀로 계신 어머니가 병이 들자 봉양하기 위하여 벼슬을 그만두고 낙향했다.

1923 출전 확인 안 됨.

1924 박순(朴淳): 1523~1589. 조선 중기의 문신. 자는 화숙(和叔), 호는 사암(思菴). 대사헌·이조판서·예조판서·우의정·좌의정을 지냈다. 문장과 시에 뛰어났으며, 글씨도 잘 썼다. 저서로는 《사암집(思菴集)》이 있다.

1925 백광훈(白光勳): 1537~1582. 조선 중기의 시인. 자는 창경(彰卿), 호는 옥봉(玉峯). 정릉(靖陵)·예빈시(禮賓寺)·소격서(昭格署)의 참봉을 지냈다. 그는 최경창(崔慶昌)·이달(李達)과 함께 삼당시인(三唐詩人)이라고 불리었으며, 이산해(李山海)·최립(崔岦) 등과 더불어 팔문장(八文章)의 칭호를 들었다. 글씨에도 일가를 이루어서 영화체(永和體)에 빼어났다. 저서로는 《옥봉집(玉峯集)》이 있다.

1926 장성(長城): 전라남도 장성군 남면·북이면·북일면·북하면·서삼면·장성읍·진원면·황룡면, 광주광역시 광산구, 전라남도 담양군 월산면 일대.

1927 민안인묘비(閔安仁墓碑): 고려 말 조선 초의 문신인 민안인(閔安仁, 1343~1398)의 묘비. 묘지는 경기도 덕수현(德水縣, 북한 개성특급시 남서부 일대) 옥금산(玉金山)의 선영에 있다. 민안인의 본관은 여흥(驪興), 자는 자복(子復)이다. 성균관좨주(成均館祭酒)·교서감감(校書監監)·평양교수(平壤敎授)를 지냈으며 권근(權近)과 교우가 깊었다.

1928 출전 확인 안 됨.

1929 민진(閔進): ?~?. 민안인의 장남으로, 문과에 급제하여 사헌부 감찰(監察)을 지냈다.

1930 출전 확인 안 됨.

성석린 묘표(포천시블로그)     심온 묘표(문화재청)

성석린(成石璘) 묘표(墓表)<sup>1931</sup>

[해동금석록]<sup>1932</sup> 성개(成槪)<sup>1933</sup>가 글씨를 썼다. 포천
(抱川) 왕방산(王方山)<sup>1934</sup>에 있다.

[동방금석평]<sup>1935</sup> 전액은 해서로, 글씨가 속되다.

심온(沈溫) 묘표(墓表)<sup>1936</sup>

[해동금석록]<sup>1937</sup> 안평대군(安平大君)이 글씨를 썼다.

成石璘墓表

[錄] 成槪書, 在抱川 王方
山.

[評] 額楷, 俗.

沈溫墓表

[錄] 安平大君書, 在龍仁

---

1931 성석린(成石璘) 묘표(墓表) : 고려 말 조선 초의 문신인 성석린(成石璘, 1338~1423)의 묘표. 경기도 포천
시 신북면 고일2리에 있다.

1932 출전 확인 안 됨.

1933 성개(成槪) : ?~1440. 조선 전기의 문신. 본관은 창녕(昌寧). 자는 평중(平仲). 성석린의 조카. 예조참의·
호조참의·이조참의·황해감사(黃海監司)·병조참판을 역임했다.

1934 왕방산(王方山) : 경기도 포천시 포천동·신북면과 동두천시에 걸쳐 있는 산. 해발 737m.

1935 출전 확인 안 됨.

1936 심온(沈溫) 묘표(墓表) : 조선 전기의 문신인 심온(沈溫, 1375~1418)의 묘표. 경기도 수원시 영통구 이의
동에 있다. 심온의 본관은 청송(靑松), 자는 중옥(仲玉)이다. 세종의 장인이며 이조판서·공조판서·영의정
을 역임했다. 모반죄로 사사되었으나 세종은 그의 관작을 복구해 주었다.

1937 출전 확인 안 됨.

용인(龍仁)[1938] 가산(嘉山)[1939]에 있다.

嘉山.

**윤자운(尹子雲) 묘비(墓碑)[1940]**
[해동금석록][1941] 서거정(徐居正)[1942]이 글을 짓고, 정난종(鄭蘭宗)이 글씨를 썼다. 양주(楊州) 백석산(白石山)[1943]에 있다.

尹子雲墓碑
[又] 徐居正撰, 鄭蘭宗書, 在楊州 白石山.

**강석덕(姜碩德) 묘표(墓表)[1944]**
[해동금석록][1945] 강희맹(姜希孟)[1946]이 글을 짓고 아울러 글씨도 썼다. 연천(漣川)[1947] 양대리(量大里)[1948]에 있다.

姜碩德墓表
[又] 姜希孟撰幷書, 在漣川 量大里.

---

1938 용인(龍仁): 경기도 용인시 수지구, 기흥구, 처인구 시내(마평동·운학동·해곡동 제외)·남사면·모현읍·이동읍·포곡읍, 수원시 영통구 이의동·하동, 광주시 오포읍, 안성시 양성면, 성남시 분당구, 화성시 옛 동탄읍 일대.

1939 가산(嘉山): 경기도 수원시 영통구 이의동 낮은 산의 옛 지명으로 추정된다.

1940 윤자운(尹子雲) 묘비(墓碑): 조선 전기의 문신인 윤자운(尹子雲, 1416~1478)의 신도비. 1479년에 세워졌으며 경기도 양주시 백석읍 홍죽리에 있다. 윤자운의 자는 지망(之望), 호는 낙한재(樂閑齋)이다. 우의정·좌의정·영의정을 역임했다.

1941 출전 확인 안 됨.

1942 서거정(徐居正): 1420~1488. 조선 전기의 문신. 자는 강중(剛中)·자원(子元), 호는 사가정(四佳亭). 이조판서·병조판서를 역임했다. 45년간 여섯 왕을 섬기고, 23차에 걸쳐 과거 시험을 관장해 많은 인재를 뽑았다. 저서에 《사가집(四佳集)》·《역대연표(歷代年表)》·《동인시화(東人詩話)》·《태평한화골계전(太平閑話滑稽傳)》·《필원잡기(筆苑雜記)》·《동인시문(東人詩文)》 등이 있으며, 공동 찬집으로 《동국통감(東國通鑑)》·《동국여지승람(東國輿地勝覽)》·《동문선(東文選)》·《경국대전(經國大典)》 등이 있다.

1943 백석산(白石山): 경기도 양주시 광적면에 있는 노아산의 지산(支山)으로 추정된다.

1944 강석덕(姜碩德) 묘표(墓表): 조선 전기의 문신인 강석덕(姜碩德, 1395~1459)의 묘표이며, 경기도 연천군 왕징면 강내리에 있다. 강석덕의 자는 자명(子明)이고, 호는 완역재(玩易齋)이다. 심온(沈溫)의 사위이고 아들이 강희안(姜希顔)·강희맹(姜希孟)이다. 우부승지·호조참판·대사헌을 지냈으며 저서로는 《완역재집(玩易齋集)》이 있다.

1945 출전 확인 안 됨.

1946 강희맹(姜希孟): 1424~1483. 조선 전기의 문신. 자는 경순(景醇), 호는 사숙재(私淑齋). 이조판서·판돈녕부사·우찬성·좌찬성을 역임했다. 시와 문장이 뛰어났다. 저서에 《금양잡록(衿陽雜錄)》·《촌담해이(村談解頤)》 등이 있다.

1947 연천(漣川): 경기도 연천군 군남면(남계리·황지리 제외), 연천읍(부곡리 제외), 왕징면 강내리·강서리, 중면 마거리·삼곶리·적거리·중사리·합수리·횡산리, 미산면, 포천시 창수면 일대.

1948 양대리(量大里): 경기도 연천군 왕징면 강내리 일대.

[동방금석평]<sup>1949</sup> 팔분체(八分體)로, 글씨가 평평하다.　　[評] 八分, 板.

## 신숙주(申叔舟) 묘표(墓表)<sup>1950</sup>　　申叔舟墓表

[해동금석록]<sup>1951</sup> 정난종(鄭蘭宗)이 글씨를 썼다. 양주　　[錄] 鄭蘭宗書, 在楊州.
(楊州)에 있다.

[동방금석평]<sup>1952</sup> 해서(楷書)로, 글씨가 납작하고 살졌다.　　[評] 楷, 匾肥.

## 정포은(鄭圃隱) 묘갈(墓碣)<sup>1953</sup>　　鄭圃隱墓碣

[해동금석록]<sup>1954</sup> 최숙생(崔淑生)<sup>1955</sup>이 글을 짓고, 성　　[錄] 崔淑生撰, 成世昌書,
세창(成世昌)<sup>1956</sup>이 글씨를 썼다. 용인(龍仁) 모현촌(慕　　在龍仁 慕賢村.
賢村)<sup>1957</sup>에 있다.

## 정포은(鄭圃隱) 묘비(墓碑)<sup>1958</sup>　　又碑

[해동금석록]<sup>1959</sup> 송시열이 글을 짓고, 김수증(金壽　　[又] 尤菴撰, 金壽增書.

---

1949 출전 확인 안 됨.
1950 신숙주(申叔舟) 묘표(墓表) : 조선 전기의 문신 신숙주(申叔舟, 1417~1475)의 신도비. 1477년(성종 8)에 세워진 것으로, 아들인 신정(申瀞)이 건립했고, 비문은 이승소(李承召, 1422~1484)가 지었다. 경기도 의정부시 고산동에 있다.
1951 출전 확인 안 됨.
1952 출전 확인 안 됨.
1953 정포은(鄭圃隱) 묘갈(墓碣) : 고려 말의 학자이며 충신인 정몽주(鄭夢周, 1337~1392)의 묘갈. 문묘에 배향된 1517년(중종 12)에 건립된 것으로 추정된다. 경기도 용인시 처인구 모현읍 능원리에 있다.
1954 출전 확인 안 됨.
1955 최숙생(崔淑生) : 1457~1520. 조선 중기의 문신. 대사간·대사헌·우찬성·판중추부사를 역임했다. 저서에는 《충재집》 등이 있다.
1956 성세창(成世昌) : 1481~1548. 조선 중기의 문신. 예조판서·호조판서·우의정·좌의정을 역임했다. 글씨·그림·음률에 정통하여 3절(三絶)이라 불렸다. 저서로는 《돈재집(遯齋集)》·《식료찬요(食療纂要)》가 있다.
1957 모현촌(慕賢村) : 경기도 용인시 처인구 모현읍 일대의 옛 지명.
1958 정포은(鄭圃隱) 묘비(墓碑) : 고려 말의 학자이며 충신인 정몽주의 신도비. 1696년(숙종 22)에 건립되었으며 김수항(金壽恒)이 전액(篆額)을 썼다. 경기도 용인시 처인구 모현읍 능원리에 있다.
1959 출전 확인 안 됨.

신숙주 묘표(문화재청)

정몽주 묘비(문화재청)

한계희 묘비(문화재청)

增)[1960]이 글씨를 썼다.

이수언(李粹彦) 묘갈(墓碣)[1961]

[해동금석록][1962] 이행(李荇)[1963]이 글을 짓고, 성세창
(成世昌)이 글씨를 썼다. 광주(廣州) 무갑산(無甲山)[1964]
에 있다.

[동방금석평][1965] 행서로, 글씨가 능숙하다.

李粹彦墓碣

[又] 李荇撰, 成世昌書, 在
廣州 無甲山.

[評] 行書, 熟.

1960 김수증(金壽增) : 1624~1701. 조선 후기의 문신·성리학자. 자는 연지(延之), 호는 곡운(谷雲). 할아버지
는 김상헌(金尙憲)이다. 형조정랑·공조정랑을 거쳐 각사(各司)의 정(正)을 두루 역임했다. 저서로는《곡운
집》등이 있다.
1961 이수언(李粹彦) 묘갈(墓碣) : 조선 전기의 문신 이수언(李粹彦, 1457~1495)의 묘갈. 이수언의 본관은 광
주(廣州), 자는 사미(士美)이다. 호조정랑·성균관사를 역임했다. 경기도 광주시 초월읍 신월리에 있다.
1962 출전 확인 안 됨.
1963 이행(李荇) : 1478~1534. 조선 중기의 문신. 자는 택지(擇之), 호는 용재(容齋). 이조판서·좌찬성·좌의정
을 역임했다. 문장·글씨·그림이 뛰어났다. 저서로는《용재집(容齋集)》이 있다.
1964 무갑산(無甲山) : 경기도 광주시 초월읍·퇴촌면·곤지암읍의 경계에 있는 산. 해발 581m.
1965 출전 확인 안 됨.

한계희(韓繼禧) 묘비(墓碑)1966

[동방금석평]1967 서거정(徐居正)이 글을 짓고, 안침(安琛)1968이 글씨를 썼다. 광주(廣州)1969 추현(秋峴)1970에 있다.

[동방금석평]1971 글씨가 살졌으면서도 맵시가 있다.

韓繼禧墓碑

[又] 徐居正撰, 安琛書, 在廣州 秋峴.

[評] 肥而有姿.


황희(黃喜) 묘비(墓碑)1972

[해동금석록]1973 신숙주(申叔舟)가 글을 짓고 안침(安琛)이 글씨를 썼다. 교하(交河)1974 감물성(甘勿城)1975에 있다.

黃喜墓碑

[錄] 申叔舟撰, 安琛書, 在交河 甘勿城.

1966 한계희(韓繼禧) 묘비(墓碑) : 조선 전기의 문신인 한계희(韓繼禧, 1423~1482)의 신도비. 경기도 성남시 분당구 율동에 있다.

1967 출전 확인 안 됨.

1968 안침(安琛) : 1445~1515. 조선 전기의 문신. 자는 자진(子珍)이고, 호는 죽창(竹窓). 호조판서·평안도관찰사·지중추부사를 역임했다. 문장과 송설체가 뛰어났다.

1969 광주(廣州) : 경기도 광주시 시내, 곤지암읍, 남종면 금사리·삼성리·이석리, 도척면, 오포읍, 중부면, 퇴촌면, 군포시 대야미동·도마교동·둔대동, 남양주시 시내, 와부읍 팔당리, 조안면(시우리 제외), 서울특별시 강남구, 강동구, 서초구 내곡동·신원동·염곡동, 송파구(신천동·잠실동 제외), 경기도 성남시 분당구(구미동 제외), 수정구(창곡동 제외), 중원구, 수원시 권선구 당수동·입북동, 장안구 송죽동·자동·조원동·파장동, 안산시 상록구 건건동·본오동·사동·이동·일동·팔곡일동, 의왕시, 하남시, 화성시 매송면 송라리·야목리·원리, 서울특별시 광진구, 성동구, 영등포구, 용산구, 경기도 양평군 양서면, 화성시 비봉면 일대.

1970 추현(秋峴) : 경기도 광주시 오포읍 신현리와 성남시 분당구의 경계에 위치한 고개인 태현(台峴)의 다른 이름.

1971 출전 확인 안 됨.

1972 황희(黃喜) 묘비(墓碑) : 조선 전기의 문신인 황희(黃喜, 1363~1452)의 신도비. 1505년(연산군 11)에 세워졌다. 경기도 파주시 탄현면 금승리에 있다.

1973 출전 확인 안 됨.

1974 교하(交河) : 경기도 파주시 시내, 교하읍, 탄현면, 조리읍 등원리 일대.

1975 감물성(甘勿城) : 경기도 파주시 월롱면 덕은리에 있는 월롱산 줄기 끝자락에 있는 월롱산성의 옛 명칭으로 추정된다.

## 성녕대군(誠寧大君) 묘비(墓碑)[1976]

[해동금석록][1977] 변계량(卞季良)이 글을 짓고, 성개(成槪)가 글씨를 썼다. 고양(高陽) 산조동(酸棗洞)[1978]에 있다.

**誠寧大君墓碑**

[又] 卞季良撰, 成槪書, 在高陽酸棗洞.

## 허조(許稠) 묘비(墓碑)[1979]

[해동금석록][1980] 남수문(南秀文)[1981]이 글을 지었으며, 글씨를 쓴 사람은 알 수 없다. 파주(坡州) 향양리(向陽里)[1982]에 있다.

**許稠墓碑**

[又] 南秀文撰, 書人無考, 在坡州 向陽里.

[동방금석평][1983] 진체(晉體)와 안진경체의 서법이 섞여 있다.

[評] 雜晉、顔典則.

## 한계미(韓繼美) 묘갈(墓碣)[1984]

[해동금석록][1985] 김수온(金守溫)이 글을 짓고, 성임(成任)[1986]이 글씨를 썼다. 고양(高陽) 산조리(酸棗里)에

**韓繼美墓碣**

[錄] 金守溫撰, 成任書, 在高陽酸棗里.

---

[1976] 성녕대군(誠寧大君) 묘비(墓碑) : 조선 태종의 넷째 아들인 성녕대군 이종(李褈, 1405~1418)의 신도비. 경기도 고양시 덕양구 대자동(大慈洞)에 있다.

[1977] 출전 확인 안 됨.

[1978] 산조동(酸棗洞) : 지금의 경기도 고양시 덕양구 대자동·관산동 일대로 추정된다.

[1979] 허조(許稠) 묘비(墓碑) : 고려 말 조선 초의 문신인 허조(許稠, 1369~1439)의 신도비. 경기도 파주시 문산읍 이천리에 있다. 허조의 자는 중통(仲通), 호는 경암(敬菴)이다. 예조판서·우의정·좌의정을 역임했으며, 조선 초기에 태종·세종을 도와 예악제도를 정비하는 데 크게 공헌했다.

[1980] 출전 확인 안 됨.

[1981] 남수문(南秀文) : 1408~1442. 조선 전기의 문인. 자는 경질(景質)·경소(景素), 호는 경재(敬齋). 예문관응교·집현전직제학을 지냈다. 저서로는《경재유고(敬齋遺稿)》가 있다.

[1982] 향양리(向陽里) : 경기도 파주시 문산읍 이천리의 옛 지명.

[1983] 출전 확인 안 됨.

[1984] 한계미(韓繼美) 묘갈(墓碣) : 조선 전기의 문신인 한계미(韓繼美, 1421~1471)의 신도비. 1471년(성종 2)에 세운 것이며, 경기도 고양시 덕양구 관산동에 있다. 한계미의 본관은 청주(淸州), 자는 공보(公甫)이다. 이조판서·영중추부사를 역임했다.

[1985] 출전 확인 안 됨.

[1986] 성임(成任) : 1421~1484. 조선 전기의 문신. 이조정랑·예문관·군기감판사·중추원첨지사·도승지·공조판서·좌참찬·중추부지사 등을 지냈고, 《경국대전(經國大典)》·《동국여지승람(東國輿地勝覽)》의 편찬에 참

있다.

송세량(宋世良) 묘갈(墓碣)1987

[해동금석록]1988 김안국(金安國)1989이 글을 짓고, 김
로(金魯)1990가 글씨를 썼다. 청주(淸州) 마암(馬巖)1991
에 있다.

宋世良墓碣

[又] 金安國撰, 金魯書,
在淸州 馬巖.

영응대군(永膺大君) 묘비(墓碑)1992

[해동금석록]1993 임사홍(任士洪)1994이 글을 짓고, 박
경(朴耕)1995이 글씨를 썼다. 양주(楊州)에 있다.

永膺大君墓碑

[又] 任士洪撰, 朴耕書,
在楊州.

[동방금석평]1996 해서(楷書)로, 획이 날린다.

[評] 楷, 畫颿.

여했다.
1987 송세량(宋世良) 묘갈(墓碣) : 조선 중기의 문신 송세량(宋世良, 1473~1539)의 묘갈. 충청북도 청주시 상
    당구 남일면 화당리에 있다. 송세량의 본관은 은진(恩津), 자는 정부(貞夫)이다. 선릉참봉(宣陵參奉)·건
    원릉(健元陵) 참봉을 지냈다.
1988 출전 확인 안 됨.
1989 김안국(金安國) : 1478~1543. 조선 중기의 학자. 자는 국경(國卿), 호는 모재(慕齋), 시호는 문경(文敬)이
    다. 조광조(趙光朝)·기준(奇遵) 등과 함께 김굉필(金宏弼)의 문인으로, 도학에 통달하여 사림파의 선도자
    가 되었다. 1507년(중종 2)에는 문과중시에 병과로 급제하고, 사헌부지평·장령·예조참의·대사간·공조판
    서 등을 지냈다.
1990 김로(金魯) : 1498~1548. 조선 중기의 문신·서예가. 글씨가 뛰어나 조정의 전책(典冊)과 고관들의 비갈(碑
    碣)을 많이 썼다.
1991 마암(馬巖) : 충청북도 청주시 상당구 남일면 화당리 일대의 옛 지명.
1992 영응대군(永膺大君) 묘비(墓碑) : 조선시대 세종의 8남 영응대군 이염(李琰)의 신도비. 1498년(연산군 4)에
    세웠으며, 본래 초장지(初葬址)는 경기도 양주군 건천면 군장리 팔곡산에 있었으나, 1900년에 지금의 경기
    도 시흥시 군자동으로 이장하였다.
1993 출전 확인 안 됨.
1994 임사홍(任士洪) : 1445~1506. 조선 전기에 권세를 잡았던 인물로, 22년간 유배생활을 했다. 폐비 윤씨가
    사사된 내력을 연산군에게 알려, 1504년 갑자사화의 빌미를 제공하였다.
1995 박경(朴耕) : 조선 중종 때의 명필이다. 서자 출신으로 승문원이나 교서관 등에 소속되어 사서관으로 일했
    다. 1507년 중종반정의 공신인 유자광(柳子光)·박원종(朴元宗) 등을 제거하려다가 심정(沈貞)·남곤(南袞)
    등의 밀고로 국문을 받고 처형되었다.
1996 출전 확인 안 됨.

한확 묘비(문화재청)

양성지(梁誠之) 묘비(墓碑)[1997]

[해동금석록][1998] 김안국(金安國)이 글을 짓고, 김희수 (金希壽)[1999]가 글씨를 썼다. 통진(通津)[2000]의 대포곡 (大浦谷)[2001]에 있다.

梁誠之墓碑

[錄] 金安國撰, 金希壽書, 在通津 大浦谷.

한확(韓確) 묘비(墓碑)[2002]

[해동금석록][2003] 어세겸(魚世謙)[2004]이 글을 짓고, 임

韓確墓碑

[又] 魚世謙撰, 任士洪書,

---

[1997] 양성지(梁誠之) 묘비(墓碑): 조선 전기의 학자·문신인 양성지(梁誠之, 1415~1482)의 신도비. 경기도 김포시 양촌읍 대포리에 있다. 양성지의 자는 순부(純夫), 호는 눌재(訥齋)이다.

[1998] 출전 확인 안 됨.

[1999] 김희수(金希壽): 1475~1527. 조선 중기의 문신. 도승지·대사헌·중추부동지사 등을 지냈다. 해서(楷書)를 잘 써서 〈계주문(戒酒文)〉·〈영상김수동비(領相金壽童碑)〉 등의 글씨를 남겼다.

[2000] 통진(通津): 경기도 김포시 대곶면, 양촌읍, 월곶면, 통진면, 하성면, 인천광역시 강화군 강화읍, 길상면 일대.

[2001] 대포곡(大浦谷): 지금의 경기도 김포시 양촌읍 대포리 일대.

[2002] 한확(韓確) 묘비(墓碑): 조선 전기의 문신 한확(韓確, 1400~1456)의 신도비. 1495년(연산군 1)에 건립되었으며, 경기도 남양주시 조안면 능내리에 있다.

[2003] 출전 확인 안 됨.

[2004] 어세겸(魚世謙): 1430~1500. 조선 전기의 문신. 남이(南怡) 등 반역자들을 주살하여 익대공신(翊戴功臣)에 봉해지고 예조참판에 올랐다. 외교관으로 명나라에 다녀오면서 《오륜서(五倫書)》를 들여왔고 우의정을 거쳐 좌의정에 올랐다.

사홍(任士洪)이 글씨를 썼다. 광주(廣州) 두미진(斗湄     在廣州 斗湄津上.
津)2005에 있다.

[동방금석평]2006 해서로, 글씨에 생기가 넘친다.          [評] 楷, 有精采.


상붕남(尙鵬南) 묘갈(墓碣)2007                            尙鵬南墓碣

[해동금석록]2008 이담(李湛)2009이 글을 짓고, 이제신     [錄] 李湛撰, 李濟臣書,

(李齊臣)2010이 글씨를 썼다. 과천(果川)2011의 상초리(霜   在果川 霜草里.

草里)2012에 있다.


[동방금석평]2013 해서로, 글씨가 둥글고 고르다.          [評] 楷, 圓而均.


서사가(徐四佳) 묘비(墓碑)2014                            徐四佳墓碑

[해동금석록]2015 어세겸(魚世謙)이 글을 짓고, 임사홍      [錄] 魚世謙撰, 任士洪書,

---

2005 두미진(斗湄津) : 두미진은 지금의 경기도 하남시 배알미동 일대에 조성되어 있지만, 과거에는 구(舊) 능내
　　역 일대를 두미진이라 불렀던 것으로 추정된다.
2006 출전 확인 안 됨.
2007 상붕남(尙鵬南) 묘갈(墓碣) : 조선 중기의 문신 상붕남(尙鵬南, ?~?)의 묘갈. 상붕남(尙鵬南)은 영의정을
　　지낸 상진(尙震, 1493~1564)의 아들로, 판결사(判決事)를 역임했으며 예서에 능했다. 서울특별시 서초구
　　방배동 1000-1 상문고등학교 교내 북쪽 언덕에 있다.
2008 출전 확인 안 됨.
2009 이담(李湛) : 1510~1575. 조선 중기의 문신. 명종(明宗) 사후에 춘추관편수관(春秋館編修官)을 역임하며
　　《명종실록(明宗實錄)》을 편찬한 공으로 병조참의에 올랐다. 문집으로《정존재집(靜存齋集)》이 있다.
2010 이제신(李齊臣) : ?~?. 상진(尙震)의 둘째 사위이자, 상붕남의 매부이다.
2011 과천(果川) : 경기도 과천시, 군포시 군포동·금정동·당정동·부곡동·산본동, 안양시 동안구, 만안구(박달
　　동·석수동 제외), 서울특별시 동작구 노량진동·동작동·본동·사당동, 서초구 반포동·방배동·서초동·신
　　원동·양재동·우면동·원지동·잠원동, 경기도 성남시 수정구, 서울특별시 용산구, 강남구 일대.
2012 상초리(霜草里) : 서울특별시 서초구 서초동·방배동 일대에 있던 마을로, 현재 서울교육대학교 동쪽 부근
　　에 해당된다.
2013 출전 확인 안 됨.
2014 서사가(徐四佳) 묘비(墓碑) : 조선 전기의 문신인 서거정(徐居正, 1420~1488)의 묘비. 서울특별시 송파구
　　방이동에 있던 묘역이 1975년 도시계획으로 이장되어 현재는 경기도 화성시 봉담읍 왕림리에 있다. 묘비와
　　문인석만이 옛것이고 신도비는 서울특별시 종로구 공평동의 대구 서씨 대종회에서 보관하고 있다.
2015 출전 확인 안 됨.

(任士洪)이 글씨를 썼다. 광주(廣州) 송파리(松坡里)<sup>2016</sup> 　　在廣州 松坡里.
에 있다.


## 윤형(尹炯) 묘비(墓碑)<sup>2017</sup>

　　尹炯墓碑

[해동금석록]<sup>2018</sup> 성삼문(成三問)<sup>2019</sup>이 글을 짓고, 강　　[又] 成三問撰, 姜希顔書,
희안(姜希顔)<sup>2020</sup>이 글씨를 썼다. 양주(楊州)에 있다.　　在楊州.


[동방금석평]<sup>2021</sup> 해서로, 글씨가 부드럽다.　　[評] 楷緩.


## 덕흥대원군(德興大院君) 묘비(墓碑)<sup>2022</sup>

　　德興大院君墓碑

[해동금석록]<sup>2023</sup> 홍섬(洪暹)<sup>2024</sup>이 글을 짓고, 송인(宋　　[錄] 洪暹撰, 宋寅書, 在
寅)<sup>2025</sup>이 글씨를 썼다. 양주(楊州) 노원(蘆原)<sup>2026</sup>에 있다.　　楊州 蘆原.

---

2016 송파리(松坡里): 서울특별시 송파구 방이동의 1963년 이전 명칭. 송파리는 조선시대 말까지 경기도 광주
　　군 중대면 송파동으로 불렸으며 1914년부터 송파리라 칭했다.

2017 윤형(尹炯) 묘비(墓碑): 조선 전기의 문신인 윤형(尹炯, 1388~1453)의 신도비. 경기도 양주시 사동(巳洞)
　　에 있었는데, 현재는 미상이다. 윤형의 본관은 파평(坡平), 자는 중회(仲晦)이며, 고려 예종 때 시중 윤관
　　(尹瓘, ?~1111)의 16세손이다.

2018 출전 확인 안 됨.

2019 성삼문(成三問): 1418~1456. 조선 전기의 문신. 세종 때 《예기대문언두(禮記大文諺讀)》를 편찬하고 한글
　　창제를 위해 음운 연구를 거친 뒤에 훈민정음 반포에 일조하였다. 세조가 단종을 몰아내고 왕위에 오르자
　　단종의 복위를 협의했으나 김질(金礩, 1422~1478)의 밀고로 체포되어 친국(親鞫)을 받고 처형되었다.

2020 강희안(姜希顔): 1417~1464. 조선 전기의 문신. 《용비어천가(龍飛御天歌)》를 주석하였고, 《동국정운(東
　　國正韻)》편찬에 참여하였다. 시·그림·글씨에 모두 뛰어났다.

2021 출전 확인 안 됨.

2022 덕흥대원군(德興大院君) 묘비(墓碑): 선조의 아버지인 덕흥대원군 이초(李岧, 1530~1559)의 신도비.
　　1573년(선조 6)에 세워졌으며, 경기도 남양주시 별내동에 있다.

2023 출전 확인 안 됨.

2024 홍섬(洪暹): 1504~1585. 조선 중기의 문신. 김안로(金安老, 1481~1537)의 전횡을 탄핵하다가 그 일당의
　　무고로 유배, 김안로가 사사(賜死)된 뒤 풀려나왔다. 그 후 좌찬성 겸 이조판서, 대제학, 우의정, 좌의정을
　　거쳐 영의정을 세 번에 걸쳐 중임하였다. 저서로《인재집(忍齋集)》·《인재잡록(忍齋雜錄)》등이 있다.

2025 송인(宋寅): 1516~1584. 조선 중기의 학자. 이황(李滉)·이이(李珥)·성혼(成渾) 등 당대의 석학들과 교유했
　　고, 만년에는 선조의 자문을 맡았다. 글씨에도 능하여 해서를 잘 썼으며 수많은 글을 짓고 썼다. 그가 쓴 글씨
　　로는 〈덕흥대원군(德興大院君) 신도비(神道碑)〉·〈송지한 묘갈(宋之翰墓碣)〉·〈황산(荒山) 대첩비(大捷碑)〉·〈김
　　석옥 묘비(金錫沃墓碑)〉·〈김공석 묘갈(金公奭墓碣)〉·〈영상(領相) 한효원비(韓效元碑)〉·〈영상(領相) 홍언필비
　　(洪彦弼碑)〉·〈좌참찬(左參贊) 심광언비(沈光彦碑)〉가 있고, 문집으로는 《이암집(頤庵集)》이 있다.

2026 노원(蘆原): 지금의 서울특별시 노원구 일대. 덕흥대원군 묘소가 있는 덕릉고개는 경기도 남양주시 별내

덕흥대원군 묘비(문화재청)

| 영순군(永順君) 묘비(墓碑)<sup>2027</sup> | 永順君墓碑 |

영순군(永順君) 묘비(墓碑)2027

[해동금석록]2028 송인(宋寅)이 글을 짓고, 이염(李恬)2029 이 글씨를 썼다. 광주(廣州) 궁촌(宮村)2030에 있다.

[又] 宋寅撰, 李恬書, 在廣州宮[160]村.

[동방금석평]2031 진체(晉體)이며, 글씨가 윤택하다.

[評] 晉體, 潤.

---

동과 서울특별시 노원구 상계동의 경계 지점이다.

2027 영순군(永順君) 묘비(墓碑): 조선시대 세종의 손자이며 광평대군(廣平大君, 1425~1444)의 아들인 영순군 이부(李溥, 1444~1470)의 신도비. 1574년(선조 7)에 세워졌으며 박렴(朴簾)이 전액(篆額)을 썼다. 서울특별시 강남구 수서동 광평대군 묘역에 있다.

2028 출전 확인 안 됨.

2029 이염(李恬): 1481~1512. 조선시대의 왕손으로, 성종(成宗, 재위 1469~1494)의 다섯째 아들이다.

2030 궁촌(宮村): 지금의 서울특별시 강남구 수서동 400~500번지 일대로, 궁마을·궁말 등으로도 불렸다.

2031 출전 확인 안 됨.

[160] 宮: 저본에는 "官". 오사카본·규장각본에 근거하여 수정.

정지운 묘갈(고양시청)

상진 묘비(문화재청)

이명 묘비(문화재청)

## 정지운(鄭之雲) 묘갈(墓碣)2032

[해동금석록]2033 이황(李滉)2034이 글을 짓고, 송인(宋寅)이 글씨를 썼다. 고양(高陽) 목희동(木稀洞)2035에 있다.

## 신거관(愼居寬) 묘갈(墓碣)2036

[해동금석록]2037 홍섬이 글을 짓고, 송인이 글씨를 썼다. 광주(廣州) 장지리(長旨里)2038에 있다.

## 鄭之雲墓碣

[錄] 退溪撰, 宋寅書, 在高陽 木稀洞.

## 愼居寬墓碣

[又] 洪暹撰, 宋寅書, 在廣州 長旨里.

---

2032 정지운(鄭之雲) 묘갈(墓碣) : 조선 중기의 학자 정지운(鄭之雲, 1509~1561)의 묘갈. 1562년(명종 17)에 세웠으며, 경기도 고양시 일산동구 중산동에 있다.

2033 출전 확인 안 됨.

2034 이황(李滉) : 1501~1570. 조선 중기의 문신이자 학자. 시호는 문순(文純). 성균관대사성을 비롯해 단양군수·풍기군수 등을 역임하고 사후 영의정으로 추증되었다. 이언적(李彦迪)의 사상을 이어받은 영남학파의 중추적 학자이자 성리학자로 주희의 성리학을 심화했다.

2035 목희동(木稀洞) : 경기도 고양시 일산동구 중산동 일대의 옛 지명.

2036 신거관(愼居寬) 묘갈(墓碣) : 조선 중기의 문신 신거관(愼居寬, 1498~1564)의 신도비. 원래 서울특별시 송파구 장지동에 있던 것을 1970년 묘와 함께 경기도 가평군 가평읍 하색리로 이전했다.

2037 출전 확인 안 됨.

2038 장지리(長旨里) : 서울특별시 송파구 장지동 일대.

상진(尙震) 묘비(墓碑)2039

[해동금석록]2040 홍섬(洪暹)이 글을 짓고, 송인이 글
씨를 썼다. 과천(果川) 상초리(霜草里)에 있다.

尙震墓碑

[又] 洪暹撰, 宋寅書, 在
果川霜草里.


노우명(盧友明) 묘갈(墓碣)2041

[해동금석록]2042 노수신(盧守愼)2043이 글을 짓고, 송
인이 글씨를 썼다. 함양(咸陽) 주곡(酒谷)2044에 있다.

盧友明墓碣

[又] 盧守愼撰, 宋寅書,
在咸陽酒谷.


이명(李蓂) 묘비(墓碑)2045

[해동금석록]2046 김귀영(金貴榮)2047이 글을 짓고 심충
겸(沈忠謙)2048이 글씨를 썼다. 양주(楊州) 노원(蘆原)에
있다.

李蓂墓碑

[又] 金貴榮撰, 沈忠謙書,
在楊州蘆原.

2039 상진(尙震) 묘비(墓碑):조선 중기의 문신인 상진(1493~1564)의 신도비. 1566년(명종 21)에 세워졌으며 전
    액(篆額)은 둘째 사위 예문관검열 이제신(李濟臣)이 썼다. 서울특별시 서초구 방배동 상문고등학교 내에
    있다.
2040 출전 확인 안 됨.
2041 노우명(盧友明) 묘갈(墓碣):조선 중기의 문신이자 서예가 노우명(盧友明, 1471~1541)의 묘갈. 묘소는 경
    상남도 함양군 지곡면 평촌리 산32번지에 있다. 노우명의 신도비와 그 부부의 묘표는 현재 경상남도 유형
    문화재 제520호로 지정되어 있다.
2042 출전 확인 안 됨.
2043 노수신(盧守愼):1515~1590. 조선 중기의 문신. 을사사화 때 이조좌랑에서 파직되어 귀향살이를 하였다.
    선조 즉위 후에는 우의정, 좌의정을 거쳐 영의정에 올랐다. 문집에 《소재집(蘇齋集)》이 있다.
2044 주곡(酒谷):경상남도 함양군 지곡면 일대.
2045 이명(李蓂) 묘비(墓碑):조선 중기의 문신인 이명(李蓂, 1496~1572)의 신도비. 선조 7년(1574)에 세워졌으
    며, 서울특별시 노원구 월계동에 있다.
2046 출전 확인 안 됨.
2047 김귀영(金貴榮):1520~1593. 조선 중기의 문신. 자는 현경(顯卿), 호는 동원(東園)이다. 부제학(副提學)을
    거쳐 이조판서를 8번, 사신으로서 9번 명나라에 다녀왔다. 대제학(大提學)을 6번 거쳐, 1581년(선조 14)
    우의정에 올랐다. 1589년 평난공신(平難功臣) 2등에 책록되었고, 상락부원군(上洛府院君)에 봉해진 뒤 기
    로소(耆老所)에 들어갔으나, 시비(是非)에 적극성이 없다는 조헌(趙憲)의 탄핵으로 사직하였다.
2048 심충겸(沈忠謙):1545~1594. 조선 중기의 문신. 자는 공직(公直), 호는 사양당(四養堂), 시호는 충익(忠
    翼)이다. 호조참판과 병조참판을 거쳐 1594년 병조판서에 올랐다. 1604년 호성공신 2등으로 청림군(淸林
    君)에 추봉되었다.

[동방금석평]²⁰⁴⁹ 해서로, 획이 둥글다.　　　　　[評] 楷, 畫圓.


## 홍부(洪溥) 묘갈(墓碣)²⁰⁵⁰　　　　　　　　洪溥墓碣

[해동금석록]²⁰⁵¹ 홍연(洪淵)²⁰⁵²이 글을 짓고, 백광훈　　[錄] 洪淵撰, 白光勳書,
(白光勳)이 글씨를 썼다. 양근(楊根)²⁰⁵³에 있다.　　　在楊根.


[동방금석평]²⁰⁵⁴ 진체이며, 글자가 살지고 거칠다.　　[評] 晉體, 字肥澁.


## 임추(任樞) 묘비(墓碑)²⁰⁵⁵　　　　　　　　任樞墓碑

[해동금석록]²⁰⁵⁶ 임권(任權)²⁰⁵⁷이 글을 짓고, 이택(李　[錄] 任權撰, 李澤書, 在
澤)²⁰⁵⁸이 글씨를 썼다. 양주(楊州) 천보산(天寶山)²⁰⁵⁹　楊州 天寶山.
에 있다.


[동방금석평]²⁰⁶⁰ 행서로, 조맹부체이며 능숙하다.　　[評] 行書, 趙體熟.

---

2049 출전 확인 안 됨.

2050 홍부(洪溥) 묘갈(墓碣): 조선 전기의 문신으로, 남양 현령을 지낸 홍부(洪溥, ?~?)의 묘소. 경기도 화성
　　시 서신면 홍법리 남양홍씨 묘역에 있다.

2051 출전 확인 안 됨.

2052 홍연(洪淵): ?~?. 조선 중기의 문신. 1546년(명종 1) 사마시에 합격하여 진사가 되고, 1551년 별시문과에
　　병과로 급제하였다. 예문관검열·사간원정언·사헌부지평·세자시강원문학 등을 역임하였다. 1561년 평양서
　　윤(平壤庶尹)으로 재임 중 당시 큰 도적인 김산(金山)을 체포한 공로로 안주목사에 올랐다.

2053 양근(楊根): 경기도 양평군(楊平郡) 양평읍 양근리 일대. 후손들이 묘소를 조성하면서 이전한 것으로 추
　　정된다.

2054 출전 확인 안 됨.

2055 임추(任樞) 묘비(墓碑): 조선 중기의 문신인 임추(任樞, 1482~1534)의 신도비. 1550년(명종 5)에 세워졌
　　으며, 경기도 양주시 율정동에 있다.

2056 출전 확인 안 됨.

2057 임권(任權): 1486~1557. 조선 중기의 문신. 임추(任樞)의 동생이다. 예조참판을 지내고 경상도관찰사 때
　　신병을 이유로 사퇴했다가 다시 이조참판에 이어 전라도관찰사를 지내고 병조판서, 예조판서가 되었다. 춘
　　추관지사를 겸임하고 그 후 우참찬에 이르렀다.

2058 이택(李澤): 1509~1573. 조선 중기의 문신. 자는 택지(澤之). 성균관전적·예조참판을 지냈으며 해서를 잘
　　썼다.

2059 천보산(天寶山): 경기도 양주시 회암동과 포천시 동교동에 걸쳐 있는 산. 해발 423m.

2060 출전 확인 안 됨.

권경우(權景祐) 묘갈(墓碣)2061

[해동금석록]2062 남곤(南袞)이 글을 지었으며, 글씨를 쓴 사람은 알 수 없다. 지평(砥平)2063 파고암리(破鼓巖里)2064에 있는데, 닳았다.

[동방금석평]2065 해서로, 글씨가 장중하고 아름답다.

權景祐墓碣

[錄] 南袞撰, 書人無考, 在 砥平破鼓巖里, 刓.

[評] 楷, 莊而媚.

권근(權近) 묘비(墓碑)2066

[해동금석록]2067 이개(李塏)2068가 글을 짓고, 서거정

權近墓碑

[錄] 李塏撰, 徐居正額,

권근 묘비(문화재청)

정광필 묘비(국립문화재연구소)

2061 권경우(權景祐) 묘갈(墓碣) : 조선 전기의 문신 권경우(權景祐, 1448~1501)의 묘갈. 경기도 양평군 지평면 수곡리에 있다.

2062 출전 확인 안 됨.

2063 지평(砥平) : 경기도 양평군 단월면, 양동면, 용문면, 지평면, 청운면 일대.

2064 파고암리(破鼓巖里) : 경기도 양평군 지평면 수곡리 일대의 옛 지명.

2065 출전 확인 안 됨.

2066 권근(權近) 묘비(墓碑) : 고려 말 조선 초의 문신·학자인 권근(權近, 1352~1409)의 신도비. 권근의 묘소는 지금의 경기도 성남시 수정구 시흥동에 있었는데, 1444년(세종 26) 충청북도 음성군 생극면 방축리로 이장했다.

2067 출전 확인 안 됨.

2068 이개(李塏) : 1417~1456. 조선 전기의 문신. 자는 청보(淸甫)·백고(伯高), 호는 백옥헌(白玉軒). 사육신의 한 사람으로, 성삼문(成三問)·박팽년(朴彭年)·하위지(河緯地)·유성원(柳誠源)·유응부(俞應孚)·김질 등과 함께 단종 복위를 모의하다가 김질의 밀고로 탄로되어 처형되었다. 시문이 청절하고 글씨를 잘 썼다.

(徐居正)이 전액을 쓰고, 권우(權遇)[2069]가 글씨를 썼 　　權遇書, 在忠州 西村.
다. 충주(忠州) 서촌(西村)[2070]에 있다.

[동방금석평][2071] 전액은 해서이며 글씨가 옆으로 기 　　[評] 額楷, 橫仄.
울었다.

## 정광필(鄭光弼) 묘비(墓碑)[2072]　　　　　鄭光弼墓碑

[해동금석록][2073] 소세양(蘇世讓)[2074]이 글을 짓고 이 　　[錄] 蘇世讓撰, 退溪書,
황(李滉)이 글씨를 썼다. 광주(廣州) 성달리(省達里)에 　在廣州 省達里.
있다.

[동방금석평][2075] 해서이며 글씨가 살졌다. 　　　　[評] 楷, 肥.

## 성청송(成聽松) 묘갈(墓碣)[2076]　　　　　成聽松墓碣

[해동금석록][2077] 이황이 글을 짓고 아울러 글씨를 　　[錄] 退溪撰并書, 在坡州
썼다. 파주(坡州) 향양리(向陽里)에 있다. 　　　向陽里.

---

2069 권우(權遇): 1363~1419. 고려 말 조선 초의 문신이자 학자. 자는 중려(仲慮)·여보(慮甫), 호는 매헌(梅軒). 권근의 동생. 형조참의·집현전직제학·예문관제학을 지냈다. 저서로는 《매헌집(梅軒集)》이 있다.
2070 서촌(西村): 지금의 충청북도 음성군 생극면·감곡면 일대의 옛 지명.
2071 출전 확인 안 됨.
2072 정광필(鄭光弼) 묘비(墓碑): 조선 전기의 문신인 정광필(鄭光弼, 1462~1538)의 신도비. 경기도 군포시 속 달동에 있다.
2073 출전 확인 안 됨.
2074 소세양(蘇世讓): 1486~1562. 조선 전기의 문신. 1545년(인종 1) 윤임(尹任) 일파의 탄핵으로 사직했다가 명종이 즉위한 뒤 을사사화로 윤임 등이 몰락하자 재기용되어 좌찬성(左贊成)을 지냈다. 문명이 높고 율시(律詩)에 뛰어났으며, 글씨는 송설체(松雪體)를 잘 썼다. 문집에 《양곡문집(陽谷文集)》이 있고, 글씨로는 〈임참찬권비(任參贊權碑)〉·〈소세량부인묘갈(蘇世良夫人墓碣)〉 등이 있다.
2075 출전 확인 안 됨.
2076 성청송(成聽松) 묘갈(墓碣): 조선 중기의 학자인 성수침(成守琛, 1493~1564)의 묘갈. 묘갈 뒤의 음기는 포저 조익(趙翼)이 짓고, 윤순거(尹舜擧)가 썼다. 1651년(효종 2)에 세워졌으며, 경기도 파주시 파주읍 향양리에 있다. 성수침의 자는 중옥(仲玉), 호는 청송(聽松)이며, 성혼의 아버지이다.
2077 출전 확인 안 됨.

조정암 묘비(문화재청)

[동방금석평]2078 행서로, 글씨가 정밀하다. | [評] 行書, 密.

조정암(趙靜菴) 묘비(墓碑)2079 | 趙靜菴墓碑

[해동금석록]2080 노수신(盧守愼)이 글을 짓고, 이산해(李山海)2081가 글씨를 썼다. 용인(龍仁) 심곡리(深谷里)2082에 있다. | [錄] 盧守愼撰, 李山海書, 在龍仁 深谷里.

[동방금석평]2083 해서로, 글씨에 우아한 정취가 부족하다. | [評] 楷, 乏雅致.

---

2078 출전 확인 안 됨.
2079 조정암(趙靜菴) 묘비(墓碑): 조선 전기의 문신 조광조(趙光祖, 1482~1519)의 신도비. 김응남(金應南)이 전액을 썼으며, 1585년(선조 18)에 건립되었다. 경기도 용인시 수지구 상현동에 있다.
2080 출전 확인 안 됨.
2081 이산해(李山海): 1539~1609. 조선 중기의 문신. 영의정을 역임했으며, 북인의 영수였다. 종계변무(宗系辨誣, 명나라에 잘못 기록된 조선 태조 이성계의 종계를 개록해 줄 것을 주청한 사건)의 공으로 광국공신(光國功臣)에 책록되었다. 서화(書畵)에 능하여 문장 8가(文章八家)라 불리었다. 저서로 《아계유고(鵝溪遺稿)》가 있다.
2082 심곡리(深谷里): 경기도 용인시 수지구 일대의 옛 지명.
2083 출전 확인 안 됨.

광평대군 묘비(국립문화재연구소)

성세순(成世純) 묘비(墓碑)[2084]

[해동금석록][2085] 이이(李珥)가 글을 짓고, 성혼(成渾)[2086] 이 글씨를 썼다. 파주(坡州) 향양리(向陽里)에 있다.

成世純墓碑

[錄] 栗谷撰, 牛溪書, 在坡 州 向陽里.

광평대군(廣平大君) 묘비(墓碑)[2087]

[해동금석록][2088] 심의겸(沈義謙)[2089]이 글을 짓고, 이

廣平大君墓碑

[又] 沈義謙撰, 李義健[16]

---

2084 성세순(成世純) 묘비(墓碑) : 조선 전기의 문신 성세순(成世純, 1463~1514)의 신도비. 성세순은 우계 성 혼의 조부이다. 경기도 파주시 파주읍 향양리에 있다.

2085 출전 확인 안 됨.

2086 성혼(成渾) : 1535~1598. 조선 중기의 학자. 그의 학문은 이황과 이이의 학문을 절충했다는 평가가 있으 며, 사위인 윤황(尹煌, 1572~1639), 외손인 윤선거(尹宣擧, 1610~1669), 외증손인 윤증(尹拯, 1629~ 1714)에게 계승되면서 서인(西人) 소론의 중심 계보를 형성하였다. 저서로는 《우계집》·《주문지결(朱門旨 訣)》·《위학지방(爲學之方)》 등이 있다.

2087 광평대군(廣平大君) 묘비(墓碑) : 광평대군 이여(李璵, 1425~1444)의 묘비. 이여는 세종의 다섯째 아들이 다. 서울특별시 강남구 수서동 대모산에 있다.

2088 출전 확인 안 됨.

2089 심의겸(沈義謙) : 1535~1587. 조선 중기의 문신. 1580년 예조참판이 되었다가 함경도 관찰사로 전직, 정 인홍의 탄핵을 받았으나 이이(李珥)의 변호로 무사했고, 1584년 이이가 죽은 후 동인(東人)이 득세하자 파 직되었다. 벼슬은 병조판서에 이르렀다.

[16] 健 : 저본에는 없음. 오사카본·규장각본에 근거하여 보충.

의건(李義健)2090이 글씨를 썼다. 광주(廣州) 대왕리(大旺里)2091에 있다.

書, 在廣州 大旺里.

[동방금석평]2092 글씨가 둥글고 단정하다.

[評] 圓整.

조중봉(趙重峯) 순의비(殉義碑)2093

趙重峯殉義碑

[해동금석록]2094 윤근수(尹根壽)2095가 글을 짓고, 김현성(金玄成)이 글씨를 썼다. 금산(錦山)2096에 있다.

[錄] 尹根壽撰, 金玄成書, 在錦山.

이희검(李希儉) 묘비(墓碑)2097

李希儉墓碑

[해동금석록]2098 신흠(申欽)이 글을 짓고, 김현성이 글씨를 썼다. 양주(楊州) 장흥리(長興里)2099에 있다.

[又] 申欽撰, 金玄成書, 在楊州 長興里.

---

2090 이의건(李義健) : 1533~1621. 조선 중기의 문신. 자는 의중(宜中), 호는 동은(峒隱)이다. 1564년(명종 19) 사마시(司馬試)에 합격했으며, 시명(詩名)을 떨치고 당시의 명현(名賢)들과 교유했다. 이항복(李恒福)의 추천으로 공조좌랑이 되고 이어 공조정랑에 올랐으나 사퇴하였다. 인품이 어질었으며 글씨를 잘 썼다. 저서로《동은집(峒隱集)》이 있고, 글씨로는《광평대군여묘비(廣平大君璵墓碑)》·《임정부(臨汀副) 정이일조묘비(正李一祖墓碑)》 등이 있다.

2091 대왕리(大旺里) : 지금의 서울 강남구 수서동 일대.

2092 출전 확인 안 됨.

2093 조중봉(趙重峯) 순의비(殉義碑) : 1603년 칠백의총 옆에 세워진 중봉조헌(重峯趙憲) 선생(先生) 일군(一軍) 순의비(殉義碑)를 말한다. 충청남도 금산군 금성면 의총리에 있다.

2094 출전 확인 안 됨.

2095 윤근수(尹根壽) : 1537~1616. 조선 중기의 문신. 임진왜란 때 왕을 호종하고 문안사(問安使)·주청사(奏請使) 등으로 명나라와의 외교를 여러 차례 담당하여 국난 극복에 힘썼다. 문장과 글씨에 뛰어났으며, 성리학에 밝았다. 저서에《월정집(月汀集)》·《월정만필(月汀漫筆)》·《조천록(朝天錄)》·《사서토석(四書吐釋)》 등이 있다.

2096 금산(錦山) : 충청남도 금산군 금산읍·금성면·군북면·남이면·남일면·부리면·제원면, 전라북도 무주군 부남면 일대.

2097 이희검(李希儉) 묘비(墓碑) : 조선 중기의 문신 이희검(李希儉, 1516~1579)의 묘비. 이희검은 이수광(李睟光, 1563~1628)의 부친이다. 경기도 양주시 장흥면 삼하리에 있다.

2098 출전 확인 안 됨.

2099 장흥리(長興里) : 경기도 양주시 장흥면 일대.

## 윤변(尹忭) 묘갈(墓碣)[2100]

[해동금석록][2101] 기대승(奇大升)[2102]이 글을 짓고 윤근수(尹根壽)가 글씨를 썼다. 장단(長湍) 오음리(梧陰里)[2103]에 있다.

[동방금석평][2104] 해서로, 진체이며 단정하다.

## 尹忭墓碣

[又] 奇大升撰, 尹根壽書, 在長湍 梧陰里.

[評] 楷, 晉體, 端.

## 서화담(徐花潭) 묘비(墓碑)[2105]

[해동금석록][2106] 박민헌(朴民獻)[2107]이 글을 짓고, 남응운(南應雲)[2108]이 전액을 쓰고, 한호(韓濩)[2109]가 글씨를 썼다. 개성부(開城府) 화담(花潭)[2110]에 있다.

## 徐花潭墓碑

[錄] 朴民獻撰, 南應雲額, 韓濩書, 在開城府 花潭.

---

2100 윤변(尹忭) 묘갈(墓碣) : 조선 중기의 문신 윤변(尹忭, 1493~1549)의 묘갈. 경기도 연천군 백학면 오음리에 묘소가 있지만, 비무장지대(DMZ) 안에 있어 확인할 수 없다.

2101 출전 확인 안 됨.

2102 기대승(奇大升) : 1527~1572. 조선 중기의 학자. 《주자대전(朱子大全)》을 발췌하여 《주자문록(朱子文錄)》을 편찬하는 등 주자학에 정진하였다. 저서로는 《고봉집(高峰集)》·《주자문록(朱子文錄)》·《논사록(論思錄)》 등이 있다.

2103 오음리(梧陰里) : 경기도 연천군 백학면 오음리 일대.

2104 출전 확인 안 됨.

2105 서화담(徐花潭) 묘비(墓碑) : 조선 중기의 학자 서경덕(徐敬德, 1489~1546)의 신도비. 황해북도 개성특급시 용흥동에 있다.

2106 출전 확인 안 됨.

2107 박민헌(朴民獻) : 1516~1586. 조선 중기의 문신. 성리학과 역학에 뛰어났으며, 저서로는 《슬한재집(瑟僩齋集)》이 있다.

2108 남응운(南應雲) : 1509~1587. 조선 중기의 문신. 글씨를 잘 써서 서총대(瑞葱臺)의 시예(試藝)에서 문무과(文武科)에 모두 장원에 선발되었으며, 특히 전서(篆書)·주서(籀書)에 능하였다. 그가 남긴 글씨로는 《서화담경덕비(徐花潭敬德碑)》·《황산(荒山) 대첩비(大捷碑)》·《허엽신도비(許曄神道碑)》·《허종신도비(許琮神道碑)》 등이 있다.

2109 한호(韓濩) : 1543~1605. 조선 중기의 서예가. 자는 경홍(景洪), 호는 석봉(石峯)·청사(淸沙). 왕희지와 안진경의 필법을 익혀 해서·행서·초서 등 각 서체에 모두 능했다. 1567년(명종 22) 진사시에 합격했으며, 그 후로 가평군수, 흡곡현령, 존숭도감 서사관 등을 역임했다. 김정희(金正喜)와 쌍벽을 이루는 서예가이며, 그의 필적으로는 《석봉서법》·《석봉천자문》 등이 모간(模刊)됐고, 비문으로는 《서경덕신도비(徐敬德神道碑)》·《행주승전비(幸州勝戰碑)》 등이 있다.

2110 화담(花潭) : 화담은 개성 송악산 자락에 '꽃[花] 피는 연못[潭]'이라는 뜻으로, 지금의 황해북도 개성특급시 용흥동에 있다. 서경덕은 이 지명을 본인의 호로 삼아 더욱 알려졌다.

[동방금석평]2111 전액은 속되다.     [評] 額俗.


이공집(李公楫) 묘비(墓碑)2112     李公楫墓碑

[해동금석록]2113 성호선(成好善)2114이 글을 짓고 한호   [錄] 成好善撰, 韓濩書,

가 글씨를 썼다. 양주(楊州)에 있다.     在楊州.


기응세(奇應世) 묘갈(墓碣)2115     奇應世墓碣

[해동금석록]2116 신숙(申塾)2117이 글을 짓고 한호(韓   [又] 申塾撰, 韓濩書, 在

濩)가 글씨를 썼다. 고양(高陽)에 있다.     高陽.


[評] 행서이며 글씨가 능숙하다.     [評] 行書, 熟.


기응세(奇應世) 묘표(墓表)2118     又墓表

[해동금석록]2119 명나라의 주지번(朱之蕃)2120이 글씨   [錄] 明 朱之蕃書.

를 썼다.

---

2111 출전 확인 안 됨.
2112 이공집(李公楫) 묘비(墓碑) : 1544년(중종 39)에 승정원주서(承政院注書)를 지낸 이덕응(李德應, ?~1545)
　　의 부친인 이공집(李公楫, ?~?)의 묘비.
2113 출전 확인 안 됨.
2114 성호선(成好善) : 1552~?. 조선 중기의 문신. 1595년 형조정랑(刑曹正郎), 1601년 사성(司成)·정언(正
　　言)·장령(掌令) 등을 역임했다. 이듬해 충주목사(忠州牧使)가 되었다. 저서로는《월사집(月簑集)》이 있다.
2115 기응세(奇應世) 묘갈(墓碣) : 조선 중기의 문신 기응세(奇應世, 1539~1585)의 묘비. 봉분 바로 앞에 있는
　　묘비는 1586년(선조 19)에 세운 것으로 글씨는 한호(韓濩)가 썼다. 경기도 고양시 덕양구 성사동에 있다.
2116 출전 확인 안 됨.
2117 신숙(申塾) : 미상.
2118 기응세(奇應世) 묘표(墓表) : 조선 중기의 문신 기응세의 묘표. 묘비 앞쪽에 있는 묘표는 1606년(선조 39)
　　에 세운 것으로 비문은 신숙(申塾)이 지었고 글씨는 중국의 주지번(朱之蕃)이 썼으며 세서(細書)는 한호가
　　썼다. 경기도 고양시 덕양구 성사동에 있다.
2119 출전 확인 안 됨.
2120 주지번(朱之蕃) : 1546~1624. 중국 명나라의 서예가. 글씨와 그림에 뛰어났다. 저서로는《봉사고(奉使稿)》
　　가 있다.

[동방금석평]2121 해서로, 글씨가 예쁘지만 기운이 약하다.

[評] 楷, 媚而弱.

### 이몽량(李夢良) 묘비(墓碑)2122

[해동금석록]2123 최립(崔岦)2124이 글을 짓고, 한호가 글씨를 썼다. 포천(抱川) 화산(花山)2125에 있다.

### 李夢良墓碑

[錄] 崔岦撰, 韓濩書, 在抱川 花山.

[동방금석평]2126 해서로, 글씨가 정밀하다.

[評] 楷, 密.

이몽량 묘비(국립문화재연구소)

박소 묘갈(문화재청)

---

2121 출전 확인 안 됨.

2122 이몽량(李夢良) 묘비(墓碑): 조선 중기의 문신 이몽량(李夢良, 1499~1564)의 신도비. 이몽량은 이항복(李恒福, 1556~1618)의 부친이다. 1604년에 세워졌으며, 노직(盧稙, 1545~1618)이 전액을 썼다. 경기도 포천시 가산면 금현리에 있다.

2123 출전 확인 안 됨.

2124 최립(崔岦): 1539~1612. 조선 중기의 문신. 국내외에서 명문장가로 이름을 떨쳤으며 시에 탁월하고 글씨는 송설체(松雪體)에 뛰어났다. 저서로는 《간이집(簡易集)》·《주역본의구결부설(周易本義口訣附設)》·《한사열전초(漢史列傳抄)》·《십가근체(十家近體)》·《사한일통(史漢一統)》·《한적목록구장(漢籍目錄舊藏)》 등이 있다.

2125 화산(花山): 경기도 포천시 가산면 금현리·방축리 일대에 있는 산.

2126 출전 확인 안 됨.

황대수(黃大受) 묘비(墓碑)2127

[해동금석록]2128 윤두수(尹斗壽)2129가 글을 짓고, 한 호가 글씨를 썼다. 양주(楊州)에 있다.

黃大受墓碑

[錄] 尹斗壽撰, 韓濩書, 在楊州.


허엽(許曄) 묘표(墓表)2130

[해동금석록]2131 양사언(楊士彦)이 전액을 쓰고, 허성 (許筬)2132이 글씨를 썼다. 과천(果川) 구곡리(玖谷里)2133 에 있다.

許曄墓表

[又] 楊士彦額, 許筬書, 在果川 玖谷里.


[동방금석평]2134 전액은 행서로, 글씨가 담박하나 속되다. 음기는 팔분체로, 굳세다.

[評] 額行書, 澹而俗 ; 陰 八分, 硬.


박소(朴紹) 묘갈(墓碣)2135

[해동금석록]2136 박순(朴淳)이 글을 짓고, 한호(韓濩)

朴紹墓碣

[錄] 朴淳撰, 韓濩書, 在

---

2127 황대수(黃大受) 묘비(墓碑) : 조선 중기의 문신 황대수(黃大受, 1534~1571)의 묘비. 황대수는 승문원(承文院) 권지정자(權知正字), 주서(注書) 등을 역임했다.

2128 출전 확인 안 됨.

2129 윤두수(尹斗壽) : 1533~1601. 조선 중기의 문신. 1590년 종계변무의 공으로 광국공신 2등에 책록되고, 건 저 문제로 서인 정철이 화를 입자 이에 연루, 회령 등에 유배되기도 하였다. 임진왜란이 일어나자 기용되어 선조를 호종했고, 우의정·좌의정에 올랐다. 저서로는 《성인록(成仁錄)》, 문집에 《오음유고(梧陰遺稿)》, 편저에 《평양지(平壤志)》·《연안지(延安志)》·《기자지(箕子志)》 등이 있다.

2130 허엽(許曄) 묘표(墓表) : 조선 중기의 문신 허엽(許曄, 1517~1580)의 묘표. 허엽은 허난설헌(許蘭雪軒, 1563~1589)·허균(許筠, 1569~1618)의 부친이다. 경기도 용인시 처인구 원삼면 맹리 산61번지에 묘소가 있다.

2131 출전 확인 안 됨.

2132 허성(許筬) : 1548~1612. 조선 중기의 문신. 통신사로 일본에 다녀온 후 김성일이 침략 우려가 없다고 하 자, 같은 동인(東人)임에도 불구하고 그에 반대하여 침략 가능성을 직고하였다. 임진왜란이 일어나자 자청 하여 군병 모집에 진력하였다. 이조판서에 이르렀으며 이름난 문장가로 성리학에 통달하였고 글씨에도 뛰 어났다. 저서로 《악록집(岳麓集)》이 있다.

2133 구곡리(玖谷里) : 경기도 용인시 처인구 원삼면 일대의 옛 지명.

2134 출전 확인 안 됨.

2135 박소(朴紹) 묘갈(墓碣) : 조선 중기의 문신 박소(朴紹, 1493~1534)의 신도비. 1590년(선조 23)에 세워졌으 며, 경상남도 합천군 야로면 야로리에 있다.

2136 출전 확인 안 됨.

가 글씨를 썼다. 합천(陜川) 야로리(冶爐里)<sup>2137</sup>에 있다.　　陜川 冶爐里.

## 윤두수(尹斗壽) 묘비(墓碑)<sup>2138</sup>

[해동금석록]<sup>2139</sup> 최립(崔岦)이 글을 짓고, 명나라의 왕휘(汪輝)<sup>2140</sup>가 글씨를 썼다. 장단(長湍) 오음리(梧陰里)에 있다.

尹斗壽墓碑

[又] 崔岦撰, 明 汪輝書, 在長湍 梧陰里.

[동방금석평]<sup>2141</sup> 행서로, 날렵하고 뛰어나다.　　[評] 行書, 飄逸.

## 윤두수(尹斗壽) 묘표(墓表)<sup>2142</sup>

[해동금석록]<sup>2143</sup> 명(明)나라 주지번(朱之蕃)이 글씨를 썼다.

又墓表

[錄<sup>162</sup>] 明 朱之蕃書.

## 율곡(栗谷) 묘비(墓碑)<sup>2144</sup>

　[해동금석록]<sup>2145</sup> 이항복(李恒福)<sup>2146</sup>이 글을 짓고 신익성(申翊聖)이 글씨를 썼다. 파주(坡州) 자운(紫

栗谷墓碑

[又] 李恒福撰, 申翊聖書, 在坡州 紫雲.

---

2137 야로리(冶爐里) : 경상남도 합천군 야로면 야로리 일대.
2138 윤두수(尹斗壽) 묘비(墓碑) : 조선 중기의 문신 윤두수(尹斗壽, 1533~1601)의 묘비. 경기도 연천군 백학면 오음리에 있다.
2139 출전 확인 안 됨.
2140 왕휘(汪輝) : 미상.
2141 출전 확인 안 됨.
2142 윤두수(尹斗壽) 묘표(墓表) : 조선 중기의 문신 윤두수의 묘표. 경기도 연천군 백학면 오음리에 있다.
2143 출전 확인 안 됨.
2144 율곡(栗谷) 묘비(墓碑) : 조선 중기의 학자·문신 이이(李珥, 1536~1584)의 신도비. 이이가 죽은 후 47년이 지난 1631년(인조 9) 4월에 건립된 신도비로, 전액은 선원 김상용(金尙容 1561~1637)이 썼다. 경기도 파주 시 법원읍 동문리 자운서원에 있다.
2145 출전 확인 안 됨.
2146 이항복(李恒福) : 1556~1618. 조선 중기의 문신. 자는 자상(子常), 호는 백사(白沙)·필운(弼雲)·청화진인 (淸化眞人)이다. 좌의정·영의정을 지냈고, 오성부원군(鰲城府院君)에 진봉되었다. 임진왜란 당시 선조의 신임을 받았으며, 전란 후에는 수습책에 힘썼다. 저서로는 《백사집(白沙集)》·《북천일록(北遷日錄)》·《사례 훈몽(四禮訓蒙)》 등이 있다.
<sup>162</sup> 錄 : 저본에는 "又". 오사카본·규장각본에 근거하여 수정.

율곡 묘비(문화재청)

雲)²¹⁴⁷에 있다.


### 안종도(安宗道) 묘비(墓碑)²¹⁴⁸

[해동금석록]²¹⁴⁹ 이수광(李睟光)²¹⁵⁰이 글을 짓고, 신
익성(申翊聖)이 글씨를 썼다. 양주(楊州) 건천리(乾川
里)²¹⁵¹에 있다.

### 安宗道墓碑

[又] 李睟光撰, 申翊聖書,
在楊州乾川里.

---

2147 자운(紫雲) : 경기도 파주시 법원읍 동문리 일대.
2148 안종도(安宗道) 묘비(墓碑) : 조선 중기의 문신 안종도(安宗道, 1522~1600)의 묘비. 1631년(인조 9) 8월에
　　세워졌으며, 전액은 김상용(金尙容, 1561~1637)이 썼다. 경기도 남양주시 진건읍 용정리에 있다.
2149 출전 확인 안 됨.
2150 이수광(李睟光) : 1563~1628. 조선 중기의 문신. 자는 윤경(潤卿), 호는 지봉(芝峰)이다. 실증적 학문에
　　상응하는 사실주의적 문학관을 전개하였고, 이를 토대로 사실성을 기준으로 하는 실천비평을 수행하였다.
　　이조판서 등을 지냈고, 영의정에 추증됐다. 저서로는 《지봉집(芝峯集)》·《지봉유설(芝峯類說)》·《채신잡록
　　(採薪雜錄)》 등이 있다.
2151 건천리(乾川里) : 경기도 남양주시 진건읍 일대.

## 이송복(李松福) 묘비(墓碑)[2152]

[해동금석록][2153] 이항복(李恒福)이 글을 짓고, 아울러 글씨를 썼다. 포천(抱川) 화산(花山)에 있다.

[동방금석평][2154] 행서(行書)로, 글씨가 앙상하면서도 굳세다.

**李松福墓碑**

[又] 李恒福撰并書, 在抱川 花山.

[評] 行書, 瘦勁.

## 윤방(尹昉) 묘비(墓碑)[2155]

[해동금석록][2156] 이식(李植)[2157]이 글을 짓고, 윤지(尹墀)[2158]가 글씨를 썼다. 장단(長湍) 오음리(梧陰里)에 있다.

[동방금석평][2159] 진체이며, 정밀하다.

**尹昉墓碑**

[錄] 李植撰, 尹墀書, 在 長湍 梧陰里.

[評] 晉體, 密.

## 홍담(洪曇) 묘비(墓碑)[2160]

[해동금석록][2161] 유근(柳根)[2162]이 글을 짓고, 오준(吳竣)

**洪曇墓碑**

[錄] 柳根撰, 吳竣書, 在

---

2152 이송복(李松福) 묘비(墓碑): 조선 중기의 관리 이송복(李松福, 1550~1592)의 묘비. 이송복은 이항복의 큰형이다. 경기도 포천시 가산면(加山面) 방축리에 있다.
2153 출전 확인 안 됨.
2154 출전 확인 안 됨.
2155 윤방(尹昉) 묘비(墓碑): 미상. 조선 중기의 문신 윤방(尹昉, 1563~1640)의 묘비. 경기도 연천군 백학면 오 음리에 있다.
2156 출전 확인 안 됨.
2157 이식(李植): 1584~1647. 조선 중기의 문신. 자는 여고(汝固), 호는 택당(澤堂)이다. 대제학·예조판서 등을 역임하였다. 《선조실록(宣祖實錄)》의 수정을 맡았으며, 저서로는 《택당집(澤堂集)》 등이 있다.
2158 윤지(尹墀): 1600~1644. 조선 중기의 문신. 인조반정 후 사간원정언으로 등용되어 삼사(三司)를 비롯하여 육조·승정원 등의 여러 관직과 수원부사·예조참판·전라도관찰사·경기도관찰사 등을 역임하였다. 언 관으로 있으면서 국가의 기강을 바로잡기 위한 활발한 활동을 하였다.
2159 출전 확인 안 됨.
2160 홍담(洪曇) 묘비(墓碑): 조선 중기의 문신 홍담(洪曇, 1509~1576)의 묘비. 경기도 화성시 서신면 홍법리 에 있다.
2161 출전 확인 안 됨.
2162 유근(柳根): 1549~1627. 조선 중기의 문신. 임진왜란 때 선조를 호종하여 이조참판에 오르고 도승지·한 성부판윤·경기도관찰사·예조판서 등을 지냈으며 시문에 뛰어났다.

이 글씨를 썼다. 남양(南陽)²¹⁶³ 홍법동(弘法洞)²¹⁶⁴에 있다.　　南陽 弘法洞.


이순신(李舜臣) 묘비(墓碑)²¹⁶⁵　　　　　　　　李舜臣墓碑

[해동금석록]²¹⁶⁶ 김육(金堉)²¹⁶⁷이 글을 짓고, 오준이　　[錄] 金堉撰, 吳竣書, 在
글씨를 썼다. 아산(牙山) 빙항산(氷項山)²¹⁶⁸에 있다.　　牙山 氷項⒃山.


한백겸(韓百謙) 묘비(墓碑)²¹⁶⁹　　　　　　　　韓百謙墓碑

[해동금석록]²¹⁷⁰ 정경세(鄭經世)²¹⁷¹가 글을 짓고 오준(吳　　[又] 鄭經世撰, 吳竣書,
竣)이 글씨를 썼다. 원주(原州) 가마도(佳麻島)²¹⁷²에 있다.　　在原州 佳麻島.


백인걸(白仁傑) 묘비(墓碑)²¹⁷³　　　　　　　　白仁傑墓碑

[해동금석록]²¹⁷⁴ 송시열(宋時烈)이 글을 짓고, 송준길(宋浚　　[又] 尤菴撰, 同春堂書, 在
吉)이 글씨를 썼다. 양주(楊州) 석적리(石積里)²¹⁷⁵에 있다.　　楊州 石積里.

---

2163 남양(南陽): 경기도 화성시 남양읍 일대.
2164 홍법동(弘法洞): 경기도 화성시 서신면 홍법리 일대.
2165 이순신(李舜臣) 묘비(墓碑): 조선 중기의 명장 이순신(李舜臣, 1545~1598)의 신도비. 1693년(숙종 19)에
　　세워졌다. 충청남도 아산시 음봉면 삼거리에 있다.
2166 출전 확인 안 됨.
2167 김육(金堉): 1580~1658. 조선 중기의 문신. 자는 백후(伯厚), 호는 잠곡(潛谷)이다. 17세기 후반의 공납
　　제도의 폐단을 혁파하기 위해, 대동법(大同法) 실시를 주장하였다. 저서로는 《조천일기(朝天日記)》·《유원
　　총보(類苑叢寶)》가 있다.
2168 빙항산(氷項山): 충청남도 아산시 음봉면에 있는 야산. 이순신 묘역은 사적 제112호로 지정되어 있다.
2169 한백겸(韓百謙) 묘비(墓碑): 조선 중기의 문신 한백겸(韓百謙, 1552~1615)의 신도비. 1644년(인조 22)에
　　세워졌으며, 전액은 김광욱(金光煜)이 썼다. 경기도 여주시 강천면 부평리에 있다.
2170 출전 확인 안 됨.
2171 정경세(鄭經世): 1563~1633. 조선 중기의 문신. 자는 경임(景任), 호는 우복(愚伏)·일묵(一默)·하거(荷
　　渠). 임진왜란이 일어나자 의병을 일으켜 공을 세워 수찬이 되었고, 정언·교리·정랑·사간에 이어 1598년
　　경상도관찰사가 되었다. 시문과 서예에도 뛰어났다.
2172 가마도(佳麻島): 경기도 여주시 강천면 부평리 가마섬[釜島]의 이칭.
2173 백인걸(白仁傑) 묘비(墓碑): 조선 중기의 문신 백인걸(白仁傑, 1497~1579)의 신도비. 전액은 김수항(金壽
　　恒, 1629~1689)이 썼으며, 경기도 양주시 광적면 효촌리에 있다.
2174 출전 확인 안 됨.
2175 석적리(石積里): 경기도 양주시 광적면 일대의 옛 지명.
⒃ 項: 저본에는 "頂". 일반적인 용례에 근거하여 수정.

한백겸 묘비(문화재청)

백인걸 묘비(문화재청)

이완 묘표(국립문화재연구소)

### 유순익(柳舜翼) 묘갈(墓碣)[2176]

[해동금석록][2177] 이경석(李景奭)[2178]이 글을 짓고, 송준길이 글씨를 썼다. 금천(衿川)[2179] 사성리(巳省里)[2180]에 있다.

### 柳舜翼墓碣

[又] 李景奭撰, 同春堂書, 在衿川 巳省里.

### 이완(李浣) 묘표(墓表)[2181]

[해동금석록][2182] 송시열(宋時烈)이 글을 짓고 아울러

### 李浣墓表

[又] 尤菴撰幷書, 在驪州

---

2176 유순익(柳舜翼) 묘갈(墓碣) : 조선 중기의 문신 유순익(柳舜翼, 1559~1632)의 묘갈. 경기도 광명시 철산동(鐵山洞)에 있다.

2177 출전 확인 안 됨.

2178 이경석(李景奭) : 1595~1671. 조선 중기의 문신. 이조판서를 거쳐 우의정·좌의정이 되었으며 이듬해 영의정에 올랐다. 청나라의 침략으로 인한 위기에서 국가를 구하는 데 큰 공을 세웠으나, 노론의 영수 송시열(宋時烈) 등 존명사대(尊明事大)의 명분을 앞세우는 인물들에 의해 삼전도 비문을 작성하여 부귀영화를 누렸다고 비판받기도 했다. 일생 동안 검소하고 소박한 청백리의 삶을 살았다. 이념과 정책은 숙종대의 소론으로 연결된다. 문집에 《백헌집(白軒集)》이 있으며 글씨에 능하였다.

2179 금천(衿川) : 서울특별시 금천구, 관악구, 경기도 광명시, 안양시 만안구 박달동·석수동 일대.

2180 사성리(巳省里) : 경기도 광명시 철산동(鐵山洞) 일대.

2181 이완(李浣) 묘표(墓表) : 조선 후기의 무신 이완(李浣, 1602~1674)의 묘표. 경기도 여주시 상거동(上巨洞)에 있다.

2182 출전 확인 안 됨.

글씨를 썼다. 여주(驪州) 대거리(大巨里)²¹⁸³에 있다.　　大巨里.

정구(鄭逑) 묘갈(墓碣)²¹⁸⁴

[해동금석록]²¹⁸⁵ 신흠(申欽)이 글을 짓고, 조경(趙絅)
이 글씨를 썼다. 성주(星州) 창평산(蒼平山)에 있다.

鄭逑墓碣

[又] 申欽撰, 趙絅書, 在
星州蒼平山.

[동방금석평]²¹⁸⁶ 진체이며 글씨가 납작하다.　　[評] 晉體, 匾.

홍명원(洪命元) 묘갈(墓碣)²¹⁸⁷

[해동금석록]²¹⁸⁸ 송시열이 글을 짓고, 송준길이 글
씨를 썼다. 안산(安山) 성두촌(城頭村)²¹⁸⁹에 있다.

洪命元墓碣

[錄] 尤菴撰, 同春堂書,
在安山城頭村.

김식(金湜) 묘비(墓碑)²¹⁹⁰

[해동금석록]²¹⁹¹ 조경(趙絅)이 글을 짓고, 김좌명(金佐
明)이 글씨를 썼다. 양주(楊州) 금곡(金谷)²¹⁹²에 있다.

金湜墓碑

[又] 趙絅撰, 金佐明書,
在楊州金谷.

[동방금석평]²¹⁹³ 해서이며 글씨가 각이 지고 예쁘다.　　[評] 楷, 稜而媚.

---

2183 대거리(大巨里) : 경기도 여주시 상거동 일대.
2184 정구(鄭逑) 묘갈(墓碣) : 조선 중기의 문신·학자 정구(鄭逑, 1543~1620)의 묘갈. 경상북도 성주군 대가면
　　(大家面) 금산리(金山里) 인현산(印懸山)에 있다.
2185 출전 확인 안 됨.
2186 출전 확인 안 됨.
2187 홍명원(洪命元) 묘갈(墓碣) : 조선 중기의 문신 홍명원(洪命元, 1573~1623)의 묘갈. 1661년(현종 2)에 세
　　워졌으며, 경기도 안산시 단원구 성곡동에 있다.
2188 출전 확인 안 됨.
2189 성두촌(城頭村) : 경기도 안산시 단원구 성곡동 일대.
2190 김식(金湜) 묘비(墓碑) : 조선 전기의 문신·학자 김식(金湜, 1482~1520)의 신도비. 경기도 남양주시 삼패
　　동(三牌洞)에 있다.
2191 출전 확인 안 됨.
2192 금곡(金谷) : 경기도 양주 금곡은 현재의 경기도 의정부시 자일동 일대로, 실제 김식의 묘소가 위치한 경기
　　도 남양주시 삼패동과는 일치하지 않는다.
2193 출전 확인 안 됨.

## 윤사정(尹士貞) 묘갈(墓碣)[2194]

[해동금석록][2195] 이이가 글을 짓고, 이우(李瑀)[2196]가 글씨를 썼다. 광주(廣州) 귀천면(龜川面)[2197]에 있다.

[동방금석평][2198] 글씨가 둥글고 예뻐서 본받을 만하다.

## 尹士貞墓碣

[錄] 栗谷撰, 李瑀書, 在廣州龜川面.

[評] 圓媚可法.

## 이현석(李玄錫) 묘비(墓碑)[2199]

[해동금석록][2200] 윤순(尹淳)[2201]이 글을 짓고 아울러 글씨를 썼다. 광주(廣州) 옹정리(瓮井里)[2202]에 있다.

## 李玄錫墓碑

[錄] 尹淳撰幷書, 在廣州瓮井里.

---

2194 윤사정(尹士貞) 묘갈(墓碣): 조선 전기의 무신 윤사정(尹士貞, ?~?)의 신도비. 서울특별시 강동구 강일동에 있다.

2195 출전 확인 안 됨.

2196 이우(李瑀): 1542~1609. 조선 중기의 서예가. 시·글씨·그림·금(琴)에 두루 능하여 사절(四絶)이라는 소리를 들었다. 글씨는 행서·초서를 잘 썼고, 그림은 특히 초충(草蟲)과 사군자·포도 등을 잘 그렸으며 화풍은 어머니 사임당의 화풍을 따랐다 한다.

2197 귀천면(龜川面): 서울특별시 강동구 강일동 일대.

2198 출전 확인 안 됨.

2199 이현석(李玄錫) 묘비(墓碑): 조선 후기의 문신 이현석(李玄錫, 1647~1703)의 신도비. 예조판서 윤순이 글을 짓고, 대사헌 이진순(李眞淳)이 글씨를 썼으며, 이조참의 조명교(曹命敎)가 전액을 썼다. 1738년(영조 14)에 세워졌다. 경기도 광주시 곤지암읍 연곡리에 있다.

2200 출전 확인 안 됨.

2201 윤순(尹淳): 1680~1741. 조선 후기의 문신. 호는 백하(白下). 송나라 미남궁체(米南宮體)를 잘 쓰는 명필이었다. 저서로는《백하집(白下集)》이 있고, 글씨로는《백하서첩(白下書帖)》·〈고려산(高麗山) 적석사비(積石寺碑)〉·〈영상(領相) 홍서봉비(洪瑞鳳碑)〉·〈좌상(左相) 이태좌표(李台佐表)〉 등이 있다.

2202 옹정리(瓮井里): 경기도 광주시 곤지암읍 연곡리 일대.

## 16) 【부록】 우리나라의 묵적　　　【附】東國墨蹟

### 김생(金生)의 글씨

[금화경독기]2203 신라(新羅) 김생(金生)의 글씨는 우리나라 서법의 모태이다. 《삼국사기(三國史記)》에 다음과 같이 말했다. "김생의 예서·행서·초서는 모두 입신(入神)의 경지에 이르렀다. 숭녕(崇寧) 연간(1102~1106)에 학사(學士) 홍관(洪灌)2204이 진봉사(進奉使)2205를 따라 송나라에 들어갔는데, 한림대조(翰林待詔)2206 양구(楊球)2207와 이혁(李革)2208이 칙명을 받들어 숙소에 왔다. 홍관이 김생의 행서와 초서를 이

### 金生書

[金華耕讀記]164 新羅 金生書, 爲東國法書之祖. 《三國史》云: "金生隷書、行、草皆入神. 崇寧中學士洪灌隨進奉使入宋, 翰林待詔 楊球、李革165 奉勅至館. 灌以金生行、草示之, 二人大駭, 曰: '不圖今日得見右

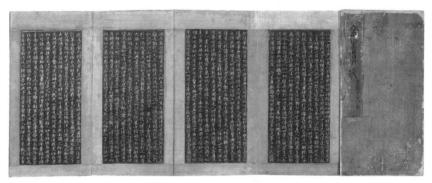

김생의 글씨(국립중앙박물관)

---

2203 출전 확인 안 됨.

2204 홍관(洪灌): ?~1126. 고려 전기의 문신·서예가. 자는 무당(無黨). 신라 때 서예가인 김생(金生)의 글씨를 본받았다. 1102년에 직사관(直史館)으로서 왕명으로 신축된 집상전(集祥殿)의 편액을 썼다. 그밖에 회경전(會慶殿) 병풍의 '무일편(無逸篇)'도 썼다고 전해진다.

2205 진봉사(進奉使): 중국에 방물(方物, 각 고장의 특산품)을 바치기 위해 보내는 사신.

2206 한림대조(翰林待詔): 중국 송나라의 관명으로 당나라 개원 연간(713)에 처음 설치되었다. 각종 비답(批答)과 상소(上疏)를 주관하는 일을 담당했다.

2207 양구(楊球): 미상.

2208 이혁(李革): 미상.

164 출전 확인 안 됨.

165 革: 저본에는 "韋". 《三國史記·列傳·金生》에 근거하여 수정.

들에게 보여주자 두 사람이 크게 놀라며 '오늘 왕희지의 친필을 보게 될 줄은 생각지도 못했습니다.'라 했다. 이에 홍관이 '이는 신라 사람인 김생의 글씨입니다.'라 했으나, 두 사람이 믿지 않았다."2209

《원교서결(圓嶠書訣)》에서도 "우리나라의 필법(筆法)은 김생을 으뜸으로 여긴다. 그러나 친필이 전하지 않는다. 탁본 역시 빼어나고 법도가 있으니, 고려 이후의 글씨가 따라갈 수 있는 수준이 아니다."2210라 했다. 이광사가 말한 탁본은 아마도 《백월비(白月碑)》2211의 종류를 가리킨 듯하다. 근래에 간혹 오래 된 부도(浮圖)2212에서 이금(泥金, 금가루를 섞어 만든 안료)으로 글씨를 쓴 소해(小楷) 불경(佛經)을 얻기도 한다.

軍手迹.'灌曰:'此新羅人金生書也.'二人不之信."

《圓嶠書訣》亦云:"東國筆法, 以金生爲宗, 而眞跡不傳. 搨本亦奇偉有法, 非高麗以後可及." 圓嶠所稱搨本蓋指《白月碑》之類也. 近世或有得泥金書小楷佛經於古浮圖者.

### 영업(靈業)의 글씨

[원교서결]2213 신라 승려 영업(靈業)의 글씨는 가늘면서도 굳세어 취할 만하다.

### 靈業[166]書

[圓嶠書訣] 新羅僧靈業[167]書, 瘦勁可取.

2209 《三國史記》卷48〈列傳〉8 "金生".
2210 《圓嶠書訣》〈後編〉下(서울대 규장각한국학연구원, 《圓嶠書訣》이미지, 45b).
2211 백월비(白月碑) : 신라시대의 국사(國師)인 낭공대사(郎空大師, 832~916)의 탑명(塔銘)을 새긴 비이다. 경상북도 봉화군 태자사(太子寺)에 있던 비를 영주군으로 옮겼다가 현재는 국립중앙박물관에 보관되어 있다. 전체 명칭은 백월서운탑비(白月棲雲塔碑)이다.
2212 부도(浮圖) : 승려의 사리나 유골을 넣어둔 석조물을 가리킨다.
2213 《圓嶠書訣》, 위와 같은 곳.
[166] 靈業 : 저본에는 "雲素". 《圓嶠書訣·後編》에 근거하여 수정.
[167] 業 : 저본에는 "素". 《圓嶠書訣·後編》에 근거하여 수정.

원교서결 표지(고려대학교 중앙도서관)　　영업의 글씨(국립중앙박물관)　　탄연의 글씨
(고등학교 국사교과서)

## 탄연(坦然)의 글씨

[원교서결]2214 고려 승려 탄연(坦然)의 글씨는 왕희지
의 〈집자성교서(集字聖敎序)〉만을 오로지 배워 진실로
우리나라 사람들에게 원필(圓筆, 필획이 둥근 것)의 길을
열어주었다.

## 안평대군(安平大君)의 글씨

[원교서결]2215 안평대군의 글씨는 수려하고 아름다
워서 아낄 만하다. 재주와 기운이 모두 뛰어나서 조
맹부(趙孟頫)와 우열을 다툰다. 다만 그 서법(書法)이
조맹부의 서체만을 오로지 배워 여러 서예가들의 서
체를 널리 취하지 못하기 때문에 속기(俗氣)를 면치
못한다.

## 坦然書

[又] 高麗僧坦然書專學
《聖敎序》, 而實啓東人圓
捘之畫.

## 安平大君書

[又] 淸之書, 秀媚可愛. 才
氣俱優, 與趙子昂相上下.
但其書法專學子昂, 不能
泛攬諸家, 故未免入俗.

---

2214 《圓嶠書訣》〈後編〉下(서울대 규장각한국학연구원, 《圓嶠書訣》 이미지, 45b~46a).
2215 《圓嶠書訣》〈後編〉下(서울대 규장각한국학연구원, 《圓嶠書訣》 이미지, 46a).

양사언의 글씨(문화재청)

## 김구(金絿)[2216]의 글씨

[원교서결][2217] 김구의 해서는 비루하여 볼만한 것이 없지만 행서와 초서는 상당히 뛰어나다. 내가 유세모(柳世模)[2218]의 집에서 행서와 초서로 쓴 큰 글씨 한 폭을 보았는데, 탁월하게 뛰어나서 가볍게 평가할 만한 글씨가 아니다.

## 自菴書

[又] 自菴眞書, 鄙不足觀, 行·草頗偉. 余於柳世模家, 見一大幅行·草, 卓然高絶, 未可輕議也.

## 양사언(楊士彦)의 글씨

[원교서결][2219] 양사언의 초서는 호탕하고 형식에 얽매이지 않아서 언뜻 보면 장욱(張旭)[2220]을 뛰어넘고 회소(懷素)[2221]를 초월하려는 듯 보인다. 그러나 재주만 있고 배움이 없어서 그림자만 얻고 뼈대를 잃었

## 蓬萊書

[又] 蓬萊草書, 豪宕灑脫, 驟看若欲超張邁素[168], 而有才無學, 得影遺骨, 殊未可謂成家也.

---

2216 김구(金絿):1488~1534. 조선 중기의 문신·서예가. 자는 대유(大柔), 호는 자암(自庵)·삼일재(三一齋). 1507년에 생원·진사에 모두 장원을 했다. 1519년 부제학이 되었으나, 기묘사화로 투옥되었다. 개령(開寧, 경상북도 김천시 개령면)에 유배되었다가 남해에 안치되었다. 문집에 《자암문집》, 작품에 《이겸인묘비(李謙仁墓碑)》·《자암필첩(自庵筆帖)》 등이 있다.

2217 《圓嶠書訣》〈後編〉下(서울대 규장각한국학연구원, 《圓嶠書訣》 이미지, 46b).

2218 유세모(柳世模):미상.

2219 《圓嶠書訣》, 위와 같은 곳.

2220 장욱(張旭):675~750. 중국 당나라의 관리이자 서예가. 특히 초서(草書)에 뛰어나, 초성(草聖)이라 불렸다. 대담하고 자유분방한 성품을 따라 광초(狂草)에서 일가(一家)를 이루었다.

[168] 素:《圓嶠書訣·後編》에는 "王".

한호의 글씨(문화재청)

으니, 결국 일가를 이루었다고는 할 수 없다.

## 한호(韓濩)의 글씨

[원교서결][2222] 우리 조선의 서법은 안평대군·김구
(金絿)·양사언(楊士彦)·한호가 4대가(大家)이다. 윤순
(尹淳)이 '양사언이 가장 뛰어나다.'라 한 적이 있는
데, 나만은 한석봉을 제일로 친다. 대개 그는 재주
와 배움이 높지 않지만 오랫동안 꾸준히 익혀 공력
을 이루었다. 비록 옛사람들의 글씨를 쓰는 방법을
몰랐지만 또한 자연스레 그들과 부합되는 부분이 있
다. 다만 신분이 미천했기 때문에 원본체(院本體)[2223]
의 일정한 형식에 국한되어 해서는 더욱 비루했지만
역시 필력에서는 볼 만한 부분이 있었다. 행서와 초
서에서 완숙한 경지를 이룬 부분에 이르러서는 웅
장하면서도 심원하고 내실을 갖추면서도 탄탄하니,

## 石峰書

[又] 我朝書法, 以安平、自
菴、蓬萊、石峯爲四大家.
白下嘗謂"蓬萊最優", 余獨
以石峯爲第一. 蓋其才學未
高, 而積習功到. 雖未知古
人畫法, 而亦有自然相合
處. 特以地微之故, 局於院
體程式, 眞書尤鄙陋, 而亦
有筆力可觀者. 至於行、草
得意處, 雄深質健, 置諸
宋、元, 亦可無愧色.

---

2221 회소(懷素) : 725~785. 중국 당대(唐代)의 승려이자 서예가로, 장사(長沙) 출신이다. 장욱을 계승하여 광
초(狂草)로 이름을 떨쳤으며, 작품으로는 《자서첩(自敍帖)》, 《성모첩(聖母帖)》, 《장진율공첩(藏眞律公帖)》
등이 전한다.
2222 《圓嶠書訣》〈後編〉下(서울대 규장각한국학연구원, 《圓嶠書訣》 이미지, 46a~46b).
2223 원본체(院本體) : 조정의 관청에서 쓰는 일정한 격식을 갖춘 서체를 말한다.

송나라나 원나라 글씨 사이에 두더라도 또한 부끄러
운 부분이 없을 것이다.

## 윤순(尹淳)의 글씨

[원교서결]2224 윤순은 마지막에 나와2225 홀로 중국
의 필의를 얻었다. 필체와 격식이 아름답고 빼어나
며 재주와 정감이 가득차서 넘치니, 우리나라 사람
들의 서법이 졸렬하고 볼품이 없는 단점을 한꺼번에
탈피했다.

## 白下書

[又] 白下最後[169]起, 獨得
中華畫意. 體格妍[170]妙, 才
情盎溢[171], 一洗東人偏枯
之陋[172].

윤순의 글씨(문화재청)

2224 《圓嶠書訣》〈後編〉下(서울대 규장각한국학연구원, 《圓嶠書訣》 이미지, 46b).

2225 마지막에 나와: 원문의 '最後'를 풀이한 것이다. 이광사는 윤순의 문하에서 서법을 배웠기 때문에, 그의 시
각에서는 우리나라에서 완정한 서체를 익힌 사람들 중 가장 마지막, 즉 최근에 이름을 남긴 자가 윤순이라
고 생각했을 것이다. 그러므로 이와 같이 풀이하였다.

[169] 最後:《圓嶠書訣·後編》에는 "晩".

[170] 妍:《圓嶠書訣·後編》에는 "新".

[171] 盎溢:《圓嶠書訣·後編》에는 "巧麗".

[172] 偏枯之陋:《圓嶠書訣·後編》에는 "陋劣".

이광사의 글씨(문화재청)　　　　이광사의 초상(국립중앙박물관)

## 이광사(李匡師)의 글씨

[금화경독기][2226] 이광사의 글씨는 처음에는 윤순(尹淳)을 배웠으나 얼마 지나지 않아 스스로 일가를 이루어 이름을 한 시대에 떨쳤다. 윤순이 이광사의 초기 작품들에 대해 "이광사의 글씨는 우리나라 수천 년 동안에 없었던 것이다. 중국에 두더라도 응당 위나라나 진나라 글씨 사이에 둬야지, 당나라나 송나라 이후의 글씨에 비길 수 있는 수준이 아니다."라 평가한 적이 있다. 비록 지나치게 자랑한 감이 있지만 또한 재주와 배움이 으뜸이었음을 볼 수 있다.

그가 바다의 섬으로 유배를 갔을 때에[2227] 매번

### 圓嶠書

[金華耕讀記] 圓嶠書始學白下, 旣而自開門戶, 名振一世. 白下嘗評其初年所作謂: "東方數千年所未有. 置之中華, 當在魏、晉之間, 非唐、宋以後可擬." 雖屬過詡, 亦可見才學之冠絶也.

其謫居海島, 每作行、草、

---

2226 출전 확인 안 됨.

2227 그가……때에 : 이광사는 1755년(영조 31) 소론 일파의 역모사건에 연좌되어 부령(富寧, 함경북도 부령군)에 유배되었다가 전라남도 완도군 신지면 신지도(薪智島)로 이배(移配)되어 그 곳에서 일생을 마쳤다. 유배지에서 그는 우리나라의 자주성을 나타내는 동국진체(東國眞體)를 완성하고, 서예 이론서인 《원교서결》을 집필했다. 신지도 대곡리에는 이광사가 기거했던 고택이 남아 있다.

행서·초서·해서로 작은 서첩을 만들어 호로병에 넣고 바닷물에 띄우며 "해외의 다른 나라 사람들도 모두 나의 친필을 얻게 하리라."고 했다 한다. 그의 아들 이영익(李令翊)[2228]의 서법이 또한 이광사의 서법과 비슷하고, 또 남쪽 지방 사람들 중에 그의 문하에서 배운 사람들 중에 글씨를 익혀 일가를 이룬 사람들이 상당히 많아서 이따금씩 이광사의 진본과 혼동된다. 세상에 유행하는 《원교서첩(圓嶠書帖)》은 대부분 우맹(優孟)이 손숙오(孫叔敖)를 모방한 것[2229]과 같으니, 안목을 갖춘 자가 아니라면 변별할 수 없다.

이운지 권제5 끝

眞楷小帖, 貯之葫蘆, 浮之水, 曰: "使海外殊方, 皆得吾墨迹"云. 其子令翊書法惟肖, 且南人從學者, 頗有臨池餘派, 往往亂眞. 世所行《圓嶠書帖》, 多如優孟之像叔敖, 非具眼者不能辨也.

怡雲志 卷第五

---

2228 이영익(李令翊):1740~1780. 조선 후기의 학자이자 서예가. 부친은 이광사(李匡師, 1705~1777), 형은 이긍익(李肯翊, 1736~1806)이다. 일찍이 벼슬을 단념하고 학문에만 몰두했는데, 글씨와 음악에 능했다. 저서로 《신재집(信齋集)》이 있다.

2229 우맹(優孟)이 손숙오(孫叔敖)를 모방한 것: 초(楚)나라의 정승 손숙오는 악공이었던 우맹의 사람됨을 알아보고 평소에 후하게 대해주었다. 손숙오가 죽자 그의 자식들이 가난해졌는데, 악공 우맹이 손숙오의 옷을 입고 똑같이 행동하며 임금에게 나아가자 임금이 다시 재상으로 삼으려 했다. 우맹이 "손숙오는 패업을 이룬 정승인데, 그의 자손은 송곳 하나 세울 땅이 없으니 재상 노릇해서 무엇 하겠습니까?"라 대답하자 임금이 그 자손을 불러 땅을 봉해주었다는 고사가 있다. 여기서는 우맹이 손숙오의 옷을 입고 행동을 똑같이 따라한 것처럼 《원교서첩》의 글씨가 진위를 구별하기 어려울 정도로 비슷함을 의미한다.

# 이운지 권제 6

## 怡雲志 卷第六

임원십육지 104

林園十六志 百四

1

골동품과 예술작품 감상(하)

김홍도는 저잣거리의 속된 풍속을 그렸다. 일반적으로 시정의 협사(狹斜)·나그네·땔감장수·오이장수·승려·불교 신도·통을 맨 걸인 등 여러 행색인 사람들의 모습을 각각 신묘함을 다하여 묘사했다. 아녀자와 아이를 비롯해서 한 번만 펼쳐보아도 모두 입이 쩍 벌어지게 하니, 지금까지의 화가들의 작품에 미처 존재하지 않았던 일이다.

# - I -

# 골동품과 예술작품 감상(하)

## 藝翫鑑賞(下)

# 1. 명화

# 名畫

## 1) 그림 감상

그림을 수집하는 사람 중에는 호사자(好事者)와 감상자(鑑賞者)가 두 부류가 된다. 감상자는 독실하게 좋아하는 사람을 말하니, 기록을 두루 살피고 또 다시 마음으로 깨닫기도 하며, 더러는 직접 그림을 그리기도 한다. 그러므로 수집품이 모두 정교한 작품들이다.

요즘 사람 중에는 재력이 있어서 원래는 열렬히 좋아하지는 않으면서 일부러 풍류와 운치를 드러내려고 다른 사람들의 안목을 빌리는 데까지 이르렀다. 이런 사람을 호사자라 한다.《화사(畫史)[1]》[2]

서화를 수집하는 사람 중에는 감상가와 호사가의 두 부류가 있으니, 이 설은 오래되었다. 만약 감상자나 호사자를 찾는다면 황제·제후·장군과 재상으로부터 불가(佛家)의 승려에 이르기까지 진실로 어

## 論賞鑑

好事者與賞鑑之家爲二等. 賞鑑家謂其篤好, 遍閱記錄, 又復心得, 或自能畫. 故所收皆精品.

近世人或有貲力, 元非酷好, 意作標韻, 至假耳[1]目于人, 此之謂好事者.《畫史》

書畫有賞鑑、好事二家[2], 其說舊矣. 若求其人, 則自人主、侯王、將相以及方外衲子, 固宜有之.

---

1 화사(畫史):중국 북송의 서예가인 미불(米芾)이 지은 책.《미해악화사(米海岳畫史)》라고도 하며, 총 1권이다. 미불이 평생 동안 본 명화에 대한 소견·진위감별·장황·인장·수장 등의 내용이 실려 있다.
2 《畫史》〈唐畫〉《中國書畫全書》1, 983쪽).
[1] 耳:저본에는 "耳耳". 오사카본·규장각본·《畫史·唐畫》에 근거하여 삭제.
[2] 家:저본에는 "字". 오사카본·규장각본·《畫史會要·畫法·賞鑑好事》에 근거하여 수정.

떤 계층에나 있기 마련이다.

장언원(張彦遠)[3]이 "소장하고 있지만 감식(鑑識)하지 못하거나, 감식할 수 있지만 잘 모아서 감상하지 못하거나, 잘 모아서 감상할 수 있지만 장황(裝潢)하지 못하거나, 장황할 수 있지만 품평하여 우열을 정하지 못하니, 이 모두가 호사자의 병폐이다."[4]라 했다. 《동천화록(洞天畫錄)[5]》[6]

張彦遠云："有收藏而不能鑑識, 能鑑識而不能善閱翫, 能閱翫而不能裝褫, 能裝褫而無銓次, 皆病也." 《洞天畫錄》

## 2) 그림 보는 법

看畫法

① 사람이 주위를 돌아보며 말을 나누는 모습

人物顧盼語言,

② 꽃이나 과일이 바람을 맞으며 이슬을 머금고 있는 모습

花果迎風帶露,

③ 나는 새나 달리는 짐승이 생기가 넘쳐 실물과 몹시 비슷한 모습

飛禽走獸精神逼[3]眞,

④ 산과 물, 숲과 샘의 풍경이 맑고 한가로우며 그윽하고 훤한 모습

山水、林泉淸閑[4]幽曠,

⑤ 집이 깊숙하고 멀리 그려진 모습

屋廬深遠[5],

⑥ 큰 다리나 외나무다리에 사람들이 오가는 모습

橋彴[6]往來,

⑦ 산기슭이 맑은 물에 비치는 모습

山脚入水澄明,

---

3　장언원(張彦遠) : 815~875. 중국 당나라의 서화론가. 자는 애빈(愛貧). 대중(大中) 연간 초에 좌보궐(左補闕)에서 상서사부원외랑(尙書祠部員外郞)에 올랐다. 회화의 감식과 고증에 매우 뛰어났다. 저서로 《역대명화기(歷代名畫記)》·《법서요록(法書要錄)》이 있다.

4　소장하고……병폐이다 : 《歷代名畫記》 卷2 〈論鑑識收藏購求閱玩〉 《文淵閣四庫全書》 812, 297쪽).

5　동천화록(洞天畫錄) : 중국 남송(南宋)의 조희곡(趙希鵠, 1170~1242)이 지은 책. 그림에 관한 전반적인 내용과 감상법 등을 담고 있다.

6　출전 확인 안 됨 : 《畫史會要》 卷5 〈畫法〉 "賞鑑好事" 《文淵閣四庫全書》 816, 581~582쪽).

③　逼 : 저본에는 "胺". 《洞天淸錄集·辨名畫》에 근거하여 수정.

④　閑 : 《洞天淸錄集·辨名畫》에는 "潤".

⑤　遠 : 《洞天淸錄集·辨名畫》에는 "邃".

⑥　彴 : 저본에는 "約". 오사카본·규장각본·《洞天淸錄集·辨名畫》에 근거하여 수정.

⑧ 물이 흘러나오는 근원지의 자취가 분명한 모습　　水源來歷分曉.

　이 몇 가지의 단서들이 그림에 있다면 비록 이름　　有此數端, 雖不知名, 定知
이 알려지지 않았더라도 빼어난 솜씨의 화가임을 확　　⑦妙手.《洞天淸錄》
실하게 알 수 있다.《동천청록》⁷


　① 사람이 시체 같거나 흙으로 빚어놓은 듯한 모습　　人物如尸似塑,

　② 꽃이나 과일 종류가 병에 꽂혀 있는 모습　　花果類瓶中所揷,

　③ 나는 새나 달리는 짐승의 겉모습만 비슷하게　　飛禽走獸但取皮毛,
그려놓은 모습

　④ 산과 물, 숲과 샘의 풍경이 흐릿하거나 가려서　　山水、林泉⑧摸糊遮掩,
보이지 않는 모습

　⑤ 집의 높이나 크기가 그림 전체와 어울리지 않　　屋廬高大不稱,
는 모습

　⑥ 큰 다리나 외나무다리를 억지로 끊어진 모양　　橋彴⑨强作斷形,
으로 그린 모습

　⑦ 산기슭의 물이 맑고 깨끗하지 않은 모습　　山脚不澄明

　⑧ 물이 흘러나오는 근원지의 자취가 없는 모습　　及⑩水源無來歷.

　일반적으로 이 몇 가지 문제점들이 있다면 모두　　凡此數病, 皆謬筆也. 同
잘못된 그림이다.《동천청록》⁸　　上


　그림 보는 법:그림을 볼 때는 원활히 두루 살펴　　看畫之法:須着眼圓活, 勿
야지, 자신의 견해에 치우쳐서는 안 된다. 반드시 옛　　偏己見. 必細玩古人命筆、

---

7　《洞天淸錄集》〈辨名畫〉(《叢書集成初編》1552, 27쪽).

8　《洞天淸錄集》, 위와 같은 곳.

⑦　知:《洞天淸錄集·辨名畫》에는 "爲".

⑧　山水林泉:저본에는 "山水林泉淸閑幽曠".《洞天淸錄集·辨謬畫》에 근거하여 삭제.

⑨　彴:저본에는 "約". 오사카본·규장각본·《洞天淸錄集·辨名畫》에 근거하여 수정.

⑩　不澄明及:저본에는 "水面".《洞天淸錄集·辨謬畫》에 근거하여 수정.

사람의 붓놀림·구상·세부묘사의 빼어난 부분을 꼼꼼하게 완상해야지, 대충 훑어보아서는 안 된다.

산은 산세의 기복과 전환이 있어야 하고, 물은 물줄기의 은현(隱顯, 숨음과 드러남)과 원천과 지류가 있어야 한다. 숲은 깊숙하고 그윽하며 무성하면서도 원근이 분명한 점을 추구해야 하고, 사람은 얼굴을 보면 눈빛이 또렷하면서 주위를 돌아보는 시선이 서로 호응하는지 볼 수 있어야 한다.

사계절의 경치는 아침인지 저녁인지, 흐린지 맑은지와 안개나 구름의 동태를 분명하게 살펴야 한다. 또 꽃이나 새의 자태는 꽃이 바람을 맞으며 이슬을 머금고 있는지와 새가 자는지 먹는지 나는지 우는지를 볼 수 있어야 한다.

다음으로 소나 말·벌레·물고기나 용·물속에 사는 모든 생물에 이르러서도 무엇 하나 신령스런 기운이 생동하는 모습을 갖추지 않은 경우가 없어서 자연의 정취가 붓과 먹 너머로 드러난 모습을 명쾌하게 살펴볼 수 있다면 참된 감상을 놓치지 않을 것이다. 만약 오로지 형태를 유사하게 그리는 일에만 몰두하면 저잣거리에서 붙여놓고 파는 벽화에도 사람·화초·고양이나 개의 모습을 똑같이 그린 그림이 널려 있는데, 무엇하러 옛 그림을 취하겠는가?《준생팔전》9

立意、委曲妙處, 不令潦草涉略.

論山有起伏轉換, 水有隱⑪顯源流. 林木求其深邃蓊鬱, 而深淺分明, 人物觀其觀面凝眸, 而顧盼相屬.

四時之景, 要分朝暮、陰晴、煙雲動蕩 ; 花鳥之態, 須觀欹風含露, 宿食飛鳴.

次及牛馬、昆蟲、魚龍、水族, 無一不取神氣生動, 天趣渙⑫然筆墨之外, 斯不失爲眞賞. 若專以形似取之, 則市街貼賣壁畫, 儘有克肖人物、花草、猫狗之圖, 何取于古?《遵生八牋》

---

9　《遵生八牋》卷15〈燕閑淸賞牋〉中 "畫家鑑賞眞僞雜說"(《遵生八牋校注》, 556~557쪽).

⑪　換……隱 : 저본에는 "水有隱換".《遵生八牋·燕閑淸賞牋·畫家鑑賞眞僞雜說》에 근거하여 수정.

⑫　渙 : 저본에는 "漁". 오사카본·규장각본·《遵生八牋·燕閑淸賞牋·畫家鑑賞眞僞雜說》에 근거하여 수정.

그림 보는 법 : 단점을 보거든 헐뜯지 말고 다시 장점을 찾아보고, 교묘한 부분을 보거든 칭찬하지 말고 도리어 졸렬한 부분을 찾아야 한다. 대체로 불교의 그림을 볼 때는 웅장하고 엄숙하며 자비롭고 관대한 모습을 중시하고, 나한(羅漢)[10]을 볼 때는 각계각층의 사람들[11]이 불교에 귀의(歸依)하는 모습을 중시한다. 도가(道家)의 그림을 볼 때는 고상하고 꾸밈이 없으며 청아하고 고졸한 모습을 중시하고, 사람을 볼 때는 정신과 몸가짐[體態]【몸가짐은 신분의 귀천과 조정과 민간의 모습에 차이가 있음을 말한다】을 중시하니, 이런 과정을 통해 옷의 주름을 잘 헤아려 보면서 용모가 뚜렷이 드러나는지 봐야 한다.

가축이나 동물 그림을 볼 때는 길들었는지 제멋대로 사나운지를 중시하고, 꽃이나 대나무 그림을 볼 때는 곱고 아름다우며 한적하고 고아한 모습을 중시하고, 새 그림을 볼 때는 날개를 펴고 나는 모습을 중시한다. 산수화를 볼 때는 시야가 평평하며 넓고 탁 트여 막힘이 없는지를 중시하고, 귀신 그림을 볼 때는 기력의 변화를 중시하고, 집 그림을 볼

觀畫之法：見短勿詆，更求其長；見巧勿譽，反[13]尋其拙．大凡觀釋敎者，尙莊嚴慈寬[14]；觀羅漢者，尙四象歸依；觀道流者，尙高[15]簡[16]淸古；觀人物者，尙精神體態，【謂有貴賤、中外也】仍觀折算衣紋，停分形貌．

觀畜獸者，尙馴擾擴厲；觀花竹者，尙艶麗閑[17]雅[18]；觀禽鳥者，尙毛羽翔舉；觀山水者，尙平遠曠蕩；觀鬼神者，尙筋力變異；觀屋木者，尙莊麗深遠．《繪妙》

---

10 나한(羅漢) : 소승불교의 최고 성자인 아라한(阿羅漢)의 준말. 산스크리트어 아르하(Arhat)의 음역이다.

11 각계각층의 사람들 : 원문의 '四象'을 풀이한 것으로, 인도 카스트제도에서 말하는 4개의 계급, 즉 승려 계급인 브라만(brahman), 군인·통치 계급인 크샤트리아(ksatriya), 상인 계급인 바이샤(vaisya), 천민 계급인 수드라(sudra)를 말한다.

[13] 反 : 저본에는 "及". 오사카본·규장각본·《繪妙·觀畫之法》에 근거하여 수정.

[14] 寬 : 《繪妙·觀畫之法》에는 "覺".

[15] 高 : 오사카본·《繪妙·觀畫之法》에는 "孤".

[16] 簡 : 《繪妙·觀畫之法》에는 "閑".

[17] 閑 : 《繪妙·觀畫之法》에는 "門".

[18] 雅 : 《繪妙·觀畫之法》에는 없음.

때는 웅장하고 아름다우며 깊숙한 곳에 그려졌는지
를 중시한다.《회묘(繪妙)[12]》[13]

그림 보는 법 : 먼저 기운을 보고, 다음으로 필의
(筆意)[14] · 골법(骨法)[15] · 위치(位置)[16] · 채색을 본 뒤에
형태의 유사함을 살피는 것이니, 이것이 육법(六法)
이다.[17]

산수 · 대나무 · 매화와 난초 · 메마른 나무 · 기이한
모양의 돌 · 꽃 · 새 등 붓과 먹으로 장난치듯 그린 그
림으로, 고상한 선비가 흥에 맡겨 뜻을 표현한 그림
을 볼 때는 진실로 형태를 유사하게 그리는 점만 추
구해서는 안 된다. 먼저 자연의 생기를 관찰하고,
다음으로 필의를 보며 그림을 마주하고서 붓과 먹의
자취를 잊는 경지에 이르러야만 비로소 흥취를 얻

觀畫之法[19] : 先觀氣韻, 次
觀筆意、骨法、位置、傳染,
然後形似, 此六法也.

若看山水、墨竹、梅蘭、枯
木、奇石、墨花、墨禽等, 遊
戲翰墨, 高人勝士, 寄興
寫意者, 愼不可以形似求
之. 先觀天眞, 次觀筆意[20],
相對忘筆墨之迹, 方爲得
趣. 湯氏《畫論》

---

12　회묘(繪妙):중국 명나라의 모일상(茅一相, 1550?~1622?)이 지은 화론서. 육법삼품(六法三品) · 삼병(三
病) · 육요(六要) · 육장(六長) · 팔격(八格) · 십이기(十二忌) · 관화지법(觀畫之法) · 고금우열(古今優劣) · 분본
(粉本) · 상감호사(賞鑑好事) · 견소(絹素) · 고금필법(古今筆法) · 용필득실(用筆得失)에 대한 내용을 다루고
있다. 이 중 일부는《임원경제지 유예지》2, 풍석문화재단, 2017, 176~186쪽에 걸쳐 소개되어 있다.

13　《繪妙》〈觀畫之法〉(《中國書畫全書》4, 818쪽).

14　필의(筆意):글씨나 그림의 붓놀림으로 표현되는 작가의 생각이나 감정.

15　골법(骨法):형상을 묘사할 때 필치를 적절하게 사용하는 방법. 즉 골(骨)의 힘이 강력하게 나타나도록 용
필하는 법으로, 조형의 기교이다.

16　위치(位置):사혁(謝赫)의《고화품록(古畫品錄)》에 나오는 육법(六法) 중 '경영위치(經營位置)'에 해당하는
말로, 주로 경물의 상하, 주빈(主賓)의 관계에 따라 배치하는 일을 말한다.

17　먼저……육법(六法)이다:육법이란 중국 남조 제(齊)나라의 화가였던 사혁(謝赫)이 말한 '기운생동(氣韻生
動)' · '골법용필(骨法用筆)' · '응물상형(應物象形)' · '수류부채(隨類賦彩)' · '경영위치(經營位置)' · '전이모사(轉
移模寫)'이다. 육법에 대한 자세한 설명은《유예지》권4〈화전〉 "총론" '6가지 법'(《임원경제지 유예지》2, 위
와 같은 책, 169~170쪽) 참조.

[19]　法:저본에는 "妙".《古今畫鑑 · 雜論》에 근거하여 수정.

[20]　筆意:《古今畫鑑 · 雜論》에는 "意趣".

는다. 탕후(湯垕)[18]《화론(畫論)[19]》[20]

그림 보는 일은 미인을 보는 것과 같다. 그 분위기나 인상이 신체 너머에 있다. 지금 사람들은 옛 그림을 볼 때 반드시 먼저 형태의 유사함을 추구하고 다음으로 채색을 살피고 마지막에 사실(事實)에 이르지만, 이는 제대로 감상하는 법이 아니다. 탕후《화론》[21]

看畫如看美人. 其風神骨相, 有肌[21]體之外者. 今人看古迹, 必先求形似, 次及傳染, 次及事實, 殊非賞鑑之法也. 同上

## 3) 옛 그림의 진품은 전하지 않는다

옛사람들은 지금과는 거리가 멀다! 조불흥(曹不興)[22]이나 오도현(吳道玄)[23]은 근래 사람이지만 오히려 그들의 진품 하나도 다시 볼 수가 없는데, 하물며 고개지(顧愷之)[24]나 육탐미(陸探微)[25]와 같은 무리의 진

## 論古畫眞迹不傳

古人遠矣. 曹不興、吳道子, 近世人耳, 猶不復見一筆, 況顧、陸之徒, 其可得見之哉? 故論畫, 當以目

---

18 탕후(湯垕):?~?. 중국 원나라의 문인. 자는 군재(君載), 호는 채진자(采眞子). 천력(天曆) 원년(1328)에 감화박사(鑑畫博士) 경중(敬仲) 가구사(柯九思)와 함께 그림에 관해 토론하여 《고금화감(古今畫鑑)》을 지었다. 유명한 화가 작품을 평론하고 필묵의 특징을 열거하였으며, 진위를 판별하는 방식은 대체로 북송 미불(米芾)의 《화사(畫史)》와 비슷하다.

19 화론(畫論):탕후(湯垕)가 지은 《고금화감(古今畫鑑)》 뒤에 부록으로 첨부된 〈잡록(雜錄)〉으로, 〈논화(論畫)〉라고도 한다. 23조항으로 구성되어 있고, 감상과 소장 등의 문제를 약술하였다.

20 《畫鑑》〈雜論〉(《文淵閣四庫全書》814, 438쪽);《古今畫鑑》〈雜論〉《中國書畫全書》2, 903쪽).

21 《畫鑑》〈雜論〉(《文淵閣四庫全書》814, 437쪽);《古今畫鑑》〈雜論〉《中國書畫全書》3, 902쪽).

22 조불흥(曹不興):확인 안 됨. 동명이인으로 중국 삼국시대 오(吳)나라의 화가 중 육조사대가(六朝四大家)로 불리는 조불흥이 있지만 문맥상 오나라의 조불흥을 말하는 것이 아닌 것으로 보인다.

23 오도현(吳道玄):680~759. 중국 당나라의 화가. 자는 도자(道子). 현종에게 그림을 인정받아 궁정화가가 되었다. 동양화 입체표현의 한 방법인 준법(皴法)을 처음으로 사용했으며, 인물·동물·건물·초목 등 모든 면에 걸친 묘사방법을 변화시키는 등 동양 회화에 큰 영향을 끼쳤다. 작품으로 〈지옥변상도(地獄變相圖)〉·〈송자천왕도(送子天王圖)〉·〈명황수전도(明皇受篆圖)〉 등이 있다.

24 고개지(顧愷之):348~409. 중국 동진의 화가. 자는 장강(長康). 동진 말기의 권력자 환온(桓溫)의 참군(參軍)을 맡았고, 산기상시(散騎常侍)를 역임했다. 작품으로 〈여사잠도(女史箴圖)〉·〈낙신부도권(洛神賦圖卷)〉 등이 있다.

25 육탐미(陸探微):?~485. 중국 육조시대 송나라의 화가. 명제(明帝) 때 시종(侍從)이 되었다. 당나라의 장회관(張懷瓘)이 인물화 분야에서 "장승요(張僧繇)는 육(肉)을 얻었고, 육탐미는 골(骨)을 얻었으며, 고개지(顧愷之)는 신(神)을 얻었는데, 모두 고금의 뛰어난 화가이다."라 평가했을 만큼, 육조 인물화가의 3대 거장 중 한 사람이다. 사혁의 《고화품록(古畫品錄)》에서는 그를 제 일품에 올려놓았다.

[21] 肌:저본에는 "肥".《古今畫鑑·雜論》에 근거하여 수정.

품을 어떻게 볼 수 있겠는가? 그러므로 그림을 논할 때는 눈으로 직접 본 작품을 기준으로 삼아야 한다. 만약 멀리 떨어진 옛사람을 가리키며 "이는 고개지의 그림이고, 이는 육탐미의 그림이다."라 한다면 다른 사람을 속일 뿐 아니라 실로 자신을 속이는 일일 뿐이다. 《동천청록》[26]

## 4) 옛 그림에 사용한 비단[絹]

하북 지역의 비단은 날실과 씨실의 품질이 같기 때문에 앞면과 뒷면의 구분이 없다. 이에 반해 강남 지역의 비단은 날실이 거칠고 씨실은 가늘어 앞면과 뒷면이 있다. 당나라 사람이 그림을 그릴 때는 간혹 매끄럽게 두드린 숙견(熟絹)을 사용했다. 그러나 이는 바로 생견(生絹)을 두드린 것으로, 실을 납작하게 만들어 붓질에 방해되지 않도록 하였을 뿐 지금처럼 삶아서 두드려 다듬은 뒤 풀을 먹인 숙견은 아니다.

따라서 옛날 비단에서 자연스레 해진 부분에는 반드시 붕어 주둥이 모양처럼 불뚝하게 하얀 실이 일어나는 현상이 나타나는데, 위조 비단은 그런 현상이 나타나지 않는다. 간혹 비단으로 단단한 물건을 싸매고서 망치로 두드림으로써 해진 흔적을 만들지만, 비단이란 본래 견고한 물건이라 쉽게 분별된다. 《동천청록》[27]

見者爲準. 若遠指古人, 曰 "此顧也, 此陸也", 不獨欺人, 實自欺爾.《洞天清錄》

## 論古畫絹

河北絹, 經緯一等, 故無背面 ; 江南絹則經麤而緯細, 有背面. 唐人畫, 或用搗熟絹爲之. 然正[22]是生搗, 令絲褊不礙筆, 非如今煮練可漿也.

古絹自然破者, 必有鯽魚口與雪絲, 僞作者則否. 或用絹包硬物, 椎成破處, 然絹本堅, 易辨也.《洞天清錄》

---

26 《洞天清錄集》〈古畫辨〉(《叢書集成初編》1552, 24쪽).
27 《洞天清錄集》〈畫絹〉(《叢書集成初編》1552, 26쪽).
[22] 正:《洞天清錄集·畫絹》에는 "止".

당나라나 오대(五代)[28]의 서화용 흰 비단은 거칠고 두터우며 송나라의 비단은 가볍고 가늘어서, 멀리서 보아도 당나라 비단인지 송나라 비단인지 구별할 수 있다. 《회묘》[29]

옛 그림은 당나라 초기까지 모두 생견(生絹)을 썼고, 오도현(吳道玄)·주방(周昉)[30]·한간(韓幹)[31] 이후의 화가들에 이르러서는 모두 뜨거운 물에 생사(生絲)를 절반쯤 익힌 뒤 가루를 넣고 은판처럼 매끄럽게 될 때까지 두드린 비단을 썼다. 그러므로 사람을 그릴 때, 생기 넘치게 붓을 잘 놀릴 수 있다.

오늘날 사람들이 당나라 그림을 수집할 때는 꼭 비단으로 판별하여 그 문양이 거친 부분이 보이기만 하면 "당나라 그림이 아니다."라 하는데, 이는 잘못이다. 장승요(張僧繇)[32]의 그림이나 염립본(閻立本)[33]의

唐人、五代絹素麤厚, 宋絹輕細, 望而可別唐、宋也. 《繪妙》

古畫至唐初皆生絹, 至吳生、周昉、韓幹後來皆以熱湯半熟, 入粉搥如銀板. 故作人物, 精彩入筆.

今人收唐畫, 必以絹辨, 見文麤, 便云"不是唐", 非也. 張僧畫、閻令畫世所存者皆生絹, 南唐畫皆麤絹,

---

28 오대(五代):중국의 당나라 말기부터 송나라 초기까지의 오대십국(五代十國) 시기로, 후량·후당·후진·후한·후주까지 5개 왕조를 가리킨다.

29 《繪妙》〈絹素〉(《中國書畫全書》4, 819쪽).

30 주방(周昉):?~?. 중국 당나라 후기의 화가. 자는 경원(景元)·중랑(仲郎). 선주장사(宣州長史)를 역임했다. 그림은 장훤(張萱)을 배웠고, 도교의 신선과 불교의 신들을 그린 도석인물화를 잘 그렸다. 특히 사녀도(士女圖, 왕비나 귀부인 등을 그린 인물화)에는 지금까지 가장 뛰어났다고 평가된다.

31 한간(韓幹):706~783. 중국 당나라의 화가. 천보(天寶) 연간(742~755)에 공봉(供奉)·태부사승(太府寺丞) 등을 역임했다. 인물과 귀신 그림 등에 뛰어났으며, 말을 가장 잘 그렸다. 어릴 적에 술집 점원으로 일할 때 왕유(王維, 699?~759)의 집에 술값을 받으러 갔다가 장난삼아 땅에 사람과 말을 그렸는데, 왕유가 그 의취(意趣)를 기특하게 여겨 10년간 해마다 20만 전을 주어 일가를 이루게 하였다고 한다. 작품으로 〈조야백도(照夜白圖)〉가 있다.

32 장승요(張僧繇):?~?. 중국 남북조시대 양(梁)나라의 화가. 천감(天監) 연간(502~518)에 무릉왕국시랑(武陵王國侍郎)·직비각(直祕閣)·지화사(知畫史)가 되었으며, 후에 우군장군(右軍將軍)·오흥태수(吳興太守)를 역임했다. 그림은 도석인물화를 특히 잘 그렸다.

33 염립본(閻立本):?~673. 중국 당나라의 화가. 공부상서(工部尙書)·우상(右相)·중서령(中書令)을 역임하여 염령공(閻令公)이라고도 한다. 아버지 염비(閻毗)와 형 염립덕(閻立德) 등도 화가였다. 장승요의 화법을 배웠으며, 특히 도석인물화·안마(鞍馬) 등을 잘 그렸다. 작품으로 〈역대제왕도(歷代帝王圖)〉·〈공신도(功臣圖)〉 등이 있다.

그림으로 세상에 전해지는 작품은 모두 생견이며, 남당(南唐) 시기 그림은 모두 거친 비단이고, 서희(徐熙)[34]가 쓰던 비단은 간혹 베와 같이 거칠다.《화사》[35]

徐熙絹或如布.《畫史》

품질이 좋은 비단에 옅은 색을 칠하면 비단이 많이 해지더라도 색이 선명하고, 생기가 넘치며 빛깔이 고와 새로 그린 그림처럼 보인다. 다만 불상 그림은 향 연기에 그을려 본래의 색이 손상된 경우가 많다.《화사》[36]

眞絹色淡, 雖百破而色明白, 精神彩色如新. 惟佛像, 多經香煙薰, 損本色. 同上

염색한 비단은 축축하게 만들어 향과 색을 입힌 것이라 문양 사이로 먼지가 쌓이기 때문에 진위를 판별하기 가장 쉽다. 이로 인해 대개 본래의 색 위에다가 색을 한 겹 입힌 것이라, 옛 비단이 해지면 곧게 찢어지지 않고, 반드시 2~3줄이 이어지니 위조할 수 없다.《화사》[37]

染絹作濕香色, 棲塵文間, 最易辨. 仍蓋色上作一重, 古破不直裂, 須連兩三經, 不可僞作. 同上

비단을 위조할 때에는 비단을 매끄럽게 두드리고, 여기에 향을 태워 그 연기가 배어들게 하고서 부엌에 쌓인 그을음·대들보에 쌓인 먼지를 함께 넣은 뒤, 이 즙을 끓여 비단을 물들인다. 그 색이 비록 오

假造者, 以絹搗熟, 以香煙瀝, 并竈煙·屋梁挂塵, 煎汁染絹. 其色雖舊, 或黃或淡黑, 可愚隸家. 孰知古絹

---

34 서희(徐熙):?~975. 중국 오대십국시대 남당의 화가. 대대로 남당에서 벼슬한 남당의 명문가였다. 그림에 뛰어났으며, 수조(水鳥)·충어(蟲魚)·소과(蔬果) 등을 잘 그렸다. 윤곽선을 사용하지 않고 수묵으로 간략하게 묘사한 꽃은 송나라 소식이 '낙묵화(落墨花)'라 칭했다.

35 《畫史》〈唐畫〉(《中國書畫全書》1, 985쪽).

36 《畫史》〈唐畫〉(《中國書畫全書》1, 989쪽).

37 《畫史》, 위와 같은 곳.

래된 듯 혹 누렇거나 옅은 흑색으로 물이 들어 보이기 때문에 예가(隷家)[38]를 현혹하여 바보로 만들 만하다. 옛 비단 하나를 통해 오래된 색을 대대로 전하면서 애완하고, 비단 냄새를 맡아도 좋은 향내가 나서 애지중지할 만함을 누가 알겠는가? 그러니 이런 비단을 어찌 위조품이 흉내낼 수 있겠는가?

옛 비단이 손상되고 찢어지면 마치 물고기 주둥이 같은 모양이 되고 가로로 여러 가닥의 실오라기가 일어나지만, 다시 세로로 찢어지지는 않는다. 반면 오늘날 위조한 비단은 가로로 찢어지지 않고 세로로 찢어지는데, 이는 바로 칼이나 손톱으로 긁어내어 실 가닥을 가르려 한 것이지만 실이 질겨 끊어지지 않으니, 눈을 가까이 대고 보면 바로 판별할 수 있다. 《준생팔전》[39]

당나라 때 사용한 종이에는 단렴(短簾)[40]으로 떠낸 경황지(硬黃紙)[41]가 있다. 이 당시 사용한 비단으로는 실이 거칠고 두꺼우며 매끄럽게 두드린 숙견도 있고, 4척 너비의 비단도 있다.

송나라 때 사용한 종이에는 곡백지(鵠白紙)[42]와 징심당지(澄心堂紙)[43]가 있다. 이 당시 사용한 비단으로

一種, 傳玩舊色? 嗅之異香可掬, 豈人僞可到?

古絹碎裂, 儼狀魚口, 橫聯數絲, 再無直裂. 今之僞者, 不橫則直, 乃以刀刮指甲劃開絲縷, 堅靭不斷, 觸目卽辯.《遵生八牋》

唐紙則硬黃短簾, 絹則絲粗而厚, 有搗熟者, 有四尺闊者.

宋紙則鵠白、澄心堂, 絹則光細若紙, 揩摸如玉. 間

---

38 예가(隷家): 전문적으로 그림을 그리지 않는 문인(文人), 또는 그런 사람이 그린 그림.

39 《遵生八牋》卷14〈燕閑淸賞牋〉上 "賞鑑收藏畫幅"《遵生八牋校注》, 559쪽).

40 단렴(短簾): 종이를 뜰 때 쓰는 짧은 발로 추정된다. 종이를 발로 떠내어 만들면 보통의 방법으로는 보이지 않지만, 종이를 빛에 비추어보면 보이는 발의 무늬가 생긴다.

41 경황지(硬黃紙): 황벽나무 수피 안쪽을 말려 뽑아낸 황색 염료로 물들여 황색을 띠는 종이.

42 곡백지(鵠白紙): 흰색을 띠는 종이.

43 징심당지(澄心堂紙): 중국 남당(南唐)의 궁정에서 생산된 최고급 종이.

는 마치 종이와 같이 광택이 나고 촘촘하며 옥과 같이 맨들맨들한 촉감이 있다. 간혹 너비가 5~6척 되는 비단도 있는데, 이를 '독준(獨梭)[44]'이라 한다.

원나라 때 사용한 비단에는 독준이 있으니, 이는 송나라의 독준과 비슷하다. 복씨(宓氏) 가문의 복기견(宓機絹)[45]도 있는데, 2가지 모두 빼어나다. 《동천화록》[46]

有闊五、六尺者, 名曰"獨梭".

元絹有獨梭者, 與宋相似, 有宓家機絹, 皆妙.《洞天畫[23]錄》

## 5) 옛 그림의 색

옛 그림의 색이 검은색이거나 엷은 먹색이면, 먼지가 쌓여 생기는 일종의 오래된 향이 나는데, 아낄 만하다. 위조된 그림과 같은 경우 대부분 황색을 띠어 선명하고 먼지가 끼거나 흐릿해지지 않으니, 이로써 판별할 수 있다. 《동천청록》[47]

論古畫色

古畫色黑或淡墨, 則積塵所成, 有一種古香, 可愛. 若僞作者, 多作黃色而鮮明, 不塵暗, 此可辨也.《洞天清錄》

## 6) 그림 수집 때 고려할 등급

그림을 수집하는 방법으로는 도교나 불교를 소재로 한 그림을 최고로 친다. 대개 옛사람들이 이를 공들여 그린 이유는 보는 사람들에게 흠모하며 예를 존중하는 마음이 일도록 하고자 함이다.

그 다음은 인물화로, 교훈으로 삼기에 좋다. 그

收蓄品第

收畫之法, 道、釋爲上. 蓋古人用工於此, 欲覽者生敬慕愛禮之意.

其次人物, 可愛鑑戒. 其次

---

44 독준(獨梭) : 여러 가지 선이나 색채로 평면 상에 형상을 그릴 때 사용하던 비교적 얇은 비단. 송나라 때 남경(南京) 지역에서 생산되면서 발전했다.

45 복기견(宓機絹) : 지금의 중국 절강성(浙江省) 가흥시(嘉興市) 일대 위당(魏塘)의 복씨가(宓氏家)에서 만든 비단. 두껍고 촘촘하게 짜여진 것이 특징이다.

46 출전 확인 안 됨;《畫史會要》卷5〈畫法〉"古絹畫"(《文淵閣四庫全書》816, 583쪽).

47 《洞天清祿集》〈古畫辨〉(《叢書集成初編》1552, 26쪽).

23 畫 : 저본에는 "淸". 오사카본에 근거하여 수정.

다음은 산수화로, 무한한 운치가 있다. 그 다음은 화초 그림이다. 그 다음은 말 그림으로, 신묘할 정도로 훌륭한 말의 자태를 감상할 수 있다. 귀족 여인이나 이민족을 그린 그림의 경우 비록 정밀하게 잘 그렸더라도 문인의 공부방에서 감상할 만한 그림이 아니다. 이는 미불(米芾)48의 이론이다.

지금 사람들은 그림을 수집할 때 대부분 옛 그림을 귀하게 여기고 근래의 그림은 천하게 여긴다. 하지만 산수화나 화조화 같은 경우 오히려 송대의 몇몇 화가들의 작품이 뛰어나게 아름답다. 그러므로 그림은 다만 그 신묘함을 취할 뿐, 시대는 따지지 말아야 좋다. 탕후 《화론》49

화폭을 수집할 때는 반드시 비단과 종이의 본바탕을 보아야 한다. 완정하여 찢어진 데가 없고 새것처럼 티 없이 깨끗하여 빛에 비춰봐서 이어 붙인 곳이 없으면 이는 상품(上品)이다.

겉면을 보았을 때 완정하고 이어 붙인 조각이 많더라도 그림의 예술성을 잃지 않았으면 이는 중품(中品)이다.

만약 찢어지고 망가져 떨어진 부분을 조각조각

山水, 有無窮之趣. 其次花草. 其次畫馬, 可以閱神駿. 若仕[24]女、番族, 雖精妙, 非文房所可玩者. 此元章之論也.

今人收畫, 多貴古而賤近, 且如山水、花鳥, 宋之數人, 超越佳者. 但取其神妙, 勿論世代可也. 湯氏《畫論》

收蓄畫片, 須看絹素紙地. 完整不破, 清白如新, 照無貼襯, 此爲上品.

面看完整, 貼襯條多, 畫神不失[25], 此爲中品.

若破碎零落, 片片湊成, 雜

---

48 미불(米芾):1051~1107. 중국 북송(北宋)의 서예가·화가. 원래 이름은 불(黻)로, 후에 불(芾)로 고쳤다. 자는 원장(元章), 호는 녹문거사(鹿門居士)·양양만사(襄陽漫士)·미로(米老)·남궁(南宮). 서예와 그림에 뛰어났고 골동품 감별에도 일가견이 있었으나, 행실이 특이하여 당대 사람들이 미치광이[米顚]라 부르기도 했다. 저서로 《화사(畫史)》·《보장대방록(寶章待訪錄)》·《서사(書史)》·《보진영광집(寶晉英光集)》·《해악명언(海岳名言)》등이 있다.

49 《畫鑑》〈雜論〉(《文淵閣四庫全書》814, 438쪽).

[24] 仕:저본에는 "士".《古今畫鑑·雜論》에 근거하여 수정.

[25] 失:저본에는 "實". 오사카본·규장각본·《遵生八牋·燕閑淸賞牋·論畫》에 근거하여 수정.

모아서 새 비단에 이어 붙이고 여기저기 꿰매고 색을 칠해서 보수했다면 비록 명화라 해도 수집 기준에 들지 못하니, 이는 하품(下品)이다.

완정한 그림 중에서 가격의 높고 낮음은 또 산수화가 최고이며, 인물화 중 작은 그림이 그 다음이고, 화조화·죽석화가 또 그 다음이며, 달리는 짐승·벌레·물고기를 그린 그림이 또한 그 아래이다. 화첩(冊葉)이나 두루마리도 같은 방식으로 순서를 정한다. 《준생팔전》[50]

서화는 값을 논할 수 없이 비싸니, 사인(士人, 벼슬하지 않은 선비)이 서화를 사서 얻기는 어렵다. 이 때문에 서화를 바꿔보아 여기에서 고아한 풍취를 누리게 되었다.

요즘 사람들은 한 가지 물건을 수집하는 데 목숨까지 거니 아주 우스운 일이다. 사람이 살다 보면 한때 눈길을 사로잡았던 일도 오래 보면 싫증나기 마련이니, 때때로 새로 감상할 물건으로 바꾸어 물건을 바꾼 두 사람이 서로의 마음에 흡족하면 바로 이것이 사리에 통달한 일이다. 《화사》[51]

綴新絹, 以色旋補, 雖爲名畫, 亦不入格, 此下品也.

完整中, 價之低昂, 又以山水爲上, 人物小[26]者次之, 花鳥、竹石又次之, 走獸、蟲、魚, 又其下也. 冊葉、卷子, 同一論法.《遵生八牋》

書畫不可論價, 士人難以貨取. 所以通書畫博易, 自是雅致.

今人收一物與性命俱, 大可笑. 人生適目之事, 看久卽厭, 時易新玩, 兩適其欲, 乃是達者.《畫史》

---

50 《遵生八牋》卷15〈燕閑淸賞牋〉中 "賞鑑收藏畫幅"(《遵生八牋校注》, 558~559쪽).
51 《畫史》〈唐畫〉(《中國書畫全書》1, 984쪽).
26 小: 저본에는 "少".《遵生八牋·燕閑淸賞牋·賞鑑收藏畫幅》에 근거하여 수정.

## 7) 분본(粉本, 밑그림)

옛사람의 그림본을 '분본(粉本, 밑그림)[52]'이라 하는
데, 선배들은 이를 대부분 보물처럼 모았다. 대개
대충대충 무심코 그린 곳에 자연스러운 빼어남이 있
기 때문이다. 탕후 《화론》[53]

옛사람의 분본 중에서 대충대충 무심코 그린 곳
에 곧 천기(天機)[54]가 우연히 일어나고 생의(生意)[55]가
활발하여, 붓을 대고 그리면 바로 정취가 완성되며
저절로 신묘한 그림이 있다. 이런 그림이 있으면 보
물처럼 소장해야 한다. 《동천화록》[56]

## 8) 역대의 그림

아주 오랜 옛 그림은 그 형태가 간소하고 뜻이 담
백하며 참된 정취가 자연스럽다. 그렇지만 《선화화
보(宣和畫譜)》[57]나 《도회보감(圖繪寶鑑)》[58]에 그 목록이
실려 있더라도, 너무 오래되어 그 종이와 비단이 헐
고 상했다면 구해볼 수 없을 것이다. 《동천화록》[59]

## 論粉本

古人畫稿, 謂之"粉本", 前
輩多寶蓄之. 蓋其草草不
經意處, 有自然之妙. 湯氏
《畫論》

古人粉本, 草草不經意處,
乃其天機偶發, 生意勃然,
落筆趣成, 自有神妙. 有則
宜寶藏之. 《洞天畫[27]錄》

## 論歷代畫

上古之畫, 迹簡意淡, 眞趣
自然. 《畫譜》、《繪鑑》雖
備, 而歷年遠, 其箋素敗
腐, 不可得矣. 《洞天畫錄》

---

52 본본(粉本, 밑그림) : 그림의 초안[稿]. 밑그림에 먹으로 그림의 윤곽을 그리고 그 선을 따라 밑에 받친 다른
　종이나 비단, 벽 위에 그리는 것이다.
53 출전 확인 안 됨 ; 《古今畫鑑》〈雜論〉(《中國書畫全書》2, 902쪽).
54 천기(天機) : 모든 조화(造化)를 꾸미는 하늘의 기밀 또는 자연스럽게 타고난 재능.
55 생의(生意) : 생명력·생동감.
56 《畫史會要》卷5〈粉本〉(《文淵閣四庫全書》816, 583쪽) ;《洞天淸錄集》〈古畫辨〉(《叢書集成初編》1552, 26
　쪽).
57 선화화보(宣和畫譜) : 중국 송나라 휘종 선화 2년(1120)에 완성된 중국회화 자료집. 총 20권. 도석(도가·불
　가)인물·궁실·번족(오랑캐)·용어(龍魚)·산수·수축(獸畜)·화조·소과(蔬果) 등으로 구성되었으며, 궁중
　에 소장된 231명 화가의 총 6,396건의 작품을 기록하고 화가에 대한 평가를 곁들인 방대한 자료집이다.
58 도회보감(圖繪寶鑑) : 중국 원나라의 하문언(夏文彦)이 1365년에 편찬한 화가전(畫家傳). 전 5권. 권1은 화
　론(畫論), 권2 이하는 삼국시대(三國時代)의 오(吳)나라로부터 원나라까지의 화가전을 기록했다.
59 출전 확인 안 됨 ;《畫史會要》卷5〈評畫〉"古畫"(《文淵閣四庫全書》816, 582쪽).
[27] 畫 : 저본에는 "淸". 오사카본·규장각본에 근거하여 수정.

주방의 〈잠화사녀도(簪花仕女圖)〉

당나라 사람들의 그림에서는 대상의 정신[神]이 모습 너머에서 생겨나고 생기(生氣)가 형태 속에 갖추어졌으며, 장중하며 엄숙하여 공교함을 구하지 않더라도 저절로 빼어난 부분이 많아서 생각만으로는 미칠 수 있는 경지가 아니다.

구문파(丘文播)60·양녕(楊寧)61·위도풍(韋道豐)62·승려 관휴(貫休)63·염립덕(閻立德)64·그의 동생 염립본(閻立本)·주방(周昉)·오도현(吳道玄)·한구(韓求)65·이

唐人之畫, 神生狀外, 生具形中, 莊重律嚴, 不求工巧, 而自多妙處, 思所不及.

若丘文播28、楊寧、韋道豐、僧貫休、閻立德、弟立本、周昉、吳道玄、韓求、李祝、

---

60  구문파(丘文播):?~?. 중국 오대십국시대 후촉(後蜀)의 화가. 나한상·신선상 등으로 이름이 높았으며 다양한 모습의 소를 많이 그렸다.

61  양녕(楊寧):미상.

62  위도풍(韋道豐):?~?. 중국 오대십국시대의 화가. 인물과 겨울산을 잘 그렸다.

63  관휴(貫休):832~912. 중국 오대십국시대 전촉(前蜀)의 승려 화가. 본래의 성은 강(姜), 자는 덕은(德隱). 도석인물을 과장된 붓질로 잘 그렸다. 저서로 《선월집(禪月集)》이 있다.

64  염립덕(閻立德):?~656. 중국 당나라의 화가. 공부상서(工部尚書)를 지냈다. 작품으로 〈직공도(職貢圖)〉가 있다.

65  한구(韓求):?~?. 중국 오대십국시대 후당(後唐)의 화가. 이축(李祝)과 함께 오도현의 화법을 배웠으며 인물을 잘 그렸다.

28  播:저본에는 "潘". 《遵生八牋·燕閑淸賞牋·論畫》에 근거하여 수정.

오도현의 〈팔십칠신선도(八十七神仙圖)〉 중 일부분

오도현의 〈팔십칠신선도(八十七神仙圖)〉

축(李祝)⁶⁶·주요(朱瑤)⁶⁷ 같은 이들은 모두 인물화에 뛰어난 솜씨를 가진 화가들로, 모사가 실물과 아주 비슷하고 생기와 정신이 충분히 빼어나, 채색화든 백묘화(白描畫)⁶⁸든 각각 지극한 경지에 이르렀다.

朱瑤, 皆爲人物神手, 摸擬逼眞, 生神妙足, 設色、白描, 各臻至極.

---

66 이축(李祝):?~908. 중국 오대십국시대 후당의 화가. 한구(韓求)와 함께 배우고 그림을 남겨, '한이(韓李)' 라 불렸다. 도석·인물·귀신 등을 잘 그렸다.
67 주요(朱瑤):?~?. 중국 오대십국시대 후량(後梁)의 화가. 오도현의 화법을 배웠으며 화조도를 잘 그렸다.
68 백묘화(白描畫):채색을 가하지 않고 필선으로만 그리는 화법. 오도현의 주요기법으로 북송대 문인 화가의 인물 화법으로 계승되었다.

산수화로는 이사훈(李思訓)[69]·그의 아들 이소도(李昭道)[70]·노홍(盧鴻)[71]·왕유(王維)[72]·형호(荊浩)[73]·호익(胡翼)[74]·장승요(張僧繇)·관동(關同)[75] 같은 이들은 그림의 필력이 힘차고 구상이 원대하다. 산이 둘러 있고 물이 굽이굽이 흐르며, 나무숲에서 피어나는 안개와 산의 아지랑이를 먹물이 스며드는 기법으로 표현했고 정신과 기운이 왕성하게 일어난다.

화조화로는 종은(鍾隱)[76]·곽권휘(郭權輝)[77]·시린(施璘)[78]·변란(邊鸞)[79]·두소(杜霄)[80]·이적(李逖)[81]·황전

其山水如李思訓、子昭道、盧鴻、王摩詰、荊浩、胡翼、張僧繇、關同，筆力遒勁，立意高遠，山環水蟠，樹煙巒靄，墨汁淋灕，神氣生旺。

花鳥如鍾隱、郭權輝、施璘、邊鸞、杜霄、李逖、黃

---

69 이사훈(李思訓) : 651~716. 중국 당나라의 화가. 자는 건견(建見). 좌무위대장군(左武韋大將軍)·진주도독(秦州都督)을 지냈다. 세밀한 청록산수를 잘 그려 후에 북종화(北宗畫)의 창시자로 불린다. 아들 소도(昭道) 또한 산수를 잘 그렸다.

70 이소도(李昭道) : 670~730?. 중국 당나라의 화가. 이사훈의 아들이다. 관직은 태자중서(太子中書)를 지냈다. 청록산수를 잘 그려 아버지 이사훈과 함께 '대소이장군(大小李將軍)'으로 불렸다.

71 노홍(盧鴻) : ?~740?. 중국 당나라의 화가·시인. 자는 호연(浩然)·호연(顥然). 벼슬에 나가지 않고 숭산(嵩山)에 은거하며 산수를 그려 왕유(王維)와 이름을 나란히 했다.

72 왕유(王維) : 701~761. 중국 당나라의 시인·화가. 자는 마힐(摩詰), 호는 마힐거사(摩詰居士). 벼슬이 상서우승(尙書右丞)에 올라 일명 '왕우승(王右丞)'이라 한다. 그의 시에는 불교의 영향이 많이 나타나 있어 '시불(詩佛)'이라고도 불리며, 수묵(水墨) 산수화에도 뛰어나 남종문인화의 창시자로 평가를 받는다. 작품으로 《망천도(輞川圖)》등이 있다.

73 형호(荊浩) : 870?~930. 중국 오대십국시대 후량(後梁)의 화가. 자는 호연(浩然). 태항산(太行山)의 홍곡(洪谷)으로 피난하여 세칭 '홍곡자(洪谷子)'라 한다. 서화에 능하였다. 산수 화법을 고심하여 저술한 《필법기(筆法記)》는 중국 회화 이론사에서 중요한 위치를 차지한다.

74 호익(胡翼) : ?~?. 중국 오대십국시대 양(梁)나라의 화가. 자는 붕운(鵬雲). 도석인물·거마·누대(樓臺) 등을 잘 그렸고, 옛 그림을 모사하는 능력도 뛰어났다.

75 관동(關同) : ?~?. 중국 오대십국시대 후량의 산수화가. 형호(荊浩)에게 화법을 배웠고 큰 구도의 산수화를 잘 그렸으며, 간결한 필법으로 웅대한 산수화풍을 완성하여 송대(宋代)의 산수화가들에게 많은 영향을 끼쳤다.

76 종은(鍾隱) : ?~?. 중국 오대십국시대 남당(南唐)의 화가. 자는 회숙(晦叔). 종산(鍾山)에 은거하며 성을 종(鍾)이라 했다. 처사로 지내면서 화조도 그리기를 좋아했고 특히 산수화와 인물화에 뛰어났다.

77 곽권휘(郭權輝) : 종은(鍾隱)에게서 배웠고, 사람들이 곽장군(郭將軍)이라 불렸다. 특히 나는 새와 달리는 짐승의 형상을 잘 그렸다.

78 시린(施璘) : ?~?. 중국 오대십국시대 후주(後周)의 화가. 자는 중보(仲寶). 대나무를 잘 그렸다.

79 변란(邊鸞) : ?~?. 중국 당나라의 화가. 벼슬은 우위장사(右衛長史)를 지냈다. 채색 안료를 열심히 연구했고, 화조도·꽃과 나무의 부분도를 예리한 선으로 선명하게 잘 그렸다.

80 두소(杜霄) : ?~?. 중국 오대십국시대의 화가. 주방(周昉)의 화법을 배웠으며, 사녀(仕女)·나비를 잘 그렸다.

81 이적(李逖) : ?~?. 중국 당나라의 화가. 매미·나비·벌·파리 등을 잘 그렸다.

황전의 〈사생진금도(寫生珍禽圖)〉

(黃筌)[82], 그의 아들 황거채(黃居寀)[83] 같은 이들은 채색이 모두 살아 있는 듯하고 구성에 법도가 있어서, 꽃의 아름다운 자태는 이슬방울이 맺힐 듯하고, 새가 날갯짓하며 날아오르는 모습은 바람이 일어나는 듯하다. 모두 조물주를 강제로 불러와서 봄이 다시 오도록 할 정도의 솜씨를 가진 이들이다.

또한 한간(韓幹)[84]의 말 그림, 대숭(戴嵩)[85]·장부(張

筌、子居寀, 皆設色類生, 展布有法, 花之容冶露滴, 鳥之掀翥風生, 皆權奪化工春歸掌握者也.

又如韓幹之馬, 戴嵩、張符

---

82 황전(黃筌):?~965. 중국 오대십국시대 후촉(後蜀)의 화가. 자는 요숙(要叔). 인물, 산수, 특히 화조에 뛰어났다. 명료한 윤곽선과 풍부한 색채를 사용한 구륵전채(鉤勒塡彩)의 장식적인 그림으로 황씨체(黃氏體)를 이룩했다. 그의 아들 황거채(黃居寀)에 의하여 북송의 화원(畫院)에서도 채용되어 서희(徐熙)의 화풍과 함께 중국 화조화의 화풍을 이분(二分)한 전통적인 화풍이 되었다.

83 황거채(黃居寀):933~993?. 중국 오대십국시대 후촉과 북송 초기의 화가. 자는 백란(伯鸞). 황전의 막내아들. 한림대조(翰林待詔)를 지냈으며, 가풍을 이어 화조를 잘 그렸다. 특히 태호석(太湖石) 그림은 부친을 능가한다는 평을 듣는다. 작품으로 〈산자극작도(山鷓棘雀圖)〉가 있다.

84 한간(韓幹):?~?. 중국 당대(唐代)의 화가. 대량(大梁, 하남성 개봉) 출신이다. 소년 시절 왕유(王維)로부터 그림 재주가 있음을 인정받고, 천보 연간(742~756)에 궁정 화가가 되었다. 사원의 벽화에 불교 회화도 그렸으나 말 그림을 가장 잘 그려 궁실의 마굿간에 있는 수많은 명마를 묘사했다. 당시 이상형으로 삼았던 살찐 말의 모습을 표현하여 '고금독보(古今獨步)'라는 명성을 얻었다. 작품으로 〈조야백도(照夜白圖)〉·〈신준도(神駿圖)〉·〈목마도(牧馬圖)〉 등이 있다.

85 대숭(戴嵩):?~?. 중국 당나라의 화가. 소를 잘 그려 '화우대사(畫牛大師)'라 칭해졌다.

符)[86]의 소 그림, 승려 전고(傳古)[87]의 용 그림, 한황(韓滉)의[88] 호랑이 그림, 원의(袁義)[89]의 물고기 그림과 같은 작품들은 모두 한때 독보적인 솜씨를 지닌 사람들의 뛰어난 그림들로, 이들의 그림은 생의가 분방하고 기운이 넘쳐, 그 정신이 꿈틀거리는 선의 움직임 너머에 표현되었으니, 비록 이를 베껴 그려도 그와 비슷하게 그릴 수는 없었다. 《준생팔전》[90]

之牛, 僧傳古之龍, 韓太尉之虎, 袁義之魚, 皆極一時獨技, 生意奔逸, 氣韻騫騰, 神迴[29]蠢動之外, 雖臨摹未能彷彿.《遵生八牋》

송나라의 손지미(孫知微)[91]·승려 월봉(月蓬)[92]·주문구(周文矩)[93]·이준(李遵)[94]·양해(梁楷)[95]·마화지(馬和之)[96]·승려 범륭(梵隆)[97]·소한신(蘇漢臣)[98]·안차평(顔

宋之孫知微、僧月蓬、周文矩、李遵、梁楷、馬和之、僧梵隆、蘇漢臣、顔次平、徐

---

86 장부(張符): ?~?. 중국 당나라의 화가. 한황(韓滉)의 화법을 배워 물소를 잘 그렸고 농가(農家)와 강물 그림도 운치가 있다.

87 전고(傳古): ?~?. 중국 5대 말, 북송 초기의 화승(畫僧). 사명(四明, 절강성 영파) 사람. 용 그림에 뛰어나 명성이 높고, 북송 이후에 유행한 화룡(畫龍)의 선구자가 되었다.

88 한황(韓滉): 723~787. 중국 당대의 정치가·화가. 자는 태충(太冲). 강직한 관리로서 785년에 재상이 되었다. 《주역》·《춘추》에 통달하였고 서화에도 능했다. 인물화는 고개지(顧愷之)·육탐미(陸探微)의 흐름을 터득했고 농촌 풍경을 그렸으며 소를 잘 그렸다. 작은 짐승부터 호랑이처럼 큰 짐승까지 모사하는 영모화(翎毛畫) 분야에 새로운 경지를 개척했다.

89 원의(袁義): 중국 오대십국시대 후당(後唐)의 화가. 물고기를 잘 그렸다

90 《遵生八牋》卷15〈燕閑清賞牋〉中 "論畫"(《遵生八牋校注》, 554~555쪽).

91 손지미(孫知微): ?~?. 중국 북송의 유명한 화가. 자는 태고(太古). 후촉(後蜀)에서 북송 태종(太宗)·진종(眞宗) 시기(976~1022)에 활동했으며, 노장·불교에 정통하고 도석인물화를 잘 그렸다.

92 월봉(月蓬): ?~?. 중국 송나라의 승려·화가. 관음(觀音)·불상(佛像)·나한(羅漢)·천왕(天王) 등을 그렸다.

93 주문구(周文矩): ?~?. 중국 오대십국시대 남당(南唐)의 화가. 중주(中主) 이영(李璟)·후주(後主) 이욱(李煜) 시기(943~975)에 활동했으며, 인물화·계화·산수화·사녀화를 잘 그렸다.

94 이준(李遵): ?~?. 중국 송나라의 화가. 인물화를 주로 그렸으며, 작품으로 〈여효경도(女孝經圖)〉가 전한다.

95 양해(梁楷): 1140?~1210?. 중국 남송의 화가. 영종(寧宗) 때인 1201년부터 1205년까지 화원(畫院)의 대조(待詔)가 되었다. 간략한 감필(減筆) 화풍을 창안했으며 도석인물화로 유명하다.

96 마화지(馬和之): ?~?. 중국 남송 전기의 화가. 인물·불상·산수를 잘 그렸으며 특히 인물화는 오도현의 화풍을 배워 '소오생(小吳生)'이라 불렸다.

97 범륭(梵隆): ?~?. 중국 남송 초기의 승려 화가. 자는 무종(茂宗), 호는 무주(無住)·벽림도인(碧林道人). 이공린(李公麟)의 백화(白畫)를 배웠으며, 도석인물화·산수·묵매(墨梅)를 잘 그렸다.

98 소한신(蘇漢臣): ?~?. 중국 송나라의 화가. 선화(宣和) 연간(1119~1125)에 화원(畫院)의 대조(待詔)가 되어, 같은 화원 화가인 유종고(劉宗古)에게 배웠다. 도학자와 불승(佛僧)을 잘 그렸고, 남송화원(南宋畫院)으로 복직한 다음 1164년까지 활약했다.

[29] 迴: 저본에는 "適".《遵生八牋·燕閑清賞牋·論畫》에 근거하여 수정.

次平)[99] · 서세영(徐世榮)[100] · 성사안(盛師顔)[101] · 이조(李早)[102] · 이공린(李公麟)[103] · 고굉중(顧閎中)[104]은 모두 인물화에 솜씨가 뛰어나서 인물의 풍부한 정신과 기상을 표현할 줄 아는 사람들이다.

世榮、盛師顔、李早、李伯時、顧閎中, 皆工于人物, 得其豐[30]神精爽者也.

곽충서(郭忠恕)[105] · 허도녕(許道寧)[106] · 미우인(米友仁)[107] · 조백구(趙伯駒)[108] · 곽희(郭熙)[109] · 이당(李唐)[110] · 고극명(高克明)[111] · 손가원(孫可元)[112] · 유송년(劉

如郭忠恕、許道寧、米友仁、趙千里、郭熙、李唐、高克明、孫可元、劉松年、李嵩、

99 안차평(顔次平) : 미상.

100 서세영(徐世榮) : 미상.

101 성사안(盛師顔) : ?~?. 중국 송나라의 화가. 금릉(金陵, 현재 남경) 사람. 도석인물화 · 사녀화(仕女畫)를 잘 그렸다.

102 이조(李早) : ?~?. 중국 금(金)나라의 화가. 명창(明昌) 연간(1190~1195)에 활동했으며, 인물과 말을 잘 그렸다. 송나라가 아직 멸망하기 전 시기에 금나라에서 활동했던 화가이므로 함께 언급한 것으로 보인다.

103 이공린(李公麟) : 1049~1106. 중국 북송(北宋)의 문인화가. 자는 백시(伯時), 호는 용면(龍眠). 박학다식하고 불교 이론에도 통달하였으며, 옛 동기(銅器)를 많이 수집했다. 말 그림이 유명하며, 백묘화(白描畫)를 부흥시켰다. 서예는 해서 · 행서 · 초서에 뛰어났으며, 그림은 고개지(顧愷之) · 육탐미(陸探微) · 장승요(張僧繇) 등을 연구하여 화가로서 일가를 이루었다.

104 고굉중(顧閎中) : 910~980. 중국 오대십국시대 남당(南唐)의 화가. 이경(李璟) · 이욱(李煜) 부자를 섬겨 대조(待詔)가 되었으며, 작품으로 〈한희재야연도(韓熙載夜宴圖)〉가 있다. 송나라 초기에 해당되는 시기이므로 당시 유명했던 화가를 함께 언급한 것으로 보인다. 아래 곽충서도 같다.

105 곽충서(郭忠恕) : ?~977. 중국 후주(後周) · 북송(北宋)의 학자 · 서화가(書畫家). 자는 서선(恕先) · 국보(國寶). 후주의 국자박사(國子博士)가 되었고, 뒤에 송나라의 태조(太祖)와 태종(太宗)을 섬겼다. 계화(界畫)에 능하여 복잡한 건물을 잘 그렸다. 저서로《한간(汗簡)》등이 있다.

106 허도녕(許道寧) : 970?~1052?. 중국 북송의 화가. 이성(李成)의 화풍을 배워 작품 활동을 시작했고, 이성이 죽은 후에는 일인자로 평가받았다. 주로 북방계(北方系) 산수화가 남아 있다.

107 미우인(米友仁) : 1090~1170. 중국 송나라의 화가. 미불(米芾)의 아들. 자는 원휘(元暉), 호는 난졸노인(嬾拙老人). 아버지를 이어 산수 · 화조의 화법을 배웠고 특히 그의 운산(雲山) 화법은 '미법산수(米法山水)'로 정착되었다.

108 조백구(趙伯駒) : 1127~1162. 중국 남송의 화가. 자는 천리(千里). 종실로서 태조(太祖)의 7세손이며 백숙(伯驌)의 형이다. 전통적인 북종화풍의 산수화 · 인물화에 뛰어났다.

109 곽희(郭熙) : 1020~1090. 중국 송나라의 화가. 북방계(北方系) 산수화 양식의 통일을 완성한 사람이다. 현실의 자연경치에 얽매여 풍경을 그대로 옮기는 당시까지의 산수화를 이상화된 마음속의 산수로 끌어올렸다는 평가를 받는다.

110 이당(李唐) : 1066~1150. 중국 남송의 화가. 자는 희고(晞古). 규모가 웅대하고 종합적인 북송의 산수화를 시적 정취를 바탕으로 한 남송적인 소품 중심의 세계로 전환한 작가 중 하나이다.

111 고극명(高克明) : ?~?. 중국 북송의 화가. 대중상부(大中祥符) 연간(1008~1016)에 궁정 화원에 들어갔다. 인종(재위 1022~1063) 때에 대조(待詔)가 되었으며, 도석인물화 · 귀신 · 산수 · 화조화 등을 잘 그렸다.

112 손가원(孫可元) : ?~?. 중국 송나라의 화가. 오(吳)나라와 월(越)나라 지역의 산수를 특히 잘 그렸으며, 필력이 호방하지는 않았으나 우아한 기운이 있었다.

[30] 豐 : 저본에는 "手".《遵生八牋 · 燕閑清賞牋 · 論畫》에 근거하여 수정.

마원의 〈화등시연도(華燈侍宴圖)〉

주예의 〈설간반차도(雪澗盤車圖)〉

松年)[113]·이숭(李嵩)[114]·마원(馬遠)[115]·마규(馬逵)[116]·하규(夏珪)[117]·누관(樓觀)[118]·호관(胡瓘)[119]·주회근(朱懷

馬遠、馬逵、夏珪、樓觀、胡瓘、朱懷瑾、范寬、董源、王

---

[113] 유송년(劉松年) : 1131?~1218. 중국 남송의 화가. 호는 청파(淸波). 남송 4대가의 한 사람으로 인물화·산수화에 능했다. 부드럽고 품격 있는 필법으로 당시의 사실적이고 장식적인 화풍을 벗어나 문인화적 요소가 강한 작품을 그렸다.

[114] 이숭(李嵩) : 1166~1243. 중국 남송의 화가. 어려서 목공 일을 하다가 화원(畵院)의 화가 이종훈(李從訓)의 양자가 되어 그림공부를 시작했다. 도석인물화와 산수화, 입체감 있게 섬세한 필치로 그리는 계화 등을 잘 그렸다. 작품으로 〈적벽부(赤壁賦)〉가 있다.

[115] 마원(馬遠) : 1140~1225?. 중국 남송의 화가. 마세영(馬世榮)의 아들. 호는 흠산(欽山). 7인의 화원 화가를 배출한 화단의 명문 출신이다. 이당(李唐)·유송년(劉松年)·하규(夏珪)와 더불어 남송 4대가로 불렸고 하규와 같이 남송 원체산수화(南宋院體山水畵)를 대표한다.

[116] 마규(馬逵) : ?~?. 중국 남송의 화가. 마세영(馬世榮)의 아들, 마원의 형이다.

[117] 하규(夏珪) : 1180?~1230?. 중국 남송의 화가. 자는 우옥(禹玉). 이당(李唐)·유송년(劉松年)·마원(馬遠)과 함께 남송 원체산수화를 대표하는 화가이다. 작품으로 〈풍우산수도(風雨山水圖)〉 등이 있다.

[118] 누관(樓觀) : ?~?. 중국 남송의 화가. 전당(錢塘, 현재 절강성 항주) 사람. 도종(度宗) 함순(咸淳) 연간(1265~1274)에 지후(祗候) 벼슬을 지냈다. 마원(馬遠)을 배워서 산수화를 잘 그렸으며 화조화에 가장 뛰어났다.

[119] 호관(胡瓘) : 미상.

瑾)120 · 범관(范寬) · 동원(董源)121 · 왕선(王詵)122 · 진각 　　晉卿、陳珏、朱銳、王廷筠、

(陳珏)123 · 주예(朱銳)124 · 왕정균(王廷筠)125 · 이성(李 　　李成、張舜民，皆工於山

成) · 장순민(張舜民)126 같은 이들은 모두 산수화에 솜 　　水，得其泉石高風者也.

씨가 뛰어나서 자연의 높은 풍치를 표현할 줄 아는

사람들이다.

　　양무구(楊無咎)127 · 정야당(丁野堂)128 · 이적(李迪)129 · 　　如楊補之、丁野堂、李迪、

이안충(李安忠)130 · 오병(吳炳)131 · 모송(毛松)132 · 모익(毛 　　李安忠、吳炳、毛松、毛益、

---

120 주회근(朱懷瑾) : ?~?. 중국 남송의 화가. 보우(寶祐) 연간(1253~1258)에 화원의 대조(待詔)를 지냈고, 함
　　순(咸淳) 연간(1265~1274)에 금대(金帶)를 하사받았다. 하규(夏珪)의 화법으로 설경을 그렸다.

121 동원(董源) : 934~962?. 중국 오대십국시대 남당(南唐) · 북송의 화가. 자는 숙달(叔達). 북원부사(北苑副
　　使)를 지내 '동북원(董北苑)'이라고도 한다. 인물화와 용수(龍水) 외에 소나 호랑이 등의 동물을 잘 그렸으
　　나, 산수화에 가장 뛰어났다. 수묵화는 왕유를, 착색화는 이사훈을 닮았다는 평을 받았다. 남종 산수화의
　　비조로 불리며 이성(李成) · 범관(范寬)과 더불어 북송 3대가로 일컬어진다. 작품으로 〈한림중정도(寒林重
　　汀圖)〉 · 〈하경산구대도도(夏景山口待渡圖)〉 · 〈하산도(夏山圖)〉 등이 있다.

122 왕선(王詵) : 1048~1104. 중국 북송의 관리 · 화가. 자는 진경(晉卿). 건국 공신 왕전민의 아들. 영종(재위
　　1063~1066) 조서(趙曙)의 사위이며, 아내는 촉국대장공주(蜀國大長公主)이다. 왕유(王維)와 이성(李成)
　　의 화풍을 배웠다.

123 진각(陳珏) : ?~?. 중국 남송의 화가. 보우 연간에 화원의 대조(待詔)를 지냈다. 둘째 아들 진림(陳琳,
　　1260~1320)도 유명한 화가이다.

124 주예(朱銳) : ?~?. 중국 북송 말 남송 초의 화가. 북송 선화화원(宣和畫院)의 대조(待詔)였으며 남송 때는
　　소흥화원(紹興畫院)의 대조였다. 산수화를 잘 그렸고 설경에 뛰어났다. 화법은 왕유(王維)를 배웠다. 《반
　　차도(盤車圖)》가 전한다.

125 왕정균(王廷筠) : ?~?. 중국 남송의 화가. 죽석(竹石)을 잘 그렸다.

126 장순민(張舜民) : ?~?. 중국 북송의 문인 · 화가. 자는 운수(蕓叟), 호는 부휴거사(浮休居士) · 정재(碇齋). 감
　　찰어사(監察御史) · 이부시랑(吏部侍郞) · 집현수찬(集賢修撰)을 지냈다. 저서로 《화만집(畫墁集)》이 있다.

127 양무구(楊無咎) : 1097~1171. 중국 남송의 문인 · 화가. 자는 보지(補之), 호는 도선노인(逃禪老人). 인물화
　　는 이공린을 본받았고 글씨는 구양순을 따랐다. 저서로 《도선사(逃禪詞)》가 있다.

128 정야당(丁野堂) : ?~?. 중국 남송의 도사 · 화가. 야당(野堂)은 호, 이름은 미상. 여산(盧山)의 청허관(淸虛
　　觀)에 있었다. 매화를 잘 그려 이종(理宗, 1235~1264)의 부름을 받은 적이 있다.

129 이적(李迪) : ?~?. 중국 송나라의 화원 화가. 효종 · 광종 · 영종 3대에 걸쳐 활약했으며 화조(花鳥) · 죽석(竹
　　石)을 잘 그렸다.

130 이안충(李安忠) : ?~?. 중국 송나라의 화원 화가. 휘종(徽宗) 때 선화화원(宣和畫院)에서 봉직했고, 송의
　　남도(南渡) 후에는 고종(高宗) 때의 소흥화원(紹興畫院)에 복직, 금대(金帶)를 하사받기도 했다. 이적(李
　　迪)과 더불어 원체화조화(院體花鳥畫)의 대표적 화가이다. 작품으로 〈순도(鶉圖)〉가 있다.

131 오병(吳炳) : ?~?. 중국 송나라의 화원 화가. 남송 소희(紹熙) 연간(1190~1194)에 화원의 대조(待詔)를
　　지냈다. 원체화의 풍격을 성실히 지켰으며, 작품으로 〈춘지수압도(春池睡鴨圖)〉 · 〈원앙수련도(鴛鴦睡蓮
　　圖)〉 · 〈절지작약도(折枝芍藥圖)〉 등이 전한다.

132 모송(毛松) : ?~?. 중국 남송 초기의 화가. 화조화와 사계절의 풍경을 잘 그렸다. 아들 모익(毛益)도 화가이다.

益)<sup>133</sup>·이영년(李永年)<sup>134</sup>·최백(崔白)<sup>135</sup>·마영충(馬永 忠)<sup>136</sup>·단방현(單邦顯)<sup>137</sup>·진가구(陳可久)<sup>138</sup>·승려 희 백(希白)<sup>139</sup>·유흥조(劉興祖)<sup>140</sup>·서세창(徐世昌)<sup>141</sup>·서 영(徐榮)<sup>142</sup>·조창(趙昌)<sup>143</sup>·조령양(趙令穰)<sup>144</sup>·왕응(王 凝)<sup>145</sup>·마린(馬麟)<sup>146</sup> 같은 이들은 모두 화조화에 솜

李永年、崔白、馬永忠、單 邦顯、陳可久、僧希白、劉 興祖、徐世昌、徐榮、趙昌、 趙大年、王凝、馬麟，皆工 於花鳥，得其天機活潑者

---

133 모익(毛益)：?~?. 중국 남송의 화가. 모송의 아들. 건도(乾道) 연간(1165~1173)에 화원(畫院)의 대조(待 詔)를 지냈다. 영모(翎毛)·화죽(花竹)·소경(小景)을 잘 그렸다.

134 이영년(李永年)：?~?. 중국 남송의 화가. 함순(咸淳) 연간(1265~1274)에 지후(祇候) 벼슬을 지냈으며, 도 석인물화(道釋人物畫)를 잘 그렸다.

135 최백(崔白)：1004~1088. 중국 북송의 화가. 자는 자서(子西). 연지도(蓮池圖)·화죽도(花竹圖)·수금도(水 禽圖)를 장기로 하고, 도석인물화(道釋人物畫)·불화(佛畫)도 잘 그려 이름이 높았다. 황전(黃筌) 부자(父 子)의 필법을 따르지 않고 새로운 화조화풍을 형성했다.

136 마영충(馬永忠)：?~?. 중국 남송의 화가. 보우(寶祐) 연간(1253~1258)에 화원의 대조(待詔)를 지냈다.

137 단방현(單邦顯)：?~?. 중국 송나라의 화가. 조백구(趙伯駒)·조백숙(趙伯驌) 형제와 마원(馬遠)의 화법을 배웠으며, 산수·화훼(花卉)·봉접(蜂蝶, 벌과 나비)을 생동감 있게 잘 그렸다. 작품으로 〈행화쌍접도(杏花 雙蝶圖)〉·〈유봉자매도(游蜂刺梅圖)〉·〈백접도(百蝶圖)〉 등이 있다.

138 진가구(陳可久)：?~?. 중국 남송의 화가. 보우(寶祐) 연간(1253~1258)에 화원의 대조(待詔)를 지냈다. 물 고기나 사계절의 꽃나무를 밝은 색채로 잘 그렸다.

139 희백(希白)：968~1026. 중국 북송의 관리. 본명은 역(易), 자는 희백(希白). 전곤(錢昆)의 아우이다. 17살 에 진사에 급제했으나 행실이 경솔하다는 이유로 축출당했다. 불경을 좋아하여 《도장경(道藏經)》교문과 《살생계(殺生戒)》를 저술했다. 당시 유행하던 법첩 가운데 《강첩(絳帖)》·《담첩(潭帖)》·《임강첩(臨江帖)》 3종이 가장 아름다웠는데, 이 중에서도 단연 희백이 임모한 《담첩》이 가장 뛰어났다.

140 유흥조(劉興祖)：?~?. 중국 북송의 화가. 순희(淳熙) 연간(1174~1189) 화원(畫院)의 화가. 화조화를 잘 그렸다.

141 서세창(徐世昌)：?~?. 중국 북송의 화가. 순희(淳熙) 연간(1174~1189) 화원의 화가. 산수화를 잘 그렸다.

142 서영(徐榮)：중국 남당(南唐)의 화가 서희(徐熙, ?~?)의 오기로 추정된다. 서희는 화조화를 잘 그렸으며, 원문에 나란히 기록된 조창(趙昌)과 흔히 비교된다. 《고반여사(考槃餘事)》에서는 서희를 그림에 담긴 고매 한 정신을 중시하는 화가로 평하면서 사물과 흡사하게 그림을 그리는 조창과 상반된다고 했다. 《고반여사 (考槃餘事)》 권3 〈화전(花箋)〉 "형사(形似, 대상을 똑같이 그림)의 문제", 88쪽.

143 조창(趙昌)：?~?. 중국 북송의 화가. 자는 창지(昌之), 호는 검남초인(劍南樵人). 진종(眞宗, 997~1022) 시 기에 활약했다. 등창우(滕昌祐)의 화법을 배웠으며 화과(花果)·절지화(折枝花)·초충(草蟲)·화조(花鳥)를 잘 그렸는데, 서희(徐熙)·황전(黃筌)의 화풍을 닮았다. 송 휘종 조길(趙佶)과 더불어 송대 화조화의 대가 로 일컬어진다.

144 조령양(趙令穰)：?~?. 중국 북송의 화가. 자는 대년(大年), 호는 공민(恭敏). 송 태조 조광윤(趙匡胤)의 5 세손. 신종(神宗, 1069~1085)부터 철종(哲宗, 1085~1099) 시기에 활동했다. 소식에게 배운 묵죽(墨竹) 과 물새가 있는 물가의 경치를 잘 그렸다.

145 왕응(王凝)：?~?. 중국 북송의 화가. 화원의 대조를 지냈으며 희녕(熙寧) 연간(1068~1077) 이전에 화원의 고수가 되었다. 화죽(花竹)·영모(翎毛)를 잘 그렸으며 〈자모계도(子母鷄圖)〉가 그의 작품이라고 전해진다.

146 마린(馬麟)：?~?. 중국 남송의 화가. 마세영(馬世榮)의 손자, 마원(馬遠)의 아들. 가태(嘉泰) 연간 (1201~1204)에 화원의 지후(祇候)가 되었다. 산수·인물·화조 등을 고르게 잘 그렸다. 〈방춘우제(芳春雨 霽)〉·〈정청송풍도(靜聽松風圖)〉·〈매화도(梅花圖)〉·〈석양산수도(夕陽山水圖)〉 등이 전해진다.

마린의 〈석양산수도(夕陽山水圖)〉

씨가 뛰어나서 자연의 조화를 생동감 있게 표현할  也.
줄 아는 사람들이다.

송(宋)나라 고종(高宗)[147]의 산수화·죽석화(竹石畫),  若宋 高宗之山水、竹石, 文
문동(文同)[148]·소식(蘇軾)·모신경(毛信卿)[149]·오심옥(吳  湖州、蘇長公、毛信卿、吳
心玉)[150]의 죽석화·고목화(枯木畫, 고사한 나무 그림), 염  心玉之竹石、枯木, 閻士安

---

[147] 고종(高宗):1107~1187. 중국 송나라 황제(재위 1127~1162) 조구(趙構). 자는 덕기(德基).

[148] 문동(文同):1018~1079. 중국 북송의 시인·화가. 자는 여가(與可), 호는 소소거사(笑笑居士)·소소선생(笑
笑先生)·석실선생(石室先生). 1078년 호주(湖州) 지주(知州)가 되어 다음 해 부임하던 도중에 죽었으므로
사람들이 문호주(文湖州)라 부른다. 묵죽(墨竹)을 잘 그렸다. 소식과 친밀하게 지냈으며 시서화로 이름이
높아 문언박(文彦博)·사마광(司馬光)의 칭송을 받았다. 저서로 《단연집(丹淵集)》이 있다.

[149] 모신경(毛信卿):?~?. 중국 송나라의 화가. 이름은 알 수 없다. 자는 신경(信卿), 호는 운산(賈山). 과거시험
에 여러 차례 실패하고 술과 그림에 몰두했다. 조사재(趙師宰, ?~?)의 화법을 배웠으며 대나무를 잘 그렸다.

[150] 오심옥(吳心玉):중국 원(元)나라의 화가 오진(吳鎮, 1280~1354)으로 추정된다. 오진은 원말 4대가의 한
사람. 자는 중규(仲圭), 호는 매도인(梅道人), 매화화상(梅花和尙) 등. 산수·매화·죽석(竹石)을 잘 그렸다.

사안(閻士安)[151]의 야경화(野景畫, 들의 경치 그림)·수석화(樹石畫, 나무와 돌그림), 장순민(張舜民)의 안개 낀 마을 그림과 같은 작품들은 모두 자연의 울림[天籟]이 붓 끝에서 움직이고, 위수(渭水)[152]의 물결이 먹물에 깃들어 있으며, 대나무 만 줄기를 휘둘러 그리고 구름이 끼고 안개가 변하는 듯하다.

이러한 그림을 고아한 서재에 걸어두면 녹음이 집안 가득 우거지고 시원한 바람이 사방에서 불어오는 듯하니, 어찌 저 평범한 솜씨를 지닌 화공이 흉내나 낼 수 있겠는가?

또한 진용(陳容)[153]의 용, 전광보(錢光甫)[154]의 물고기, 주소종(朱紹宗)[155]·유종고(劉宗古)[156]의 고양이와 개 그림과 같은 작품들은 모두 한 사물의 골기와 움직임을 얻어서 실제 형태와 유사하게 형상화했으므로, 한때 이름을 널리 떨친 작품들이다.

대개 당나라 사람들은 그림을 그리기 전에 정신을 잘 가다듬으므로 그림이 완성되면 그린 이의 정신이 그림에 충분히 담긴다. 그러나 송나라는 사물과 흡사하게 그리는 데 공을 쏟기 때문에 그림솜씨는 충

之野景、樹石，張浮休之煙村，此皆天籟動於筆鋒，渭川波入硯沼，揮灑萬竿，雲蒸霧變.

置之高齋，綠陰滿堂，淸風四坐，豈彼俗工，可容措手?

又如陳所翁之龍，錢光甫之魚，朱紹宗、劉宗古之貓犬，皆得一物骨氣、運動，狀其形似，名擅一時者也.

蓋唐人神具畫前，故畫成神足. 而宋則工于求似，故畫足神微. 宋人物趣，迥邁於唐，而唐之天趣，則遠

---

151 염사안(閻士安) : ?~?. 중국 송나라의 화가. 완구[宛丘, 현재 하남성(河南省) 회양(淮陽)] 사람. 의사 집안에서 태어나 의술을 익혔으며 화초·나무·바위 등을 정밀하게 잘 그렸다.

152 위수(渭水) : 중국 장안(長安) 부근을 가로로 지나는 황하(黃河)의 가장 큰 지류.

153 진용(陳容) : ?~?. 중국 남송의 화가. 자는 공저(公儲), 호는 소옹(所翁). 단평(端平) 2년(1235)에 진사가 되었으며 조산대부(朝散大夫)를 지냈다. 용을 잘 그려 보우(寶祐) 연간(1253~1258)에 이름을 떨쳤다.

154 전광보(錢光甫) : ?~?. 중국 남송의 화가. 경정(景定) 연간(1260~1264)에 화원의 대조가 되었으며, 물고기를 잘 그렸다.

155 주소종(朱紹宗) : ?~?. 중국 남송의 화가. 인물·개·고양이·꽃 등을 잘 그렸으며 작품으로 〈국총비접도(菊叢飛蝶圖)〉가 전한다.

156 유종고(劉宗古) : ?~?. 중국 송나라의 화가. 선화(宣和) 연간(1119~1125)에 화원의 대조가 되었으며 성충랑(成忠郞)을 지냈다. 인물·산수·불상(佛像)을 잘 그렸다.

분한데도 그린 이의 정신이 미약하게 담긴다. 그래서
송나라 사람들의 사물에 관한 아취는 당나라 사람들
보다 현격하게 뛰어나며, 당나라 사람들의 천취(天趣,
자연스런 정취)는 송나라 사람들보다 훨씬 뛰어났다.

過於宋也.

요즘 그림을 평가하는 사람들은 송나라 사람들
의 그림을 원화(院畫)[157]라고 여겨 귀중하게 생각하지
않고 오직 원나라의 그림을 숭상하니, 송나라의 그
림이 기교가 너무 지나치고 정신이 부족하다고 여기
기 때문이다. 그러나 송나라의 그림도 후대의 사람
들이 넘볼 수 있는 경지가 아니니, 원나라 사람들의
그림이 함부로 정신과 기교 두 분야에서 모두 대등
하게 견줄 수 있겠는가?《준생팔전》[158]

今之評畫者, 以宋人爲院
畫, 不以爲重, 獨尙元畫,
以宋巧太過而神不足也.
然宋畫亦非後人可造堂室,
元人敢爲併駕馳驅哉? 同
上

원나라 그림 중에서는 왕몽(王蒙)[159] · 황공망(黃公
望) · 조맹부(趙孟頫) · 조옹(趙雍) · 예찬(倪瓚) 그림의 문
인의 기운, 진중인(陳仲仁)[160] · 조지백(曹知白)[161] · 왕

元畫如王叔明、黃大癡、趙
子昂、趙仲穆、倪瓚之士氣、
陳仲仁、曹知白、王若水、

---

157 원화(院畫) : 원(院)은 중국 송(宋)대의 한림도화원(翰林圖畫院)을 가리키는 말로, 원화는 궁중에 소속된
　　화가의 형식주의적이고 지나치게 정밀하게만 그려 상대적으로 생기 없는 그림을 평가하는 말로 쓰였다. 왕
　　실에서 선호하는 취향이 화풍에 반영되었으며, 전통성과 장식성을 중시하였다. 일반적인 격식에서 벗어나
　　지 않는 천편일률적인 화원들의 그림체를 뜻하기도 한다. 원체(院體) · 원체화(院體畫)라고도 한다.
158《遵生八牋》卷15〈燕閑淸賞牋〉中 "論畫"《遵生八牋校注》, 555쪽).
159 왕몽(王蒙) : ?~1385. 중국 원나라 말기의 문인화가. 자는 숙명(叔明), 호는 황학산초(黃鶴山樵). 조맹부의
　　외손이다. 황학산에 은거하며 그림을 그렸는데, 명나라 초기에 정치적인 사건에 연루되어 옥사했다. 산수
　　화 · 인물화를 잘 그렸으며, 특히 묵죽을 가장 잘 그렸다. 산수화는 조맹부를 배웠지만, 필력이 웅장하고 변
　　화가 많은 점이 특징이다. 작품으로〈청변은거도(靑卞隱居圖)〉·〈구구임옥도(具區林屋圖)〉등이 있다.
160 진중인(陳仲仁) : ?~?. 중국 원나라의 화가. 양성주부(陽城主簿)를 역임했으며, 산수 · 인물 · 화조를 잘 그
　　렸다.
161 조지백(曹知白) : 1272~1355. 중국 원나라의 화가 · 장서가. 자는 우현(又玄) · 정소(貞素), 호는 운서(雲西).
　　조맹부 · 등문원(鄧文原) · 우집(虞集) · 왕면(王冕) · 예찬 · 황공망 등의 명사들과 교유했다. 작품으로〈송림평
　　원(松林平遠)〉·〈계산범정(溪山泛艇)〉·〈양상산관도(良常山館圖)〉등이 있다.

황공망의 〈수각청유도(水閣淸幽圖)〉

연(王淵)[162]·고극공(高克恭)[163]·고정지(顧正之)[164]·가    高克恭、顧正之、柯九思、

162 왕연(王淵): ?~?. 중국 원나라의 화가. 자는 약수(若水), 호는 담헌(澹軒). 13세기 후반 전당(錢塘)에서 태
　　어났다. 어려서부터 조맹부에게 서화를 배웠고, 산수화는 곽희(郭熙), 화조화(花鳥畫)는 황전(黃筌), 인물
　　은 당나라의 그림을 익혔다. 원체화(院體畫)의 형식주의에서 벗어났으며, 구륵법을 사용한 화조화를 잘 그
　　렸다.

163 고극공(高克恭): 1248~1310. 중국 원나라의 화가. 자는 언경(彦敬), 호는 사안(士安)·방산(房山). 형부상
　　서(刑部尙書)를 역임했다. 미법산수(米法山水) 양식을 정비했으며, 황공망(黃公望)·오진(吳鎭)·예찬(倪
　　瓚)·왕몽(王蒙) 등 원말의 4대가와 원체(院體) 산수화풍을 계승한 손군택(孫君澤), 장식 화풍의 전선(錢
　　選) 등과 어깨를 나란히 한다. 원나라 시기 미술사에 많은 영향을 준 인물이다. 작품으로 〈운횡수령도(雲
　　橫秀嶺圖)〉가 있다.

164 고정지(顧正之): ?~?. 중국 원나라의 화가. 묵죽(墨竹) 그림의 대가로 알려져 있다.

구사(柯九思)[165]·전선(錢選)[166]·오진(吳鎭)·이간(李衎)[167]·승려 보명(普明)[168]·왕면(王冕)[169]·소월담(蕭月潭)[170]·고사안(高士安)[171]·장악(張渥)[172]·정야부(丁野夫)[173] 그림의 우아한 풍치(風致), 왕진붕(王振鵬)[174]·진중미(陳仲美)[175]·안휘(顏輝)[176]·심린(沈麟)[177]·유요(劉

錢選[31]、吳仲圭、李息齋、僧雪牎、王元章、蕭月潭、高士安、張叔厚、丁野夫之雅致、王振鵬、陳仲美、顏秋月、沈秋澗、劉耀卿、孫君

---

165 가구사(柯九思) : 1290~1343. 중국 원나라의 화가. 자는 경중(敬仲), 호는 단구(丹丘)·단구생(丹丘生). 그림은 산수·화훼(花卉)·죽석(竹石)을 잘 그렸고, 글씨는 구양순(歐陽詢)·구양통(歐陽通) 부자의 서풍을 익혀서 힘차고 세련되었다. 감식의 재능이 있어 제자(題字)나 발문(跋文)을 많이 썼다.

166 전선(錢選) : ?~?. 중국 원나라의 화가. 자는 순거(舜擧), 호는 옥담(玉潭)·손봉(巽峰). 조맹부(趙孟頫) 등과 함께 오흥팔준(吳興八俊)으로 불린다. 송나라가 멸망하자 원나라를 섬기지 않고 시문과 그림에 전념하며 평생을 마쳤다. 작품으로 〈모란도(牡丹圖)〉·〈순도(筍圖)〉·〈절지계두화도(折枝鷄頭花圖)〉등이 있다.

167 이간(李衎) : 1244~1320. 중국 원나라의 문인화가. 자는 중빈(仲賓), 호는 식재도인(息齋道人). 이부상서(吏部尙書)·집현전대학사(集賢殿大學士)를 역임했다. 묵죽(墨竹)을 잘 그렸으며, 고극공(高克恭)·조맹부(趙孟頫)와 더불어 원나라 초기 대나무 그림의 3대 명가(名家)로 불린다. 작품으로 〈묵죽도(墨竹圖)〉·〈사청도(四淸圖)〉·〈쌍구죽도(雙句竹圖)〉가 있고, 저서로 《죽보상록(竹譜詳錄)》등이 있다. 《죽보상록》은 《유예지》권5 〈그림 (화전)〉 (하) "대나무 치기"에 소개되어 있다.

168 보명(普明) : ?~?. 중국 원나라의 승려·화가. 자는 설창(雪牎). 운암사(雲巖寺)·능인사(能仁寺) 주지를 역임했으며, 난초를 잘 그렸다.

169 왕면(王冕) : 1287~1359. 중국 원나라의 화가. 자는 원장(元章), 호는 자석산농(煮石山農). 묵매화를 잘 그렸다. 저서로 《죽재집(竹齋集)》등이 있다.

170 소월담(蕭月潭) : ?~?. 《어정패문재서화보(御定佩文齋書畫譜)》에 의하면 소월담은 중국 원나라의 도사(道士)·화가이며, 도석인물화를 잘 그렸다.

171 고사안(高士安) : ?~?. 중국 원나라의 화가. 위 고극공과 같은 인물로 추정하기도 한다.

172 장악(張渥) : ?~1356?. 중국 원나라의 화가. 자는 숙후(叔厚), 호는 정기생(貞期生). 박학하고 음률을 좋아했다. 이공린의 백묘법을 배웠으며 인물화를 잘 그렸다.

173 정야부(丁野夫) : ?~?. 중국 원나라의 화가. 위구르 출신. 마원(馬遠)·하규(夏珪)의 화법을 배웠으며 전당(錢塘)의 평현(平顯)과 교류했다. 채색 산수화를 잘 그렸다.

174 왕진붕(王振鵬) : ?~?. 중국 원나라의 화가. 14세기 초에 활동. 자는 붕매(朋梅). 인종(仁宗)의 총애를 받아 고운처사(孤雲處士)라는 호를 받았다. 벼슬은 조운천호(漕運千戶)를 지냈고, 계화(界畫)에서 최고 경지로 평가받는다. 작품으로 〈백아고금도(伯牙鼓琴圖)〉가 있다.

175 진중미(陳仲美) : 미상.

176 안휘(顏輝) : ?~?. 중국 원나라의 화가. 자는 추월(秋月). 도석인물화와 원숭이 그림이 유명하다. 작품으로 〈종규우야출유도(鐘馗雨夜出遊圖)〉·〈합마선인상(蛤蟆仙人像)〉등이 있다.

177 심린(沈麟) : ?~?. 중국 원나라의 화가. 자는 추간(秋澗). 전당(錢塘) 사람. 곽희의 화법을 배워 산수화를 잘 그렸다.

耀)[178] · 손군택(孫君澤)[179] · 호정휘(胡廷輝)[180] · 장상경(臧祥卿)[181] · 변노생(邊魯生)[182] · 장가관(張可觀)[183] 그림의 정밀한 솜씨, 장중(張中)[184] · 소대년(蘇大年)[185] · 고안(顧安)[186] · 요설심(姚雪心)[187] 그림의 한일(閑逸, 초탈함) 같은 특성을 보이는 작품이 있다. 이상의 모든 화가는 원나라의 유명한 화가로서 당대에 이름을 떨치기에 충분하다고 하면 괜찮지만, 송나라 화가들을 넘어설 수 있다고 하면 안 된다.

오직 조맹부·황공망·왕몽의 그림이라야 송나라 사람들이 그 그림을 보았을 때도 마땅히 즐거운 마음으로 그 자연스러운 정취에 승복할 것이다. 《준생팔전》[188]

澤、胡廷輝、臧祥卿、邊魯生、張可觀之精工、張子政、蘇大年、顧定之、姚雪心之閑逸, 皆元之名家, 足以擅名當代則可, 謂之能過於宋則不可也.

惟子昻、大癡、叔明, 宋人見之, 亦當甘心, 服其天趣. 同上

---

178 유요(劉耀) : ?~?. 중국 원나라의 화가. 자는 요경(耀卿). 유박(劉樸)의 아들. 마원(馬遠, 1160?~1225?)과 하규(夏珪, ?~?)의 산수화를 배웠다.

31 選 : 저본에는 "逸". 일반적인 용례에 근거하여 수정.

179 손군택(孫君澤) : ?~?. 중국 원나라의 화가. 마원(馬遠)·하규(夏珪)의 화법을 배웠으며 산수화·인물화를 잘 그렸다. 작품으로 〈누각산수도(樓閣山水圖)〉가 전한다.

180 호정휘(胡廷輝) : ?~?. 중국 원나라의 화가. 산수화를 잘 그렸으며, 조맹부가 소장하고 있던 이소도(李昭道)의 〈적과도(摘瓜圖)〉를 진품과 똑같이 모사해서 유명해졌다.

181 장상경(臧祥卿) : 미상.

182 변노생(邊魯生) : 미상.

183 장가관(張可觀) : ?~?. 중국 원나라의 화가. 마원의 화풍을 닮은 그림을 그렸다.

184 장중(張中) : ?~?. 중국 원나라의 화가. 다른 이름으로 수중(守中)이 있으며, 자는 자정(子政) 또는 자정(子正). 황공망의 산수화를 배웠으며, 화조화를 잘 그렸다. 작품으로 〈부용원앙도(芙蓉鴛鴦圖)〉 등이 전한다.

185 소대년(蘇大年) : 1296~1364. 중국 원나라의 서화가. 자는 창령(昌齡), 호는 서간(西澗)·임옥동주(林屋洞主). 원나라 말기에 한림편수(翰林編修)를 역임했다. 팔분(八分)·행서(行書)에 능했고 소식의 죽석(竹石), 문동의 묵죽(墨竹), 염포(廉布, 1092~?)의 소나무를 배웠으며, 죽석을 제일 잘 그렸다.

186 고안(顧安) : 1289~1365. 중국 원나라의 문인화가. 자는 정지(定之), 호는 우눌거사(迂訥居士). 상주녹사(常州錄事)·천주로판관(泉州路判官)을 역임했다. 묵죽(墨竹)으로 유명하며, 작품으로 〈유황수석도(幽篁秀石圖)〉·〈죽석도(竹石圖)〉·〈묵죽도(墨竹圖)〉 등이 있다.

187 요설심(姚雪心) : ?~?. 중국 원나라의 화가. 절강성(浙江省) 황암(黃巖) 사람. 묵죽을 잘 그렸다.

188 《遵生八牋》卷15 〈燕閑淸賞牋〉中 "論畫"(《遵生八牋校注》, 555~556쪽).

문징명(文徵明)의 〈녹음초당도(綠蔭草堂圖)〉　　　대진(戴進)의 〈춘산적취도(春山積翠圖)〉

우리 명나라에서 품격이 높은 그림으로는 문징명(文

徵明)[189]·심주(沈周)[190]·진백양(陳白陽)·당인(唐寅)[191]·

我明高品如文衡山、沈石

田、陳白陽、唐伯虎、文汶

---

[189] 문징명(文徵明) : 1470~1559. 중국 명나라의 화가·서예가·문인. 원래 이름은 벽(壁)이지만, 자(字)인 징명
(徵明)으로 더 알려져 있다. 호는 형산(衡山), 시호는 정헌(貞獻). 명나라 4대 화가 중 한 사람이다. 한림
대조(翰林待詔)를 역임했다. 작품으로 〈진상재도(眞賞齋圖)〉·〈녹음초당도(綠蔭草堂圖)〉, 저서로 《보전집
(甫田集)》이 있다.

[190] 심주(沈周) : 1427~1509. 중국 명나라의 문인화가. 자는 계남(啓南), 호는 석전(石田)·백석옹(白石翁). 부친
항(恒), 숙부 정(貞), 조부 징(澄), 동생 빈(豳)도 모두 그림에 능하며, 동원(董源)·거연(巨然)·이성(李成)·
황공망(黃公望)·오진(吳鎭)의 화법을 널리 배웠다. 산수·화훼(花卉)·금어(禽魚)를 즐겨 그렸으며, 특히
산수화에 뛰어났다. 남북의 화풍을 융합한 장중한 구성과 필치가 특징이다.

[191] 당인(唐寅) : 1470~1524. 중국 명나라의 화가. 자는 백호(伯虎), 호는 육여거사(六如居士). 이당(李唐)의 준
법을 배웠으며, 명나라의 화원화가(畫院畫家) 주신(周臣)에게 남종화(南宗畵)를 배웠다. 저서로 《당인집
(唐寅集)》이 있으며, 작품으로 〈강산취우도(江山驟雨圖)〉 등이 있다.

문문수(文汶水)[192]·왕문(王問)[193]·전곡(錢穀)[194]·문백인(文伯仁)[195]·고염무(顧炎武)[196]·손극홍(孫克弘)[197]·심사(沈仕)[198] 같은 이들의 그림이 문채가 빼어나고 붓을 대는 곳마다 초탈하며 예서이든 행서이든 자유롭게 구사하여 각각 자연스러운 정취가 있으니, 원나라의 조맹부·조옹·왕몽·황공망과 더불어 아름다움을 견줄 만하다.

대진(戴進)[199]의 산수화·인물화·신상화(神像畫)의 경우 송나라 사람들의 정수를 제대로 터득하여 그가 송나라 사람의 명화를 임모하거나 모방해서 그린 그림들은 거의 진품과 아주 비슷하다. 그가 생지(生紙, 가공하지 않은 백지)에 착색시켜 대충대충 물들여 나가는 방법은 황공망·왕몽 등의 그림을 본받은 것이지만 두 대가와 비교해서 더 낫다.

水、王仲山、錢叔寶、文伯仁、顧亭林、孫雪居、沈青門、風神俊逸、落筆脫塵、或隸或行、各有天趣、元之二趙、王、黃、可與併美.

如戴文進之山水、人物、神像、雅得宋人三昧、其臨摸倣效宋人名畫、種種逼眞. 其生紙著色、開染草草、效黃子久、王叔明等畫、較勝二家.

---

192 문문수(文汶水) : 미상.

193 왕문(王問) : 1497~1576. 중국 명나라의 화가. 자는 자유(子裕), 호는 중산(仲山). 거가낭중(車駕郞中)·광동안찰첨사(廣東按察僉事)를 역임했으며, 산수·인물·화조를 잘 그렸다.

194 전곡(錢穀) : 1508~1579. 중국 명나라의 화가. 자는 숙보(叔寶), 호는 경실(磬室). 문징명 문하에서 배웠으며, 우세남·구양수·소식의 필법을 배웠고 산수·난초·대나무를 잘 그렸다.

195 문백인(文伯仁) : 1502~1575. 중국 명나라의 문인화가. 자는 덕승(德承), 호는 오봉(五峰)·보생(葆生)·섭산노농(攝山老農). 문징명의 맏형 문징정(文徵靜)의 장남. 문징명 못지않은 필력과 산수화가 유명하다. 작품으로 〈만산비설도(萬山飛雪圖)〉·〈도문류색도(都門柳色圖)〉·〈추산유람도(秋山游覽圖)〉 등이 있다.

196 고염무(顧炎武) : 1613~1682. 중국 명말 청초의 사상가·화가. 자는 영인(寧人), 호는 정림(亭林). 경세치용(經世致用)의 학문에 뜻을 두었으며, 명나라가 망한 후 만주족의 침략에 저항하는 의용군에 참가하였으나 패했다. 청의 지배하에 들어가서도 죽을 때까지 이민족의 군주를 섬기지 않았다. 저서로 《일지록(日知錄)》·《천하군국이병서(天下郡國利病書)》 등이 있다.

197 손극홍(孫克弘) : 1532~1610. 중국 명나라의 화가. 자는 충집(充執), 호는 설거(雪居). 별칭은 손극굉(孫克宏)·손극공(孫克恭). 산수화는 마원(馬遠)·미불(米芾)의 화법을 따랐고, 화조화(花鳥畫)는 서희(徐熙)·조창(趙昌)에게 배웠다.

198 심사(沈仕) : 1488~1565. 중국 명나라의 화가·시인. 자는 무학(懋學)·자등(子登), 호는 청문산인(青門山人). 각지를 돌아다니며 많은 그림과 시를 남겼다. 저서로 《청문시집(青門詩集)》·《타창집(唾窓集)》, 작품으로 〈심청문화초도(沈青門花草圖)〉·〈원호도(鴛湖圖)〉 등이 있다.

199 대진(戴進) : 1388~1462. 중국 명나라의 화가. 자는 문진(文進), 호는 정암(靜庵)·옥천산인(玉泉山人). 명나라를 대표하는 화가 중 한 사람이다. 작품으로 〈춘산적취도(春山積翠圖)〉·〈풍우귀주도(風雨歸舟圖)〉·〈삼고모려도(三顧茅廬圖)〉 등이 있다.

상희(商喜)200 · 이재(李在)201 · 주신(周臣)202 · 구영(仇英)203의 산수화 · 인물화의 빼어남과 같은 경우는 송나라의 유송년(劉松年) · 범관(范寬) 같은 이들을 훨씬 앞지른다.

또 변경소(邊景昭)204 · 여기(呂紀)205 · 임량(林良)206 · 장광(張廣)207 · 심사용(沈士容)208 · 왕겸(王謙)209 · 진록(陳錄)210 · 유은(俞恩)211 · 주지면(周之冕)212 같은 이들의

如商喜、李在、周東村、仇十洲山水、人物之妙, 上軼宋人劉、范諸輩.

又如邊景昭、呂廷振、林以善、張秋江、沈士容、王牧之、陳憲章、俞江村、周少

---

200 상희(商喜) : ?~?. 중국 명나라의 궁정화가. 자는 유길(惟吉), 호는 연주(蓮州). 금의지휘(錦衣指揮)를 역임했으며 산수 · 인물 · 범을 잘 그렸다. 작품으로 〈세조도(歲朝圖)〉등이 있다.

201 이재(李在) : ?~1431. 중국 명나라의 화가. 자는 이정(以政), 호는 일재(一齋). 선덕(宣德) 연간(1426~1435)에 화원의 대조(待詔)를 역임했다. 산수화를 잘 그렸으며 세밀한 면은 곽희에게, 호방한 면은 마원 · 하규에게 배웠다.

202 주신(周臣) : 1460~1535. 중국 명나라의 화가. 자는 순경(舜卿), 호는 동촌(東村). 화가 진섬(陳暹)에게 배운 직업적인 화가였다. 정양호(丁養浩) · 사시신(謝時臣) · 심사(沈仕) · 문징명(文徵明) 등과 교유했으며, 곽희(郭熙) · 이당(李唐) · 마원(馬遠) · 성무(盛懋)의 화법을 배우고, 세밀한 필치를 더하여 일가를 이루었다. 작품으로 〈북명도(北溟圖)〉등이 있다.

203 구영(仇英) : 1498?~1552. 중국 명나라의 화가. 자는 실보(實父), 호는 십주(十洲). 주신(周臣)의 제자이며 사녀화(士女畵) · 인물화를 잘 그렸다. 인물 · 화조 · 주수(走獸) · 산수 · 누각(樓閣) · 거마(車馬) 등 다양한 주제를 사실적으로 세밀하게 그렸으며, 그의 미인풍속화는 후대에 큰 영향을 미쳤다.

204 변경소(邊景昭) : ?~?. 중국 명나라의 궁정화가. 자는 문진(文進). 영락(永樂) 연간(1403~1424)에 대조(待詔)를 역임했으며 선덕(宣德) 연간(1426~1435)까지 활약했다. 화조화로 유명하며 〈삼우백금도(三友百禽圖)〉 · 〈쌍학도(雙鶴圖)〉 · 〈춘금화목도(春禽花木圖)〉등이 전한다.

205 여기(呂紀) : 1477~?. 중국 명나라의 화가. 자는 정진(廷振), 호는 악우(樂愚). 인물 · 산수를 잘 그렸으며 화조화가 특히 유명하다. 작품으로 〈신춘쌍치도(新春雙雉圖)〉 · 〈계화산금도(桂花山禽圖)〉등이 있다.

206 임량(林良) : 1428?~1494. 중국 명나라의 화가. 자는 이선(以善). 안종(顏宗) · 하인선(何寅善)에게 그림을 배웠고, 수묵화조화를 잘 그렸다. 작품으로 〈산다백우도(山茶白羽圖)〉 · 〈관목집금도(灌木集禽圖)〉 · 〈추응도(秋鷹圖)〉등이 있다.

207 장광(張廣) : ?~?. 중국 명나라의 화원 화가. 자는 추강(秋江). 강소성(江蘇省) 무석(無錫) 사람. 가정(嘉靖) 연간(1522~1566)에 화원의 대조를 지냈으며, 명(明) 세종(世宗, 재위 1522~1567)이 그의 〈만복도(萬福圖)〉를 보고 그의 모든 작품을 바치라고 명했다고 한다. 〈일고일영도(一枯一榮圖)〉가 전한다.

208 심사용(沈士容) : ?~?. 중국 명나라의 화가. 명나라의 관리 장녕(張寧, 1426~1496)의 문집 《방주집(方洲集)》卷9에 '심사용모수시(沈士容母壽詩)'가 있다. 장녕도 시(詩) · 서(書) · 화(畵)에 능했다.

209 왕겸(王謙) : ?~?. 중국 명나라의 화가. 자는 목지(牧之), 호는 빙호도인(氷壺道人). 절강성(浙江省) 항주(杭州) 사람. 영락(永樂) 연간(1403~1424)부터 정덕(正德) 연간(1506~1521)까지 활동했다.

210 진록(陳錄) : ?~?. 중국 명나라의 화가. 자는 헌장(憲章), 호는 여은거사(如隱居士). 회계(會稽) 사람. 작품으로 〈만옥도(萬玉圖)〉 · 〈연롱옥수도(煙籠玉樹圖)〉등이 있다.

211 유은(俞恩) : ?~?. 중국 명나라의 화가. 자는 천석(天錫), 호는 강촌거사(江村居士). 전당(錢塘) 사람. 인물 · 화조를 잘 그렸다.

212 주지면(周之冕) : 1521~?. 중국 명나라의 화가. 자는 복경(服卿), 호는 소곡(少谷). 화조화 · 화훼화를 잘 그

화조화·죽석화도 송나라의 서희(徐熙)·황공망(黃公望) 대가의 화법을 터득했다.

그밖에 사환(謝環)[213]·상관백달(上官伯達)[214]·김문정(金文鼎)[215]·김여청(金汝淸)[216]·요수(姚綬)[217]·왕불(王紱)[218]·하중소(夏仲昭)[219]·왕전(王田)[220]·진대장(陳大章)[221]·허상문(許尙文)[222]·오위(吳偉)[223]·소치중(蘇致中)[224]·섭원정(葉原靜)[225]·사시신(謝時臣)[226]·주랑

谷輩花鳥、竹石，亦得宋之徐、黃家法.

他如謝廷循、上官伯達、金文鼎、金汝淸、姚公綬、王孟端、夏仲昭、王舜耕、陳大章、許尙文、吳偉、蘇致中、葉原靜、謝時臣、朱子

---

렸으며, 생기 있고 선명한 색채의 그림을 그렸다. 작품으로 〈죽석웅계도(竹石雄鷄圖)〉·〈백화도(百花圖)〉 등이 있다.

213 사환(謝環): 1346~1430. 중국 명나라의 화가. 자는 정순(廷循). 영가(永嘉) 사람. 금의천호(錦衣千戶)를 역임했다. 장숙기(張菽起)에게 배웠으며 형호(荊浩)·관동(關同)·미불의 화법을 공부했다. 산수화로 유명하다.

214 상관백달(上官伯達): ?~?. 중국 명나라의 화가. 영락 연간에 잠시 화원에 있었으며 산수화를 잘 그렸다.

215 김문정(金文鼎): ?~?. 중국 명나라의 화가. 시와 글씨가 유려했으며 그림은 황공망의 화법과 유사하다. 아들 둔(鈍)과 예(銳)도 시서화에 능했다.

216 김여청(金汝淸): 미상.

217 요수(姚綬): 1423~1495. 중국 명나라의 화가. 자는 공수(公綬), 호는 단구생(丹丘生)·곡암자(谷庵子)·운동일사(雲東逸史). 종요·왕희지의 서법을 배웠으며 조맹부·왕몽의 작품을 즐겨 모사했다. 저서로 《운동집(雲東集)》이 있다.

218 왕불(王紱): 1362~1416. 중국 명나라의 화가. 자는 맹단(孟端), 호는 우석(友石)·구룡산인(九龍山人). 오진·왕몽·예찬의 화법을 배웠으며 묵죽(墨竹)·산수를 잘 그렸다. 작품으로 〈묵죽도(墨竹圖)〉·〈죽학쌍청도(竹鶴雙淸圖)〉등이 있다.

219 하중소(夏仲昭): 1388~1470. 중국 명나라의 화가. 왕불의 화법을 배웠으며 묵죽을 잘 그렸다. 작품으로 〈소상연우도(瀟湘煙雨圖)〉·〈기수청풍도(淇水淸風圖)〉등이 있다.

220 왕전(王田): 중국 명나라의 화가. 자는 순경(舜耕), 호는 서루(西樓). 산수화를 잘 그렸다.

221 진대장(陳大章): ?~?. 중국 명나라의 시인·화가. 본명은 종우동(鍾雨彤). 태복소경(太僕少卿)을 역임했다. 시로 이름이 높았으며 행서·초서가 뛰어났다. 그림은 국화를 잘 그렸다.

222 허상문(許尙文): ?~?. 중국 명나라의 화가. 강소성 구용(句容) 사람. 산수화를 잘 그렸다.

223 오위(吳偉): 1459~1508. 중국 명나라의 화가. 자는 차옹(次翁)·사영(士英), 호는 소선(小仙)·노부(魯夫). 헌종(憲宗) 때 인지전(仁智殿)의 대조(待詔)가 되었다. 대문진(戴文進)에 버금가는 절파(浙派, 절강성 화풍 그림) 양식의 완성자이다. 작품으로 〈강산만리도(江山萬里圖)〉·〈계산어정도(溪山漁艇圖)〉등이 있다.

224 소치중(蘇致中): ?~?. 중국 명나라의 화가. 자는 설하(雪瑕). 경태(景泰) 연간(1450~1457)·천순(天順) 연간(1457~1465)에 그림으로 이름을 떨쳤다. 필법은 종요·왕희지·회소를 본받고, 화법은 마원·하규·곽희를 배웠다.

225 섭원정(葉原靜): ?~?. 중국 명나라의 화가. 명나라 고린(顧璘, 1476~1545)의 문집 《식원존고시(息園存稿詩)》 卷5 〈오언고시(五言古詩)〉에 "증섭원정유안탕귀금릉겸정대사마교공(贈葉原靜遊雁蕩歸金陵兼呈大司馬喬公)"이라는 시가 전한다.

226 사시신(謝時臣): 1487~?. 중국 명나라의 화가. 자는 사충(思忠), 호는 저선(樗仙). 주신(周臣)·문징명(文徵明)·구영(仇英)·심사(沈仕)와 더불어 정양호(丁養浩)를 중심으로 활동한 화가 중 한 사람이다. 산수화가 뛰어나며, 심주(沈周)·대진(戴進)·오위(吳偉) 등의 화법을 배웠다. 작품으로 〈화산선장도(華山仙掌圖)〉등이 있다.

(朱朗)[227] · 주록문(朱鹿門)[228] · 하규(夏葵)[229] · 하지(夏芷)[230] · 석예(石銳)[231] · 예단(倪端)[232] 같은 이들의 그림은 모두 당대의 빼어난 작품이다.

정문림(鄭文林)[233] · 장복(張復)[234] · 종례(鍾禮)[235] · 장숭(蔣嵩)[236] · 장로(張路)[237] · 왕조(汪肇)[238] 같은 이들은 모두 그릇된 화법을 구사한 화가들이며, 그저 방일한 화법을 계속 추구한 사람들이므로 모두 취하기에 충분한 장점이 없다. 《준생팔전》[239]

朗、朱鹿門、夏葵、夏芷、石銳、倪端諸輩, 皆一代妙品.

若鄭顚仙、張復陽、鍾欽禮、蔣三松、張平山、汪海雲, 皆畫家邪學, 徒逞狂態者也, 俱無足取. 同上

---

227 주랑(朱朗):?~?. 중국 명나라의 화가. 자는 자랑(子朗), 호는 청계(靑溪). 문징명의 제자. 청록산수화를 많이 그렸다. 그의 화풍이 문징명을 가장 많이 닮아, 수많은 모작을 했다고 한다.

228 주록문(朱鹿門): 미상.

229 하규(夏葵): 중국 명나라의 화가. 자는 정휘(廷暉). 1405~1435년 전후에 활동한 것으로 추정된다. 하지 (夏芷)의 동생. 대진(戴進)의 산수화·인물화를 배웠다.

230 하지(夏芷):?~?. 중국 명나라의 화가. 자는 정방(廷芳). 하규(夏葵)의 형. 대진에게 그림을 배웠으며 산수화·인물화를 잘 그렸다. 작품으로 〈귀거래혜도(歸去來兮圖)〉등이 있다.

231 석예(石銳):?~?. 중국 명나라의 화원 화가. 자는 이명(以明). 선덕(宣德) 연간(1426~1435)에 대조(待詔)가 되었다. 이사훈·이소도의 영향을 받았으며, 구영(仇英)과 함께 계화(界畫)·금벽산수화(金碧山水畫)로 유명하다.

232 예단(倪端):?~?. 중국 명나라의 화원 화가. 자는 중정(仲正). 경태(景泰) 연간(1450~1457)·홍치(弘治) 연간(1488~1505)에 화원에서 활약했다. 도석인물화를 잘 그렸으며 산수화는 마원의 화풍을 배웠다. 작품으로 〈포어도(捕魚圖)〉등이 있다.

233 정문림(鄭文林):?~?. 중국 명나라의 화가. 호는 전선(顚仙). 가정(嘉靖) 연간(1522~1566)에 활동했다. 종례(鍾禮)·장로(張路)·왕조(汪肇) 등과 함께 절파(浙派) 후기의 화가. 장숭(蔣嵩)의 화법을 계승했다.

234 장복(張復):1403~1490. 중국 명나라의 도사·화가. 자는 복양(復陽), 호는 남산(南山). 산수화는 오진의 화풍을 본받았고 절파 수묵화의 영향도 보인다.

235 종례(鍾禮):?~?. 중국 명나라의 화가. 자는 흠례(欽禮), 호는 남월산인(南越山人). 홍치(弘治) 연간 (1488~1505)에 화원(畫院)에 들어가서 활약했다. 조맹부의 서법을 배웠고 산수·초충(草蟲)을 잘 그렸다. 작품으로 〈고사관폭도(高士觀瀑圖)〉·〈어초문답도(漁樵問答圖)〉등이 있다.

236 장숭(蔣嵩):?~?. 중국 명나라의 화가. 자는 삼송(三松), 호는 조래산인(徂來山人)·삼송거사(三松居士). 성화(成化) 연간(1465~1487)·가정(嘉靖) 연간(1522~1566)에 활동했다. 오위(吳偉)의 화풍을 본받았으며 산수·인물화를 잘 그렸다.

237 장로(張路):1464~1538. 중국 명나라의 화가. 자는 천치(千馳), 호는 평산(平山). 인물화는 오위(吳偉)를, 산수화는 대진의 화풍을 본받았다. 절파(浙派) 후기의 대표적인 화가이다.

238 왕조(汪肇):?~?. 중국 명나라의 화가. 자는 덕초(德初), 호는 해운(海雲). 대진·오위에게 그림을 배웠다. 산수화·인물화를 잘 그렸으며, 호방한 영모화(翎毛畫)가 유명하다.

239 《遵生八牋》 卷15 〈燕閑淸賞牋〉中 "論畫" '畫家鑑賞眞僞雜說'(《遵生八牋校注》, 558쪽).

## 9) 장배법(裝褙法, 장황법)

만약 옛 그림을 배접지에서 떨어지지 않은 상태로 얻었다면 다시 장황해서는 안 된다. 만약 장황 상태가 좋지 않아서 장황을 한 차례 바꾸고 배접(褙接)을 한 차례 바꾸면 훼손이 여러 차례 거듭되니, 매우 안타까운 일이다.

대개 인물의 정신과 검은 머릿결, 꽃의 화사함과 꽃에서 노니는 꿀벌이나 나비 등은 오로지 간략하게 처리한 농담으로 표현하고 있으니, 배접을 한 번 하면 그림의 이 같은 섬세한 부분이 대부분 손실될 것이다. 《화사》[240]

그림에 장배를 할 때 비단을 사용하면 안 된다. 파손된 곳을 보완하기 위하여 비단을 사용하면 비단이 새것일 때는 펴고 말아 두기에 좋은 듯하지만, 오래 두면 질긴 비단이 밀리는데, 파손되지 않은 곳도 밀어내면서 그림이 파손되니 아주 안타까운 일이다.

종이에 쓰거나 그린 서화를 비단으로 배접해서는 안 된다. 비록 삶아 익힌 실로 짠 비단이 새것일지라도 결국에는 질겨져서 비단의 실오라기무늬가 서화에 있다가 그림 표면에 비단 무늬가 생기기 때문이다.

대개 종이의 골자(骨子, 핵심 부분)가 오래되면 종이의 보풀이 일어나는데, 이는 비단에 마모되었기 때문이다. 종이로 배접한 서화는 세월이 지나면서 먹

## 裝褙法

古畫若得之不脫, 不須背褾. 若不佳, 換褾一次, 背一次, 壞屢更矣, 深可惜.

蓋人物精神髮彩, 花之穠艷蜂蝶, 只在約略濃淡之間, 一經背, 多或失之也. 《畫史》

裝背畫, 不須用絹. 補破處用之, 絹新時似好展卷, 久爲硬絹抵之, 却于不破處破, 大可惜.

紙上書畫, 不可以絹背[32]. 雖熟絹新終硬, 文縷在書畫, 面上成絹紋.

蓋所[33]爲骨, 久之紙毛, 是絹所磨也. 用背紙書畫, 損磨墨色. 同上

---

240 《畫史》〈唐畫〉(《中國書畫全書》1, 980쪽).

[32] 背: 저본에는 "輩". 오사카본·규장각본·《畫史·唐畫》에 근거하여 수정.

[33] 所: 저본에는 "取". 오사카본·규장각본·《畫史·唐畫》에 근거하여 수정.

색이 손상을 입게 된다. 《화사》[241]

단향(檀香)나무[242]의 향기는 습기를 막으니 그림에는 반드시 단향나무로 축(軸)을 만들면 유익하다. 서화를 넣어둔 상자를 열면 향기가 나고 풀칠한 냄새가 나지 않으며 또한 좀벌레도 막을 수 있기 때문이다.

옥(玉)으로 만든 축일 경우 오래된 단향나무로 몸통을 만든다. 단향나무는 무거워서 요즘에는 나무 2조각을 가운데가 비도록 깎아 낸 다음, 이 둘을 합하여 동그란 축이 되도록 한다. 가운데를 깎아냈기 때문에 축이 가벼우며, 가벼우면 그림을 손상시키지 않는다.

평상시에 그림을 말아 두려면 반드시 오동나무나 삼나무를 사용해야 한다. 축이 무거우면 비단이 손상된다. 또한 축에 금이나 은을 사용하면 좋지 않으니, 속될 뿐만 아니라 도둑을 부른다. 《화사》[243]

소목(蘇木)으로[244] 축을 만들 때 석회 끓인 물로 색을 바꿔주면 세월이 오래될수록 더욱 좋고 또한 성질이 가벼워진다.

뿔로 된 축은 좀벌레가 끼고 또한 축을 펼치면 습한 냄새가 많이 풍긴다. 단향나무와 무소뿔이 상자에 같이 있으면 둘이 함께 옛 향기를 내기 때문에,

檀香辟濕氣, 畫必用檀軸有益. 開匣有香, 而無糊氣, 又辟蠧也.

若玉軸以古檀爲身, 檀身重, 今却取兩片劖中空, 合柄軸. 鑿乃輕, 輕不損畫.

常卷必用桐、杉也. 軸重損絹, 軸不宜用金銀, 旣俗且招盜. 同上

蘇木爲軸, 以石灰湯轉色, 歲久愈佳, 又性輕.

角軸引蠧, 又開軸多有濕臭氣. 檀、犀同匣, 共發古香, 紙素旣古, 自有古香也.

241 《畫史》〈唐畫〉(《中國書畫全書》1, 985쪽).
242 단향(檀香)나무:단향과의 상록 활엽 교목. 6~10미터 높이로 자라고, 향을 만드는 재료로 쓰인다.
243 《畫史》, 위와 같은 곳.
244 소목(蘇木):콩과에 속하는 상록 교목. 소방목(蘇方木)·적목(赤木)·홍자(紅紫)라고도 한다.

종이 바탕이 이미 오래되었다면 저절로 옛날 향기가 나는 것이다. 《화사》[245]

同上

조숙앙(趙叔盎)[246]이 다음과 같이 말했다. "좁고 납작하며, 폭이 손가락 반쯤 되는 실처럼 가느다란 끈으로 그림 묶는 띠를 만들면 보풀이 생기지 않는다. 칼로 장황(裝潢)의 중간을 째고 끈의 가닥을 풀어서 장황 뒤에 덮개처럼 걸어두었다가, 그림을 말 때는 이 끈으로 묶는다. 그러면 또한 그림 중간에 끈이 없어서 그림의 손상을 없애고, 그림을 묶어서 접힌 흔적도 없다. 보통 그림에 손상이 많은 이유는 묶어놓은 끈에 파손되기 때문이다. 그러니 서첩의 허리 부분에 손상이 많은 이유 또한 그러하다. 살살 묶어야지, 어찌 힘을 쓰겠는가?"《화사》[247]

趙叔盎云 : "線褊條, 闊指半, 絲細如綿者, 作畫帶, 不生毛. 以刀刺褾中, 開絲縷間, 套挂褾後, 卷卽縛之, 又不在畫心, 省損畫, 無摺帶隱痕. 尋常畫多中損者, 縛破故也. 書多腰損亦然. 略略縛之, 烏用力?" 同上

《사릉서화기(思陵書畫記)》[248]의 장황법(裝潢法) : 옛 그림을 장황할 때 거듭 씻으면 안 된다. 그림 속 인물의 정신과 꽃과 나무의 화려함을 잃을까 걱정되기 때문이다. 또한, 지나치게 많이 잘라내도 안 된다. 그림에 담긴 옛 뜻을 잃을 뿐만 아니라 게다가 나중에 다시 배접할 수 없게 될까 걱정되기 때문이다.

《思陵書畫》裝褾法 : 古畫裝襯, 不許重洗. 恐失人物精神、花木濃艷. 亦不許裁剪過多, 旣失古意, 又恐將來不可再褙.《癸辛雜志》

---

245 《畫史》, 위와 같은 곳.
246 조숙앙(趙叔盎) : ?~?. 중국 송나라의 문인·화가. 자는 백충(伯充). 송나라 왕족으로, 말 그림을 잘 그렸으며, 소식(蘇軾)이 그의 말 그림에 화답한 시가 전한다.
247 《畫史》〈唐畫〉《中國書畫全書》1, 989쪽).
248 사릉서화기(思陵書畫記) : 중국 남송(南宋)의 문인 주밀(周密, 1232~1298)의 저서. 각종 글씨와 그림에 관하여 서술되어 있다.

## 《계신잡지(癸辛雜志)[249]》[250]

그림이 찢어져 떨어지지 않았다면 여러 번 장배해서는 안 된다. 한 번 장황하면 그림의 정신도 그만큼 손상되기 때문이다. 이는 확실하여 의심할 것이 없다. 서첩의 경우도 그러하다. 《동천청록》[251]

畫不脫落, 不宜數褙. 一裝褙, 則一損精神. 此決然無疑[34]者, 至墨迹亦然. 《洞天清錄》

옛 그림은 대부분 화폭이 세로로 되어 있고, 그림의 길이가 8척에 이르는 것도 있다. 쌍폭일 경우도 그렇다. 화폭이 가로로 되어 있는 그림은 미불(米芾)과 미우인(米友仁) 부자에게서 시작되었으니 옛 제도는 아니다. 《동천청록》[252]

古畫多直幅, 至有畫身長八尺者, 雙幅亦然. 橫披始於米氏父子, 非古制也. 同上

옛 그림의 두루마리 축은 비녀 머리 축의 형태로 많이 만들어 작지만 무거웠다. 지금 사람들은 사탕수숫대와 같은 재료를 써서 크지만 가볍다. 옛사람들은 대추나무나 강진향(降眞香)[253] 또는 오목(烏木)[254]이나 상아를 썼고, 다른 나무는 쓰지 않았다. 《동천청록》[255]

古畫軸[35]多作簪頂軸, 小而重. 今人所用如蔗段, 大而輕. 古人用棗木、降眞或烏木、象牙, 它木不用. 同上

---

[249] 계신잡지(癸辛雜志) : 중국 송나라의 문인 주밀(周密, 1232~1298)이 편찬한 책. 송나라 및 그 이전 시대의 여러 기물(器物)이나 고사(古事)에 대한 기록을 담고 있다.

[250] 출전 확인 안 됨 ; 《說郛》 卷88 下 〈思陵書畫記〉 "碑刻橫卷定式"(《文淵閣四庫全書》881, 128쪽). 《癸辛雜志》에는 해당 원문이 확인되지 않는다. 같은 저자의 책인 《思陵書畫記》의 오기인 듯하다.

[251] 《洞天清錄集》 〈古畫辨〉(《叢書集成初編》1552, 27쪽).

[252] 《洞天清錄集》 〈古畫辨〉(《叢書集成初編》1552, 26쪽).

[253] 강진향(降眞香) : 소방목(蘇方木)으로 만든 향. 강신(降神) 의식에 쓰거나 한약재로 쓰였다.

[254] 오목(烏木) : 흑단(黑檀)의 심재 부분. 재질이 단단하여 악기를 만들거나 건축자재로 쓰인다.

[255] 《洞天清錄集》, 위와 같은 곳.

[34] 無疑 : 저본에는 없음. 《洞天清錄集·古畫辨》에 근거하여 보충.

[35] 畫軸 : 저본에는 "人". 《洞天清錄集·古畫辨》에 근거하여 수정.

좋은 그림은 장황을 많이 하면 좋지 않다. 장황을 많이 하면 그림의 정신을 잃기 때문이다. 또한 그림을 씻어도 안 되고, 더욱이 잘라내어 가장자리를 부스러지게 하면 안 된다. 섬세하게 보완하고 사람들이 옛 그림을 보물처럼 아끼게 해야 하니, 어찌 금이나 옥이 특별한 보물이 아니겠는가?

송나라 사람처럼 시대가 지금과 멀리 떨어져 있지 않더라도, 그들의 그림은 세상에 전해지는 것이 매우 적으니 당나라 때나 오대(五代)는 논할 것도 없다. 그림 수집가는 스스로 점검하여 부지런히 자주 손을 보는 데에 게을리하면 안 되니, 이것이 수집의 지극한 요체이다. 《준생팔전》[256]

好畫不宜多裱, 裱多失神, 亦不可洗, 更不可剪去破碎邊條. 當細細補足, 令人寶惜古畫, 豈特寶若金玉?

卽如宋人去此不遠, 畫之在世流傳便少, 無論唐時五代. 藏畫之家, 當自檢點, 不恤勤[36]煩, 乃收藏至要. 《遵生八牋》

장황(裝潢)용 비단에는 옛날에 저포금(樗蒲錦)[257]이 있었는데, 명칭을 '사파금(闍婆錦)'이라고도 했다. 또한 누각금(樓閣錦)·자타화금(紫駝花錦)·난장금(鸞章錦)·주작금(朱雀錦)·봉황금(鳳凰錦)·반문금(斑紋錦)·주룡금(走龍錦)·번홍금(飜鴻錦)이 있고, 해마금(海馬錦)·귀문금(龜紋錦)·율지금(栗地錦)·피구금(皮毬錦)이 있다. 지금은 소주(蘇州)[258]에 낙화유수금(落花流水錦)이 있는데, 모두가 이를 장황용 비단의 으뜸으로 여긴다. 《동천화록》[259]

裱錦, 古有樗蒲錦, 又名 "闍婆錦". 有樓閣錦、紫駝花錦、鸞章錦、朱雀錦、鳳凰錦、斑紋錦、走龍錦、飜鴻錦, 有海馬錦、龜紋錦、栗地錦、皮毬錦. 今蘇州有落花流水錦, 皆用作表首. 《洞天畫錄》

---

256 《遵生八牋》卷15〈燕閑淸賞牋〉中 "論畫" '畫家鑑賞眞僞雜說'(《遵生八牋校注》, 557쪽).

257 저포금(樗蒲錦):중국 당송(唐宋) 시기에 생산되던 비단. 사파금(闍婆錦) 또는 저포릉(樗蒲綾)이라고도 불린다.

258 소주(蘇州):중국 강소성(江蘇省) 소주시(蘇州市) 일대.

259 출전 확인 안 됨:《畫史會要》卷5〈裱錦〉(《文淵閣四庫全書》816, 583쪽).

[36] 勤:저본에는 "勒". 오사카본·규장각본·《遵生八牋·燕閑淸賞牋·論畫》에 근거하여 수정.

두루마리 축의 머리는 단향나무로 만들면 습기를 제거하고 좀벌레를 멀리할 수 있다. 《동천화록》260

軸頭用檀香爲之, 可以除濕遠蠹. 同上

수장한 그림이 만약 산수·꽃·대나무·특이한 돌 등이면 좋은 두루마리로 만들어 문방에 펼쳐 걸고, 만약 예전에 실제로 있던 인물의 그림이면 반드시 가로 두루마리로 만들어야 좋다. 탕후 《화론》261

收畫若山水、花竹、窠石等, 作佳軸文房舒[37]挂, 若故實人物, 須得橫卷爲佳. 湯氏《畫論》

## 10) 그림 거는 법

잘 그린 그림을 골라 방 1개에 3~4 두루마리만 걸어두고 3~5일 동안 감상했다가 다시 잘 그린 다른 그림으로 바꿀 때면 걸어두었던 여러 두루마리를 모두 바람과 햇볕에 쬐어 결코 습기를 먹지 않게 한다. 또 그림을 차례로 돌아가며 걸면 때가 끼지 않고, 화가 한두 명의 그림을 때때로 바꿔 걸면 감상할 때 싫증이 나지 않는다.

그러나 이때는 반드시 성실한 자제(子弟)나 심부름꾼 1명에게 세심하게 두루마리를 말거나 펴게 해야 한다. 그림을 내놓거나 들이는 날에는 말총이나 비단실로 그림을 털되, 그림이 있는 면을 가볍게 털어야 하고, 절대로 뻣뻣한 종려나무 털을 써서 털면

挂法

擇畫之名筆, 一室止可三、四軸, 觀玩三、五日, 別易名筆, 則諸軸皆見風日, 決不蒸濕. 又輪次挂之, 則不惹塵埃; 時易一二家, 則看之不厭.

然須得謹愿子弟或使令一人, 細意捲舒. 出納之日, 用馬尾或絲拂, 輕拂畫面, 切不可用櫚拂. 室中切不可焚[38]沈香、降眞、腦子有

---

260 출전 확인 안 됨 ; 《畫史會要》卷5〈軸頭〉(《文淵閣四庫全書》816, 584쪽).

261 《畫鑑》〈雜論〉(《文淵閣四庫全書》814, 438쪽).

[37] 舒 : 저본에는 "舘". 《畫鑑·雜論》에 근거하여 수정.

[38] 焚 : 저본에는 "梵". 오사카본·《洞天淸祿集·古畫辨》에 근거하여 수정.

안 된다. 방 안에서는 절대로 침향(沈香)[262]·강진향·장뇌(樟腦)[263] 등 기름이 있어 연기가 많이 나는 향을 태우면 안 된다. 향은 다만 봉래갑전(蓬萊甲箋)[264]이 좋을 뿐이다.

油多烟之. 香止宜蓬萊甲[39]箋耳.

창에는 반드시 기름종이를 풀로 붙이고 입구에는 항상 발 1개를 내려두며, 그림 앞에 반드시 작은 책상 1개를 두어 그림을 보호한다. 책상 위에는 그림을 가로막는 물건을 올리면 안 되고, 다만 향로·금(琴)·벼루만 놓아야 한다. 극심하게 더우면 방 안에 반드시 찌는 듯한 열기가 생기니 그림을 벽에 걸면 안 된다.

牕牖必油紙糊, 戶口常垂簾一, 畫前必設一小案以護之. 案上勿設障畫[40]之物, 止宜香爐、琴、硯. 極暑則室中必蒸熱, 不宜挂壁.

매우 추우면 방 안에 점점 약한 불을 때어 2월의 기후와 같게 한 다음 그림을 걸어도 무방하다. 그러나 밤이 되면 반드시 갑에 넣어놓아야 하니, 그림이 얼어서 손상될까 걱정되기 때문이다. 《동천청록》[265]

大寒, 於室中漸着小[41]火, 令[42]如二月天氣候, 挂之不妨. 然遇夜[43]必入匣, 恐凍損. 《洞天淸錄》

일반적으로 그림을 수집할 때는 반드시 먼저 당

凡收畫必先收唐希雅、徐

---

262 침향(沈香): 침향나무의 수액이 굳어 나무껍질과 결합된 것. 흑갈색을 띠며 단단하고 태우면 특유의 향이 난다. 향을 만들어 피우거나, 한약재로 쓴다. 《이운지》 권2 〈임원에서 즐기는 청아한 즐길거리(상)〉 "향[香供]" 참조.

263 장뇌(樟腦): 녹나무의 줄기·가지·잎을 증류하여 얻은 장뇌유(樟腦油)를 냉각시킨 결정체. 빙편(氷片)·용뇌(龍腦)·뇌자(腦子) 등으로도 불린다. 향을 피워 벌레를 쫓거나, 한약재로 쓴다.

264 봉래갑전(蓬萊甲箋): 침향의 일종으로, 해남에서 생산된다.

265 《洞天淸祿集》 〈古畫辨〉(《叢書集成初編》 1552, 27쪽).

[39] 甲: 저본에는 없음. 《洞天淸祿集·古畫辨》에 근거하여 보충.

[40] 畫: 저본에는 "面". 《洞天淸祿集·古畫辨》에 근거하여 수정.

[41] 小: 《洞天淸祿集·古畫辨》에는 "少".

[42] 令: 저본에는 "然". 《洞天淸祿集·古畫辨》에 근거하여 수정.

[43] 夜: 저본에는 "寒". 《洞天淸祿集·古畫辨》에 근거하여 수정.

희아(唐希雅)[266]와 서희(徐熙)[267] 등의 설경 그림이나, 거연(巨然)[268]이나 범관(范寬)[269]의 산수화를 수집한다. 그리고 크기가 서로 비슷하여 짝이 될 만한 그림을 집에 장식하여 벽을 가리게 해야 한다. 그 그림 위에 바로바로 명화를 거는데 비단의 크기가 서로 짝이 될 만한 작품들을 걸어둔다. 그 다음으로는 점점 크기가 짝이 되지 않는 것을 걸어둔다.

대개 옛 그림은 크기가 가지런하지 않아 죽 늘어 놓고 걸면 단정하지 않다. 따라서 진나라 그림 같은 경우는 반드시 두 겹으로 차례대로 걸어야 하고, 당나라 그림 같은 경우는 서로 가까이 두어야 걸 수 있다. 《화사》[270]

펼쳐 걸어둘 명화가 많으면 3~5일마다 한 번씩 바꾸어 걸어둔다. 오래 걸어두면 바람과 습기가 그림의 바탕을 침범하여 손상시킬까 걱정되기 때문이다. 흰 비단에 그린 그림 같은 경우는 오래 걸어두면 더욱 안 된다. 《준생팔전》[271]

熙等雪圖、巨然或范寬山水圖, 齊整相對者裝堂遮壁, 乃于其上旋旋挂名筆, 絹素大小可相當成對者, 又漸漸挂無對者.

蓋古畫大小不齊, 鋪挂不端正. 若晉筆須第二重挂, 唐筆爲襯, 乃可挂也.《畫史》

名畫張挂多, 則三、五日一換收起. 挂久恐爲風濕侵損質地. 若絹素畫, 尤不可以久挂.《遵生八牋》

---

266 당희아(唐希雅) : ?~?. 중국 남당 말 북송 초의 서예가·화가. 남당 후주(後主)의 글씨와 화풍을 배웠고, 글씨와 그림에 모두 뛰어났다.
267 서희(徐熙) : ?~?. 중국 남당의 화가. 송에 투항했다는 설이 있고, 평생 벼슬을 하지 않았다는 설도 있다. 꽃·대나무·채소·과일·벌레 등을 잘 그려 강남 화풍을 대표하는 화가였다.
268 거연(巨然) : ?~?. 중국 남당의 승려. 10세기 중국 오대십국시대 및 북송 초의 화승(畫僧). 강소성 출신. 동원(董源)의 제자로 북송 강남 산수화풍을 잘 그려 동원과 함께 동거(董巨)라 불렸다. 숲속의 산길과 같은 소박한 정취를 그리는 데 주력하였고, 산속 누정인물(樓亭人物)의 묘사가 빼어났다.
269 범관(范寬) : 990?~1027?. 중국 북송의 화가. 산서 지역의 자연을 유람하며 기후 속에서 변화하는 웅장하고 빼어난 풍경을 그렸다. 설경 산수에도 뛰어났고 자유자재의 원근법을 사용하여 중국 북종(北宗) 산수화의 선도적인 화가로 받들어졌다.
270 《畫史》〈唐畫【五代國朝附】〉(《中國書畫全書》1, 980쪽).
271 《遵生八牋》卷15〈燕閑淸賞牋〉中 "論畫" '賞鑒收藏畫幅'(《遵生八牋校注》, 559쪽).

경치를 마주하는 곳에는 그림을 걸어두어서는 안 된다. 경치를 모사한 그림으로는 진짜 경치를 이길 수 없기 때문이다. 《동천화록》[272]

## 11) 그림 보관하는 법

그림을 보관할 때, 아직 장마가 시작되기 전이면 햇볕에 쬐어 건조시켰다가 마른 그림을 단단히 말아 갑에 넣는다. 이어서 풀 바른 종이를 갑에 두껍게 붙이고 주위를 꼼꼼하게 꿰맨 뒤, 장마철이 지나서 비로소 열면 증기로 인한 곰팡이가 생기지 않는다. 대개 증기는 밖에서부터 들어오기 때문이다.

그림갑은 반드시 개오동나무·가래나무·삼나무·사라수(沙羅樹)[273] 종류로 만든다. 갑의 외부는 검은 빛이 나도록 옻칠을 하고, 내부는 옻칠을 하지 않는다. 《거가필용(居家必用)[274]》[275]

삼나무 판으로 그림갑을 만들고, 갑 안쪽은 절대로 기름칠이나 옻칠을 하거나 풀로 종이를 바르지 말아야 한다. 그렇게 하면 습기에 곰팡이가 생길까 우려되기 때문이다. 4~6월이 되기에 앞서, 화폭을 펼쳐 완상하고 바람과 햇볕을 조금씩 쬔다. 그림을

藏法

收畫, 當於未梅雨之前, 曬眼[44]令燥, 緊捲入匣, 厚以紙糊匣, 縫取令周密, 過梅月方開, 則不蒸釀, 蓋蒸氣自外而入故也.

匣須用楸木、梓木或杉、杪之類爲之, 外漆以黑光, 裏不用漆也.《居家必用》

以杉板爲匣, 匣內切勿油漆糊紙, 恐惹黴濕. 遇四五六月[45]之先, 將畫幅幅展玩, 微見風日, 收起入匣, 用紙[46]封口, 勿令通

---

272 출전 확인 안 됨.

273 사라수(沙羅樹): 히말라야와 인도 일대에서 나는 나무로 높이는 약 3m. 석가모니의 열반을 지켜보아 무우수(無憂樹)·보리수(菩提樹)와 함께 불교의 3대 성스러운 나무라 불린다.

274 거가필용(居家必用): 중국 원(元)나라 때 쓰인 유서(類書)로 작자는 전해지지 않는다. 갑집(甲集)~계집(癸集)의 10책 20권으로 구성되어 있다.

275 《居家必用》戊集〈文房適用〉"收畫"(《居家必用事類全集》, 202쪽).

[44] 眼: 저본에는 "眼". 오사카본·규장각본·《居家必用·戊集·文房適用》에 근거하여 수정.

[45] 四五六月: 《遵生八牋·燕閑淸賞牋·論畫》에는 "五月八月".

[46] 紙: 저본에는 "之". 오사카본에 근거하여 수정.

걸어 갑에 넣고, 종이로 입구를 막아 공기가 통하지 않게 한다. 그 뒤 바람이 통하는 빈 건물에 두거나 땅에서 1장(丈) 남짓 떨어진 곳에 두면서 또한 사람에 항상 가까이 두어야 한다. 이렇게 두 절기를 거치고 나서 갑을 열면 곰팡이가 하얗게 스는 현상을 면할 수 있다. 《준생팔전》276

氣, 置透風空閣, 或去地丈餘, 又當常近人氣. 過此二候方開, 可免黴白. 《遵生八牋》

홑 가지로 만든 짧은 두루마리 축은, 횡면에 들어올리며 열고 닫는 문짝이 달린 갑을 만들고, 그림을 세로로 넣어 둔다. 두루마리 축 끝에는 찌를 붙여 무슨 그림인지 작은 글씨로 적어 알아보기 매우 편리하게 한다. 《준생팔전》277

單條短軸, 作橫面開關門扇匣子, 畫直放入, 軸頭貼籤, 細書某畫, 甚便取看. 同上

그림갑 안에 운향(芸香)·사향·장뇌를 넣어두면 좀벌레를 피할 수 있다. 《동천화록》278

匣內, 入芸、麝、樟㊼腦, 辟蠹. 《洞天畫錄》

## 12) 그림을 잘 관리하는 여러 방법

護惜諸法

옛 그림의 비단이 떨어져 나간 경우 손가락으로 만져서 고쳤다가는 모두 파손될 수 있고, 한 번 훼손되면 복구할 수 없다. 또한, 술 자국이나 더럽게 물드는 일, 음식의 기름기가 묻는 일이 있으니, 이는 모두 매우 경계해야 한다.

古畫絹脫, 以手指點之, 皆能破損, 一壞則不可復救. 又有酒餘、污染、食油膩, 此皆大戒.

반드시 작은 종이에 이러한 주의사항을 먼저 적

切須片紙先寫此, 粘窓以

---

276 《遵生八牋》卷15〈燕閑淸賞牋〉中 "論畫" '賞鑒收藏畫幅'(《遵生八牋校注》, 559쪽).
277 《遵生八牋》, 위와 같은 곳.
278 출전 확인 안 됨.
㊼ 樟 : 저본에는 "獐". 오사카본·규장각본에 근거하여 수정.

고, 창문에 붙여 손님에게 드러내 보이고서야 손님을 안내하여 들어와서 작품을 보도록 한다. 그러나 또 주의사항을 보여주는 행위 때문에 귀한 손님에게 죄를 짓는 경우가 많다. 그러므로 집에 법서나 명화가 있으면 적절한 때에 스스로 즐기는 정도가 좋다. 만약에 진기한 작품이라 자랑하면 화를 불러들이는 빌미가 되기 때문에 결단코 조심해야 한다. 묵적이나 법첩도 그렇다.

옛 종이나 정(鼎) 중에 더욱 무르고 문드러진 물건은 손을 대면 문드러지거나 부서진다. 미불의 말이 이와 같다.《동천청록》[279]

그림이 전해지지 않는 데에는 그 문제가 다음과 같이 5가지이다.

옛 그림이 오래되어 종이나 비단이 이미 물러졌는데, 아무 때나 두루마리를 펼쳤다가 말면 두루마리가 조금씩 움츠러든다. 그러면 이 그림은 곧 찢어지거나 손상되며, 파손되면 복구할 수 없다. 이것이 그림이 전해지지 않는 1번째 문제이다.

어린 노복(奴僕)들이 두루마리를 보관하는 법이 있는 것을 모르고, 바로 두 손의 손톱으로 그림을 긁어 말아 세우고, 가장자리를 가지런히 하지 못한 채로 두루마리 축에 힘을 주어 단단하게 말면 두루마리 안의 비단이 찢어진다. 이것이 그림이 전해지

呈客, 方可引客入觀. 然又多以此獲罪於貴客, 所以人家有法書、名畫, 止可時以自娛. 苟以奇品自衒, 成[48]賈禍之媒, 切宜謹之, 墨迹、法帖亦然.

若古鍾、鼎尤脆爛者, 手觸之則糜潰. 米元章之言如此.《洞天淸錄》

畫之失傳, 其病有五:

古畫年遠, 紙絹已脆, 不時舒卷, 略少局促, 卽便折損, 破碎無救, 此失傳之一.

童僕不識收捲有法, 卽以兩手甲抓畫捲起, 不顧邊齊, 以軸幹着力緊收, 內中絹素碎裂, 此失傳之二.

---

279《洞天淸祿集》〈辨名畫〉(《叢書集成初編》1552, 27쪽).
[48] 成 : 저본에는 "誠".《洞天淸祿集·辨名畫》에 근거하여 수정.

지 않는 2번째 문제이다.

또는 방에 물이 새거나 습기가 있고, 쥐가 갉아먹거나 고양이가 오줌을 싸고, 장마철에 흰 곰팡이가 생겼는데, 이를 잘 닦아 지우지 않고 곧 거친 베로 문지르면 그대로 조각조각 찢어져 떨어진다. 이것이 그림이 전해지지 않는 3번째 문제이다.

或遭屋漏水濕, 鼠嚙猫溺, 梅雨黴白, 不善揩抹, 卽以麤布擦摩, 逐片破落, 此失傳之三.

간혹 민간인들에게 그림을 내어 보여주면 보는 법을 몰라 곧바로 손으로 그림의 뒷면을 받치고 가까이 보다가 비단이 찢어진다. 간혹 조심하지 않아 떨어뜨렸는데 비단이 갈라진 곳을 보수하지 않기도 한다. 이것이 그림이 전해지지 않는 4번째 문제이다.

或出示俗人, 不知看法, 卽便手托畫背就觀, 絹素隨折, 或忽慢墮地, 絹裂莫補, 此失傳之四.

간혹 병란이나 화재를 만나거나 수해를 입고, 세월이 오래되면 유리되어 없어진다. 이것이 그림이 전해지지 않는 5번째 문제이다.《준생팔전》280

或遭兵火水溺, 歲苦流移, 此失傳之五49.《遵生八牋》

그림을 말 때는 반드시 가장자리를 고르게 해야 한다. 그림을 움츠러들게 하면 안 되고, 힘을 주어 단단하게 말아도 안 된다. 비단이 갑자기 찢어질까 걱정되기 때문이다.《동천화록》281

捲畫須顧邊齊, 不宜局促, 亦不可着力捲緊, 恐急裂絹素.《洞天畫錄》

그림을 닦을 때 거친 베를 쓰면 안 된다. 문지르다가 그림에 담긴 정신을 잃을까 걱정되기 때문이

揩抹畫片, 不可用粗布, 恐摸擦失神. 同上

---

280《遵生八牋》卷15〈燕閑淸賞牋〉中 "論畫" '畫家鑒賞眞僞雜說'(《遵生八牋校注》, 557쪽).
281 출전 확인 안 됨 ; 《畫史會要》卷5〈畫法〉"捲畫"(《文淵閣四庫全書》816, 584쪽).
49 或遭……之五 : 저본에는 없음. 《遵生八牋·燕閑淸賞牋·論畫》에 근거하여 보충. 오사카본 두주에 '5번째 조목은 떨어져 나가 살펴볼 수 없기 때문에 다시 다른 본을 살펴보아야 한다.(第五條落張不可考, 更考他本.)'라고 되어 있다.

다. 《동천화록》[282]

등불 아래에서 그림을 보면 안 되고, 취하고 나서 술 옆에서 그림을 봐도 안 된다. 풍류를 모르는 사람에게는 그림을 보이면 더욱 안 된다. 두루마리를 말고 펼 때 올바른 방법으로 하지 못하면 그림에 가장 해가 된다. 평범한 사람이나 잘 모르는 사람은 그림을 볼 때 반드시 멋대로 시빗거리를 보탠다. 본래 작품을 감식하지 못하기 때문에 진위를 멋대로 정하고 사람들로 하여금 심기를 불편하게 한다.

글씨와 그림 배우기는 본래 사대부가 흥을 즐기고, 마음을 기탁하는 일일 뿐이었다. 재력이 있어 작품을 사들이고, 안목이 있어 감상하니, 좋은 날에 좋은 마음이 생기면 이쪽저쪽에서 서로 작품을 내보이며 수준의 높고 낮음을 비교하며 바로 상대방과 더불어 자기가 소장한 작품의 빼어남을 과시하고 다름을 다투려 한다.

그러나 지금의 경박한 사람들은 그렇지 않다. 설령 안목을 가지고 대략 1~2가지만 알더라도 다른 사람의 좋은 작품을 보면 고의로 허물을 헐뜯은 다음, 마음을 써서 그것을 사려한다. 반드시 사려 했으나 혹시라도 사지 못하게 되면, 헐뜯는 말을 만들어 반드시 이 작품의 명예가 드러나지 못하게 하려 한다. 만약 작품을 제대로 감상하는 고상한 선비라면 진실

燈下不可看畫, 醉餘酒邊不可看畫, 俗客尤不可示之. 捲舒不得其法, 最爲害物. 至於庸人, 謬[50]子, 見畫必妄加雌黃, 本不識物, 亂訂眞僞, 令人短氣.

書畫之學[51], 本士大夫適興寄意而已. 有力收購, 有目力鑑賞, 遇勝日有好懷, 彼此出示, 較量高下, 政欲相與誇奇鬪異.

今之輕薄子則不然. 縱目力略知一二, 見人好物, 故貶駁疵類, 用心計購. 至於必得倘不得, 則生造毁謗, 必欲此物名譽不彰. 若賞鑑高尙之士, 固不待說破, 平常目力未定者或爲所惑.

---

282 출전 확인 안 됨 ; 《畵史會要》卷5 〈畵法〉 "拭畵"(《文淵閣四庫全書》816, 584쪽).
[50] 謬 : 저본에는 "繆". 《畵鑑·雜論》에 근거하여 수정.
[51] 學 : 저본에는 "好". 《畵鑑·雜論》에 근거하여 수정.

로 상식적이지 않은 논리를 듣지 않지만, 평소에 안목
이 일정하지 못한 사람은 간혹 그 말에 현혹된다.

이미 하나의 작품을 소장해놓고도 죽을힘을 다
해 전부를 구하려 하고, 함부로 스스로를 칭송한다.
다른 사람이 간혹 그것을 가지려 하면 반드시 거짓
말로 방해하고 좋은 가격을 받아내고야 만다. 이는
모두 심술이 바르지 않은 것이니, 이런 행위를 거울
삼지 않으면 안 된다. 탕후《화론》[283]

已收一物, 性命與俱, 妄自
稱譽. 人或欲之, 必作說
艱阻, 得善價而後已. 此皆
心術不正, 不可不鑑. <u>湯氏</u>
《畫論》

---

[283] 출전 확인 안 됨;《畫鑑》〈雜論〉(《文淵閣四庫全書》814, 436쪽).

## 2. 송나라와 원나라 이후의 그림 족자 [부록]

## 宋、元以後畫幀

[안] 옛사람들이 "서화는 천년 가는 물건이 아니다."라 했으니, 대개 쉽게 망가지기 때문이다. 글씨는 오히려 석각이 있어서 탁본할 수 있으므로 진나라 비석이나 한나라 비석의 경우 그 전형을 아직 볼 수 있지만, 그림의 경우 다만 비단에 의지하니 더욱 부서지거나 훼손되기 쉽다. 세상에 전하는 염립본(閻立本)·오도현(吳道玄)·왕유(王維)·이사훈(李思訓) 등의 필적은 대개 모두 위조품일 뿐이다. 지금 송나라·원나라부터 끊어서 현전하는 진적들을 채록하여 일꾸미기를 좋아하는 사람들이 이름을 살펴 구매하도록 하니, 혹시 빠진 부분이 있으면 조사하여 보완하기를 기다린다.

[案] 昔人謂"書畫非千年物", 蓋以其易敗也. 書則猶有石刻撫榻, 故秦碑、漢碣, 尙可見其典型, 至於圖畫, 只恃絹素, 尤易銷毀. 世所傳閻、吳、王、李之筆, 大抵皆贗鼎耳. 今斷自宋、元採錄見存眞蹟, 俾好事者按名購求, 儻有遺漏, 容俟訪補.

### 송 휘종(徽宗)[1]의 〈도원도(桃源圖)〉

### 宋 徽宗《桃源圖》

[뇌연집(雷淵集)[2]·기문(記文)[3]] 연경에 다녀온 사람이 송 휘종의 〈도원도〉를 사 왔다. 어부 한 사람과 무

[雷淵集·記] 遊於燕者, 購來[1]宋 徽宗《桃源圖》. 漁

---

1 휘종(徽宗) : 1082~1135. 중국 북송의 제8대 황제(재위 1100~1125). 이름은 조길(趙佶). 문화재를 수집·보호하고 한림도화원(翰林圖畫院)을 관장하여 궁정 서화가를 양성했으며, 자신도 화조화를 잘 그렸다.

2 뇌연집(雷淵集) : 조선 후기의 문인 남유용(南有容, 1698~1773)의 문집. 뇌연은 그의 호(號). 대제학·형조판서를 지냈으며, 서유구와 가까이 교유했던 남공철(南公轍, 1760~1840)의 아버지이다. 저서로 《명사정강(明史正綱)》·《천의리편(闡義理編)》 등이 있다.

3 《雷淵集》 卷13 〈記〉 "宋徽宗畫記"(《韓國文集叢刊》 217, 294쪽).

[1] 來 : 저본에는 "求". 오사카본에 근거하여 수정.

명 선종의 〈어필흑원도〉

룽도원의 사람들 27명이 각각 그 모양이 다르니, 마치 조물주의 솜씨와 같았다.

父一人, 源中之人二十有七, 人各異其態, 若造化之賦物.

### 송 휘종의 〈오원도(烏猿圖)〉

[뇌연집·기문]4 검은 원숭이[烏猿]가 새끼에게 먹이를 주는 장면이다. 큰 원숭이는 돌아보며 먹이를 주고 작은 원숭이는 올려다보며 먹이를 받는데, 끽끽대는 소리가 들리는 듯하다.

**宋徽宗《烏猿圖》**

[又] 作烏猿哺子狀. 大者顧以子, 小者仰而接, 呴呴乎如聞其聲.

### 명 선종(宣宗)5의 〈어필흑원도(御筆黑猿圖)〉

[칠송당지소록]6 명나라 선종은 회화를 중시했다.

**明宣廟《御筆黑猿圖》**

[七頌堂識小錄] 宣德朝尚

---

4 《雷淵集》卷13 〈記〉 "毛將軍畫記"(《韓國文集叢刊》 217, 295쪽).
5 선종(宣宗) : 1398?~1435. 중국 명나라의 제5대 황제(재위 1425~1435). 이름은 주첨기(朱瞻基). 선덕제(宣德帝). 조부 영락제(永樂帝) 주체(朱棣)의 총애를 받아 자주 수행하였고, 재위 기간에는 인재를 발탁하여 정치를 안정시키고 경제를 발전시켰다. 그의 치세는 아버지 인종(仁宗) 주고치(朱高熾)와 함께 인선지치(仁宣之治)라 일컬어진다. 또한 많은 작품을 남긴 탁월한 서화가이다.
6 《七頌堂識小錄》(《叢書集成初編》 1572, 5쪽).

지금 북경 사람의 집에 소장본이 있다. 검은 원숭이가 나무줄기를 타고 올라 팔로 나무에 매달려 과일을 따는 모습이 지극히 살아 움직이는 듯하다. 곧 땅에 펴져 있는 마름·연뿌리 등의 여러 과실이 또한 손극홍(孫克弘)[7] 같은 이들이 이를 수 있는 수준이 아니다. 위에는 어보(御寶)[8]가 찍혀 있다.

繪事. 今京師人家有藏本. 黑猿攀檻, 懸臂取果, 極爲生動. 卽布地菱、藕諸果實, 亦非孫漢陽輩所及. 上有御寶.

## 동원(董源)의 〈계산고은도(溪山高隱圖)〉

[산정거화론(山靜居畫論)]9][10] 동원의 〈계산고은도〉는 비단 화폭을 합친 작품이다. 아랫부분에 늙은 나무 6~7그루를 그렸는데, 회화나무와 측백나무 줄기와 비슷하며, 다시 작은 점들을 무수히 찍어 잎을 표현했다. 낮은 언덕이 길게 이어져 조금 떨어진 언덕까지 이르고 석벽은 시내를 내려다보고 있다. 시내가 쑥 들어간 곳에 초가 누각이 지어져 있는데, 한 사람이 난간에 기대어 멀리 바라보고 있다. 모래사장과 먼 산굴은 아득하여 희미하게 보인다.

## 董源《溪山高隱圖》

[山靜居畫論] 董源[2]《溪山高隱圖[3]》絹幅. 下作老樹六七株, 似檜柏幹, 却爲小渾點葉. 一坡迤邐至隔岸, 石壁俯溪. 溪坳架草閣. 一人憑欄凝望. 平沙遠岫, 蒼茫隱見.

---

7 손극홍(孫克弘) : 1532~1611. 중국 명나라의 서화가·장서가. 자는 윤집(允執), 호는 설거(雪居). 예부상서 손승은(孫承恩)의 아들. 관직은 한양지부(漢陽知府)에 올랐다.

8 어보(御寶) : 황제나 왕이 사용하는 인장. 선종은 서화 작품에 주로 광운지보(廣運之寶)·무영전보(武英殿寶)·옹희세인(雍熙世人) 등의 어보를 사용하였다.

9 산정거화론(山靜居畫論) : 청대 방훈(芳薰, 1736~1799)의 저술. 총 2권으로, 진(晉)·당(唐)에서 청대 초기에 이르는 화가·화파(畫派)의 풍격·기법·연원 및 산수·화조·인물을 두루 다루었고, 문인화의 기운(氣韻)을 중시하는 화론이 정리되어 있다. 이 책을 서유구가 《유예지》에서 비중 있게 인용했다.

10 《山靜居畫論》卷下(《叢書集成初編》 1644, 31쪽).

[2] 源 : 《山靜居畫論》에는 "元".

[3] 圖 : 오사카본·《山靜居畫論》에는 "合".

준법(皴法)[11]은 피마준(披麻皴)[12]과 해삭준(解索皴)[13]
을 섞어 그렸다. 필력이 부드럽고 평온하며 먹 기운
이 깊고 두터우니, 참으로 원기(元氣)가 흥건하고 윤
기 있는 경관을 담고 있다. 그림의 윗부분에 금나라
장종(章宗)[14]의 '명창어람(明昌御覽)'이라는 커다란 도장
이 찍혀 있다.

皴作麻皮雜解索法. 筆力
圓穩, 墨氣深厚, 眞有元氣
淋灕之觀. 上有金 章宗"明
昌御覽"巨印.

## 동원의 〈산구대도도(山口待渡圖)〉

[칠송당지소록][15] 동원의 〈하경산구대도도(夏景山口待
渡圖)〉는 《선화화보(宣和畫譜)》에 보이는데, 기유년(己
酉年)에 북경에서 보았다. 앞부분에 '천력지보(天歷之
寶)[16]'라는 도장이 찍혀 있으니, 원나라 문종(文宗)의
규장각(奎章閣)에 있던 물건이다.

## 《山口待渡圖》

[七頌堂識小錄] 董北苑
《夏景山口待渡圖》, 見《宣
和譜》, 己酉見之京師. 前
有"天歷之寶", 元 文宗奎章
閣物也.

동원의 〈하경산구대도도〉

---

11 준법(皴法):산수화에서 바위의 질감을 표현하는 방법.

12 피마준(披麻皴):삼의 올이 흐트러지듯이 경쾌하게 운필하여 다소 거친 느낌을 주며, 대체로 토산(土山)
을 묘사할 때 많이 쓰인다. 오대(五代)의 동원(董源)에서 비롯되었으며, 원말(元末)의 황공망(黃公望)에 의
해 완벽하게 정리되어 남종화의 화결(畫訣)로 받아들여졌다. 《유예지》권4 〈그림〉 "산수, 숲과 나무" '피마
준'(《임원경제지 유예지》 2, 풍석문화재단, 2017, 372쪽) 참조.

13 해삭준(解索皴):밧줄이 풀린 것 같은 모양의 준법. 선 하나하나는 약간의 꼬임을 나타내며, 주로 침식된
화강암 바위 표면을 나타내는 데 사용한다. 《유예지》권4 〈그림〉 "산수, 숲과 나무" '해삭준'(《임원경제지
유예지》 2, 위와 같은 책, 381쪽) 참조.

14 장종(章宗):1168~1208. 중국 금나라 제6대 왕(재위 1190~1208). 이름은 경(璟)이고, 여진명은 마달갈
(麻達葛)이다. 장종 재위 때 금나라가 가장 번성했고 명사(名士)도 많이 났다. 서화를 애호하였고 북송 휘
종의 서체로 글쓰기를 즐겼다.

15 《七頌堂識小錄》(《叢書集成初編》 1572, 7쪽).

16 천력지보(天歷之寶):중국 원(元)나라 문종(文宗)의 옥새.

곽충서의 〈피서궁도〉

뒤에는 천력 3년(1330) 1월에 규장각시서(奎章閣侍書) 신(臣) 가구사(柯九思)가 감정하여 삼가 쓴 발문과 규장각시서학사(奎章閣侍書學士) 신 우집(虞集)의 시(詩)가 있고, 또 규장각승제학사(奎章閣承制學士) 신 이형(李泂)[17]과 규장각참서(奎章閣參書) 신 아호(雅琥)가 쓴 시 2편이 있다. 아호는 몽골 사람이다.

곽충서(郭忠恕)[18]의 〈피서궁도(避暑宮圖)〉

[운석재필담(韻石齋筆談)[19]][20] 세상에 전해지는 계화(界

後有天歷三年正月, 奎章閣侍書臣柯九思鑑定恭跋、奎章閣侍書學士臣虞集詩, 又有奎章閣承制學士臣李泂、奎章閣參書臣雅琥二詩. 雅琥, 蒙古人.

郭忠恕《避暑宮圖》

[韻石齋筆談] 世④傳界畫

---

17 이형(李泂) : ?~?. 규장각(奎章閣) 승제학사(承制學士)와 종5품직인 봉훈대부(奉訓大夫)를 지냈다. 이밖의 정보는 알 수 없다.

18 곽충서(郭忠恕) : ?~977. 중국 오대십국 말 북송 초의 화가. 자는 서선(恕先) · 국보(國寶). 국자감주부(國子監主簿)를 지냈으며, 건축물을 그리는 계화(界畫)를 정밀하게 그려 이름이 높고 산수화와 글씨도 뛰어났다. 저서로 《패휴(佩觿)》가 있다.

19 운석재필담(韻石齋筆談) : 중국 청나라 강소서(姜紹書, ?~?)가 지은 책으로, 옛 기물 · 서화 · 희귀한 물건 등을 다루었다.

20 《韻石齋筆談》卷下〈界畫樓閣述〉(《叢書集成初編》1561, 24쪽).

④ 世 : 저본에는 "士". 오사카본 · 《韻石齋筆談 · 界畫樓閣述》에 근거하여 수정.

畫)²¹를 치밀하게 잘 그린 화가로 모두 이사훈(李思訓)을 지목했을 뿐, 당나라의 윤계소(尹繼昭)·오대(五代)의 호익(胡翼)과 위현(衛賢)이 모두 나라에 이름을 떨칠 만큼 뛰어난 줄을 알지 못했다.

곽충서(郭忠恕)에 이르러서는 사람의 풍채가 이미 훌륭하고, 화면구상이 정밀하며, 컴퍼스·자·수준기·먹줄을 구사했지만 구애받지는 않았다. 내가 예전에 그의 〈피서궁도〉를 보았는데, 수많은 서까래에 아주 미세한 부분도 빠뜨리지 않았으니 참으로 전문가의 뛰어난 기예이다.

之工緻者, 咸目之爲李將軍, 殊不知唐之尹繼昭、五代之胡翼、衛賢, 皆擅國能.

至郭恕先而人品旣高, 構思精密, 遊于規矩準繩中, 而不爲所窘. 余曾見其《避暑宮圖》, 千榱萬桷, 纖毫不遺, 誠行家絶藝也.

## 이성(李成)²²의 〈군봉적설도(群峯積雪圖)〉

[산정거화론]²³ 이성의 〈군봉적설도〉는 작은 비단에 그린 그림으로 필치가 매우 세밀하다. 숲과 건축물들을 모두 마른 붓으로 그렸는데, 마치 철사를 구부려 놓은 듯하다. 여백은 묽은 먹으로 화면 전체를 뒤덮듯이 그렸는데, 눈이 쌓인 부분에 한기가 모인 듯하여 마주 보면 소름이 돋을 정도다. 또한 큰 화폭의 눈 그림은 필치가 자유롭고 비교적 거칠면서도 원만하여 신묘한 기운이 탁월하다. 윗부분에는 물

## 李成《群峯積雪圖》

[山靜居畫論] 營丘⑤《群峯積雪》, 小絹本, 筆極細密. 林巒屋宇, 皆用焦墨畫, 如屈鐵絲. 空處淡墨籠染, 積雪凝寒, 對之令人起粟. 又大幅雪圖, 筆蹤較麤圓, 神氣磊落. 上隔水有董思翁題.

---

21 계화(界畫):건물·배 등의 건조물을 그린 그림. 특히 자를 사용하여 그린 그림을 지칭한다. 《유예지》권4 〈그림〉 "계화"(《임원경제지 유예지》 2, 위와 같은 책, 426~436쪽)에서 고금의 계화부터 그리는 방법, 서양화의 계화 등을 자세히 소개하고 있다.

22 이성(李成):919~967. 중국 북송 초의 화가. 자는 함희(咸熙). 당 종실의 후예이다. 당나라 말에 국자좨주(國子祭酒)로 소주차사에 임명되었고, 그 후 전란을 피해 청주(靑州) 익도(益都, 지금의 산동성 임치현)로 옮겼다. 이 청주 땅을 영구(營丘)라고 했으므로, 이영구(李營丘)라고도 했다. 산수화를 잘 그렸고, 곽희(郭熙)에게 영향을 주어 두 화가의 산수화풍을 '이곽파'라고 한다.

23 《山靜居畫論》卷下(《叢書集成初編》1644, 32쪽).

⑤ 丘:저본에는 "邱". 《山靜居畫論》에 근거하여 수정.

건너에 동기창(董其昌)의 제문(題文)이 적혀 있다.

## 거연(巨然)의 〈산수첩(山水帖)〉

[칠송당지소록]24 거연의 산수화 두루마리는 지금 양청표(梁淸標)25의 집에 있는데, 온전한 그림 족자는 아닌 듯하다. 그림의 윗부분에 묽은 먹으로 그린 여울이 있으며, 안개 낀 숲과 밭두둑이 보일 듯 말 듯한 모양을 희미하게 그렸다. 그 필치의 흔적이나 먹물 자국을 찾아볼 수가 없다.

## 거연의 〈노사도(鷺鷥圖)〉

[칠송당지소록]26 거연의 작품으로 또 해오라기[鷺鷥]를 그린 큰 화폭이 있다. 해오라기가 서 있는 부분은 먹으로 선염(渲染)27하여 굳세면서 부드러운 모양으로 그렸는데, 돌도 아니고 여울도 아니면서 마치 물이 빠져 진흙이 굳은 갯벌과 같았다. 거연의 산수화 이외에서는 이런 그림이 드물게 보인다. 지금은 손승택(孫承澤)28의 소장품이다.

## 巨然《山水帖》

[七頌堂識小錄] 巨然山水卷, 今在梁宗伯家, 疑非全幀. 上有淡墨灘, 隱隱作煙樹田塍迷離狀. 莫尋其筆痕墨迹.

## 《鷺鷥圖》

[又] 巨然又有鷺鷥大幅. 其立處渲墨作堅圓狀, 非石非灘, 若水落而泥凝者. 山水之外, 此爲僅見. 今爲孫北海物.

---

24 《七頌堂識小錄》《叢書集成初編》1572, 2쪽).

25 양청표(梁淸標): 1620~1691. 중국 명말 청초의 유명한 장서가·문인. 자는 옥립(玉立)·창암(蒼岩), 호는 당촌(棠村)·초림(蕉林). 병부상서·예부상서 등을 지냈으며, 저서로 《초림시집(蕉林詩集)》·《당촌사(棠村詞)》등이 있다.

26 《七頌堂識小錄》, 위와 같은 곳.

27 선염(渲染): 수묵화에서 화면에 물을 칠하고 마르기 전에 붓을 대어 몽롱하고 침중한 묘미를 나타내는 기법.

28 손승택(孫承澤): 1593~1676. 중국 명말 청초의 감정가. 자는 이백(耳伯)·사인(思仁), 호는 북해(北海)·퇴곡(退谷). 숭정(崇禎) 4년(1631) 진사(進士)가 되고, 명나라 때 형부도급사중(刑部都給事中)에 올랐다. 저서로 《오경익(五經翼)》·《상서집해(尚書集解)》·《시경주전익(詩經朱傳翼)》등이 있다.

범관(范寬)29의 〈산수권(山水卷)〉

[칠송당지소록]30 범관은 성품이 원만했으므로 당시 사람들이 그를 '관(寬)'이라 불렀다31. 산수화를 그린 큰 화폭이 지금은 양원(梁園)32 송씨 집에 있다. 그림의 윗부분에 왕탁(王鐸)33의 제자(題字)가 있는데, 자획이 안진경(顔眞卿)의 《안가묘비(顔家廟碑)》34를 본받았다.

또 산수화를 그린 큰 화폭이 있는데, 손승택의 집에 있다. 이 그림의 나뭇잎은 모두 대충대충 그렸으며 나뭇가지와 줄기는 모두 안에서 밖으로 뻗은 모양이다. 산의 바위들은 구작법(鉤斫法)35으로 그려 모두 역동감이 있어서 매우 뛰어난 작품 중에서도 제일이다. 북송 휘종이 '범관진적(范寬眞蹟)'이라 쓴 제자가 있고 '만기청가(萬機淸暇)36'라는 작은 도장도 찍혀 있다.

范寬《山水卷》

[又] 范中立性緩, 故時人號之曰"寬". 山水大幅, 今在梁園宋氏. 上有王文安題字, 字6效《家廟碑》.

又有山水大幅, 在孫北海家. 樹葉皆草草, 枝幹皆有自內挺外之勢. 山石鉤斫皆有力, 神品第一. 宣和帝題曰"范寬眞蹟", 鈐以"萬機淸暇"小印.

---

29 범관(范寬):?~1027?. 중국 북송의 화가. 자는 중립(中立). 처음에 이성(李成)에게 화법을 배웠으나, 뒤에 산에 들어가 자연 관찰에 힘써 자연의 진경(眞景)을 묘사하는 일에 주안을 두어 일가를 이루었다.

30 《七頌堂識小錄》(《叢書集成初編》 1572, 6쪽).

31 범관은……불렀다:범관의 원래 이름이 중정(中正)이라는 설도 있다. 그의 성품이 원만하고 활달해서 사람들이 '관(寬, 너그럽다)'이라고 불렀고 결국 '관'을 자신의 이름으로 삼았다고 한다.

32 양원(梁園):중국 하남성(河南省) 상구시(商丘市)의 구(區) 이름. 장자(莊子)의 출생지이며, 서한(西漢)의 양효왕(梁孝王)이 건립한 죽원(竹園)에서 그 이름이 왔다. 구 안에 송(宋)·대(戴)·우(牛) 등 유명한 9성씨의 조상 능묘인 삼릉대(三陵臺)가 있다.

33 왕탁(王鐸):1593~1652. 중국 명말 청초의 서화가. 자는 각사(覺斯)·각지(覺之), 호는 숭초(崇樵)·치암(癡庵), 시호는 문안(文安). 천계(天啓) 2년(1622) 진사에 합격하여 편수(編修)에 임명되고, 예부상서(禮部尙書)·동각대학사(東閣大學士)를 역임했다. 해서는 안진경을, 행서와 초서는 왕희지와 왕헌지의 서풍을 익혔다. 저서로 《의산원첩(擬山園帖)》이 있다.

34 안가묘비(顔家廟碑):본래 이름은 《당(唐) 고통의대부(故通議大夫) 행설왕(行薛王) 우주국(右柱國) 증비서소감(贈秘書少監) 국자좨주(國子祭酒) 태자소보(太子少保) 안군묘비명병서(顔君廟碑銘竝序)》이다. 안진경이 아버지 안유정(顔惟貞)을 위해 세우고 직접 문장을 짓고 글씨를 썼다. 전액(篆額)은 당대(唐代)의 서예가인 이양빙(李陽氷)이 썼다. 중국 서안비림박물관에 있다.

35 구작법(鉤斫法):산수화 기법의 하나로, 바위의 윤곽과 무늬를 먼저 그리고 도끼 자국과 같은 쐐기꼴을 반복적으로 찍어서 명암과 요철을 표현하는 방법을 말한다.

36 만기청가(萬機淸暇):만 가지가 넘는 정사(政事) 속에서도 여유를 즐긴다는 의미. 조선시대 헌종(憲宗, 재위 1834~1849)도 이 인장을 즐겨 사용했다고 한다.

6 字:저본에는 없음. 오사카본·규장각본·《七頌堂識小錄》에 근거하여 보충.

곽희(郭熙)[37]의 〈고목한천도(古木寒泉圖)〉

[칠송당지소록][38] 큰 화폭이다. 구불구불하고 비탈진 언덕 위에 커다란 고목 2그루가 있는데, 한 그루는 쭉 뻗어 있고 한 그루는 옆으로 퍼져 있으며, 많은 나무가 이들을 둘러싸고 있다. 쓸쓸한 정서와 죽은 나뭇등걸 같은 모습에 오래 머물 수 없는 기운이 있다.

郭熙《古木寒泉圖》

[又] 大幅. 坡陀廻復, 二大古木, 一挺一盤, 衆木擁之. 凄神寒骨, 有不可久居之氣.

곽희의 산수화 두 화폭

[산정거화론][39] 곽희의 크기가 큰 산수화 두 화폭은 필치가 흥겹고 충만하여 한결같이 행서나 초서의 서법과 같다. 한 화폭은 수묵산수화이고, 다른 화폭은 천강산수화(淺絳山水畫)[40]이다. 한 화폭에는 동기창의 제지[題識, 작품에 쓰여진 문장이나 시(詩)]가 적혀 있다.

山水兩幅

[山靜居畫論] 郭河陽山水兩巨幅, 用筆酣嬉淋漓, 一如行, 草書法. 一墨本, 一設淺絳. 一有董思白題識.

유송년(劉松年)[41]의 〈침이부과도(沈李浮瓜圖)〉[42]

[산정거화론][43] 필력이 고졸하고 힘차며 채색은 중후

劉松年《沈李浮瓜圖》

[又] 筆力古勁, 設色厚重.

---

37 곽희(郭熙):1020?~1090?. 중국 북송의 화가. 자는 순부(淳夫). 하남성 하양(河陽) 출신이라 '곽하양'으로 불린다. 이성(李成)의 한림산수(寒林山水)를 익히고 관동(關同) 화풍을 곁들여, 북방계(北方系) 산수화 양식의 통일을 완성했다. 한림도화원(翰林圖畫院)의 대조(待詔)를 지내며 산수를 그렸는데, 신종(神宗)의 총애를 받아 모든 관청에 곽희의 산수화가 걸렸다고 한다. 그의 산수화론《임천고치(林泉高致)》가 아들 곽사(郭思)의 집필로 저술되어 전한다.

38 《七頌堂識小錄》(《叢書集成初編》1572, 8쪽).

39 《山靜居畫論》卷下(《叢書集成初編》1644, 32쪽).

40 천강산수화(淺絳山水畫):수묵으로 윤곽을 그리고 광물성 물감으로 채색을 한 산수화의 일종.

41 유송년(劉松年):?~?. 중국 남송의 화원 화가. 화원대조를 지냈으며 인물화·산수화를 모두 잘 그렸고, 이당·마원·하규와 함께 남송 4대가라 일컬어진다.

42 침이부과도(沈李浮瓜圖):원문의 '침이부과'는 여름에 더위를 식히기 위해 참외와 자두를 냉수에 담가 먹는 일을 의미한다. 중국 삼국시대 위(魏)나라 조비(曹丕)의 〈조가령 오질에게 주는 편지[與朝歌令 吳質書]〉에서 "참외를 맑은 물에 띄우고, 붉은 자두를 찬 물에 담갔네.(浮甘瓜於淸泉, 沈朱李於寒水)"라는 구절에서 비롯되었다.

43 《山靜居畫論》, 위와 같은 곳.

하다. 소나무 그늘이 가려져 기울어져 있고, 물가의 집 사이가 탁 트여 있다. 속세를 피해 사는 이들이 마주앉아 있고, 어린아이가 참외와 자두를 깎아 올린다. 그림에 담긴 의취(意趣)가 사람 마음을 움직일 만하다.

松陰蔽虧, 水屋間敞. 幽人坐對, 童子剖瓜薦李. 一段意趣, 能移人情.

## 하징(何澄)[44]의 〈귀거래사도(歸去來辭圖)〉

[산정거화론][45] 송나라의 비감[祕監, 비서소감(祕書少監)] 하징이 도잠(陶潛)[46]의 〈귀거래사(歸去來辭)〉[47]를 긴 두루마리 그림으로 그렸다. 필법이 깔끔하고 가늘어서 마치 전서체·예서체와 같고, 옷에는 철사 모양의 거친 무늬를 넣었는데, 붓 가는 대로 그려서 바람이 일고 물이 솟구치는 듯이 빼어난 맛이 있다. 도잠을 작게 그린 그림이 여러 가지 모습인데, 대개 그의 수염과 눈썹은 깨끗하게 정리되어 있고, 현령의 녹봉인 쌀 5두(斗)에 허리를 굽히지 않았을 정도로 패기와 줏대가 있던 기상을 띠고 있다.

## 何澄《歸去來辭圖》

[又] 宋祕監何澄畫淵明《歸去來辭》長卷. 筆法清瘦如篆、隷, 衣作麤鐵線紋, 信筆爲之, 有風起水湧之妙. 陶公小像不一態, 大都鬚眉[7]灑落, 有不爲五斗米折腰氣[8]色.

---

44 하징(何澄):1217~1309. 중국 금말(金末) 원초(元初)의 화가. 금(金) 애종(哀宗) 때 태중대부(太中大夫)·비서소감(祕書少監)을, 원(元) 무종(武宗) 때 영도화총관(領圖畫總管)을 지냈으며, 인물화·산수화에 뛰어났다.

45 《山靜居畫論》, 위와 같은 곳.

46 도잠(陶潛):365~427. 중국 동진(東晉)의 시인. 자는 연명(淵明)·원량(元亮), 호는 오류선생(五柳先生). 일설에는 이름이 연명(淵明)이고, 자가 원량이라고도 한다. 고을의 좨주(祭酒)가 되었지만 관리의 직무를 감당하지 못하고 사직한 뒤 돌아왔다. 다시 생활을 위해 진군참군(鎭軍參軍)과 건위참군(建衛參軍) 등의 관직을 지냈다. 저서로《도연명집(陶淵明集)》이 있다.

47 귀거래사(歸去來辭):도잠의 대표적 작품으로, 405년 팽택현(彭澤縣)의 지사(知事) 자리를 버리고 고향인 시골로 돌아오는 심경을 읊은 시. 총 4장으로 구성되어 있다. 제1장은 관리생활을 그만두고 전원으로 돌아가는 심경을 정신 해방으로 간주하여 읊었고, 제2장은 그리운 고향집에 도착하여 자녀들의 영접을 받는 기쁨을 그렸으며, 제3장은 세속과의 절연선언(絕緣宣言)을 포함, 전원생활의 즐거움을 담았으며, 제4장은 전원 속에서 자연의 섭리에 따라 목숨이 다할 때까지 살아가겠다는 뜻을 담고 있다.

7 眉:저본에는 "看".《山靜居畫論》에 근거하여 수정.

8 氣:《山靜居畫論》에는 "神".

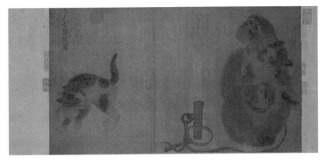

역원길의 〈후묘도〉

〈후묘도〉-조맹부의 발(跋)

그림의 뒤쪽에 장중수(張仲壽)[48]가 쓴 〈귀거래혜부(歸去來兮賦)〉가 적혀 있는데, 흡사 손승택·조맹부·우집(虞集)[49]·가구사(柯九思) 등 여러 문인이 남긴 제문(題文)이나 발문(跋文)처럼 빼어나다.

後有張疇齋書《歸去來兮賦》, 神似北海、吳興、道園、丹丘⑨諸人題跋.

## 역원길(易元吉)[50]의 〈후묘도(猴貓圖)〉

[산정거화론][51] 손승택이 옛날에 소장했던 그림이다. 두루마리로 겨우 3척 정도 되는 비단 그림이다. 필력이 세밀하고 채색이 아름다우며, 원체화(院體畫)이다. 그림의 윗부분에 송 휘종이 쓴 '역원길후묘도(易元吉猴

## 易元吉《猴貓圖》

[又] 北平孫氏舊物. 卷僅三尺許絹本. 筆力細緻, 設色妍麗, 院體也. 上有宋 祐陵書"易元吉猴貓圖",

---

48 장중수(張仲壽): 1252~1324. 중국 원나라의 관리. 자는 희정(希靜), 호는 주재(疇齋). 한림학사승지(翰林學士承旨)를 지냈고 왕희지·왕헌지를 배워 행서·초서를 잘 썼다.

49 우집(虞集): 1272~1348. 중국 원나라의 학자·시인. 자는 백생(伯生), 호는 도원(道園)·소암선생(邵庵先生). 벼슬은 대도로유학교수(大都路儒學教授)·집현수찬(集賢修撰)·한림대제(翰林待制)·규장각(奎章閣)시서학사(侍書學士) 등을 역임했다. 게혜사(揭傒斯)·유관(柳貫)·황진(黃溍)과 더불어 '원유4가(元儒四家)'로 일컬어지며, 또 시에도 능하여 게혜사·범팽(範梈)·양재(楊載) 등과 더불어 '원시4가(元詩四家)'라고도 하다. 저서로 《도원학고록(道園學古錄)》·《도원유고(道園遺稿)》 등이 있다.

50 역원길(易元吉): ?~?. 중국 송나라의 화가. 자는 경지(慶之). 형호(荊湖) 지역을 유람하면서 고전과 자연을 연구했으며, 자신이 살던 곳에 농장과 연못을 꾸미고 동식물을 관찰하여 독보적인 그림을 그렸다.

51 《山靜居畫論》 卷下(《叢書集成初編》 1644, 33쪽).

⑨ 丘: 저본에는 "邱". 《山靜居畫論》에 근거하여 수정.

猫圖'라는 글씨가 있고, 황제의 도장도 찍혀 있다.

　조맹부가 쓴 발문은 다음과 같다. "고양이 두 놈이 아직 어린데, 한 마리는 다소곳이 원숭이 품에 안겨 있고 또 한 마리는 원숭이를 무서워하는 모습이다. 화가의 솜씨로 사물의 감정을 표현할 수 있는 경지가 이와 같구나! 그림의 윗부분에는 송 휘종이 옛날에 쓴 제문(題文)이 있으니 소장자는 이토록 진귀한 작품을 대대로 잘 전하라." 이 글씨는 작은 행서로, 서체와 붓놀림이 이옹(李邕)·손승택(孫承澤)이 쓴 발문과 하나인 듯이 비슷하기 때문에, 또 조맹부가 이 그림을 중시했던 것이다.

## 조천리의 〈해천낙조도(海天落照圖)〉

[칠송당지소록]52 좌우로 긴 두루마리 그림이며 길이가 몇 장(丈) 남짓이다. 바깥 테두리에 금니(金泥)를 썼고 누각을 그린 계화(界畫)의 선은 머리카락처럼 가늘며, 사람은 삼씨처럼 작아서 마치 벌레들이 꼬물거리며 움직이는 듯하다. 화면배치는 웅장하고 수려하여 보는 이로 하여금 옷자락을 걷고 발을 담그고 싶은 마음이 솟아나게 한다. 지금은 기현(杞縣)53의 마포암(馬布菴)54이 가지고 있다.

御書印.

松雪跋云:"二狸奴方雛，一爲孫供奉携挾，一爲怖畏之態. 畫手能狀物之情如是! 上有祐陵舊題, 藏者其珍襲之." 小行書, 結體、用筆似李北海、退谷一跋, 亦以吳興重之.

## 趙千里《海天落照圖》

[七頌堂識小錄] 橫卷長幾丈餘. 輪廓用泥金, 樓閣界畫如髮, 人物小如麻子, 蠕蠕欲動. 位置雄麗, 令人有褰裳濡足意. 今爲杞縣 馬布菴物.

---

52 《七頌堂識小錄》(《叢書集成初編》 1572, 3쪽).
53 기현(杞縣) : 중국 하남성(河南城) 동부의 현(縣).
54 마포암(馬布菴) : 미상.

## 이공린(李公麟)의 〈마도(馬圖)〉

[칠송당지소록]55 이공린의 말 그림 두루마리 1개이다. 상투를 튼 한 사람이 어깨에 깃발을 메고 높은 언덕에 서 있으며, 말이 산골짜기에 흩어져서 그 형태가 각각 갖추어져 있다.

또 100필 남짓의 말 한 무리가 갈기가 휘날리는 머리를 가까이 맞대고 한결같은 모습으로 질주하고 있다. 이 그림은 양원(梁園)의 송씨(宋氏)가 가지고 있다.

안 백시(伯時)는 이공린의 자(字)이다.

## 이공린의 〈연사도(蓮社56圖)〉

[산정거화론]57 비단에 그렸으며 중간 크기의 그림이다. 인물이 섬세하게 묘사되어 있고 필법은 우아하고 고졸하며, 풍경의 배치와 채색이 모두 정밀하여 빼어나다. 그림의 윗부분에는 송 고종(高宗)의 제자(題字)인 '이공린연사도(李公麟蓮杜圖)' 6자가 있고 황제의 긴 도장이 찍혀 있으며, 아랫부분에는 물 건너에 문징명이 쓴 〈연사도기(蓮社圖記)〉가 있다.

---

## 李公麟《馬圖》

[又] 李伯時畫馬一卷. 一人雜結肩一旗立高皐, 馬布山谷, 狀態各備.

又一簇百餘匹, 鬒首相亞皆一狀, 駸駸走也. 梁園宋氏物.

案 伯時卽公麟之字.

## 《蓮社圖》

[山靜居畫論] 絹本中幅. 人物工緻, 筆法高古, 佈景、設色竝皆精妙. 上有宋思陵題 "李公麟蓮杜圖" 六字, 御書長印, 下隔水有文衡山書《蓮社圖記》.

---

55 《七頌堂識小錄》(《叢書集成初編》1572, 4쪽).

56 연사(蓮社) : 불교 정토종(淨土宗) 최초의 모임 이름. 중국 동진(東晉)의 고승 혜원(慧遠)이 여산(廬山)에 동림사(東林寺)를 세우고 402년에 만든 염불 수행 단체.

57 《山靜居畫論》卷下(《叢書集成初編》1644, 32쪽).

이공린의 〈연사도〉　　　　　　　　　　미불의 〈운기루도〉

## 미불의 〈운기루도(雲起樓圖)〉

[산정거화론][58] 미불이 비단 화폭에 채색한 작품이
다. 맨 처음에 모여 서 있는 나무들 한 무리를 그렸
는데, 먹기운과 농담이 산뜻하고 시원시원하다. 모
래 건너편에 옅은 먹으로 먼 숲을 그렸고, 산허리가
서로 겹쳐져 있고 구름은 뭉게뭉게 피어나며, 구름
사이는 짙은 먹으로 물들였다. 숲 끝에는 높은 집이
드러나 있고 나머지 집들은 모두 산과 물에 의지해
있어서 보일 듯 말 듯하다.

## 米芾《雲起樓圖》

[又] 米老設色絹幅. 起手
作樹一叢, 墨氣、濃淡爽
朗. 隔沙作淡墨遠林, 山腰
映帶雲氣, 蒸上雲罅, 濃
墨漬之, 林杪露高屋, 餘屋
皆依山附水, 隱見爲之.

---

58 《山靜居畫論》卷下(《叢書集成初編》1644, 30쪽).

가까운 산의 먹은 더욱 짙어 나무들이 뒤섞여 있으면서도 장중하다. 먼 산은 몇 겹으로 들쭉날쭉하게 중첩되었고 붉은색으로 산의 뼈대를 표현했다. 여기에 녹색을 더해서 나무 및 주름과 점 부분을 돋보이게 했다. 그림 맨 위에 송 고종(宋高宗)[59]이 행서로 "천강시우(天降時雨), 산천출운(山川出雲)[하늘에서는 때에 맞는 비가 내리고, 산천에서는 구름이 일어나네.]"[60]이라 쓴 어서(御書)와 표인(瓠印)[61]이 찍혀 있으며, 왼쪽 아래에 '미불지인(米芾之印)'·'원장인(元章印)'이라는 도장이 찍혀 있다.

두루마리 맨 위에 따로 붙인 종이에는 동기창(董其昌)[62]이 행서로 '운기루도(雲起樓圖)'라 썼다. 좌우 가장자리에 다음과 같이 발문을 썼다. "미불[元章]이 화학박사(畫學博士)[63]일 때 황제에게 바친 것이다. 미불의 그림 중에서 진귀하다고 일컬어지는 명화들은

近山⑩墨尤濃, 渾淪壯偉. 遠山幾疊, 參差起伏, 赭抹山骨. 合綠⑪襯樹及皴點處. 額上宋思陵行書"天降時雨, 山川出雲." 御書瓠印, 左傍下有"米芾之印"、"元章印".

贉首董思白行書"雲起樓圖", 左右邊緣跋曰: "元章爲畫學博士時, 所進御. 元章狀所謂珍圖名畫, 須取裁聖鑑者也. 後有朱象玄

---

59 송 고종(宋高宗): 1107~1187(재위 1127~1162). 중국 남송의 초대 황제이자 송 왕조의 제10대 황제. 이름은 조구(趙構). 자는 덕기(德基), 휘종의 9번째 아들이다. 흠종(欽宗) 정강(靖康) 2년(1126) 금나라 군대가 휘종과 흠종을 포로로 잡아가자 남경(南京)에서 즉위했다. 저서로 《한묵지(翰墨志)》가 있다.

60 천강시우(天降時雨)……일어나네: 《예기(禮記)》〈공자한거(孔子閒居)〉에 있다.

61 표인(瓠印): 위의 글씨는 작고 아래의 글씨는 크게 구성된 도장.

62 동기창(董其昌): 1555~1636. 중국 명나라의 문인·서화가. 자는 현재(玄宰), 호는 사백(思白) 또는 향광(香光). 만력 17년(1589)에 진사가 되어, 한림원서길사(翰林院庶吉士)와 편수(編修)를 거쳐 동궁강관(東宮講官)에 이르렀다. 그는 유영술(遊泳術)에 뛰어나 격렬한 당쟁에 연계되지 않고 예술 활동에 전념하였으며 서화의 평론을 시도하였다. 한편, 산수화에 관해 막시룡(莫是龍)의 남북종론(南北宗論)을 다시 전개하여 북종화에 대한 남종화(南宗畫)의 우위를 결정짓는 등 이론 면에서의 공헌도 적지 않으며 예림백세(藝林百世)의 스승으로 우러러 받들어졌다. 저서로 《화선실수필(畫禪室隨筆)》·《용대집(容臺集)》 등이 있다.

63 화학박사(畫學博士): 중국 송나라의 관직명. 미불은 1103년에 태상박사(太常博士)·서학박사(書學博士)를, 1104년에 서학박사(書學博士)·무위군지주(無爲軍知州)를, 1106년에 서화학박사(書畫學博士)·예부원외랑(禮部員外郞)을 역임했다.

⑩ 近山: 저본에는 없음. 오사카본·규장각본·《山靜居畫論》에 근거하여 보충.

⑪ 綠: 저본에는 "緣". 《山靜居畫論》에 근거하여 수정.

반드시 채택되어 황제가 감상을 했던 것들이다. 뒤쪽에는 주대소(朱大韶)[64]의 도장이 찍혀 있다. 이 사람은 우리 고향의 관리로 왔었으며 옛것을 좋아하고 안목을 갖춘 사람이다. 미불의 그림 중에서 〈운기루도(雲起樓圖)〉가 최고의 그림이다."

印. 此吾鄕司來, 好古具眼人. 米畫以此爲甲觀."

또 장연창(張燕昌)[65]이 소장한 종이본 작은 크기의 그림을 내놓았다. 그 두루마리 머리에 바로 큰 행서로 다음의 내용이 보인다. "미불이 민강(岷江)[66]에서 돌아오다가 배를 해응사(海應寺)[67]에 정박했다. 국상(國詳)[68]이라는 늙은 벗과 이야기를 나누면서 배에서 한가로이 있다가 이 《민강도(岷江圖)》를 구상하고는 마침내 가볍게 대강 그렸기에 솜씨가 좋은지 나쁜지 논할 것이 없다." 이 36자의 글자는 먹기운에 생기가 넘친다. 그림의 넓고 아득함을 표현한 노련한 붓 솜씨는 진실로 글씨가 넘쳐 빼어난 그림이 된다는 것이다.

又張君芑堂氏, 出所藏紙本小幅. 展卷首便見大行書："芾岷江還, 舟次海應寺, 國詳老友過談, 舟間無事, 且索其畫, 遂率易草筆爲之, 不在工拙論也." 三十六字, 墨氣奕奕. 畫之蒼莽老筆, 實是其書溢而爲妙也.

## 미불의 산수화폭(山水畫幅)

[칠송당지소록][69] 미불의 산수화 한 폭을 북경에서

## 米芾山水幅

[七頌堂識小錄] 米南宮山

---

64 주대소(朱大韶) : 1517~1577. 중국 명나라의 관리·장서가. 자는 상현(象玄), 호는 문석(文石). 검토(檢討)·남옹사업(南雍司業) 등을 역임했다. 문원(文園)·횡경각(橫經閣)·쾌각(快閣)·웅상각(熊祥閣) 등 건물을 짓고 청동솥·명화·법첩 등 진본을 많이 수장하여 문우들과 감상하기를 즐겼다. 저서로 《횡경각수장서적기(橫經閣收藏書籍記)》·《실사구시제경설(實事求是齋經說)》 등이 있다.

65 장연창(張燕昌) : 1738~1814. 자는 문어(文魚), 호는 기당(芑堂). 건륭(乾隆) 43년(1777)에 우공(優貢)에 선발됐고, 가경(嘉慶) 원년(1796)에 효렴방정(孝廉方正)에 천거됐다. 글씨를 매우 잘 썼으며, 금석전각·능석 등에 탁월한 기교가 있었다. 특히 산수화·인물화 등을 잘 그렸다. 저서로 《비백서(飛白書)》·《석고문고석(石鼓文考釋)》 등이 있다.

66 민강(岷江) : 중국 사천성(四川省) 중부를 흐르는 강. 민산(岷山) 산맥에서 발원하여 양자강에 합류한다. 길이 793km.

67 해응사(海應寺) : 미상.

68 국상(國詳) : 미상.

69 《七頌堂識小錄》 《叢書集成初編》 1572, 7쪽).

미불의 〈민강도〉

미불의 〈춘산서송도〉

보았다. 산수화에서 입체감을 표현하는 점법(點法)이 간략하면서도 깊이가 있으며, 건물·인물·선박을 모두 자세하게 잘 그렸으니, 그 솜씨가 동원(董源)으로부터 비롯되었음을 바로 알 수 있다. 옛사람들의 배움에 근본이 있다는 말은 이 같은 경우이다. 황공망(黃公望)[70]의 도장과 심주(沈周)의 도장이 찍혀 있다. 왕탁(王鐸)이 제문을 썼다.

[동천청록][71] 미불이 수묵 작품을 만들 때 붓만 사용한 것은 아니다. 간혹 종이 심지나 수숫대나 연방

水一幅，見之京師．山水點法，簡而能厚，室宇、人物、舟楫皆工細，已乃悟其從北苑來．古人學有原本[12]如是也．有黃子久印、沈石田印．王文安題．

[洞天淸錄] 米南宮墨戲，不專用筆．或以紙筋，或

---

70  황공망(黃公望)：1269~1354. 중국 원나라 말기의 화가. 자는 자구(子久), 호는 일봉(一峯)·대치(大癡). 북송 때 동원(董源)과 거연(巨然)에게 배우고, 미불을 따라 산수화를 그렸다. 중국 원나라 말 4대가 중 한 사람이다. 작품으로 〈부춘산거도(富春山居圖)〉 등이 있다.

71  《洞天淸錄集》〈米氏畫〉《叢書集成初編》1552, 26쪽).

[12]  本：저본에는 "尤". 오사카본·규장각본·《七頌堂識小錄》에 근거하여 수정.

으로도 그림을 그릴 수 있었다. 종이에는 아교와 백반을 넣지 않았고, 비단 위에 그림 그리는 일을 좋아하지도 않았다. 오늘날 보이는 미불의 그림 가운데 혹 비단에 그린 것이 있다면 후대 사람들의 위작이다.

以蔗滓, 或以蓮房, 皆可爲畫. 紙不用膠、礬, 不肯於絹上作. 今所見米畫或用絹者, 後人僞作.

## 문동(文同)의 〈묵죽(墨竹)〉

[칠송당지소록]72 문동이 그린 대나무 가지 1개가 푸시시하면서 높이 드날려 생기가 종이에 가득하여 소식(蘇軾)의 큰 화폭과는 확연히 다르다. 이에 "우리 묵죽의 한 갈래가 가까이 팽성(彭城)73에 있다."74라 했다. 이러한 생동감은 형사(形似)로는 표현할 수 없는 것이다.

## 文湖州《墨竹》

[七頌堂識小錄] 文與可垂竹一枝, 襳褷軒翥, 生氣滿紙, 與東破大幅迥殊. 迺云: "吾墨竹一派, 近在彭城." 此不可以形似求也.

안 탕후(湯垕)의 《고금화감(古今畫鑑)》에 "문동의 대나무 그림은 진품이 몹시 적어서 평생 겨우 5점을 보았고, 위작은 30점이나 보았다."75라 했다. 탕후와 문동은 세대가 그리 멀지 않은데도, 물고기 눈알이 진주와 섞여 있듯이 진짜와 가짜가 뒤섞여서 이미 이처럼 진품을 보기 힘들었으니, 하물며 지금은 어떠하겠는가?

案 湯垕《畫鑑》云: "文與可竹, 眞者甚少, 平生止見五本, 僞者三十本." 湯去文, 不甚遠, 而魚目之混已如此, 況今日耶?

---

72 《七頌堂識小錄》(《叢書集成初編》1572, 8~9쪽).

73 팽성(彭城):중국 강소성(江蘇省) 서주시(徐州市)의 옛 명칭. 소식은 1077년에 서주지주(徐州知州)로 부임했다.

74 우리……있다:《東坡全集》卷36〈文與可畫篔簹谷偃竹記〉. 문동이 묵죽을 잘 그리자 사방의 사람들이 비단을 가지고 그림을 청하는 사람들이 많았다. 문동이 싫증이 나 비단으로 발싸개를 하겠다고 말했다. 그 뒤 소식에게 편지를 보내어 "최근에 내가 사대부들에게 '우리 묵죽의 한 갈래가 가까이 팽성에 있으니, 그곳으로 가서 그림을 그려달라고 하라.'고 하였으니, 발싸개 재료가 응당 그대에게 모일 것이오."라 했다.

75 문동의……보았다:출전 확인 안 됨.

우안 이간(李衎)[76]의 《죽보상록(竹譜詳錄)》에 다음과 같이 말했다. "소식·황정견으로부터 송(宋)나라와 금(金)나라의 여러 명사에 이르기까지 문동의 그림을 조물주에 비유하며 찬미했는데, 매번 그림을 실컷 보지 못한 것을 아쉬워했다. 그 뒤 전당(錢塘)[77]에 이르러[78] 처음으로 10여 점의 그림을 봤는데, 모두 나를 만족시키기에 부족했다. 나중에 나의 벗인 왕자경(王子慶)[79]이 나에게 '진품을 보지 못해서이다.'라 하고는 부사(府史)[80] 아무개가 소장하고 있는 그림 1폭을 가지고 와 나에게 보여주었다. 이에 비로소 선배들이 문동을 찬미한 글이 부끄러워할 만한 점이 없음을 깨달았다."[81] 이를 본다면, 세상에 전해지는 문동의 대나무 그림 중에 위작이 많음을 더욱 잘 알 수 있을 것이다.

又案 李衎《竹譜詳錄》云: "東坡、山谷洎宋、金諸名士, 讚美文與可筆與造化比, 每恨不卽快睹. 後至錢塘, 始見十餘本, 皆無足起子. 友人王子慶謂余'未見眞蹟', 携府史某人藏弄一幅示子. 始覺前背議論爲無愧." 觀此益見世傳湖州竹之多贋鼎矣.

## 소식의 〈묵죽도(墨竹圖)〉

[칠송당지소록][82] 소식이 횡폭(橫幅)에 그린 대나무 그림은 손승택(孫承澤)의 집에 있다. 흥겨움이 충만하고 빼어나 사람의 마음을 변화시키기에 충분하다. 먹의 농담(濃淡)이 7단계로 나뉘는데, 나는 동파(東坡)

## 東坡《墨竹》

[又] 東坡竹橫幅在孫北海家. 酣滿俊逸, 足移人情. 墨分七層, 子疑東坡先生未能工妙至此.

---

76 이간(李衎):1245~1320. 중국 원나라의 화가. 자는 중빈(仲賓), 호는 식재도인(息齋道人)·취차선생(醉車先生). 관직은 이부상서(吏部尙書)·집현전대학사(集賢殿大學士)를 역임했다. 고목죽석을 잘 그렸으며, 특히 문동(文同)·왕정균(王庭筠)에게 배운 묵죽이 유명하다. 저서로 《죽보상록(竹譜詳錄)》이 있다.

77 전당(錢塘):중국 절강성(浙江省) 항주(杭州) 일대.

78 그……이르러:《죽보상록》에는 이 시기가 원(元)나라 을유(乙酉)년(1285)이라 했다.

79 왕자경(王子慶):미상.

80 부사(府史):중국의 관직명. 재화와 문서 출납을 담당했다.

81 소식……깨달았다:《竹譜》卷1〈竹譜詳錄〉.

82 《七頌堂識小錄》(《叢書集成初編》1572, 6쪽).

소식의 〈소상죽석도(瀟湘竹石圖)〉

선생(소식)의 솜씨가 이 경지에 이르지는 못했을 것이
라 의심스러웠다.

[산정거화론]83 누강(婁江)84에 사는 김회박(金懷璞)85
의 집에서 소식의 대나무 그림을 봤는데, 돌 사이에
뿌리를 내린 크고 작은 대나무 두 줄기는 가지가 하
늘을 향했고 잎을 늘어뜨리고 있다. 필세가 웅건하
고 먹 기운이 깊고 두터우니 마치 그의 서법처럼 침
착하면서도 몹시 시원스러웠다.

[山靜居畫論] 婁江 金懷璞
家, 見坡老墨竹, 石根大小
兩竿, 仰枝垂葉. 筆勢雄
健, 墨氣深厚, 如其書法沈
着痛快者也.

소식의 〈해도(蟹圖)〉

[산정거화론]86 소식이 그린 게 그림에는 자잘한 털
과 껍질에 구불구불한 게다리에 난 가시와 작은 털
까지 모두 다 갖춰져 있으니, 이른바 '유희(遊戲)에도
삼매(三昧)가 있다'87는 것이다.

東坡《蟹圖》

[又] 東坡畫蟹, 瑣屑毛介,
曲隈芒縷備俱, 所謂"遊戲
亦有三昧"也.

---

83 《山靜居畫論》卷下(《叢書集成初編》1644, 21쪽).
84 누강(婁江) : 중국 강소성(江蘇省) 소주(蘇州)에 있는 강.
85 김회박(金懷璞) : 미상.
86 《山靜居畫論》卷下(《叢書集成初編》1644, 21쪽).
87 유희(遊戲)에도……있다 : 이 표현은 예를 들어 다음의 내용에 나온다. 《景德傳燈錄》卷8〈普愿〉"遊戲三昧".

## 양무구(楊無咎)의 〈죽첩(竹帖)〉

[칠송당지소록]88 양무구의 대나무 그림은 줄기 1개에 잎이 몇 개 달려 있는데 붓놀림마다 모두 서법에 들어맞는다. 그림 뒤에 야섭옹(野涉翁)89이라는 사람의 제자(題字)가 있는데, 그가 어떤 사람인지 모른다.

## 이적(李迪)90의 〈녹도(鹿圖)〉

[칠송당지소록]91 이적의 사슴 그림 1폭은 우거진 나무와 흐르는 샘이 울창하여 그윽하고 깊숙하게 느껴지기 때문에 여러 모습이 모두 자연스럽다. 구작법(鉤斫法)과 선염법(渲染法)이 모두 갖춰져서 근래의 화법이 아니다.

## 고극공(高克恭)의 〈산수폭(山水幅)〉

[칠송당지소록]92 고극공이 그린 산수화 큰 화폭은 온전히 미불(米芾)의 화법으로 그렸고, 제자(題字)에 '원기임리[元氣淋漓, 원기(元氣)가 스며들어 있다]'라 했다. 옛날에는 분의(分宜)93 지역의 물건이었는데 징발되어 궁중으로 들어갔다. 청나라 초기에 궁중 창고에 있는 서화를 대신들에게 하사했을 때에 이 그림은 손

## 楊補之《竹帖》

[七頌堂識小錄] 楊補之竹, 一莖數葉, 筆筆皆書法也. 後有野涉翁題字, 不知何人.

## 李迪《鹿圖》

[又] 李迪鹿一幅, 叢樹流泉, 蔚爲幽邃, 故諸態皆天全也. 斫、渲俱, 非近今法.

## 高房山《山水幅》

[又] 高房山大幅山水, 全用米家法, 題云"元氣淋漓". 舊爲分宜物, 籍⑬入內, 國初以內府書畫賜大臣, 此卷爲孫北海藏.

---

88 《七頌堂識小錄》(《叢書集成初編》1572, 1쪽).

89 야섭옹(野涉翁):미상.

90 이적(李迪):?~?. 중국 남송 초기의 화원 화가. 자는 윤지(允之). 12세기 후반에서 13세기 초에 화원에서 활동하였고, 화조·석죽(石竹)·주수(走獸) 및 소경(小景) 산수화 등에 뛰어났으며, 치밀한 붓놀림으로 그림에 생기가 가득한 점이 특징이다.

91 《七頌堂識小錄》(《叢書集成初編》1572, 7쪽).

92 《七頌堂識小錄》(《叢書集成初編》1572, 2쪽).

93 분의(分宜):중국 강서성(江西省) 분의현(分宜縣) 일대.

⑬ 籍:《七頌堂識小錄》에는 "曾".

승택의 소장품이 되었다.

[산정거화론]⁹⁴ 조맹부는 고극공의 그림을 특별히 애지중지했고, 예찬(倪瓚)⁹⁵은 "황공망은 꿈에서도 고극공을 볼 수 없었다."⁹⁶라 했다. 나는 고극공의 그림을 5번 봤는데, 그중 1개 그림의 관지(款識)에 '병자년(丙子年, 1276)에 자신(子信)⁹⁷ 학사를 위하여 그리다.'라고 아주 뚜렷하게 쓰여 있다. 나무는 개자점(介字點)⁹⁸으로 그렸고 산은 미불(米芾)의 화법을 써서 한결같이 오진(吳鎭)⁹⁹의 그림과 같지만, 빽빽하면서도 깊숙하고 고요한 정취가 있어 오진의 그림보다 낫다.

[山靜居畫論] 趙吳興于彦敬畫, 特愛重之, 倪迂謂 "子久不能夢見房山". 僕五見其手筆, 其一款至正"丙子爲子信學士作"者. 樹爲介⑭字點, 山用米家法, 一似梅道人畫, 密而有⑮淵靜之趣, 爲過之.

---

94 《山靜居畫論》卷下(《叢書集成初編》1644, 30쪽).

95 예찬(倪瓚):1301~1374. 중국 원나라의 화가. 자는 원진(元鎭), 호는 운림(雲林)·예우(倪迂)·형만민(荊蠻民). 부유한 가문에서 태어나 고서화와 고기물을 수집하고, 집 안에 청비각(淸閟閣)을 세워 많은 문인과 교류했다. 산수화는 동원과 거연의 화풍을 배웠다. 작품으로《용슬제도(容膝齊圖)》·《어장추제도(漁莊秋霽圖)》등이 있고, 저서로《청비각전집(淸閟閣全集)》이 있다.

96 황공망은……없었다:황공망도 고극공을 존경하고 그의 그림을 높게 쳤다는 의미다. 공자가 "심하구나, 내가 이토록 늙다니! 내가 존경하는 주공을 꿈에서 다시 뵙지 못한 지가 오래되었다.(甚矣, 吾衰也! 久矣, 吾不復夢見周公.)"라 말한 데서 연유한다.(《論語》〈述而〉)

97 자신(子信):미상.

98 개자점(介字點):한자의 '개(介)' 자 모양의 점법으로, 나뭇잎이나 풀 따위를 그릴 때 주로 사용한다.

99 오진(吳鎭):1280~1354. 중국 원나라의 화가. 자는 중규(仲圭), 호는 매도인(梅道人)·매화화상(梅花和尙). 묵죽을 가장 잘 그렸으며, 북송 시기의 문동(文同)을 경모했다. 그 외 고극공·이간 등의 영향을 받은 것으로 추정된다. 작품으로《어부도》·《죽석도》등이 있다.

⑭ 介:저본에는 "人".《山靜居畫論》에 근거하여 수정.

⑮ 有:저본에는 없음.《山靜居畫論》에 근거하여 보충.

## 조맹견(趙孟堅)[100]의 〈산수권(山水卷)〉

[칠송당지소록][101] 성글다가도 빽빽하고 모로 기울어진 모습에 산이 첩첩이 그려진 곳에서는 한눈에 다 감상할 수가 없으니, 진실로 조물주의 솜씨인 듯하다. 팔분체(八分體)로 직접 '무오년(戊午年, 1258)에 조맹견이 그리다.'라 쓴 제자가 있다. 지금은 손승택(孫承澤)의 소장품이다.

## 趙子固《山水卷》

[七頌堂識小錄] 疏密橫斜, 遇⑯糾紛處, 目不給賞, 眞化工也. 八分自題"戊午子固". 今爲孫⑰少宰物.

## 조맹부의 〈도적도(陶蹟圖)〉

[위례(魏禮)[102]의 발문(跋文)[103]][104] 조맹부가 그린 도잠(陶潛)의 사적(事蹟)은 팽택(彭澤)[105]의 현령이 되었을 때부터 시작하여 단도제(檀道濟)[106]가 보낸 곡식과 고기를 거절한 데에서 끝나는데, 그때그때의 여러 장면을 그렸다. 지금은 하군(夏君)[107]의 집에 있다.

## 趙松雪《陶蹟圖》

[魏季子跋] 趙孟頫所畫陶靖節事蹟, 自爲彭澤令, 至却檀道濟梁肉以卒, 節節圖之. 今在夏君家.

---

100 조맹견(趙孟堅) : 1199~1267?. 중국 남송 후기의 서화가. 자는 자고(子固), 호는 이재거사(彝齋居士). 보경(寶慶) 2년(1226)에 진사가 되고, 한림학사와 엄주태수를 지냈다. 원나라가 수립된 뒤로 벼슬을 하지 않고, 은거하여 시·서·화를 즐기며 만년을 보냈다. 수선화와 매란·죽석을 특히 잘 그렸다. 저서로 《수선도권(水仙圖卷)》·《매보(梅譜)》가 있다.

101 《七頌堂識小錄》(《叢書集成初編》 1572, 2쪽).

102 위례(魏禮) : 1628~1693. 중국 명말·청초의 학자. 자는 화공(和公)·계자(季子), 호는 위계자(魏季子)·오려(吾廬). 형 위상(魏祥)·위희(魏禧)와 함께 '영도삼위(寧都三魏)'로 불렸다. 저서로 《위계자문집(魏季子文集)》이 있다.

103 위례(魏禮)의 발문(跋文) : 미상.

104 출전 확인 안 됨.

105 팽택(彭澤) : 중국 강서성(江西省) 구강시(九江市) 팽택현(彭澤縣) 일대.

106 단도제(檀道濟) : ?~436?. 중국 남조 송나라의 장수. 신분이 미천해서 20년 동안 군 생활을 한 뒤 사병에서 대장군이 되었다. 강주자사(江州刺史)가 되었을 때, 도연명에게 출사를 요청했는데, "내 성격은 너무 강직하고, 재주는 미천하다."라 하며 거절했다는 일화가 전한다.

107 하군(夏君) : 미상.

⑯ 遇 : 저본에는 없음. 《七頌堂識小錄》에 근거하여 보충.

⑰ 孫 : 《七頌堂識小錄》에는 없음.

## 조맹부의 〈권수도(倦繡圖)〉

[산정거화론]<sup>108</sup> 조맹부의 〈권수도〉는 사녀(仕女, 상층 계급의 여인)가 하품하며 기지개를 켜는 모습을 그린 작품이다. 사녀의 풍만한 용모와 무성한 머리카락 은 화법이 주방(周昉)을 온전히 본받았으며, 호숫가 의 돌과 목련이 이루고 있는 경치가 아름답고 빼어 나다. 그림 위에 원나라 사람들의 제문(題文)이 많은 데, 안타깝게도 흰 비단이 닳고 해졌다.

## 왕몽(王蒙)의 〈계산고일도(溪山高逸圖)〉

[산정거화론]<sup>109</sup> 왕몽이 비단 화폭에 옅게 채색한 그 림이다. 안개와 구름이 보일 듯 말 듯 하고 숲과 골 짜기는 그윽하고 깊숙하니, 거연(巨然)의 빼어난 산 수화와 경계가 비슷하다. 〈계산고일도〉에 깊숙이 길 쭉길쭉한 나무가 늘어선 솔숲에 도사가 그 사이를 지팡이를 짚고 가는 형상이 있는데, 홀연히 맑은 바 람이 불어와 도사의 눈썹을 휘날리는 듯하니, 이 화 폭은 권운준(卷雲皴)<sup>110</sup>으로 그렸기 때문이다.

## 왕몽의 〈산수폭(山水幅)〉

[칠송당지소록]<sup>111</sup> 왕몽의 작은 산수폭은 어사인 하 원영(何元永)<sup>112</sup>의 소장품이다. 왕몽은 조맹부의 조카

《倦繡圖》

[山靜居畫論] 松雪《倦繡 圖》仕女作欠伸狀. 豐容盛 鬢, 畫法全仿周昉, 湖石 辛夷, 點景姸妙. 上多元人 題, 惜繡素將敗裂.

王叔明《溪山高逸圖》

[又] 叔明淺設色絹幅. 煙 雲出沒, 林壑幽邃, 神似 巨然妙境. 有<sup>⑱</sup>《溪山高逸 圖》深松長林, 道士策筇其 間, 覺謖然淸吹, 拂人眉 宇, 此幅作卷雲皴.

《山水幅》

[七頌堂識小錄] 王叔明山 水小幅, 何御史 元英物.

---

108 《山靜居畫論》卷下(《叢書集成初編》1644, 33쪽).
109 《山靜居畫論》卷下(《叢書集成初編》1644, 33쪽).
110 권운준(卷雲皴): 새털구름 모양으로 사물을 주름지게 표현하는 화법의 일종. 왕몽이 이 기법을 잘 구사했다.
111 《七頌堂識小錄》(《叢書集成初編》1572, 3쪽).
112 하원영(何元永): 미상.
⑱ 有:《山靜居畫論》에는 "又".

왕몽의 〈계산고일도〉

이지만, 필법은 조맹부와 몹시 다르고, 준법(皴法)은 동원(董源)으로부터 변형되었다. 이 화폭에는 소나무가 가득 둘러져 있는데, 가지가 모두 늘어져 있으나 끝부분은 위로 치켜세워졌다. 솔잎을 붓으로 소나무 몸통보다 더 진하게 그렸다. 문득 바람 소리 솔솔 들리는 듯하니, 기이하게 울창한 것을 알겠다.

叔明, 趙文敏甥, 筆與文敏大異, 皴法變自北苑也. 此幅萬松圍合, 枝皆垂而末仰. 松針用筆重於松身. 但覺風聲稷稷, 奇爲蔚薈矣.

### 왕몽의 〈묵죽(墨竹)〉

[산정거화론][113] 종이 품질은 소가죽 같고, 먹 기운은 검붉게 옻칠한 듯하다. 대나무 3그루를 그렸는

### 《墨竹》

[山靜居畫論] 紙質如牛皮, 墨氣如髹漆. 竹三竿[19], 葉

---

113 《山靜居畫論》卷下 《叢書集成初編》 1644, 33쪽).
[19] 竿 : 저본에는 "竹". 《山靜居畫論》에 근거하여 수정.

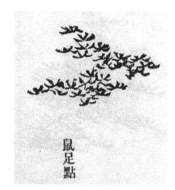

서족점

데, 잎은 한결같이 개자점(介字點)으로 그려 특별한 풍취를 갖추었다. 관지에는 전서로 '능운고절(凌雲高節, 구름을 능가하는 높은 절개)'이라 쓰여 있고, 행서로 '황학산초수화(黃鶴山樵叟畫, 왕몽이 그리다)'라 쓰여 있다. 그림 윗부분에 원나라의 왕원문(王元文)·김방천(金方泉)·장행소(張行素) 등 여러 문인의 시가 있다.

一均作介字, 別具風趣. 款篆"凌雲高節", 行書"黃鶴山樵叟畫". 上有元 王元文、金方泉、張行素諸人詩.

## 왕몽의 〈방거연산수폭(仿巨然山水幅)〉

[산정거화론][114] 왕몽이 종이에 그린 중간 크기 그림이며, 붓질이 매우 노련하다. 처음 그림을 그릴 때, 서족점(鼠足點)[115]으로 나뭇잎을 그리고 화폭 중앙에 하늘로 가지를 뻗은 소나무 1그루를 그렸다. 전반적으로 쓸쓸하고 황량하여 마치 무심코 그린 듯하다. 물 건너 2개의 산봉우리에는 파망준법(破網皴法)[116]이

## 《仿巨然山水幅》

[又] 王叔明紙本中幅, 筆極老致. 起手鼠足點樹, 中挿一仰枝松. 疏落荒率, 若不經[20]意. 隔水兩峯, 破網皴法, 淋漓墨瀋, 意仿巨然.

---

114 《山靜居畫論》卷下(《叢書集成初編》 1644, 31쪽).

115 서족점(鼠足點) : 나뭇잎을 그리는 기법의 하나로, 쥐의 발자국 모양으로 점을 찍는다.

116 파망준법(破網皴法) : 산과 바위 표면의 질감과 입체감을 나타내기 위해 사용하는 표현 기법. 하엽준법(荷葉皴法)·해삭준법(解索皴法)과 비슷하게 긴 선으로 표현하는 방법이다.

[20] 經 : 저본에는 "輕". 오사카본·《山靜居畫論》에 근거하여 수정.

사용되었으며, 먹물이 흥건하여 그림 속 화의(畫意)는 거연(巨然)을 모방[仿]하고 있다.

관지는 흐릿해서 거의 판독할 수 없다. 왕몽 스스로 행서로 쓴 제문에는 '황학산중초자왕몽화우경사, 용하방장(黃鶴山中樵者王蒙畫于京師龍河方丈, 황학산의 나무꾼 왕몽이 경사에서 그렸고, 용하방장이 썼다.)'이라 되어 있다.

왼쪽에 동기창이 쓴 제문에는 다음과 같이 적혀 있다. "내가 왕몽의 그림을 본 것이 여러 번인데, 고인의 풍모를 보여주지 않는 경우가 없었다. 그런데 드디어 고인을 뛰어넘는 작품을 그렸으니, 예찬(倪瓚)이 이른바 '500년 이래 이런 분이 없었다.'라 한 말이 빈말이 아니다. 그러나 왕몽의 여러 그림 중에 거연을 모방한 작품이 가장 훌륭하다. 이 그림은 거연을 모방한 그림으로, 또한 왕몽의 평생에 완성도가 가장 높은 그림이다. 이 그림을 얻었으면 왕몽의 여러 그림은 버려도 될 것이다."

## 오진(吳鎮)의 〈묵죽(墨竹)〉

[산정거화론][117] 주중가(朱仲嘉)[118]가 그 외삼촌이 소장하고 있던 오진의 묵죽화 두루마리를 가지고 왔다. 바탕 종이로 사용된 송나라의 종이는 매우 견고하고 질기다. 그림은 4단으로 구성되어 있으며, 단마다 대나무가 많지 않지만 물기가 흥건한 먹의 기운이 붓질 너머로 넘쳐난다. 제발의 글이 그림의 풍

掩其款書, 幾無可辨. 自題行書"黃鶴山中樵者王蒙畫于京師, 龍河方丈."

左邊董思白題云："余見山樵畫多矣, 無不規模古人. 遂作掩抑古人者, 雲林所謂'五百年來無此君', 不虛也. 然諸格中, 以仿巨然爲最. 此幅仿巨然, 又叔明平生第一得意筆. 得此, 諸叔明畫可廢矣."

## 梅道人《墨竹》

[又] 朱仲嘉携其舅氏所藏梅道人墨竹卷來. 宋紙極堅靱, 畫爲四段, 每段竹不多, 而墨氣漉漉, 溢於筆外. 以題語位置畫境, 字勢似《十七日帖》, 放逸處

---

117 《山靜居畫論》卷下《叢書集成初編》1644, 21쪽).
118 주중가(朱仲嘉): 미상.

경 속에 자리잡고 있으며, 그 글씨의 기세는 왕희지의 《십칠일첩(十七日帖)》과 유사하고, 분방하고 빼어난 부분은 회소(懷素)의 글씨와 비슷하다. 내가 본 오진의 묵죽화 중에서 이 작품이 가장 뛰어나다.

類素師. 僕所見道人墨竹, 此爲翹楚.

## 오진의 〈산수폭(山水幅)〉

[칠송당지소록][119] 송권(宋權)[120]이 가지고 있는 오진의 산수화 1폭은 다리 주위의 풍경이 구불구불하고, 숲의 묘사가 뛰어나다. 세상 사람들은 찬점(攢點)[121]만을 모방하지만, 이러한 경지는 꿈에서도 볼 수 없다.

《山水幅》

[七頌堂識小錄] 宋文康公有梅道人山水一軸, 橋邊曲折, 叢樹工甚, 世人但以攢點擬之, 是未夢見之.

## 왕연(王淵)의 〈바라화도(波羅花圖)〉

[칠송당지소록][122] 왕연의 꽃그림 한 폭이다. 잎은 옥잠화(玉簪花) 잎 같고, 꽃은 원추리 같다. 눈으로 직접 보지는 못했으나 어떤 사람이 "바라화(波羅花)[123]이다."라 했고, 채색이 매우 뛰어나다. 송나라 때 갈승중(葛勝仲)[124]의 집에 하사한 물건이다.

王若水《波羅花圖》

[又] 王若水花一幅. 葉似玉簪而花似萱. 目所未見, 或曰 "波羅花也", 設色極奇. 宋文康家賜物.

## 황공망(黃公望)의 〈부춘산도(富春山圖)〉

[칠송당지소록][125] 〈부춘산도〉는 황공망의 작품이고,

黃子久《富春山圖》

[又]《富春山圖》, 黃子久

---

119 《七頌堂識小錄》(《叢書集成初編》 1572, 8쪽).

120 송권(宋權) : 1598~1652. 중국 명말 청초의 관리. 자는 원평(元平), 호는 우공(雨恭)·양원(梁園), 시호는 문강(文康). 첨도어사(僉都御史)·순천순무(順天巡撫)·태자태보(太子太保) 등의 벼슬을 지냈다.

121 찬점(攢點) : 오진(吳鎭)이 즐겨 사용하던 기법의 하나로, 여러 개의 점을 이어 찍으며 사물을 형상한다.

122 《七頌堂識小錄》(《叢書集成初編》 1572, 7쪽).

123 바라화(波羅花) : 불교 전설에 나오는 꽃 이름이다.

124 갈승중(葛勝仲) : 1072~1144. 중국 송나라의 관료. 시호는 문강(文康). 여주(汝州)·호주(湖州) 등의 지주(知州)를 역임했다.

황공망의 〈부춘산도〉

대충대충 빠른 필치로 무심코 그린 듯하여 신묘한 작품이다. 지금은 태흥(泰興) 이씨(李氏) 집에 들어가 있다.

作, 草草若不經意, 神品也. 今歸泰興李氏.

안 《산정거화론》을 지은 방훈(方薰)126이 "황공망의 〈부춘산거도〉 한 폭은 계속해서 모사본이 있었다. 모사본이 어찌 수십 개에 그치겠는가?"127라 했다. 과연 그렇다면 태흥 이씨의 소장본이 반드시 진품인지도 아직 알 수 없을 것이다.

案 方[21]薰云: "子久《富春山居》一圖, 前後摸本, 何止什百?"果爾則泰興李氏本之必爲眞迹, 亦未可知矣.

황공망의 〈천태석벽도(天台石壁圖)〉

[칠송당지소록]128 황공망의 〈천태석벽도〉는 큰 그림

《天台石壁圖》

[又] 黃子久《天台石壁圖》

---

125 《七頌堂識小錄》(《叢書集成初編》1572, 3쪽).

126 방훈(方薰) : 1736~1799. 중국 청나라의 화가. 자는 난유(蘭儒). 어려서 집이 곤궁하여 악암(鄂巖)의 집에 기숙하였을 때, 그 집에 소장된 고서화를 모사했다. 저서로 《산정거화론(山靜居畫論)》·《산정거시고(山靜居詩稿)》가 있다.

127 황공망의……그치겠는가 : 《山靜居畫論》上(《叢書集成初編》1644, 14쪽).

128 《七頌堂識小錄》(《叢書集成初編》1572, 8쪽).

[21] 方 : 저본에는 "芳". 오사카본·규장각본에 근거하여 수정.

황공망의 〈천지석벽도〉

이다. 나무와 돌을 모두 한 번의 붓질로 그려 내어 〈부춘산도〉와는 그 형상은 다르지만, 운치는 같다. 원충철(袁忠徹)[129] 집의 소장품이다.

[운석재필담(韻石齋筆談)[130]][131] 황공망의 〈천지석벽도(天池石壁圖)〉[132]는 세상에 전해진 것이 대부분 위작이다. 그 진품은 금사(金沙)[133] 왕긍당(王肯堂)[134]의 집에 소장되어 있다.

동기창이 만력(萬曆) 갑진년(甲辰年, 1604)에 모산(茅山)[135]을 유랑하고 나서 왕긍당의 집을 지나가다 방문하여 이 그림을 보았다. 동기창이 이 그림을 깊이 좋아하여 즐기면서 "연무와 구름이 숲과 골짜기의 빈 곳에서 살아 움직인다."라 했는데, 참으로 빈틈없이 충실한 평론이다.

홍광(弘光) 월간(1645. 1~1645. 5)에 내가 장공(長公) 동맹례(董孟禮)[136]와 함께 조정에서 벼슬할 때, 그가 가지고 온 그림을 얻어 볼 기회가 있었다. 그 가운데 〈천지석벽도〉가 있었고 동기창의 표제가 쓰여 있었

大幅. 樹石皆一筆寫成, 與《富春山圖》異體同韻. 袁忠[22]徹家藏物也.

[韻石齋筆談] 黃子久《天池石壁圖》流傳多贗本. 其眞迹藏金沙 王宇泰家.

董思翁于萬曆甲辰, 遊茅山, 過訪宇泰, 披閱此圖. 極其欣賞以爲"煙雲生動林壑虛間", 誠篤論也.

弘光間, 余與董長公 孟禮同仕于朝, 獲觀其所携畫, 亦有《天池石壁圖》, 經思翁標題, 與此夐異, 殊乏

---

129 원충철(袁忠徹): 1377~1459. 중국 명나라의 관료. 중서사인(中書舍人) 등을 역임했고, 서화 수집을 좋아하여 명나라 중기 화조화(花鳥畵)에도 영향을 주었다. 저서로《인상대성(人相大成)》등이 있다.

130 운석재필담(韻石齋筆談): 중국 명말 청초의 학자 강소서(姜紹書, ?~?)의 저서. 그림과 묵적에 대한 평이다.

131《韻石齋筆談》卷下〈黃子久天池石壁圖〉(《叢書集成初編》1561, 24쪽).

132 천지석벽도(天池石壁圖): 천태석벽도(天台石壁圖)와 같은 것으로 보인다.

133 금사(金沙): 지금 중국의 귀주성(貴州省) 필절지구(畢節地區) 일대.

134 왕긍당(王肯堂): 1549~1613. 중국 명나라의 관료. 자는 우태(宇泰). 임진왜란 때 해상에서 군사를 훈련하자고 했으나 받아들여지지 않았다. 경학과 의학에 정통하여《상서요지(尙書要旨)》·《증치준승(證治準繩)》등을 저술했다.

135 모산(茅山): 중국 강소성(江蘇省) 구용시(句容市)에 있는 산. 해발 375m.

136 동맹례(董孟禮): 미상.

[22] 忠: 저본에는 없음.《七頌堂識小錄》에 근거하여 보충.

다. 하지만 이 그림과 매우 달랐으며, 운치의 빼어난 색감도 매우 부족했다.

그러므로 《용대집(容臺集)》[137]에서 〈천지석벽도〉를 평할 때, 거의 황공망의 작품이라 할 수 없다고 했다. 아마도 그러한 평은 동맹례가 가진 본을 지적한 것이리라. 동기창은 법서와 명화를 보면 자신의 붓이 가는 대로 품평했고, 품평한 작품은 곧바로 다른 사람들이 소장하게 되었다. 그가 감상한 여운이 담긴 글은 금칠한 표제와 옥으로 만든 두루마리 축 가운데에 종종 흩어져 나타날 뿐, 문집에 수록된 글은 1/10 정도일 뿐이다.

만약 별도의 판본에 있는 말을 평론하여 이 그림에 억지로 비교한다면 여구(黎邱)의 한[138]이 되지 않는 일이 드물 것이다.

韻秀之色.

故《容臺集》評《石壁圖》, 不大許可. 蓋指所授孟禮本也. 董公見法書, 名畫, 隨筆品題, 卽爲人藏弄, 鑑裁餘韻, 往往散見于金題玉躞中, 集之所載, 什一耳.

若以評駁別本之語, 强擬此圖, 不爲黎邱之恨者幾希.

### 황공망과 왕연의 합작 산수폭(山水幅)

[칠송당지소록][139] 황공망과 왕연이 합작한 큰 폭의 산수화이다. 그림 위편에는 두백원(杜伯原)[140]의 제자(題字)가 있고, 기수(沂水)[141] 북쪽에 있는 동복(董復)[142]의 집에 소장되어 있다.

### 黃、王合作山水幅

[七頌堂識小錄] 黃子久、王若水合作大幅山水, 上有杜伯原題字, 沂陽董復家藏.

---

137 용대집(容臺集):중국 명나라 말기의 문인화가 동기창(董其昌)의 문집.
138 여구(黎邱)의 한:《여씨춘추(呂氏春秋)》〈의사(疑似)〉 편에 나오는 귀신에 얽힌 고사로, 여구(黎丘)에 나오는 기이한 귀신이 사람을 닮은 모습으로 사람들을 희롱하였다고 한다. 여기에서는 다른 판본에 있는 진품이 아닌 작품을 억지로 비교하는 것을 여구의 귀신이 사람을 거짓으로 흉내내어 남을 속이는 것에 비유한 것이다.
139 《七頌堂識小錄》《叢書集成初編》1572, 8쪽).
140 두백원(杜伯原):미상.
141 기수(沂水):중국 산동성(山東省)과 강소성(江蘇省) 유역을 지나는 강. 사수(泗水)의 지류이다.
142 동복(董復):미상.

안 《운석재필담》에서 다음과 같이 말했다. "왕몽이 황공망을 매우 존중하여 스승으로 모셨다. 어느 날 황공망이 왕몽의 집에 오자 그에게 절하고 서재에 이르러 함께 분향하고 차를 끓였다. 왕몽이 조용히 나가 자신의 필의를 담은 그림을 가지고 와서 가르침을 청했다. 황공망이 왕몽을 위하여 왕몽의 교묘한 구상이 반영된 부분에 다시 채색하여 〈임만추색도(林巒秋色圖)〉를 그렸다. 그러자 마침내 그림에서 연무와 구름이 살아 움직이는 것을 느낄 수 있었기 때문에 황공망과 왕몽의 합작이라 세상에 전해진다."[143]

이는 《칠송당지소록》에 기록된 내용과 반드시 한가지 일일 것이다. 그런데 《칠송당지소록》에는 합작한 이 중 한 사람을 왕연이라 적었고, 《운석재필담》에는 왕몽이라 적었으니, 두 기록 중에서 반드시 하나는 오류가 있다.

案《韻石齋筆談》云："王叔明極重子久, 奉爲師範. 一日肅子久至齋中, 焚香瀹茗, 從容出, 已得意畫, 請教. 子久爲山樵, 從其匠心處, 復加點染, 爲《林巒秋色圖》. 遂覺煙雲生動, 世傳爲黃、王合作."

此與《識小錄》所記, 必是一事, 而一作王若水, 一作王叔明, 二者必有一誤.

### 왕진붕(王振鵬)의 〈선산누각도(仙山樓閣圖)〉

[운석재필담][144] 왕진붕의 계화(界畫)는 곽충서(郭忠恕)를 계승했으면서도 그보다 더욱 섬세하고 윤택하다. 그가 그린 〈선산누각도〉와 〈단양경도도(端陽競渡圖)〉는 구도가 매우 정밀하고 깊으며, 붓놀림이 실을 매단 듯 아슬아슬하고, 새긴 그림은 자세하며 단정하여 더 보탤 것이 거의 없다.

### 王孤雲《仙山樓閣圖》

[韻石齋筆談] 王孤雲界畫能接武郭恕先, 而更加細潤. 其《仙山樓閣》及《端陽競渡圖》, 結構邃密, 筆若懸絲, 刻畫精整, 幾無剩義.

---

143 왕몽이……전해진다:《韻石齋筆談》卷下〈王叔明〉(《叢書集成初編》1561, 26쪽).
144 《韻石齋筆談》卷下〈界畫樓閣述【附髹繡】〉(《叢書集成初編》1561, 24쪽).

## 예찬(倪瓚)의 〈십만도(十萬圖)〉

[칠송당지소록]145 예찬의 〈십만도〉 화책은 본래 형계(荊溪)146에 있는 진정혜(陳貞慧)147의 물건이었다. 양원(梁園)의 후방역(侯方域)148이 진정생을 위하여 기문을 지었기 때문에 세상에서 이 그림이 있다는 사실을 알았다. 그 뒤에 후방역이 그림을 가지고 양원(梁園)으로 돌아갔다. 후방역은 이미 죽었으나 자식들이 모두 못나고 어리석었다. 최근에 권력자가 위협하여 그림을 빼앗아 갔다는 말을 들었다.

## 예찬의 〈광려청효도(匡廬淸曉圖)〉

[칠송당지소록]149 예찬이 〈광려청효도〉를 그렸다. 산봉우리가 아름답고 빽빽하며 숲 또한 무성하고 빼어나 매우 정교하여 형호(荊浩)150와 관동(關同)151의 옛 법과 같았다. 스스로 지은 짧은 글을 그림의 위에 적었는데, 글자 획이 팔분체를 끼고 있어 세속을 벗어난 정취가 아주 뛰어나다.

## 倪雲林《十萬圖》

[七頌堂識小錄] 倪雲林《十萬圖》冊, 本荊溪 陳定生物. 梁園 侯朝宗爲之作記, 而海內知有此圖. 後朝宗携歸梁園. 旣沒, 子皆不肖. 近聞爲有力人脅取去矣.

## 《匡廬淸曉圖》

[又] 倪迂作《匡廬淸曉圖》, 峯巒麗密, 林木森秀, 極爲工到, 荊, 關古法然也. 自題小詞其上, 字畫挾八分, 最有逸趣.

---

145 《七頌堂識小錄》《叢書集成初編》1572, 4쪽).

146 형계(荊溪) : 지금의 중국 복건성(福建省) 풍후현(風侯縣) 형계진(荊溪鎭) 일대.

147 진정혜(陳貞慧) : 1604~1656. 중국 명말 청초의 문인. 자는 정생(定生). 방이지(方以智)·후방역(侯方域)·모양(冒襄)과 함께 명말 4공자(四公子)로 불렸다. 저서로 《진정생선생유서삼종(陳定生先生遺書三種)》 등이 있다.

148 후방역(侯方域) : 1618~1655. 중국 명말 청초의 문인. 자는 조종(朝宗). 호부상서를 역임했다. 저서로 《장회당문집(壯晦堂文集)》·《사억당시집(四憶詩集)》이 있다.

149 《七頌堂識小錄》《叢書集成初編》1572, 8쪽).

150 형호(荊浩) : ?~?. 중국 오대십국시대의 화가. 난세를 피해 태항산(太行山)에 은거하여 그림을 그렸다. 불화와 산수화를 잘 그렸다.

151 관동(關同) : ?~?. 중국 오대십국시대의 화가. 형호의 제자이며 큰 구도의 산수화를 잘 그렸다.

## 예찬의 〈낙포임거도(樂圃林居圖)〉

[산정거화론]152 모두 족자 6개이다. 성근 부분도 있고 빽빽한 부분도 있어, 풍격(風格)이 일정하지 않다. 필묵의 농담은 모두 빼어난 경지에 들어갔다. 뒤에 스스로 쓴 표제자가 있다. 이 화책을 보면 예찬이 뜻한 8면의 변화를 알 수 있다. 나무 1개, 돌 1개로 예찬에 대하여 말하는 사람은 오히려 아무 것도 모르는 사람이다.

## 명나라 서분(徐賁)153의 〈갈필죽석(渴筆竹石)〉

[산정거화론]154 서분은 대나무와 돌을 마른 붓[渴筆]으로 그렸다. 이는 바로 수묵으로 대나무를 그리는 특별한 기법이다. 그림 위에는 제시(題詩)155가 적혀 있다. 이는 곧 서분이 고계(高啓)156와 함께 남선사(南禪寺)157에 머물 때 지은 것이다.

## 《樂圃林居圖》

[山靜居畫論] 凡六幀. 有疏有密, 不祇23一格. 筆墨濃淡俱入妙, 後有自題. 觀此冊, 乃知雲林八面變化. 以一樹一石爲雲林者, 尚在門外也.

## 明 徐幼文 《渴筆竹石》

[又] 徐幼文竹石渴筆爲之, 乃墨君之別支也. 上有題詩, 卽幼文與高啓宿南禪寺時作.

---

152 《山靜居畫論》卷下(《叢書集成初編》1644, 31쪽).

153 서분(徐賁) : 1335~1393. 중국 명나라의 화가. 자는 유문(幼文), 호는 북곽(北郭). 벼슬이 하남좌포정사(河南左布政使)에 올랐으나 옥사했다. 산수화를 잘 그렸고, 화풍이 맑고 빼어났다. 고계(高啓)·양기(楊基)와 함께 오흥 3현(吳興三賢)이라 불렸다.

154 《山靜居畫論》卷下(《叢書集成初編》1644, 33쪽).

155 제시(題詩) : 그림이나 표구의 대지 위에 쓴 시문. 그림에서 받은 느낌 등을 쓴다.

156 고계(高啓) : 1336~1374. 중국 원나라 말기, 명나라 초기의 문인. 자는 계적(季迪), 호는 사헌(槎軒). 오흥 3현 혹은 오중(吳中) 4걸(四杰)에 드는 명사이다. 《원사(元史)》 집필에 참여했고, 저서로 《부조집(鳧藻集)》이 있다.

157 남선사(南禪寺) : 중국 산서성(山西省) 오대현(五台縣)에 있는 절. 창건 연대는 모르며, 건중(建中) 3년(782)에 재건되었다. 현전하는 중국 최고(最古)의 목조건축물이다.

23 祇 : 저본에는 "祗". 오사카본·규장각본·《山靜居畫論》에 근거하여 수정.

## 구영(仇英)[158]의 〈이죽도(移竹圖)〉

[산정거화론][159] 구영이 그린 〈고산고사[孤山高士, 고산(孤山)[160]의 임포(林逋)[161]]〉·〈왕헌이죽(王獻移竹)〉·〈와설전차[臥雪煎茶, 눈 속에 누워 차 끓이는 그림]〉 등의 여러 그림을 본 적이 있다. 이 부류의 그림은 모두 쓸쓸하고 간결하며 깊은 운치가 있고, 마음 가는 대로 붓을 움직였으니, 당인(唐寅)[162]과 심주(沈周)[163]의 그림 가운데에 놓아도 거의 분별할 수 없는데, 어찌 일찍부터 꾸미는 것만 일삼았다고 평가하겠는가? 세상 사람들이 본 작품이 적어서 그런 평가를 했을 뿐이다.

안 내가 일찍이 우리나라에 들어온 구영의 〈이죽도〉를 보니, 비단 바탕의 가로 두루마리였다. 붉은 난간과 무늬가 아름다운 돌이 그려져 있고, 채색이 매우 고왔으며, 정교함이 넘치는 그림이었지만, 간결하고 깊은 운치가 있다고는 말할 수 없었다. 후세 사람의 위작인 듯하다.

仇實父《移竹圖》

[又] 曾見仇實父畫《孤山高士》、《王獻移竹》及《臥雪煎茶》諸圖, 類皆蕭疏簡遠, 以意涉筆, 置之唐、沈畫中, 幾莫能辨, 何嘗專事雕繢? 世維少所見耳.

案 曾見仇實父《移竹圖》東來者, 絹本橫卷. 朱欄綺石, 設色妍麗, 精工有餘, 而謂之簡遠則未也. 疑後人贋作.

---

158 구영(仇英) : ?~?. 중국 명나라의 화가. 자는 실부(實父). 인물화를 잘 그렸으며, 미인도를 특히 더 잘 그렸다. 심주(沈周)·문징명(文徵明)·당인(唐寅)과 함께 명(明) 4가(四家)로 불린다.

159 《山靜居畫論》卷下 (《叢書集成初編》1644, 24쪽).

160 고산(孤山) : 중국 절강성(浙江省) 항주시(杭州市)에 있는 언덕. 임포가 이곳에 머물러 관광특구로 지정되었다. 해발 38m.

161 임포(林逋) : 967~1028. 중국 북송의 화가. 고산에서 매화를 심고 학을 기르며 은거하여 고산처사(孤山處士)라 불렸다.

162 당인(唐寅) : 1470~1523. 중국 명나라의 문인화가. 스스로 강남 제일의 풍류객이라 칭했고, 산수화·인물화·화훼화를 두루 잘 그렸다.

163 심주(沈周) : 1427~1509. 중국 명나라의 문인화가. 자는 석전(石田)·석옹(石翁). 황공망 등의 산수화풍을 배웠다. 명대 문인의 남종화(南宗畫)를 발전시키고 화훼도의 양식을 부흥시킨 업적이 있다.

## 심주(沈周)의 〈풍우귀주도(風雨歸舟圖)〉

[산정거화론]164 심주의 〈풍우귀주도〉는 필법이 거칠다. 바람을 맞은 제방의 버드나무 몇 가지를 그렸고, 먼 모래사장을 한 번 쓱 칠하여 그렸다. 홀로 있는 배에 도롱이 삿갓을 쓴 사람이 타고, 완연히 중류에 있다.

## 심주의 〈도화정(桃花幀)〉

[산정거화론]165 원나라 장중(張中)166의 수묵 꽃 그림과 새나 짐승 그림은 필묵이 상투적인 형식을 벗어나 새로운 화의(畫意)를 저절로 드러냈다. 심주가 항상 장중의 그림을 모방했지만, 채색은 매우 적었다.

　내가 그의 〈도화〉라는 작은 정(幀, 글자)을 보니, 분을 찍은 붓으로 손가락에 바른 다음 크고 작은 꽃잎을 찍어 손가락으로 4~5개의 꽃을 그렸다. 붉은 먹으로 줄기를 나타내고, 가지는 오른쪽에서부터 비스듬히 스치듯 올라가며 그렸다. 여기에 옆으로 작은 가지를 연결한 다음 꽃송이 1개, 꽃술 1개를 그렸다. 녹색을 배합하여 연하거나 깊은 색을 만들고 꽃과 꽃술 사이로 잎을 늘어놓으며, 꽃심에 점을 찍고, 잎은 구륵법(鉤勒法)으로 그렸다.

　그 필세는 송곳처럼 굳세어 꺾고 돌리는 부분이

## 沈石田《風雨歸舟圖》

[又] 石翁《風雨歸舟圖》筆法荒率, 作迎風堤柳數條, 遠沙一抹, 孤舟蓑笠, 宛在中流.

## 《桃花幀》

[又] 元 張守忠墨花翎毛, 筆墨脫去窠臼, 自出新意. 石田常仿摹之, 設色絶少.

僕見其《桃花》小幀, 以粉筆蘸指㉔, 大小點瓣爲四五花, 赭墨發幹, 自右斜拂而上, 旁綴小枝, 作一花一蕊, 合綠淺深, 搨葉襯花蕊之間, 點心鉤葉.

筆勁如錐, 轉折快利. 餘

---

164《山靜居畫論》卷下(《叢書集成初編》1644, 24쪽).
165《山靜居畫論》卷下(《叢書集成初編》1644, 18쪽).
166 장중(張中):1335~1368. 중국 원나라의 화가. 일명 수중(守中)·수충(守忠), 자는 자정(子正)·자정(子政). 황공망에게 산수화를 배웠고, 화조화를 특히 잘 그렸다.
㉔ 指:《山靜居畫論》에는 "脂".

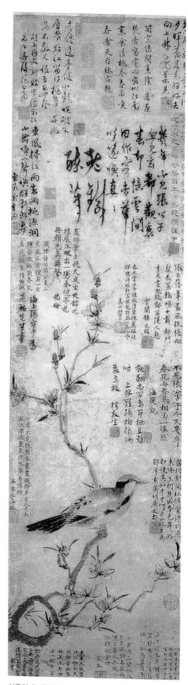

심주의 〈도화정〉

시원하고 날카롭다. 꽃과 잎을 그리지 않은, 나머지 줄기는 1척 정도인데 다시 꽃송이 1개나 잎 1개도 그리지 않아 풍류와 운치가 높고 세속을 벗어나 있어 서씨(徐氏)의 경지에 이르렀다.

안 서씨는 곧 서희(徐熙)이다.

梗尺許, 更不作一花、一葉, 風致高逸, 入徐氏之室矣.

案 徐氏卽徐熙.

## 문징명(文徵明)의 〈수묵남궁도(水墨南宮圖)〉

[산정거화론][167] 송락(宋犖)[168]이 고강촌(高江村)[169]에게 준 물건이다. 두루마리를 펼치면 먹의 기운이 고르고, 필법이 정밀하여 빼어나다.

## 文衡山《水墨南宮圖》

[又] 宋西陂贈高江村物. 開卷, 墨氣混淪, 筆法精妙.

## 황도주(黃道周)[170]의 〈고송권(古松卷)〉

[산정거화론][171] 포정박(鮑廷博)[172]이 명나라의 황도주가 소나무를 그린 긴 두루마리를 꺼내 보였다. 그 그림은 필묵이 간결하고 속세와 먼 운치가 있어 유달리 사람들의 마음에 드나들었다. 소나무는 일반적으로 천단산(天壇山)[173]·아미산(峨眉山)[174]·대산(岱山)[175]·화

## 黃石齋《古松卷》

[又] 鮑以文出示明石齋黃公畫松長卷, 筆墨簡遠, 殊出入意. 松凡天壇、峨嵋、岱、華、嵩少之品.

---

167 《山靜居畫論》卷下《叢書集成初編》1644, 24쪽).

168 송락(宋犖): 1634~1713. 중국 청나라의 관료. 자는 목중(牧仲), 호는 만당(漫堂)·서피(西陂)·면진산인(綿津山人)·서피노인(西陂老人)·서피방압옹(西陂放鴨翁). 강소순무(江蘇巡撫)·이부상서(吏部尙書) 등을 역임했고, 청 성조(聖祖)에게 가장 청렴한 순무(巡撫)라는 칭찬을 들었다. 고서적 수집을 좋아했고 감정에도 정통했다.

169 고강촌(高江村): 미상.

170 황도주(黃道周): 1585~1646. 중국 명나라의 문인화가. 자는 유현(幼玄), 호는 석재(石齋). 벼슬은 예부상서(禮部尙書)에 이르렀고 시문과 서화에 모두 뛰어났으며, 산수·인물·소나무 등을 잘 그렸다.

171 《山靜居畫論》卷下《叢書集成初編》1644, 34쪽).

172 포정박(鮑廷博): 1728~1814. 중국 청나라의 관료. 자는 이문(以文). 《사고전서(四庫全書)》 편찬에 참여했으며, 저서로 《지부족재총서(知不足齋叢書)》가 있다.

173 천단산(天壇山): 중국 하남성(河南省) 제원시(濟源市) 서쪽에 있는 왕옥산(王屋山)의 주봉. 해발 1,715m.

174 아미산(峨眉山): 중국 사천성(泗川省) 아미현(峨眉縣)에 있는 산. 해발 3,092m.

175 대산(岱山): 중국 산동성(山東省) 태안시(泰安市)에 있는 태산(泰山)의 별칭이다. 해발 1,545m.

문징명의 〈남궁수묵도〉

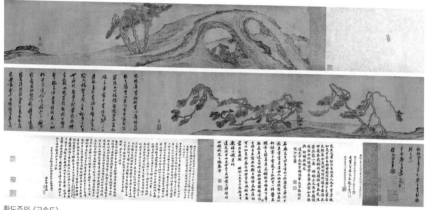

황도주의 〈고송도〉

산(華山)[176]·숭산(嵩山)[177]에도 희소한 품종이다.

그림 1단마다 작은 해서체로 관지를 썼다. 관지에는 "임신년(壬申年, 1632) 10월 29일, 나이든 여러 친구들이 모여 장수를 기원한다."라 썼고, 그 뒤에 직접 쓴 발문이 있다. 황도주의 글씨는 종요(鍾繇)[178]를 본받았고, 그의 그림은 진실로 드물게 볼 수가 있다.

每畫一段以小楷識之. 款書"壬申十月二十九日, 集諸髯朋爲壽", 後有自跋, 公書法鍾太傅, 畫實罕覯.

---

176 화산(華山):중국 산서성(山西省) 화양시(華陽市)에 있는 산. 해발 2,154m.
177 숭산(嵩山):중국 하남성(河南省) 등봉현(登封縣)에 있는 산. 해발 1,440m.
178 종요(鍾繇):151~230. 중국 삼국시대 조위(曹魏)의 정치가. 명제(明帝) 때 태부(太傅)가 되었다. 관료로 명망이 높았으나, 글씨로는 더욱 명망이 높았으며, 해서(楷書)의 창시자라 불린다.

## 이유방(李流芳)[179]의 〈선책(扇冊)〉

[목재유학집(牧齋有學集)[180]][181] 이유방이 말년에 노닌 자취는 대부분 서호(西湖)[182]에 있다. 이곳에서 추맹양(鄒孟陽)[183]과 문계상(聞啟祥)[184]이 매번 긴 탁자를 설치하여 비단을 늘어놓고, 두루마리를 펼치며 부채[扇]를 닦아 놓은 다음 이유방이 오기를 기다렸다. 그러면 이유방이 웃으면서 "여기에 3가지 복병(伏兵, 뜻하지 못한 물건)을 두어 나를 꾀었구려."라 하며 붓을 휘둘러 발묵하고 기분 좋게 즐기면서 그림을 다 그려주었다.

그러므로 추맹양과 문계상의 집안에서 이유방의 그림을 가장 많이 얻은 것이다. 추맹양이 죽자 하인들이 그림을 훔쳐 도박자금으로 썼다. 추맹양의 아들 추우(鄒羽)가 부채 그림 10폭을 소장했는데, 그 그림 위쪽에는 추맹양이 그림에 적은 기문이 있다.

## 나빙(羅聘)[185]의 〈오청도(五淸圖)〉

[금화경독기(金華耕讀記)][186] 요즘에 소나무와 대나무를 그리는 일파 중에서는 나빙의 그림에 가장 속세에서 벗어난

### 李長蘅《扇冊》

[錢牧齋題] 長蘅末年遊跡多在西湖. 鄒孟陽、聞子將每設長案, 列縑素, 攤卷拭扇以須其至. 長蘅笑曰"此設三覆以誘我矣", 揮毫潑墨, 欣然樂爲之盡.

故兩家所得最富. 鄒死, 僮僕竊取以拱博奕. 子羽收畫扇十幅, 上有鄒氏圖記.

### 羅兩峯《五淸圖》

[金華耕讀記] 近世松、竹一派, 羅兩峯聘最有逸韻.

---

179 이유방(李流芳): 1575~1629. 중국 명나라의 문인화가. 자는 장형(長蘅), 호는 단원(檀園). 시문·서화·전 각 등을 두루 잘하여 가정(嘉定) 4선생(四先生)에 들었다.

180 목재유학집(牧齋有學集): 중국 청나라 전겸익(錢謙益)의 문집. 《사부총간(四部叢刊)》에 수록되어 있다.

181 《牧齋有學集》卷46〈題跋〉"題李長蘅·扇冊"《四部叢刊》1679, 18쪽).

182 서호(西湖): 중국 절강성(浙江省) 항주시(杭州市) 서쪽에 있는 호수.

183 추맹양(鄒孟陽): 미상.

184 문계상(聞啟祥): ?~?. 중국 명나라 말기의 인물. 자는 자장(子將). 저서로《자오재집(自娛齋集)》이 있다.

185 나빙(羅聘): 1733~1799. 중국 청나라의 화가. 자는 돈부(遯夫), 호는 양봉(兩峯)·금우산인(金牛山人). 금 농(金農)에게 그림을 배웠고, 산수·인물·화조 등을 그렸다. 귀신을 보고 그렸다는 귀취도(鬼趣圖)가 매우 유명하고, 양주8괴(揚州八怪)의 한 사람으로 꼽힌다.

186 출전 확인 안 됨.

운치가 있다. 내 부친[187]이 북경에 갈 때, 나빙을 열하(熱河)[188]에서 만나 소나무와 대나무를 그린 그림 1족자를 받았다.

이 그림의 소나무는 넓게 자리잡고 먹의 기운이 가득 차 있으며, 솔잎 수천 개가 쇠 창날처럼 모여 있었고, 소나무와 짝하여 매화나무·대나무·난초·아름다운 바위가 있었다. 그림 위에는 팔분체로 '오청도(五淸圖)'라는 3글자가 쓰여 있었으니, 진실로 특이한 구성이다. 그 뒤에 누군가 나빙의 또 다른 그림을 구입한 사람이 있더라도 모두 이 그림에는 미치지 못할 것이다.

先大夫赴燕, 遇羅於熱河, 贈以松竹一幀.

右松磅礴, 墨氣酣滿, 松針千萬攢錯如鐵叉, 伴以梅、竹、蘭、綺石. 上有八分"五淸圖"三字, 誠奇構也. 後或有購來羅寫者, 皆不及此矣.

---

187 내 부친: 조선 후기의 문신 서호수(徐浩修, 1736~1799)를 가리킨다. 소론 출신으로 정조의 규장각 편찬사업에 관여하였으며, 2번의 중국 왕래를 통하여 서적을 수입했다.
188 열하(熱河): 지금의 중국 하북성(河北省) 승덕시(承德市) 일대. 청나라 황제의 여름 행궁이 있었다.

# 3. 우리나라의 화첩 부록

# 東國畫帖

충암(沖菴) 김정(金淨)[1]의 〈이조화명도(二鳥和鳴圖)〉

[금화경독기][2] 우리나라 그림은 신라의 솔거(率居)[3]를 개창자로 삼지만, 그가 남긴 작품은 전해지지 않는다. 그가 그린 황룡사(皇龍寺) 벽면의 늙은 소나무, 분황사(芬皇寺)의 관음상(觀音像), 단속사(斷俗寺)의 유마상(維摩像)[4]과 같은 그림들이 아름답다고 전해지던 빼어난 작품이지만 지금은 모두 볼 수 없다.

고려시대에 이르러서야 단청(그림) 솜씨로 천하에 이름을 날리게 되었다. 《고려사(高麗史)》에 근거하면 이녕(李寧)[5]의 〈예성강도(禮成江圖)〉는 송나라 휘종(徽宗)이 감상한 작품이었다. 곽약허(郭若虛)[6]의 《도화견문지(圖畫見聞志)》[7]에서도 고려인의 착색산수화(着色山

沖菴《二鳥和鳴圖》

[金華耕讀記] 東國繪事以新羅 率居爲開山鼻祖, 而遺蹟不傳. 如皇龍寺壁老松、芬皇寺觀音像、斷俗寺維摩像, 艶傳爲神品, 而今皆不可見矣.

降及高麗, 丹青之技擅名天下, 據《高麗史》, 李寧《禮成江圖》爲宋 徽宗所鑒賞. 郭若虛《圖畫見聞志》亦稱高麗人着色山水曁《八老

---

1　김정(金淨) : 1486~1521. 조선 전기의 문관이자 문인화가. 자는 원충(元冲), 호는 충암(沖菴). 중종 때 여러 관직을 거쳐 대사헌·형조판서 등을 역임하며, 조광조(趙光祖, 1482~1519)와 함께 미신 타파·향약 시행 등에 힘썼으나 기묘사화(1519) 때 제주에 안치되었다가 사사되었다. 새와 짐승을 소재로 한 그림을 잘 그렸다.

2　출전 확인 안 됨.

3　솔거(率居) : ?~?. 남북국시대의 신라 화가. 그림 솜씨가 빼어나 황룡사 벽면에 그가 그린 〈노송도(老松圖)〉에 새들이 앉으려다가 머리를 부딪쳐 떨어졌다는 일화가 있다. 그러나 그의 작품은 전해지지 않는다.

4　유마상(維摩像) : 인도 비사리국(毘舍離國)의 인물인 유마힐(維摩詰)을 그린 상(像). 보살의 행업을 닦았으며 부처의 속제자(俗弟子)로, 거사로서 학덕이 높았다.

5　이녕(李寧) : ?~?. 고려시대의 화가. 12세기 초반에 활동했으며, 1124년 사은사의 수행원으로 송나라에 다녀왔다. 이때 송 휘종은 이녕이 그린 〈예성강도(禮成江圖)〉를 보고, 고려에서는 이녕만이 묘수(妙手)라고 칭찬하고 음식과 각종 비단을 내렸다. 작품으로 〈천수사(天壽寺) 남문도(南門圖)〉 등이 있다.

6　곽약허(郭若虛) : ?~?. 중국 송나라의 화가·회화평론가. 《도화견문지(圖畫見聞志)》의 저자이다.

水畫, 채색을 한 산수화) 및 〈팔노도(八老圖)〉[8]·〈행도천왕상(行道天王像)〉[9] 등이 풍격을 풍부하게 지녔다고 칭찬했다. 그러나 이 작품들은 비단에 그린 그림으로, 지금까지 전하는 것이 전혀 없다.

《동천화록》의 저자 조희곡(趙希鵠)[10]은 "글씨와 그림을 논할 때는 직접 눈으로 본 작품을 기준으로 삼아야 한다."라 했다. 내가 직접 본 우리나라의 빼어난 그림 중에는 조선의 김정(金淨)이 그린 〈이조화명도〉가 가장 오래된 작품이다. 이 그림에는 2마리 새가 따로따로 가지 하나씩을 차지하고 앉아 수컷이 위에서 지저귀는 풍경과 암컷이 아래에서 지저귀는 풍경을 형상화했다. 비록 종이의 보풀과 점이 어두워져 솜씨가 좋은지 나쁜지 분간하기는 어렵지만, 문인이 그림을 그려 유희한 흔적을 충분히 짐작할 수 있다.

학림정(鶴林正) 이경윤(李慶胤)[11]의 〈석상분향도(石上焚香圖)〉
[금화경독기][12] 학림정(鶴林正)[13] 이경윤의 이 그림은

圖》、《行道天王像》饒有風格. 然絹素之, 至今傳者絶罕.

趙希鵠之言曰: "論書畫, 當以目[1]見者爲準." 余所見東人墨妙中, 我朝金冲菴《二鳥和鳴圖》最古. 二鳥各占一枝, 作雄鳴上風、雌鳴下風之狀, 雖紙毛點黑暗, 難辨工拙, 而略綽見文人遊戲之跡云.

鶴林《石上焚香圖》
[又] 鶴林正 李慶胤, 作大

---

7　도화견문지(圖畫見聞志) : 곽약허가 당나라 장언원(張彦遠)이 저술한 《역대명화기(歷代名畫記)》의 뒤를 이어 814년에서 1074년에 이르기까지 당시 화가들의 전기(傳記)를 기록한 저술이다.

8　팔노도(八老圖) : 덕(德)을 지닌 8명의 노인들의 모습을 그린 그림으로 추정된다.

9　행도천왕상(行道天王像) : 불법(佛法)을 수호하는 사천왕(四天王)의 모습이 그려진 그림으로 추정된다.

10　조희곡(趙希鵠) : 1195~1242. 송나라의 화가이자 서화 평론가. 저서로 《동천청록집(洞天淸錄集)》이 있다.

11　이경윤(李慶胤) : 1545~1611. 조선 중기의 화가. 자는 수길(秀吉), 호는 낙파(駱坡)·낙촌(駱村)·학록(鶴麓). 전주 이씨 왕손이다. 특히 산수인물화(山水人物畫)를 잘 그렸으며 영모화(翎毛畫)와 동물화(動物畫) 등도 즐겨 그렸다. 조선 중기에 유행했던 명나라 절파(浙派)의 풍격을 잘 보여주고 있다.

12　출전 확인 안 됨.

13　학림정(鶴林正) : 왕실 왕자군(王子君)의 증손에게 내리는 작위인 학림수(鶴林守)를 제수받아 훗날 학림정(鶴林正)에 봉해졌다.

[1]　目 : 저본에는 "見". 오사카본·규장각본에 근거하여 수정.

큰 바위가 반듯하지 않고 늙은 나무가 그 위에서 우산처럼 드리운 곳에 한 사람이 두건을 쓰고 흰 적삼을 입고서 두 다리를 나무뿌리 좌우에 뻗은 모습이다. 그 위에는 청동솥·향로·술병·벼루 따위가 죽 늘어서 있다. 동자는 침향(沈香)을 가져다 향로에 불사르니, 향로의 연기가 하늘하늘 피어나 나무 끝까지 곧장 이르고 있다.

石盤陀老樹偃蓋, 一人接離白衫, 箕踞樹根左右狀. 上列鼎、爐、壺、硯之屬. 童子取沈香, 爇之于爐, 篆煙裊裊直上樹巓.

탄은(灘隱) 이정(李霆)[14]의 사죽(寫竹, 사생기법으로 그린 대나무)
[금화경독기][15] 석양정(石陽正)[16] 이정(李霆)은 호가 탄

灘隱寫竹
[又] 石陽正 李霆, 號灘隱,

이정의 〈묵죽도〉(국립중앙박물관)

---

14 이정(李霆) : 1554∼1626. 조선 중기의 화가. 자는 중섭(仲燮), 호는 탄은(灘隱). 세종의 현손(玄孫)으로 대나무를 특히 잘 그렸고, 글씨를 비롯하여 산수화·인물화에도 뛰어났다.

15 출전 확인 안 됨.

16 석양정(石陽正) : 왕손에게 하사하는 작위로, 정3품에 해당한다. 이정(李霆)은 석양정을 제수받아 훗날 석양군(石陽君)에 봉해졌다.

은(灘隱)이며, 이경윤(李慶胤)의 아들이다. 대나무를 잘 그렸다. 내가 그의 작품 2족자를 보았는데, 그 중에 하나는 먹으로 그린 대나무였고, 다른 하나는 석록(石綠)[17]으로 색칠했다.

鶴林之子也. 善寫竹. 余見二幀, 其一墨竹, 其一以石綠設色.

### 허주재(虛舟齋) 이징(李澄)[18]의 〈노안도(蘆雁圖)〉

[금화경독기][19] 허주(虛舟)는 이징의 호이며, 이징은 이경윤의 아들이다. 이경윤 삼부자는 모두 그림 솜씨로 이름을 떨쳤다.

虛舟齋 《蘆雁圖》

[又] 虛舟, 李澄之號, 鶴林子也. 鶴林三父子俱以丹青名.

### 겸재(謙齋) 정선(鄭歚)[20]의 〈춘산등림도(春山登臨圖)〉

[금화경독기][21] 최근까지 산수화로 이름을 떨쳐 가장 칭송받는 화가는 정선과 심사정(沈師正)[22]이다. 겸재는 정선의 호이다. 나이가 80이 넘었는데도 눈에 몇 겹짜리 두터운 안경을 걸치고, 등불 아래서 섬세한 그림을 그렸는데, 한 터럭의 오차도 없었다고 한다.

謙齋 《春山登臨圖》

[又] 挽近山水擅名, 最稱謙齋、玄齋. 謙齋, 鄭歚之號也. 年八十餘, 眼挂數重靉靆, 燈下作細畫, 不錯毫髮云.

---

17 석록(石綠) : 초록색 계열의 돌에서 얻는 석채(石彩) 염료로, 청색과 황색의 중간색을 띤다.
18 이징(李澄) : 1581~1645. 조선 중기의 화원 화가. 자는 자함(子涵). 호는 허주(虛舟)·허주재(虛舟齋). 이경윤의 서자로, 산수화·화조화에 모두 뛰어났다.
19 출전 확인 안 됨.
20 정선(鄭歚) : 1676~1759. 조선 후기의 화가. 자는 원백(元伯), 호는 겸재(謙齋). 산수·화조를 잘 그렸으며, 조선 산수화의 독자적 특징을 살려 금강산 등 우리 산천의 명소를 그린 진경산수화(眞景山水畫)가 유명하다. 강한 농담(濃淡)의 대조 위에 청색을 주조로 하여 암벽의 면과 질감을 나타낸 기법은 새로운 경지를 개척했다는 평가를 받는다.
21 출전 확인 안 됨.
22 심사정(沈師正) : 1707~1769. 조선 후기의 화가. 자는 이숙(頤叔), 호는 현재(玄齋)·묵선(墨禪). 정선(鄭歚)의 문하에서 그림을 공부했고 뒤에 중국의 남화(南畫)와 북화(北畫)를 스스로 터득하여 새로운 화풍을 이루었다. 화훼(花卉)·초충(草蟲)을 비롯하여 영모화와 산수화에도 뛰어났다.

정선의 〈정문입설도〉(국립중앙박물관)

정선의 〈경성서교도〉

## 정선의 산수폭(山水幅)

[금화경독기]23 내가 본 겸재의 산수화권은 무려 100
여 폭이다. 원체(院體)의 틀에 박힌 격식에서 벗어나
우아한 정취가 풍부하다.

## 정선의 〈대은암도(大隱嵒圖)〉

[금화경독기]24 이 또한 겸재의 수작이다. '정선 원백
(鄭敾元伯)'이라는 작은 인장이 찍혀 있다.

## 현재(玄齋) 심사정(沈師正)의 〈금강산도(金剛山圖)〉

[금화경독기]25 금강산의 빼어난 경치는 천하에 알려
져 있는데, 금강산을 선염법(渲染法)26으로 그려 와유

## 山水幅

[又] 余所見謙齋山水卷,
無慮百餘幅. 能脫院體窠
臼②, 饒有雅趣.

## 《大隱嵒圖》

[又] 亦謙齋得意筆. 有"鄭
敾元伯"小印.

## 玄齋《金剛山圖》

[又] 金剛名勝聞於天下,
其渲染作臥遊之資, 自玄

---

23 출전 확인 안 됨.
24 출전 확인 안 됨.
25 출전 확인 안 됨.
26 선염법(渲染法): 수묵 표현 기법의 일종으로, 묽은 먹이나 옅은 색채를 점차 엷게 칠하거나 점차 짙게 칠하
  는 등 점층적으로 사용하는 기법을 말한다.
② 臼: 저본에는 "容". 오사카본·규장각본에 근거하여 수정.

(臥遊)27의 자료로 활용한 것은 심사정으로부터 비롯 되었다. 현재(玄齋)는 심사정의 호이다.

齋始. 玄齋, 沈師正號.

## 심사정의 〈화조초충도(花鳥草蟲圖)〉

[금화경독기]28 착색이 담담하고 고아하며, 대상물의 형체를 오직 실제처럼 그렸다. '심사정이숙(沈師正頤叔)'·'현재(玄齋)' 등의 인장이 찍혀 있다.

《花鳥草蟲圖》

[又] 着色淡雅, 像形惟肖, 有"沈師正 頤叔"印、"玄齋"印.

## 낙서(駱西) 윤덕희(尹德熙)29의 〈춘지세마도(春池洗馬圖)〉

[금화경독기]30 낙서(駱西)는 윤덕희의 호이다. 말을 잘 그렸다. 또 다른 작품으로 〈백마도(白馬圖)〉·〈군마도(群馬圖)〉·〈팔준도(八駿圖)〉·〈쇄마도(刷馬圖)〉가 있는 데, 모두 '낙서(駱西)'라는 작은 인장이 찍혀 있다.

駱西《春池洗馬圖》

[又] 駱西, 尹德熙號. 善畫馬. 又有《白馬圖》、《群馬圖》、《八駿圖》、《刷馬圖》, 並有"駱西"小印.

## 호생관(毫生館) 최북(崔北)31의 〈선인취적도(仙人吹笛圖)〉

[금화경독기]32 최북은 호가 호생관(毫生館)이며, 신선을 잘 그렸다. 신선이 입은 옷의 주름을 그릴 때는 오도자(吳道子)33의 순채선[蓴菜條]34을 즐겨 모방했다.

毫生館《仙人吹笛圖》

[又] 崔北, 號毫生館, 工畫仙人. 其作衣紋, 喜倣吳道子蓴菜條.

---

27 와유(臥遊):누워서 유람한다는 뜻으로, 중국 남북조시대의 종병(宗炳, 375~443)이 산수화의 기능으로 제시한 개념이며, 집에서 명승이나 고적을 그린 그림을 보며 즐기는 것을 두루 일컫는다.

28 출전 확인 안 됨.

29 윤덕희(尹德熙):1685~1776. 조선 후기의 문인화가. 호는 낙서(駱西)·연옹(蓮翁). 윤두서(尹斗緖, 1668~1715)의 아들로, 산수·말·인물 등을 두루 그렸다. 그러나 산수화를 비롯한 그의 작품들은 당시 화단을 풍미했던 남종 화풍의 영향을 많이 받아 보수적인 성향이 짙은 느낌을 준다.

30 출전 확인 안 됨.

31 최북(崔北):1712~1786. 조선 후기의 화가. 자는 성기(聖器), 호는 월성(月城)·성재(星齋)·호생관. 산수·인물·영모를 잘 그렸다.

32 출전 확인 안 됨.

33 오도자(吳道子):680~759. 중국 당나라의 화가. 처음의 이름은 도자(道子)였지만, 현종 때 도현(道玄)으로 고쳤다. 오생(吳生)이라고도 한다. 양적[陽翟, 지금의 하남성 우현(禹縣)] 출신이다. 벼슬은 현종 때 궁중의 내교박사(內敎博士)를 지냈다. 그림은 산수·인물·귀신·조수·초목·누각 등을 잘 그렸다. 젊어서는 섬세하고 정치한 필치였지만, 중년 이후에는 자유분방해졌다. 초묵으로 윤곽선 안에 담채를 그린 인물화는 오

## 원교(圓嶠) 이광사(李匡師)[35]의 〈만접도(萬蝶圖)〉

[금화경독기][36] 원교(圓嶠) 이광사는 글씨를 쓰다가 여가가 생기면 호랑나비를 즐겨 그렸다. 나는 예전에 그가 그린 〈만접도〉를 본 적이 있는데, 유금(乳金)[37]과 석록(石綠)이 색깔에 따라 잘 갖춰져 있고, 나비가 날아오르기도 하고 멈추어 있기도 하며, 다투는 듯하기도 하고 모여들기도 하여 각각의 형상들에 생동감이 넘쳤다.

## 표암(豹菴) 강세황(姜世晃)[38]의 〈난죽(蘭竹)〉

[금화경독기][39] 상서(尙書) 강세황은 뛰어난 글씨로 알려졌다. 미불(米芾)·동기창(董其昌)을 넘어 스스로 하나의 화격(畫格)을 창시했다. 때때로 묵죽(墨竹)이나 묵란(墨蘭)을 그렸는데 말쑥하고 깨끗한 운치가 있어 즐겨 감상할 만하니, 이른바 "글씨가 넘쳐 그림이 된 경지"[40]라 말할 만하다. 강세황의 자는 광지(光之)이고, 호는 표암(豹菴)이다. 일반적으로 '광지'와 '표암'

## 圓嶠《萬蝶圖》

[又] 李圓嶠 匡師, 臨池之暇, 好畫胡蝶. 余嘗見其《萬蝶圖》, 乳金、石綠色色俱備, 飛止鬪團, 形形生動.

## 豹菴《蘭竹》

[又] 姜尙書 世晃, 以工書聞. 米、董之外, 自創一格. 時作墨竹、墨蘭, 瀟洒可喜, 所謂"書溢而爲畫"也. 字光之, 號豹菴. 凡有光之印、豹菴印者, 皆其蹟也.

---

장(吳裝)이라 칭해졌다.

34 순채선[蓴菜條]: 순(蓴)은 수련과의 부들포 중 하나인데, 그림의 필선이 부드럽게 이어지는 것이 이 식물의 줄기와 비슷하다 하여 붙여진 이름이다. 순채묘(蓴菜描)라고도 한다.

35 이광사(李匡師): 1705~1777. 조선 후기의 서예가·양명학자. 호는 원교(圓嶠)·수북노인(壽北老人). 초서·전서·예서에 모두 능하였고 원교체(圓嶠體)라는 특유한 필체를 이룩하였다. 저술을 통해 후진들을 위한 귀중한 자료를 남겼으며 조선의 서예 중흥에 크게 공헌했다. 저서로 《동국악부(東國樂府)》·《원교집선(圓嶠集選)》·《원교서결(圓嶠書訣)》 등이 있다.

36 출전 확인 안 됨.

37 유금(乳金): 금을 녹여 만드는 염료.

38 강세황(姜世晃): 1713~1791. 조선 후기의 문인화가. 자는 광지(光之), 호는 표암(豹菴). 시문과 회화에 두루 능하고, 산수는 실경산수와 남종 문인화풍의 방작(倣作)을 모두 그리고 화조는 국화·대나무 등의 화훼를 즐겨 그렸다. 저서로 《표암유고(豹菴遺稿)》가 있다.

39 출전 확인 안 됨.

40 글씨가……경지: 출전은 중국 송대의 문인인 소식(蘇軾, 1036~1101)의 "시로 다 표현할 수 없는 감정이 넘쳐서 글이 되며, 글이 다시 변하여 그림이 된다(詩不能盡, 溢而爲書, 變而爲畫.)"는 말이다.

이라는 인장이 찍혀 있으면 모두 그의 그림이다.

## 단원(檀園) 김홍도(金弘道)⁴¹의 〈금강산도(金剛山圖)〉

[금화경독기]⁴² 김홍도는 호가 단원(檀園)이며, 그림
을 잘 그렸다. 정조(正祖) 시대에 조정에서 종사했는
데, 일찍이 어명을 받들어 비단을 들고 금강산에 들
어가 50여 일을 머물면서 1만 2천봉과 구룡연(九龍
淵)⁴³ 등의 여러 명승지를 전부 유람하고 그 형상을
바라보면서 본뜨며 그림을 수십 장(丈)의 가로 두루
마리로 그렸다. 착색이 아름답고 우아하며 붓질이
정교하고 뛰어나 원체(院體)로 그린 금벽산수(金碧山
水)⁴⁴와 같은 작품이라는 이유로 그 가치를 소홀히
할 수가 없다.

## 김홍도의 〈삼성도(三星圖)〉

[금화경독기]⁴⁵ 미불의 《서사(書史)》에 "주방(周昉)의
〈오성도(五星圖)〉는 대개 당나라와 송나라 사람들이
즐겨 그린 그림으로, 오성(五星)·삼성(三星)을 소재로
활용하여 복을 기원했다."라는 논의가 있다. 일찍이
중국 그림 〈삼성도〉를 본 적이 있다. 등이 구부러져

## 檀園《金剛山圖》

[又] 金弘道, 號檀園, 善
繪事. 正廟朝供奉內府, 嘗
承命, 齎絹素, 入金剛山,
留連五十餘日, 盡攬萬二千
峰九龍淵諸勝, 眄而像形,
作數十丈橫卷. 着色韶雅,
用筆精工, 未可以院體金
碧山水忽之.

## 《三星圖》

[又] 米南宮《書史》有論
"周昉《五星圖》者, 蓋唐、
宋人喜畫, 五星、三星用以
祝嘏". 嘗見中州本《三星
圖》, 傴僂扶杖老人一, 眉

---

41 김홍도(金弘道):1745~1806. 조선 후기의 화원 화가. 자는 사능(士能), 호는 단원(檀園)·단구(丹丘). 현감
   을 지냈다. 산수·인물·도석·화조를 두루 그렸다. 금강산을 사실적으로 그려 후대에 영향을 주었으며, 특
   히 풍속화를 다양하게 잘 그렸다.

42 출전 확인 안 됨.

43 구룡연(九龍淵):강원도 금강산의 외금강 최고 명승지로 손꼽히는 구룡폭포를 말한다.

44 금벽산수(金碧山水):청색과 녹색을 많이 사용하여 그린 청록산수(靑綠山水)에 금색을 첨가한 그림. 금니
   (金泥)를 써서 산이나 바위의 윤곽선 안쪽에 선을 그려 넣거나 준법(皴法)을 구사하는 화려한 형식의 산수
   화를 말한다. 《유예지》 권4 〈그림(화전)〉 상 "산수, 숲과 나무" '금벽산수'에 나온다.

45 출전 확인 안 됨.

김홍도의 〈삼성도〉(국립중앙박물관)

지팡이를 짚은 노인이 한 분 있는데, 노인의 눈썹이 이마에서부터 거의 몸의 절반까지 내려온다. 금관을 쓰고 옥패를 두른 이가 한 분 있는데, 이마가 넓고 키가 커서 풍채가 장대하고 존엄함이 느껴진다. 복두(幞頭)46를 쓰고 짙푸른 적삼을 입은 이가 한 분 있는데, 온화하고 상서로운 기운이 미간에 넘친다.

우리나라로 전래된 이와 같은 그림이 하나뿐이 아니지만 대체로 의취가 비슷하여, 모두 옛 그림의 모본이다. 김홍도가 이를 모방하여 큰 폭의 그림 하나를 그렸는데, 비단의 너비가 8척이고 길이도 그

至額幾居身之半；金冠玉佩人一, 豐額長身, 俊偉尊嚴；幞頭綠沈衫人一, 溫和、吉祥之氣溢於眉宇.

東來者非一, 而大抵相似意, 皆古畫模本也. 金弘道倣作一大幅, 絹廣八尺長如之. 設色艶麗, 符彩動

---

46  복두(幞頭) : 각이 지고 위가 평평한 관모. 사모(紗帽)와 같이 두 단으로 되어 있으며, 뒤쪽의 좌우에 각(脚)이 달려 있다.

와 같다. 채색이 곱고 화려하여 광채가 사람들에게 감동을 주니, 참으로 가늘고 굵은 머리털과 동물의 털·가늘고 굵은 선을 신묘하게 묘사했다. 궁정에 소장되어 있다.

人. 眞有髮翠豪金, 絲丹縷素之妙. 御府物也.

## 김홍도의 〈음산대렵도(陰山大獵圖)〉

[금화경독기][47] 내 집에는 오래전부터 김홍도의 〈음산대렵도〉 비단본 8폭이 있었는데, 이를 이어서 병풍 하나로 만들었다. 이 병풍은 무성하게 띠가 자란 광야에서 활시위를 울리며 말을 타고 달리며 쫓는 모습이 마치 살아 있는 듯이 생생했다. 이 그림에 대해 김홍도는 스스로 '평생의 수작'이라 했다. 다른 사람이 설령 모방하는 일이 있더라도, 생선 눈알과 야광주(夜光珠)[48]처럼 차이가 현격하니, 한눈에 알아볼 수 있다.

### 《陰山大獵圖》

[又] 余家舊有金弘道《陰山大獵圖》絹本八幅, 連作一屏. 荒茅曠野鳴弦馳逐之狀, 赫赫如生. 弘道自云 "生平得意筆". 他人縱有彷效, 魚目夜光, 一見可辨.

## 김홍도의 이속도(俚俗圖, 풍속도)

[금화경독기][49] 김홍도는 저잣거리의 속된 풍속을 그렸다. 일반적으로 시정의 협사(狹斜)[50]·나그네·땔감장수·오이장수·승려·불교 신도·통을 맨 걸인 등 여러 행색인 사람들의 모습을 각각 신묘함을 다하여 묘사했다. 아녀자와 아이를 비롯해서 한 번만 펼

### 俚俗圖

[又] 金弘道畫閭巷俚俗之事. 凡市井狹斜, 逆旅行裝, 販薪, 賣瓜, 僧尼, 優婆, 擔簦行乞, 形形色色, 各盡其妙. 婦孺童孩, 一展卷,

---

47 출전 확인 안 됨.

48 야광주(夜光珠):중국 고대의 구슬로, 밤에도 빛을 낼 정도로 밝은 빛을 내뿜는 진귀한 보석.

49 출전 확인 안 됨.

50 협사(狹斜):요릿집·기생집 등이 몰려 있고 유흥업을 기반으로 생활하는 사람을 말한다. 당나라 장안의 유흥가에는 수레가 많이 다녀 몹시 비좁았기 때문에 붙여진 이름이다.

김홍도의 〈행려풍속도〉(국립중앙박물관)

쳐보아도 모두 입이 쩍 벌어지게 하니, 지금까지의
화가들의 작품에 미처 존재하지 않았던 일이다.

無不解頤. 近古畫藝家所
未有也.

### 이명기(李命基)[51]의 〈호접도(蝴蝶圖)〉

[금화경독기][52] 이명기는 실제 모습을 똑같이 그리는
솜씨로 이름을 떨쳤는데, 호랑나비도 잘 그렸다. 늦
은 봄마다 날개가 크고 색이 화사한 나비를 잡아다
가 책 속에 10여 일 동안 끼워두었다가 꺼내면 나비
가 종잇장처럼 얇아진다. 이를 관찰하고 본떠서 그
리면 마침내 쏙 빼닮게 그릴 수가 있다. 나비 그림을

### 李命基《蝴蝶圖》

[又] 李生命基, 以寫眞名,
亦善畫蝴蝶. 每於暮春,
捕大翅彩蝶, 夾在書卷中
十餘日, 出之則其薄如紙,
眼而模之, 遂能酷肖. 見
之者, 未嘗不疑其蝶粉粘

---

51 이명기(李命基): 1756~?. 조선 후기의 화가. 호는 화산관(華山館). 화원 김응환(金應煥, 1742~1789)의 사
위로, 인물과 산수를 두루 잘 그렸으며, 특히 초상화에 뛰어났다.
52 출전 확인 안 됨.

이인문의 〈고송유수첩〉(국립중앙박물관)

보는 사람들은 그림 속 나비 날개의 가루가 손에 묻　　手也.
을까봐 의심하지 않는 이가 없을 정도였다.

### 이인문(李寅文)[53]의 〈산수폭〉

[금화경독기][54] 근래 화원들의 그림 가운데, 이인문
은 산수화로 가장 널리 이름을 떨쳤는데, 우리 집에
도 여러 본을 소장하고 있다. 강세황은 일찍이 그가
그린 산의 형세를 평하여 '그 산세는 곽희(郭熙)의 운
두준법(雲頭皴法)[55]을 터득했다'라 한 적이 있다. 그림
에는 '고송유수관도인(古松流水館道人)'이라 적었고, 그
아래에는 '인문(寅文)'이라는 작은 인장이 찍혀 있다.[56]

### 古松流水館《山水幅》

[又] 近年院畫中, 李寅文
最以山水擅名, 余家有數
本. 姜豹菴嘗評"其山勢得
郭河陽雲頭皴法." 題云"古
松流水館道人", 下有"寅文"
小印.

---

53　이인문(李寅文):1745~1821. 조선 후기 화원 화가. 자는 문욱(文郁), 호는 고송유수관도인(古松流水館道
　　人). 벼슬은 첨사를 지냈으며, 산수·인물·화조에 모두 능하였다.

54　출전 확인 안 됨.

55　운두준법(雲頭皴法):뭉게구름과 비슷한 모습의 준법. 기다란 곡선으로 침식된 산이나 바위의 표면 질감을
　　나타내는 데 사용한다. '권운준(卷雲皴)'이라고도 한다.

56　이운지 권제6은 여기서 끝나지 않고 "도서의 보관과 열람(도서장방) 상"으로 이어진다. 하지만 "도서장방"
　　은 이운지 권제7 전체와 같은 주제여서 그곳과 함께 엮기 위해 다음 책으로 넘겼다.

## 🌸 임원경제연구소

임원경제연구소는 고전 연구와 번역, 출판을 주요 목적으로 하는 사단법인이다. 문사철수(文史哲數)와 의농공상(醫農工商) 등 다양한 전공 분야의 소장학자 40여 명이 회원 및 번역자로 참여하여, 풍석 서유구의 《임원경제지》를 완역하고 있다. 또한 번역 사업을 진행하면서 축적한 노하우와 번역 결과물을 대중과 공유하기 위해 관련 전문가 및 단체들과 교류하고 있다. 연구소에서는 번역 과정과 결과를 통하여 '임원경제학'을 정립하고 우리 문명의 수준을 제고하여 우리 학문과 우리의 삶을 소통시키고자 노력한다. 임원경제학은 시골살림의 규모와 운영에 관한 모든 것의 학문이며, 경국제세(經國濟世)의 실천적 방책이다.

### 번역, 교열, 교감, 표점, 감수자 소개

번역

#### 심영환(沈永煥)

강원도 평창군 대화 출신. 강원대 국어국문학과를 졸업하고, 한림대 태동고전연구소(지곡서당)를 수료하고, 국사편찬위원회에서 국내초서과정을 이수하였다. 한국학중앙연구원에서 고문서학을 전공하였으며 박사학위 논문은 〈조선시대 고문서의 초서체 연구〉이다. 저서로는 《조선시대 고문서 초서체 연구》, 《고려시대 중서문하교첩》, 《변화와 정착 : 여말선초의 조사문서》(공저) 등이 있고, 주로 한문 고문서의 연원에 관한 논문을 다수 집필하였다. 《임원경제지》 중 《유예지》를 정진성 등과 번역했다. 현재 한국학중앙연구원 장서각 고문서연구실의 책임연구원으로 재직 중이다.

#### 고연희(高蓮姬)

서울 출신. 이화여대 국문학과를 졸업하고, 한국고등교육재단에서 한학을 공부했다. 이화여대 대학원에서 한문학과 박사와 미술사학과 박사를 하였다.

석사 논문은 〈몽유도원도 제찬연구〉와 〈명말청초 황산파 연구〉이고, 박사 논문은 〈조선후기 산수기행문학과 기유도 비교 연구〉와 〈한중 영모화초화의 정치적 성격〉이다. 저서로는 《조선후기 산수기행예술 연구》, 《조선시대 산수화》, 《그림, 문학에 취하다》, 《화상찬으로 본 사대부 초상화》 등이 있다. 《임원경제지》 중 《유예지》를 정진성 등과 번역했다. 고려대 민족문화연구원, 이화여대 한국문화연구원, 시카고대 동아시아미술연구원, 서울대 규장각한국학연구원 등에서 연구하였고, 현재 성균관대 동아시아학술원 조교수이다.

## 정명현(鄭明炫)

광주광역시 출신. 고려대 유전공학과를 졸업하고, 도올서원과 한림대 태동고전연구소에서 한학을 공부했다. 서울대 대학원 '과학사 및 과학철학 협동과정'에서 전통 과학기술사를 전공하여 석사와 박사를 마쳤다. 석사와 박사논문은 각각 〈정약전의 《자산어보》에 담긴 해양박물학의 성격〉과 《서유구의 선진농법 제도화를 통한 국부창출론》이다. 《임원경제지》 중 《본리지》·《섬용지》·《유예지》·《상택지》·《예규지》를 공역했다. 또 다른 역주서로 《자산어보: 우리나라 최초의 해양생물 백과사전》이 있고, 《임원경제지: 조선 최대의 실용백과사전》을 민철기 등과 옮기고 썼다. 현재 임원경제연구소 소장으로 《인제지》 번역 사업에 참여하고 있다.

## 최시남(崔時南)

강원도 횡성 출신. 성균관대학교 유학과(儒學科) 학사 및 석사를 마쳤으며 동대학원 박사과정을 수료했다. 성균관(成均館) 한림원(翰林院)과 도올서원(檮杌書院)에서 한학을 공부했다. 석사논문은 〈유가정치사상연구:《예기》의 예론을 중심으로〉이며 호서대학교에서 강의를 했다. IT회사에서 조선시대 왕실 자료와 문집·지리지 등의 고문헌 디지털화 작업을 했다. 현재 임원경제연구소 연구원으로 근무하며 《섬용지》·《유예지》·《상택지》·《예규지》를 공역했다.

## 민철기(閔喆基)

서울 출신. 연세대 철학과를 졸업하고 도올서원에서 한학을 공부했다. 연세

대 대학원 철학과에서 학위논문으로 《세친(世親)의 훈습개념 연구》를 써서 석
사과정을 마쳤다. 임원경제연구소 번역팀장과 공동소장을 역임했고, 현재는
선임연구원으로 재직하며 《섬용지》를 교감 및 표점했고, 《유예지》·《상택지》·
《예규지》를 공역했다.

### 정정기(鄭炡基)

경상북도 장기 출신. 서울대 가정대학 소비자아동학과에서 공부했고, 도올
서원과 한림대태동고전연구소에서 한학을 익혔다. 서울대 대학원에서 성리
학적 부부관에 대한 연구로 석사를, 《조선시대 가족의 식색교육 연구》로 박
사를 마쳤다. 음식백과인 《정조지》의 역자로서 강의와 원고 작업을 통해 그
에 수록된 음식에 대한 소개에 힘쓰며, 부의주를 빚고 가르쳐 집집마다 항아
리마다 술이 익어가는 꿈을 실천하고 있다. 현재 임원경제연구소 번역팀장으
로 《임원경제지》 번역 사업에 참여하여 《섬용지》를 교열했고, 《유예지》·《상택
지》·《예규지》를 공역했다.

### 김현진(金賢珍)

경기도 평택 출신. 공주대 한문교육과를 졸업하고 한림대 태동고전연구소와
한국고전번역원에서 한학을 공부하고 성균관대학교 대학원 한문학과에서 석
사과정을 수료했다. 현재 임원경제연구소 연구원으로 근무하며 《섬용지》를
교열했고, 《유예지》·《상택지》·《예규지》를 공역했다.

### 김수연(金秀娟)

서울 출신. 한국전통문화대학교 전통조경학과를 졸업하고 한림대 태동고전
연구소에서 한학을 공부했다. 현재 임원경제연구소 연구원으로 근무하며 《섬
용지》를 교감 및 표점했고, 《유예지》·《상택지》·《예규지》를 공역했다.

### 강민우(姜玟佑)

서울 출신. 한남대 사학과를 졸업하고 한림대 태동고전연구소에서 한학을 공
부했다. 성균관대학교 대학원 사학과에서 석사 과정을 마쳤고, 박사과정 재

학 중이다. 현재 임원경제연구소 연구보조원이다. 《섬용지》를 교열했고, 《유예지》·《상택지》·《예규지》를 공역했다.

### 김광명(金光明)

전라북도 정읍 출신. 전주대학교 한문교육과를 졸업하고 한국고전번역원에서 한학을 공부했으며, 성균관대학교 대학원 고전번역 협동과정에서 석박사통합과정을 수료했다. 현재 임원경제연구소 연구원으로 근무하며, 《유예지》·《상택지》·《예규지》를 공역했다.

### 김용미(金容美)

전라북도 순창 출신. 동국대 철학과를 졸업하고, 고전번역원 국역연수원과 일반연구과정에서 한문 번역을 공부했다. 고전번역원에서 추진하는 고전전산화 사업에 교정교열위원으로 참여했고, 《정원고사(政院故事)》공동번역에 참여했으며, 현재 전통문화연구회에서 추진하고 있는 《모시정의(毛詩正義)》공동번역에 참여하고 있다. 현재 임원경제연구소 연구원으로 근무하고 있다.

자료정리

고윤주(高允珠)(숙명여자대학교 경제학과)

감수

오세은(吳世恩)(국립중앙박물관)

정희정(鄭熙靜)(한국미술연구소)

구혜인(具惠仁)(이화여대)

최원경(崔源京)(이아서실)

서진희(徐鎭熙)(서울대 미학과)

교감·표점·교열·자료조사

임원경제연구소

## 🌐 풍석문화재단

(재)풍석문화재단은 《임원경제지》 등 풍석 서유구 선생의 저술을 번역 출판하는 것을 토대로 전통문화 콘텐츠의 복원 및 창조적 현대화를 통해 한국의 학술 및 문화 발전에 기여함을 목적으로 설립되었다.

재단은 ① 《임원경제지》의 완역 지원 및 간행, ② 《풍석고협집》, 《금화지비집》, 《금화경독기》, 《번계시고》, 《완영일록》, 《화영일록》 등 선생의 기타 저술의 번역 및 간행, ③ 풍석학술대회 개최, ④ 《임원경제지》 기반 대중문화 콘텐츠 공모전, ⑤ 풍석디지털자료관 운영, ⑥ 《임원경제지》 등 고조리서 기반 전통음식문화의 복원 및 현대화 사업 등을 진행 중이다.

재단은 향후 풍석 서유구 선생의 생애와 사상을 널리 알리기 위한 출판·드라마·웹툰·영화 등 다양한 문화 콘텐츠 개발 사업, 《임원경제지》 기반 전통문화 콘텐츠의 전시 및 체험교육 등을 목적으로 하는 서유구 기념관 건립 등을 추진 중이다.


## 풍석문화재단 웹사이트 및 주요 연락처

### 웹사이트

풍석문화재단 홈페이지 : www.pungseok.net

출판브랜드 자연경실 블로그 : https://blog.naver.com/pungseok

풍석디지털자료관 : www.pungseok.com

풍석문화재단 음식연구소 홈페이지 : www.chosunchef.com


### 주요 연락처

### 풍석문화재단 사무국

주　소 : 서울 서초구 방배로19길 18, 남강빌딩 301호

연락처 : 전화 02)6959-9921 팩스 070-7500-2050 이메일 pungseok@naver.com

### 풍석문화재단 전북지부

연락처 : 전화 063)290-1807 팩스 063)290-1808 이메일 pungseokjb@naver.com

### 풍석문화재단 음식연구소

주　소 : 전북 전주시 완산구 교동 138

연락처 : 전화 010-8983-0658 이메일 zunpung@naver.com

### 조선셰프 서유구(음식연구소 부설 쿠킹클래스)

주　소 : 전북 전주시 완산구 교동 141-1(향교길)

연락처 : 전화 010-8983-0658 이메일 zunpung@naver.com

### 서유구의 서재 자이열재(풍석 서유구 홍보관)

주　소 : 전북 전주시 완산구 교동 141-1(향교길)

연락처 : 전화 010-3010-2057 이메일 pungseok@naver.com

### 풍석학술진흥연구조성위원회

(재)풍석문화재단은 《임원경제지》의 완역완간 사업 등의 추진을 총괄하고 예산 집행의 투명성을 기하기 위해 풍석학술진흥연구조성위원회를 두고 있습니다.

풍석학술진흥연구조성위원회는 사업 및 예산계획의 수립 및 연도별 관리, 지출 관리, 사업 수익 관리 등을 담당하며 위원은 아래와 같습니다.

위원장 : 신정수(풍석문화재단 이사장)

위　원 : 서정문(한국고전번역원 고전번역연구소장), 진병춘(풍석문화재단 사무총장)
　　　　안대회(성균관대학교 한문학과 교수), 유대기(활기찬인생 2막 이사장)
　　　　정명현(임원경제연구소장)

## 풍석문화재단 사람들

| | |
|---|---|
| 이사장 | 신정수 ((前) 주택에너지진단사협회 이사장) |
| 이사진 | 김윤태 (우석대학교 평생교육원장)<br>김형호 (한라대학교 이사)<br>모철민 ((前) 주 프랑스대사)<br>박현출 ((前) 서울시농수산식품공사 사장)<br>백노현 (우일계전공업그룹 회장)<br>서창석 (대구서씨대종회 총무이사)<br>서창훈 (우석재단 이사장 겸 전북일보 회장)<br>안대회 (성균관대학교 한문학과 교수)<br>유대기 (활기찬인생 2막 이사장)<br>이영진 (AMSI Asia 대표)<br>정명현 (임원경제연구소 소장)<br>진병춘 (상임이사, 풍석문화재단 사무총장)<br>채정석 (법무법인 웅빈 대표)<br>홍윤오 ((前) 국회사무처 홍보기획관) |
| 감사 | 홍기택 (대일합동회계사무소 대표) |
| 음식연구소장 | 곽미경 (《조선셰프 서유구》 저자) |
| 재단 전북지부장 | 서창훈 (우석재단 이사장 겸 전북일보 회장) |
| 사무국 | 박정진, 박소해 |
| 고문단 | 이억순 (상임고문)<br>고행일 (인제학원 이사)<br>김영일 (한국ABC협회 고문)<br>김유혁 (단국대 종신명예교수)<br>문병호 (사랑의 일기재단 이사장)<br>신경식 (헌정회 회장)<br>신중식 ((前) 국정홍보처 처장)<br>신현덕 ((前) 경인방송 사장)<br>오택섭 ((前) 언론학회 회장)<br>이영일 (한중 정치외교포럼 회장)<br>이석배 (공학박사, 퀀텀연구소 소장)<br>이수재 ((前) 중앙일보 관리국장)<br>이준석 (원광대학교 한국어문화학과 교수)<br>이형균 (한국기자협회 고문)<br>조창현 ((前) 중앙인사위원회 위원장)<br>한남규 ((前) 중앙일보 부사장) |

## 《임원경제지·이운지》 완역 출판을 후원해 주신 분들

㈜DYB교육 ㈜벽제외식산업개발 ㈜우리문화 (사)인문학문화포럼 ㈜청운산업
대구서씨대종회 강흡모 고관순 고경숙 고유돈 곽미경 곽의종 곽중섭 구자민
권정순 권희재 김경용 김덕수 김동범 김동섭 김문자 김병돈 김상철 김석기
김성규 김순연 김영환 김용도 김유혁 김익래 김일웅 김정기 김정연 김종보
김종호 김지연 김창욱 김춘수 김태빈 김현수 김흥희 김후경 김 훈 김흥룡
나윤호 류충수 민승현 박낙규 박동식 박미현 박보영 박상준 박용희 박재정
박종규 박찬교 박춘일 박현출 백노현 변흥섭 서국모 서봉석 서영석 서정표
서창석 서청원 송은정 송형록 신동규 신영수 신응수 신종출 신태복 안순철
안영준 안철환 양덕기 양태건 양휘웅 오미환 오성열 오영록 오영복 오인섭
용남곤 유종숙 윤남철 윤석진 윤정호 이건호 이경근 이근영 이기웅 이기희
이동규 이동호 이득수 이봉규 이세훈 이순례 이순영 이승무 이영진 이우성
이원종 이재용 이정언 이진영 이 철 이태인 이태희 이현식 이형운 이효지
임각수 임승윤 임종훈 임종태 장상무 장우석 전종욱 전치형 정갑환 정 극
정금자 정명섭 정상현 정소성 정용수 정우일 정연순 정지섭 정진성 정창섭
정태윤 조규식 조문경 조재현 조창록 주석원 진병춘 진선미 진성환 차영익
차흥복 최경수 최경식 최광현 최승복 최연우 최정원 최진욱 최필수 태의경
하영휘 허영일 홍미숙 홍수표 황재운 황재호 황정주 황창연